민중을 바라보는 방법

한국 근대 민중의 성장과
민중 인식의 편차

지은이

왕현종 王賢鍾, Wang Hyeon-jong

연세대학교 미래캠퍼스 역사문화학과 교수. 연세대학교 대학원 사학과 박사. 1990년 동학농민혁명 사료집 발간에 참여한 이래 갑오개혁과 농민전쟁의 상호관계와 역사적 성격에 대한 연구를 지속했으며, 광무양전사업을 통해서 대한제국의 근대 토지제도 수립과 정치제도의 개혁 등을 연구하고 있다. 이후 동학농민혁명 참여자 조사와 사료의 세계기록유산 등재에 참여했다. 일제의 조선 관습 조사 자료 연구와 공동 번역사업에 참여했으며, 남북 분단의 청산과 통일을 지향하며 분단된 도시 개성의 지역사와 한국현대사회의 역사적 기원에 대한 연구를 수행하고 있다.

논저로는 『한국 근대 국가의 형성과 갑오개혁』(역사비평사, 2003), 『한국 근대토지제도의 형성과 양안』(혜안, 2016), 『대한제국의 토지조사와 토지법제』(혜안, 2017), 『일제의 창원군 토지조사와 장부』(공저, 선인, 2011), 『일제의 조선 구관 제도 조사와 기초 자료』(공저, 혜안, 2019), 『관습조사 2 일제의 조선 관습 조사와 식민지 법제 추진』(공저, 동북아역사재단, 2022), 「광무 양전ㆍ지계사업 연구사와 토지소유권 논쟁」(『학림』 46, 2020), 「일제 초 개성 시가지의 변화와 개성상인의 경제 기반」(『동방학지』 194, 2021) 외 다수가 있다.

민중을 바라보는 방법 한국 근대 민중의 성장과 민중 인식의 편차

초판인쇄 2024년 6월 20일 **초판발행** 2024년 6월 30일

지은이 왕현종

펴낸이 박성모 **펴낸곳** 소명출판 **출판등록** 제1998-000017호

주소 서울시 서초구 사임당로14길 15 서광빌딩 2층

전화 02-585-7840 **팩스** 02-585-7848

전자우편 somyungbooks@daum.net **홈페이지** www.somyong.co.kr

값 46,000원 ⓒ 왕현종, 2024

ISBN 979-11-5905-877-6 93910

(재)한국연구원은 학술지원사업의 일환으로 연구비를 지급, 그 성과를 한국연구총서로 출간하고 있음.

한국연구총서
119

민중을 바라보는 방법

한국 근대 민중의 성장과
민중 인식의 편차

왕현종 지음

HOW TO VIEW THE 'MINJUNG' OR PEOPLE :
THE GROWTH OF THE PEOPLE AND THE DIFFERENT
PERCEPTIONS ON THE PEOPLE IN MODERN KOREA

책머리에

사람들은 우리 민족이 강대한 한漢민족과 그렇게 오랜 종속관계에 있으면서도 역사무대

에서 모멸되지 않고 오히려 고유한 자기의 문화를 형성 지탱해 온 사실에 경이로움을 금

치 못한다. 이러한 사실은 우리의 역사를 이끌어온 사실상의 주체는 역사의 대표자로 '자처' 해 온

자들이 아니라 전혀 드러나지 않은, 다른 어떤 '실제' 라는 결론에 도달하게 한다. 이 실제를 일러서

'민중' 이라고 한다. 그러므로 한국 안에서 민중의 추구는 바로 우리의 역사를 이어온 맥과

그것을 가능하게 한 주체세력의 탐구이다. 따라서 이 노력은 바로 우리 자신을 발견하려

는 노력인 것이다.

안병무, 「머리말」, 『한국민중론』, 1984.6.

세계사적으로 보면 근대사회 성립기의 민중투쟁은 일반적으로 종교적인 형태를 취하였

다. 투쟁이 점점 격화되어 지배 권력과의 전면적 대결이 감행되는 경우에는 반드시 종교

투쟁의 형태를 취했다고 말해도 좋을 것이다. 유럽의 민중투쟁은 그리스도교의 다양한

이단설, 신비설, 천년왕국설을 빼고서는 생각할 수 없는 것이며, 동양에서는 중국의 태평

천국이나 조선의 동학당의 일을 상기하면 좋을 것이다. 독자적인 권력형태의 구상은 독

자적 세계관에 기초해야 한다. 전근대사회의 민중에게는 그러한 독자적인 세계관은 종교적 형

태를 취할 수 밖에 없다. 새로운 신념체계가 구축되지 않으면 민중운동은 독자적인 권력을 구상하고

지속적·조직적으로 전개할 수가 없다.

야스마루 요시오, 『일본의 근대화와 민중사상』, 1974.7.

한국 근현대사 연구에서 민의 성장에 관한 관심은 1960년대부터 시작

되었다. 4·19혁명의 영향 아래 한국 사회는 민중의 동향에 관심을 갖게

되었다. 이후 1970년대 농민노동운동이 사회 저변에서 일어나면서 '인

민', 혹은 '민중'에 대한 관심이 더욱 늘어났다. 위에서 제시된 『한국민중론』은 그러한 배경에서 1970년대 말에서 1980년대 초반 민중론을 집대성한 책이었다. 이렇듯 1980년대 한국사회는 민중 자신의 실천운동이 자리잡으면서 본격적으로 근·현대사회의 성장·발전 과정으로서 민중의 역사를 주목하게 되었다.

오늘날의 민중이란 용어는 이전 역사 기록 자료에서는 일반적으로 '민' 혹은 '인민'의 형태로 기록되어 있다. 이를 본래 어의를 살려 '민중' 혹은 '중민衆民'이라는 용례를 찾아보면, 1890년대 조선시대 말기 여러 기록에서 용례를 발견할 수 있다.

우선 1894년 음력 정월 17일 자로 공포된 동학농민군 「격문」에 의하면, "양반과 부호들에게 고통을 받는 민중들"이라는 용어가 나타난다. 아마도 근대 개혁기에 쓰인 최초의 '민중'이라는 용어일 것일지도 모른다. 그렇지만 이 격문의 원문을 다시 들여다보면 민중이라는 용어가 직접 쓰였는지 의심스럽다.

왜냐하면 이는 오지영의 『동학사東學史』에서 나오는 부분인데, 원문이 아직 발견되지 않았으며, 책의 저술 과정에서 윤색된 용어일 가능성도 있기 때문이다. 당시 대표적인 문장가의 한 사람으로 유교 지식인 매천 황현이 직접 보고 들으면서 저술한 『오하기문梧下記聞』에서는 물론 한자로 기록된 원문에는 '위로는 국가를 보위하며上報國家, 아래로는 여민을 편안케 한다下安黎民'라고 되어 있다. 이때 그는 '여민'이란 단어를 사용했는데, 일반 백성을 가리키기 때문에 번역상 백성으로 되새겼지만, 역시 용어의 본뜻을 제대로 살리지 못한 것이다. 그렇다면 19세기 말 당시 인민, 민중에 대한 용어의 사용은 우리가 현재의 시간 속에서 반추하고 있는 일반 민중의 개념과 큰 거리가 있을 수 있다. 19세기 말까지도 당대의 용어로는 '민중'이라는 용어를 아직 명확하게 의식하여 쓰지 않았다고 할 수 있다.

당대 역사 기록에서 '인민'의 사용 용례를 실증적으로 살펴보면 『조선 왕조실록』에서도 빈번하게 사용되었으며, 근대 시기에는 『서유견문』에서도 많은 용례를 찾아볼 수 있다. 유길준은 인간의 천부인권을 소개하면서 인민의 보편적인 권리를 강조하고 있다. 그는 인민의 권리를 원리적으로 강조하면서도 중세적인 교화의 대상으로서 백성이라는 우민관과는 다르지만 근대 계몽주의의 철저한 우민관愚民觀을 견지하고 있었다.[1]

해방 이후 한국사 연구에서는 전통시대 '민'의 개념과 민중운동의 발전상을 찾아보려는 노력이 여러 차례 있어 왔다. 민중의 개념은 1981년에 나온 정창렬의 「백성의식·평민의식·민중의식」에 잘 나타나 있다.[2] 이 글이 정리한 바에 의하면, '민중'이란 말은 1970년대 이후 주로 쓰였으며, 매우 동태적인 개념이라고 주장했다. 즉 '정치·사회경제적 모순에 저항하여 억압과 수탈을 해체시키기 위한 주체로서 인간집단'으로서 정리되었다. 이는 조선 후기 백성, 평민의식에서 19세기 중반 동학의 사상과 운동을 통하여 오늘날 민중의식의 원형으로 전환된 것이라고 보았다. 그런데 그의 정의는 대단히 목적의식적이고 추상적 이념형에 가까운 정의였다.[3] 이렇게 1970~1980년대 유행한 민중적 근대인식과 민중운동론

1 유길준, 『서유견문』, 1895, 98~99쪽, '제3편, 방국의 권리'; 128~129쪽, '제4편, 인민의 권리'.

2 1981년 정창렬 선생이 지은 「백성의식·평민의식·민중의식」이라는 글은 원래 『현상과 인식』 19호에 실렸던 것인데, 1984년 『한국민중론』에 재수록되었다. (한국신학연구소 편, 『한국민중론』, 1984, 157~179쪽)

3 그는 민중인식의 I시기를 조망하면서 1910년까지의 한국의 민중의식·민중문화의 취약성을 정의하면서 ① 인간의 평등하고도 불가침한 자기 보존권을 천부의 자연권으로서 확인하는 인권의식을 결여하고 있었고, 이성에 대한 자각을 결여하고 있었고, ② 세계자본주의 시장체제에 종속됨으로 반무산자 계급의 성격을 가지게 되었음에도 계급적인 자각을 결여하고 있었고, ③ 민족으로서의 결집을 지향한 의식에 있어서도 제국

의 강조는 당시 근대국가, 근대민족국가로의 전망에 발맞춰 기저로서 강조된 민중상이었다. 이는 대단히 이념적이며, 시대 현실을 타개하기 위해 '고안된 변혁주체론'이라고 평가할 수 있다.

민중의 추상적 정의와 목적의식, 전 연구상황을 반성해야 한다는 생각이 이번 민중론의 새로운 이해를 구상하게 된 출발점이다. 근대 이행기 한국의 민중은 어떻게 지냈으며, 이들이 구상하고 있는 근대란 무엇인가, 민중에게 있어 민족과 국가는 무엇이고, 그 속에서 민중들이 이상적으로 상정하고 있는 사회적 삶은 무엇인가 라고 물어볼 필요가 있다. 근대 민중은 스스로 어떻게 근대를 맞이했고, 그리고 어떻게 헤쳐 나왔는가 하는 것이다. 실제 근대 이행기의 역사 속에서 민중의 존재와 사회의식의 발전을 어떻게 파악할 수 있을까. 당시 민중론의 다양한 견해, 즉 계몽주의적 입장, 혹은 전통적인 유교주의적 입장, 그리고 근대 개혁의 주체로서 이해하고자 하는 민중론은 어떻게 보아 왔는가. 반면에 기성의 지배계층에 속하는 지식인의 논리와 달리 독자적이며 주체적인 존재로서 민중을 어떻게 보아야 할까[4] 하는 의문의 해답을 찾고 싶었다.

그런데 개별 역사자료에 대한 실증적인 분석을 통해서는 직접적인 대답을 찾을 수는 없다. 왜냐하면 민중들이 자신의 의사로 기록한 자료가 거의 없고, 다만 돌출적인 행동으로 보인다든지, 아니면 단편적인 사료의 편린 흔적에 불과하고, 또 누대로 내려오는 전설로 전해져 오기 때문이

주의의 구조와 제국주의 침략의 성격을 과학적으로 인식하지 못하였다고 비판하였다. (위의 책, 1984, 174~175쪽)

4　제임스 스콧, 『농민의 도덕경제 – 동남아시아의 반란과 생계』, 아카넷, 2004; 조경달, 허영란 역, 『민중과 유토피아 – 한국근대민중운동사』, 역사비평사, 2009, 27~30쪽, '서장, 민중운동사의 방법'; 조경달, 박맹수 역, 『이단의 민중 반란』, 역사비평사, 2008, 333~364쪽, '제10장, 이단의 내셔널리즘'; 배항섭, 제2부 「근대를 상대화하는 방법 – 민중사에서 바라보는 근대」, 『19세기 민중사 연구의 시각과 방법』, 성균관대 출판부, 2015.

다. 이 시기 산출된 민중에 대한 기록은 대다수 지배층이거나 외부 관찰자의 시각에서 오염된 기록에 불과하다. 민중 자신의 기록을 어떻게 재현할 수 있는가는 기존 사료에 대한 비판적 분석과 더불어, 민중 이해의 인식론, 혹은 담론 자체를 비판하는 관점에서 재해석할 수밖에 없다. 이러한 측면이 이 책에서 추구하고 있는 방법론적인 접근 방식의 하나다.

1. 목차와 내용 소개

> **제1부, 근대사회 형성과 각 주체의 민중 이해**
> 제1장, 근대 이행기 민중의 인식과 담론의 등장
> 제2장, 19세기 말 지식인들의 시대 인식과 민중 이해
> 제3장, 민중운동의 성장과 민중 주체 인식의 변화

제1부 제1장은 근대 이행기 인민, 평민, 백성 등 여러 형태의 용어 사용을 살펴보면서 연구사적인 정리를 하는 도론導論 부분이다. 여기에서는 19세기 말 인민, 혹은 민중에 대한 해석은 당대의 내러티브에 입각한 분석이 필요하다. 이에 따라 민중 인식의 개념과 이해의 다기성多岐性을 찾아내야만 역사적 실체로서의 민중을 해석할 수 있다.

제2장에서는 한국 근대 시기 유교 지식인의 외세 인식과 민중관에 대해 다루었다. 당시 서양 근대국가의 이념체계를 빌려 인민, 인민의 권리를 해석하려는 개화파 지식인들을 검토했다. 대표적인 사례로서 유길준의 저작들이 있다. 『서유견문』 전문 텍스트에 대한 분석은 텍스트 마이닝 방법을 동원하여 전체 문장의 단어 분석 기법을 활용해 보았다.

또한 유교·관료 지식인으로서 김윤식의 활동과 사상을 다뤘다. 1880 년대 후반 김윤식의 제반 저술 자료에서는 시무 관료들 혹은 개화 지식 인과의 이해 차이가 나타났다. 다음으로 전통적인 유교 지식인으로서 황 현의 동학 인식과 민중관에 대해 살펴보았다. 매천 황현은 당대 역사 서 술로 『매천야록』과 『오하기문』이라는 대작을 남겼다. 그는 본래 동학을 반란을 일으키는 사상과 행동으로 보았기 때문에 일체 부정적인 입장을 가지고 있었다.

제3장에서는 19세기 조선사회에서 민중들이 사회적 모순을 극복하면 서 어떻게 하나의 정치세력으로 성장·발전해 왔는가를 다뤘다. 여기서 는 19세기 후반 민중 생활의 변화를 살펴보면서 1890년대 민중운동의 동향을 분석의 대상으로 삼았다. 대표적인 사례로 보은취회의 성격변화 와 1894년 농민전쟁의 발발을 들었다. 또한 1894년 당시 전봉준의 정국 구상과 민중 참여 전략에 대해서 검토해 보았다.

이후 농민적 개혁을 추구한 농민전쟁은 전국으로 들불처럼 번져나간 2 차 봉기에도 불구하고 실패하고 말았다. 농민군 지도자의 2차 전쟁 이념 구체화의 미비와 농민층의 자율적인 참여 부재라는 내부 요인에서 1894 년 민중운동의 실패원인을 살펴보았다. 결과적으로 민중의 정치적 진출 의 실패는 공주 우금치전투 이후 다음 해 2월 초까지 이어지는 동학농민 군의 대규모 학살로 이어진 사실에 주목했다.

이렇게 제1부에서는 1894년 동학농민전쟁 전후를 획기로 하여 민중 의 사회경제적 변화와 정치 개혁 요구에 대해 당대 지식인들은 어떻게 대응하고 있었는지를 다뤘다. 또한 민중적 지식인이라고 일컫는 전봉준 등 동학지도부는 어떻게 대응하였으며, 그 과정에서 민중의 정치적 진출 은 어느 정도 이루어졌는지를 검토했다.

　제2부 제4장에서는 19세기 말 한말 지식인들의 계몽 담론의 발상과 변화에 대해 살펴보았다. 1894년 갑오개혁 이후 근대지식인의 개혁운동에 대해 입헌정치의 수립이라는 시각으로 계몽주의자들의 정치운동과 민중의 이해를 다루면서 도시서민을 중심으로 하는 정치 개혁운동의 참여논리를 살펴보았다.

　이러한 한성부 도시민의 정치운동이 일반 도시서민 및 빈민을 포괄하는 민중의 참여민주주의의 실현을 도모했는지에 초점을 맞췄다.[5] 따라서 이 장에서는 1898년 독립협회운동을 중심으로 위로부터의 개혁운동 흐름에서 민중세력을 어떻게 보고 있는가, 그리고 이들이 민중을 어떻게 동원하려고 하였는가를 검토했다.

　제5장에서는 1905년 이후 계몽운동기 국권·국민의 의미에 대한 구체적인 내용을 살펴보았다. 당시 국민 교육의 교과서로 불리우는 『국민수지』의 내용을 시기적인 변화와 수록 문헌의 차이에 따라 분석했다. 1905

5　1898년 독립협회 주도의 만민공동회운동은 일부 정치 지도자들의 중추원 개편 운동에도 불구하고 도시 서민들의 참여가 두드러지자 그만 운동의 지속을 포기하고 대한제국의 탄압에 의해 운동의 주도권을 스스로 방기하는 결과를 낳았다. 이로써 1899년 8월 이른바 대한국 국제의 제정으로 연결되는 대한제국의 보수 정권의 재등장이 초래되었고, 이후 대한제국 국가체제의 형해화로 급격하게 이어지게 되었다. (왕현종, 「19세기 말 개혁관료의 西歐 政體認識과 立憲問題」, 『韓國思想史學』 17, 2001; 연갑수 외, 『한국근대사 1 – 국민 국가 수립 운동과 좌절』, 푸른역사, 2016)

년 초에 저술되었던 『헌정요의憲政要義』를 저본으로 하여 1906년 4월에 단행본으로 출간되었으나, 책의 논지와 내용은 이미 『황성신문』1905.7.15~8.3, 10회 연재, 『제국신문』1907.7.21~8.9, 16회 연재, 『신한국보』1910.3.15~5.10, 9회 연재 등으로 다양하게 연재되고 있었다.

다음으로 제6장은 1905년 이후 국권회복운동의 양대 운동으로 불리는 의병운동과 계몽운동 양 측면에서 민중을 어떻게 바라보고 있으며, 민중을 어떻게 동원해내고 있는가를 살펴보았다. 의병운동의 경우, 1907년 8월 군대 해산 이후 강원도 원주 의병과 13도 창의군의 결성을 중심으로 분석해 보고, 계몽운동의 경우는 계몽운동 제단체보다 일진회를 중심으로 당대 논란이 되었던 합방청원운동을 초점으로 두어 분석했다.

마지막으로 새로운 보통학교 교육제도의 실시로 인한 민중의식의 성장이라는 측면을 통하여 향후 민중세력의 세대 교체와 인식의 변화를 전망해 보았다. 이 시기 지방의 유생, 서리, 상공업자층의 자제들이 신식 교육의 대열에 참여함으로써 종전 개화 계몽 세력만의 전유물이었던 서구 근대문명의 이해와 신식 교육의 강조에서 벗어나 10~20대의 청년층들이 민중운동의 주체로 합류하는 계기를 이루었다. 이들 학생·청년층의 등장은 새로운 사회계층으로서 학생·노동자층의 대두로 이어지고 새로운 민중세력의 개편을 가져왔다.[6]

---

6   다만 민중운동과 관련하여 종교 차원으로 포괄되는 제운동, 이를테면 동학과 일진회, 천도교 등의 분립과 활동이나 천주교와 개신교 등 서양기독교의 유입과 전파에 대해서는 다루지 못했다. 흔히 기존의 연구에서도 민중의 종교운동에 대해 호교론적인 차원이나 민족주의적 맥락에서 복잡하게 다루어졌다는 점에서 재론의 여지가 있어 일단 이 책에서는 논외로 하기로 했다.

2. 민중의 성장에 관한 시기 구분과 운동의 전개

이 책에서 1860년대부터 1910년 이전에 이르는 민중의 성장에 대해서는 한국 근대 이행 시기로 보면서 이를 '근대 초기의 시기'로 규정하고 있다. 그리고 주요한 근대 이행의 흐름 가운데 민중 생활상의 변화에 따른 민중의 권리 변화를 주목했다. 이 시기 민중운동의 성장과 주체적 등장을 바라보는 시각은 근대 한국의 민중운동사의 맥락을 재정리하려는 문제의식에서 출발한 것이었다. 다시 말해, 19세기 말에서 20세기 초에 이르는 근대 이행의 초기 민중의 삶의 변화를 다층면에서 보려는 것이다.

민중운동의 흐름을 1860년대 농민항쟁 이후부터 1894년 농민전쟁에 이르기까지, 또한 1898년 독립협회의 정치 개혁운동을 거쳐 1905년 이후 계몽운동과 의병운동에 이르기까지, 크게 두 시기로 구분하였다. 시기적 구분을 통해 1894년까지 도달한 민중의 의식 성장과 1905년 이후 국권과 민권의 문제를 어떻게 직면하고 있는가를 각기 살펴보았다.

19세기 중반 이후 민중들의 반봉건근대화운동은 사실 민중 생활의 차원에서 자신들의 권리와 이권을 확보하기 위한 흐름이었다는 것을 강조했다. 19세기 이전부터 꾸준히 성장해 온 민중의 자율적인 의지와 국정 참여의 의사가 분명히 표출되었음에도 불구하고 근대개화개혁론자들이 기획한 근대국민국가를 수립하고자 하는 입헌주의 정체 수립과 정치 개혁 구상에서는 민중이 포함되지 않았던 점에도 주목했다. 당시 계몽운동가들은 민중을 지도와 동원의 대상으로 위치시킨 채 민중의 주권, 참정권을 허용하지 않으려는 근대주의의 제한된 계몽관을 전제하고 있었다. 이들의 민중관이 조선시대 유교적 우민관에서 벗어나기는 했지만, 민중을 근대 계몽의 대상으로 그리고 정치 동원의 객체로 간주하고 있었기 때문이다.

1905년 이후 민중세력의 성장은 계몽운동과 민중운동의 양 흐름 속에서 영향을 받아 커다란 변화가 일어났다. 그런 의미에서 1900년대 후반, 즉 1905~1910년은 한국의 민중이 역사주체로서 또 하나의 새로운 시험대에 오르고 있었다고 할 수 있다.

1900년대를 거치면서 성장한 민중세력의 2세대 군이 점차 등장하고 있었다. 이러한 민중의 성장은 이제까지 우민·계몽의 대상인 동시에 동원의 대상이었던 기존의 민중 인식에서 벗어나는 계기가 마련되고 있었다. 이후 민중세력의 정치적 등장은 1910년대 일본의 무단통치에 일시적으로 잠복되어 있다가 1919년 3·1민족운동의 폭발적 전개를 주축으로 등장하게 되었다. 이 책에서는 이러한 시대적 전환기의 향방을 민중운동의 관점에서 새롭게 전망하고자 한다.

차례

제1부

근대사회 형성과 각 주체들의 민중 이해

제1장

근대 이행기 민중의 인식과 담론의 등장

1. '인민'의 용어와 해석의 문제

민중에 관한 한국 근현대사 연구는 1960년대부터 시작되어 1970년 대 농민노동운동이 사회 저변에서 일어나면서 크게 진작되었다. 더욱이 1980년대에는 민중 자신의 실천운동이 자리 잡으면서 한국사회는 근현 대 역사 발전 과정에서 민중의 등장을 주목하게 되었다.

'인민, 혹은 민중'에 대한 용어 정의에 대한 기원은 전근대에서도 찾아 볼 수 있다. 그렇지만 개별 용어의 기원은 단순히 통시대적인 용어의 표 기 사례에서 찾아보아서는 안 된다. 용어 그 자체는 하나의 시대개념이 갖 는 역사성으로 해석해 보아야 한다. 흔히 근대에서 사용되는 '민民'이라는 단어는 대개 시민市民, 농민農民, 민중民衆으로 번역되거나 비슷하게 유비類 比된다. 이전의 백성百姓, 평민平民과 구별되는 개념 규정이라고 할 수 있다. 그러면 민중 용어의 최초 기록을 삼고 있는 사례를 통해 실체를 알아보자.

우선 민중이란 용어는 1894년 3월에 공포된 동학농민군의 격문에서 도 엿볼 수 있다.

우리가 의義를 거擧하여 이에 이른 것은 그 본뜻이 다른 데 있지 않고 창생蒼生을 도탄塗炭 속에서 건지고 국가를 반석磐石 위에 두기 위해서이다. 안으로는 탐학한 관리의 머리를 베고 밖으로는 횡포한 강적強賊의 무리를 쫓아내고자 하는 것이다. 양반과 부호富豪들에게 **고통을 받는 민중들**과 방백方伯과 수령에게 굴욕을 당하는 소리小吏들은 우리와 같이 원한이 깊은 자들이다. 조금도 주저하지 말고 이 시각으로 일어서라. 만일 기회를 잃으면 후회하여도 늦을 것이다.

갑오 정월 십칠일 호남창의대장소 (고부)백산[1]

위의 인용문에서 강조한 "양반과 부호들에게 고통을 받는 민중들"이라는 용어는 원문에 그대로 기록된 것은 아니다. 지금까지 사료상 격문의 원문은 발견되지 않았다. 이 글은 1926년경에 쓰여진 『동학사』 초고본에서 저자 오지영이 쓴 것이다. 그런데 '민중'이란 용어가 과연 1894년에 그대로 쓰였을까. 당시에도 민의 무리를 부르는 일반 보통명사로 '민중'을 썼을 가능성이 있다. 그렇지만 오지영은 이 책의 초고를 쓰면서 본래 기록된 문장처럼 무의식적으로 서술하였다. '민중'은 당시 용어라기보다는 1920년대 시대상황을 반영한 것이었을 것이다. 이는 1940년 간행된 책에도 그대로 옮겨졌다고 볼 수 있다.

그렇다면 19세기 말 일반적으로 민중을 어떻게 불렀을까. 당시 사료적인 용어에서는 '민民'으로 단순하게 쓰이기도 했다. 1894년 당시 농민군의 또 다른 격문에서 발견된다.

적이 나주의 관속에게 통문을 보냈는데 그 내용은 대략 다음과 같았다. "우리들

1   오지영, 『동학사』(초고본), 1926년경; 『동학사』(영창서관 간행본), 1940; 왕현종, 「해방 이후 『동학사』의 비판적 수용과 농민전쟁연구」, 『역사교육』 133, 역사교육연구회, 2015.

이 오늘 일어선 뜻은 위로는 나라의 은혜에 보답하고 아래로는 도탄에 빠진 백성을 구하기 위한 것이다. 우리가 지나가는 고을의 부패한 탐관오리는 징벌하고, 청렴한 관리는 포상하여 관리들의 작폐와 백성들의 고통을 바로잡고 개혁할 것이며, 세금으로 거둔 쌀을 서울로 운반하는 데 따른 폐단은 영영 혁파할 것이다. (…중략…) 우리의 뜻은 이와 같을 뿐인데, 어찌하여 너희 관원들은 나라의 처지와 백성들의 실정은 도외시하고, 각 고을의 군대를 동원하여 공격을 위주로 살륙을 일삼고 있으니, 이것은 진실로 무슨 마음인가 하는 짓거리를 따져보면 의당 맞서야 되겠지만 죄 없는 관리와 백성들을 함께 죽이는 것은 안타까운 일이며, (…중략…) 우리는 모두 한 임금의 백성들인데, 어찌 서로 공격할 생각을 갖겠는가. 이러한 뜻을 수용할 것인지 아닌지를 속히 회답하기를 바란다.[2]

이 자료는 당시 유교 지식인 매천 황현이 『오하기문』에 기록한 것이다. 이에 대한 최근[2016]의 번역본에 의하면, "우리가 오늘 일어선 뜻은, 위로는 나라의 은혜를 보답하고 아래로는 도탄에 빠진 백성을 구하기 위한 것이다. (…중략…) 어찌하여 너희 관원들은 나라의 처지와 백성들의 실정은 도외시하고, (…중략…) 죄 없는 관리와 백성들을 함께 죽이는 것은 안타까운 일이며, (…중략…) 우리는 모두 한 임금의 백성들인데" 등으로 해석하고 있다. 원문을 확인하면, 여민黎民, 이민吏民, 민정民情, 일왕지민一王之民으로 쓰였다. 그런데 번역자의 주관적인 이해 방식에 따라 '백성'으로 일률적으로 번역되고 있음을 발견할 수 있다.

이렇게 근대 시기 민의 개념조차 여러 저작의 제작 시기에 따라 각기 달리 표현되고 있음을 알 수 있다. 이처럼 농민전쟁이 발생한 지 120년이

---

2   황현, 김종익 역, 『오하기문』, 역사비평사, 2016, 81~88쪽.

지난 2010년대에도 동학농민군의 격문에서조차 자신들을 호칭하는 용어가 백성, 민과 같이 다의적으로 번역되고 있다. 이러한 사실은 용어의 시의성을 따져보려는 언어분석적 방법의 유효성을 다시 생각하게 된다. 이는 당대적인 용어 개념의 파악이라는 문헌실증주의와 더불어, 용어 개념의 시대성을 추구하려는 메타해석주의의 입장에서도 재고해야 한다.

19세기 말, 조선사회에서는 민에 대한 자기 인식 혹은 타자 인식을 어느 정도라고 파악할 수 있을까. 민의 용례를 살펴보기 전에 시대적 맥락과 상관없이 현시대적 맥락에서 자의적으로 재단하려는 인식의 경향에 대해 경계하면서 실제 민중이라는 용어를 바라보는 시각이나 관점을 재검토할 필요가 있다.

한편, 민중의 시대적 변화상과 의미를 주로 고찰하기 시작한 것이 1970년대에 민중문학론 등 여러 지형에서 비롯된 것이라고 볼 수 있다. 그런데 한국사학에서는 민중사관, 혹은 민중론에 대해서는 직접 다룬 논저들이 1980년대까지도 그렇게 많지 않았다.[3] 그중에서 1981년 정창렬의 「백성의식·평민의식·민중의식」이라는 글이 주목할 만하다.[4]

정창렬은 "이 민중이란 말은 특히 1970년대 이후 쓰여지고 있는데, 거의 대부분의 경우 동태적인 개념으로서 쓰여지고 있다. 즉 정치·경제·사회적인 모순에 의한 억압과 수탈을 받으면서 그러한 억압과 수탈을 해체시키기 위하여 싸우는 주체로서의 인간집단으로서 민중이 부각되고 있

3   이만열, 「민중의식 사관화의 시론」, 『인간과 세계에 대한 철학적 이해』(김형석교수화갑기념논문집), 삼중당, 1981(한국신학연구소, 『한국민중론』, 1984, 재수록); 안병욱, 「19세기 민중의식의 성장과 민중운동 - '향회'와 '민란'을 중심으로」, 『역사비평』 1, 1987; 정창렬, 「유물사관과 한국사학」(자료 『한국민중사』 사건 증언 기록), 『역사비평』 1, 1987.
4   이 논문은 원래 『역사와 인간』(두레)에 실렸던 것인데, 1984년 『한국민중론』(한국신학연구소 편)에 재수록되었다.

는 것으로 보여진다. 이렇게 민중이 사회적인 실체로서 부각되면서 그 역사적 연원으로 관심의 폭이 확장되어 갔다. 그 결과 민중의식, 민중문화, 민중생활, 민중종교, 민중운동, 민중의 사회전기 등에 대한 관심이 고조되었다"고 하였다. 이에 따라 그는 '동태적인 개념으로서의 민중', 즉 지배계층의 권위에 복속되어 순종만 하지는 않고 인간으로서의 권리를 획득하기 위하여 싸우는 인민이 '민중'이라는 것을 전제로 하였다. 따라서 한국 역사에서 이러한 민중과 민중의식이 어떻게 형성·발전되었는가를 극히 윤곽상으로만 더듬어 보았다고 한다. 또한 그는 민중의식을 시기 구분하여 1876년 개항 이후 오늘날까지의 시기로 간주하고 그 이전의 14세기 말부터 18세기 중반까지는 백성의식의 시기로, 또 그 이후 1876년까지의 시기를 평민의식의 시기로 구분하였다.

그는 19세기 중반 민중의 인식이, "동학에서 인간 해방의식, 기존 사회질서와 서양(근대문명) 침략질서에 대한 총체적 부정의식, 그리고 내면적 인간 윤리를 섭취하는 한편, 동학의 '무위이화'의 원칙, 그리고 환상적인 시운관을 철저히 부정하고, 일체의 사회 개혁은 농민층 자신의 주체적 실천에 의하여서만 가능하다는 입장에서, 상호 유기적으로 결합되어 있는 봉건적 모순과 외세의 침략으로 인한 민족적 모순에 대응하여 나아갔다"고 하였다. 그의 핵심 논점은 '농민층 자신의 주체적인 실천에 의하여서만 가능하다는 입장'이라는 말에 함축적으로 나타난다. 그 이전 민중들의 인식은 평민의식에 머물렀다면, 이제 인간 해방의식, 총체적 부정의식, 내면적 인간 윤리 등에 바탕을 두고 주체적인 실천에 나아갈 수 있다고 파악한 것이다. 이를 '보국안민의 사상 = 농민전쟁의 사상 = 주체적 실천'으로 일체화시켜 민중의식을 정의하였다. 다시 말하자면, 민중의식을 "농민층의 주체적 역량에 의하여 인간 해방과 농민의 사회적 해방을 이

룩하고 그 바탕 위에서 민족으로서의 결집을 이루려는 의식체제"라고 정의한 것이다.[5]

그가 정의한 민중, 민중의식은 사실 추상적이고 이념형에 가까운 정의라고 할 수 있다. 민중의 주체적인 역량을 강조하고 있지만, 용어 정의의 배경에는 다분히 당시 민족적 현실과 맞물려서 민중의 역할을 애써 강조하려는 경향을 보이고 있다. 이는 "민중적 민족 형성의 코스와 상호 적합적인 관계를 가지는 의식체계·문화형태가 민중의식·민중문화로서 정립되었다"고 믿어진다는 표현에서 알 수 있다.

더구나 그는 1910년의 시점에서 시대적 과제를 해결하지 못한 민중의식·민중문화의 한계를 지적하지 않을 수 없었다. 그가 설정한 3가지 한계란, 첫째, 천부의 자연권으로서 확인하는 인권의식 결여와 이성에 대한 자각 결여, 둘째, 계급적 자각 결여, 셋째, 제국주의의 구조와 제국주의 침략의 성격을 '과학적으로 인식'하지 못한 한계 등을 들고 있다. 그렇다면 그의 민중 인식과 담론 비판은 사실 상충적인 모순관계를 보여준다고 할 수 있다. 다시 말하자면, 민중의식과 민중문화를 강조하는 문제의식은 1876년 제국주의 열강, 특히 일제의 침략에 대항하는 근대 민족의 결집과 그 속에서 주체로서 기능하는 민중의 역할을 강조하기 위한 것이다. 그것을 개념적으로 요약하면, '민중적 민족 형성의 코스'를 강조하기 위한 것이다.[6] 근대 민족의 주체로서 민중론을 강조한다는 그의 입론은 역

---

5 정창렬, 「전봉준의 변혁사상」, 『마당』, 1981. (『정창렬 저작집 II-민중의 성장과 실학』, 302쪽에서 재인용)
6 그는 1987년의 다른 글에서 구체적으로 민중의 개념을 정의하였다. "그러나 민중이란, 한국역사의 과제가 계급 해방에서만 끝나는 것이 아니고, 인간 해방과 민족 해방이라는 두 과제를 계급 해방이라는 과제와 더불어 이 세 개를 유기적인 통일로써 해결해야 한다는 요구에서 민중이라는 것이 형성되었습니다. 예를 들면 노동자, 농민, 민족자본가, 청년, 학생, 지식인 등의 광범한 사람들이 위의 세 가지 과제를 위해서 하나의 민족

설적으로 1910년 망국의 현실에 부딪쳐 활로를 찾지 못했다. 그래서 자연스럽게 민중론의 한계를 다시 지적함으로써 현실과의 충돌을 무마하여 인식론적 해소로 회귀하게 된다.

이러한 민중 이해는 한편으로 과학적인 현실 인식과 근대민족주의의 형성이라는 근대주의의 시각을 도입한 것이었지만, 결과적으로 근대 시기 민중의 자율성과 독자성을 이해하지 못하는 편견적 시각으로 귀착되는 한계를 가지고 있다. 정창렬은 이러한 모순을 1980년대 중반 이후 민중의 비자본주의적 발전 지향을 주장함으로써 양자의 모순을 극복하고자 했다. 그러나 이러한 출구 전략도 민중 이해의 양면성, 즉 민중의 변혁 주체로서의 강조점과 실체적인 실패라는 상충된 결과를 회피할 수 없었다. 따라서 이러한 이해는 1970년대에서 1980년대 중반까지 풍비한 근대 민중 담론의 실체와 실현 불가능한 이념적 한계를 동시에 보여주는 것이라고 할 수 있다.

1980년 말까지 한국사에서 민중사학의 등장과 정의에 대해서는 일반적으로 '민중사학론'으로 정리하고 있다. 현대사 연구자 김성보에 의하면, "역사 발전의 주체는 민중"이라는 선언적 명제에 기초하여 "역사를 민중의 주체성이 확대되어 가는 과정으로 해석하고, 이를 토대로 민중이 주인되는 사회를 건설하기 위한 변혁의 전망을 모색하는 실천적인 경향"이라고 규정하였다.[7] 그는 1970~1980년대 민중사학의 내포와 외연을 평가하면서 ① 소시민적 민족주의 관점의 '민중사학론', ② 통일전선론적 관점의 '민중사학론', ③ 도식적 사적유물론의 대안으로서의 '민중사학

문제의 해결을 위한 동일한 힘이 되었는데, 그것이 민중이라고 생각합니다."(정창렬, 위의 글, 1987, 352쪽)

7   김성보, 「'민중사학' 아직도 유효한가」, 『역사비평』 16, 1991, 48~55쪽.

론'이라는 3가지 분류를 제기하였다. 그는 각론에 대해서 민족 모순의 문제를 중심으로 하여 민중을 초계급적 범주로 이해하는 오류를 범했고[①], 또한 사회구성체에 입각하여 민중을 보다 계급적인 관점에서 파악할 것을 제기하면서도 민중을 전술 차원의 개념으로 왜소화시키는 잘못을 범했다고 하였다[②]. 그리하여 민중이 하부구조의 조건 변화에 영향을 받지만 변혁과 반변혁의 정치적 정세 변화 속에서 스스로 역사 변혁의 주체로 정립하여 나아가는 운동적·주체적 존재이며, 민중이 여러 계급, 계층의 연합이라는 점에서 초역사적 범주로 보았다[③]. 따라서 지금까지 민중사학론에서는 민중을 바라보는, 아래로부터의 역사라는 관점도 명확하지 않으며, 지배계급과의 관련 속에서 능동적 주체로 발전해 가는 과정으로 보기 때문에 민중의 주체성에 대해서 아직 구체적이지 않은 한계를 가지고 있다고 비판하였다. 1990년대를 맞이하면서 이렇게 정리된 한국의 민중사학론은 종래 1970~1980년대의 복잡한 논의의 전개 과정에 대해 다시 한번 근본적인 반성을 촉구하게 되었다.

2. 민중의 자율적 세계와 민중 담론의 제기

조선 말기 정치 상황 속에서 거대한 민중 반란이 일어났다. 이는 1894년 갑오농민전쟁이라고 할 수 있다. 같은 시기에 개화파 개혁 관료를 중심으로 이루어진 갑오개혁을 위로부터의 변혁운동으로 본다면, 갑오농민전쟁은 아래로부터의 변혁운동이었다. 이 농민전쟁은 조선의 구체제 해체를 선포한 사건인 동시에 근대 민중운동과 민족운동의 새로운 시기를 여는 본격적 출발점으로 간주되고 있다.[8] 당시에는 1894년에 일어난 민중 반란에 대해 동학당東學黨의 난으로 불렀다. 양반 지배층의 입장에서는 조선왕조국가의 기본 질서를 무너뜨리려는 무지몽매한 민중들의 반란이라고 적대시하였다. 그래서 당시부터 동학이라는 민중종교에 의해 일어난 반란으로 폄하되고 탄압을 받았지만, 역사적 실체는 120여 년이 지난 오늘날까지도 논란이 되고 있다.

1994년 100주년을 맞이하여 농민전쟁에 대한 기념행사와 학술토론회는 전국 각지에서 일어나 커다란 행사 붐이 일어나기도 했지만, 별다른 학술적 쟁점이 없이 지나가기도 했다. 그렇지만 일각에서는 지난 동학농민전쟁 연구를 반성하면서 학계와 사회적인 관심을 새롭게 촉발시키고 있었다.[9] 첫째, 동학과 농민전쟁의 관계, 둘째, 민중 반란의 주체에 대한 논쟁, 셋째, 민중의 지향과 내셔널리즘의 문제 등이었다.

이후 근대전환기 조선사회에서 민중운동의 역사적 성격이라는 시각을 전제하면서도 근대 지향적 역사 발전의 관점과 국민국가의 담당자로서 '민중'을 파악하려는 관점을 본격적으로 비판하게 되었다.[10]

여기에 발상의 전환을 제공한 것은 재일 조선근대사연구자 조경달이었다.[11] 1998년 그는 동아시아의 민중상에 대한 근본적인 문제를 제기하

---

8 조경달, 박맹수 역, 『이단의 민중 반란―동학과 갑오농민전쟁 그리고 조선 민중의 내셔널리즘』, 역사비평사, 2008, 14~15쪽, '서장, 동학과 갑오농민전쟁'.(원전 : 『異端の民衆叛亂』, 岩波書店, 1998)

9 역사학연구소, 1894년 농민전쟁 연구분과 편, 『농민전쟁 100년의 인식과 쟁점』, 거름, 1994; 역사문제연구소 민중사반, 『민중사를 다시 말한다』, 역사비평사, 2013, '제1부, 새로운 민중사의 모색' 참고.

10 홍동현, 「'새로운 민중사'의 등장과 새로운 동학농민전쟁史 서술에 대한 모색」, 『남도문화연구』 27, 2014, 359~380쪽; 김헌주, 「근대전환기 사회운동사 연구의 현황과 제언 ―동학농민전쟁과 의병운동을 중심으로」, 『사총』 107, 2022, 51~62쪽.

11 배항섭, 「근대를 상대화하는 방법 : 민중사에서 바라보는 근대―『이단의 민중 반란』과 『민중의 유토피아』를 읽고」, 『역사비평』 88, 역사비평사, 2009, 358~380쪽; 윤해동,

였다. 즉, "민중을 아프리오리한 존재, 즉 선험적으로 근대민족운동을 추동한 아래로부터의 힘으로 파악하고 있다"고 비판하였다. 그것은 동시대에 맞는 민중상이 아니며, 오히려 근대지식인 연구자가 기대하는 민중상이라고 하였다. 그의 정의에 의하면, 민중은 본래 역사 발전이나 국민국가와는 아무런 관계가 없는 자율적 존재로 보고 그 일상성에 착안하는 관점을 가져야 한다고 주장했다. 그가 제시한 민중론은 다음과 같았다.

애당초 근대 이행기의 민중이 근대 지향적이라는 논의는 세계사를 통해 실증할 수 없는 역사 인식이다. 프랑스혁명에서조차 농민운동이 반봉건주의운동인 동시에 반자본주의 지향을 가진 평등주의적·자율적 운동으로 전개되었다는 것은 조르주 르페브르에 의해 밝혀진 이래 상식으로 통하고 있다. 민중이 고유한 문화를 가진 자율적 존재라는 관점은 일본에서는 야스마루 요시오에 의해 일찍부터 제기되었다. 근면·검약·겸허·효행 등의 통속도덕通俗道德은 한편으로 위로부터 강요된 것이지만, 다른 한편으로는 민중이 그 실현을 위해 자기 형성·자기 확립의 노력을 함으로써 "통속적이고 전근대적인 도덕으로 보이는 것이 어떤 역사적 단계에 있어서는 새로운 '생산력'이 된다"라는 것이다. 그것은 민중의 전통적·일상적 세계에 밀착하면서도 오히려 그것을 뛰어넘는 참으로 '토착적'인 사상 형성의 가능성을 찾아내려고 하는 역사 인식 방법이다.[12]

그의 민중운동 시각 전환 시도는 요컨대 민중을 자율적으로 복권시키

「일본에서의 한국 민중사 연구 비판—趙景達을 중심으로」, 『한국민족운동사연구』 64, 2010, 467~496쪽.

12 조르주 르페브르, 시바타 미치오(柴田三千雄) 역, 『프랑스혁명과 농민』, 미래사, 1956; 시바타 미치오, 『近代世界と民衆運動』, 岩波書店, 1983, 23~27쪽; 야스마루 요시오 (安丸良夫), 이희복 역, 『일본의 근대화와 민중운동』, 논형, 2001, 9~58쪽.

려는 시각이었다. 종래 문명 개화 자유민권운동기 민중운동과 사상이라는 시대적 전제에 대해 민중운동을 문명 개화와 자유민권운동으로부터 떼어내어 자율인 것으로 파악하려 했다.[13]

그의 연구대상은 19세기 이래 20세기에 이르는 민중운동의 전체상을 설명하는 것으로 확대되었다.[14] 유교국가인 조선에서는 본래 사士만이 정치의 실천주체였기 때문에 민중은 사의식을 갖지 않고서는 쉽사리 정치적 행위를 할 수 없었다고 설명했다.[15]

근대에서의 자율적인 민중상이라는 조경달의 견해는 해방 이후 1980년대까지 풍미해 온 내재적 발전론에 의한 민중의 성격 파악과는 크게 결을 달리하고 있다. 지금까지 근대 이행기에 민중이라는 이념형을 설정하고 이를 근대역사 속에서 구체성을 검증하려는 방법을 통렬하게 비판하고 있다. 요컨대, 민중이라는 주체 형성은 민중 고유의 역사적 맥락에서 자율적으로 이루어지는 것이지, 기대되는 이념형적 민중상이 선험적으로 설정된 뒤에 역사적으로 검증되는 것이 아니라는 비판이다.

이후 조경달의 민중이론에 대한 검토는 이미 여러 편의 서평이나 논평

---

13 일본에서 민중, 서민, 인민이라는 용어는 각기 다른 의미를 지녔다. 『大言海』에서 '민중'은 여러 사람, 여러 민초, 인민, 민서(民庶), 서민 등으로 규정되었다. 『辞海』에서는 "최대 다수의 국민, 대중, 일체의 국민을 동등하게 일원으로 본 전체"라고 하였고, 『広辞苑』에서는 국가에서 피통치자, 사회를 구성하는 사람 등으로 매우 모호하게 되어 있다. (芳賀登, 『民衆槪念の歷史的変遷』, 雄山閣出版, 1984, 354쪽)

14 "19세기 이후 활발해진 민중운동은 이러한 농민 세계의 자율성을 배경으로 전개되었다. 따라서 민중운동은 당연히 자율적인 운동이다⋯⋯. 농민이 일상적으로 접하는 양반은 농민에게 선망의 대상이자 농민의 규범의식을 규정하는 일면을 갖고 있었다. 그러나 농민은 소농자립에 대한 지향을 차츰 강화시켜 마침내 스스로의 자율적 세계에 사(士)의식을 끌어들임으로써, 반대로 재지사족이나 지방권력에 강력하게 이의를 제기할 수 있는 존재가 된다"고 파악했다.

15 조경달, 허영란 역, 『민중과 유토피아―한국근대민중운동사』, 역사비평사, 2009, 27~30쪽, '서장, 민중운동사의 방법'. (『朝鮮民衆運動の展開』, 岩波書店, 2002)

에서 이루어졌다. 배항섭은 한편으로 지배이념이나 엘리트문화에 쉽사리 포섭되거나 회수되지 않는 민중문화의 고유성을 강조하기 위해서 자율성 개념을 사용하는 것으로 보인다고 인정하면서도, 조경달의 주장처럼 민중의 자율성을 대체로 '반근대' 지향과 겹쳐서 설명하는 문제점을 지적했다. 민중의 자율성을 근대에 대한 철저한 배타성으로 묘사하기도 하고, 때로는 근대적 지식인에 의해 쉽게 포섭되거나 사라져버리는 것처럼 서술했기 때문이다.[16]

실제 조경달의 주장에는 조선 후기 민중의 내면에 흐르고 있던 상승 지향적인 '사士'의식과 결합시켜 민중 각자가 '군자' 혹은 '양반'이 될 수 있다는 논리를 내포하고 있었다. 민중은 일상적 세계를 벗어나 비일상적 세계로 도약할 수 있었다는 것이다. 하지만 그러한 '사'의식을 지닌 민중은 국왕에 대한 환상에서 자유로울 수 없었기 때문에, 국왕과 민중 사이에 존재하는 중개 세력을 배제한 '일군만민一君萬民'체제를 구축한다는 것이었다. 그는 그 아래서 평등·평균주의사회를 실현한다는 '유교적 유토피아'가 민중의 이상으로 표출될 수 있었다고 하였다.[17]

결론적으로 그는 갑오개혁 이후 근대국가의 형성 과정을 거치면서도 민중의 의식을 왕조나 국가의 국민 의식의 미비로 부정적으로 평가하고 있다. 그는 민중이 또 하나의 '근대'를 지향하면서도 조선왕조를 위해 목숨을 바치려고 하는 의식이 희박했던 차원에서 '자율적 존재'이기는 하지

16 배항섭에 의하면, 조경달이 농민운동에서 보이는 규율이나 덕망가적 질서관, 국왕 숭배 등을 통해 자율성이 발현되는 모습을 그려내고 있으나, 민중의식의 자율성과 관련하여 도리어 '반근대성'과 '평등주의'이라고 평가하였다. (배항섭, 「근대를 상대화하는 방법 : 민중사에서 바라보는 근대—『이단의 민중 반란』과 『민중의 유토피아』를 읽고」, 『역사비평』 88, 역사비평사, 2009, 4~5쪽)
17 조경달, 『이단의 민중 반란』, 역사비평사, 2008, 333~364쪽.

만, 스스로를 정치주체로 인식할 수 없었다는 입장이다.[18] 결국 민중은 근대 지향주의에 의해 처음부터 포섭된 존재가 아니라 도리어 반근대의 측면에서 전통적인 사상과 민중문화의 바탕으로 새롭게 만들어진 존재라는 관점에 도달하게 된다. 그러나 그러한 논리는 최종적으로 민중은 지식인·지배이념에 의해 포섭되고 동원되는 수동적인 존재라는 결론으로 귀결하게 된다.

한편으로 민중의 자율성에 대한 설명이 반근대 지향으로 연결시킬 수 있을지도 의문이다. 배항섭은 근대 이행기 민중의 지향이 부르주아적·자본주의적 근대가 아니었다고 하더라도 이것을 반자본주의, 반근대로 바로 환치시킬 필요는 없다고 하였다. 민중의 지향을 '반근대'로 규정하는 것은 민중의 의식을 고정적인 것으로 보고, 전근대적인 틀 안에 가두는 결과를 초래하며, 결국 근대성이나 국민국가의 형성 과정에서 민중이 자율적으로 개입할 수 있는 여지를 사라지게 만든다는 것이다. 여기서 관점의 혼선이 발생하는데, 민중은 근대 이행에서의 자율적인 존재로 비춰지기는 하지만, 19세기 말 조선 민중의 자율성은 역설적으로 아직 명확하지 않다는 문제점을 남기고 있다.

그렇다면 근대 이행기의 민중상은 어떤 역사적 특질 속에서 자율적으로 형성되어오는 것인가를 다시 물어볼 필요가 있다. 19세기 생활사에서 움직여왔던 민중의 실체를 되짚어 보고 민중담론의 실재적 타당성을 재검토해야 한다.

---

18   위의 책, 351~353·364쪽.

3. 근대국민국가의 논의와 국민·민중의 이해

19세기 후반 한국사회는 대내적으로 근대 개혁, 대외적으로는 제국주의 침략에의 대응이라는 과제에 직면하고 있었다. 조선 후기 이래 상품화폐경제의 발전과 농촌사회의 변화가 크게 확대되면서 조선사회의 신분적 질서와 봉건적 통치체계는 점차 붕괴되고 있었다. 이를 개혁하기 위한 운동으로 관료·지식인층에 의한 사회 개혁론이 제기되는 한편, 밑으로부터 민중운동이 전개되고 있었다. 농민들은 1862년 농민항쟁에까지 나아갔으나 조선왕조의 기본구조를 개혁해내지는 못하였다. 이제 조선사회는 1876년 일본에 의해 세계 자본주의체제로 강제 편입되었다.

이 시기 개혁운동은 기본적으로 조선왕조의 봉건국가체제를 해체시키고 자주독립의 근대국민국가로 발전시켜 나가야 하는 과제를 안고 있었다.[19] 이 시기 국가체제의 개혁으로는 1880년대 초 문호 개방과 개화정책에 이어, 1882년 임오군변, 1884년 갑신정변, 1894년 농민전쟁과 갑오개혁, 1896년 이후 독립협회와 대한제국大韓帝國의 개혁운동이 전개되었다.[20]

이 시기 개혁운동을 근대국가의 발전과 지향이라는 측면에서 다룰 때, 개혁운동의 주체 해명과 아울러 당시 국가적 개혁의 단계적 발전을 어떻게 파악할 것인가 하는 문제가 제기되었다. 근대국가로의 발전은 일반적으로 국가기구의 근대화, 중앙집권화, 삼권분립三權分立 등으로 표현하거

---

19 김용섭, 『한국근대농업사연구』(증보판) 上·下, 일조각, 1988; 정창렬, 「한말 변혁운동의 정치·경제적 성격」, 『한국민족주의론』, 창작과비평사, 1982; 주진오, 「한국 근대 집권·관료세력의 민족 문제 인식과 대응」, 『역사와 현실』 창간호, 한국역사연구회, 1989.

20 이배용, 「개화사상·갑신정변·갑오개혁에 대한 연구현황과 과제」, 『한국사론』 25, 1995, 157~192쪽; 이민원, 「대한제국의 성립과 「광무개혁」, 독립협회에 대한 연구성과와 과제」, 『한국사론』 25, 1995, 243~290쪽.

나 권력구조의 측면에서 입헌군주제立憲君主制나 공화제共和制의 수용 등으로 설명하고 있다.

그런데 당시 개혁운동은 단지 서구의 근대국가 모델을 수용하기만 하면 되는 것은 아니었다.[21] 개혁이념은 일정하게 외래 서구근대사상을 수용한다고 볼 수 있는데, 그렇다고 해서 수용의 입장 자체가 기존의 유교주의에서 크게 벗어나지 않았다고 보기는 어렵다.[22] 조선왕조하에서는 전제군주권專制君主權의 확립이 가장 중요하므로 개화파의 개혁론을 제외시키고, 고종의 정치적 역할을 강조해도 역시 곤란한 점이 많다.[23]

무엇보다도 근대국가체제의 개혁 문제에 대해서는 보다 포괄적인 접근방식이 필요하다. 우선 개혁운동이 어떤 과정을 통하여 근대국가를 만들려고 하는가라는 '입헌立憲' 과정에 대한 이해가 필수적이다. 특히 조선왕조의 국체國體와 정체政體를 어떻게 분리하여 개혁할 수 있느냐가 정치사적 관건을 가지고 있다.[24] 그러한 측면에서 근대국민국가의 구상 속에서 국민의 위치는 어떻게 규정되며, 국민과 민중과의 관계를 어떻게 설명하고 있는가에 대해서도 규명되어야 했다.

---

21 신용하, 「19세기 한국의 근대국가형성문제와 입헌공화국 수립운동」, 『한국의 근대국가 형성과 민족 문제』, 문학과지성사, 1986, 23~61쪽; 서영희, 「개화파의 근대국가 구상과 그 실천」, 한국사연구회 편, 『근대 국민국가와 민족 문제』, 지식산업사, 1995, 261~302쪽.

22 김봉렬, 『유길준 개화사상의 연구』, 경남대 출판부, 1998; 유영익, 「『서유견문』과 유길준의 보수적 점진개혁론」, 『한국근현대사론』, 일조각, 1992.

23 이태진, 「서양 근대 정치제도 수용의 역사적 성찰―開港에서 光武改革까지」, 『진단학보』 84, 1997; 쓰키아시 다쓰히코(月脚達彦), 「甲午改革の近代國家構想」, 『조선사연구회논문집』 33, 綠蔭書房, 1995.

24 왕현종, 「개화파 사상과 근대국가 건설론」, 『논쟁으로 본 한국사회 100년』(역사비평 통권 50호 기념), 2000.2, 15~21쪽; 왕현종, 「주제서평 : 민족적 관점에서의 한국 근대정치사 비판과 '고종'의 절대화―이태진, 『고종시대의 재조명』, 태학사, 2000」, 『역사문제연구』 6, 2001, 261~276쪽.

1894년 대내외적 국가 붕괴의 위기 속에서 당시 개화파 개혁 관료·지식인들이 근대국가의 제도적 개혁으로 구상하고 수립하는 데에 핵심적인 역할을 했으리라는 점을 짐작할 수 있다. 이들이 과연 어떠한 개혁 구상하에서 아래로부터의 민중운동을 어떻게 수용하고 있는가를 객관적으로 파악하는 것이 필요하다. 이는 근대국민국가의 수립뿐만 아니라 한국 민족주의의 형성에 중요한 문제라고 할 수 있다.

우선 갑오개혁기 근대국가의 형성 문제에 대해서는 당시 갑오개혁에 참여한 개화파들은 이미 1894년 일본의 개입 이전 주체적인 입장에서 전통적인 조선왕조국가를 개혁한다는 변통론變通論에 기원하면서도 서양의 근대국가상을 일정하게 수용하고 있었다는 점을 밝혔다.[25] 이는 단순히 서구사상의 수용만으로 해명할 수는 없으며, 다름 아닌 '군민공치君民共治'의 근대국가체제였다고 하였다.[26] 기존 연구에서는 이를 입헌군주제와 동일한 것으로 환치하여 이해하고 있었던 데 반하여, 저자는 이들의 독특한 개념과 논리를 대변하는 용어로 이해하려고 하였다. 다만 갑오개혁 시기에는 아직 근대국민국가로서 입헌체제를 갖추지 못했고, 형식적인 삼권분립에 그치고 더구나 국민의 권리와 의무에 대한 인식도 갖추지 못했다고 보았다. 또한 한국 근대에서 근대국민국가의 체제 수립과 관련하여 볼 때, 조선왕조국가의 근대적 국가체제로의 개혁과 전환은 근대사회와 근대국가의 원리적 측면을 규정하는 헌법, 민법, 형법 등 근대법률체제의 수립이라는 조건을 매개항으로 갖고 있었다. 따라서 갑오개혁이 한국 근대 개혁이념의 형성과 국가제도화, 그리고 근대법전화라는 단계에서 어

---

25 왕현종, 「갑오개혁기 관제개혁과 관료제도의 변화」, 『국사관논총』 68, 1996.

26 왕현종, 『한국 근대국가의 형성과 갑오개혁』, 역사비평사, 2003, '제3장, 개혁관료의 '군민공치(君民共治)'와 근대국가 구상'.

디에 놓여 있었는가는 이후 대한제국기에 이르는 입헌 문제와 근대법전의 수립이라는 연구과제로 남겼다.

최근 근대국민국가의 수립운동으로 보고자 하는 연구는 종전 1970~1980년대 근대국가의 수립운동과 민족주의의 발전에 대한 연구 경향과는 일정한 간극이 있다.[27] 이전 연구에서는 서구 제국주의 침탈에 맞서는 독립협회, 애국계몽운동 등 계몽운동 계열의 근대국가 건설과 관련하여 반제근대민족국가의 수립 과정에 주목하였다. 이는 근대국가와 민족주의를 결합시켜 이해하고자 했지만, 그러한 과정에서 근대국가 구상과 국민의 개념 등을 구별하여 연구하지 못하는 한계가 있었다.

2000년대 초반부터 근대국민국가의 형성을 기축으로 설명하려는 새로운 차원의 논의가 촉발되었다.[28] 이후 연구에서는 갑오개혁과 대한제국에 걸치는 시기에 근대국민국가의 논의와 국민의 개념에 대해 보다 구체적인 천착이 이루어졌다. 한편에서는 서구의 '네이션' 개념이 한국, 중국, 일본 등 동아시아 삼국에 어떻게 수용되고 변용되었는가 하는 문제로 비교사적인 연구가 진행된 반면, 한편에서는 사회과학과 국문학 분야에서 '민족', '국민' 개념이 각 분야에서 어떻게 수용되고 확대되었는가 하는 연구가 진행되어 근대 인쇄매체의 담론과 텍스트 분석으로 나아갔다.[29]

---

27 신용하, 『독립협회연구』, 일조각, 1976; 강만길, 『韓國民族運動史論』, 한길사, 1985; 김영작, 『한말내셔널리즘연구』, 청계연구소, 1989(『韓末ナショナリズムの硏究』, 東京大學出版會, 1975); 金度亨, 『大韓帝國期의 政治思想硏究』, 지식산업사, 1994; 유영렬, 『大韓帝國期의 民族運動』, 일조각, 1997.

28 박찬승, 「한국에서의 '민족' 개념의 형성」, 『개념과 소통』 1, 한림대 한림과학원, 2008; 박찬승, 「한국의 근대국가 건설운동과 공화제」, 『역사학보』 200, 역사학회, 2008; 양진아, 「한국 근대 정치사 연구 동향과 과제」, 『사총』 107, 2022.

29 정용화, 「안과 밖의 정치학 – 19세기 후반 개화개혁론에서 국권 민권 군권의 관계」, 『한국정치학회보』 34-2, 한국정치학회, 2000; 이화여대 한국문화연구원 편저, 『근대계몽기 지식개념의 수용과 그 변용』, 소명출판, 2004; 이화여대 한국문화연구원 편저, 『근대

그럼에도 불구하고 근대 개념과 담론에 관한 연구에서는 아직 몇 가지 해결해야 할 과제가 있다. 첫 번째로는 새로운 '근대국가近代國家'를 서구의 용어인 '네이션nation'으로 볼 것인가, 아니면 민족체를 의미하는 '민족성 nationality'로 볼 것인가 하는 시각의 차이가 있었다.[30] 이러한 이해는 최근 까지도 혼란되고 있는데, 예컨대 한국 근대사에서 국민국가의 수립을 위 해서는 그 주체인 '국민'을 형성하고 통합하기 위한 이데올로기로서 민족 주의를 이해해야 한다는 입장이다.[31] 이는 국민국가와 민족주의를 혼용 하여 쓰기 시작한 데서 오는 혼란이라고 생각한다.

두 번째로는 한말 개화기 근대 언론과 간행물에 대한 텍스트 분석은 내용상으로 정치한 분석으로 나아갔으나 국민의 개념과 시각, 그리고 문 맥적인 이해에 대해서는 피상적이거나 부적절한 분석도 많았다. 특히 한 말 개화기 신문에 게재된 논설이나 잡보 분석은 독자층이 대중이며, 다양 하고 크게 영향을 준다는 의미에서 분석의 대상으로 삼을 수 있었다. 근 대 학술의 저작에서 서구나 일본의 법률가들의 저작을 편역하거나 짜깁 기하는 번역체 수준에 그쳤음에도 불구하고 새로운 용어 개념을 번역자 의 정리된 이해로 등치시키는 오류도 많았다.[32] 이 때문에 서구와 일본의 근대국가의 문맥과 다른 상황에 있었던 한국인의 의식과 이해방식의 독 특성을 도리어 파악하기 어려울 수도 있다.[33] 그런 의미에서 1905년 이후

계몽기 지식의 굴절과 현실적 심화』, 소명출판, 2007.

30   김명구, 「한국에서 근대 '네이션' 개념의 형성」, 『동아시아 근대 '네이션' 개념의 수용과
     변용』, 고구려연구재단, 2005, 49~83쪽.
31   김소영(金素玲), 「대한제국기 '국민' 형성론과 통합론 연구」, 고려대 박사논문, 2010,
     1~12쪽.
32   한말 법률관계 번역서에 대한 대표적인 논쟁은 『국가학』에 관한 논문이었다. 김효전,
     『근대 한국의 국가사상』, 철학과현실사, 2000; 정혜정 연구(2020) 등 참조.
33   1895년에 파견된 재일본 조선인 유학생들이 펴낸 『친목회회보』에서 거론된 입헌정체

일제의 보호국기 지적 계보와 지식 담론의 분석은 좀 더 종합적이고 입체적인 분석이 필요하다.

따라서 한국 근대 시기 근대국가를 만드는 과정에서 국왕과 정부관료, 그리고 개화, 유교 지식인 등이 근대 개혁의 지지기반이 될 '국민'을 형성하고 통합하려 했다는 연구시각은 좀 더 세밀화된 담론으로 발전시켜야 했다.[34] 그러나 최근 국민국가 연구는 이전 반제 민족주의와 하나의 민족으로서의 결합을 강조해왔던 근대민족주의 담론에서 아직 벗어나지 못했다고 생각한다. 물론 근대국민국가의 건설도 근대 부르주아의 근대 개념과 근대국가관에 의해 만들어지고 있다는 점을 전제로 하고 있다. 그렇다고 해서 민족주의 혹은 근대국가의 강화가 곧 국민의 성립, 즉 민중의 인권을 인정하고 참정권을 보장하거나 주권재민의 원리를 관철하는 국민화의 단계로 직접 연결되는 것은 아니다.

근대국민국가의 건설 과정에서 근대국가의 부르주아 지배층들은 민족의 공동체를 내세우든지, 개별 인민의 권리를 보장하든지 간에 통합된 국민을 형성하기보다는 정치 동원의 대상으로서 민중을 인식하고 있기 때문이다. 또한 근대국민국가론은 사실상 다양한 국민계층을 분할하여 지배하려는 입장에서 '국민'을 내세우고 있기 때문이다.[35] 이들이 지향하고

나 국민 관념 등에 대해서는 왕현종, 「갑오개혁 이후 조선 유학생의 일본 유학과 유학 분야」, 『역사와실학』 69, 2019 참조.

34 도면회, 「황제권 중심의 국민국가체제의 수립과 좌절(1895~1904)」, 『역사와 현실』 50, 2003; 月脚達彦, 『朝鮮開化思想とナショナリズム近代朝鮮の形成』, 東京大學出版會, 2009(최덕수 역, 조선의 개화사상과 내셔널리즘, 열린책들, 2014); 김소영, 「대한제국기 '국민' 형성론과 통합론 연구」, 고려대 박사논문, 2010; 조성운, 「독립협회의 '국민' 인식과 창출 활동 ─ 尙武論과 관련하여」, 『한국민족운동사연구』 90, 2017; 곽금선, 「1898년 독립협회의 정치기획과 '충군애국'」, 역사와 현실 107, 2018.

35 쓰키아시 다쓰히코(月脚達彦)는 19세기 후반 근대전환기에서 '국민의 창출 = 국민화'의 문제를 제기하고 개화사상의 계몽활동이 기존 백성을 서구 문명국의 국민처럼 문명

있는 국민은 하나의 통합된 동포, 민족이 아니라 자신들의 지배권력을 유지해 줄 수 있는 최소한의 장치로서 국민적 권리와 의무를 규정하려고 하는 것이다.[36] 근대국민국가의 지배원리는 기본적으로 기존 국가권력의 지배를 거부하거나 벗어나고자 하는 계층들은 국민의 이름으로 억압하거나 배제시키는 것이다.[37]

그러한 차원에서 근대 개혁기 한국의 민중들이 근대국가, 혹은 근대국민국가의 형성 과정에서 어떠한 국민으로 편성되는가 여부도 본 저서의 주요 주제의식이 될 것이다.

마지막으로 강조하고 싶은 것은 19세기 말 인민, 혹은 민중에 대한 해석에 당대의 내러티브에 입각한 다양한 재해석에 대한 총괄적인 분석이 필요하다는 점이다. 이를 위해서는 당대 역사사료의 원문 전체에 대한 텍스트 분석이 있어야 한다. 이를 위해 앞으로 모든 근대사 자료의 종합적인 DB 창출과 텍스트 분석이 이루어져야 한다. 그래야만 한국 근대 초기

화하여 국민적 정체성을 갖도록 하는 데 있다고 하였다. 갑오개혁과 독립협회에 대해서 위로부터의 개혁이 민중에 반한다는 설명에서 벗어나서 국민화 과정에서 행해진 민중의 포섭과 배제라는 측면으로 보아야 한다고 강조하였다.(月脚達彦, 『朝鮮開化思想とナショナリズム—近代朝鮮の形成』, 동경대학출판회, 2009)

36 대한제국기에서 식민지시기까지 경찰과 민중과의 관계를 조망한 신창우(愼蒼宇)는 일본에 의한 질서유지의 경찰지배와는 달리 민중의 인정(仁政) 원망(願望)과 대한제국 고유의 덕치적(德治的) 경찰지배(警察支配)가 공존하고 있음을 주목하였다.(愼蒼宇, 『植民地朝鮮の警察と民衆世界 1894~1919』, 有志舍, 2008)

37 1990년대 일본에서 근대국민국가론의 한계를 지적하고 있는 니시카와 나가오의 일련 연구가 주목된다. 니시카와 나가오(西川長夫), 윤대석 역, 『국민이라는 괴물』, 소명출판, 2002(『国民国家論の射程—あるいは〈国民〉という怪物について』, 柏書房, 1998); 윤해동 역, 『국민을 그만두는 방법—국가이데올로기로서의 민족과 문화』, 역사비평사, 2009(『地球時代の民族 = 文化理論—脱「国民文化」のために』, 東京 : 新曜社, 1995; 한경구, 이목 역, 『국경을 넘는 방법—문화·문명·국민국가』, 일조각, 2006.(『国境の越え方—比較文化論序説』, 東京 : 筑摩書房, 1992; 増補, 東京 : 平凡社, 2001)

당대 자료가 내포하고 있는 용어 개념의 실증주의적 분석이 비로소 가능할 수 있을 것이다.

한말 개화기에는 민중에 대한 용어로는 유사 이래 오랫동안 쓰여온 '인민'이라는 용어가 가장 많이 쓰였다. 당시 조선사회에서 피지배계급으로서 일반 대중을 가르키는 용어로는 익히 우리가 아는 '백성'이라든가 아니면 '민인'이라는 용어가 있지만, 이보다 많이 사용된 용어는 '인민人民'이었다. 인민이라는 용어는 당시 개화지식인 유길준의 『서유견문』에서도 가장 빈도수가 높았으며, 1883년 『한성순보』의 발간 이래 『독립신문』이나 『황성신문』이나 『대한매일신보』에 이르기까지 계몽신문에서 가장 많이 쓰이는 용어였다.[38] 심지어 당시 조선국가의 정부 기록 문서 중에서도 가장 흔히 쓰이는 용어였다고 할 수 있다.

그렇지만 인민이란 용어는 민인民人 개개인을 가르치는 용어로 사용되면서 보편적인 인민의 권리와 의무 등 근대적인 개념으로 사용된 경우가 많았다. 이에 비하여 여러 민들의 집합적인 의미를 가지고 있는 '민중民衆'은 당시에는 그렇게 많이 사용되지는 않았다. 더구나 『조선왕조실록』 중에서 『고종실록』과 『순종실록』에서조차 거의 찾아볼 수 없는 용례이다. 매우 희귀한 경우이지만 1898년 고종의 조서, 정부의 문서에서는 간혹 민중이라는 용어를 쓰고 있음을 확인할 수 있다.[39] "대개 인민이 하나둘씩

---

38 대한민국 신문아카이브의 통계에 의하면, 1883년부터 1910년까지 간행된 한말 신문 기사의 제목과 내용에서 '인민'의 용어를 사용한 사례는 무려 1만 4,899건에 이른다. 많이 게재된 신문은 『독립신문』(1,384건)이 아니라 『황성신문』(6,560건)이며 그다음 에는 『대한매일신보』(국한문판, 5,002건)과 『대한매일신보』(국문판, 1368건) 순이다.

39 "詔曰 信者, 五德之樞紐也. 以故人無信則不立, 國無信則不治. 曩朕旣開示心腹, 曉諭民衆, 而猶恐其或有未解, 又此誕告. 夫人民在一二孤獨之地, 無不守分定志, 及其千百爲群, 有自然之浮氣, 生乎其間. 始則發所不敢之言, 終則行所不敢之事 前日所謂民會亦然."(『고종실록』 38권, 1898(고종 35년).12.28, 2번째 기사)

홀로 있게 되면 누구나 다 분수를 지키고 마음의 뜻을 정하고 있지만, 수백 수천의 무리를 이루게 되면 자연히 들뜬 기분이 생겨서 처음에는 감히 말하지 못하다가 마지막에는 감히 해서는 안 될 일을 하게 된다"고 하였다. 이것은 민중이 자신의 뜻을 표현하기 위해 여러 민중들이 함께 하면서 도달하는 상태를 가리키는 것으로서 민중의 집단적 성격을 적절하게 표현하고 있다. 그런데 고종의 조서는 1898년 만민공동회라는 민회에 대하여 이를 진정시키기 위해 내린 것이었다는 사실로 보아 당시 정세와 민중의식을 잘 드러내 주는 표현이었다. 이렇게 다수의 인민이 모여서 집단적인 말과 행동을 보여주는 것으로써 당시 인민과 민중의 차이를 잘 구별해 주는 표현이라고 할 수 있다.

이와 같이 당시 민중에 대한 지배층의 이해는 개별적으로는 분수를 지키는 순화된 인민으로서 바라보고 있지만, 다수의 인민이 모여 나라에 반대하거나 불온한 행동을 하는 존재로서 민중의 위험성으로 인식하고 있었던 것이다. 그렇기 때문에 지배층의 언사로는 당시 동학농민운동에 참여한 민중들에 대하여 동학당東學黨, 적도賊徒, 난민亂民, 난류亂類라는 식으로 부정적이거나 폄하하는 표현을 적나라하게 장식하고 있었다.

이러한 민중에 대한 용어와 의식은 이 책에서 지칭하고자 하는 민중론과 거의 맞닿아 있다. 그러한 역사적인 민중의 존재는 사실 1862년 임술 농민항쟁으로부터 추적해내지 않으면 안 될 것이다. 그럼에도 불구하고 1890년대에서 1900년대까지 약 20년여 사이의 민중의 변화에 주목하는 이유는 종래 조선왕조 내의 민중항쟁과는 다른 양상과 지향을 보이고 있기 때문이다.

첫째는 민중들과의 연대망의 차이이다. 1890년대 민중운동은 이전 농민항쟁의 지역적 국한성을 벗어버리고 여러 지역민들의 연계가 이루어지고 있었다는 점이다. 예컨대 1893년 보은취회에서는 삼남 지역뿐만 아니라 경기·강원도에서도 참여하여 수만 명의 무리를 이루고 있었다는 사실에서도 짐작할 수 있다. 물론 이러한 지역적 연계성을 이루는 요인으로는 교단인 동학의 조직에도 크게 의존하고 있었지만, 그러한 신앙 조직의 그물망에 포함되지 않은 수많은 사람들이 있었다. 둘째는 운동 참여의 자발성이다. 여러 차원의 취회와 운동에 가담하는 민중들의 참여 의사가 대단히 자발적이라는 점이다. 자신의 이해와 어느 정도 직접 관련이 있겠지만, 민중의 활동 목표가 지역사회의 문제로 나아가 국가적인 차원의 문제로 제기되었을 때 이를 자신의 처지와 상관없이 자발적으로 참여하게 되었다는 점이다.[40]

셋째, 민중들이 각종 집회나 직접적인 봉기에 참여하는 과정에서 비로소 '정치주체'로 각성되어 지속적인 운동의 주도자가 되었다는 점이다. 종래 운동의 주도층은 양반 지배층이거나 향촌의 유세인인 이서층, 호부층 등에 국한되었지만, 이제 다양한 출신의 주도층이 등장하기 시작했다. 1894년 당시에는 천민과 빈민 중에서 농민전쟁의 지도자가 나왔으며,

---

[40] 1894년 10월 황해도에서는 동학농민의 2차 봉기가 일어났을 때, 당시 농민군의 행렬을 목격한 메켄지 목사는 다음과 같은 보고를 남겼다. "10월 말 이웃 마을 중 한 곳을 방문하는 길에, 일단의 무명 못의 용사들이 모두들 황해도의 수도를 향해서 가는 모습을 목격하고 아주 놀랐다. 그들은 그다지 대단찮은 차림새였다. 그들의 유일한 장비는 어깨에 걸치 열흘 치의 식량과 보통의 놋숟가락을 넣은 자그마한 가방뿐이었다. 모두들 자기들 마을에서 그렇게 많은 사람들이 참가한 것을 보고는 놀랐다. 그들은 그렇게 아주 조용히 자신의 전파 임무를 수행했다."(*THE KOREAN REPOSITORY : SEVEN MONTHS AMONG THE TONG HAKS*, 1895.6, p.202) 황해도 동학도들은 해주 관찰부에 항의하러 가면서 자신들은 왕에게 충성하고 부모에 효도했는데, 왜 정부에서 살해 명령이 내려졌는지 알고 싶어한다고 하였다. 이들은 낡은 구습과 케케묵은 폐습을 타파하려고 하였으며, 이것들에 대한 완전한 전복이 필요하고, 또 그렇게 함으로써 조선사람들이 자율적인 백성이 될 것으로 기대하고 있었다. (이영호, 『동학·천도교와 기독교의 갈등과 연대, 1893~1919』, 푸른역사, 2020, 100~101·119~120쪽)

〈표 1〉 근대 민중론의 이해 도식

정창렬의 민중론	조경달의 민중론
정의 ① 추상적, 이념적 과제 설정에 따른 민중 범주 및 시대적 변화 추구 ② 백성의식(14~18세기 중반) → 평민의식(19세기 후반~1876년) → 민중의식(1876년 이후~오늘날)	**정의** ① 민중을 자율적 존재로 간주, 고유의 역사적 맥락 중시 ② 근대민족운동을 추동한 아래로부터의 힘이라는 시각 배제, 근대역사 발전과 국민국가와 관계성 없음 강조
특징 ① 천부 자연권 인권인식 결여, 계급적 자각 부재, 제국주의 침략에 대한 과학적 인식 부재(1910년 이전) ② 이후 인간 해방의 의식, 계급 해방의 의식, 민족 해방의 의식이 서로 유기적 관계, 하나의 체계로 통일(1920년대) ③ 근대 민중문화, 민중적 민족주의 형성에 기여하지만, 근대주의 극복, 비자본주의적 발전으로 지향 강조	**특징** ① 민중, 비일상적 존재로 간주하되 사의식을 지닌 민중관, 평등·평균주의사회를 실현한다는 유교적 유토피아 ② 국왕과 민중 사이에 중각세력을 배제한 일군만민 지향 강조(일본 근대사의 논리 투영) ③ 민중의 자율성 논의가 사의식, 전통 문화에로 전환됨

이 책의 민중 인식 구도
정의 ① 민중(인민) 개념화 용어 사용의 재해석, 다양한 민중 인식의 편차 주목 ② 19세기 후반 이후 민중의 자율적 생활과 독자적 권리의식 주목
특징 ① 민중운동의 흐름에서 인권, 참정권 등 민권운동 중시(입헌 문제와 민법 제정과의 연관성 강조) ② 민중적 민족주의 형성보다 근대국민국가 추진 과정에서 민중의 대상화에 주목 ③ 일반 민중의 자율적 참여와 지도자의 동원 논리와 과정을 구별하여 인식(연대망, 자발성, 정치 주체)

1898년에는 백정 박성춘의 경우에서도 보이듯이 시민의 지도자층으로 가담하게 되었고, 1907년 이후 평민의병장의 출현에서도 볼 수 있다. 뚜렷하게 알 수 있는 지도자에만 한정되는 것이 아니라 무명無名의 접주들, 도시시민층, 평민의병들이 대다수 새롭게 운동의 전선에 참여하는 양상을 보였다.

이러한 민중의 활동은 이전까지 수동적인 수용층에 머물던 것에서 민중운동에 자발적으로 참여하여 정치적으로 각성된 정치주체로 거듭나는 전환점을 목격하게 된다. 이로써 이 시기야말로 역사적으로 나타나는 민중의 등장을 조망할 수 있는 가장 적절한 시기라고 파악할 수 있다.

이상의 민중 인식에 관한 접근 방법을 개관하면, 다음과 같은 도식으로 표현할 수 있다. 〈표 1〉은 앞서 설명한 정창렬, 조경달 선생의 민중 인식 구도를 개략적으로 표현하고, 여기에 이 책의 이해방식을 대비하여 만든 것이다.

〈표 1〉에서 보이듯이, 우선 정창렬은 민중의식의 발전 과정을 백성의식, 평민의식, 민중의식으로 나누어 설명하였다. 특히 1894년 농민전쟁의 사상은 "농민층의 주체적 역량에 의하여 인간 해방과 농민의 사회적 해방을 이룩하고, 그 바탕 위에서 민족으로서의 결집을 이루려는 의식체계였다"고 강조했다.[41] 1920년대에 이르러서는 민중의식, 민중문화가 하나의 의식으로 통일된 것으로 보았다. 1987년 이후에는 이전까지 근대주의에서 해석하였던 민중운동상에서 벗어나 근대주의의 극복, 비자본주의발전으로 지향을 강조하기도 하였다.[42] 반면에 조경달은 앞서 설명하였듯이 자율적인 존재로서 민중상을 강조하였다. 그는 고유의 역사적 맥락을 중시한다는 입장에서 동학의 흐름을 이단의 민중 반란으로 설명하면서도 유교적 유토피아, 일군만민 지향, 사의식으로의 회귀 등을 강조하고 있다.[43]

이에 비하여 이 책의 인식 구도는 첫째, 근대 시기 민중의 성장과 민중론에 대해 당시 쓰였던 민중 인식의 개념과 이해의 다의성多義性을 살펴보

---

41   정창렬, 『한국민중론』, 174쪽.
42   정창렬, 「갑오농민전쟁과 갑오개혁」, 한국사연구회 편, 『제2판 한국사연구입문』, 지식산업사, 1987, 440쪽.
43   조경달, 『이단의 농민반란』, 2008, 333~364쪽, '제10장, 이단의 내셔널리즘'.

려고 한다.[44] 19세기 중반 이후 당시 유교 지식인들이 조선사회 내 다양한 계층들인 민중에 대해 어떻게 인식하고 있었는가 하는 것을 살펴보아야 한다. 종래 백성, 상·천민에 대한 우민관에서 어떻게 자세를 변경하고 있는지, 또한 그러한 변화가 있었다면 어떤 요인이었는지를 검토해야 한다. 그래야 이후 개화 지식인들이 당대 민중들을 어떻게 교화의 대상에서 계몽의 대상으로 변경시켰는지에 대한 이유를 찾아볼 수 있을 것이다. 그러한 당대 지식인들의 민중 인식을 재검토함으로써 19세기 말 민중론의 실체를 재조명할 수 있다. 둘째, 19세기 후반 이후 민중의 자율적 생활 요구를 살펴보고 독자적인 사회경제적 이해와 권리의식의 성장에 주목하려고 하였다. 이러한 측면은 당시 민중운동에서 제기하는 인권신분제 해체, 노비 해방, 참정권민회운동을 통한 정치권력에의 참여 주장 및 민중의 생활조건을 개선하는 민법 제정의 요구 등으로 나타난다고 보았다.

그렇다면 이들 민중들이 왜 민중운동에 대거 참여하였으며, 그들의 목숨까지 바쳐가며 이루려고 했던 개혁의 이념과 새로운 세상이 어떠한 것이었는지 역사적 실체로서 그들의 운동을 재조명할 필요성을 절감하게

44　최근의 민중 개념과 민중사 연구사 정리에 따르면, 1970년대 민중의 실체성에 대한 논쟁이 있었는데, 안병무 등 초기 민중신학자들은 민중을 '살아있는 생명체'로 내세웠던 것은 "역사적으로 유동적이며 사회적인 것으로서 하나의 생명체"였다고 강조하였다. 또한 한완상은 민중의 피동적 측면과 능동적 측면이 있다는 이중성을 강조하기도 하였다. 민중의 다양한 측면과 성격을 재삼 강조하는 논의였다. (강인철, 『민중, 저항하는 주체-민중의 개념사, 이론』, 성균관대 출판부, 2023) 한편 1990년대 이후 민중사학은 급격히 소멸되다시피 했는데, 현실의 민중이 아닌 관념 속의 민중에 집착하면서 역사적 설명력을 상실했다고 비관적인 전망을 내놓았다. (역사문제연구소 민중사반, 『민중사를 다시 말한다』, 역사비평사, 2013; 역사문제연구소 민중사반·아시아민중사 연구회, 『민중 경험과 마이너리티-동아시아 민중사의 새로운 모색』, 경인문화사, 2017) 이러한 '새로운 민중사'의 논의에 대해 전적으로 동의하지는 않지만, 그들의 논의상 문제의식에는 일부 공감하고 있다. 2010년대 이후 19세기 근대이행기 민중의 논의는 기초적인 실증 작업과 더불어 민중 개념과 이론화의 과제를 남기고 있다고 하겠다.

된다. 이러한 관점에서 아래로부터 민중운동의 성장과 이들을 바라보는 방법에 대해서 살펴보려는 것이다.

마지막으로 이 책의 민중 인식과 민중운동의 이해에 관한 최종 결론은 위의 도식에서 몇 가지 특징으로 지적하고 있는 바이다. 과연 이 책에서는 어떻게 본문의 각 장에서 민중 인식의 편차를 규명하고, 각 시기마다 민중 인식의 한계를 극복하면서 다음 단계로 민중운동의 전진상을 전망할 것인지 고민하지 않을 수 없다.

제2장

19세기 말
지식인들의 시대 인식과 민중 이해

1. 개화 지식인 유길준의 근대 시민관과 민중 이해

1) 유길준의 『서유견문』의 저술과 인민의 권리

1880년대 들어 조선에서는 개항 통상과 서양 문물 수용을 주장하는 세력이 확장되고 새로운 개화 지식인이 등장하고 있었다. 초기 개화파는 대개 1884년 갑신정변과 관련하여 활동한 김옥균, 박영효, 서광범 등 급진개화파로 정의할 수 있다. 다만 이들의 저작은 몇 개의 상소문이나 단편 기술에 불과하기 때문에 개화 지식인의 근대 인식과 새로운 국가 구상의 실체를 알기 어렵다. 개화 지식인의 대표적 분석 대상으로 유길준을 주목할 수 있는데, 그가 1889년에 완성한 『서유견문』을 분석할 수 있기 때문이다.

유길준은 1880년대 초부터 일본과 미국에서의 수학을 거친 개화 지식인이다. 그는 원래 소론 집안이었던 기계 유씨의 일원이었지만, 당시 박규수를 비롯한 개화관료 지식인들의 영향을 받았다. 실제 1881년 4월 조사시찰단의 일원이자 어윤중의 수행원으로 일본에 직접 가서 문물을 견문하였으며, 이후 후쿠자와 유키치의 게이오의숙에서 일본어와 근대서 구문물의 지식을 얻었다. 이후 바로 미국으로 건너가 미국 북동부 담머 아카데미에서 대학 입학 수준의 근대 교양과 서구 학문을 수용하였다. 1885년에 조선에 돌아온 그는 이후 유폐생활 속에서 그동안 모은 서양 의 서적과 견문에 기초하여 1887년부터 3년간 20권으로 구성된『서유 견문』을 탈고하였다.[1]

우선『서유견문』에 대한 연구사를 잠시 검토해 보면, 유길준 연구는 1971년에 한국에서 간행된『유길준전서兪吉濬全書』를 통해서 촉발되었다.[2] 저서 간행 이전에도 몇 사람들이 유길준에 대한 시론적인 글을 썼으나 본격적인 연구는 전집의 간행 이후로 보는 것이 타당하다.[3]

또한 1976년 개항 백주년을 전후한 시점에 개화사상에 대한 관심이

---

1 『서유견문』은 그가 1881년 일본에 갔을 때부터 구상하여 준비해 오다가, 1885년 미국 에서 돌아와 연금생활을 하면서 집필한 것이다. 서문에서 개국(開國) 498년 기축(己 丑) 모춘(暮春)이라고 자서(自敍)한 것으로 보아 1889년에 완성한 것이다. 출간은 그 로부터 6년 후인 1895년 4월 28일 일본에서 이루어졌다. (이광린,「「이언(易言)」과 한국(韓國)의 개화사상(開化思想)」,『한국개화사연구』, 일조각, 1969; 개정판, 1989, 56~67쪽) 이 글이 그의 스승이었던 후쿠자와 유키치(福澤諭吉)의『서양사정(西洋事 情)』과 체제상의 유사점을 들어 거의 동일한 것으로 간주하기도 하나, 실제로 유길준 (兪吉濬)과 후쿠자와 유키치의 관심사는 크게 다른 부분이 많았다고 생각된다. (김봉 렬,『유길준 개화사상의 연구』, 경남대 출판부, 1998, 91~104쪽)

2 이 자료집은 유길준의 유족이 보관하고 있던 유길준 관련 자료 등을 고려대학교에 기 증하고, 이를 바탕으로 5권으로 편집하여 전서로 출간한 것이었다. 전서는 총 5권인데, I 권은 서유견문(西遊見聞), II권은 문법(文法), 교육편(教育編), III권은 역사편(歷史編), IV권은 정치·경제편(政治·經濟編), V권은 시문편(詩文編)으로 분류하였다. (최덕수, 「서거 100주년 유길준 연구의 현황과 과제」,『한국사학보』 53, 2013.10, 12쪽)

3 김희일,「1880년대 개화사상연구-『서유견문』을 중심으로 하여」,『력사과학』제6호, 사회과학연구소, 1965; 김영경(金泳鏡),「유길준의 개화사상」,『창작과 비평』 11, 창작 과비평사, 1968; 김인순(金仁順),「朝鮮における1894年内政改革の研究-兪吉濬の 開化思想を中心に」,『국제관계론(國際關係論)』 3, 1968. (『갑신 갑오기의 근대변혁과 민족운동』, 청아출판사, 1983 수록)

높아져서 유길준의 국제정치, 경제사상 등에 대한 분석적인 글이 다수 제출되었고, 1980년대에 들어 유길준의 사상과 행동에 관한 주제별 심화 연구가 진전되었다. 이 시기에는 주로 유길준의 저작과 집필 경위를 살펴보면서, 개화 지식인으로서 유길준의 행동과 저작과의 저술 내용을 연결시키려는 연구가 이루어졌다.

1990년대 이후로는 대외 인식의 측면, 혹은 사상의 흐름과 수용이라는 측면에서 더욱 확장된 연구가 이루어졌다. 그러면서도 유길준의 원문 텍스트에 대한 재검토로 돌아가서 후쿠자와 유키치의 저작을 비롯하여 다양한 전거들에 대한 세밀한 연구가 진행되었다.[4]

유길준은 서문에서 그들의 말영어를 조금씩 알아듣고, 그들의 풍속에 조금씩 익숙해지자, 그들의 풍습을 알게 되었으며, 결혼과 장례의 의식 절차를 살펴 길흉의 규례를 알게 되었다고 했다. 그래서 학교의 제도를 연구하여 교육하는 깊은 뜻을 규찰하고 농업·공업·상업商賈의 일을 보아 그 부가 풍성한 경황과 편리한 규모를 탐색해 번역하며 무비武備·문사文事·법률·부세의 제규칙을 탐문하여 그 나라의 정치의 대강을 이해한 후에 비로소 호연하게 탄식하고 구연하게 두려워하여 결국 듣는 것을 기록하고 보는 것을 베껴두고 또한 고금의 서적을 참고하여 옮겨 적어 한 권

---

4 특히 유길준이 저서에서 쓰기 시작한 용어에 대한 분석으로서 후쿠자와 유키치가 쓴 『서양사정(西洋事情)』과 『문명론(文明論)』 등과 관련성 검토, 개항 이후 갑오개혁 시기까지 '인민'이라는 개념이 국가 구성원으로서 정착되어 가는 과정에 대한 규명, 『노동야학독본(勞動夜學讀本)』 등에서 추출할 수 있는 '국민' 형성의 문제 등으로 분석의 범위를 확대시켜 나갔다.(김소영, 「한말 계몽운동기 교과서 속의 '국민' 인식」, 『대동문화연구』 63, 성균관대 대동문화연구원, 2008; 성숙경, 「대한제국기 '게으른 조선인' 담론과 근대적 노동자 만들기」, 『한국사학보』 31, 고려사학회, 2008; 조윤정, 「노동자 교육을 둘러싼 지식의 절합과 계몽의 정치성-유길준의 『노동야학독본』(勞動夜學讀本) 고찰」, 『인문논총』 69, 서울대 인문학연구원, 2013)

을 책을 완성했다고 하였다.[5] 그가 서유견문에서 가장 기록하고 싶은 것은 서양 문명 국가의 발전상이었다.

그런데 『서유견문』 책자 전반에 대한 텍스트 마이닝 차원의 연구는 아직 초보적이다.[6] 여기에서는 기존의 연구를 기반으로, 특히 최근 번역 저작과의 관련성과 함께 개념사와 텍스트 마이닝 연구 방법론을 사용하여 『서유견문』의 전체 본문을 대상으로 심층적으로 분석하려 한다.

유길준은 『서유견문』 제4편 「인민의 권리」에서 인민의 기본적인 권리에 대해 구체적으로 서술하고 있다. 그는 인민의 권리를 '자유'와 '통의'로 구별하여 정의하였다. 먼저 자유란 아심我心의 소호所好를 따라 사위事爲를 행하는 것으로 정의하였으며, 통의는 어떤 사물의 당연한 정리正理, 혹은 권리라고 규정하였다.[7] 그리하여 인간에게 부여된 자유와 통의를 신명,

5　『서유견문』, 4쪽.
6　『서양사정』을 번역한 부분이 얼마나 되는지에 관해서도 연구자에 따라 조금씩 차이를 보이고 있다. 연구 초기에는 목차 비교만을 통해 『서유견문』의 70% 이상이 『서양사정』의 '집성(集成)'이라거나 60% 정도가 '역술(譯述)'이라고 언급되었지만(김태준(金泰俊), 「西遊見聞と西洋事情」, 『한(韓)』 64, 1977, 124쪽; 「각계의견(各界意見)」), 이광린은 3~18편의 절반 정도가 『서양사정』을 '대본'으로 삼았다고 보았고 이한섭은 전체 20편 중 9편이 『서양사정』의 번역이라고 언급하였으며, 임전혜의 경우 『서유견문』 전편을 항목별로 나누어 전체 71개 항목 가운데 26개 항목이 명백히 『서양사정』에 의거한 것이라 보았다.(이광린, 「유길준의 개화사상」, 『역사학보』 75 · 76, 1977, 226~231쪽; 이한섭, 「『서유견문』에 받아들여진 일본의 한자어에 대하여」, 『일본학』 6, 1987, 89쪽; 任展慧, 『日本における朝鮮人の文學の歷史』, 法政大學出版局, 1994, 45쪽) 최근에는 원문과 취지가 다른 곳에 『서양사정』을 부분적으로 인용한 경우를 구분함으로써 대략 『서유견문』 전체 분량의 1/3 정도를 『서양사정』의 번역으로 보고 있다. 가령 쓰키아시 다쓰히코(月脚達彦)는 전역(全譯)에 근접하거나 번역이 많이 포함된 부분을 6편 내외로 파악하고 있다.(月脚達彦, 『朝鮮開化思想とナショナリズム』, 東京大學出版會, 2009, 65쪽) 이상 서명일, 「『서유견문』 19~20편의 전거와 유길준의 번역」, 『한국사학보』 68, 2017.8, 95쪽, '각주 4' 재인용.
7　여기서 '통의(通義)', '무계(無係)의 통의', '유계(有係)의 통의' 등의 용어는 후쿠자와 유키치, 『서양사정』 2편 권1에서 빌려온 개념이었다. 후쿠자와는 블랙스톤(Sir. William

재산, 영업, 집회, 종교, 언사, 명예의 자유 등 7가지로 분류하였다.[8]

대개 민의 권리는 그 자유와 통의通義를 위謂흠이라 이제 그 자유 및 통의를 해석하건대, 자유는 그 마음의 소호所好하는 대로 하사何事든지 종從하야 궁굴구애窮屈拘碍하는 사려思慮의 무無흠을 위흠이로되 (…중략…) 천사만물에 그 당연한 도를 준遵하야 고유한 상경常經을 물실勿失하고 상칭相稱한 직분을 자수自守함이 이내 통의의 권리라 이제 그 자유와 통의의 권리는 보천솔토普天率土 억조인민億兆人民의 동유향유同有共享하는 자니 각인이 각기 일신의 권리는 그 생生과 구생俱生하야 불기不羈 독립하는 정신으로 무리한 속박을 불피不被하고 불공不公한 질애窒碍를 불수不受하는 고로 고인古人이 운云하되 일신을 자유하야 자수自守흠은 천만인의 통동通同한 천성天性이니 명리부귀名利富貴의 비할 자 아니라 하며[9]

이렇게 인민의 자유와 통의의 권리는 하늘 아래 모든 토지에 억조 인민이 공동으로 향유하는 것이라고 하였으므로 각인이 그 자신의 권리는 그 삶과 더불어 생기는 것이고, 독립하는 정신으로 견지하지 않으면 무리한 긴박을 받지 아니한다고 보았다. 또한 불공평한 장래를 받지 않기 때문에 일신의 자유로 인하여 스스로 지키는 것은 천만인의 공통적인 천성天性이라고 강조하였다.

Blackstone, 1723~1780)의 영률의 일부를 번역하여 논술하였는데, 자유는 liberty, 통의는 right의 역어로 사용되고 있다고 한다. 무계한 통의는 절대적 권리(absolute rights)이며, 유계한 통의는 상대적 권리(relative rights)의 대역(對譯)이다. (전봉덕(田鳳德), 「서유견문」과 유길준의 법사상」, 『한국근대법사상사』 (4), 1978, 213~216쪽)

8   제4편 「인민(人民)의 권리(權利)」, 『서유견문』, 116~127쪽.
9   위의 글, 109~110쪽.

무릇 사람이 세상에 생김에 사람 되는 권리는 현우귀천賢愚貴賤 빈부강악貧富强弱의 분별分別이 없으니 이는 세간의 대공지정大公至正한 원리라. 대중이 이에 의하여 그 성性을 각기 따르거늘 혹 사람이 일컫되 사람의 사람되는 권리는 각기 사람을 따라 각기 일정한 것이 있다 하니 이는 단지 그 하나를 알고, 그 둘은 알지 못하는 자라. 사람이 세상에 나온 후에 점유한 지위는 사람이 만든 구별이오. 향존享存하는 권리는 천수天授한 공도公道니 사람이 사람 되는 이치는 천자로부터 필부에 달하여 호리毫釐의 차수差殊가 본래 없는 고로 형모形貌가 서로 같으며 성정이 서로 가까워 대소의 분은 비록 다르나 외지外至하는 불의무도不義無道의 폭거를 받지 아니홈과 내재한 호악취사好惡取捨의 본심을 스스로 가짐은 또한 비슷함이니 사람을 가리켜 사람이라 말함에 누가 불가不可라고 말하리오. 사람이 천지간에 낳아 각기 사람이 되는 이치로 보자면 사람 위에 사람이 없고, 사람 밑에 사람도 없으니 천자도 사람이오 필부도 또한 사람이로되 천자라 말함과 필부라 말함은 인간 세상의 법률 대기大紀로 이내 지위의 구별을 세운 것인즉, 이를 준조遵照하여 그 차서를 세워 행함으로 지위의 등분이 각기 점유한 층도層度로 명호名號가 부성附成하나니 존귀비천의 계급이 시분始分홈이라. 그런 즉 지위도 당연한 통의가 스스로 있다 할지니 그 권리의 없음이 어찌 가可하리오.[10]

세상에서 사람이 되는 권리는 현우, 귀천, 빈부, 강약의 분별이 없다고 하면서 대공지정大公至正한 원리라고 강조하였다. 사람이 향유하는 권리는 천자로부터 필부에 이르기까지 한 터럭의 차이가 본래 없다고 하였는데, 이것은 종래 신분적 차이로 사람을 구분하는 것을 부정했다. 이에 따라 각자 사람이 되는 원리는 사람 위에 사람이 없고, 사람 밑에 사람이 없

10   위의 글, 114~115쪽.

다고 강조하였다. 그럼에도 불구하고 빈부 귀천의 계급이 있는 것은 대개 지위의 구별이 있어서 그런 것이라고 강조했다.

그는 신분의 차별을 폐지해야 하며 만민의 보동普同한 권리를 보장할 것을 주장하였다. 그는 "범인凡人이 세에 생함에 인되는 권리는 현우 귀천 빈부 강약의 분별이 무하니 차는 세간의 대공지정大公至正한 원리라"고 하여, 세상에서 사람이 되는 권리에는 현우賢愚, 귀천, 빈부, 강약强弱의 분별이 없으며, 이것이 세상의 가장 공정한 원리라고 규정하였다. 즉 사람마다 향유하는 권리는 천수天授한 공도이니 사람이 되는 이치는 천자天子로부터 필부匹夫에 이르러 조금의 차이도 없다고 하였다.[11]

그럼에도 불구하고 유길준의 특이성은 만민의 평등을 무조건적으로 주장한 것은 아니라는 점에 있었다. 그는 천수한 권리로서의 동등권을 인정하고 있었지만 현실사회의 지위의 구별, 차이에 대해서는 어쩔 수 없음을 인정하고 있었다. 그는 "천자라 위謂홈과 필부라 위홈이 인세의 법률 대기大紀로 내乃 지위의 구별을 입立홈인 즉 차를 준조하여 기 차서의 설행홈으로 지위의 등분이 각기 점유한 층도로 명호가 부성附成하나니, 존귀 비천의 계급이 시분始分홈이라"고 하였다.[12] 다시 말하자면, 지위의 권리가 각기 대소의 차이로 인하여 그 적도適度의 배합이 있으니 "부귀한 자는 부귀를 행하고, 빈천한 자는 빈천을 행하여 각기 지위의 권리를 준의遵依" 한다는 것이다.

이러한 이해방식은 결국 계층적 차이를 현실적으로 인정해야 한다는 논리로 이어졌다. 그는 "인생의 권리와 지위의 권리를 이종에 분分한 즉

---

11 "人이 天地間에 生하여 各其 人되는 理로 視하면 人上人도 無하고 人下人도 無하니 天子도 人이오, 匹夫도 亦 人이"라는 것이다.(위의 글, 114쪽)
12 위의 글, 114~115쪽.

기 경중이 현수懸殊하여 기일은 왈 내유內有한 진리며, 기이는 왈 외래한 세력이라"고 규정하였다. 이렇게 지위가 달라지는 것은 본래 천부한 인생의 권리의 차이가 아니라고 하면서도 현실적으로 존재하고 있다는 점은 인정하였다. 그가 강조한 것은 천부인권의 원리적인 면을 강조한 것이지만, 실제 사회적으로 존귀 비천의 계급을 적극적으로 부인한 것도 아니고, 또한 사람의 평등한 지위 자체, 혹은 평등한 지위로의 지향성을 긍정하고 있는 지의 여부는 아직 알 수 없다.

다른 한편으로 그는 사회적 질서가 유지되기 위해서는 일정한 사회적 규제가 필요하다고 하였다. 그것은 통의, 즉 권리를 두 가지 종류로 분류하고자 했던 그의 기준에서도 알 수 있다. 그는 통의를 '무계無係한 통의'와 '유계有係한 통의'로 나누면서, 전자를 천부인권의 개념으로 설정하는 대신, 후자를 현실의 법률적 질서에 의해서 통제되는 인권의 개념으로 설명하였다. 후자를 강조하는 것은 자유와 통의란 천연의 권리를 방자하면 금수의 자유와 같아질 것이니 법률의 규모와 정도를 정하여 규제해야 한다는 입장에서였다. 즉 "처세하는 권리를 욕보欲保하는 자는 법률을 경봉하여 대중의 상생하는 공도를 수守홈이라"고 하였다. 그가 이상적으로 생각하고 있는 사회 현실에서는 원칙적으로 인민의 권리를 보장하기 위해서는 법률로서 뒷받침되어야 한다는 점을 강조하였다. 즉 법률과 권리의 상제하는 관계를 정확히 파악해야 한다는 것을 주장했다. 또한 처세하는 자유에 대해서는 인위의 법을 만들어서 규제하는 것이 당연하다고 하였다. 이를테면 "법률을 설치하여 인스을 방해하는 자의 죄를 금제禁制하는 것은 범자犯者의 일신의 천부한 자유를 감멸하는 듯하나 그 실은 처세하는 자유를 증대시키는 것이라는 것이다. 고로 정부에서 입법하는 대요는 인민으로 하여금 각기 일신을 자지自持하고 처세하는 자유를 합성함으로

천하의 보동普同한 대리를 도모하기 위한" 것이라고 전제하고 있기 때문이라고 보았다.[13]

따라서 그가 천부인권을 강조하면 할수록 역설적으로 정부에서 제정한 법률에 의해서 보장되어야 한다는 상반된 논리로 귀결되었다. 즉 "자유와 통의는 인생의 불가탈 불가요 불가굴하는 권리나 연하나 법률을 각준하야 정직한 도리로 기 궁躬을 칙한 연후에 천수한 권리를 보유하여 인세의 낙을 향수할지니, 자기의 권리를 애석하는 자는 타인의 권리를 고호顧護하여 감히 침범하지 못하는지라"고 규정하였다. 이러한 입장은 본래 천부인권론에 기초해서 사회 질서를 재구성하는 것이 아니었다. 그리하여 그는 법부인권론, 즉 법적으로 부여되고 강제된 인민의 권리와 자유규정을 강조하고 있다.

그러면 그가 인민의 권리를 『서유견문』의 책 전체 내용에서 어느 정도 언급하고 강조했는지를 검토해 보자. '인민의 권리'라는 단어 사용은 겨우 8차례에 언급하고 있는데, 목차에서 두 차례를 제외하고는 별로 언급하지 못하고 있다. 구체적으로 인민의 권리는 대개 국가의 법률의 보장을 받아 지켜지고 있으며, 인민의 권리가 평등하게 하려면 먼저 교육이 이루어져야 함을 강조하고 있다. 또한 영국식 의회민주주의를 높은 가치로 주목하면서 이러한 정치체제를 통해서 군주의 정치를 보좌하고 인민의 권리가 보장될 수 있다는 점을 강조하였다. 이렇듯 인민의 권리는 보편적인 권리로서 주장하면서도 합리적인 정치구조와 법률, 교육을 통해서 보장되어야 한다는 측면을 강조하였다.

그런데 〈표 1〉에서 나타나고 있듯이 인민의 권리를 정의하면서 '자유

---

13 위의 글, 112~113쪽.

〈표 1〉 『서유견문』에서 보이는 자유와 통의의 사용 용례

구분	관형어	관련 내용	빈도
인민의 권리	인민의 권리 보장, 국가의 법률	부 인민의 권리를 기 자유의 통의(通義)를 위(爲)홈이라(129쪽), 시이(是以)로 인민의 권리는 욕평(欲平)할진대 교육을 선무(先務)하여 인인(人人)으로 각수(各守)하는 지식이 유(有)하게 홈이 정치의 대도라(149쪽), 군주의 정치를 찬양하며 인민의 권리를 보수(保守)하여 행정 급 사법 제대신의 관수(官守)와 직무(職務)를 찰(察)하며 (168~169쪽), 차는 국가의 법률이 엄정하며 관후하여 인민의 권리를 보호하니(173쪽), 고로 왈 법률의 공도가 인민의 권리를 병한(屛翰)하여 무도불공(無道不公)한 침벌(侵伐)을 방어하는 자라 하노라(292쪽), 금부(今夫) 영길리(英吉利) 정체는 군주공치(君民共治)하는 제도니 기 정령이 인민의 권리를 보호하여 관대하기로 주(主)하고 (530쪽)	6회
자유	천부한 자유	천부(天賦)한 재운(才芸)(86쪽), 무계(無係)한 통의(通義)는 인(人)의 천부(天賦)에 속하니(128쪽), 인생의 무계한 통의를 논한 즉 기 개조(箇条)가 수과(雖夥)하나 연(然)하나 기 강령(綱領)을 선거(先擧)하여 명의(名義)를 정하면 즉 인생의 천부(天賦)한 자유(自由)라(129쪽), 기 천부한 일신의 자유를 여간(如干)의 양기(讓棄)홈이 무(無)하면 불가(不可)하니(130쪽) 천부한 자유에 인위(人爲)한 법을 가하여(130쪽), 일신의 천부한 자유를 감멸(減滅)하는 듯하나(130쪽)	6회
통의	당연한 정리, 통의의 권리, 무계한 통의, 유계한 통의	통의(通義)는 일언(一言)으로 폐(蔽)하여 왈 당연(当然)한 정리(正理)라(127쪽), 천사만물(千事万物)에 기 당연한 도를 준하여 고유한 상경(常経)을 물실(勿失)하고 상칭(相称)한 직분을 자수(自守)함이 내(乃) 통의의 권리라(127쪽), 통의가 인신(人身)에 재(在)하여 천연(天然)과 인위(人爲)의 분별(分別)이 유(有)하니 천연이라 위홈은 천생(天生)한대로 요개(搖改)홈이 무(無)홈이오 인위라 위홈은 인지(人智)로 이(以)하여 법률을 입(立)하고 차를 종(従)하여 진퇴(進退)하는 자이니와 우(又) 차 통의를 상론함에 유계(有係)와 무계(無係)의 구역이 존(存)하여 무계의 통의는 일인의 신(身)에 속하여 타관계가 갱무(更無)한 자며 유계(有係)의 통의는 세속에 거(居)하며 세인(世人)을 교(交)하여 호상관계(互相関係)하는 자라(128쪽), 무계한 통의는 인의 천부(天賦)에 속하니(128쪽), 유계한 통의는 기지(其旨)가 약이(略異)한지라 인위한 법률로 박책(迫責)하여 인으로 하여금 필수(必守)홈은 불가하되(128쪽), 인생의 통의는 일인 무계(無係)한 신(身)으로 언(言)하든지 세속 교제의 유계한 신(身)으로 유(喩)하든지 공사(公私)의 별(別)이 무(無)하고 기 통의는 필(必) 기인(其人)에게 속(属)하여 외물(外物)의 부동(不動)하는 자라(129쪽) 자유와 통의는 인생의 불가탈(不可奪) 불가요(不可撓) 불가굴(不可屈)하는 권리나 연(然)하나 법률을 각준(恪遵)하여 정직한 도리로 기궁(其躬)을 칙(飭)한 연후에 천수(天授)한 권리를 보유하여 인세의 락(楽)을 향수(享受)할지니(131쪽) 지위도 그 강연한 통의가 자유(自有)할지니 기 권리의 무(無)홈이 나하(奈何)로 기가(其可)하리오(132~133쪽) 일왈(一曰) 신명(身命)의 자유급통의(自由及通義)니, 이왈(二曰) 재산(財産)의 자유급통의니, 삼왈(三曰) 영업(営業)의 자유급통의니, 사왈(四曰) 집회(集会)의 자유급통의니, 오왈(五曰) 종교(宗教)의 자유급통의니, 육왈(六曰) 언사(言詞)의 자유(自由)니, 칠왈(七曰) 명예(名誉)의 통의(通義)(134~137쪽)	46회

와 통의'와 연관해서 정의하고 있는 것이 주목된다. 인민의 원리에 대한 언급은 6차례, 천부한 자유에 관한 언급도 6차례로 적었다. 여기서 '통의通義'란 글자 그대로 세상 일반에 통용되는 도리, 넓게 일반적으로 통하는 보편적인 원리라고 규정했다.[14] 또한 인민의 자유는 반드시 앞서서 천부의 자유라는 말로 서술되고 있는 것으로 보아 보편적인 개인의 자유를 강조하는 것으로 보인다. 그런데 통의란 단어는 다양한 용례를 보이고 있다. 정당한 정리正理라고 하면서 통의에는 무계한 통의와 유계한 통의로 구분하여 보면서 유계한 통의란 세속에서 사람들과의 관계 속에 있는 것이라고 정의하고 있다. 그는 무계한 통의보다는 유계한 통의의 정의에 집중적으로 서술하고 있다.

그의 주장에 의하면, 자유와 통의는 인간이 사는 데 빼앗을 수도, 구부러질 수도 굴복될 수도 없는 권리이기는 하지만, 법률을 각별히 준수하여 정직한 도리로 그것을 실행한 연후에 천수한 권리를 보유하여 사람 사는 세상의 즐거움을 향유한다는 것을 지적하고 있다.[15] 그는 천부인권론과 처세인권론이라는 인권의 본질과 현실을 따로 분리한 후 중간에 법치주의法治主義를 개입시켜 설명하고 있는 셈이다.[16] 결국 그는 천부인권 자체를 한편에서 강조하면서도 사회적 질서를 유지하기 위해서는 인민의 권리를 보장할 수 있는 현실 법의 제정을 중요시하였다. 더구나 그는 개개인의 천부인권을 보장하기 위한 법률은 그 자체로 선한 목적을 가지고 있다고 보았다. 이러한 생각의 전제에는 군주 혹은 국가의 신성한 목적에

---

14   또한 통의는 사람이 태어나면서부터 있게 되는 권리를 말하는 것으로 정의되고 있다. 예컨대 후쿠자와 유키치의 『서양사정』(1866~1870)에는 역서 중에 여러 차례 언급된 자유(liberty), 통의(원어로 Right)라는 용어를 사용하고 있다.

15   「인민의 권리」, 『서유견문』, 131~133쪽.

16   위의 글, 127~128쪽.

비추어서도 절대적으로 선한 것이라고 가정하고 있는 발상과 연관된다. 이러한 법치주의는 인민의 권리에도 모두 적용되어야 한다고 하지만,[17] 법에 의한 형살刑殺의 처벌이 가능하다는 원칙 또한 강조하였다. 그리고 개인의 사유재산권을 보호하기 위한 법률의 필요성도 강조하였다. 종교의 권리에 대해서도 일정하게 강상윤리와 국법을 해치지 않아야 한다는 점을 강조하였다.[18]

따라서 유길준은 유계한 통의가 관철되는 근대사회의 질서가 이룩되기 위해서 인민의 기본권이 법률로서 보장되어야 하며 근대적 법치질서를 유지하는 것을 중요하게 여겼다. 또한 이를 위해서는 인민에 대한 교육이 절대적으로 필요하다고 거듭 강조하였다. 즉 인민의 권리를 다스리려고 하면 교육을 우선시하여 지식을 알게 하는 것이 중요하다고 강조하였다. 그래서 인민의 권리는 교육으로 개도하여 그 실효를 거두도록 하고, 법률의 보호에 홀로 맡겨 그 성과가 드러내게 함이라고 하면서 교육은 근본을 세우고, 법률로 호위를 이루어서 양자가 구비된 연후에 비로소 완미한 경지에 이른다고 강조하였다.[19]

---

17 위의 글, 119~120쪽.

18 특히 구미 각국의 천주교와 개신교의 도입에 대해서도 "惟 其 教典의 条例가 人生의 倫綱을 壞하여 国法에 背한 則 禁止하나니, 然한 故로 宗教의 権利는 国家의 典常을 不犯하는 時는 其 帰依하는 信心을 各従홈이라"이라 하여 유길준은 종교의 교리가 인생의 강상윤리(綱常倫理)를 파괴하거나 국가의 전상(典常)을 해치지 않는 범위에서 허용되어야 한다는 조건을 달고 있다.(위의 글, 123~125쪽)

19 그는 "人民이 各其 自己 権利의 貴重홈을 愛한 然後에 其 国 権利의 貴重홈도 亦 知하여 死守하기를 誓하나니, 此는 教育으로 開導하여 其 実効를 奏홈이오, 法律의 保護를 独任하여 其 功을 著홈이 아니라. 是以로 権利는 教育으로 根本을 立하고 法律로 護衛를 作하여 二者가 具備한 然後에 完美한 境에 始抵하다 謂할지니, 開導의 功效를 須하여 克就하는 者라" 하였다.(위의 글, 129쪽)

2) 근대 이행기 인민의 유래와 용례 유길준의 인민 개념

'인민人民'은 근대 이전에도 전통적인 사서에서 흔히 쓰이고 있는 용어라고 볼 수 있다. 조선시대 통시대적인 역사 기록물이라 할 수 있는 『조선왕조실록』에서는 인민이라는 단어가 무려 2,504회 등장한다고 한다.[20] 국민이라는 단어163회, 신민이라는 단어395회에 비해서도 월등하게 많이 쓰인 백성이라는 단어의 횟수가 1,718회였다. 그렇다면 이러한 민을 표현하는 용어로서 가장 많이 쓰였던 것이 '인민'이라는 점을 알 수 있다.

그런데 조선시대 통시대적인 용어 분석보다 1860년대 이래 근대전환기 용어 사용의 변화를 보는 것이 인민 개념의 변화를 추적하는 데 더 중요하리라 생각한다. 이를테면, 인민의 개념은 일본을 비롯한 서양국가와 맺은 조약문에서 유독 강조되고 있음을 찾아볼 수 있다. 이때는 어느 국가의 통치를 받고 있는 주민 집단의 의미로 사용하게 되면서 국가의 통치 대상으로서 '인민'이라는 용어로 번역되었다고 볼 수 있다.

그러면 전근대에서 일반 민을 가리키는 인민에 대해 알아보자. 일반적으로 인민은 개인을 대표하는 것도 아니고 개인의 집합명사 자체를 얘기하는 것도 아니다. 전근대에서는 국가나 국왕에 대비되는 집단의 의미로서 민을 말하는 것이라고 할 수 있다. 그래서 서양의 인간, 혹은 개념어로서 사용되는 '인민people'과는 상당히 다른 뉘앙스를 가지고 있었다. 즉, 19세기 조선사회에서 통념적으로 사용되는 '인민'은 서양 근대정치사상의 개인의 정치 주체로서 성격을 강조하여 민권을 가진 주체로서 인민을 얘기하는 것이 아니었다. 19세기 후반에 사용되는 용어의 특성상 인민은 일반 대중, 주민 집단이기는 하지만 이들은 권리와 의무를 갖지 않는 존

---

20   김윤희, 「근대 국가구성원으로서의 인민 개념 형성(1876~1894)—민(民) = 적자(赤子)와 『서유견문』의 인민」, 『역사문제연구』 21호, 역사문제연구소, 2009, 310~312쪽.

재, 그리고 시민적 자각을 갖추지 못한 존재이라는 의미를 갖고 있다고 말할 수 있다.

이러한 인민의 내면적 의미를 함축적으로 표현하고 있는 것이 바로 유길준의 저작인 『서유견문西遊見聞』이라고 할 수 있다. 당시 서양근대문명을 소개하는 학술서로서 처음으로 인민 개념을 발화한 것이다.[21] 일반 연구에 의하면, 유길준이 『서유견문』을 쓰는데 후쿠자와 유키치의 『서양사정』을 모델로 삼아 큰 영향을 받았다고 간주되고 있으나 사실 유길준과 후쿠자와의 글은 비슷하면서도 다른 부분이 있다.[22] 여기서는 민중의 인식을 살펴볼 수 있는 '인민'이라는 용어 사용의 실태를 비교해 보려고 한다.[23]

우선 『서유견문』 전체 본문의 글을 모두 텍스트로 전환하여 별도의 원문파일로 구현하여 텍스트 분석을 시도하였다.[24] 이때 '인민'이라는 용어가 쓰인 경우는 모두 439회였다. 이 중에는 인민의 교육, 인민의 권리, 인

---

21 『서유견문』의 서지정보에 의하면, 제목 서유견문, 저자 유길준 집술(輯述), 전체 면수 556쪽, 발행기관 교순사(交詢社), 개국 504년(1895) 4월 20일 인쇄, 4월 25일 일본 도쿄에서 발행되었다. 현재 국립중앙도서관에서 원문 디지털 자료로 볼 수 있다. (원문 자료는 아단문고 소장 자료)

22 유길준이 취한 저술 태도는 조선의 전통과 현실에 입각해서 재해석하고 있었기 때문이다. 따라서 유길준의 저작이 단순히 후쿠자와 저작의 단순한 번역이나 소개에 그쳤을 것으로 보기는 어렵지 않나 생각한다. 앞으로 두 저작의 상호 비교는 보다 치밀한 문헌학적인 분석 방식이 전개되어야 한다.

23 『서유견문』에 수록된 텍스트 정보량은 글자 수(공백 제외) 228,239자이며, 한자 글자 수는 136,853자이다. 원고지 분량은 대략 1,368.4장이었다. 따라서 전체 글자 수 22.8만여 자에 대해서 인민, 국민, 평민, 백성 등의 용어 사용 빈도를 추출한 것이었다. 이상 텍스트 마이닝 작업에는 연세대 근대한국학 연구소의 HK 사업팀의 자료 처리 도움을 받았다.

24 최근 서유견문의 용어 개념에 대한 연구가 있었지만, 대부분은 전통적인 서유견문의 내용 분석에 기초한 것이고 텍스트 마이닝이나 개념사적 방법론을 동원한 것은 아니었다. (김윤희, 앞의 글; 「'인민'에 대한 개념사적 고찰―『서유견문』을 중심으로」, 『어문논총』 40, 2022)

민의 납세와 같은 소항목의 제목으로도 쓰여 중복된 부분으로 볼 수 있다. 이를 감안하여도 본문에서 비교적 많은 용례를 찾아볼 수 있다. 이에 반하여 국민國民이라는 용어는 불과 12회만 쓰였고, 평민平民은 2회에 그쳤고, 백성百姓은 36회 쓰였다. 이렇게 보면, 일반 민을 가리키는 여러 종류의 용어 중에 절대 다수는 인민人民이라는 용어였음을 알 수 있다.

그러면 유길준은 인민이라는 용례는 어떻게 사용했는지 살펴보자. 우선 그는 19세기 후반 세계 서구 열강이 각축을 벌이는 국제 경쟁의 세계에서 조선 국가를 지키는 필수적인 조건은 인민에 대한 근대 교육과 법률을 강조하고 있었다.[25]

위의 내용을 요약하면, "방국의 권리는 인민의 지식이 고명하며 국가의 법령이 균평하여야만 각 개인의 권리를 확보한 연후에야 일국의 권리를 확보할 수 있다. 인민의 권리가 서려면 인민의 지식이 필요하고, 따라서 인민의 교육이 필요하다. 또한 인민의 권리는 국법의 평등한 적용을 통해 보장되어야 한다. 귀천빈부를 따지지 않고 인민을 똑같이 여기는 '일시一視하는 공도公道'가 필요하다. 권리의 근본은 교육을 통해 세울 수 있고 인민의 권리는 국법을 엄격히 적용해야만 보존될 수 있다"는 것이다.[26] 여기서 사용된 전국 '인민'이라는 용어는 하나의 국가에 속한 '국민'이라는 근대국가의 국민 개념과 다르다는 것을 짐작할 수 있다. 그가 구상하는 문명 국가에서는 인민의 고명한 지식과 국가의 균평한 법령을 전제로 하고 있으며, 그리하여 인민의 지식은 교육이 아니면 설 수 없으며, 교육하는 규모는 결국 인민의 권리의 본을 깨우치는 데 있다는 것이다.

---

25   제3편 「방국의 권리」, 『서유견문』(원문), 98~99쪽.

26   이 부분 요약은 장인성, 『서유견문─한국 보수주의의 기원에 관한 성찰』, 아카넷, 2017, 248~249쪽.

유길준의 입장을 역으로 해석하면, 현재의 인민은 권리에 대한 지식이 없으며, 교육도 없는 상태에 있는 사람들이므로 아직 미성숙한 사람, 미개화未開化한 사람들로 간주하고 있는 것이다.

이에 따라 그는 인민은 어디까지나 계몽의 대상이고, 그래서 인민이 무지하면 경거망동을 하여 국범을 범하고 사회 질서를 해칠 수 있다는 논리로 확대시켰다. 그는 다시금 인민에 대한 교육의 의미는 인민으로 하여금 덕의를 길러 무도를 행하지 않게 하기 위한 것이고 인민에 대한 지식 교육이 필요하다는 점을 강조하였다. 따라서 덕행을 권하고 도의를 훈화할 교육제도가 필요하며, 결국 인민의 교육은 사회 질서의 확립과 국가의 체제 유지를 위해 복무해야 하는 것이다.[27]

이를 요약하면, "사람이 교육을 받으면 지식의 귀함을 알게 되기 때문에 이것을 위해 심력을 다하고 비용을 써서 인세人世의 급무와 대사를 행하는 것이다. 그러나 우둔하고 몽매한 자들은 그것을 맛보는 일이 아주 적어 태연히 있으면서 그것이 있는지 없는지를 마음에 두지 않는다. 그러므로 국중 인민의 지식 없는 자는 인세의 교육을 돕지 않는 데 그치지 않고 오히려 방해한다고 말할 수 있다. 그러므로 가난하고 무지한 자의 자제를 교육하는 사무는 부득이 타인國家, 社會에 맡겨야 한다"고 하였다. 여기서 그가 표현하고 있는 '우둔하고 몽매한 자들愚癡蒙昧ᄒᆞᆫ者類'이나 '어리석은 자들愚夫愚婦'이라는 표현과 더불어 '국중 인민의 지식없는國中人民의知識업ᄂᆞᆫ者'는 하나같이 전통적인 유자들이 가지고 있던 대인민관, 즉 우민관愚民觀에 다름이 아니다.

그러면 보다 구체적으로 국민과 인민의 관계에 대한 이해를 살펴보자.

---

27   제3편 「인민의 교육」, 『서유견문』(원문), 99~107쪽.

이에 대한 용례 중에서 대표적인 것만 뽑은 것이 아래 인용문이다.

[용례 1] 이는 백성의 분의分義를 아는 연고인 고로 이웃한 리와 친척에 혹 무식한 자가 있어 그 분의를 지키는 도리를 알지 못하면 당연히 정직한 본분으로써 깨우치며 긴절한 사정으로써 경계하여 악한 백성의 명호名號를 피하게 함이 가하니, 진실로 이와 같이 할진대 어찌 선미善美한 풍속이 아니리오. 정부의 사무가 인민의 사무이며 인민의 사무가 정부의 사무이니 인민의 사무는 흩어진 자이요, 정부의 사무는 합하는 자이라. 합한 자가 있은 연후에 흩어진 자를 보전하는 고로, 합한 자정부의 허물을 꾸짖어 부지하는 것은 흩어진 자인민의 커다란 분의라.[28]

[용례 2] (7) 인민의 교육이 부족하다면, 자유의 양오良惡와 통의의 진가眞假를 이해하지 못하여 그 권리를 오용誤用하는 고로 혹 자기의 궤철軌轍을 양퇴讓退하며, 혹 타인의 영역을 유린하여 안일하게 상도常度를 이루나니 이로써 인민의 권리를 욕평欲平할진대 교육을 먼저 힘써 사람 사람으로 각기 지키는 지식이 있게 함이 정치의 대도라. 방국邦國을 고수하여 그 권리를 보유하는 자는 그 국인의 각인 권리를 선호함이 가하니, 천만인의 집합함으로 일국의 크기를 이룬 즉, 이는 여러 물의 흐름을 받아서 창해滄海의 호대浩大함이오, 토양을 쌓아 산악의 숭고崇高함이라. 일인의 권리를 빼앗기 어려움은 한 나라의 권리를 범하기 어려움과 같거늘, 만약 국중의 인민이 그 서로 같이하는 때에 강자가 약자를 멸시하며 귀한 자가 천한 자를 오만하게 대하면, 강국과 약국이 대적하지 못함도 이세理勢의 자연이라 하여, 강국이 약국의 권리를 침월侵越하여도 그 인민이

---

28   제7편 「세금을 거두는 법규, 인민의 납세하는 분의」, 위의 책.

당연한 도로 보고 사소한 분노로 일으키지 아니할지다. 그러한 즉 인민이 각기 자기 권리의 귀중함을 사랑한 연후에 그 나라 권리의 귀중함도 역시 알아 사수하기를 맹서하나니 이는 교육으로 열어 인도하여 그 실효를 봄이오, 법률의 보호를 홀로 많아 그 공을 나타냄이라. 이로써 권리는 교육으로 근본을 세우고 법률로 호위를 이루어야 두 가지가 함께 구비한 연구 연후에야 완미完美한 지경에 처음으로 닿는다 말할지니 개도開導의 공효功效를 모름지기 해내어 이루게 되는 것이라.[29]

[용례 3] (11) 인민의 교육은 국가의 대본이라. 정부가 힘써 행할 것이니 들은 바를 들어 간단히 기록하건대, 나라 안 대도회마다 서적고를 설치하고 본초원本草園,식물원을 두고, 박물관을 건립하며 공원을 여는 등 일이라. 이는 인민의 지식을 실제로 돕는 큰 계기가 되는 고로 정부가 힘써 행함이 역시 그 직분의 긴히 중요하게 여기는 것이니, 인민이 부요富饒한 자가 혹은 사사로 자기의 재산을 덜어 처음으로 세우기도 하고, 관가가 공본公本된 비용으로 주선하기도 하여 어떻든지 은혜를 베풀어 그 즐거움을 중인衆人과 같게 하는 본래 의미라. 나라 안에 이러한 처소가 많게 되면, 자연히 인심을 이끌어 정로正路에 나아가게 하고 방탕한 행실과 사특邪慝한 습속을 잘라서 없애 악행에 빠진 자가 적을 뿐더러 양생養生하는 리理에도 유익한 관계를 이룰지며, 권학하는 도에도 성취하는 효험을 볼지니 미리 어렵고 가난한 인민이 살아나갈 방도를 찾아서 하루종일 열심히 일하다가 저녁시간에 한가한 때를 타서 서적고에 이른 즉, 자기의 실내 같이 편하기도 지극히 도달하거니와 서책書冊을 보기 원하는 자는 모두 있으며[30]

---

29   제4편「인민의 권리」, 위의 책, 128~129쪽.
30   제6편「정부의 직분」, 위의 책, 171~172쪽.

[용례 4] (20) 이상의 기록한 여러 조항을 정부의 법으로 정하여 국민國民에게 이롭게 함이라. 대저 법은 인민을 편하게 하기를 위주로 하는 고로 혹은 이 같은 일에 법을 정하여 세간의 불편한 단서를 오히려 이루거든 혹은 폐지하여 정부의 관계를 벗어나 국인國人의 편리를 따름이 가하니 정부가 국민을 위한 일에 크게 살펴보는 폐가 나태하여 하지 않은 해와 다름이 없음은 지나침과 미치지 못함이 동일한 이유라. 오직 양정부良政府는 그 편리를 따라서 인민으로 더불어 태평한 록을 영원히 향유함이라.[31]

위의 [용례 1]에서 그는 백성의 분의를 알고 처함으로써 정부의 사무와 인민의 사무와의 관계를 간단히 논하고 있다. 정부, 혹은 국가에 세금을 부담하고 국가를 유지시키는 역할을 현실적으로 담당하는 인민은 어디까지나 우매한 민중이라고 보고 있다. 그는 근대문명국가에서 보이는 권리와 의무를 수행하는 국민으로서 전화될 가능성을 거의 상정하고 있지 않다.[32]

다음 [용례 2]에서는 유길준은 인민의 교육이 모자라면 자유自由의 좋고 나쁨과 통의通義의 참과 거짓을 몰라 권리를 오용하기 때문에 자기의 궤도를 물러나기도 하고, 타인의 경력을 유린하기도 하고 태연히 상도常

---

31 위의 글, 178~179쪽.
32 장인성은 『서유견문』에서는 "국가에 일정한 의무를 지니면서 국가의 생존과 발전을 담지하는 정치적 주체로서의 '국민'이 아니라 국가를 구성하고 정부에 복사하면서 정부가 제공하는 복지를 향유하는 '인민'을 상정한다. 1880년대 개항기의 한국에서는 아직 '국민' 개념이 출현하지 않았다"고 하였다. (위의 책, 266~267쪽) 그의 지적은 일면 타당하면서도 인민 개념과 관련해서는 국가 통치의 대상이며, 무지몽매한 인민이라는 우민관에 기초한다는 관점에 보다 주목할 필요가 있다. 즉 몽매한 인민에서 주체적인 국민이라는 측면으로의 전환은 유길준과 같은 초기계몽주의자에게는 상정할 수 없는 것이 아닌가 한다.

度로 여기기도 한다고 비판하였다. 그러므로 인민의 권리를 고르게 한다면 먼저 교육에 힘써 사람들로 하여금 저마다 지키는 지식을 갖도록 하는 것이 정치의 큰 도라고 하였다. 그는 인민이 저마다 자기 원리의 귀중함을 사랑한 연후에 자기 나라 권리의 귀중함도 알아 죽음으로 지킬 것을 맹서한다고 하였다. 이를 통해 권리는 교육으로 근본을 세우고 법률로 호위를 삼아야 한다는 그의 지론을 되풀이하고 있다. 여기서 주목되는 것은 일인一人의 권리와 일국一國의 권리를 동열로 놓아 이를 빼앗기 어려운 것으로 간주하는 것이다. 그런데 일국의 권리를 소중하게 인식하고 있는 사람들은 의식있는 국민으로 규정하지 않고, 다만 국중國中의 인민人民으로 규정하고 있다. 이러한 인민 인식은 일국의 부강이 기국其國의 인민에 달려있으며, 그것은 교육의 개도를 통해서만 이루어질 수 있다고 표현하였듯이, 현재의 인민을 국민의 하나로 보면서 정치적 주체로 인정하지 않고 있다는 것을 알 수 있다.

[용례 3]에서 유길준은 인민의 교육이 국가의 대본이므로 정부에서 힘써 행할 것이니, 국중의 대도회마다 서적고를 설치하고 본 초원을 설치하고 박물관을 건설하고 공원을 여는 등은 인민의 지식을 실제로 돕는 큰 기회가 된다고 하였다. 그는 누만근의 재화가 공중公衆의 즐거운 일에 제공됨으로써 빈자가 부자를 질시하는 나쁨 마음이 없어지기에 이르렀다고 하였다. 인민의 교육을 위해서 정부가 해야 할 일을 강조하고 있을 뿐, 그에게는 아직 조선 인민에게 국민 권리라는 개념은 아직 없다고 하겠다.

[용례 4]는 정부가 해야 할 직분 19가지를 설명한 이후에 이를 요약하는 글이다. 핵심은 정부가 인민을 양생하는 제반 조목을 법으로 정하여 국민에게 이롭게 한다는 것이다. 대개 민을 편하게 하는 것을 위주로 세간에 불편한 단서를 조속히 폐지하여 국인國人의 편리에 따라 하는 것이 가可하

다고 하였다. 그리하여 정부의 역할과 시혜적인 입장을 강조하는 입장에서 좋은 정부란 인민과 더불어 태평한 복록을 영원히 향유케 한다고 결론지었다. 여기서도 유길준은 국가의 인민들을 국가 정부의 참여 주체로서, 그리고 국민의 권리를 가진 존재로 인정하지는 않는 것으로 보인다.

3) 갑오개혁기 정치구조의 변화와 사회 개편 구도

(1) 갑오개혁 이전 '군민공치'론과 인민 인식

유길준은 1880년대에 조선 국가 차원의 근대 개혁에 대해서 보다 구체적으로 구상하고 있었다. 그의 구상은 『서유견문』의 정치체제 분석에서 구체적으로 드러난다. 그는 이 시점이 조선 국가 전체가 내외적으로 가장 위태로운 상황이므로 옛 제도를 그대로 두어서는 안되며 변통하여야만 한다고 하였다.[33]

우선 그는 법률을 항구법과 변천법으로 양분하였다. 전자는 백세불변의 법인 반면, 후자는 시대의 변화와 사물의 변이에 따라 바뀌는 법으로 간주하였다.[34] 그런데 군주권은 인륜에 의한 항구적 권리로서 인위적 현상에 의해 변개될 수 없는 별개의 천부권으로 설명되었다. 이는 전제군주제라는 조선왕조의 국체를 변경할 수 없다는 점을 강조한 것이었다.[35] 그렇다고 해서 조선국가가 전제군주권에 의한 군주의 전횡으로 운영될 수는 없다고 생각하였다. 그는 변통의 대도를 찾아내려고 했다. 그는 전제군주제라는 국체와 분리된 서구정체의 도입론으로 그러한 문제를 해결하고자 하였다.

---

33   제5편 「정부의 시초(始初)」, 위의 책, 142쪽.
34   제10편 「법률(法律)의 공도(公道)」, 위의 책, 267쪽.
35   제5편 「정부의 시초」, 위의 책, 141~142쪽.

그는 당시 세계 각국의 정부 형태를 다섯 종류로 분류하는 가운데 정치체제의 대안을 검토하였다. "제일 군주의 천단擅斷하는 정체, 제이 군주의 명령하는 정체壓制政體, 제삼 귀족의 주장하는 정체, 제사 군민의 공치하는 정체立憲政體, 제오 국인의 공화하는 정체合衆政體" 등이었다. 이렇게 전제군주제와 압제정, 귀족정, 군민공치, 그리고 공화정 등 각국의 정체를 서로 비교하면서 제사의 정치체제로서 '군민이 공치하는 것'을 가장 좋은 제도라고 평가하였다. 특히 영국식의 입헌정치를 가장 이상적인 형태로 간주하였다.[36] 그는 '군민공치'의 정체를 이렇게 설명하였다.

(5) 제4 군민君民의 공치共治하는 정체입헌정체

이 정체는 그 나라 중에 법률 및 정사의 일체 대권을 군주 한 사람의 독단함이 없고, 의정 제대신이 반드시 먼저 작정하여 군주의 명령으로 시행하는 것을 가리킴이니, 대개 의정 제대신은 인민이 천거하여 정부의 의원이 되는 고로 대신

36　근대국가로의 발전은 일반적으로 국가기구의 근대화, 중앙집권화, 삼권분립(三權分立) 등으로 표현하거나 권력구조의 측면에서 입헌군주제(立憲君主制)나 공화제(共和制)의 수용 등으로 설명하고 있다. (신용하(愼鏞廈), 「19세기 한국의 近代國家形成문제와 立憲共和國 수립운동」, 『한국의 근대국가형성과 민족 문제』, 문학과지성사, 1986, 23~61쪽; 서영희, 「개화파의 근대국가 구상과 그 실천」, 한국사연구회 편, 『근대 국민국가와 민족 문제』, 지식산업사, 1995, 261~302쪽; 이태진(李泰鎭), 「서양 근대 정치제도 수용의 역사적 성찰—開港에서 光武改革까지」, 『震檀學報』 84, 1997; 쓰키아시다쓰히코(月脚達彦), 「甲午改革의 近代國家構想」, 『조선사연구회논문집』 33, 綠蔭書房, 1995) 그렇지만 개화파 개혁세력이 조선왕조의 국체(國體)와 정체(政體)를 어떻게 분리하여 개혁할 수 있느냐라는 정치적 문제의식을 가지고 있었다. 이에 대해서는 왕현종, 「개화파 사상과 근대국가 건설론」, 『논쟁으로 본 한국사회 100년』(역사비평 통권 50호 기념), 2000. 2, 15~21쪽; 왕현종, 「주제서평 : 민족적 관점에서의 한국 근대정치사 비판과 '고종'의 절대화—이태진, 『고종시대의 재조명』, 태학사, 2000」, 『역사문제연구』 6, 2001, 261~276쪽; 왕현종, 『한국근대국가의 형성과 갑오개혁』, 역사비평사, 2003 참조.

은 그 천주薦主 되는 인민을 대신하여 그 사무를 행함이며, 또한 인군人君의 권세도 한정한 계경界境이 있어 법 외에는 일보도 나오기 불능하고 군주로부터 서인에 이르러 지공至公한 도를 준수하여 비록 작은 일이라도 사정職事을 마음대로 행하지 아니하며, 또한 사법 제대신과 행정 제대신은 각기 직사를 군주의 명령으로 받들고 정사와 법률마다 의정 제대신의 작정한 것을 시행하는 것이라. 이런 고로 이 정체가 실상은 의정, 행정 및 사법의 3대강大綱에 나누니 군주는 3대강의 원수元首이러라.[37]

이렇게 유길준이 영국식의 군민공치에 친화력 있게 접근할 수 있었던 점은 처음에는 절대군주제의 형태에서 출발했음에도 일정하게 군주권이 법률에 의해 제어되고 있었기 때문이었다. 즉 전제군주가 법률과 정사에 일체 대권을 독단적으로 행사하는 것과는 달라졌다는 것이다. "차정체가 실상은 의정행정 급 사법의 삼대강에 분分하니 군주는 삼대강의 원수元首러라"라고 하면서도 "차정체는 기국 중에 법률급정사의 일체대권一體大權을 군주 일인의 독단홈이 무하고 의정제대신이 필선작정하여 군주의 명령으로 시행하는 자를 지指홈이니"라 하여, 군주는 다만 명목적인 수반에 불과한 것으로 보았다.[38] 결국 군주권을 정점으로 하는 삼권분립적인 군민공치의 정체, 그리고 그 가운데 의정대신이 핵심적인 역할을 담당하는 것으로 구상하고 있는 것이었다.[39]

한편 그는 의정제대신의 선출 방식에 대해서도 매우 강조하고 있었다.

---

37 제5편 「정부의 종류」, 『서유견문』, 144~145쪽.
38 위의 글; 김봉렬은 앞의 책(1998, 150~160쪽)에서 이를 절대군주제를 옹호하고 있는 표현으로 간주하였지만, 이는 어디까지나 군주의 법률적 제한으로 이해되어야 할 것이다.
39 위의 글, 144~145쪽.

의정대신들은 군주의 독단에 의해서 일방적으로 임명되는 것이 아니라 "대개 의정제대신은 인민이 천거하여 정부의 의원이 되는" 것으로 파악하였다. 그는 선거제도를 통한 의정대신議政大臣의 선출에 대해서는 긍정하고는 있지만, 외국의 제도를 그대로 수용하자는 것은 아니었다. 아무리 외국의 것이 좋다 해도 어디까지나 자국의 실정에 맞는 정치제도를 채택해야 했다.

어떤 나라든지 그 인민의 풍속과 국가의 경황景況을 불문하고 즉 그 정체를 받아 행함이 가할 듯하나, 연하나 결단코 그렇지 않은 것이 있으니, 무릇 나라의 정체는 역년歷年의 오래됨으로 인민의 습관을 이룬 것이라. 관습慣習을 졸연히 변개變改하기 불능함이 변개하기 불능함과 같으니 급거急遽한 소견小見으로 허리를 숭상하고 사정에 몽매하여 변개할 의론을 창기倡起하는 자는 어린이의 희희嬉戱와 군국君國에 도움하기는 고사하고 해를 끼침이 오히려 또한 적지 않다 할지라.[40]

즉 대개 국가의 정체는 역년歷年의 오래됨으로 인민의 습관을 이룬 것이므로 관습을 갑자기 변개하는 것이 불능하다고 생각하였다. 유길준은 당시 개화의 방략에 대해서 소위 개화를 실상개화實狀開化와 허명개화虛名開化라고 구분하면서 실상개화로 나아가기 위해서는 외국의 기계를 구입하거나 공장工匠을 고용하지 말고 먼저 "필선必先 자기국 인민으로 기재其才를 학하여 기인其人으로써 기사其事를 행홈이 가"하다고 하여 주체적으로 서구 문물을 수용할 것을 주장하였다. 이러한 태도는 단순히 기술의 도입만이 아니라 정치 개혁의 측면에서도 그대로 관철되었다. 외국이면 모두 진

---

40   제10편 「법률의 공도」, 위의 책, 272쪽.

선盡善하다는 입장에서 무조건 수용하려는 개화당開化黨이나 외국의 것을 배척하는 수구당守舊黨도 각각 개화의 죄인이요 수적讐敵이라고 비판하였던 것이다.[41] 따라서 이러한 정치 체제 개편에 관해서 그는 조선사회의 현존 제도에 입각한다는 전제 위에서 서양의 정치제도를 수용하려는 태도를 가지고 있었다고 볼 수 있다.

그런데 근대 정체 구상 중에서는 그가 인민에게 참정권을 부여하는 방식을 전제하면서까지 군민공치의 정체를 수용하려고 하는 것이라고 보기 어렵다. 그는 의회제도가 정책의 신속한 결정에 장애가 될 수 있다고 생각하였다. 즉 정부의 명령이 시행되려고 하면 신속하게 시행되는 것이 중요한데, 의사원 같이 여러 사람이 회의하는 곳은 신속하게 처리하기에는 불편하다고 여기고 있었다.[42] 그리고 의회제도의 역할과 관련하여 유길준은 법률의 제정이 결국 왕자王者, 즉 군주권에 속한다는 점을 강조하고 있었다.

또한 현존의 법률은 어떠한 기초에 의해서 이루어졌던 간에 국가의 강기이니 군민상하가 일체 준수해야 한다는 점도 강조하고 있다.[43] 그가 취하고 있는 민의 정치 참여에 대한 부정적인 입장은 인민의 권리를 설명하는 부분과도 관련된다. 그는 인민의 권리를 천부적인 인간의 권리 신장이라는 관점에서 주목하고 있었다. 여기에서 신명, 재산, 영업, 집회, 종교, 언사, 명예의 통의通義 등 7가지 권리를 상정하였다.[44] 그러나 정치 참여의 권리를 언급하지 않는 것은 물론이었다. 또한 사람의 권리도 천연

---

41 제14편 「상고(商賈)의 대도(大道)」, 위의 책, 380~383쪽; 「개화의 등급」.
42 제10편 「법률의 공도」, 위의 책, 270쪽.
43 위의 글, 272쪽.
44 제4편, 「인민의 권리」, 위의 책, 116~118쪽.

의 권리를 방자하면 금수의 자유와 같아질 것이니 법률의 규모와 정도를 정하여야 된다는 입장을 제기하고 있었다.[45] 이러한 입장에서 본래 천부인권론 자체를 그대로 긍정하는 것이 아니라 법부인권론法賦人權論, 즉 법적으로 부여되고 규정된 범위 내에서의 인민의 권리와 자유 행사를 인정하고자 하였다. 법률에 의한 인권의 보장과 규제는 반드시 수용되어야 하지만, 국법의 위배는 다른 사람들의 자유와 권리를 구속하는 것에 미치기 때문에 허용할 수 없다는 것이었다. 그렇게 법부인권론에서는 인민이 정치 참여의 권리를 갖고 있다는 것은 어디에도 규정되지 않았다. 도리어 인민의 권리를 다스리려고 하면 교육을 우선시하여 지식을 알게 하는 것이 중요하다고 강조하였다.[46]

따라서 그는 조선과 같이 아직 개화되지 못한 사회에서는 의회가 설치되어서는 안 된다고 결론지었다. 즉, "인민의 지식이 부족한 국은 졸연히 기인민에게 국정 참여하는 권을 허홈이 불가한 자라 만약 불학한 인민이 학문의 선수先修홈은 무하고 타방의 선미한 정체를 욕효欲效하면 국중에 대란大亂의 맹萌을 파播홈인 故로 당로한 군자는 기인민을 교육하여 국정 참여하는 지식이 유한 연후에 차정체를 의론홈이 시가始可하니 차정체가 유한 연후에 기국의 개화하기를 기도할지라"고 하였다.[47] 이는 곧 아직 선진 문물에 대해 배우지도 못한 인민들이 다른 나라의 좋은 정체를 본받으려고만 한다면 대란이 일어나므로 군자君子, 즉 개명관료들이 인민을 교육하여 국정 참여의 지식을 갖추게 한 연후에나 가능하다는 것이었다.

이러한 측면으로 보아 유길준은 대의민주주의적인 의회제도의 도입

---

45 위의 글, 114쪽.
46 위의 글, 128~129쪽.
47 제5편 「정부의 종류」, 위의 책, 152쪽.

가능성이나 입헌정치에서 차지하는 중요성에 대해서는 비교적 낮게 평가하고 있었다고 보여진다.[48] 그러므로 유길준은 인민이 국정에 참여하는 제도로서 의회를 설정하고 일반 국민의 정치 참여 과정을 거치면서 형성되는 입헌과정을 통해 '군민공치'가 성립되는 것으로는 생각하지 않았던 것으로 보인다. 그는 일반국민의 정치 참여과정을 생략한 채, 절대군주에게서 정치적 권한을 위임받은 집정대신이 전권을 행사하는 개혁을 통해서 수립되는 '군민공치'의 정치체제를 구상하고 있었다.

(2) 갑오개혁 시기 신분제 폐지와 인민 인식

1894년 음력 6월 21일 일본군의 경복궁 점령으로 조선 정부의 전격 교체가 단행되었다. 6월 25일 김홍집을 수반으로 하는 갑오개혁 정부가 수립되었다. 이때 유길준은 국내외 정세를 누구보다도 더 잘 파악한 개화파 개혁관료로서 군국기무처 회의원과 의정부 도헌으로 복무하게 되었다.

새로운 의정부에서 가장 핵심적인 역할을 담당한 사람은 바로 의정부의 총리대신 김홍집과 도헌都憲 유길준이었다.[49] 이렇게 갑오개혁의 정체 개혁은 의정부를 중심으로 하는 8아문체제 수립이었다. 신관제 시행 이후 갑오개혁 정권은 초기에 대원군의 섭정을 통해서 권력의 입지를 확보

---

48 이렇게 유길준은 영국식의 군민공치(君民共治)의 체제를 이상적으로 파악하기는 했지만 영국의 정치제도에 대한 일반적인 이해방식과는 크게 달랐다. 예를 들어 후쿠자와 유키치는 영국의 제도를 설명하면서 군주가 왕실, 귀족들의 상원(上院), 국민의 선거를 통해 교대되는 하원(下院) 등 3국으로 구성되는 정치체제에서 최상의 위치를 점하고 최상의 권한을 가지고 있다고 이해하였다. 그러면서도 후쿠자와는 하원인 의사관(議事官)의 선거방식(選擧方式)에 주목하고 있었다.(『서양사정』(福沢全集 1) 권3, 28~31쪽) 반면에 유길준은 선거제도와 의회제도의 중요성에 대해 크게 주목하지 않았다.

49 김봉렬, 『유길준 개화사상의 연구』, 경남대 출판부, 1998; 유영익(柳永益), 「『서유견문』과 유길준의 보수적 점진개혁론」, 『한국근현대사론』, 일조각, 1992.

하였으나, 7월 15일에 군국기무처의 의원 다수가 정부의 대신 혹은 협판에 임명되고 신구 관제의 교체기를 거침으로써 7월 20일부터 정식으로 개혁정부를 출범할 수 있었다. 그는 초기 갑오개혁을 주도하였던 군국기무처에서는 조선왕조의 구체제를 근대국가의 정치체제로 개편하는 이백여 편의 법령과 정책을 토의 결정하여 공포하는 데 주요한 역할을 맡았다. 개화파 개혁관료의 핵심적인 역할을 수행한 유길준은 갑오개혁의 정치체제개혁을 행정과 사법을 분리하는 형태로 국가기구를 개편하고, 의회민주주의는 전혀 고려하지 않으면서 의정부, 내지 내각관제 중심으로 운영하려고 하였다.

초기 군국기무처의 개혁의안 가운데 가장 획기적인 것은 바로 신분제 폐지안이었다. 군국기무처는 6월 28일 반상班常이라는 신분적 차별제도를 폐지하고 귀천에 구별없이 인재를 채용할 것을 선언했다. 즉 "문벌과 반상, 등급의 차별을 혁파하고 귀천에 관계없이 인재를 선용選用할 것"을 공포했다. 또한 "과부의 재가는 귀천을 논하지 말고 자유에 맡길 것", 그리고 "공사노비의 제도는 일체 혁파하고 사람을 판매하는 일은 일절 금할 것" 등 사회신분제를 폐지하는 의안을 전격적으로 의결했다.[50] 7월 2일에는 "역인驛人과 창우倡優, 피공皮工 등은 모두 천인에서 면함을 허용할 것"이라고 하여 칠반천인을 해방하는 의안을 결정했다.[51]

이렇게 1894년 갑오개혁의 공사노비제의 폐지와 인신매매의 금지는 이제 전면적인 노비 해방을 선언한 것이었다. 그런데 사회 개혁 의안은 일정한 시차를 가지고 공포되고 실행되었다. 우선 이 법령에는 구체적인 시행방안을 담고 있어야 할 시행세칙이 수반되지 않고 조문 그대로 선언

---

50 「의안 초기(議案 草記)」, 『의정존안(議定存案)』, 개국 503년 6월 28일.
51 「의안 초기」, 『의정존안』, 개국 503년 7월 2일.

된 것이라는 문제가 있었다. 당시 향촌사회에서 양반과 노비와의 갈등은 극도에 달하고 있었다. 특히 농민전쟁이 한창 지속되고 있었던 1894년 집강소 시기에는 양계급이 치열하게 투쟁하고 있었다. 이들 천인 노예들은 양반들을 질책하고 양반의 상징인 관을 빼앗아 찢어 버리거나 욕보였을 정도로 양반제도에 대한 불만을 나타내는 데 거리낌이 없었다.[52]

1894년 8월 10일에는 갑오정권은 노비들의 신분 해방투쟁을 우려하는 관문關文을 내기에 이르렀다.[53]

상고할 일. 의안議案 중 과부 재가는 귀천을 가리지 않고 자유에 맡길 것이라는 일조一條는 곧 조정에서 화기和氣를 불러 맞는다는 뜻으로 내린 것이다. 무릇 과녀寡女가 죽음에 이르지 않고 다른 것이 아니라 종신토록 수절하는 것을 누가 강제로 시집하게 하겠는가. 진실로 마땅히 시집을 가야하는데, 안 가게 하는 것은 오히려 화기를 상하게 하는 것인데, 비록 부모라도 하필 강제로 시집가지 않게 하겠는가. 시집을 가고 안 가고는 다른 사람이 강제로 할 수 없는 것이므로 '자유自由'라는 두 자로 한 것이다. 문벌門閥과 반상班常 등급을 벽파劈破하고 귀천을 가리

---

52 이에 따라 다수의 양반사족들은 이러한 곤욕을 피해 가족들을 이끌고 도피하였다. (「영상일기(嶺上日記)」, 287~291쪽; 「세장년록(歲藏年錄)」, 『동학농민전쟁사료총서』 (2), 259쪽) 농민들의 양반에 대한 징치는 사사로운 원한에 대한 보복이나 무덤을 파헤쳐 위협하는 경우까지 일어나고 있었다. (『갑오척사록(甲午斥邪錄)』, 6쪽; 박진태(朴珍泰), 「1894년 경상도 지역의 농민전쟁」, 『1894년 농민전쟁연구』 (4), 1995, 역사비평사, 290~297쪽)

53 "장차 이 관사(關辭)를 내리니 열읍(列邑)에 소상하게 깨우쳐 알리고 한문과 언문으로 번역하여 방곡(坊曲)에 게시하여라. 이와 같이 신칙한 후에도 혹 옛 관습을 다시 답습할 때는 영읍(營邑)으로부터 적발하여 엄히 징치하는 것이 마땅한 일이다."(「右關 京畿 九號, 三南 五都 江原道 八號, 黃海道 九號, 忠淸道 十, 慶尙道 十二, 全羅道 十一」, 『관초존안(關草存案)』, 갑오 8월 10일, '관문'; 『각사등록(各司謄錄)』 63, 국사편찬위원회, 218~219쪽)

지 말고 인재를 뽑아 쓸 것이라는 일조는 곧 널리 인재를 채택하기 위한 방법이나 오로지 양반과 벌열만 쓰지 않고 비록 상천이라도 재주가 있으면 참작하여 쓰고 가리지 않는다는 뜻이다. 공사노비公私奴婢의 제도는 일체 혁파하고 사람을 사고 파는 일을 금지한다는 일조는 곧 체휼體恤의 의미였다. **압량위천하여서 세세토록 노비역을 지는 것을 금지한 것이지 이미 판매販賣된 자를 논하는 것은 아니다.** 근일에 향곡에서 무뢰한 무리들이 본의를 헤아리지 않고 이것을 빙자하여 폐단을 일으켜 양반과 상민이 서서히 잘못되어 사류가 그 체모를 보존할 수 없다고 하고 서민이 또한 감히 마땅한 분수를 범한다고 한다. 과부를 겁주고 욕을 주며 노비가 주인을 능멸하는 것이 허다하고 패륜적인 행동이 계속해서 들려오고 있다. 참으로 통탄하고 놀라운 일이다.[54]

이 관문에서는 신분제 폐지 정책이 시행되는 과정에서 생긴 문제점들을 지적하고 있다. 과부 재가 금지의 폐지조항은 당시 봉건적 가족윤리의 폐단을 극복하고 여성의 인권 보호를 위한 조치였음에도 불구하고 어떤 경우에는 과부들이 부모나 주위 사람들에 의해서 재가를 강요당하는 상황이 발생했다고 비판하였다. 그래서 어디까지나 본인의 자유에 맡긴다는 원칙을 강조하였다. 이 부분에서 강조된 용어는 "자유라는 두 자"라는 표현이다. 이는 개화사상가인 유길준이 주로 사용한 용어라는 점에서 이 관문의 기초 작성자의 한 사람이 유길준이라고 추정된다

또한 이 관문의 강조점은 인재 등용과 연계된 신분 폐지라는 인식이다. 즉 문벌과 반상 등급에 관계없이 인재를 채용한다는 조항은 인재를 널리 채용하기 위한 정책으로서 양반과 벌열의 관리 채용을 금한다는 것은 아

---

54 『관초존안』, 갑오 8월 10일, '관문'; 국사편찬위원회 편, 『각사등록』 63, 218~219쪽.

니라고 추가로 해석하였다. 이는 사실상 갑신정변의 신분제 폐지 강령의 해석과 연관되어 있다.[55]

이러한 논리적 전개하에서 공사노비의 폐지와 노비 매매의 금지 의안을 재해석하였다. 즉, "압량위천하여서 세세토록 노비역을 지는 것을 금지한 것이지 이미 판매販賣된 자를 논하는 것은 아니다"라고 명백하게 선언하였다. 이 원칙에 따르면 현실의 노비는 그대로 남아야 한다는 유권해석으로 보인다. 물론 그렇다고 해서 이 관문이 공식적으로 노비제도 폐지정책을 완전히 뒤엎은 것은 아니었다.

관문의 발령이 이전의 군국기무처가 반포한 여러 법령과 조치를 뒤엎는 것일 수는 없었다. 왜냐하면 갑오개혁에서의 개혁정책은 거의 모든 정책이 서로 연결되어 있었고 그 자체에 근대사회의 원리를 내포하고 있었기 때문이었다. 예를 들어 향회 설치의 건을 제정하여 지방민의 권력 참여를 제도화시키려는 정책은 적어도 신분적 차별을 전제로 하지 않았다. 이는 관리임용정책이나 호적제도의 개혁에서도 확인할 수 있다. 이 관문은 다만 향촌에서 자행되고 있는 노비의 양반 능멸 등 과격한 신분 해방투쟁을 금지시키는 정책적 차원에서 강조한 것이라고 할 수 있다. 이러한 관문의 전국적 시행은 현실의 갈등을 무마하기 위한 신분제 폐지의 유화책에 불과했다고 보는 것이 타당할 것이다.[56]

한편 1894년 음력 9월 중순 이후 동학농민군의 2차 봉기가 일어나자 조선 정부에서는 일본군의 협조하에 이들을 진압하고자 하였다. 당시 유

---

55 1884년 정령 연구반, 「총론─1884년 정변의 '정령(政令)'에 대하여」, 『역사와 현실』 30, 한국역사연구회, 1998.

56 신용하(愼鏞廈), 「1894년의 사회신분제의 폐지」, 『규장각(奎章閣)』 9, 1985, 76쪽; 유영익, 「갑오경장과 사회제도 개혁」, 『한국사회발전사론』, 일조각, 1992, 264~271쪽.

길준은 동학농민군의 토벌을 처음부터 주창하지는 않았으나 정부 행정 부서를 총괄하는 의정부 도헌의 입장에서 전투 상황과 대응 조처에 종합 적으로 대처하지 않으면 안되었다. 이에 따라 그는 전국 각 군현의 지방 관과 초토사 등에게 보내는 관문을 여러 차례 보내면서 긴밀하게 동학농 민군을 진장하기를 독려하고 있었다.

1894년 11월 초순 충청도 공주에서 벌어진 전투에서 전봉준이 이끄 는 동학농민군의 본진이 크게 패배하고 말았다. 이는 일본군의 주도면밀 한 동학농민군 탄압전술과 더불어 조선 정부의 순무영 및 각 지방관, 지 역의 민보군들의 연계로 인하여 막강한 화력과 무자비하고 철저한 진압 방식의 결과였다. 이후 탄압 과정에서 동학농민군의 체포와 재판은 크게 2단계로 진행되었다. 한편에서는 전국 순무영에서 주관하여 처리하면서 동학농민군 지도자에 대한 체포와 심문, 처형이 이루어졌으며, 다음으로 정식 재판을 주관하게 되는 권설재판소로 넘겨졌다. 이러한 과정에 유길 준은 직접 간여할 수 있는 지위는 아니었지만, 갑오정권의 핵심인 의정부 도헌으로서 상당한 정치적 책임이 있었다.

1894년 12월 이후 동학농민군 지도자가 처형된 2월 말까지 동학농민 군에 대한 가혹한 처벌과 살해가 이어졌다. 이들은 일본의 개입으로 더욱 철저하게 탄압되었는데, 여기에 같은 민족 내부에 조선 정부의 관료와 군 인, 보수 유생 및 민보군 등으로부터 아예 말살될 정도로 진압되었다.

이러한 비극적인 참사에 대해 유길준은 특별히 회고담을 남기지는 않 았다. 다만 그는 1895년 6월 갑오개혁 실시 1주년을 맞이하여 새로운 단 계의 개혁으로 나아가려는 비상 회의 소집을 주장했다. 1895년 6월 19일 내부대신서리 내부협판 유길준은 새로이 개혁을 추진하기 위해 내각의 국무대신들에게 비밀 회의秘密會議를 열도록 요청했다.[57]

그는 갑오개혁 1주년을 맞이해서 종래 1년 동안 개혁과정을 회고하며 조선의 정치 개혁을 스스로의 힘自動力으로 행하지 못하여 세 가지 부끄러움三恥論이 있다고 표현하였다. 하나는 전국 인민을 향한 부끄러움이며, 세계만국에 대하여이며, 또한 후세 자손이 돌아보았을 때 느끼는 부끄러움이 세 번째라고 하였다. 그러면서도 개혁이 비록 일본의 힘에 의해 타동력他動力으로 이루어지기는 했으나 반드시 필요한 개혁이라는 점을 강조했다.

이때에 그는 네 가지 정책을 제기하였다. 제1안은 신법을 엄명嚴明히 정하는 안으로, 다시 말하면, 대소죄인의 석방안釋放案이었고, 제2안은 성의聖意를 봉준奉遵하야 인민도 상송相訟하는 폐가 없고 각 사업에 편안하게 하는 안, 제3안은 "전지개량田地改量하는 폐를 제除하기" 위한 방안이고, 제4안은 국내인민國內人民의 교육대도敎育大道를 립立하기 위한 안이었다.[58] 이 안건을 내각의 다른 대신에게 회람시켜 이를 수렴하여 추진하려고 하였다.[59] 그가 비밀 회의를 요청하면서 명분을 걸었던 것이 비록 갑오개혁이 일어난 지 1년만이지만 개혁을 재정비하기 위한 점이었다. 그는 당시 국왕으로 하여금 조선국 신민臣民의 대의무와 대직분은 조종의 종사와 강토를 보수하는 것이라고 하면서 종래 국왕과 신민과의 관계를 강조하고 있다.

당시 네 가지 개혁 방안 중에서 가장 논란의 초점이 되었던 것은 제1안으로서 '대소죄인大小罪人 방석放釋하는 사事'였다. 유길준은 형법의 본의에

---

57 「비밀 회의 구하는 청의서(秘密會議求하는 請議書)」(내각대신서리 내무협판 유길준→내각총리대신 박정양), 『의주(議奏)』 21책, 1895.6.19, 336~337쪽.(『의주』 2, 서울대 규장각, 1994)

58 위의 글, 337쪽.

59 「군부조복 군(軍部照覆 軍) 24」, 『각부퍄조존안』 2책, 1895.6.25; 『각사등록』 63책, 333쪽.

따라 귀천을 무론하고 범죄의 대소에 따라 벌의 경중을 작시함이 당연한 것이므로 새로이 개혁 이전에 발생한 범죄에 대해서는 신식으로 불문에 붙여서 정치상의 일도一道를 취하는 것이 당연하다고 주장하였다.[60] 그는 두 가지 사면안을 제기하였다.

하나는 "국사범 이하 정치상 관계 및 기타 유형流刑에 처한 자로 개국 504년 4월 1일 이전에 관계되는 자는 모두 석방하자"는 안을 제기하였다. 다른 하나로 절도, 강도, 통간通奸, 편재騙財 등 파렴치한 범죄를 범한 죄인인 경우에는 석방하는 예에서 제외하는 안을 제기하였다. 이는 신식 재판제도가 시행된 1895년 4월 1일 이전에 국사범으로 관계되는 자들에 대해서 전면적인 대석방을 실시하자는 것이었다. 이렇게 되면 이전에 농민전쟁과 관련되어 재판을 받거나 구속된 농민들에 대해 대대적인 석방 조치를 취할 수 있었다. 물론 불가피하게 민씨정권과 관련된 부패관료들도 포함되었을 것이다. 이는 개혁 1주년을 맞이하여 새로운 차원에서 국민적 대화합을 이루고 앞으로 개혁의 강도를 높여나가고자 한 것이라고 하겠다.

그렇지만 이 제안에 대해서 주무부서인 법부는 즉각적으로 반대하였다. 당시 법부대신 서광범은 다음 날인 6월 20일에 입장을 밝혔다. 즉「개국오백사년사월일일이전 죄인참량방석 청의서」에서 그는 유길준의 안과 같은 정치범의 무조건적인 석방을 반대하였다. 그는 적용 예외대상을 절도, 강도, 통간, 편재 등 파렴치한 범죄를 범한 죄인이라고 제한된 것에

---

60 유길준은 새로운 법률의 시행사례로서 군주가 성덕(聖德)으로 이준용(李埈鎔)의 반역죄를 감등(減等)하여 특전을 베풀어 유10년(流十年)을 내리고 이후에 특방(特放)한 은전(恩典)을 내린 예를 들면서 이 기회로 전체 신민(臣民)들에게 특전(特典)을 내릴 것을 요청하였다.(『의주』21책, 339쪽)

모반謀反과 살인자殺人者를 포함시켰다. 이는 1895년 4월 이전 범죄인 중에서 모반이나 살인자로 거론함으로써 농민전쟁에 연루된 민중들을 석방시키지 않겠다는 방침을 천명한 것이었다. 또한 징역에 처한 죄인의 석방 여부를 심사하는 권한을 법부대신에게 부여하는 방안을 제기하였다. 이렇게 법부대신이 선별적으로 가려내어 석방시키겠다고 한 것으로 석방 문제를 정략적 차원에서 다루겠다는 것에 다름없었다.

서광범의 제한적인 석방안은 유길준의 전면 석방안과는 크게 다른 것이었다. 서광범은 어디까지나 현정권, 아니 기성의 권력관계하에서 처리하겠다는 의도를 드러낸 것이었다. 따라서 내각 회의에서도 논란이 거듭되었는데, 서광범의 안 중에서 징역에 처한 죄인을 선별적으로 석방하는 것은 법부대신의 권한 밖이라는 판단하에 삭제되기는 했지만, 나머지 다른 부분은 원래 서광범의 안을 그대로 통과시켰다. 그래서 1895년 6월 27일 조칙을 선포할 때는 적용대상 제외자를 제외하고 일체 석방하는 조치를 내렸다.[61] 이때는 법부 소속의 죄인 83명과 각읍 소속의 죄인 196명 등 모두 279명이 석방대상자였다.[62] 이들은 대부분 민씨정권의 폐정과 연루된 부패 관료들에 다름이 없었다.

이렇게 새로운 정치 개혁과 전면 석방안을 추진한 내부협판 유길준은 거의 대부분 관철되지 못했다. 더구나 유길준의 비밀 회의를 개최하고자 하는 안건을 월권이라는 이유로 폐기해야 한다는 서광범의 비판을 받기도 했다.[63] 결국 유길준이 제기한 나머지 개혁안인 「전제와 교육제도의

---

61 『의주』 21책, 333~334쪽; 「命六犯外一切放釋以示廣蕩之典」, 『일성록(日省錄)』, 1895 (고종 32년). 6. 27, 171쪽.
62 『구한국관보』 106호, 개국 504년 7월 5일, 1072~1073쪽; 126호, 개국 504년 8월 1일, 1134~1136쪽.
63 「법부래조(法部來照)」, 『각부래조존안(各部來照存案)』 2책, 1895. 6. 29; 『각사등록』

개혁론」도 채택되지 못하고 폐기되고 말았다.

그리하여 1895년 6월에 갑오개혁 1주년을 맞이하여 1895년 4월 신식 재판제도 시행 이전에 발생한 동학농민군의 반란 등 국사범에 대해서 일괄적으로 석방하자는 유길준의 방안은 갑오정권 내에서조차 거부되어 기각되고 말았다.

(3) 갑오개혁 이후 지방자치제론과 인민 인식

유길준은 갑오개혁이 일단 실패로 끝난 1896년 이후 갑오개혁의 방향과 관련하여 하나의 회고를 남겼다. 유길준의 편지에서 갑오개혁의 정체 개혁의 구상을 다시 한번 규정하는 주목할 만한 부분이 있다.[64] 그는 「우리들이 작성한 개혁안」에 대해 설명하였다. "① 국가와 왕실 간에 명확한 구분이 그어져야 한다. 즉, 국왕은 국왕이고 단지 국가의 수반에 지나지 않는다. 국왕 자신이 국가는 아니다. 지금까지 우리 정부조직이나 모든 것이 국가나 인민을 위해 있지 않고 국왕 한 사람을 위해 만들어져 있다. 그래서 국왕國王은 인민의 생사여탈권生死與奪權을 갖고 있었다"고 하였다.[65]

63책, 335~336쪽.

64 이광린(李光麟), 「유길준의 영문서한(英文書翰)」, 『동아연구』 14집. (『개화파와 개화사상 연구』, 일조각, 1989, 232쪽에 재수록) 원자료 : 「우리들이 작성한 개혁안」. (1896년 3월 혹은 4월경 도쿄에서 작성)

65 "1. 국가와 왕실 간에 명확한 구분이 그어져야 한다. 즉 국왕은 왕이고, 단지 국가의 수반에 지나지 않는다. 국왕 자신이 국가는 아니다.. 지금까지 우리 정부 조직이나 모든 것이 국가와 인민에게 있지 않고, 국왕 한 사람을 위해 만들어져 있다. 그래서 국왕은 인민의 생사여탈권을 갖고 있었다. 이것은 무엇보다 더 악의 근원이 되어 국가가 약해지고 가난해졌다."(이광린, 「유길준의 영문서한」, 『동아연구』 14, 1988, 20~21쪽) 본래 이광린의 번역문에서는 국왕과 국민, 국민의 생사여탈 등으로 번역했으나 이 시기 유길준의 인민 이해와 관련하여 아직 국민이라는 개념을 취하지는 않는 것으로 생각하여 교정을 가했다. "1. Clear distinction shall be drawn between Nation and Royal House. That is the King is king and only a head of nation and not himself is the Nation.

이는 국왕과 국가를 분리해야 하는 필요성을 강조한 것인데, 다시 말하면 국체國體와 정체政體를 분리해야 한다는 것을 강조한 것이다.

다음으로 강조한 부분은 ② 관직 임명에 양반과 상민간에 차별이 없어야 한다는 것, ③ 법정규정에 의한 세금징수와 불법적인 징세 금지를 주장했으며, ④ 사법제도에서 죄형 법정주의와 대역죄에서도 연좌제의 금지, 고문 행위와 효수형 등을 금지하면서 교수형으로 완화한다는 것을 주장했다.[66]

또한 유길준은 같은 글에서, "지방장관 회의에 대한 규칙도 정부에서 공포하였는데, 이것이 우리 인민에게 자유를 누리는 새 생활을 하게 하고 입헌군주제를 실시하는 하나의 단계로 자치를 해야 된다는 것을 체험시키기 위해서였다"고 밝혔다.[67] 여기서 입헌군주제로 나아가는 하나의 단계에서 '자치'를 해야 한다고 강조한 지점이 특이하다.

우선 갑오개혁기에 지방제도 개혁에서 가장 주목되는 점은 지방자치적인 향촌운영을 목표로 하고 있었던 '향회조규鄕會條規'와 '향약판무규정

Hitherto our Governmental system and every thing was made for one man-the king not for Nation-the people. So that the King has the power of death and life, and will of giving and depriving it was, above all, the evil source which made our nation weak and poor."(Kwang-rin Lee, "The Letters of Yu Kil-chun", *Korean Studies* Vol.14, 1990, pp.98~118)

66 "4. 판사의 동의 없이는 누구도 구속할 수 없다. 그리고 공개재판을 하지 않고 처벌할 수 없으며, 또 가족 한 사람이 나라에 반역행위를 하였을 때 가족전체를 죽이는 따위의 잔인한 법을 철폐한다. 또 목을 자르거나, 때려서 죽게 하거나, 자백을 시키기 위해 고문을 가하는 낡은 처벌방법도 폐지하여 사형을 함에 있어서 교수형만을 적용한다."(이광린, 위의 글)

67 이광린, 『개화파와 개화사상 연구』, 일조각, 1989, 233쪽. 여기서 언급된 지방장관 회의는 1895년 10월 26일에 내각 회의에서 결정된 '향회조규(鄕會條規)'를 가리키는 것으로 보인다. 유길준은 이를 '자치'를 경험케하는 향촌조직으로 간주하고 있다. 번역문에서도 이광린 선생은 국민이라고 번역했지만, 인민이라는 표현이 맞으며, 또한 향회조규에서도 '지방인민(地方人民)'이라는 용어를 쓰고 있다는 점에서 동일하게 보아야 한다.

鄕約辦務規程'의 시행이었다. 1895년 9월 5일양력 10월 22일에 유길준의 제의로 향회제도가 추진되었다.[68]

이상은 지방인민의 기력지려氣力智慮를 분발하며 또한 그 심지心志를 통합하여 사물에 귀착歸着하고 겸하여 재산 권리를 자호自護하게 하기 위하여 이 양건兩件 을 의정擬定하여 부군府郡에 반포하여 향리간 시행함을 허락하기에 합당하므로 이단此段을 각 의에 제출하여 가부 결정하심을 바람.[69]

위와 같이 향회는 지방인민의 기력氣力과 지려智慮를 분발시키며 또한 심지를 통합시키는 것을 목표로 갖고 있었다. 그리고 인민이 재산 권리를 스스로 보호할 수 있게 만들기 위한 것이었다.

향회의 종류로는 대회인 군회郡會와 중회인 면회面會, 소회인 리회里會가 상정되었다. 리회는 존위와 매 호 각 1인으로 구성되었으며, 면회는 집강 과 각 리의 존위와 각 리에서 임시로 공거한 각 2인으로 구성되었다. 이 렇게 구성된 각급 향회는 교육과 호적, 지적, 위생, 사창, 도로교량, 식산 흥업, 공공 산림 및 제언 보항洑港, 제반세목 및 납세에 관한 사항 등 지방 과 관련된 일체의 사항을 담당하였다.

또한 향약판무규정은 종래 각 지방마다 다양하게 운영되었던 기존의 향회를 국가에서 획일적으로 규정하여 통일화시키려는 목적에서 시행되 었다. 그렇지만 실제 규정상으로는 각 리와 면의 향약을 규정할 때, 존위

68 유길준은 지방민의 정치 참여에 관심이 많았으며 이전에 박영효가 행했던 지방제도 개
    혁에 만족하지 않고, 일본의 지방제도를 참고삼아 더욱 개혁을 철저하게 하려고 했다
    고 한다. (시문 편, 『유길준 전서』 V, 271쪽)
69 「향회조규」, 『의주』 36, 1895.10.26, 366~373쪽.

나 집강을 관으로부터 차정하던 관례를 폐지함으로써 관치적인 성격보다
는 자율적인 성격을 강조하였다. 특히 리 향약의 대표인 존위나, 면 향약
의 대표인 집강이 될 수 있는 자격요건 중에서 신분적인 차별을 완전히 폐
지했다. 향회조규 제2조에서 4조까지는 회원의 자격을 규정하고 있는데,
리회에서 회원의 자격조건을 존위와 해리 내의 매 호 1인으로 하되 징역
이나 조세를 체납한 처분이 없는 자로 규정하고 있다. 이렇게 회원의 자격
이 면회와 군회에까지 이어져 일정한 정도의 자산가를 상정하고 있다.[70]

또한 집강과 존위의 자리에 있을 때는 반상에 구애되지 말고 동등하게
대우함을 규정하고 있다. 그리고 향약판무규정의 제1조 3항에 의하면,
존위의 경우, "명예로 하되 연 30 이상으로 1년에 체기를 정하여 해리인
민該里人民이 회의하여 반상班常을 구拘치 물勿하고 권선圈選한 후에 정하는
것"으로 하였다.[71] 이러한 다수결의 원칙하에 해리의 인민이 투표한다는
조항은 민주주의적인 대의제도를 최소의 향촌 단위에서 실시한다는 의
미를 가지고 있었다. 결국 향회의 운영 방식은 이렇듯 향촌자치적인 성격
이 강했으며, 향촌 질서의 주체로서 종래 재지 양반만을 대상으로 한 것
이 아니라 새로운 자산가층, 부요층을 대상으로 했다.

이러한 향약 및 향회 조규는 관치보조적인 향촌 질서의 수립을 표방하
면서도 향촌 내의 자율적 질서 및 지방민의 정치 참여를 호응하는 차원
에서 시행되었다. 위로부터 후진된 지방제도에 대한 중앙집권적 전면 개

---

70 더구나 이회(里會)·면회(面會)·군회(郡會)의 의석에는 "부역(賦役)이 다(多)한 상등
호민(上等戶民)이 집강(執綱), 존위(尊位) 차석(次席)에 좌(坐)홈"이라고 규정하여 부
역이 많은 상등호민이 집강과 존위 그다음의 높은 자리를 차지할 수 있다는 것이었다.
이는 군회에는 일군의 상등호(上等戶)가, 면회에는 일면의 상등호가, 이회에는 일리의
상등호로 규정되어 각 이회·면회·군회에 동일하게 적용되는 기준이 되었다.

71 「향회판무규정(鄕約辦務規程)」, 『의주』 36, 1895.10.26, 371쪽.

편과 조응하는 것이었다. 이러한 유길준의 향회 구상은 최하의 말단 지배 층으로 성장할 수 있는 계층을 기존의 양반층이 아니라 지역민의 여망을 받으면서 성장하고 있었던 자산가층, 부요층으로 설정한 것으로 볼 수 있다. 이들을 갑오개혁의 지배 기구 최말단으로 편재시킴으로써 위로부터 개혁의 기반으로 삼으려고 했다.

그렇지만 실제 갑오개혁 정권에서 추진하고 있는 향촌 질서의 재편 정책이 실제 향촌에서 구현될 수 있었는지는 의문이다. 왜냐하면 내각에서 충분한 심의를 통해서 결정되었음에도 불구하고 당시 갑오 정권은 관보에 향회와 향약에 관한 조규 조문 자체를 아예 싣지 않았다. 이로써 향회 조규의 내용은 전혀 일반 인민에게 전혀 알려질 수 없었다. 유길준은 기존의 향촌 지배 질서를 완전히 부정하는 내용을 담고 있는 향회 조규를 공포함으로써 필연적으로 향약 조규는 향촌사회 지배 질서에 충격적인 변화를 가져오려고 했다.[72] 그렇지만 그의 구상은 당시 구체적인 방안으로 공포되지 않았을 뿐만 아니라 1896년 2월 아관파천으로 갑오정권 자체가 붕괴했기 때문에 실현될 수 없었다.

유길준은 개화 지식인으로서 서구와 일본의 근대 사상에 영향을 받아 인민의 권리는 공통적인 천성으로 간주하였고, 신분의 차이를 부정하고 보편적인 인간의 권리를 보장할 것을 주장하였다. 그렇지만 그는 만민 평등을 무조건적으로 주장하지는 않았고, 인간의 권리란 법률로 보장되어야 각자의 보편적인 권리가 유지될 수 있다고 하였다. 법치주의를 통해서 사회적 질서가 유지되고, 개인의 사유재산권도 보호하기 위해서도 필요

---

72 「향회판무규정 향회조규를 上奏하여 裁可하시믈 經홈 但 人民은 該規程及條規를 一遵하여 里會面會郡會를 開할 事를 得홈 該條章은 省略홈」, 『관보(官報)』 203호, 개국 504년 11월 3일, 1387쪽.

하다고 하였다.

유길준의 인식은 그의 정치제도 개혁론이나 실제 갑오개혁 시기 개혁
론에도 그대로 확장되어 관철되었다. 그의 정치사회개혁론으로 지방자
치를 위한 향회실시론에서 보이는 것처럼 부유한 자산가층을 위주로 향
촌 질서를 재편성하려는 것이었다. 그는 인민을 근대 시민의 주체로서 인
민을 자리잡게 하거나 아니면 시민적 권리를 천부적으로 보장받을 수 있
는 존재로 보지 않았다. 그는 인민을 어디까지나 계몽의 대상이며, 사회
질서의 내에서 법률적 규제를 받으면서 훈육되어야 할 대상으로 인식하
였던 것이다.

2. 관료지식인 김윤식의 시대 인식과 민중 인식 변화

19세기 후반 조선사회는 안으로 민중들의 반란이 빈번해지고, 밖으로
는 서양 각국이 무력을 앞세운 외교 교섭과 통상 요구가 점차 강화되고
있었다. 당시 조선 국가 차원에서 대책을 강구해야 하는 유교 관료지식인
에게는 심각한 위기상황이었다.

이 시기 조선지식인들의 서양 근대의 수용은 1960년대 이래 근대사
연구에서 중요한 연구 주제 중 하나였다. 특히 관료 유교 지식인층의 대
표적인 사례로서 김윤식[1835~1922]의 사상과 활동이 주목된다.[73] 그는 당대

---

73 김윤식(金允植, 1835~1922)은 조선 말기 관료이자 문장가다. 본관은 청풍. 자는 순경
    (洵卿), 호는 운양(雲養). 그는 1881년 청의 양무운동을 받아들이기 위해 영선사를 이
    끌었으며, 임오군란을 수습하면서 협판 군국사무를 거쳤다. 그는 갑신정변에 참여하지
    않았고, 1887년 러시아와의 외교 문제로 장기간 충청도 면천에서 귀양살이를 해야 했
    다. 1894년 갑오개혁에서 복귀하여 외부대신으로 역할을 하였으나 1897년부터 11년

문장가로서 많은 글을 남겼고, 독특한 안목으로 시대를 바라보았던『음청사』,『속음청사』등 일기체 역사책을 저술하였다. 그는 동도서기론東道西器論을 주창한 관료로서 평가되었는데, 갑신정변이나 갑오개혁 등 정치적 변혁에 직접·간접으로 간여하는 가운데, 유교문명의 도덕가치로 정세 변화에 대응하려는 유교 지식인의 전형으로 간주되었다.

지금까지 그에 관한 연구는 유교주의에 입각한 국가제도와 시무時務 개혁, 그리고 정치사상과 문학의 이해 등을 중심으로 진행되었다.[74] 최근에는 정론가로서 서양 인식과 개혁 방법론에서 나아가 유교의 문명사적 대응과 의의를 다루는 범위로 확대되었다.

그런데 그의 사상을 하나의 일관된 사상의 흐름으로 정리하기 어려운 난점이 있다.[75] 그는 장기간에 걸친 통사적인 역사 기록을 남기는 했지만,

---

간 제주도 및 전남 지도 등지에서 유배생활을 했다. 1907년 이후 제도국 총재, 중추원 의장 등을 맡았으며, 순종에의 양위와 일제의 합방과정에 공헌하여 작위를 받기도 하였다.(『대한제국관원이력서』4책, 122쪽; 33책, 762쪽) 3·1운동 이후 독립을 요구하는「대일본장서(對日本長書)」를 제출하여 작위를 박탈당했다.(「한국독립운동지혈사 (韓國獨立運動之血史)」,『박은식전서(朴殷植全書)』上, 1920, 95~97쪽; 부록「대일본 장서」,『속음청사』)

74 운양 김윤식 연구는 주로 1970년대 문학과 개화사상에 대한 초기 연구, 1980년대 한국 근대 개화 지식인의 삶과 행동에 관심을 두었다.(송병기,「김윤식 이홍장의 보정·천진 회당-한미조약 체결을 위한 조청교섭」,『동방학지』45, 연세대 국학연구원, 1984; 최 진식,「한국근대의 온건개화파연구-김윤식, 김홍집, 어윤중의 사상과 활동을 중심으 로」, 영남대 박사논문, 1991; 이상일,「운양 김윤식의 사상과 활동 연구」, 동국대 박사논 문, 1995) 최근에는 역사학만 아니라 사회과학 및 문학쪽 박사논문도 다양하게 시도되 고 있다.(김성배,「김윤식의 정치사상연구-19세기 조선의 유교와 근대」, 서울대 박사 논문, 2001; 연민희,「운양 김윤식의 산문 연구」, 충남대 박사논문, 2019)

75 『운양집(雲養集)』은 1914년 편찬(1911년 정화음(鄭華陰)이 문집 등사, 1912년에 문 인 정윤수(鄭崙秀) 교정, 황병욱(黃炳郁) 편집, 1914년에 강설산관(絳雪山館)에서 석 판(石版)으로 16권 8책 230질을 초간하였다. 1930년 출간된『운양속집』은 2권 1책 (전 4권 2책)으로 이빈승저(李斌承邸)에서 출간,『운양집』의 보유편이다. 일기 기록인 『음청사(陰晴史)』(1881~1883)와『속음청사(續陰晴史)』(1887~1921)는 국사편찬위

각론적인 논평을 거의 하지 않았다.[76] 그가 비록 김옥균이나 유길준과 같은 개화지상주의자는 아니고 '시무개화파'로 점진적 개화를 주장하고 있었다면, 그가 가진 근대국가 구상과 민중 인식에 대해 보다 구체적으로 해명되어야 한다.

여기에서 19~20세기의 전환기에 김윤식의 사상적 구도와 정치적 편향을 검토하려고 한다. 1880년대 후반 그가 이해하고 있는 서양 정치 사상의 수준과 수용 여부를 살펴보고 서양과의 외교 확대와 개항통상 문제의 대응 방식을 살펴보려고 한다. 또한 사상의 기저로서 민중의 이해 여부도 함께 살펴보려고 한다. 그리고 이 글에서는 김윤식이 스스로 저술한 일기체 통사류의 저작을 중심으로 하되, 관련 인사들과 오고 간 편지 및 다른 저술의 서문 등을 대상으로 검토하려고 한다. 이를 통해 1910년대까지 유교 관료지식인 김윤식의 근대 개혁 구상과 민중과의 관계 인식을 다루려고 한다.

1) 김윤식의 대외 인식과 정체 인식 기저

(1) 서구 각국과의 조약 체결과 대외 인식

지금까지 연구에 의하면, 김윤식은 유교·관료 지식인이고 동도서기東

원회가 1958, 1960년에 각기 한국사료총서로 간행하였다. 문집이 생전에 발간되었다는 점에 잇점이 있지만 선별 지침으로 일부 저작이 제외되었을 가능성도 있다.『금영래찰(錦營來札)』이 대표적이다.『속음청사』 말미에 수록된「추보음청사(追補陰晴史)」도 당대 기록이 아니라 사후에 기록된 것으로 저술 시점의 차이가 있다.

76 예컨대 일제의 대한제국 합방에 대한 견해를 묻는 고종의 질문에도 '불가불가(不可不可)'라고 말했듯이, 소극적인 태도 때문에 논란을 불러일으켰다. 이러한 대답은 '불가불 어쩔 수 없었다'는 해석과 '불가불가'라고 하여 절대 안 된다는 해석도 동시에 가능하기 때문이다. (금장태,「일제강점기 유교의 독립운동─독립청원운동」,『한민족독립운동사』9, 국사편찬위원회, 1991)

道西器의 입장에서 조선의 전장이나 유교 가치를 기본에 두고 서양의 기술을 점진적으로 수용한다는 입장을 취했다고 한다.[77]

먼저 19세기 후반 조선을 둘러싼 정세를 파악하는 그의 사유방식을 살펴보자. 그는 1880년대 일본과 중국, 그리고 미국을 비롯한 서양 각국과 교섭통상조약을 맺은 외교 관리로서 봉직했다. 그는 자국과 타국의 인식, 서양 문명국에 대한 이해가 다른 지식인보다 깊이 있게 이해하고 있었다. 따라서 그는 오랫동안 청의 간섭하에 있었던 조선의 현실을 인정했고, 또한 청의 협조하에 미국을 비롯한 서구와의 개항통상 조약을 체결하고자 하였다.

그는 1881년 당시 조선에 대한 국제관계 인식에 특별한 편향을 드러내고 있었다. 즉, "아국我國이 중국 속방이라는 것은 천하가 다 아는 것이다. 중국이 착실하게 담당하는 뜻을 읽지 않을까 항상 근심해 왔다. 왜냐하면 아국과 같이 고립되어 약한 세로서는 큰 나라의 보호를 받지 못한다면 실제 특별히 설 수 없기 때문"이라고 하였다.[78] 이는 실제 1880년대 국제 관계 현실에서 자국에 대한 파악 여하에 따라서 국제적 대응의 차이로 나타날 수 있었다.

---

77 일부 연구에서는 온건개화파의 개혁 노선 특징을 '시무(時務)'라는 용어로 파악하고자 하였다.(한철호, 「1884~1994년간 시무개화파(時務開化派)의 개혁 구상」, 『사총』, 1996) 이는 유교주의의 변통론에 입각하여 이루어지는 현실 대응론자로서 정의한 것이다. 그럼에도 불구하고 그의 유교 인식에 기반한 개혁논리, 특히 근대 민중에 대한 인식에 대해 아직 미흡하다.(趙景達, 「金允植における民衆觀の相剋」, 『朝鮮の近代思想』, 有志舍, 2019) 김윤식이 여러 저작을 통하여 인민이나 시민을 거의 언급하지 않았고 인민을 교화의 대상으로 보고 있다는 점이 충분히 검토되지 못했다.

78 "我國之爲中國屬邦, 天下之所共知也, 常患中國無着實擔當之意, 以若我國孤弱之勢, 若無大邦之作保, 則實難特立", "且於其下, 以均得自主繼之, 是則與各國相交無害, 用平等之權矣, 不觸失權之忌, 不背事大之義, 可謂兩得."(『음청사』, 1881년 신사 12월 27일조, 57~58쪽)

그는 자신의 일기에서 또 각종 정책 건의서에서 조선국가를 빈번하게 아국我國이란 용어를 사용하고 있었다. 그는 1880년대 초반에는 조선 자주성과 자주 외교에 방점을 두지 않고, 조선은 중국의 속방이었다는 점을 강조하고 있다. 그는 사대주의의 보호하에 자주를 주장할 수 있어 양쪽의 이점을 받아들일 수 있다고 역설적으로 강조하였다. 즉, "조선은 오랫동안 중국의 속방이지만, 외교와 내정의 일이 마땅함을 일삼아 고르게 자주를 얻었다"고 설명하였다. 이처럼 김윤식은 청의 속방 외교 우산 아래 청에의 의존적이고도 편향적인 외교 노선을 취하고 있었다. 그가 조선의 자주와 청의 속방이 양립할 수 있어야 한다는 것은 유길준이 주장하는 청과 서양제국과의 사이에 양절兩截 체제와 형태상으로는 유사하다.[79] 그럼에도 아국의 외교적 지위는 자주 독립국가가 아니라 중국의 속방 외교 아래 자주국으로 존립할 수 밖에 없는 '소국으로서 아국我國'이라고 할 수 있다.

그렇다면 대미 외교 교섭의 과정에서 나타난 인식의 변화를 살펴보자. 먼저 「조미수호통상조약」 등 수호통상조약에 나타난 각국의 국민들에 대해 국가와 인민의 관계에 대한 인식을 살펴보기로 하자. 당시 1882년 5월에 체결된 조미수호통상조약은 교섭의 추진자는 김윤식이었지만, 최종 체결 당사자가 미국대표로 슈펠트 제독과 조선전권 신헌과 김홍집이었다. 이때 체결된 조약문은 총 14관이었는데, 김윤식은 이를 음청사에 서술하면서 몇 가지 조항의 의미를 나름대로 수정하여 기록해 두었다.[80]

79 청과의 종속관계의 이해와 청산 방향에 대해 일본에서의 논의가 주목된다. 原田環, 「朝鮮の近代化構想」, 『史學研究』, 廣島史學會, 1979; 趙景達, 「朝鮮における大國主義と小國主義の相剋」, 『朝鮮史研究會論文集』 22, 1985; 月脚達彦, 「開化思想の形成と展開－兪吉濬の對外觀を中心に」, 『朝鮮史研究會論文集』 28, 1991; 木村幹, 「近代朝鮮の自国認識と小国論(一)－金允植に見る朝鮮ナショナリズム形成の一前提」, 『愛媛法学会雑誌』 21-2, 1994; 趙景達, 「金允植における民衆觀の相剋」, 『朝鮮の近代思想』, 有志舍, 2019.

우선 그는 조미 조약의 조문에 원래 1관이 다르게 서술되었다는 점을 강조했다. 우선 제1관에 "조선은 중국의 속방이나 내치 외교는 자주로 하고 있다. 이제 대조선국과 미국은 서명하여 명확하게 정의하였으므로 대조선국 국주는 조약내외관은 자주 공례에 의하여 하고 반드시 조항에 따라 할 것이며, 대미국 국왕도 조선국이 중국의 속방임을 인정하여 사후 영원히 간섭하지 않는다"라는 문구를 사전에 협의된 것처럼 삽입하고 있다. 그러나 이 조항은 당시 청과 미국 사이에 논의되기는 했지만 실제 체결된 제1관의 내용이 아니었다. 미국 슈펠트는 이 조항을 받아들이기를 거부하였고, 이에 청국 마건충馬建忠은 이를 빼되 별도의 조회문으로 작성하여 미국에 보냈다.[81] 이러한 상황에도 불구하고 김윤식은 이 부분을 마치 조약의 1관에 당연히 들어가야 할 것으로 서술하고 있었다. 그는 1882년 5월 시점에서도 청의 속방론에 기대어 서양과의 외교 체결 확대를 기대하였던 것이었다.

다음으로 주목할 것은 여러 조항에서 반복되는 미국 인민, 조선 민인 등 인민과 민인에 대한 표기이다. 제1관에서 나오는 조약의 한문 원본의 '기인민其人民'이라는 표현은 영역본에 의하면 미국의 시민citizens과 조선의 신민subjects를 표현한 것이다. 이는 제5관에서 나오는 표현과도 같다. 또 제4관에 나오는 미국 민인도 역시 시민의 표현에 다름이 아니다. 제14관에서 나오는 '미국 관민美國官民'이라는 표현도 미국 관리와 인민people을 가리키는 것이다.

---

80 아래 표는 다음 4개 자료에 기초하였다. ①『한국조약류찬(韓國條約類纂)』(한국 통감부 편찬, 1908, 121~124·125~132쪽) ②「조미 조약 원본(National Archives)」(김원모, 「조미 조약 체결 연구」, 『동양학』 22집, 1992, 94~123쪽) ③『고종실록』 19권, 1882(고종 19년).4.6, '신유 3번째 기사; 4번째 기사' ④『음청사』, 1881년 신사 12월 27일조.

81 김원모, 위의 글, 1992, 72~73쪽.

조문 원래 내용은 미국의 시민들은 대부분 미국 민인으로 표현하고 있으며, 조선의 신민은 대체로 인민, 혹은 민인으로 표기하고 있음을 확인할 수 있다. '본국 인민'이라는 표현은 주로 미국의 시민을 가리키고, 조선의 민인民人으로 표기된 부분은 원래 '신민'을 가리킨다고 구별하여 보아야 한다. 조약문 원안상 미세한 차이는 이후 영국이나 프랑스와의 조약에서도 대영 제국의 신민과 대조선국의 신민으로 표현되었듯이 같은 원칙으로 일률적으로 적용되었음을 알 수 있다.[82] 따라서 「조미수호통상조약」 원문과 번역문에는 조약 체결 당시 자의적인 번역을 통해 인민과 민민, 신민이라는 원문 용어의 의미가 잘못 기록되었음을 알 수 있다. 요컨대 서양 각국과의 통상조약에서 사용된 인민의 의미는 각국의 영어 원문에서는 인민과 신민으로 혼용되어 쓰이고 있지만, 조선 관리가 이해하는 한역본에서는 일반적으로 민인民人으로 쓰였다는 것이다.[83]

그런데 김윤식은 1882년 당시 청국에 영선사로 파견되었을 뿐만 아니라 조약 체결 과정을 막후에서 조정한 당사자로서 외교조약상 문구상 인민의 어법 차이를 어느 정도 이해했을지는 명확하지 않다. 다만 그가 조약 체결 과정 및 조약문에 대한 인용문에서는 미국 인민에 대해서는 사용하되, 조선의 신민을 단지 민인이라고 특정하였다. 이렇게 그는 민인과

---

82 「한영수호조약」, 『한국조약류찬』, 135~153쪽; 「한불수호조약」, 321~359쪽.

83 이 부분은 김윤희, 「근대 국가구성원으로서 인민 개념 형성(1876~1894)」, 『역사문제연구』 21, 2009에 대한 반론을 포함하고 있다. 김윤희는 "조미 조약문의 영어본과 한문본을 보면, 'peoples'는 인민(人民)과 민인(民人)으로, 'Citizens of the United States'은 미국인민 또는 미국민인으로, 'Subjects of Chosen'은 조선민인으로, 번역되었다. 통치 대상이라는 뜻의 'subject'가 일관되게 인민으로 번역된 반면, 'peoples'와 'citizens'는 인민 또는 민인으로, 번역에 일관성이 없었다"고 하였다.(위의 글, 310쪽) 따라서 신민과 인민으로 양자의 차이를 일관하여 번역되지 않았다는 점에 그칠 것이 아니라 양자를 어떻게 구분·인식하고 있었는가의 여부가 중요하다.

〈표 2〉『조미 조약』(1882) 조문 표기와 인민 표기 방식 이해

영역본	한역본	김윤식 요약 정리
(Article I) There shall be perpetual peace and friendship between the President of the United States and the King of Chosen and the citizens and subjects of their respective Governments.	第一款, 嗣後大朝鮮國君主 大美國伯理璽天德, **並其人民**, 各皆永遠和平友好.	第一款(正本, 第一款不用, 另有照會) 朝鮮爲中國所屬之邦, 而內治外交, 向來歸其自主, 今大朝鮮美, 彼此明允定議, 大朝鮮國主, 允此條約內外款, 按自主公例, 必要認眞照辦, 大美國國王, 允定認朝鮮國, 爲中國屬邦, 嗣後永遠不相干預. 第二款(正本此爲第一款)
(Article IV) All citizens of the United States of America in Chosen, peaceably attending to their own affairs, shall receive and enjoy for themselves and everything appertaining to them, the protection of the local authorities of the Government of Chosen, who shall defend them from all insult and injury of any sort……. Subjects of Chosen, guilty of any criminal act towards citizens of the United States, shall be punished by the authorities of Chosen, according to the laws of Chosen; and citizens of the United States, either on shore or in any merchant-vessel, who may insult, trouble or wound the persons, or injure the property of the people of Chosen, …… and thereafter United States citizens, when within the limits of the Kingdom of Chosen, shall be subject to the jurisdiction of the native authorities.	第四款, **美國民人**在朝鮮居住, 安分守法, 其性命財産, 朝鮮地方官, 應當代爲保護, 勿許稍有欺凌損毀…… 朝鮮民人, 如有欺凌美國民人, 應歸朝鮮官, 按朝鮮律例懲辦…… 美國民人, 無論在商船在岸上, 如有欺凌騷擾, 損傷朝鮮民人性命財産等事, …… 朝鮮境內美國人民,[85] 卽歸地方官管轄.	第五款, 美(國)人民人在朝鮮居住, 安分守法, 其性命財産, 朝鮮地方官應當代爲保護, 勿許稍有欺凌損毀……. 朝鮮民人, 如有欺凌美國民人, 應歸朝鮮官, 接(按)朝鮮律例懲辦, 美國民人, 無論在商船·在岸上, 如有欺凌騷擾, 損毀朝鮮民人性命·財産等事……. 其在朝鮮國內朝鮮美國民人, 有如涉訟, 應由被告所屬之官員, 以本國律例審斷
(Article V) Merchants and merchant vessels of Chosen visiting the United States for purposes of traffic, shall pay duties upon all merchandise imported and ex- the Customs-Regulations of the United States, but no higher or other rates of duties and tonnage-dues shall be exacted of them, than are levied upon citizens of the United States or upon citizens or subjects of the most favored nation.	第五款, 朝鮮國商民並其商船, 前往美國貿易, 凡納稅船鈔, 並一切各費應遵照美國海關章程辦理, 與征收本國人民及相待最優之國, 稅鈔不得額外加增.	第六款(正本此爲第五款)朝鮮國商船, 前往美國貿易, 凡納稅船鈔, 幷一切各費, 應遵照美國海關章程辦理與征收, 本國人民及相待最優之國稅鈔, 不得額外加增, 美國商船前往朝鮮貿易, 進出口貨物, 均應納稅, 其收稅之權, 應由朝鮮自主.
(Article XIV) …… or equivalent concession granted by the other nation interested, the United States, its officers and people shall only be entitled to the benefit of such right, privilege or favor upon complying with the conditions or concessions connected therewith.	第十四款 現經兩國議定嗣後, 大朝鮮國君主, 有何惠政恩典利益, 施及他國, 或其商民, 無論關涉海面行船, 通商貿易交往等事, 爲該國并其商民 從來未霑, 抑爲此條約所無者, 亦准美國官民, 一體均霑.	第十五款(正本此爲第十四款)現經兩國議定, 有何惠政·恩典·利益, 施及他國, 或其商民, 無論關涉海面·行船·通商·貿易·交往等事, 爲該國幷其商民, 從來未沾, 抑爲此條約所無者, 亦准美國官民一體均霑(改以惟此種優待他國之利益, 若立有專條, 一體遵守, 方准同霑優待之利益).

인민을 동일시하지는 않았다. 또한 『속음청사』 등을 저술할 때도 민인이라는 용어를 자주 선호했던 것으로 보아 조선 인민의 정의에 대해 관심을 두지 않았음을 알 수 있다.[84]

한편 조미 조약 조문 중에서 김윤식은 제14조 미국 관원과 상민에 대해서 일체 혜택을 준다는 규정을 주목하고 있다. 이는 이후 최혜국 조항이 다른 서양 각국에 균점됨으로써 상권 침탈에 빌미가 되고 있다는 점을 특히 주석으로 부기하고 있다. 이는 그가 외국과의 통상 조약과 조계 확대에 고심하고 있었음을 알 수 있다.

(2) 『만국정표』 발간과 각국 정체 인식

김윤식은 1885년 당시 통리교섭통상사무아문 독판으로서 박문국 재건을 건의하였으며, 1885년 5월 총재에 임명되었다. 이후 박문국에서 1886년 1월 『한성주보』를 창건하였으며, 개화에 관한 각종 서적 간행을 주도하였다.[86] 이에 따라 1886년 박문국에서 간행한 『만국정표萬國政表』를 통해 세계 각국의 정체와 인민 인식의 일단을 살펴볼 수 있다. 김윤식은 그해 4월에 책의 서문을 직접 썼다.

지금의 만국萬國이란 옛날의 만국이 아니니, 글을 쓰는 데는 문자文字가 달라졌고 수레는 바퀴 폭이 같지 않다. 그러나 타고난 고유의 본성이 같고, 국가의 성쇠盛衰가 정치의 득실得失에 달려 있다는 점이 같다. (…중략…) 이는 반드시 군신君臣과 상하上下가 눈을 밝게 뜨고 용기를 내서 사욕을 이기고 공평함을 유지하며 부지런히 닦기를 게을리하지 않고 힘을 다해서 그 효과를 거두어 저절로 숨길 수 없는 실효가

---

84 『음청사』, 1882년(고종 19년) 임오 3월조.
85 「조미 조약」 4관, 말미에 미국 인민이라는 구절은 나중에 미국 민인(美國民人)로 바뀌어졌다.(한국통감부 편찬, 『한국조약류찬』, 1908, 122쪽)
86 김성혜, 「문헌해제 - 만국정표」, 『개념과 소통』 7, 2011, 233~236쪽; 이민석, 「1886년 박문국(博文局)의 『만국정표(萬國政表)』 출간과 세계지리 정보의 유통」, 『한국사연구』 166, 2014, 227~269쪽.

나타난 까닭이니, 일시적으로 부강함에 대해 한껏 말을 늘어놓는 것으로 단박에 해낼 수 있는 것이 아니다.[87]

그는 세계 정세에 대해 '지금의 만국이란 옛날의 만국이 아니'라고 하면서, 국가의 성쇠는 정치의 득실에 달려 있으며, 호구가 많은 것을 보면 민을 사랑하고 인구를 늘리는 데 법이 있고, 각국이 재화를 넘치게 하는 것은 절용을 알고 확충하는 도道를 안다고 보았다. 그중에서도 애민愛民과 민의 여력餘力을 강조하고 있다. 그는 군과 민, 상하의 일체성을 통하여 점진적으로 부강함을 이뤄야 한다고 강조하였다.

『만국정표』에는 세계 각국 51개국에 관한 국가 계보, 정치, 종교, 학교, 토지, 인구, 재정, 병제, 통상, 공업, 화폐 등 표로 정리하였다. 이 책은 범례, 총론, 각국정교략설, 지구전도, 목록, 본문 순으로 하여 조선, 중국을 비롯하여 6대주에서 선별한 51개국의 각종 제도 편람을 제공하고 있다. 이렇게 재정리된 『만국정표』는 세계 정령政令의 득실과 빈부, 강약의 세를 명료하게 알 수 있는 관찬으로 간행한 책이었다.[88] 다만 세계정세를 정리하는 기초 자료로는 『영국연보英國年譜』에 있는 『열국정표列國政表』를 인용하였다.[89]

---

87 "夫今之萬國, 非古之萬國, 書不同文, 車不同軌, 然惟降衷之恒性則同, 國家興替, 係於政治得失則同. (…중략…) 此必君臣上下明目張膽, 克己秉公, 勤修不怠, 積力而收其效, 自有難掩之實, 非一時侈談富强所可立致也."(김윤식,『운양집(雲養集)』권10,「서(序)」(『만국정표』))

88 책 범례에서는, "政表編撰 朝鮮及中國則據兩國典獻而日本以下各國 皆用西歷一千八百八十六年 英國所刊『政治年鑑』爲主 槪自該書鈔譯"으로 표기하였다. 1886년 영국에서 간행한 정치년감을 위주로 하여 초역했다고 밝혔다.

89 이 책을 주도적으로 편집한 이는 정헌시(鄭憲時)였다. 그는 1882년 통리교섭통상사무아문의 정권사(征權司)의 주사로서 근무하였다.(권석봉,「개화정책」,『한국사』16, 1983, 50쪽)

그런데 실제 『만국정표』 원자료는 영국에서 연감으로 발간한 『정치가
연감THE STATESMAN'S YEAR-BOOK』 1886판으로 추정된다.[90] 『정치가연감』의 편
집자는 1864년부터 간행한 마틴F.Martin에 이어 1883년부터 1926년까지
는 켈티Sir John Scott-Keltie가 맡았다. 편집자 켈티는 각국의 지도 자료 및 정
치지형도를 그려 넣기도 하였다. 영국에서 매년 발간된 연감책은 전체 분
량도 매우 커서 박문국에서 편찬할 때는 부득이하게 발췌하여 수록할 수
밖에 없었다. 대부분의 기사들을 원본 그대로 요약하는 수준에서 정리하
고 있었다. 그러면 유럽 각국 중 프랑스의 경우 어떻게 편집되었는지 비
교해 보자.

〈표 3〉과 같이 『만국정표』는 『정치가연감』의 목차 순서를 그대로 따르
고 주요 내용 인용 근거, 각종 통계표 수치까지도 재인용하고 있다. 이처
럼 연감의 자료를 활용하여 세계 각국의 상황을 연감에서 뽑아 구분하여
수록하고 있었다. 즉, 아시아 5개국, 유럽 19개국, 아메리카 19개국, 아프
리카 7개국, 오세아니아 1개국 등이었다. 조선과 중국을 제외한 49개국
을 선정·요약한 것이다. 서양 각국의 정치 체계, 특히 헌법과 정치체제를
구체적으로 다뤘고, 특별히 서양제국의 식민지 현황에 대해 전체 개황을
체계적으로 정리하고 있다.

그런데 주목되는 것은 아시아 3국, 특히 중국, 일본, 조선에 대한 설명에
서 원래 원문과 다르게 기술되고 있다는 점이다. 『정치가연감』에서 서술
된 조선Corea에 관한 기술은 『만국정표』의 그것과는 커다란 차이가 있었다.

〈표 4〉에서 보면, 조선의 정치에 대해 『정치가연감』이하 연감은 군주제를
강조하면서 중국의 제도나 종교의 영향을 많이 받은 것으로 기술하고 있

---

90   이민석, 앞의 글, 2014, 239~240쪽.

항목	The statemans' year-book. France (전체 48쪽)		만국정표, 법란서 (法蘭西, 33쪽)		인용자료 근거
1	Constitution and Government	pp.63~66	정치	3권 53~60쪽	
2	church and Education	pp.66~69	종교급 교육	61~65쪽	1881년 종교통계 1886년 예산표 1880년 종교대신보고서 1872년 종합통계
3	Revenue and Expenditure	pp.69~74	재정	65~71쪽	1886년 예산표 1885년 차관
4	Army and Navy	pp.74~82	육군급 해군	71~75쪽	1886년 육군통계
5	Area and Population	pp.82~88	면적급 인구	75~78쪽	1885년 통계 1881년 직업통계 1883년 범죄자 통계
6	Colonies	pp.95~98	법국속지	78~80쪽	
7	Trade and Industry	pp.88~95	통상급 공업	80~85쪽	1884년 산업통계
8	Diplomatic Representatives, ets	pp.98~100			(생략)

다. 반면 『만국정표』^{이하 정표}에서는 군주전치君主專治라고 하여 절대 군주제를 표현하고, 행정과 사법 조직 등을 자세히 설명하고 있다. 앞 책에서는 종교에 대해 불교과 도교의 영향을 지적하지만, 정표에서는 숭유정책을 도리어 강조하고 타종교의 영향은 부정하였다.

다음으로 양 자료의 차이는 '병제' 부분에서 드러난다. 연감 경우가 상비병이 없다고 했지만, 정표에서는 육군이 무려 110만, 해군이 1만여 명이며 신설한 상비병이 1만여 명 더 있다고 강조하였다. 또한 조선의 인구 규모와 대외관계의 기술에서도 연감과 정표 기록의 차이는 확연하게 나타난다. 연감에서는 아국我國의 토지와 인구는 8만 2천 평방 마일로 같은 면적을 얘기하면서도 인구가 800만~1500만 명으로 추정한 데 비해서 정표에서는 명확한 숫자로 2천 8백만 명으로 강조하고 있다. 이는 실제 조선국가에서 매년 조사하는 인구 통계와도 상당히 거리가 있었다. 정표

〈표 4〉『만국정표』와 『정치가연감』의 조선 항목 기술 차이

The statemans' year-book(1886, pp.771~772), Corea	만국정표(1권, 1886, 69~83쪽), 朝鮮
코레아의 보통 원래 이름은 차오시엔(Ch'ao-hsien), 혹은 카오레(Kaole)이다. 군주제는 세습적이고 절대적인 유형이며, 중국의 제도를 모델로 한 것이다. 또한 형법(penal code)이 있고, 세습 귀족들이 있다. 상비군은 없지만, 모든 남자들이 군 복무를 할 의무가 있다. 국가의 종교는 중국의 종교와 닮았다. 불교과 도교 교리는 사람들 사이에 만연하고, 반면에 신유학(Con fucianism)은 상류층 사이에서 흔하다.	조선은 아시아주의 동쪽에 있고, 서로는 중국 발해에 접하고, 북으로는 만주에 접하고, 동쪽은 일본해에 접한다. 남쪽으로는 해협이 있다. 인종은 모두 황색에 속하고, 문자는 한문을 쓰고 겸하여 국문(國文)을 쓰고 언어는 스스로 하나의 가족과 같다. 1. 역대(歷代) (연혁 소개, 인용 생략) 2. 정치(政治) : 정치는 군주전치(君主專治)이고 입법, 행정, 사법권이 모두 군주로부터 나온다. (각 정부 부서 소개 생략) 3. 종교(宗敎) : 나라를 들어 숭유(崇儒) 정책을 하며, 여항과 궁민들이 산에 들어가 치발하고 불교를 받들지만 사람들이 숭배하지는 않는다.
언어는 몽골어-타타어와 일본어 중간어처럼 보이지만, 중국어 표기법이 사용된다. 면적은 8만 2천 평방 마일로 추산되며 인구는 8백만 명에서 1천 5백만 명으로 추산된다. 일본 당국에 의하면, 1881년 인구 1022만 7천 885명으로 공식 집계된 반면, 최근 통계에 따르면 235만 6천 267호와 1천 51만 8천 937명에 5백 31만 2천 523명의 남성과 5백 20만 6천 414명의 여성이 있다. 서울은 서울이며 약 25만 명이 거주하고 있다.	4. 학교 5. 재정 6. 병제 : 기병 6만여, 보병 67만여, 속오병 21만여, 수첩병 1만여, 제색병 11만여, 표하병 9백 43명, 신설상비병(新設常備軍) 9천 57명 공히 110만 6백 6명, 해군 1만여 명, 기연해방 신설상비해군(新設常備海軍) 1천 118명 7. 토지 및 인구 : 전국 구역은 8도로 나누고, 면적은 8만 2천 평방 마일, 1885년 인구는 2천 8백만 7천 401명, 남자 1500만 4천 292명, 여자 1300만 3천 109명, 서울 인구 19만 6천 78명, 남자 9만 6천 392명, 여자 9만 6천 686명
코레아는 역사 기록상 가장 이른 시기부터 중국의 영지로서 취급받아왔지만, 항상 자신의 왕과 정부를 가지고 있다. 중국인들은 한반도에 순전히 내정 간섭에 끼어들지 않았다. 코레아 사신들은 매년 북경에 와서 황제와 궁내 관리들을 위한 선물을 바쳤다. 유럽의 2개의 강대국과 미국은 중국의 반대 없이 독립국가로서 코레아와의 조약을 체결하였다. 1885년 중국과 일본의 군대들이 철수되었다.	(전체 삭제됨)
중국과 비슷한 방식으로 외국인이 지휘하는 세관이 설립되었다. 일본인들은 수 년 동안 코레아에 무역소와 특정 항구에 영사관을 두었고, 이 나라에 대한 통치권까지 주장해왔다. 대외 무역에 개방된 항구는 부산, 원산, 제물포였다. 1883년 3개 항구의 수입 총액은 209만 1,499달러 (…중략…) 경작지의 비중은 크지 않으며, 주요 작물은 쌀, 기장, 콩, 베였다.	8. 통상 : 인천, 부산, 원산 3항구 진출 화물은 1885년 통계 179만여 원, 금은 및 동전 16만여 원 (…중략…) 일본과 무역이 2/3를 차지하고 중국이 다음, 영국, 독일, 미국의 순이다. 9. 공업 : (원문 인용 생략) 10. 전폐(錢幣) : (원문 인용 생략)

의 편찬자는 조선이 부강하고 인구가 많은 나라로 보여지기를 바랐기 때문에 이렇게 과장된 인구 통계를 내세운 것으로 보인다.[91]

91　당시 일본 신문에 실린 조선의 〈호구일람표〉를 재인용하면, 1884년 당시 "추측컨대 인구는 1천 5백만 명을 밑돌지 않을 것이요, 면적은 10만 평방마일이 될 것이라

다음으로 조선의 대외관계 서술이 가장 특이하다. 정표의 경우 중국과의 외교 및 서구 열강의 관계를 서술하지 않았다. 이는 국제관계에서 중국의 영향력이 날로 강화되는 상황에서 독자적으로 대외관계를 서술하기 어려웠기 때문일 것이다. 결국, 정표에서는 대외관계의 자주성을 강조하지 않은 가운데, 자국의 국방력과 인구를 과장함으로써 외국의 침략을 경계하는 의식을 보여주고 있다. 이는 1880년대 후반 조선관료들의 정치외교적인 자세를 보여주는 것으로 김윤식의 대외 인식의 특징으로 환치하여 설명할 수 있다.

그러면 본문 서술 가운데 서구 각국의 정치체제와 인민 정치 참여에 대해 살펴보자. 1권에는 『각국정교략설各國政敎略說』로서 세계 정체를 개관하고 있다. 서구의 정치를 입법 사법 행정으로 분류하면서 각국의 정치에 대해 크게 3가지로 분류하였다. 군주전제君主專制와 군민동치君民同治, 그리고 공화정치共和政治가 그것이다. 군민동치와 공화정치에 대해서는 국회國會에 주목하여 서민으로 하여금 정치에 간여하는 제도로 파악하였다. 그 중에서도 상원과 하원제도 등을 자세히 설명하고 있으며, 사법제도에서도 민의 참여에도 주목하였다.

그렇지만 정표에서는 각국의 정치제도를 개관할 뿐, 그에 대한 개별 비평을 가하지는 않았다. 이에 따라 각국 인민人民의 정치 참여에 대해서는 각국의 헌법, 공화, 국회, 민회 등에 대한 단어와 더불어 연관지어 본문상 자세히 서술하고 있지만, 그들의 정치의식이나 참여 수준을 일절 언급하지는 않았다. 또한 헌법과 공화정체를 가지고 있는 국가에서 인민들의 정치 참여와 더불어 지방자치적 민회에 참여하는 제도에 대해서도 소개에

고 하면서, 조선의 전국 인구는 1천 51만 8천 937인으로 기록하였다."(『한성순보』, 1884.2.27)

그칠 뿐이었다.[92]

반면에 정표에서는 아시아 지역 속지는 47처가 되었고, 유럽에서는 37곳, 북아메리카에서는 21곳, 남아메리카에서 3곳, 태평양 등지 17곳 등 상세하게 소개하고 있다. 이렇게 각국의 속지에 대해 구체적으로 열거하고 있는 이유는 비슷한 시기에 간행된 『한성주보』에서도 확인할 수 있다. 1886년 3월 「논천하시국論天下時局」에,[93] 이어 7월에는 「각국속지일람표」라는 기사에서 이 점을 다루고 있었다.[94] 3월 논설에 의하면, "지금 지구의 육대주六大洲에 많은 나라들이 밤하늘의 별처럼 널려 있다. 이 가운데 유럽의 열국列國만이 독보적으로 부강을 독점하고 있는 바, 나머지 오주五洲의 여러 나라들이 그들의 능이凌夷를 면치 못할 형세에 놓여있다. 이것이 혹 세운世運의 흥체興替 때문인가. 아니면 인심의 존망 때문인가. 참으로 천하의 치란안위治亂安危에 대한 일대一大 변국變局이 아닐 수 없다. 생각컨대, 아프리카亞非利加와 오세아니아阿西亞尼亞, 이 두 주洲는 거의 다 유럽 각국에 병탄되어 이른바 독립국이라는 것이 없다"고 소개하였다. 그러면서 "아, 1년 사이에 천하사天下事의 변천이 이와 같았는데, 더구나 우리 아

---

92 『만국정표』전체에 대한 개념용어를 분석한 결과, 헌법(49회), 공화(51회), 군민(15회), 의회(15회), 국회(42회), 민회(21회) 등이었다. 인민이라는 용어는 총 153개가 사용되고 있다. 인민과 같이 사용된 대구어(對句語)로서 헌법(18회), 공화(10회), 민선(17회), 민회(8회) 등을 찾을 수 있다. 이렇게 서구 정치제도에 관한 다양한 용어가 처음으로 조선 정부의 공식 편찬물에 나타났다는 점에 주목할 필요가 있다.

93 「논천하시국(論天下時局)」, 『한성주보』, 1886.3.8.

94 "지금 구주(歐洲) 각국이 천하에서 제일 부강한 것은 그들의 속지(屬地)가 5대주에 널려 있기 때문이다. 시험삼아 그들의 속지를 계산하여보면, 합계가 1천 8백 46만 8천 6백 96만 평방마일이고, 인구 합계가 3억 1천 6백 38만 7천 5백 98명이다. 본주(本洲)와 속지를 통계하면 강역이 2천 2백 14만 4천 1백 55만 평방마일이니, 세계인구의 2분의 1을 차지한 셈이다. 그런데도 속지를 날마다 넓혀가고 있으니, 앞으로 어디에서 그칠지 알 수 없다. 여기에 구주에 소속된 각주의 토지를 다음과 같이 나열하여 시세가(時勢家)의 참고에 이바지하려 한다."(『한성주보』, 1886.7.5)

시아주에서는 실제로 두 개의 대국大國을 잃었으니 말해 뭐하겠는가. 동양 각국의 위정자들은 의당 신중히 살펴서 사전에 방지하는 대책을 세워야 한다. (…중략…) 오로지 임금과 백성이 한 마음으로 힘을 다하여 부강하기 위한 계획을 세워 밀고 나가는 한편 위태하기 전에 안전을 도모하고, 혼란해지기 전에 다스림을 도모해야 된다"고 지적하고 있다. 그런데 이 논설의 결론은 국가적 위기에서 국세의 강약은 오로지 임금과 백성이 한 마음으로 힘을 다하여 부강하기 위한 계획을 세워 밀고 나가야 한다고 주장하고 있지만, 구체적인 대외정책이라기보다는 막연한 대비책에 그치고 있었다. 이러한 입장은 정표 서문에서 김윤식이 강조한 것처럼 원론적인 주장을 펼치고 있을 따름이었다. 따라서 1886년 『한성주보』의 논설과 기사에서와 같이 서양 제국주의의 침략을 비판하고 각국의 식민지 현황을 소개하고 있었지만, 만국정표에서도 역시 구체적인 대안을 가지고 비평할 수 없었던 한계를 가지고 있음을 알 수 있다.

2) 서구정체 인식과 개항 통상의 대응 방식

(1) 『의전기술』에 대한 비평과 정세 인식

김윤식이 근대 국가제도의 개혁 방법을 구체적으로 밝힌 것은 일반적으로 「시무설時務說」에서였다고 한다. 이 논설은 1891년 2월에 쓴 것으로 추정되는 데, 개화 지식인 육용정陸用鼎과의 교류에서 나온 것이었다. 의전 육용정은 개화운동을 지향한 개신유학자로 간주된다. 그는 다년간에 걸쳐 『의전기술宜田記述』을 완성했다.[95]

여기에다가 김윤식은 서문을 쓰고 있다. 그는 "청산靑山 육의전陸宜田은 견

---

95   백승종, 「『의전기술』을 통해서 본 육용정의 개화사상」, 『동아연구』 18, 1989, 53~54쪽.

문이 넓고 뜻이 있는 선비이다. 그의 학문은 경술에 근거하고 백가를 두루 읽었으며, 당세의 시무에 더욱 뜻을 두었다. 『의전기술』 3권은 대소 모두 59편이고, 말한 바가 모두 천하의 일"이라고 하였다. 본문 내용에 대해서는 "먼저 미미한 심술心術을 바르게 하고 유자儒者의 출처를 그 다음에 한 것은 인재를 얻은 연후에 다스리고 유학을 숭상한 연후에 교화를 일으키기 때문이니 근본을 아는 논의이다. 다음으로 학술, 치도, 예악, 형정, 병농, 재용, 군신의 도리, 왕도와 패도의 변별을 논하여 치란治亂, 재상災祥, 시정時政의 득실에 이르기까지 이기理氣와 수세數勢의 가운데에서 나오지 않은 것이 없다"고 높이 평가하였다. 또한 그가 "설명하는 방법이 옛날을 짐작하여 지금을 바로잡고 근본을 들어 말단을 갖추었으니, 수기치인修己治人의 도道도 당연히 여기에서 벗어나지 않는다"고 설명하면서 마지막 논설로, "당금시국當今時局 1절은 세계의 대세大勢와 국제 교류의 실정을 통찰하여 논한 것"이라고 하였다. 김윤식은 이 책이 "비록 시국을 모르는 자라도 한 번 보면 환하게 알게 되니 어찌 유용한 글이 아니겠는가?"라고 크게 상찬하였다.

김윤식은 전체적으로 육용정의 시국관에 대해 공감하고 있지만, 그럼에도 불구하고 의전기술의 문제점도 34가지나 열거하고 있다. 일부 각론적인 부분에 비판을 가하고 있다.

그러면 서양 정체인식에 대해서는 어떻게 생각하는지 알아보자. 중점 비교 대상은 「논당금시국사세論當今時局事勢」, 「약논아동방당금시정득실略論我東邦當今時政得失」, 「약론아동방당금시무시의略論我東邦當今時務時宜」 등이다. 육용정은 각기 주제에 대해 질문자인 객客과 대답하는 의전자宜田子와의 대화로 구성하여 논술하였다.[96]

---

96 『의전실기(宜田記述)』(天, 地, 人). 국립중앙도서관 소장. 완질본 7책(「古3647-227」). 『의전시고(宜田詩稿)』 1책, 『의전문고(宜田文稿)』 2책, 『의전속고(宜田續稿)』 1책, 『의

육용정은 오늘날 시사를 알지 못한다는 객客의 질문에 대해, "지금은 만국은 하나같이 서로 통교했다"고 하면서, "당금當今 시국時局은 예전과 비교하여 크게 부동不同하는 고로 당금 시사 시세도 또한 예전과는 다르다"고 하였다. 당금의 시세를 알아야지 옛것을 폐한다고 할지라도 묵수하면 안 된다고 하여 서양 제국과의 교섭 통상 현실을 그대로 긍정하고 있다.

그는 아편전쟁 이후 중국의 현실에서는 각 항구에 통상의 길을 넓히고 장정을 세워 주차공사 영사관을 두고 상무에 관한 여러 방면을 감독하였으며, 해금海禁을 풀도록 요구하였으나 청국이 거부하여 결국 서양제국이 군대를 동원하여 청의 수도를 점령했다는 사태에 주목하였다.[97] 또한 세계 5대양 6대주에 대한 설명을 상세하게 붙이고 있으며, 언어 문자, 정체, 교문教門, 인종, 물류 등에 대한 정보를 개략적으로 첨가하고 있다. 그중에서도 각국의 정체를 상세하게 비평하였다.

정체는 단지 임금으로부터 전적으로 전주인 것自君專主이 있을 뿐이다. 또한 구라파인들이 각국에서 낸 성적聲蹟으로 들어 말하자면, 정체에는 군주君主, 민주民主, 군민공주君民共主가 있다. 군주(정체)라는 것은 대청大淸, 아라峨羅:아라사 러시아―이하 저자 주, 토이土耳:터어키(튀르키예) 등이 행하는 것이다. 민주(정체)는 미리米利:미국, 묵서墨西:멕시코, 법란法蘭:프랑스 등이 행하는 것이다. 군민공주는 하영荷英:영국, 서포西葡:스페인, 일본日本 등이 행하는 것이다. 민주(정체)는 본래 그 뜻을 두어 정치라는

전기술』 3책이다. 또 한 건은 「한古朝46가661」,『의전문고(宜田文稿)』 2책이 낙질로 되어 있고, 선본이 3권 3책으로『의전기술』로 소장되고 있다. 3종류 모두 1912년(명치 45) 3월 15일 발행, 저작자 육용정(陸用鼎), 발행자 육정수(陸定洙), 인쇄소 보성사(普成社) 동일판본이다.『의전기술』 3권 3책에는 천(天)에는 의전소조(宜田小照)를 붙여 영인되고, 서문은 면양누인(沔陽累人) 김윤식이 썼다.
97 「부열국지」,『의전실기』 (인), 89~93쪽, '논당금시국사실'.

것은 민을 위해 설치된 것이고 민을 위해 나온 것이다. 국가를 들어 정치는 중민衆民에게 맡겨 회의를 하고 매번 하나로 동작하여 중민이 회의하여 군주에게 청하면 들어 따르는 것이다. 그 논의 중 최다 또한 많은 것을 따른다는 것이다. 고로 민주라는 것이다. 군민공주君民共主는 매번 하나의 정치를 군민 상하가 모여 상의하여 공평의 논을 쫓는 것인 고로 군민공주이다. 민주는 비록 아름답고 선한 것 같으나 민이 무지하거나 혹은 알지 못하거나 자기 이해를 알지 못하는 자가 도리어 많은데, 어찌 가히 일국의 대계大計를 참여하여 결정하겠는가. 저들의 선동을 하나라도 들을 것은 불가不可하다. 그 중에서 군민공치君民共治가 가장 아름답고 선하다고 할 수 있다. 그렇지만 이 뜻도 역시 군주의 가운데에 있을 뿐이다. 다만 세상의 인군人君이 그 뜻을 알지 못하니 능히 행할 수도 없지 않겠는가.[98]

육용정은 세계 각국의 정체를 간략히 소개하면 군주정체, 민주정체, 군민공주군민공치 등을 소개하면서 자신의 비평을 달았다. 특히 민주정치에 대해서는 민이 무지하거나 알지 못하는 가운데 자기 이해만을 생각하기 때문에 국가의 주요 정책에 참여할 수 없다는 점을 부각시켰다. 그는 우매한 인민을 비난하고 있었다. 반면에 군민공치는, 앞서 군민공주라고 설명하였듯이, 마치 군주와 인민이 같이 정치에 참여하는 것으로 가장 아름다운 제도라고 말하였다. 다만 정치제도에서는 최종적으로 군주의 뜻에 따라 좌우되는 것이므로 군주가 군민공치의 뜻을 알지 못한다면 시행하기 어렵다고 지적하였다. 국가에 따라 우민들이 정치에 참여하는 것에 대해 유보적이었으며, 또한 그들의 선동은 하나도 들을 것이 없다고 하였다. 따라서 그는 인민의 정치 참여 권리와 능력을 부정하는 태도를 보였다.

---

98 「각국정체(各國政體)」, 『의전기술』 3권 3, 112~114쪽, '논당금시국사세'.

이렇게 인민의 정치 참여에 대해 부정적으로 보는 견해는 이미『한성순보』1884년 1월 논설 기사에서도 발견할 수 있다.

지금 이 입헌정체立憲政體는 민선民選을 근본으로 삼아 일체 그의 뜻을 따르기 때문에 국중國中의 현능賢能한 자는 누구나 그 의원議員이 될 수 있고, 또한 누구나 그 재상이 될 수 있으니, 어찌 소인小人이 임금을 불의不義에 빠뜨리는 일이 있겠는가. 이것이 또한 입헌정체의 제일 이익이라 하였다. 그러나 인민에 슬기가 없으면 함께 의논할 수 없는 것은 당연하다. 인민들에 슬기가 많아서 국가의 치란治亂과 득실得失의 연유를 안 다음에야 이런 일을 거행할 수 있다.[99]

이러한『한성순보』의 민중 인식은 갑신정변 이전에 개화파 관리들의 인식과 큰 차이가 없었다고 생각된다. 더욱이 1886년 당시『만국정표』발간에 이르기까지도 크게 변화하지 않은 것으로 보인다. 결국『의전기술』의 서문을 쓴 김윤식에게도 비슷한 입장을 가지고 있을 가능성이 있다. 실제 의전기술에 대한 비평에서 특별히 정체 부분에 대한 언급은 없기 때문이다.[100] 다른 한편으로는 김윤식이 서문을 짓기 전에 이미 자신의 개혁 구상을「16사의」라는 논설로 작성해 두고 있었기 때문이기도 하였다.

(2) 시무설時務說과 통상대책론

그러면 김윤식이 주장하고 있는 정치 개혁론의 방안을 파악하기 위해

---

99 「구미입헌정체(歐米立憲政體)」,『한성순보』, 1884.1.30.
100 "其爲說, 酌古準今, 擧本該末, 修己治人之道, 當不外於是矣."(『속음청사』상, 1892(신묘)2.17, 147~148쪽)양자 차이는 천당과 지옥에 대한 견해의 차이에서 두드러진다. 육용정은 종교 사후 존재를 인정하는 논리를 전개한 반면, 김윤식은 사후 세계 자체를 부정하고 유교적인 천하관과 성정 원리를 강조하고 있다.

서는 앞서 언급한 시무설에 주목할 필요가 있다. 1892년 '시무설'에서 김윤식은 자신의 개혁론을 처음으로 밝혔다.

> 오늘날의 논자들은 서양의 정치제도를 모방하는 것을 '시무'라고 하면서, 자기의 역량은 헤아리지 않고 오직 남만 쳐다본다. 이는 체질과 병증은 따지지도 않고 남이 먹어본 약을 복용하여 확연한 효과를 얻으려는 것과 같으니, 매우 어려울 것이다. 만난 시대가 각기 다르고, 나라마다 각각의 시무가 있다. 개인의 사사로움을 깨뜨리고, 상공업의 길을 넓혀서 사람들로 하여금 각자의 힘으로 먹고 살게 하는 것, 그리고 능력을 다하게 하고 권리를 보장해 주면서 나라를 부강하게 하는 것, 이것이 서양의 시무다. 법을 세워 기강을 펼치고, 인재를 뽑아 관직에 임명하며, 병사를 훈련하고 무기를 정비해 사방 오랑캐의 능멸을 막는 것, 이것이 청나라의 시무다. 청렴을 숭상하고 탐오를 내치며 힘써 백성을 구휼하는 것, 그리고 삼가 조약을 지킴으로써 우방과 틈이 생기지 않게 하는 것, 이것이 아국의 시무다.[101]

그는 1892년 윤 6월 천진에 방문하는 육종윤에게 당부의 말을 하면서 자신의 논지를 피력하였다. 첫머리에서 그는 오늘날의 논자들이 서양의 정치제도를 모방하는 것을 '시무^{時務}'라고 간주하는 데 대해 비판하고 있다. 그는 나라마다 사정이 다르고 각각의 시무가 있다고 전제하였다. 서양의 시무, 청의 시무, 그리고 아국의 시무가 각각 다르다는 것이다. 이는 각국의 근대화 정도에 따라 그 수준에 맞는 시무를 행해야 한다는 주장

---

101 "今之論者, 以倣效泰西之政治制度, 謂之時務", "崇廉黜貪, 勤恤斯民, 謹守條約, 無啓釁於友邦, 此我國之時務也."(「시무설(時務説)」, 『운양집(雲養集)』 권8(연세대 교주 및 번역본 참조))

으로 이해된다. 따라서 그는 상공업과 부국을 위주로 하는 서양의 시무나 법 기강과 강병을 육성하는 '청의 시무'와 달리 백성을 구휼하고 조약을 지키는 것이 '아국의 시무'라는 것이었다. 김윤식의 방안은 내적으로 근대제도 개혁이나 부국강병책이 아니라 서양과의 조약의 준수 정도로 소극적인 대응에 머무르고 있었다.

그렇다면 김윤식은 열강의 정치·경제적 침략에 대해 아무런 대책도 없었을까. 실제 1880년대 후반 동아시아 국제 정세 속에서는 외국과의 통상 조약 개정에 대해 섣불리 대응하기는 어려운 현실이었다. 당시 『한성주보』 1886년 2월 논설에서도 "비록 공법이 있다하나 약자는 감히 예를 끌어다가 증거할 수 없다. 그러므로 조약과 공법이란 다만 부강富强한 자들이 자기들의 잘못을 합리화하고, 남을 꾸짖는 도구일 뿐이며, 또 부강한 자들이 조약과 공법을 빌어 저희들에게만 편리하게 하는 방편에 불과할 뿐이다. 아, 서구인들이 동쪽으로 온 뒤 비록 조약을 체결하고, 공법을 준행한다고 하였으나 그 행위를 규명해보면 우리를 능멸하고, 압박하지 않음이 없으니 이러고서도 조약을 체결하여 천하에 신의를 세우고 공법을 신봉하여 천하의 공평을 행했다고 할 수 있겠는가"라고 하였다. 여기서 논설의 필자는 1880년대 후반 서구 열강 중심의 공법질서를 일정 정도 비판하고 있다.[102] 이 논설에서는 서양제도를 본받되 모방하지 말고, 각국과 통상하는 데도 정성을 다하여 피차의 정을 통하여 외국에 상대하여야 한다고 주장하였다. 여기서 필자는 단순히 조약과 공법을 공평한 것으로 볼 수 없을 뿐만 아니라 부강한 서양 제국이 약소한 국가에 강박하고 있다는 국제정세를 비판적으로 보고 있었다.

---

102 「논서일조약개증안(論西日條約改證案)」, 『한성주보』, 1886.5.24.

그런데 김윤식은 서양 제국과의 조약개정을 전면에 내세우지는 않았다. 이는 1890년 그가 쓴 「16사의私議」 제12조에서 언급한 강화조약에 대한 논의와 관련된다. 그는 조선이 8개국과 통상 조약을 맺은 것은 교제할 때 지켜야 할 큰 신의信義로 간주하고 있었다. 다만 일본 상인들은 우리나라 사람들과 교섭할 때 우리들이 무지하여 조약이 무엇인지도 모르고 그저 얕은 계책과 사사로운 꾀로서 조약의 내용을 감추고 꾸며대고 있다고 비판한다. 아민我民들이 조약을 분명히 익히게 되면 일본인과 교섭할 때 조금이라도 조약을 위배하게 될 때 이를 지적할 수 있어야 한다고 하였다. 따라서 외국 상인의 내지 행상이 조약에 위배됨을 파악해 이를 교육시켜야 한다고 강조하고 있다. 즉, "안에서는 외교부서, 밖에서는 감리관이 상민商民을 초대하여 글을 알고 사리를 아는 자 중에서 조약을 익히고 전수하게 한다. 이후 글을 알지 못하는 자는 언문으로 베껴 익히게 하고 관아로부터 수시로 4, 5인씩 불러들여 매월 대여섯 차례 시험을 보면 1년이 지나 어리석은 우민愚民이라도 반드시 그 방향을 알게 되리라"고 강조하였다.[103] 여기서 그는 국제 무역과 통상 조약에 대한 상민商民에 대한 교육 강화를 주장함으로써 개항 통상교육의 실용성을 강조한 것으로 볼 수 있다.

그러면 그는 앞서 서양의 정치제도에 대해서는 어떻게 받아들이려고 했을까. 결론부터 말하자면, 그는 당시 조선의 정치체제의 개혁을 어디까지나 전통적인 유교적 변통 차원에서 이루어질 것을 구상하고 있었다.

김윤식은 가장 이상적인 정치를 군주의 위임을 받은 재상이 운영하는 정치 운영론에 두었다. 그는 인군人君이 정부의 권한에 간여할 수 없으며 정부도 백사의 권한에 간여할 수 없고 관장도 사민의 권한에 간여할 수

---

103 「16사의-제12강약 부론약조삼실급론명립교약(十六私議-第十二講約 附論約條三失及論明立敎約)」, 『운양집』 권7.

없어서 대소 상하의 각계각층이 각자 자기 분수 내의 직책을 닦는 것이라고 이해하였다. 천하 각국이 각기 직책을 전담하여 맡기는 것처럼, 직책을 맡는 관료들에게 전권을 위임할 것을 주장했다.[104]

그는 유능한 관료를 등용하는 천법조薦法條를 중시하였다.[105] 또한 이조나 병조가 전랑권銓郎權을 가지고 전횡하는 것이 아니라 중앙의 각 부서별로 각기 서로 견제하고 균형을 이루는 형태로 개혁하자는 것이었다. 그는 이미 1882년 기무처 시기에 작성한 천과절목薦科節目이 실시되지 못했던 것에 아쉬움을 표명하였다. 이를 양재養才와 천과薦科로 요약하였다. 또한 인재를 키우기 위해서 구주 제국과 같이 학교 교육이 시행되어야 한다고 주장하였다.

요컨대 그는 과거제도의 폐지와 천거제의 실시를 전제로 하면서 근대화의 실무능력을 갖춘 관료층을 등용할 것을 구상하고 있었다.[106] 이러한 정책이 시행되기 위해서는 그는 정부에서 가장 중요한 위치에 있는 보상輔相의 지위를 강화하여야 한다고 주장했다. 또한 보상 선정의 방법으로는 정신廷臣의 첨의僉議와 태학의 여러 생원 및 각사의 노성한 서리, 시정의 기로耆老 등 각계각층의 중론을 수렴하여 결정하도록 하였다. 그래서 한번 임명되었으면 다음에는 마음대로 바꾸지 못하도록 하였다.[107] 이러한 의정부의 보상을 중심으로 하는 체제는 조선왕조의 권력구조에서 가장 이상적인 체제라고 상정하고 있었다. 이 관점은 이전 『만국정표』나 『의전기술』에서 제시된 서양의 정치제도 수용 구상과는 크게 거리가 있는 것이

---

104 「16사의 — 제16 임직(任職)」, 위의 책, 514~515쪽.
105 「16사의 — 제1 천법(薦法)」, 위의 책, 470쪽; 「제1 천법」, 474쪽; 「부론양재(附論養才)」, 474~475쪽; 부 「논천과(論薦科)」, 476쪽.
106 「16사의 — 제12 강약」, 위의 책, 502~506쪽.
107 「16사의 — 제1 천법」, 위의 책, 473쪽.

다. 그가 군주의 전제권 폐해를 지적하였고, 군주의 인사권 전횡을 방지하기 위해 보상輔相과 개혁관료들에게 정무전임과 관료임면권을 넘겨줄 것을 주장하였다. 이러한 조치는 어디까지나 현명한 군주의 결단을 통해 가능하리라는 전제를 두고 있었다. 그러므로 김윤식의 시무개혁론은 김옥균 등과 같은 갑신정변의 변법적 개화파와는 달리, 실무관리층의 등용과 재산의 권한 강화를 위주로 하는 소극적인 정치 개혁론으로는 평가할수 있다. 따라서 그의 근대국가 구상에서는 서양의 입헌제도나 의회제도를 도입한다는 것은 전혀 상정하지 않았고, 전통적인 유교 정치 운영 원리에 입각하여 신권 중심의 재상 운영론을 강조하고 있었다고 하겠다.

3) 김윤식의 민중 인식 난민亂民에서 사민斯民으로

(1) 1893년 이후 동학과 농민전쟁 인식

1860년대 임술농민항쟁 이래 김윤식은 전국적인 민중운동의 확대에 대해서 지속적으로 우려를 나타냈다. 1893년 귀양지인 면천에서 그는 보은취회와 서울에서의 복합상소에 큰 관심을 가졌다. 특히 이때에는 동학도의 활동이 주된 비난 대상이었다.

그는 2월 24일 자 일기에서 "태학의 유생들과 외방 유생들이 두 곳에 소청을 설치하여 동학의 무리들을 다스릴 것을 청하였다. 동학의 무리들이 프랑스 공관에 글을 내걸었다"는 사실과, "우리 나라에서 금지된 것으로 당堂을 설치하고 교敎를 베풀었으니, 만일 짐을 꾸려 급히 돌아가지 않으면 3월 7일 우리 무리가 마땅히 관館에 들어가 소탕하겠다"는 주장을 기록하고 있다.[108] 3월 9일 자에는 동학당의 복합상소에 대해서도 "소두

---

108 김윤식, 『면천행견일기』, 계사 2월 24일조.

는 서병학徐丙學이라고 한다. 또 동학당이 완영完營에 보낸 의송議送, 관에 몇 차례 보낸 통문, 양관洋館과 왜관倭館에 붙인 방을 보았다. 서울에서는 자못 의심하고 두려워"한다고 사태 진전을 심히 우려하였다.[109]

3월 8일 자에는 동학당이 전주감영에 보낸 동학당의東學黨議 내용을 직접 인용하였다.[110] "충忠·효孝·열烈을 세 가지 어려움으로 삼고 일본과 서양을 물리치는 것을 대의로 삼는다"고 하였다. 또한 동학당들이 통문을 보내고 백성들을 회유하였다는 원문 중에서 "밭 가는 사람은 밭을 갈고 글을 읽는 사람은 글을 읽으면서 두려워하거나 동요하지 말라. 우리들은 일본과 서양을 섬멸할 뿐으로 평민들에게는 간여할 바가 없으니, 삼가하여 민간에서 폐단을 일으키지 말며 이를 범하는 자는 벌이 있을 것"이라고 강조하여 인용하였다.

그는 3월 23일 자 일기에서도 "동학당이 서울에 방을 붙여 이번 달 7일 양왜洋倭를 섬멸하겠다고 하여서 서울 사람들이 자못 의심하고 두려워"하였다고 하면서, "이로부터 시골 구석구석까지 방이 곳곳마다 붙었는데 모두 양왜를 쳐부수자는 말이었다. 이들은 청주·천안에서 약속하여 모여 장차 서울로 향한다고 한다. 도내의 영동·보은·목천 등지에 무리지어 주둔하여 흩어지지 않자"라고 하여 당시 향촌의 소동과 유언비어가 사라지지 않았다고 하였다.

그는 1893년 3월 26일 자에는 보은취회 장내리 집회 상황을 자세히 서술하고 있다. "모인 사람들은 이만 칠천여 명으로 성채를 쌓고 깃발을

---

109 위의 책, 계사 3월 9일조.
110 "見東學黨議送于完營者, 以忠孝烈爲三難, 而以掃破倭洋爲大義, 又通文于渠黨及曉諭人民云, 耕者耕·讀者讀, 無或恐動, 吾爲勦滅倭洋而已, 無干於平民, 愼無作弊于民間, 犯者有罰云云."(위의 책, 계사 3월 8일조)

꽂고 군사훈련을 하면서 장차 왜양을 공격한다고 표방"하였다고 전했다. 또 해산을 명령한 관문關文에 대항하여, "저들은 천하에 어떻게 수십만을 가두는 감옥이 있단 말인가?"라고 하였다. 그는 동학 집회의 주도 인사 실명을 거론하며 보은취회의 동학도들을 비판하였다.[111]

그는 당시 선무사로 파견된 어윤중과 밀접한 관계를 맺고 있었기 때문에 그와 여러 차례 서신을 교환하고 있었다. 4월 3일 자에는 보은취회의 규모와 주장을 정확히 파악하였다. 보은취회에서 "모인 사람들이 칠만여 명이나 되고 그 무리 수백 명이 접장接長 사 오인을 끼고서," "조정에는 충언忠言을 하는 사람이 없고 밖에는 정직한 사람이 없으니 우리들이 왜양倭洋을 물리치기 위해 모인 것이고, '나라를 보전하고 백성을 편안하게保國安民' 할 계획이다"라고 하니 그 말이 매우 장황하고 사람을 현혹하게 하였다. 또한 "경재卿宰로서 모인 자가 수백 명이 되고 수령은 천 명 가까이 된다. 인심이 절로 이와 같은데 해산할 수 있겠는가"라고 반문하였다는 사실을 기록하면서 동학당이 배외주의를 주창한 데 우려를 보였다. 그는 동학당이 전국에서 모였다는 점과 부유한 백성들에게까지 침해하고 있다는 폐단을 야기하고 있다고 지적하였다.[112]

그는 이후 어윤중의 해산 권고에 따라 해산되었다는 소식을 들었지만,[113] 실제로는 동학도들이 끝내 해산되지 않았다는 것도 인지하고 있었다.[114] 실제 보은취회의 해산 이후에도 호남의 동학당들은 취회를 계속하고 있었다. "또 서병학이라는 자가 말하기를, '호남湖南에 모인 당들은 우

---

111 위의 책, 계사 3월 26일조.
112 위의 책, 계사 4월 3일조.
113 위의 책, 계사 4월 6일조.
114 위의 책, 계사 4월 7일조.

리들과는 다르니 절대로 뒤섞어 보지 말고 옥석을 가려 달라'고 하였다. 드디어 3일, 모든 사람들이 해산하였다. 선무사는 곧바로 금구 원평의 회소會所로 갔다"고 기록해 두고 있다. 선무사 어윤중이 진산군에 도착하여 금구의 회소에서 올라온 동학당 4백여 명에게 회유하여 겨우 해산했다고 기록했다.[115] 김윤식은 5월 13일 선무사 어윤중에게 보낸 편지에서 동학도에 대한 자기 입장을 밝혔다.

지난날 동학당東黨의 일은 역시 한때의 운수와 관련된 것입니까? 어찌하여 그리 쉽게 그 많은 사람을 모았습니까? 그들이 하는 바를 보면 재주가 없고 무능하여 장각張角과 묘청妙淸은 되지 못합니다. (…중략…) 가만히 생각해보건대 크게 사람의 마음을 복종시키는 것은 신信이란 한 글자만한 것이 없습니다. 지난번 선유宣諭한 뒤로 마땅히 조정에서 곧바로 한 번 명령을 내려, "지난 일은 묻지 않겠다. 이후 만일 부적과 주술과 사술로 백성들을 선동하고 의혹시키는 사람이 있다면 용서하지 않고 죽일 것이다." (…중략…) 이른바 동학당東學黨들은 모두 여우나 쥐처럼 서로 모여 오로지 부적만을 믿고 걸출한 인재가 하나도 없어 다행히 깊이 근심할 필요는 없지만 그래도 우려가 되는 것은, 지금 민심이 흩어져 마치 물이 흐르듯이 난리를 좇고 있고 조정에 대한 굳은 믿음이 없는 데다가 지방의 탐오貪汚한 장리長吏가 또 몰아서 함정에 빠트리고 있으니 이로써 말한다면 벌써 민심이 흩어져 분을 풀수 없는 상황이라고 할 것입니다.[116]

김윤식은 편지에서 기본적으로 동학도를 이단의 종교 집단, 무뢰한 집

---

115 위의 책, 계사 4월 22일조.
116 「선무사 어일재에게 보내는 별지(與宣撫使魚一齋別紙)」, (김윤식, 『면천행견일기』, 계사 5월 13일조; 「서독(書牘)」 하, 『운양집』 12, 고전번역원 DB 표점수정본 참조)

단으로 보고 있다. 당시 어윤중의 장계에서는 보은취회의 동학당을 난민이라 하지 않고, '민당民黨'이라 불렀는데, 부호군 이건창은 어윤중을 처벌해야 한다는 강경론을 주장하고 있었다.[117] 이에 김윤식은 "봉조鳳藻 : 이건창의 상소와 같은 것은 일을 책임지는 처지가 아니면서 다만 한때의 어두운 견해를 믿고서 법도를 지키는 논리로 삼는 것이니, 굳이 깊이 따져 볼 필요는 없다"라고 하면서 이건창의 비판을 괘념하지 말도록 충고하였다.

한편 고종의 윤음에서도, "또 너희들이 이르는 바 학學이라는 것은 스스로는 '하늘을 공경하고 현인을 존중한다'고 하지만, 거짓말을 퍼뜨리고 감언이설을 늘어놓았으니, '너희들이 비록 어리석고 영리하지 못하다고 하더라도 세상의 대세와 조정에서 정한 조약을 어찌하여 듣지 못하고 감히 핑계 대고 말을 꾸며내어 결국 화단을 일으키니 저축이 있는 사람은 재산을 탕진하게 하고 농사짓는 사람은 농사철을 놓치게 하였는가"라고 지적하였다.

결국에는 김윤식은 농민들의 봉기가 의리를 제창하는 것이 아니라 난에 앞장선 것이라고 지적하였다.[118] 그는 동학교단 중심의 보은취회가 조직적으로 진행되고 있다고 파악했다. 그는 전봉준의 호남 금구 취당의 존재도 구체적으로 알고 있었다. 그럼에도 불구하고 그는 무지한 우민이 동학당의 선동에 의해 참여한 것이라고 했으며 호남과 호서 일대민들의 취회가 취회와 해산을 계속 반복하는 것에 대해 비난하고 있었다.[119]

그는 1894년 농민전쟁이 전국적으로 확대되었을 때에 동학당의 봉기

---

117 「부호군 이건창이 상소를 올려 호남과 호서에 퍼져있는 동학에 대해 성토하다」, 『고종실록』, 1893(고종 30년). 8. 21.
118 「양호에 윤음을 내리다」, 『고종실록』, 1893(고종 30년). 4. 1.
119 왕현종, 「1893년 보은집회 연구의 쟁점과 과제」, 『동학학보』 28, 2013, 69~82쪽.

가 동학을 내세워 척왜양을 이루고 지방관의 탐학을 개혁하기 위해 일어났다고 정확하게 이해하고 있었다. 그러면서도 척왜와 척양 관계에 대해서는 국제적인 통상조약 등을 어길 수 있다는 점에서 크게 우려하고 있었다.[120] 한편 탐관오리의 처벌을 통해 원래 왕도정치로 회복할 수 있다는 점으로 희망하였다.

그는 1894년 6월 일본의 경복궁 점령사건에 의한 갑오개혁 정권에 참여함으로써 일본의 정치 군사적 보호 아래 동학농민군을 토벌하는 것에 대해 찬성하였다. 특히 조선 정부에서는 9월 14일에 정식으로 농민군 진압 방침을 천명했을 때 그는 외부 대신으로서 역할을 수행했다. 더욱이 일본이 청일전쟁의 배후지로 농민군 토벌을 강요했을 때조차 이에 적극적으로 동조하였다.

그래서 그는 전봉준을 비롯한 동학농민군이 재봉기했을 때 일본군의 토벌 참여를 독려하였다. "어제 비도匪徒와 조금 접전을 하여 이미 적 1명을 죽이고 10여 명의 적을 사로잡았다는 것을 들었다. 이것은 기쁜 소식이고 이전의 명성대로이다. 병사의 간담이 그것에 힘입어 대단해졌을 것"이라고 하였듯이 그는 소수의 일본군이라 할지라도 수만의 동학농민군을 토벌할 수 있다는 점을 긍정적으로 인식하고 있었다.[121] 그에게는 동학농민군이 국왕을 중심으로 하는 유교통치질서를 엎으려고 하였다는 점이 중시되었다. 심지어 농민전쟁 진압 과정에서 일반 평민으로 구성된 병정들이 양반가에 행하는 침탈에 대해 여러 차례 분개할 정도였다. 그에

---

120 "동요(東擾)는 복심(腹心)의 질병으로 서요(西擾)보다 심하다. 귀영(貴營)은 양호(兩湖)의 사이에 있어 이들이 출몰하고 모두 모이는 곳이다. 그 괴로움은 말하지 않아도 짐작할 수 있다."(「평재인형대인절하(平齋仁兄大人節下)」, 『금영내찰(錦營來札)』)
121 「김윤식의 박제순에게 보낸 편지」, 『금영내찰』, 1894.10.17.

게 강상윤리에서 벗어나는 민중들의 반란은 용납될 수 없었던 것이다. 그래서 그는 전봉준과 김개남을 중국 당대 안녹산과 사사명에 비교하면서 이들 도적 2명을 죽인다면 나머지는 걱정할 것이 없다며 적대적인 인식을 드러냈다.[122] 결국 김윤식은 철저히 동학농민군을 토벌하여 대일 관계의 강화와 통상문제의 안정화를 도모했으며, 이를 통해 궁극적으로 조선 국가의 통치질서 회복을 추구하고 있었다.[123]

(2) 민중관 변화와 사민론의 전개

1890년대 후반 김윤식이 민중 인식에 어떤 변화를 가지고 있었는지 살펴보자.[124] 김윤식은 1890년 「시무설」에서 '근휼사민勤恤斯民'이라고 했듯이 민에 대한 구휼에 힘써야 한다고 하였다. 특기할 것은 백성이나 인민이라기 보다는 사민斯民이라는 용어를 자주 사용하였다는 점이다. 이때

---

122 "요사한 기운을 쓸어버리고 생민(生民)을 다시 안정시키기를 바란다. 지금 눈을 씻고 기다리고 있습니다. 전봉준(全琫準)과 김개남(金介南)은 천보(天寶-당 현종 14년, 755년)년간의 안녹산(安祿山)과 사사명(史思明)과 같다. 이 도적 2명을 죽인다면 나머지는 걱정할 것이 없다. 지금 이 도적 2명이 전라도와 충청도 사이에 있는데, 하늘의 뜻이 반드시 모여서 그들을 죽일 것이다."(「김윤식의 박제순에게 보낸 편지」, 『금영내찰』, 1894.10.4·24)

123 왕현종, 앞의 책, 2003, 367~411쪽, '제9장, 갑오정권의 농민군 대책과 일본의 역할'; 왕현종, 「1894년 농민전쟁 지도자의 재판과정과 판결의 부당성」, 『한국사연구』 168, 2015, 250~253쪽.

124 1890년대 후반 김윤식의 민중론은 지도 등지에서 유배되어 있는 동안 제주민란을 비롯한 민중 운동을 이해하는 수준의 변화가 지적되었다.(趙景達, 「朝鮮における大國主義と小國主義の相剋」, 『朝鮮史研究會論文集』 22, 1985; 趙景達, 「金允植における民衆觀の相剋」, 『朝鮮の近代思想』, 有志舍, 2019, 218~239쪽; 최성환, 「『續陰晴史』를 통해 본 20세기 초 김윤식의 智島 유배생활과 島嶼地域 사회상의 변화」, 『인문논총』 34, 215~239쪽; 김수태, 「김윤식의 제주교안 서술-『속음청사』를 중심으로」, 『대구사학』 131, 2018, 157~202쪽) 그러나 당시 김윤식의 인식은 1894년 동학농민군 인식과 크게 달라지지 않았고, 유교주의적인 민본사상에서 벗어나지 않았다고 생각한다.

사민은 일반 백성으로 번역되기도 하지만 인민과 백성과는 또 다른 의미를 갖고 있었다.[125]

또한 당시 김윤식은 일반 민인을 인민 일반으로 이해하기 보다는 대민, 호민, 상민에 강조점을 두고 있었다. 1890년 「16사의私議」 제9의 논설 호부護富론에서도 민인 중에서도 지주, 부농, 상인층에 초점을 맞추고 있었다.[126] 그는 "무릇 빈부는 하늘이 정한 것이다. 선왕이 백성의 재산을 규제할 때 아주 가난하거나 아주 부유한 차이가 없도록 하려 했지만 사람마다 부지런함과 게으름이 같지 않고 타고난 운명의 후함과 박함이 각기 달랐기에 성인이라도 또한 고르게 하지 못했다"고 전제하였다. 그는 "부자란 사람됨이 근검하고 힘써 일하여 집안을 일으킨 자이니, 이는 권장할 만한 것이지 미워할 것이 아니다. 고을에 부유한 백성이 있으면 위급할 때 그 힘을 많이 의지할 수 있고, 마을에 넉넉한 집이 있으면 흉년이 들어도 반드시 구제받을 수 있다"고 강조하였다. 이렇게 그는 현실 농촌사회에서 존재하고 있는 빈부간의 격차, 특히 지주와 작인간의 신분계층적 지위 차이를 그대로 인정하였다. 도리어 그는 신분계급적인 차이를 전제하고 부자들의 권리와 역할 지위를 강조하였다. 따라서 그의 호부론은 기존의 부자, 상인, 관료 등을 위주로 편성되는 사회 재편을 지향했다고 할 수 있다.

그런데 1900년대 들어 그의 사민 인식은 일정한 변화를 가져왔다. 일본 상권의 침투에 따라 조선 인민의 어려움을 지적하고 있다. 1901년 11

---

125 김윤식은 비슷한 시기에 '재이설'에서 사민의 용어를 사용하였다. 其說曰 : "人事動於下, 則災祥應於上." 又曰 : "上天仁愛斯民, 必以災異譴告人君."(「재이설(災異說)」, 『운양집』 권8) 여기서도 사인은 보통의 사람들 인민이라기 보다는 특별한 인민을 가리킨다.
126 「의(議)」, 『운양집(雲養集)』(연세대 국학연구원 번역본) 권2・7, 2015, 294~295쪽.

월 일본의회에서 일본상민이 호조가 없어도 자유로이 한국에 와서 부동산을 점유하는 건을 결의한 사실에도 주목하면서, 그는 이민법의 제정이 결국 우리나라에 일본인을 식민殖民하는 것으로 보고 있었다. 이에 따라 아국의 경향 전토, 가택들이 장차 일인의 손에 들어가 아국 인민이 모두 일인의 전객佃客, 고용雇傭으로 전락하게 될 것을 우려하고 있었다.[127] 그렇지만 그의 인식은 어디까지나 조선 인민의 경제 상태에 대한 동정적인 시야에 머무르고 있었다.

1904년 이후에도 그의 사민斯民 인식은 계속 언급된다. 그는 유배지에서 러일전쟁 이후 정국을 수습하기 위한 조령詔令을 접했다.[128] 그는 고종의 칙어와 조령에는, "옛날 우리 영묘英廟 때에 임금이 직접 쓴 '백성은 나라의 근본이니 근본이 튼튼해야 나라가 편안하다民惟邦本本固邦寧'는 여덟 글자를 각 관청의 벽에다 걸었"다고 하면서 '청렴과 근면, 공경과 신의로써 백성들을 편안하게 만들라廉勤公信以安斯民'는 경구를 특별히 기록하고 있었다.[129] 그는『속음청사』에서 특별한 비평을 남기지는 않았지만, 민인들이 만민으로서 한마음 한뜻으로 충성을 다할 것을 강조하였다.

그의 민중의식은 복권 직후, 1907년 11월 18일 고종황제를 대체하여 순종이 즉위하며, 사직에 서고하였을 때 잘 드러난다. 그는 서고문 관제제도국 총재로서 이완용, 조중응 등과 함께 예식을 주관하였다. 이때 6개조 서고문을 바치는데, 주요한 내용 중에서는 "위아래가 한마음이 되고

---

127 『속음청사』권10 하, 1901년(광무 5) 11월 5일조.

128 "自上降勅諭五百七十餘言, 勵以懲貪崇廉, 極救斯民, 同日又降勅諭一道三百四十字, 勵以培養人才, 去其粉飾虛僞, 又別降勅語, 依英廟御書民惟邦本本固邦寧八字, 揭於各公衙故事, 親書廉勤公信以安斯民八字, 鐫揭各官廳壁."(『속음청사』권11, 6월 3일조)

129 칙유문을 강조하는 김윤식의 입장은 고종의 일군 만민적인 호소에 대해 동조하고 인민을 통치의 대상으로서 본다는 점에서 이전과 일치한다.(『고종실록』44권, 1904(고종 41년).5.21)

임금과 신하가 서로 믿음으로써 나라를 개방하고 진취하는 큰 계책을 완전히 정하겠다"고 선언하였다.[130] 또한 사직단 서고문에서도 "삼가 아룁니다. 민들에 의지하는 것은 신령이고 신령이 도와주는 것은 민이며, 신령의 명령을 받아서 이 민斯民을 보호하는 자는 나라의 임금國君"이라는 말에서 군주에 의한 민인 보호라는 입장을 견지하고 있었다. 이는 어디까지나 우민관에 기초하여 하늘의 뜻에 입각한 군주의 통치를 받는 인민을 강조하고 있었던 것이다.

이후 김윤식의 민중관이 일정한 변동 가능성을 보인 것은 1919년 3·1 운동에서였다. 그는 "독립만세를 불러 무수한 양민이 체포되어 비인도적 악형으로 인한 사망자가 많다는 것을 보면서 이들이 마음속에 독립만세를 부르는 것까지도 찾아내 진압할 수 없다"고 하였다. 이를 해결하는 방법은 오직 천명과 인심에 순종하여 공식으로 한국의 독립을 승인하는 것뿐이라고 주장했다. 그의 독립청원서는 당시 사회적 영향력이 크다고 할 수 없지만, 작위까지 받았던 대한제국의 구신으로서 마지막 순간까지 일본에 저항한 유교 지식인으로 평가받았다.[131] 이로 인하여 실형과 작위를 삭탈당하기도 했던 김윤식은 결국 1922년 1월 21일 낮 12시 87세의 나이로 죽었다.

그의 죽음은 당시 『동아일보』를 비롯한 주요 언론의 주목을 받았다. 『동아일보』는 「오호 김윤식 선생」이라는 제하에 자택에서 사망 사실과 가족 동향을 구체적으로 다루었다.[132] 이로부터 장례식 준비에 분주하면

---

130 "一, 上下一心, 君臣相孚, 大定開國進取之大計.", "伏以民之所依者神也; 神之所祐者民也, 受神之命而保斯民者, 國君也."(『순종실록』 1권, 1907.11.18)
131 이상일, 「운양 김윤식의 사상과 활동연구」, 동국대 박사논문, 1995, 167~171쪽.
132 「오호김윤식선생(嗚呼金允植先生)」, 『동아일보』, 1922.1.22, 3단.

서 무려 보름 동안이나 장례를 치러졌고, 조문객이 쇄도하자 가족장에서 사회장으로 격상시키는 장례논의가 시작되었다. 이제 김윤식의 죽음은 본인의 의사와 상관없이 사회장이라는 장례 형식에 대한 논의가 크게 촉발되었다. 그렇지만 민중의 의사를 반영한 사회장의 추진이 이루어져야 한다는 반론이 제시되어 결국 사회장 형식을 취소하는 선에서 타협이 이루어졌다. 1920년대 당대인들도 그를 사회적 맥락에서 민중의 의사를 반영하여 사회장을 치를 만한 인물이 아니라는 평가를 내렸던 것이다.[134]

이와 같이 사후에 김윤식 자신이 스스로 사회적으로 큰 역할을 한 존재로서 민중의 존경도 받는 인사로서 추앙되기를 바라고 있었는지는 구체적으로 알 수 없다. 그의 사회장 논란에서는 그의 일생에서 민중 이해가 어느 정도였는가에 대한 평가가 부정적이었던 것으로 드러났다. 다만 1919년 3·1운동 시기 민중의 사회적 참여가 고양된 시점에서 김윤식의 죽음과 시대적 의미를 되물어 보는 계기가 되었을 것이다.

이상 한국 근대 유교 지식인의 외세 인식과 민중관에 대해서 대표적인 유교·관료 지식인으로서 김윤식의 활동과 사상을 다루었다. 1882년 「조미수호통상조약」에 대한 속음청사의 기록 분석을 통해 당시 조선 관료들이 시민, 인민, 민인, 신민 등에 대한 용어를 구별하였는데, 김윤식은 조선의 신민을 일반 인민으로 사용하는 것이 아니라 민인으로 서술하고 있

133 이상일, 「'김윤식사회장'문제에 대한 일고찰」, 『죽당이현희교수화갑기념한국사학논총』, 동방도서, 1997, 393~394쪽; 박종린, 「김윤식사회장 찬반논의와 사회주의세력의 재편」, 『역사와현실』 38, 2000, 256~260쪽; 임경석, 「운양 김윤식의 죽음을 대하는 두 개의 시각」, 『역사와현실』 57, 2005, 88~92쪽.
134 「사회장 반대파가 맹연히 일어나서」, 『매일신보』, 1922.1.27; 「민중(民衆)의 격(檄), 소위 김윤식 사회장이란 유령배(幽靈輩)의 참칭(僭稱), 사회장을 매장(埋葬)하라」, 『매일신보』, 1922.2.2, 3면; 김현주, 「김윤식 사회장 사건의 정치문화적 의미-'사회'와 '여론'을 둘러싼 수사적 투쟁을 중심으로」, 『동방학지』 132, 2005, 269~274쪽.

었다. 당시 그는 민중의 정치 참여를 긍정하거나 고무하는 태도를 보이지는 않았다. 그가 1893년 동학도의 보은취회나 1894년 동학농민군 봉기를 적대시했다는 점에서 알 수 있다. 그는 전봉준을 비롯한 지도부에 대해서도 난민으로 진압할 것을 주장하였으며, 또한 일본군에 의한 동학농민군 진압에 적극적으로 협조함으로써 조선국가의 유교주의적 통치질서를 회복하려고 하였다.

3. 유교 지식인 황현의 동학 비판과 민중관

1) 유교 지식인 황현의 이해와 자료

1894년 동학농민전쟁은 1894년 1월 고부 농민봉기에서 시작하여 다음 해 3월 전봉준 등 농민군지도자들이 처형을 당할 때까지 약 1년여간 전라도와 전국에 걸쳐 진행된 농민들의 반란운동이었다.

이 사건의 명칭은 발생 초기부터 획일적으로 동학란으로 규정되었다. 이러한 표현은 조선왕조의 집권 지배층과 유생들이 즐겨 사용했다. 또한 일본 제국주의자들도 이런 명칭으로 진압과 학살을 정당화했다. 당시 조선국가의 사회 질서를 어지럽히는 운동으로서 동학란에 대한 인식과 서술은 다양한 기록의 형태로 남아있다.[135]

그런데 1894년 당시 1차 사료는 대부분 진압에 나선 관리들과 민보군들이 남긴 기록들이 대단히 많으며, 또한 양반 유생들도 자신의 문집이나

---

135 지난 1950년대 국사편찬위원회에서 편찬한 『동학란기록』(상·하, 국편, 1959)에서 비롯되었다. 이 책은 이후 남·북한의 연구에 큰 영향을 끼쳤다. 이후 1994년 농민전쟁 100주년을 맞이하여 대규모 사료모음집인 『동학농민전쟁사료총서』(30권, 사운연구

편지 등에서 전문한 사실을 그대로 쓰는 경우가 많다.[136] 그중에서 양반 유교 지식인으로서 당시 사건의 원인과 경과를 매우 치밀하게 기록한 양반 유교 지식인으로 대표적인 서술을 남긴 이는 매천梅泉 황현黃玹이었다.

그는 1894년 농민전쟁에 대한 역사 기록으로 『매천야록』과 『오하기문』 등을 남기고 있다.[137] 이러한 저서 속에서 농민전쟁에 대한 기록 중 가장 풍부한 사실을 담고 있다. 우국지사 매천 황현의 관점과 시대 인식이 독특하게 배여 있다. 한편으로는 흔히 일제의 침략에 목숨으로 저항한 유교 지식인으로 기억하고 있다. 그런데 그의 주 관심사는 실제 동학농민전쟁의 수습과 유교적 지배질서로의 국가 재건이라는 목표를 가지고 있다. 그러한 입장에서 그는 동학란에 대해 대단히 비판적이며, 참여한 이들을 동비東匪라는 용어를 사용하면서 반란, 역적의 무리로 규정하였으며 동학농민군을 징토의 대상으로 삼았다.

이 글에서는 매천의 동학관과 농민전쟁에 대한 태도가 어떻게 형성되었으며, 1894년에 과연 어떤 변화를 겪고 있었는지에 대해서 알아보려고 한다.[138] 이를 위해 위의 2개의 저작을 대상으로 어떻게 사실을 적시하고 그리고 기록해 두고 있는지 살펴보려고 한다. 이를 통해 매천의 농민

소, 1996)이 간행되었다. (왕현종, 「동학농민혁명 기록물의 대상과 자료 현황」, 동학농민혁명기록물의 세계기록유산 등재 발표문, 2015.6.8)

136 동학농민전쟁에 관한 사료는 동학농민혁명재단에서 운영하는 '동학농민혁명 종합지식정보시스템'(http://www.e-donghak.or.kr/index.jsp)에 집대성되어 있다.

137 매천 황현(梅泉 黃玹)에 대한 일반 설명 및 역사기록물 원전은 다음과 같다. 이은철, 『매천 황현을 만나다』, 심미안, 2010; 홍영기, 『황현 – 경술국치에 항거한 순국지사』, 역사공간, 2018; 『매천야록(梅泉野錄)』(국사편찬위원회 사료총서 1권), 1955; 『오하기문(梧下記聞)』(『동학농민전쟁사료총서』 1권), 사운연구소, 1994.

138 1994년 농민전쟁 100주년을 맞이하여 한국역사연구회, 『1894년 농민전쟁』(100주년 기념 논문집) 1~5, 역사비평사, 1891~1997; 역사학연구소, 『농민전쟁 100년의 인식과 쟁점』(1894년 농민전쟁 연구분과), 거름, 1994; 원종규 외, 『갑오농민전쟁 100돌 기념

전쟁 수습책의 의미를 재평가해 보려고 한다.[139]

(1) 『매천야록』·『오하기문』의 저술과 집필 동기

매천 황현[1855~1910]의 대표적인 역사 서술은 『매천야록』이다.[140] 그는 전라도 광양 출신으로 몇 차례 과거를 낙방하고 20대에 들어 서울에 강위, 김택영, 이건창, 정만조 등과 어울렸다. 『매천야록』의 집필은 1894년 동학농민전쟁의 사건에 큰 충격을 받아 시작한 것으로 보인다.[141] 황현은 1864년부터 1893년까지는 편년체가 아닌 수문록체隨聞錄體의 메모 형태로 기록하고 있으며, 1894년 갑오년부터는 비로소 편년체의 서술과 비평을 남기고 있기 때문이다. 그렇다고 해서 『매천야록』의 사실 기록이 매년 해당 시기에 바로 기록한 것은 아니었다. 이후에 기록을 재정리하면서 첨부하여 교정하였을 것이다. 『매천야록』 권2 을미년 사실의 말미 기사

논문집』, 과학백과사전종합출판사, 1994(집문당, 1995) 등이 출간되었다. 이하 본 논문에서는 '동학농민혁명'이라는 명칭보다는 '동학농민전쟁' 혹은 '1894년 동학농민전쟁'으로 쓰려고 한다. 이러한 용어가 당시의 사건을 설명할 때 더 적합하기 때문이다.

139   매천 황현의 역사 서술에 대해서는 홍영기의 저작목록 논문 및 『오하기문』에 대한 번역서 및 사료 비판 논문을 기반하여 정리하였다. (홍영기, 「황현의 저작물(著作物) 간행과 연구 현황」, 『남도문화연구』 19, 2010; 이이화, 「황현의 『오하기문』에 대한 내용검토 – 1894년 동학농민전쟁의 기술을 중심으로」, 『계간 서지학보』 4, 한국서지학회, 1991)

140   선생의 사상과 관련하여서는 그의 스승인 천사 왕석보(川社 王錫輔, 1816~1868) 선생이 있다. 왕석보 선생은 고려 태조 열다섯 번째 아들인 동양군의 후손으로 자는 윤국(胤國)이며, 53세를 일기로 천수를 마쳤다. 그는 호남의 시학을 개척했을 뿐만 아니라, 아들 봉주 왕사각(鳳洲 王師覺), 소금 왕사천(素琴 王師天), 소천 왕사찬(小川 王師瓚), 왕사룡(王師龍) 및 문인인 해학 이기(海鶴 李沂), 매천 황현, 홍암 나인영(弘菴 羅寅永, 일명 羅喆), 유이산(柳二山) 등의 명인을 배출하였다. 그의 손자 왕경환(王京煥), 왕수환(王粹煥)도 가학을 계승하여 시명을 떨쳤다. 개성 왕씨의 지식층 가운데는 불의와 타협하지 않는 저항정신이 오랫동안 지속되어 있는 데다가, 대한제국 위정자의 부패상과 외세의 침입은 그들의 저항의식을 더욱 과격하게 물아붙였다고 한다. (김준(金濬) 역, 「서문」, 『매천야록』, 1994.2)

141   신용하, 「해제」, 『매천전집』(아세아문화사 영인본), 1978.

중 조인승에 대해 추가 수록은 당시에 기록한 것이 아니라 후일 2가지 사항을 첨부한 것이 한 예이다.[142]

한편 당대의 시대사를 기록한 또 다른 저작으로 『오하기문』이 있다. 처음에는 이 책이 『매천야록』의 대본으로 보기도 하였으나 원래 저작된 내용이 어떤 기록에는 을미년 4월부터 정미년 12월까지 13년간의 기록이며 행서 초서체의 세서細書라고 소개되기도 했다.[143] 이전 『오하기문』은 원본이 산일散逸되고 또 분철分綴이 되어 소장자에 따라 각기 소장하게 된 것이어서 여러 견해가 나왔다. 1985년 김창수는 『동학난─동비기략초고東匪紀略草藁』에서 국사편찬위원회 소장 『오하기문』 자료가 매천의 또 하나의 저술인 동비기략의 초고로 보았다.[144] 이이화는 『동비기략』이 『오하기문』의 수필, 이필, 삼필의 내용을 요약·정리한 것으로 추정했다.[145]

황현은 『매천야록』 중에서 동학에 관한 부분이 『동비기략』에 수록되어 있다고 했지만, 『오하기문』의 저술에 대해서는 언급하지 않았다.[146] 동학

---

142 "춘천관찰사 조인승(曺寅承)은 본래 서법(書法)으로 저명하였으나, 그가 이때 단발을 하고 부임하자 강원도의병들은 그를 살해하였다. 이때 살해된 관리들은 20여 명이나 되었다."(김택영(金澤榮)이 추가 수록한 것임) "춘천관찰사조인승은 본래 서법으로 저명하였으나, 그는 이때 단발하고 임지로 떠났다. 그가 춘천에 도착하여, 의병들이 자기를 살해하려 한다는 소문을 듣고 교자 안에서 소도(小刀)를 꺼내어 자결하였다."(이상은 이난곡(李蘭谷)이 개정(改正)한 것임)

143 오종일,「해제」,『매천전집』, 전주대 호남학연구소, 1984.

144 김창수,「해제」,『동학난─동비기략초고(東學亂─東匪紀略草藁)』, 을유문화사, 1985.

145 을미 3월 이전 부분은 『동비기략』에 요약 정리하고 을미 4월 이후 부분은 『매천야록』에 많이 수용된 것으로 보았다. (이이화, 앞의 글, 1991, 11쪽)

146 1894년 당시 그는 구례에 은거해 있으면서 동학농민혁명을 직접 목격했다. 『매천야록』에서 동학농민전쟁 관련 기록을 적을 적에, 주에 '그 상세한 내용은 『동비기략』에 있다'고 부기하였다. 그가 죽고 난 뒤 저술들은 그가 일시 살았던 광양의 사당(祠堂)과 구례(求禮)의 고택(古宅)에 보관되어 있었다고 한다. 그러나 『동비기략』은 아직까지 발견되지 않았으며, 대신 『오하기문』이 대체적인 내용을 설명해 주고 있다.

에 대한 황현의 비판은 『매천야록』 권1의 중간 부분에 최초로 언급된다. 이는 1893년 3월 권봉희의 상소를 소개하는 가운데 있었다.동학의 복합상소 해산 "동학의 전말은 「동비기략東匪紀略」에 상술하였으므로 여기에서는 대충 언급하였다"고 간단히 서술하였다.[147] 또한 동학의 발생과 최제우에 대한 기록은 『오하기문』 수필에 1893년 계사년을 설명하는 부분에 처음으로 구체적으로 나온다. 이런 점으로 보아 『매천야록』에서 언급된 동학의 전 말에 대한 기록이 아마도 그 저본으로서 먼저 『오하기문』에 기록하고, 별 도로 『동비기략』에 종합 정리한 것이 아닌가 한다.[148]

그렇다면 이렇게 동학의 전말에 대한 기록을 구체적으로 분석하기 이 전에 비교적 당대역사서로서 체제와 내용을 갖추고 있는 『매천야록』에 기술된 그의 동학농민 민란에 대한 인식을 살펴보자.

19세기 후반, 특히 임술민란 이후 전국에서 1년에도 수십 차례 민란이 일어났음에도 『매천야록』에서는 그렇게 많이 기록해 두지 않았다. 위의 표는 『매천야록』에서 '민란民亂'이라는 용어로 사건을 명시적으로 표현하 고 있는 것만 선별한 것이다. 그러한 사례는 10개에 불과했다.

첫 사례는 임술민란을 표현하면서 주로 장리의 탐학에 의한 것으로 설 명하였고, 세 번째 사례인 성주민란과 원인 설명도 거의 비슷하다. 두번 째 영해민란의 경우임에도 불구하고 특별히 동학과 난민의 문제에 대한

---

147 『매천야록』 제1권 하 : 1894년 이전 ⑤ '최시형 동비기략 동학선무사어윤중(崔時亨 東 匪紀略 東學宣撫使魚允中)'.(이 표제는 국사편찬위원회 한국사료총서 편찬시 붙인 것 으로 원래 판본에는 없었던 것으로 보인다.)
148 『오하기문』의 역사기술에서 설명하지 않은 부분이 있는데, 첫째는 공주전투에 대한 기 술이 다른 부분과 비교하여 부실하게 다루어지고 있다. 둘째는 전라도, 충청도의 사실 기록은 아주 충실한 반면, 경상도 내륙지방, 경기도 일대, 강원도의 사실이 소홀하게 다 루어지고 있다. 그 까닭은 해당 지역의 자료를 제대로 입수하지 못한 데서 나온 결과인 듯하다.

<표 5> 『매천야록』에 나타난 민란의 기록(1862~1907)

사건	민란 발생 설명	원인 파악(혹은 전후 사실 기술)
1 임술민란 (1862)	철종 말기에 채권자와 장리(贓吏)들이 착취를 일삼아 권문세가에 아첨하였으므로 백성들은 생활을 이어갈 수 없게 되어 결국 임술년(1862)에 민란을 일으켰다.	대원군은 그 폐단을 규명하여 아무리 친한 사람이라도 그 사람이 장물에 관계되면 조금도 용서하지 않아 탐욕을 부리는 관리들이 조금 줄어들었다.(雲峴痛究其弊, 犯贓者雖甚昵, 不貸, 是以貪墨少戢)
2 영해민란 (1871)	신미년(1871) 봄에는 영해의 백성들이 난을 일으켜(辛未春,寧海民作亂)	민심은 극도로 동요되어 난리가 일어나기를 바라는 사람이 많았다.(民心煽動, 思亂者衆)
3 성주민란	성주에서 민란이 일어나 목사 이용준을 쫓아냈다.(星州民亂, 逐牧使李容準)	이때 관리들은 부정한 재물을 탐하고 있었으므로 백성들이 소란을 일으켜 그들을 쫓아낸 것이다. 이런 일을 상하가 다 보통 있는 일로 생각하였고, 그들을 치죄(治罪)하라는 명령도 늦게 내려졌다.(時官吏貪饕, 民輒噪而逐之, 上下恬視爲常, 懲艾之典亦緩)
4 고종의 안목	고종은 오랫동안 재위하여 신하들의 현부(賢否)를 잘 파악하고 있었으나 사사로운 일에 끌려 공적으로 처리하지 못하고 있다가……. 그 예로 함흥민란 때는 감사 서정순이 진압하고 북청민란 때는 남병사 이규원이 진압했는데, 지금 제주민란도 그와 마찬가지였다.[149]	그러나 고종은 언제나 민란이 평정되면 그대로 방치하고 있었다. 그리고 고종의 성품은 자신이 모든 일을 잘 알고 있는 것으로 판단하고 남들과 영합하기를 좋아하였으므로(然事平則廢實之,「性又自聖, 喜人迎合」)
5 개성민란 (1893)	12월에 외무참의 박용선(朴用先)을 개성으로 보내 민란을 조사하게 하였다.(十二月 遣外務參議朴用先, 查覈開城亂民)	이때 개성유수 김세기가 숨겨 놓은 인삼을 찾아낸다는 핑계로 백성들의 재산을 많이 약탈하자 부민 김혼 등이 군중을 모아 소란을 피웠다. 김세기는 변복을 하고 도주하였다. 이때 탐관오리들이 국내에 가득하여 읍마다 소란스럽지 않은 곳이 없었지만 그중 가장 심한 자를 색출하여 논죄하였다……. 그러나 많은 뇌물을 받아먹은 고관들은 법망을 다 빠져 나가 그들을 징계할 수 없었다.[150]
6 고부민란 (1894)	고부에서 민란이 일어나 군수 조병갑이 도주하자 고종은 그를 체포하여 심문하라는 명을 내리고…….	계사년(1893) 한해가 극심하여 기근이 들었지만, 그(조병갑)는 재결을 숨기어 세조(稅租)와 함께 징수하므로 결국 민란이 발생하였다.[151]
7	고부에서 동비(東匪) 전봉준 등이 봉기하였다. 이때 박원명은 난민들에게 잔치를 베풀어 조정의 호의를 표명하고 그들의 죄를 사면하여 향리(鄕里)로 돌려보내자 난민들은 모두 해산하였다.	감옥으로 이감된 백성들이 줄을 잇고 있으므로, 백성들은 분을 참지 못하고 다시 민란을 일으켰다.

사건		민란 발생 설명	원인 파악(혹은 전후 사실 기술)
8	제주민란 (1898)	제주에서 민란이 발생하여 목사 이병휘를 축출하였다.	이때 육지에서 살던 방성칠이라는 사람은 갑오경장 때 제주로 들어가 참서(讖書)와 성력(星曆) 등의 술(術)로 군중을 현혹하여 제주도의 왕이 되려고 하였다. 이때 이병휘는 탐욕과 학정을 자행하였으므로 방성칠은 군중을 선동하여 그를 쫓아내고, 유배된 사람들의 관직에 서명을 받아내어 작은 조정을 꾸미고자 하였다.[152]
9	경흥, 원산 민란 (1900)	경흥부에 민란이 발생하여 감리 남명직을 수감하였다……. 그리고 원산항(元山港)에도 민란이 발생하여 경무서를 파괴하자 경무관 유한원을 해임하였다.	남명직은 도처에서 탐혹(貪酷)하여 그의 별호를 남주뢰(南周牢)라고 하였다.
10	제주민란 (1901)	제주민이 큰 소란을 일으켰다.(濟州民大亂)	프랑스인이 제주에 포교활동을 하여, 그곳으로 유배된 전교리 이용호가 천주교를 믿게 되자 주민들 중 그를 따라 신봉한 수가 수만 명이나 되었다. 그들은 그를 도와 포학(暴虐)을 선동하므로 전 지역이 크게 소란하였다. 그를 따르지 않은 많은 제주민들은 그들을 공격하여 천주교도 250여 명을 살해하였다.[153]

의식이 보이지 않는다. 그는 『오하기문』에서도 해당 사건에 대해 토비의 영해 함락으로 보고 있다.[154] 다섯 번째 1893년 개성민란에 대해선 특별히 개성유수가 인삼을 찾아낸다는 핑계로 재산을 약탈했다고 했으며, 전후 두 차례 발생한 제주민란에 대해서는 전자는 방성칠의 혹세우민으로, 후자는 천주교의 포학으로 설명하였으므로 일반 민란과 다른 양상이라고 설명하고 있다.

149 『매천야록』 1권.
150 위의 책, '개성민란'.
151 『오하기문』, 갑오 정월.
152 『매천야록』 2권, '제주민란'.
153 『매천야록』 3권, '제주민란'.
154 "己巳春土匪發湖南陷光陽 辛未春發嶺南陷寧海旋卽勦平 然民益思亂."(『오하기문』, 수필; 기사; 신미년조)

반면에 1904년에 일어난 시흥민란에 대해 사건의 구체적인 전말을 기록하였다. 이 사건이 보고되자 고종은 크게 놀라 "백성이 관장官長을 살해한 것은 근고近古에 처음 있는 일이다"라고 하면서 신하들을 질책하고, 직산광부사건을 조사하게 했다는 것이다.[155] 그런데 그는 이 사건을 굳이 시흥민란이라고 표기하지는 않았다. 다만 "주민들이 무리를 지은 큰 소란衆逐大閙"이라 치부하고 있을 뿐이었다. 그는 구체적으로 해당 지역의 주민들이 조세나 폭정에 대해 집단적으로 소요를 일으키고 군수를 내쫓는 등 집단적인 행위를 지칭하는 의미로 '민란'이라 표현한 것이다. 이런 기준에 맞지 않는다면 매천은 '큰 소란大擾'으로 표현하거나 '큰 싸움大閙' 등으로 구별하여 서술한 것으로 보인다.

매천은 정부의 조세 수탈 등으로 인하여 지역 주민의 집단적 항의와 봉기에 대해 주목하고 이를 '민란'이라 부르고 있으며, 특히 1870년대 이후 민심은 "극도로 동요되어 난리가 일어나기를 바라는 사람이 많았다民心煽動, 思亂者衆"고 하듯이, 민들 중에는 사란思亂하는 사람들이 크게 증가했다고 우려하고 있었다.

2) 매천 황현의 동학·농민 이해와 동비론東匪論

(1) 동학 이해와 '동학과 난민의 결합' 논리

매천 황현은 당시 여러 유교 지식인들의 동학 비판 상소에 영향을 받은 것으로 보인다. 예컨대 1893년 3월에 전사간 권봉희權鳳熙의 상소를 장문으로 인용했다.

---

155 "始興民殺郡守朴嵋陽, 嵋陽因倭人募役, 乾沒雇直, 民群起呼噪, 嵋陽召倭散之, 有砲死者, 衆逐大閙, 殺嵋陽及其一子, 倭死者二, 事聞, 上大驚, 以民殺長吏, 近古初有也, 切責臣工, 以安鍾悳爲按覈使, 前往幷按稷山事."(『매천야록』 3권, '시흥민란')

뜻밖에도 작년 겨울에 동학도들이 전라, 충청 양도에 출현하였습니다. 이들은 수가 많이 불어나 포교를 하고 있지만 도신道臣과 수신帥臣들은 그들의 포교를 금지하지 않았으므로, 이달에는 그들이 수십 년 전에 처형된 최제우를 스승으로 칭하고 그의 신원伸寃을 위해 대궐 가까운 곳에서 소란을 피우며 상소를 하였습니다. 만일 그들의 죄를 논한다면 사형에 처해도 가벼운 일입니다만 한 번의 효유曉喩로 그들을 물러가게 하였으니, 이것은 성인이 살리기를 좋아하신 덕분이라고 하겠습니다.

그러나 이단을 배척하는 것은 정도正道를 어떻게 옹호하느냐에 달려 있습니다. 그렇다면 어찌 이런 시기에 유풍儒風을 진작하고 사기士氣를 장려하여 교화를 일으키려고 하지 않습니까?[156]

이 부분의 전후 사정에 대해 매천은 다음과 같이 진술하였다.

처음에 최복술崔福述의 일명을 제우濟愚라고 하였다. 그가 처형된 후 그의 조카 최시형崔時亨이 보은의 산중에 숨어 살면서 요술을 전파하며 이를 동학東學이라고 하였다. 그는 이때 유언비어를 퍼뜨리어, "세상이 장차 큰 난리가 일어나므로 동학이 아니면 살 수가 없다. 그리고 진인眞人이 나와 계룡산에다가 도읍을 정하는데 그 장상將相과 위명공신位命功臣들은 모두 동학도들이다"라고 하면서 사방으로 돌아다니며 백성들을 선동하자, 백성들은 학정에 시달리던 때이므로 결국 그들과 호응하여 전라도, 충청도에 널리 퍼져 있었다.

그리고 그들은 경인년1890에서 신묘년1891 이후 여러 번 통문을 보내 총회를 갖고 10명 내지 100명씩 떼를 지어 공청公廳을 왕래하였지만 (…중략…) 한 번 농

---

156 『매천야록』 제1권(하), 1894년 이전, '⑤ 1. 권봉희의 상소'.

락을 부려 보자는 속셈으로, 2월 중에 그들 수천 명은 서로 이끌고 대궐 앞에 엎드려 상소를 하였다. 죽은 최제우의 죄를 씻어주기 위한 것이다.[157]

매천은 1893년 보은취회에서 주목하였다. 이때 집회에 모인 동학교도들을 집중적으로 비판하고 있다. "동학교도들이 보은에 모여 집회를 여는 변고가 있었다. 대체로 동학이란 서학을 바꿔 부른 것이며, 서학은 이른바 천주교이다."[158] 그가 천주교와 동학을 동일시한 것은 매우 독특한 관점이라 할 수 있다. 그는 "천주학은 조석하고 허황하여 노자의 맑고 깨끗함, 불교의 현묘함 같은 것도 없었다. 구차하게 천당과 지옥을 꾸며내고는 천주교를 믿으면 복을 받아 천당에 가고, 믿지 않으면 죄를 받아 지옥에 간다는, 이러한 터무니없는 말로 속였는데 오로지 '어리석은 민愚民'이 여기에 놀아났다"고 비판하였다.[159] 그리고 "장차 나라가 망하려 할 때는 반드시 불길한 재앙이 있고, 난민의 발흥은 반드시 집단을 펑계로 삼는다. 요망한 말로 무리를 흘리지 않고는 어리석은 사람들을 꾀어낼 수 없기 때문에, 옛날부터 간사하고 교활한 도적은 반드시 '난을 생각하는 민思亂之民'을 통해 인심을 혼란하게 만드는 요사스러운 말을 퍼트리고 앞날의 길흉을 예언하는 말을 지어내 슬금슬금 세상에 퍼뜨려서 마침내 걷잡을 수 없이 번지게 만들어 반역의 음모를 실현했다"고 지적했다.[160] 이러한 사례로 한나라 말기 장각張角의 반란, 백련교白蓮敎의 사례를 들었다.

---

157 위의 책, '⑤'.
158 "癸巳三月 有東學人聚會 報恩之變 蓋東學者 西學之換稱 而西學卽 所謂天主敎也."(『오하기문』수필, '계사조')
159 "又其學俚淺不經 無老氏之淸淨 無佛氏之玄妙 區區粉飾 堂獄禱張 禍福祇 足以欺弄愚民."(위의 책)
160 "然國家將亡 必有妖孼 亂民之興 必藉徒黨 非妖言惑衆 不足以動愚夫愚婦 故自古姦盜猾賊 必因思亂之民 煽動妖言 造作圖讖 浸淫猖獗 售其不軌之謀."(위의 책)

매천은 동학도의 복합상소와 보은취회에 대해 비판적인 견해를 피력하였다. 그는 계사년1893 4월 선무사 어윤중의 충청도의 동비東匪를 진무한 처사로 비판했다. 이때 어윤중은 보은취회에 대한 윤음을 선포하기도 하였고, 별도의 장계를 올리기도 하였는데, 어윤중이 동학을 기리켜 '비도匪徒'라고 하지 않고 '민당民黨'이라고 일컬었다고 했다. 매천은 "마치 태서泰西의 민권民權 같이 들려서 식자들이 그의 실언을 허물하였다"고 비난하고 있다.

한편 1894년 5월 여러 유생들의 상소 중에는 전운사 조필영 등의 죄상을 밝히며 폐단을 시정할 것을 요구한 부사과 이설李偰의 상소에 주목하였다.

지금 병세가 매우 위급합니다. 그 병이 난 원인은 다름 아닌 '동학의 도徒이요 난민亂民의 일당一黨'들 때문이다.[161] 그 동학은 아무 근거도 없는 사설邪說로 세상을 속이고 군중을 의혹시킬 수 없는 것이지만, 그 동학에 빠져든 세력이 이렇듯 창궐하고 있고, 난민은 본래 왕화王化에 함육된 적자赤子들이라 그들은 반드시 감화感化되어 귀순할 사람들이지만 한번 흩어진 마음을 수습하지 못하고 있다.

그 이유는 무엇이겠느냐. (…중략…) 슬프고 미련한 저 백성들은 비록 호소할 길이 없다고는 하지만, 그들이 피와 땀으로 얻은 재산을 그 호랑이 입에다가 다 바쳐 겨우 목숨을 건진 뒤에는 그들의 처자를 이끌고 길가에 엎드려 있다.

이런 시기에 동학도들은 그들을 유도하여 "너희들이 우리 당에 들어오면 이런

---

161 이 부분의 원문으로는 '동학지도야(東學之徒也), 난민지당야(亂民之黨也)'라고 하였으므로 이는 동학의 도이고, 또한 난민의 당이라고 하여 같은 종류로 파악하고 있다는 점이 주목된다. 즉 동학의 무리이고 동시에 난민의 당이라는 것이다. 이는 뒷 문장에서 이것이 동학과 난민이 합세하여 하나가 되어(此所以東學亂民合而爲一)라고 표현한 것과 상통하는 것이다.

고생은 하지 않을 것이다"라고 하므로 그 백성들은 서로 손을 끌어당기며 그들과 합세하여 국가의 기강을 언제 범했는지 돌아볼 여가도 없었다. 이렇게 하여 '동학도와 난민은 하나가 되고' 그들은 날로 불어나고 달로 늘어나 결국 오늘과 같은 이변을 일으킨 것이다.[162]

그에 의하면 동학의 창궐은 부패한 방백과 수령들이 무고한 민을 '동비'라고 누명을 씌워 침탈하고, 또 동학이 이들을 유도하는 데서 일어났다고 하였다. 그래서 그는 농민봉기의 주체가 동학의 무리요, 난민의 도당이라고 하듯이 이설은 '동학과 난민의 결합'으로 보고 있다.[163]

그런데 『매천야록』에서는 이설의 상소에 대해 별다른 비평을 하고 있지 않지만, 『오하기문』에서는 상세한 설명을 붙였다. "이 무렵 호남 사람들은 김문현 등 난의 빌미를 제공한 다섯 사람을 '오적五賊'이라고 불렀다. 전주가 이미 함락되고 주변 여러 군이 무너질 때, 자신의 관할 지역을 지켜내야 할 고관들 가운데 죽음으로 지켜낸 이는 한 사람도 없었다. 이들은 모두 문현 등이 앞장서 도망친 행태를 따라 했는데, 그 때문에 세상인심은 이 다섯 사람을 더욱 미워하여 '오역五逆'이라고 부르며, 조정에서 이 다섯 놈의 역적을 반드시 사형으로 처벌하기를 간절히 바랐다. 그러나 다섯 놈의 역적 및 여러 읍에서 도망친 관리들은 모두 서울로 달아나 각자

---

162 『매천야록』제2권, 高宗 31년(1894년) 甲午, '②, 10. 이설의 상소'. 그런데 '方伯守宰者 無報國之心 有肥己之慾' '民或有勤 力農商可繼朝夕者' '汝入吾黨 則侵漁可免 而無此苦矣' '一響應嘯聚 日滋月盛 蜂屯蟻雜不可 爬搔 以至今日之變者' 등으로 원문(『오하기문』의 인용문)과 차이가 있다.

163 『매천야록』에서는 이러한 용어를 '동학지여난민합(東學之與亂民合), 자차시(自此始)'로 표현하였다. 사건 기술의 선후관계로는 이설의 '동학난민합이위일(東學亂民合而爲一)' 문구가 나중에 나오고 있지만, 어의의 설명이 이설의 상소에서 처음으로 언급된 것으로 보아야 할 것이다.

자신의 후원자에게 선을 대고 다시 벼슬자리를 엿보았다. 이 같은 상황인지라 세상인심이 이를 갈며 분개한 지 오래되었다"고 보았다.

매천은 이런 분위기 속에서 이설의 상소가 나오자 여론은 자못 통쾌해했다고 덧붙였다. 그럼에도 여전히 민영휘를 비롯한 민씨들을 대놓고 공격하지 못한 점에 대해서는 한스럽게 여겼다. 대체로 이 무렵의 서울은 혼란하지 않았으며, 민영휘가 정권을 장악하고 태연하게 버티고 있었으므로 이런 까닭에 이설 역시 그들을 두려워했던 것이라고 지적하였다. 이렇게 『오하기문』에서는 전후 사정을 들어 당시의 여론과 정세를 비판적으로 서술했다. 그중에서도 이설의 상소에서 지적한 바와 같이, 동학의 무리와 난민의 도당이 하나로 합세하여 하나가 되었다는 설명에 주목했던 것으로 보인다.

이러한 인식에서 매천은 1894년 1월에 발생한 고부민란과 전봉준에 대한 설명을 추가한 것으로 보인다.

고부에서 동비東匪 전봉준全琫準 등이 봉기하였다. (…중략…) 전봉준은 집이 본래 가난한 데다가 의지할 곳도 없었다. 그는 오랫동안 동학에 물이 들어 항시 울분을 지니고 있었다. 민란이 일어날 때 많은 동학도들이 그를 괴수로 추대하였으나, 그가 간사한 뜻을 펴 보기도 전에 동학도가 해산하였으므로 자신도 창황히 피신하였다.

그 후 순찰사와 안핵사가 그를 급히 수색하자 그는 그의 일당 김기범金箕範, 손화중孫化中, 최경선崔敬善 등과 모의하여 대사를 꾀하였다. 그들은 전화위복책으로 백성들을 꾀어내어, 동학이 하늘을 대신하여 세상을 다스리고 또 나라를 보호하고 백성을 편하게 하며, 살인과 약탈을 하지 않고 오직 탐관오리들만은 용서하지 않는다고 하였다. 이에 어리석은 백성들은 그들과 호응하고 우도右道 연해 일대의 10여 읍도 일시 호응하여 10일 만에 수만 명이 늘어났다. 동학도와 난민이 합류한 것은 이 때부터 시작되었다.[164]

위의 인용문에서 강조하였듯이, "동학이 하늘을 대신하여 세상을 다스리고 또 나라를 보호하고 백성을 편안하게 하며, 살인과 약탈을 하지 않고 오직 탐관오리만은 용서하지 않는다"고 하였다.[165] 이러한 인식은 동학이 유교를 대신하여 세상을 다스리는 것으로 대체될 수 있고, 또한 그들의 이념인 '보국안민保國安民'에 의거하되 탐관오리에 대한 징치를 약속하고 있다는 점을 강조하고 있지 않다. 도리어 그는 유교적인 통치윤리와 지배질서를 파괴하는 불온한 집단으로 파악하고 있다. 이로써 '동학과 난민의 합류'가 전봉준의 고부민란에서 비로소 이루어졌다는 점을 『오하기문』 수필首筆에서 상세하게 설명하였다.[166]

매천은 당시 동학이 난을 생각하는 민들로 하여금 요언과 길흉의 예언으로 속여서 반역 음모를 실현한 것으로 보았다. 그는 일반 백성들이 당시에는 비주체적이며 피동적인 존재로 보면서 '우민愚民'으로 간주하였다.

이런 관점에서 매천은 1894년 1차 농민봉기 시기에 동비東匪의 명칭을 올바르게 써야 하는데, 당시 지방관의 안일하게 대응하고 있다고 비판하

---

164 『오하기문』 수필, 3월 1일조.
165 김종익 역, 『오동나무 아래에서 역사를 기록하다―황현이 본 동학농민전쟁』(『오하기문』 번역본), 역사비평사, 2016, 125쪽; 반면 『오하기문』 원문에서는 "東學代天理物保國安民 不殺掠 惟貪官汚吏不赦 愚民響應右沿一帶十餘邑 一時蜂起 旬日間至數萬人 東學之與亂民合 自此始"이라고 하여 약간 표현을 달리하고 있다.
166 『매천야록』에서는 매천은 고부민란을 어떻게 파악하고 있었을까. 그는 고부 민란의 발생은 간단히 1문장으로 표현하고 있다. 민란의 원인을 조병갑이라는 탐오한 관리의 침탈로 말미암을 것, 특히 조세 과정 등으로 언급하였고, 감옥에 이감되어 있는 백성들이 많아지고 폐단도 해결되지 못했으므로 다시 민란을 일으킨 것으로 간단히 서술하였다.

였다. 예를 들면, 4월 18일 함평군의 보고에 따르면 이들을 '피도彼徒'라고 지칭하였는데, 그러한 명칭의 부당성을 지적했다. 이것은 적들이 수령을 죽이지는 않았지만 창피와 모욕을 주며 협박했기 때문에 죽이는 것과 다름없었다고 비판하였다. 따라서 모든 공문에 감히 '적賊'이라고 드러내 쓰지 못한 채, 단지 '동도東徒', '저일당彼黨', '그 패거리厥徒', '저 무리彼類' 등으로 지칭한다는 것도 문제로 보았다.[167]

(2) 동학농민군의 상소문에 대한 비판

매천은 1차 농민전쟁 시기 농민군이 직접 작성하여 제출한 각종 문서에 대해 충실하게 기록하였다. 예컨대 동학 1차 봉기를 알리는 「무장포고문」, 4월 18일 나주 공형에게 보내는 「통문」, 4월 19일 초토사에게 보내는 「정문呈文」 등은 원문 그대로 기록하고 있다.

우선 무장포고문을 살펴보면, 원 포고문이 발포된 명확한 날짜를 기록하지는 못했다. 그는 3월 3일 고부민란의 일시적 소강상태에 따라 장두 전봉준이 도피한 내용을 서술하는 가운데, 전봉준 개인의 일화와 그리고 동학을 이용하여 인민을 선동하여 반란을 일으킨 것으로 보았다. 실제 그가 창의문에 대해 어떻게 설명했을까. 포고문의 내용 설명과 전후의 서술의 변화가 주목된다.

그는 먼저 무장 포고문의 전문을 그대로 인용하고 있다.[168]

매천은 무장 포고문의 내용을 직접 필사하면서 원문 그대로 인용한 것

---

167 『오하기문』 수필, 4월 18일조.
168 전체 원문 중 참고로 '무강지복(無疆之福)'은 『동비토록』에서는 '무강지복(無强之福)'으로 잘못 기록되어 있다. 또한 이 자료에서는 갑오 4월 5일조에 기록되어 있고 전보에 의해 전달된 것으로 기록하였다. 반면 『취어』에서는 『오하기문』의 서술과 같다.

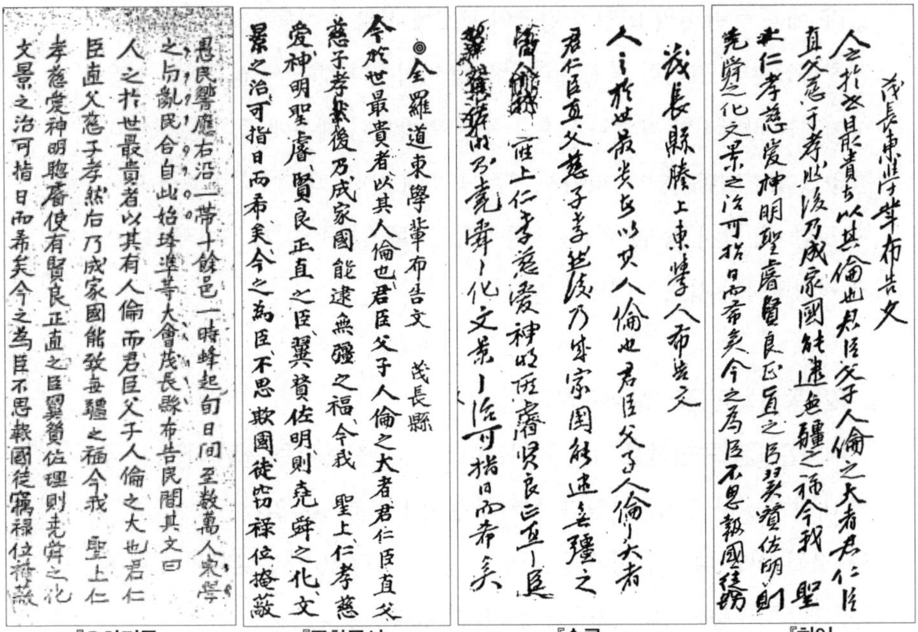

〈그림 1〉 동학농민전쟁 시기 무장 포고문의 기록과 해석

| 『오하기문』 | 『동학문서』 | 『수록』 | 『취어』 |

으로 보인다. 그런데 이 포고문의 제목은 「무장동학배 포고문」『취어(聚語)』, 「동학배 본읍포고문 무장」『동비토록(東匪討錄)』으로 되어 있다. 반면에 『오하기문』에서는 "전봉준 등이 무장현에서 큰 집회를 열고 민간에 포고하였다"라고 하여 실제 집회에서 포고된 것으로 서술하고 있다.

그런데 매천은 포고문의 내용을 전제하면서 세상의 이치로서 인륜을 강조하고 군신, 부자를 논했으며 우리 임금의 인자하고 효성스러운 성품과 이치를 밝히 아는 총명한 자질을 겸비했다는 표현 등에 대해 아무런

---

169 "봉준등대회무장현포고민간(琫準等大會茂長縣布告民間)"이라고 하였다.(『오하기문』수필;『사료총서』1권, 52~53쪽) 위의 자료 중에서 「동학문서」에는 첫 머리에 오류가 있으며,「수록」,「취어」에는 초서로 잘 쓰여져 있다. 4개 자료를 비교했을 때 다른 자료는 원문을 별도로 수록한 반면,『오하기문』에서는 서술의 행간 속에 넣어 기술했다.

논평을 하지 않고 있다. 또한 자신의 논지와도 상통하고 있는 부분, 특히 국가의 위기國家之危殆이라고 생각하지 않고 부패와 무능한 행태를 보이고 있는 관료들의 비판에 대해서도 마찬가지다.

〈그림 1〉에서는 무장 포고문의 핵심 논리로 백성은 나라의 근본이고, 보국안민의 계책을 마련해야 한다는 주장, 그리고 이들의 관료 비판도 개의치 않았다.

특히 "우리吾徒들이 비록 시골에 사는 유민이지만 좌시할 수 없어 보국안민保國安民으로서 생사를 걸고 있다"는 문구가 있었는데, 이에 대해서도 어떠한 비평도 가하지 않았다. 그는 고부민란의 원인으로 동학이 난민과 어우러진 것이라고 비판하고, 동학의 조직적 확대에 대해서만 특히 동학의 법포와 서포의 활동 등에 대해 추가로 설명하고 있을 뿐이다. 따라서 매천은 무장 포고문의 유교적 관점 전체를 인정할 수는 없다고 생각한 것 같다. 그에 의하면, 이 포고문은 동학이 난민을 선동하여 난을 확대하려는 것이고, 내용에서도 유교의 군신윤리, 민본주의, 보국안민의 이상을 강조하고 있지만, 결국 반역자들의 논리라고 하여 일체 언급하지 않고 무시하고 있을 뿐이었다.

이러한 태도는 이후 4월 18일경 나주 아전에게 보내는 글이나 홍계훈 초토사에게 보는 글에서도 반복된다.[170] 나주 공형에게 보내는 「통문」에서도 '상보국가 하안여민上報國家下安黎民'이라고 하여 도탄에 빠진 백성을 구하기 위해서였다고 말하고 있지만,[171] 그 이상의 의미를 부여하지 않았다.

4월 19일에 초토사에의 「정문」에서도 민유방본과 보국안민 이념이 다

---

170 정창렬, 『갑오농민전쟁』(정창렬 저작집 I), 선인, 2014, 194~195쪽.

171 "賊黨通文于羅州公兄 其略曰 吾儕今日之義 上報國家下安黎民."(『오하기문』 수필;
     『사료총서』 1권, 69~70쪽)

시 강조되고 폐정 8개 조목이 열거되고 있으며, 정문의 주체는 원문에는 '호남유생등湖南儒生等'으로 표현되고 있었다.[172] 그렇지만 매천은 이 정문의 발의자를 굳이 "적이 함평현으로부터 초토사에게 보낸 정문呈文"으로 설명하고 있다.[173]

호남 유생들이 한을 품고 피를 머금으며, 지엄하신 위엄으로 밝게 들으시는 초토사께 백번 절하며 편지를 올립니다. 삼가 저희들은 하늘과 땅 사이에서 교화에 참여한 사람인데, 어찌 감히 함부로 의롭지 못한 일을 일으켜서, 스스로 형벌에 빠지겠습니까? 백성은 나라의 근본입니다. 근본이 견고하면 나라가 편안하다는 것이 옛 성인이 남긴 교훈이고 시무時務의 대강大綱입니다. 방백과 수령은 목민牧民하는 사람입니다.

선왕의 법으로 선왕의 백성을 다스리면, 천년이 지나더라도 그 나라를 향유할 것입니다. (…중략…) 불쌍한 이 민생民生이 죽지 못하여, 수백 명이 모여 본 관아에 호소하려고 하면 난류亂類라고 하고, 영문營門에 호소하려고 하면 역류逆類로 지목하여, 막중한 친군親軍을 제멋대로 내어 여러 읍에서 병사를 모집해서 칼로 죽입니다. 살육하는 데 거리낌이 없으니, 교화를 펴고 백성을 기르는 사람이 참으로 이와 같을 수가 있습니까.

저희들의 오늘 일은 어쩔 수 없는 사정에서 나온 것입니다. 손에 병기를 잡은 것은 단지 몸을 보호하기 위한 계책일 뿐입니다. (…중략…) 이 이런 지경에 이르러, 억조億兆의 사람들이 마음을 하나로 하고 8도가 의논하여, 살펴주시기를 바랍니다.[174]

---

172 『동비토록』에서는 '호남유생원정우초토사문'으로 제목이 되어 있다. (『동비토록』; 『한국학보』 3, 259~260쪽)

173 "十九日 賊自咸平縣呈文 于招討使 其略曰."(『오하기문』 수필; 『사료총서』 1권, 70~71쪽) 다른 자료의 명칭은 "호남 유생이 초토사에게 드리는 원정문(湖南儒生原情于招討使文)"이라고 표시되어 있다.

맨 위의 문단에서 강조한 부분과 같이, 이른바 '민유방본'의 의미가 조선왕조의 통치 이념 중의 하나였음에도 매천은 별다른 설명을 부기하지 않았다. 또한 호남유생, 즉 동학농민군이 주장하는 것으로 "위로는 국태공國太公, 홍선대원군을 받들어 감국監國하게 하여 부자父子의 인륜과 군신君臣의 의리를 온전히 하고, 아래로는 백성들을 안정시켜 다시 종묘사직宗廟社稷을 보호할 것을 죽어도 변치 않기로 맹서하겠다"는 다짐도 원문 인용에 그칠 뿐이었다.

동학농민군의 상소운동에 대해 그는 도리어 비판하고 있다. "애당초 동학과 난민이 어우러진 것은,[175] 죽지 못해 살아가는 고달픈 처지를 벗어나고 싶다는 생각에서 비롯되었다. 비록 무리를 이루어 모였다고는 하나 자위책에 지나지 않을 뿐, 감히 드러내 놓고 저항한 것은 아니었다. 만일 이때 위엄과 명망을 겸비하고 아울러 청렴하고 공정한 인물을 도적의 진영에 단신으로 들여보내서, 저 선명한 단청처럼 확실한 믿음으로 모두의 죄를 사면한다는 은택을 반포하고 탐관오리를 처단하여 민의 원망을 깨끗이 씻어 주었더라면 거의 무마되어 안정을 회복할 수 있었을 것庶有撫定之望이다"라고 아쉬워했다.

그런데 5월 전주화약 이후 동학에 대한 임금의 사면령으로 농민군을 해산시킨 사실에 대해 매천은 신랄하게 비판하고 있다. "마침내 북문을 열고 신바람이 나서 진을 정렬해 나왔다. 강화에서 파견된 병사들은 분을 참지 못하고 달려들어 공격하려 했지만, 계훈이 절대로 공격하지 말라고 명령했다"고 전했다. 그는 "아아! 보은사건 때는 적들이 8만 명이나 모였

---

174 『오하기문』 수필; 『사료총서』 1권, 70~71쪽.
175 "시동학지여난민합야(始東學之與亂民合也)." 이 부분은 수정하여 덧칠하여 강조하고 있다. (『오하기문』 수필; 『사료총서』 1권, 73쪽)

지만 맨손이기에 대포 한방이면 바로 다 죽여서 가루로 만들 수 있었다. 그런데 문관들의 견제라 하늘이 마련해준 토벌의 기회를 놓쳐버렸다. 전주를 포위했을 때는 텅 빈 성에 적들을 몰아넣고 며칠을 굳게 지켰다. 진격의 북소리를 울리기만 하면 바로 평정할 수 있었다. 그러나 장수가 용렬하고 나약해서 순순히 포위망을 풀어주었다"고 비판하였다.[176] 1차 농민전쟁의 전개에 대해 매천은 한편에서는 어느 정도 유화적인 국면도 필요하다고 생각하는 한편, 다른 한편에서는 전주성전투의 설명 부분에서 강조하듯이 동학농민군에 대한 적대적이고 섬멸해 버려야 했다는 본래의 입장을 드러내었다.

(3) 집강소 시기 농민군 활동에 대한 비판

매천은 1894년 5월 전주해산 이후 집강소 시기 농민군의 활동에 대해 구체적인 사실을 적시하면서도 대단히 부정적인 견해를 피력하였다.

그는 동학에 물든지 오래되었지만 관망하던 사람들까지 이때부터 한꺼번에 일어나 다들 도인道人이라고 자칭하기 시작했다고 한다. 도인을 자칭하는 사람들은 자신들이 추구하는 학문을 '도학道學', 하부 구성원을 포와 접으로 표현하고 도접주 아래 접주接主라 칭하면서 서로 존대했다고 한다. 또한 접은 규모에 따라 구성원이 만 명을 이루는가 하면, 어떤 접은 천 명가량으로 구성되기도 했다고 보았다. 이러한 접에 대해 전봉준 등도 일일이 다 알 수 없었고 단속도 할 수 없었다고 하고, 서포, 법포, 남접, 북접 가운데 어디 소속인가를 물어 그 연원을 따질 뿐이라고 했다. 더구나 읍마다 접을 설치했는데, 이를 '대도소大都所'라고 하며, 대도소에는 한 명

---

176 『오하기문』의 수필 기록은 이후 전주 진입 이후 각종 공문을 채록한 것으로 구성되어 있고, 이어 5월 12일 기사로 연결되어 있다.

142   제1부 | 근대사회 형성과 각 주체들의 민중 이해

을 접주를 배치하여 관에서 수령이 하는 일과 같은 일을 행하게 했다는 것이다.

그들은 귀천과 노소를 가리지 않고 모두가 서로 대등하게 두 손을 마주모아 잡고 인사하는 예를 법도로 삼았다. 노비와 주인이 함께 입도한 경우에는 마찬가지로 서로 상대방을 '접장'이라고 불렀는데, 마치 친구를 사귀는 것처럼 평등하게 대했다. 그 때문에 대체로 집안에서 부리는 사노비, 역참의 아전과 심부름꾼, 무당의 남편, 관아에서 물을 긷는 사람 등 사회적 신분이 낮은 부류가 가장 좋아하며 추종했다는 것이다.

매천은 이 시기 동학도의 수탈 행위 등에 대해 대단히 부정적으로 언급하였다. 예를 들면, 동학도에 가입하면, 심한 경우에는 다른 사람의 무덤까지 파헤치고, 개인 간의 사사로운 빚을 받아내고, 부자를 위협하고, 사대부를 욕보이고, 수령을 꾸짖어 조롱하고, 아전과 군교를 강제로 결박하는 등, 한껏 기세를 오리면서 그동안 쌓이고 쌓였던 굴욕과 원한을 마음껏 풀었다고 비판하고 있다. 이런 까닭에 어리석은 자들과 도둑질을 하던 놈들, 그리고 사회의 패륜아들이 동학에 들어갔고, 오직 사대부만이 죽을지언정 동학에 들어가지 않고 사방으로 달아나 숨었다고 하였다. 또한 그들이 내리는 형벌에는 참형이나 교수형, 곤형, 태형과 같은 것은 없고 단지 주리를 트는 주뢰형만 있었는데, 그래서 큰 죄를 진 경우라도 죽이지는 않고 다만 주리를 틀면서 '도인은 사람을 죽이지 않는다'고 자화자찬했다고 한다. 그렇지만 저들의 속뜻은 가혹한 고문을 통해 재물을 빼앗는 데 있었다고 한다. 이에 따라 "당黨에도 부호富戶가 있으면 또한 주뢰를 쓰기 때문에 한 달 사이에 50주州의 민들이 들밖에 2경頃의 토지 집에 백금百金이 있으면 주뢰를 받지 않는 자가 없어, 이에 어지러워지고 짓밟아 달리고 모이고 합했다가 흩어져서, 적 같기도 한데 적이 아니고, 민 같기도 하고 민이 아니어서 수천 리 땅을 반드시 장차 다 없애고 말려고 했다"고 하였다.[177] 이렇게 집강소 시기 동학농민들의 행태를 수천 리에 걸쳐 난장판으로 만들었다고 하면서 그들의 하극상과 부호들에의 침탈을 극도로 비난하고 있다.

한편 호남 일대 집강소가 지도부의 통제 불능의 상태에 빠져 있었던 데에서 점차 질서를 회복하기 시작한 것은 6월 중순 남원에서의 대회였다.[178] 이에 대한 매천의 서술에 대해 살펴보자.

우선 남원대회의 개최 일자가 '시월망간是月望間'으로 원래 7월조에 기록되어 있다. 그동안 연구를 통하여 일반적으로 6월 중순으로 보고, 또한 집강소의 2기 단계로 확정할 수 있다고 하였다.[179] 이때 전봉준과 김개남은 남원에서 농민군 대회를 열고, 각 고을에 도소都所를 세우고 농민군 중에서 집강을 두어 수령의 일을 행하도록 하고, 각 고을의 농민군에 영令을 내렸다. 일반적으로 농민군 위주의 집강소가 체제를 갖추고 안정화되는 것으로 파악하고 있다. 그렇지만 당시 매천은 적이 군마와 전량을 동원하여 자신들의 소유로 하게 되었다고 보고 사람들이 그 역모를 알게 되었지만, 일을 제지하지 못했으며 이것이 곧 난민을 위하는 것이 되었다고 하였다. 매천은 이러한 사실을 들어 동학이 군마를 모으고 돈과 양식을 동원하여 '역모逆謀'라는 점을 강조한 것이었다.

한편 7월 6일에는 전라감사 김학진과 전봉준의 상화相和의 협상이 있

---

177 정창렬, 앞의 책, 2014, 249쪽. (『오하기문』 1, 갑오 5월, 105~106쪽 재인용)

178 "是月望間 琫準開南等 大會于南原 衆數萬人 琫準傳令各邑布中 邑設都所 樹其親黨 爲執綱 行守令之事 於是道內軍馬錢糧 皆爲賊有 人始知其逆謀 已成不止 爲亂民也 然金鶴鎭 恃其就撫 猶依違持."(『오하기문』 2필, 갑오 7월, 61쪽; 『사료총서』 1, 179쪽; 정창렬, 위의 책, 257쪽 원문 재인용)

179 정창렬, 위의 책, 257~258쪽. 이이화는 이를 7월로 파악하기도 하였다.(「전봉준과 동학농민전쟁 2」, 『역사비평』 8, 1990, 344쪽)

고 김학진이 각 고을에 동학도의 폐단을 금지하는 내용의 감결甘結을 보낸 바 있다. 매천은 이러한 김학진의 타협적인 행태에도 비판하고 있으며, 전봉준의 태도 역시 겉으로는 귀순한다는 핑계로 민심을 수습하려고 했다고 비난했다.[180] 이때 김학진이 전봉준에게 보호를 구걸한 것은 단순히 한 지방의 문제가 아니라 바로 국가 안위의 기틀이 걸려 있는 문제라고 보았다.

결론적으로 매천은 "세상에서는 학진이 적에 빌붙은 죄가 봉준의 죄보다 더 크다고 하지만, 나는 김홍집이 적을 용서한 죄가 학진의 죄보다 더 크다고" 평가하면서 김홍집으로 대표되는 갑오개혁정권이 결국 동학을 용서한 점을 비판하였다.[181]

(4) 동학농민군의 2차 봉기에 대한 비판

1894년 5월 이후 동학농민군은 각 지방의 집강소 개혁에 몰두해 있었고, 새로 수립된 갑오개혁 정부의 여러 근대화 조치에서 조세제도나 신분제 혁파 등 일부 조치에 환영하고 있었다.[182] 그렇지만 청일전쟁의 승패를 모르고 있던 농민군은 바로 반일운동에 나서지는 못하고 있었다. 8월 하

---

180 매천은 충청감사 박제순이 되고 김학진이 전라감사로 유임되는 것도 불만을 표시했다. 김학진이 "동학 무리가 아직 남아 있으므로, 만약 제가 하루만치 없으면 어루만져 귀화시키는 국면은 파탄이 나고 말 것이다. 그렇게 되면 지금까지 들인 공은 수포로 돌아가고 후환은 더욱 심해질 것이다"라고 변명하였다고 하면서 박제순은 이에 분노하여 '도적을 끼고 임금을 협박한다'고 지적하였다.(『오하기문』(번역본), 역사비평사, 2016, 336쪽)

181 "世稱鶴鎭附賊之罪 浮於琫準而余 則謂金弘集有賊之罪 過於鶴鎭也."(『오하기문』 2필, 8월조)

182 매천은 새 정령이 반포되자 백성들은 양(洋)을 따랐는지, 왜(倭)를 따랐는지 묻지 않고 모두 기뻐했다고 한다.(황현, 『매천야록』, 갑오 12월조; 왕현종, 「1894년 농민군의 폐정개혁 추진과 갑오개혁의 관계」, 『역사연구』 27, 2014, 159쪽)

순에는 일본의 조선 국권 침탈이 명백해지고 농민군을 토벌하리라는 상황이 예상되었으므로 농민군은 더 이상 그대로 머물러 있을 수 없었다.

전봉준 등 농민군 지도부가 일본군의 경복궁 점령과 아산전투의 소식을 들은 것은 7월 초였던 것으로 보인다.[183] 7월 17일 무주집강소에 보내는 통문에서 전봉준은 "바야흐로 외구外寇가 궁궐을 범하여 국왕을 욕보였으니 우리들은 마땅히 목숨을 걸고 의로써 싸워야 하나…… 그 화가 종사에 미칠지 물러나 은둔하여 시세를 관망한 연후에 세력을 모아 다음 계책을 도모하는 것이 만전지책萬全之策"이라고 하였다.[184] 청국과 일본의 개전에 유의하면서 일단 농민군의 무장을 갖추지 않고 폐정 개혁에 치중한다는 내용이었다.

이때 동학농민군 지도자의 상황 판단에 대해서 매천은 동학농민군 지도자 3인의 은밀한 밀약 논의를 소개하고 있다. 봉준은 개남이 남원에 웅거할 것이라는 소식을 듣고 곧바로 전주에서 남원으로 달려갔다고 했다.[185] 봉준이 개남에게 말했다. "지금 정세를 살펴보면, 일본과 청나라가 계속 전투를 벌이고 있지만, 어느 한쪽이 승리하면 틀림없이 군대를 이동시켜 먼저 우리를 칠 것이다. 우리 무리가 비록 숫자는 많지만 모두 오합

---

183 정창렬, 앞의 책, 2014, 266~272쪽.

184 「무주집강소(茂朱執綱所)」, 『수록(隨錄)』, 갑오 7월 17일(동학농민전쟁백주년기념사업추진위원회 편, 1996, 『동학농민전쟁사료총서』 (5), 사운연구소, 278~279쪽(이하 『사료총서』)).

185 남원에서 전봉준과 김개남이 만난 시점에 대해 논란이 있다. 『오하기문』에서 해당 부문 서술은 8월 25일조로 기록되어 있으나, 번역본에서는 6월 25일로 비정했는데, 김개남이 남원도 들어간 것이 6월 25일이므로 이때가 맞다고 보았다. 근거자료가 김재홍(金在洪)의 『영상일기(嶺上日記)』로 들었는데, 실제 기록에는 7월조에 '본군 사또 윤병 관씨 역사 관아를 비우고 떠나갔다'라고 되어 있고, 『오하기문』에는 "이때는 부사 윤병관이 도망간 지 이미 한 달이나 지난 시점이었다"라는 기록으로 보아 8월의 시점이 더 타당한 것으로 보인다.

지졸에 불과하므로 쉽게 달아날 것이 뻔하다. 이 때문에 끝내 우리의 뜻을 이루지 못할지도 모릅니다. 귀화를 명분으로 삼아 여러 고을로 흩어진 뒤, 사태의 변화를 천천히 지켜보는 편이 좋을 것 같다"고 하였다. 이에 반하여 김개남은 "대중은 한번 흩어지면 다시 모으기 어렵다"고 하면서 계속해서 무장력을 유지할 것을 주장한 반면, 손화중은 조기 해산을 주장하였던 것이다.[186]

이렇게 『오하기문』에서는 1894년 8월 말까지 전봉준과 손화중은 무장력을 계속하기 보다는 '관민상화'의 집강소 질서를 유지하고자 하였으나, 김개남은 이에 무장력을 유지한 채 보다 적극적인 대처를 요구하고 있었던 것으로 기술하였다. 전봉준과 손화중, 김개남 등 3인의 농민군지도부는 청일전쟁 직후의 정세 인식과 방략에 대해서 서로 불일치하였다. 매천은 이러한 지도자의 균열에 대해 비교적 정확한 전문을 기록하고 있었다. 또한 그는 이러한 사실보다도 이 무렵 호남에서 적에 추종한 사람들, 즉 지방관리와 유생들이 상당히 포함되어 있다는 점에 더욱 비판하고 있었다.[187]

동학농민군의 2차 봉기에 대해서 매천은 특정 일자를 명시하지 않은

---

186 이어서 손화중이 도착하여 개남에게 말했다. "우리가 봉기한 지 이미 반년이 지났다. 비록 호남 한 도가 호응했다고는 하지만 사대부로 명망이 높은 사람들은 추종하지 않았고, 부자들도 추종하지 않았으며, 글 잘하는 선비들 역시 추종하지 않았다. 접장으로 불리는 사람은 어리석고 천하여 남에게 해를 입히거나 빼앗고 후치는 일을 즐겨할 뿐이다. 인심의 향배를 가늠해보건대 일은 결초 성사될 수 없습니다. 사방으로 흩어져, 구차하지만 살아남는 길을 도모하는 편이 나을 것 같다."(『오하기문』 2필; 『사료총서』(1), 210~211쪽)

187 이때 거론된 인물로는 수령으로 익산 군수 정원성, 구례 현감 조규하, 오수 찰방 양주혁, 양반으로 화순 진사 조병선, 임실 진사 한흥교, 흥양 진사 신서구, 순천 진사 유재술, 등을 기록해 두고 있다. 이외에도 전 구례 현감 남궁표, 전 고부군의 옹택규, 고부 유생 출신 송진상 등을 추가하였다. (『오하기문』 2필, 8월조)

채, 9월조에서 조정에서 진압군의 남하에 대응해서 이에 맞서 싸우고자 전봉준이 전주에서 대영大營을 빼내 삼례에 가서 주둔한 것에 주목하고 있다. 이때 동학농민군은 "호서의 동정을 살피면서 진을 펼쳐 큰 길을 차단한 뒤 주변 고을에서 군량을 징발하고, 행상들을 약탈했다. 이 때문에 호남과 호서의 길이 끊겼다"고 보았다.

그렇지만 매천은 호남, 호서의 각지에서 동학농민군의 재봉기 상황을 각기 별개로 보고하는 상황을 다루기는 했지만, 당시 북접과 남접의 협상 과정과 공주로의 진격, 그리고 그들의 격문들의 내용을 거의 다루지 않았다. 다만 동학농민군과 각 지방의 지방관과의 대립과 갈등에 대해서만 기술하고 있었다. 또한 그는 김개남 부대의 북상에 따른 지방관의 처단과 점령 사실을 비롯하여 손화중 부대가 전봉준과의 결합이 이루어지지 않았던 사실을 전달하는 데 그쳤다.

그는 전라도 일대 동학농민군의 패퇴 과정에 대한 사실을 주안점으로 다루고 있지만, 호서의 공주 우금치전투나 이후 연속된 전봉준 주력 부대의 패배를 구체적으로 다루지 않았다. 한편 이규태와 이두황 등 농민군 토벌군의 활약상을 주로 다루면서 간혹 일본군의 행패를 서술했다.[188]

그리고 매천은 동학농민군의 2차 봉기의 목적을 알 수 있는 주자료로서 흔히 인용되고 있는 충청감사 박제순에게 올린 「양호창의영수 전봉준 상서」1894.10.16, 논산와 「고시문」고시 경군여영병이교시민, 1894.11.12도 인용하지 않았다. 이러한 고시문들이 널리 퍼져 나가지 않았기 때문이라는 점을 고려할

---

188 예컨대 일본군의 나주 약탈 사실은 구원을 핑계로 들어온 일본군이 부녀자를 겁탈하고 재물을 약탈하자 온 고을이 걷잡을 수 없이 동요했다. 민종렬과 이원우는 행여 시빗거리를 제공할까 두려워 감히 나서서 막지 못했다. 며칠이 지나서야 겨우 진정되었다.(『오하기문』 3필, 12월 12일조, '기사')

수 있지만, 농민전쟁을 정확하게 그리고 구체적으로 기술하려는 매천의 역사기술 태도로 보아 이러한 자료들을 거론하지 않은 것은 대단히 소홀한 것이었다.[189]

마지막으로 전봉준, 손화중 등 동학농민군 지도자의 체포사실과 재판 및 처형에 대해서 간단히 서술하고 있다. 매천은 "봉준 등은 난을 일으킨 반년 동안 남쪽 세도를 도탄에 빠뜨리고 감히 나라의 군대에 대항하다가 힘이 꺾여 사로잡혔다. 당연히 극형으로 처단해야만 세상 사람의 울분을 그나마 달래줄 수 있었다. 그런데 뜻밖에도 교수형으로 죽이겠다는 논의는 형벌 적용이 심하게 잘못되었다고 생각한다. 형벌을 결단한 사람들은 관대한 법률을 적용한 것에 대해 마음속으로 부끄럽지 않은가. 들리는 소문에 따르면 봉준이 죽음을 앞에 두고 서광범과 박영효 이 두 역적을 크게 꾸짖었지만, 광범 등이 듣고도 못 들은 척했다고 한다.[190] 전봉준 등 동학농민군 지도자에 대한 교형이 관대하다고 보았고, 보다 엄형에 처해지지 않았음을 도리어 안타까워했다.

---

189 「전봉준상서(全琫準上書)」, 「선유방문병동도상서소지등서(宣諭榜文竝東徒上書所志謄書)」, 『동학난기록』 수록) 한편, 고시문의 원문은 순한글본인데, 국사편찬위원회에서 펴낸 『동학난기록』에서는 한문을 첨가하고 있다(「동학창의소의 고시문」, 갑오 11월 12일(국사편찬위원회, 『고종시대사』 (3), 1969, 660~661쪽, '도판 제4')). 특히 전자의 자료에서는 "지금 조정 대신들은 구차하게 목숨을 보전하려는 생각에 위로는 임금을 위협하고 아래로는 백성들을 속이며 동쪽의 오랑캐와 결탁하여 남쪽의 백성들에게 원한을 샀으며 친병(親兵)을 함부로 움직여서 선왕(先王)의 적자(赤子)를 해치고자 하니" 일본이라는 외세와 결탁한 조정 대신을 비판하고 있으며, 후자의 자료에서는 "척왜척화하여 됴션으로 왜국이 되지 안이케ᄒ고 동심합녁하여 디시를 이루게 ᄒ올시라"라 하여 조선사람끼리 동심합력할 것을 주장하고 있는데, 이러한 부분에 대한 매천의 언급은 보이지 않는다.

190 전봉준 재판에서 최종 선고 이후 있었던 전봉준의 비판은 오지영의 『동학사』에 그대로 실려있는 것처럼 당시 재판정에서의 논란은 당시 매천도 관심거리가 되었던 것으로 보인다.

3) 매천의 「갑오평비책」 저술과 수습책

동학농민군의 2차 봉기는 참담한 실패로 끝났다. 일본의 청일전쟁 도발과 조선에 대한 침략을 막기 위한 전봉준을 비롯한 동학농민군의 호소는 받아들여지지 않았고, 대신에 전국 각지에서 일본과 연결된 정부군과 민보군에 의해 포위되고 재판도 없이 살육되었다. 동학농민군의 봉기에 참여했다고 해서 반란의 참여자로 몰려 죄명이 부여되고 가담의 정도에 따라 대부분 공적 사적으로 처형되었다. 단순한 참여자이라도 또 피해 도망한 자도 나중에 관대한 사면을 받지도 못했다. 미증유의 증오의 범죄가 전국 각지에서 자의적인 학살로 귀결된 것이다. 각지에서 2만 내지 3만 명, 많게는 30만 명으로 이르는 무고한 농민들이 희생되었다.[191] 이러한 사태에 대해 1894년 농민전쟁의 수습책이 여러 논자나 정부 관계자에 의해 마련되고 있었다.

매천 황현은 언제 썼는지는 기록되어 있지 않지만, 「갑오평비책甲午平匪策」이라는 수습책을 제안하였다.[192] 8면 10개조 총 1,738자에 이르는 사회 수습책이었다.[193]

갑오평비책은 모두 10가지의 수습책을 제시하는데, 첫째는 난리를 빚어낸 원인을 찾아서 여러 사람의 분을 풀어주어야 하고, 그러기 위해서는

---

191 동학농민군의 희생자에 대해서는 신영우, 「1894년 일본군의 동학농민군 학살」, 『역사와 실학』 35, 2008, 117~145쪽; 조경달, 『이단의 민중 반란』, 역사비평사, 2008 참조.

192 이 자료는 김용섭 선생의 논문(1984), 각주 56에서 전남대 이상식(李相寔) 교수에 의해 처음으로 소개되었다고 한다. 원문 그대로 황씨 문중에 보존되어 있었고, 『매천집(梅泉集)』에는 수록되어 있지 않다.

193 김용섭, 「황현의 농민전쟁 수습책」, 『역사와 인간의 대응—고병익선생 회갑기념 사학논총』, 1984(김용섭, 『한국근대농업사연구』(신정증보판) 2, 지식산업사, 2004, 169~194쪽 재수록); 김창수, 「'갑오평비책'에 대하여—매천 황현의 동학인식」, 『남사정재각박사 고희기념 동양학논총』, 고려원, 1984; 박맹수, 「매천 황현의 동학농민군과 일본군에 대한 인식」, 『한국근현대사연구』 55, 한국근현대사연구회, 2012.

죄를 열거하여 논하여서 속히 국가의 형벌을 바로 잡아야 한다고 주장했다. 그는 앞서 이설의 주장에 동의하면서 대책을 시행하고자 했다.

둘째, 관리들의 책임을 물어야 한다고 주장했다. 그는 "성을 버린 죄를 다스리는 법률을 천명하여 왕법王法을 밝혀달라"고 요구하였다. "반역도의 우두머리가 높은 관리를 죽이고 명망 있는 관리를 매질로 욕보여도 누구 한 사람 분연히 욕하고 굴하지 않고 죽었다는 것을 듣지 못하"였으며 신하의 절의가 땅에 떨어졌으니 국왕의 윤허를 얻어 각도의 감사들이 시행할 것을 요청하였다. 셋째, 전라도 50주에 효자, 열녀, 충노忠奴 등 능히 그 본분을 다하는 자를 모두 찾아내어 특별히 포상함으로써 풍속과 교화의 근본을 북돋우어 달라고 하였다. 넷째, 공적과 죄업을 결정하여 사족士族들의 마음을 고무시켜야 한다고 하였다. 실정을 조사하여 보고하여 형벌과 상을 공정하게 하여 권선징악의 정사政事를 다하여야 하였다.

다섯째, 이번 난리의 원인을 캐내어 난리가 일어난 싹을 끊어야 한다고 하였다. 당시 일부에서는 말하기를, 수괴는 죽이고 추종한 자는 용서해야 한다고 하는데, 이는 당장의 일만을 생각한 의논이라고 일소에 부쳤다. 그는 "동학 도적들東匪의 요사스러운 말과 반역하는 행동에는 신민臣民으로서 차마 말할 수 없는 것이 있습니다. 이번에 죽인 동비는 1만분의 1밖에 안 된다"고 하였다. 이 부분이 동학농민군에 대한 매천의 적대의식을 적나라하게 드러낸다고 하겠다. 이들 동학 도적들 중에서 수괴와 함께 추종한 사람들 모두가 반역의 협조했다고 간주했다. 접주接主와 성찰省察 등 무릇 명목 있는 자와 사교邪敎에 물든 자 및 흉악하고 완고한 도적 같은 자는 모두 풀을 베듯 짐승을 사냥하듯 소탕해야 하고, 그 나머지 귀화한 무리는 저절로 다스릴 수 있다고 하였다. 그는 철저히 동학농민군 지도층을 동비東匪로 규정하고 일반 민들은 우민愚民으로 간주하여 분리해야 한다고 주장한 것이었다.

여섯째, 징토懲討를 엄히 하여 민심을 안정시켜야 한다고 했다. 어리석은 백성이 적을 따른 것은 혹시 용서할 수 있다고 하면서, 다만 사족과 품관品官과 이서吏胥 등 일의 향방을 조금이라도 알 만한 자들로서 쉽게 죄를 범한 자들은 경중을 따지지 말고 모두 사형으로 논해야 한다고 주장했다. 이들 무리는 지방의 명망 있는 집안 출신이고 조사朝士·음관陰官·무관·문사文士·생원·진사 중에서 죄를 지은 자의 경우에는 더욱 마땅히 벌을 중하게 해야 한다고 했다. 그는 유교의 명분론에 입각하여 동학농민군의 지도자층에 가담한 원래 동학 접주뿐만 아니라 지방의 명망 있는 유사, 조사·음관·무관·문사·생원·진사 중에서도 마땅히 사형에 이르는 중벌을 주어야 한다고 주장했다. 이 부분이 매천이 유교근본주의자로서 면모를 보인 것이다.

일곱째, 세금을 감면해서 도탄에 빠진 민을 구제해야 한다고 주장했다. "동비는 민란에서 시작되었고 민란은 세금을 무겁게 거두는 것 때문에 고통스러워 하였다"고 파악했다. 그는 동학농민군의 봉기가 조세의 중압과 착취에 있다고 본 것은 맞을 수 있지만, 반면에 신분적 차별, 사회적 억압 등에 대해서는 말하지 않고 있다.

여덟째, 서리의 폐단을 없애 사회를 해치는 도적들을 제거해야 한다고 주장했다. 경향의 서리가 나라의 큰 좀이 되었고 전주 감영의 저리의 폐단을 지적하고 특히 서리의 정원 축소도 주장하였다. 아홉째, 지방의 병제를 새롭게 해야 한다고 주장했다. 우리나라가 무력이 약하여 동비의 변란에 만 리 밖 외국의 구원을 부르는 것이 부끄럽지 않겠는가라며 비판했다. 실행방안으로 쇠락한 도적들이 귀하는 날에 죽을 죄를 용서해 주고 진영에 예속시키고, 또 향민鄕民 가운데 수완이 있는 자를 가려 뽑아 진영鎭營에 예속시켜 기율을 엄히 하여 지방을 지키게 하는 것을 주장했다.

마지막 열 번째, 향약을 반포하여 풍속을 후하게 해야 한다고 주장했다. 친목하는 가르침과 사양하는 예법을 강구하여 민으로 하여금 '윗사람에게 친히 하고 어른을 위해 죽는 의리親上死長之義를 알게 하려는 것이었다. 이러한 개혁 조목을 마감하면서 매천은 "진심으로 민의 마음에 확신을 가지고 죽은 자는 자기 죄를 자백하고 산 자는 그 틈을 메우고 천하를 덮으리라'고 예상하면서 이번에 크게 징토懲討를 가하고 그러한 연후에 폐단을 개혁해야 함을 강조하였다. 이렇게 호남 일대의 문제는 모두 전국에 관계된 것이며, 종사宗社와 생령生靈이 모두 안위安危의 위태로움을 겪고 있을 때 사람들의 운명과 마음을 같은 배를 타고 있다는 의식적 각성도 강조했다.

그의 농민전쟁 수습책은 그동안 수많은 갈등과 증오와 적대의식을 풀고 화해의 국면으로 가자는 주장이 아니었다. 그가 농민전쟁 초기부터 동학과 난민의 결합을 역적의 무리라고 비판했듯이, 그리고 초기 국면에서 미리 화해의 조처를 하지 못했던 데서의 아쉬움과 전주화약시 섬멸할 수 있었다고 지적하듯이 동학을 극도의 적대의식으로 보려는 것이었다. 더구나 동비의 지도자들뿐만 아니라 동비에 협조한 지방의 유사들까지도, 그리고 진압하지 못한 지방관리들까지 포함하여 대징토를 시행하여야 하며 반란과 협조의 싹을 잘라 버려야 한다는 것이었다. 그의 철저한 유교주의 국가의 본령, 지배질서의 유지론이라 할 수 있다. 이는 그가 이후 '중흥의 본中興之本'이라 주장한 맥락과 같다고는 할 수 있으나 당시 전라도 향중 일반의 논의나 이후 대한제국의 포용 방침과는 어긋나는 것이라 할 수 있다.[194]

그는 시종일관 동학을 '적', '적도'라고 규정했다. 심지어 동학도에 협조적인 관리들이나 서리, 심지어 양반층에게도 협조의 책임을 추궁했다. 그는 「갑오평비책」에서는 일체 동학의 지도자뿐만 아니라 협조자들도 싹을 베어버리고 수만 명을 처형해야 한다고까지 주장했다.[195] 매천 황현은 동학난 사태를 초래한 모든 이들에게 책임을 끝까지 묻고 처벌해야 한다는 입장을 피력하였다. 그에게 있어 일 점의 유화적인 조치, 잠정적인 타협도 허용하지 않는 철저한 탄압주의로의 회귀라고 볼 수 있다. 그는 1894년 농민전쟁을 겪으면서 퇴보한 역사의식을 보여준다. 특히 향촌사회의 양반과 천민의 신분적 질서와 차별을 해결하는 방안을 도외시한 채, 전통 유학의 가르침을 수용하고 교화를 받을 수밖에 없는 존재로 민중을 바라보고 있었던 데서 문제의 소지가 있었다. 피동적이고 비주체적인 민중이라는 그의 인식은 결국 백성, 민, 동학도의 적극적인 개혁활동, 즉 아래로부터의 민중적 역동성을 부정하는 유교주의적 우민관에서 벗어나지 못했다고 볼 수 있다.

그러므로 매천은 유교주의적 사회 통제와 교화, 기존의 조선왕조 국가권력 및 기득권 지배층의 권력을 옹호하는 체제 유지의 입론을 그대로 주장하는 것에 다름이 아니었다. 그가 1890년대 동시기 유교의 변통을 생각하는 유교 지식인, 시무론자들과 비교할 수 없을 정도로 양반과 민중을 구별하여 상하질서를 유지하고자 하는 철저한 유교근본주의를 주장

---

194 매천은 1899년경 9개조 시무책을 상소로 올렸다. 「언사소」에는 언로, 법령, 형장 등과 더불어 재용, 민씨 일족 처단, 과거제도 채택, 관리 근무, 군제, 양지아문의 양전 시행 등 시무와 관련된 대책을 제기하고 있다. 상소문 말미에 '개화의 실리'와 '중흥의 근본'을 찾는다는 어구를 넣고 있다. 이때는 개화의 실리를 추구하는 시무론자로의 변경을 도모하고 있다고 하겠다. (소 「언사소(言事疏) 대인(代人)」, 『매천집(梅泉集)』 권 7)

195 그는 '비록 죽는 자가 만(萬)을 헤아려 백성이 적어져서 무엇을 가지고 나라가 되겠는가' 하는 의문에 대해서도 어리석은 자들의 견해라고 비판했다. (「갑오평비책」, '6째 항목')

했다고 할 수 있다. 그래서 매천 황현의 시대 인식은 보수적인 양반지배체제유지론으로 회귀하고 있다고 하겠다.

제3장

민중운동의 성장과 민중 주체 인식의 변화

1. 19세기 말 민중의 사회경제적 위기와 폐정 개혁의 요구

1) 민중의 경제적 갈등과 재산권 주장

19세기 후반 조선사회에서 민중운동은 한편에서는 각 고을의 민들이 해당 지역의 폐단을 시정하기 위해 일어난 여러 저항의 형태로 표출되고 있었고, 이는 합법적인 항의와 상소로 이어지고, 더 나아가 각 지역을 연결하여 연대를 지향하는 새로운 항쟁조직과 운동으로 이어져갔다. 이런 움직임의 극한은 바로 '민란'이라는 격렬한 투쟁으로 귀결되었다.

조선 말기 민중의 사회적 환경은 크게 변동되고 있었다. 19세기 전반기에 잠재되어 있던 민중의 권리 의식이 19세기 후반 이후 크게 신장되어 갔다. 조선국가는 사법과 행정이 구분되어 있지 않아 지방관이나 도 감사가 재판 소송을 담당하는 재판장으로서 역할을 하게 되어 있다. 이들은 종래 지역의 양반이나 토호의 지배질서에 유리하게 판결을 내리기 일쑤였다. 이들은 조선왕조의 법전 체계에 기반하거나 지방의 관습이나 조리에 의거하여 판결한다고 하였다. 그렇지만 양반지배층이나 토호들은 자신들의 권력관계를 이용하여 일반 민중들의 이해를 해치면서 자신의 이해를 관철시켜 나갔다. 각종 분쟁의 당사자들은 각종 문서를 가지고 스스로 자신의 권리를 입증해야 했다. 이는 전국 각 지방에서 민인들이 각기 이해 충돌로 인한 송시訟事를 처리해 달라는 요청을 모아놓은『민장치부책民狀置簿策』이나 각 도 장관이 처리한 사송 처리 문서에 상세하게 나타나 있다.

19세기 후반 사송 분쟁의 사례로서 전라도 영광 지역의『민장치부책』에 나타난 민인들의 전답 송사를 살펴보기로 하자.[1]

1872년 5월 영광군 불갑면에 사는 정오로丁五老는 같은 불갑면에 사는 김재목金在睦에게 정씨네의 위답位畓을 전당잡았으나 이를 환퇴해 줄 것을 요구했다.[2] 정오로는 이전에 전당한 것에 대해 돈을 지급하였음에도 불구하고 김재목이 위답 문권을 돌려주지 않았다고 주장하였다. 이에 대해 김재목은 정오로 등이 자신의 논에서 생산한 화곡禾穀을 무리를 지어 베어가 자신이 피해자이며 이를 금지해 줄 것을 요청하였다. 김재목은 해당 토지 소유의 근거로 이미 10여 년 전에 정오로 등에게 답송사를 제기하여 이미 관의 제사를 받았다고 하였다. 이제 와서 같은 정 씨인 정국진丁國珎이 사망한 일과 시기時價가 등귀한 것을 기화로 전당이라 칭하여 토지를

---

1   김선경 편, 『한국지방사자료총서』 13(민장편 4)·14(민장편 5)·15(민장편 6), 여강출판사, 1987.

2   "佛甲 丁五老 等狀以:族人國珎, 生時 本面 金在睦處 典當位畓, 還退事. / 題內:典當的實 則給錢以豈有不退之理乎, 卽爲還給宜當向事."(1872년 5월 1일조) "佛甲 丁鉉邦 狀以:與金在睦畓訟事良中, 同賭租 還爲出給於其時作後 捧票, 粘連仰訴, 囚禁之矣族人等 分揀事. / 題內:以還推意 有金民之訴然後 可以放送向事."(1872년 9월 20일조) "佛甲 金在睦 狀以:與丁五老等畓土相訟事, 自官捧侤音 以爲後考事. / 題內:此三人 斷當嚴治, 以此退待向事."(1872년 9월 21일조)

탈취하려는 것이라고 주장하였다. 이에 따라 군수는 정오로 측의 고소가 근거가 없으며 이를 영구히 증빙해 준다는 제사題辭를 써주면서 정오로의 등장等狀을 종결시켰다. 또한 군수는 화곡 탈취의 죄를 물어 도리어 정오로를 구금하는 조치를 취했다.[3]

이렇게 위토位土에 대한 환퇴시비는 당시 관행과 변화의 특징을 보여준다. 우선 위토의 전당은 해당 소장이 제기되기 전 10여 년 전이므로 1862년 이전에 벌어진 일이었다. 일반적인 환퇴의 관행은 토지 방매 후에 답가畓價를 지불하고 나서 다시 그 토지를 되돌려 받고자 할 때 매수자 측에서 이에 동의하는 가운데 이루어져야 했다. 그래서 전답의 매매에는 반드시 환퇴 여부를 기입하여야 하는데, 매매문권에 '권매權買'라고 명문화되어 있다면, 이는 임시 매매이므로 원 소유주의 환퇴 요구가 있으면 반드시 돌려주어야 했다. 반면에 토지 매매시 '영매永賣'라고 되어 있으면 소유권을 완전히 이전되기 때문에 환퇴를 주장할 수 없었다.[4]

위의 사례는 문중의 위토를 전체가 아닌 일부를 전당 잡아서 벌어진 일이라고 이해되는데, 어떤 이유에서인지 10여 년 동안 아무 주장하지 않다가 갑자기 정씨 집안에서 환퇴를 주장하였을 뿐만 아니라 당시의 매매가로 환퇴를 주장하였으므로 소유권 환급과 비용 문제로 시비가 발생한 것으로 보인다.

이 사례에서는 전당 후 매입자인 김재목의 입장에서 지난 여러 해 동안 그 땅을 경작하여 소출을 받아먹고 있었고 자신의 소유지로 넘어왔다고 생각하여 정씨 측의 주장을 거부하였고, 화곡 탈취도 인정할 수 없었

3   문준영, 「19세기 후반 지방사회에서 민소(民訴)와 청송(聽訟) 실무—전라도 영광군 민장치부책(民狀置簿冊)의 분석」, 『법학연구』 60, 2019, 24~25쪽.
4   조윤선, 「조선 후기의 전답송과 법적 대응책」, 『민족문화연구』 29, 1996, 298~301쪽.

다. 그는 매매 문기를 그대로 갖고 있어 소유권을 주장하였다. 이렇게 위토의 소송은 여러 가지 사유로 인하여 매우 복잡한 이해 갈등 사안이 되었지만, 토지의 전당 이후 이미 소유권이 넘어갔으며, 그래서 환퇴를 인정하지 않는 것으로 판단되었으므로 현재의 토지 소유자의 손을 들어준 것이다. 이렇게 토지 전당 문제가 불거진 배경으로는 1876년 개항 이후 각지 개항장을 중심으로 하는 미곡 유출의 확대와 주변 토지가의 상승이 작용했다.

또 다른 사례는 1907년 11월 충남 회덕군 구즉면九則面 관평冠坪에 거주하는 고덕원高德元과 이웃에 사는 김덕관金德寬과의 소송사건이다.

위답位畓 8두락은 회덕군 현내면 탑주평에 있는 토지로 1880년 고덕원의 삼촌 숙부인 고윤서가 김덕관의 부친에게 90냥을 받고 매도한 것이었다. 상소인 고덕원은 본래 자기 소유 토지가 아니면서 삼촌이 투매偸賣한 것이라면서 회덕군에 기소하였다. 그렇지만 회덕군은 김덕관 집안과 한통속이 되어 해당 집안에서 전매했다고 거짓으로 주장하여 소송문서를 제출하였다. 그로부터 20여 년이 흐른 후에 김덕관이 해당 토지의 소유주가 되자 고덕원은 다시 환퇴할 것을 주장하였다. 고덕원의 주장에 의하면, 김덕관이 서로 화해할 것을 요청하면서 90량을 주고 논 중에서 4두락을 환퇴하여 농사를 지었다고 하였다.

이에 대해 김덕관은 이전에 영원히 환퇴하지 않을 뜻으로 관에서 입지를 받았으나, 상소인 고덕원이 일진회 옥천군 회장으로 위협하여 부득이하게 화해의 증서를 주었다고 하면서 90량을 받은 적도 없으며 도리어 위협을 당했다는 점을 재삼 강조하였다. 결국 재판부는 원래 토지의 구권을 제값대로 지불하고 정당하게 매득한 김덕관의 논이었다고 판정하면서 고덕원의 소를 물리쳤다.[5]

이처럼 정상적인 토지 매매의 거래에 대해서는 이 시기 재판부는 현재의 소유주인 김덕관의 권리를 인정하면서 거짓 주장으로 환퇴를 주장하면서 토지를 빼앗으려고 하는 고덕원의 처사를 중단시키려고 하였다.

세 번째 사례는 경기도 양지군 주서면 정문리에서 벌어진 토지 분쟁이다.

1816년 이래 공동으로 수호하였던 마을 입구에 수목을 함부로 처분한 사안이다.[6] 양지군 주서면 정문리에 거주하는 피고 유택수柳澤秀는 증조부가 1816년에 본동 마을 입구에 나무를 세워 수호하였다고 주장하였던 반면, 원고 유인희柳寅熙는 지난 1889년에 안쪽 수목을 벌목하려는 피고의 아버지에 대해 금지시켰다고 하였다. 이는 해당 수목이 소유권이 누구에게 있는지 아니면 별도의 사적 소유인지가 논란을 일으켰다. 사실관계의 신문 결과, 1816년에 바깥쪽 숲은 원고 유인희의 고조부柳孝根, 1807~1830가 심은 반면, 안쪽의 숲에는 1840년 피고의 증조부柳諄, 1792~1835가 나무를 심었는데, 바깥쪽 숲의 나무마저 유택수가 팔아 먹으려고 분란을 일으켰다는 것이다.[7] 또한 유택수가 숲을 정리하고 별도로 전답문권을 만들

---

5 "상소인은 피상소인이 소유권자에게 구권을 제 값대로 지불하고 매득한 논(畓土)을 제 위답이라고 칭하면서 횡침(橫侵)하는 까닭은 정당하지 않다. 따라서 피상소인의 변론 (答辯)은 이유가 있다. 1907년 11월 19일 충청남도재판소 판사서리 최인용(崔麟溶)" 고 판시하였다. (충청남도재판소, 「민5088 위토(位土)에 관한 소송」, 『충청남도 민사 판결문』, 1907.11.5; 「구두변론조서」, 11.19)

6 경기재판소 판사 이규환(李圭桓), 「민4925 동중(洞中) 수목(藪木)의 작벌(斫伐)에 관한 건」 판결서 제113호, 『경기도 민사 판결문』, 1907.9.19, 첨부문서, 공초, 청원서, 보고서 부본, 보고서.

7 족보에 의하면 유인희는 고종 임진년(1892년) 진사가 되어 성균관 유생과, 군주사를 역임했으며, 유택수도 관찰부 주사를 역임하였다. (회헌공후 묵계파(용인) 유인희, 『전주유씨 대동보』 2권, 71쪽; 진사공장자 교위윤문파 유택수 조, 『전주 유씨 대동보』 3권, 456쪽)

어 제출하면서 실제 1841년에 제작된 동중에서 만든 양안에 의거하여 소유권을 주장하였으나 이 양안도 미심쩍었고, 또한 지형을 나타내주는 정간책자井間冊子를 제출하였으나 소유권에 대해서는 명확하게 결론을 내지 못했다. 그렇지만 최종 판결은 100년 동안 마을의 수목을 베어낼 수 없다고 판시하였다.

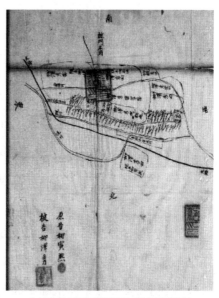

〈그림 1〉과 같이 양지군 주서면 정문 본동 입구에 유택수의 토

<그림 1> 경기도 양지군 주서면 정문리 유택수, 유인희 답송(1816~1907)

지가 여러 필지가 있음을 알 수 있다. 원래 유택수의 소유 토지는 10개 필지이며, 그중 중앙에 위치하는 유택수 답 4두락과 기축년1889에 새로 개간한 신기전新起田이 있다. 여기서 유택수의 종전宗田도 아래쪽에 있었다. 또한 기존의 땅 주인은 유택수이지만 현재 주인은 유인희로 바뀐 땅이 2곳이나 있었다. 이렇게 유씨 집안의 종토이지만 1840년 이래 각기 종손들이 주관하는 숲의 안팎의 구별과 개인 사토의 분할 등으로 인하여 소유권이 여러 개로 분화되었던 것이다. 이러한 상황에서 동중에서 공동으로 관리하는 숲의 수목 처분 및 개간을 둘러싼 갈등이 일어난 것이다.[8]

---

8   일제 초기 토지조사부에 의하면, 유인희(柳寅熙, 1877~1924)의 토지는 내사면 송문리에 45개 필지, 3만 8,323평이 있으며, 이 중 종중재산은 3개 필지로 1,171평이었다. 반면에 유택수의 토지는 4개 필지 937평에 불과했다. 송문리에는 2개 필지로서 713평과 74평으로 787평에 불과했다.(『양지군 내사면 송문리 토지조사부』, 1911) 유인희의 아버지 유학수(柳學秀, 1849~1929)는 1901년 광무양전에서는 양지군 주서면 정

종중 내의 토지 개간이나 개인 간 소유권을 둘러싼 분쟁은 조선의 어느 고을, 어느 마을에나 계속되었다. 그러한 민사소송 관련 문서들에서 19세기 중반 이후 민인의 토지 소유권에 대한 권리의식 강화와 소유권 확보를 둘러싼 갈등을 엿볼 수 있다. 이 소송 과정에서 중요한 것은 당사자간의 엇갈리는 주장에 대해 해당 지역 재판관인 지방관리가 다양한 소송당사자들의 주장을 물리치고 증거 서류와 전문 조사를 통하여 어떻게 공정한 판결을 내릴 수 있느냐 하는 것이 관건이었다.

2) 농민층 분화 양상 사례와 궁방과 민인의 갈등

그렇다면 1880년대에서 1890년대로 넘어가는 시기에 조선의 농촌에서 지주와 농민층의 분화가 어느 정도였는지를 검토할 필요가 있다. 그런데 이러한 분화 양상을 구체적으로 분석하기 어렵다. 왜냐하면 조선 농촌 어디에도 전후 시기의 농민층의 토지 소유와 경영 분화를 알 수 있는 자료가 거의 없기 때문이다. 당시 조선국가가 국가적 차원에서 조사하여 정리하였던 양안量案은 이미 백수십 년 동안 수정되지 않은 상태였다.

그럼에도 19세기 말 조선 농촌의 지주와 농민층 분화의 양상을 짐작할 수 있는 단서는 『광무양안光武量案』이다.[9] 여기에는 토지 소유자인 '시주'와

문리 전평에 대주로서 초 6칸의 집을 소유하고 있었고, 이후 1911년 토지조사사업시에는 7개 필지로 4,559평을 소유하고 있었다. 이중 종중 재산과 연명 토지를 제외하면 송문리 2개 필지 1,094평이었다. 이곳의 토지들은 유학수의 아들이자 유인희의 동생으로 일제하 민족주의 좌파 경향 시인인 유완희(柳完熙, 1901~1964)와도 관계가 있었다.(강정구, 「부르주아 민족주의 좌파 경향의 시인 유완희」, 『우리문학연구』 46집, 2015; 맹문재, 「일제강점기 유완희의 시 세계 고찰」, 『우리문학연구』 53, 2017)

9 대한제국기에 착수된 광무양전사업의 결과물로서 『광무양안』이 전국의 2/3정도의 지역에 양전을 실시하였다. 1899년 이후 1903년까지 농촌사회의 토지소유 변화를 알 수 있다. 광무 양안의 분석은 지금까지 여러 차례 분석의 시각과 방법론을 달리하는 견해가 있으며, 심지어 토지소유관계를 반영하는 토지장부의 성격조차 부정하는 연구 경향

〈표 1〉 온양군 동상면 토지 소유 분화(1879)(단위 : 속, %)

구간	소유 규모	인원	인원 비율	면적 규모	면적 비율	소유 평균
가	5,000~	1	0.5	6,081	8.4	6,081.0
나	2,000~5,000	1	0.5	4,172	5.8	4,172.0
다	1,000~2,000	10	4.9	13,637	18.9	1,363.7
라	750~1,000	9	4.4	7,905	11.0	878.3
마	500~750	19	9.3	11,168	15.5	587.8
바	250~500	46	22.5	15,392	21.4	334.6
사	0~250	118	57.8	13,687	19.0	116.0
	합계	204	100	72,042	100	353.1

경작자인 '시작'이 하나의 농지마다 표기되어 있다. 어느 토지에는 소유주와 경작자가 동일한 인물로 기록되어 자영농민으로 추정되는 농지도 있지만, 서로 달라 지주와 소작인의 관계로 볼 수 있는 경우도 많이 있다. 더구나 어떤 농민의 경우에는 해당 지역에 전혀 토지를 소유하지 못하면서 타인의 토지를 빌려 경작하는 순소작농도 다수 존재하고 있다. 이러한 기록 방식은 광무양안이 가진 특성이라고 간주되었다.[10]

여기서 지주와 소작인의 기록을 알 수 있는 양안으로서 분석하려고 하는 온양 지역의 2가지 양안이 주목되는 이유이다. 1879년에 실시한 온양군 양전과 이후 1900년에 실시한 온양군 양전의 성과로 2종류의 『온양군 양안』이 있기 때문이다.

우선 1879년 충청도 온양군 양안은 당시 온양군 지역의 결폐 문제를 시정하기 위해 만들어졌다. 당시 영의정 이최응은 양전의 필요성에 대해

도 제기되고 있다. 당시 양안상의 기록된 농민층 분화의 양상만으로 그대로 실태가 반영된 것이라고 보기는 어렵다고 지적하고 있다.(왕현종, 『한국 근대 토지제도의 형성과 양안-지주와 농민의 등재기록과 변화』, 혜안, 2016, '제4장, 대한제국기 양전·지계사업 연구와 양안 자료의 활용')

10 충청도 온양군 양안 사례에 대해서는 왕현종, 위의 책, 2016, 79~133쪽, '제2장, 19세기 후반 충청도 온양군 동상면 양안과 지주·농민층의 추이'.

충청도 온양의 결정結政이 지탱할 수 없을 정도로 폐막이 크다고 지적하고, 그것은 양전이 수백 년 전에 시행되어 조세 징수 장부로서 전혀 근거가 없다고 하였다.[11] 특히 진전이라 속이고 탈루를 도모하고 속기續起 신기新起 등으로 총외摠外에 가집加執한 것이 많다고 하였고, 군내 9개 면 중에서 5개 면에 결총이 부족하므로 온양 지역에 다시 양전을 시행해야 한다고 주장하였다.

실제 충청도 온양 지역에서는 1879년, 기묘己卯에 양전을 시행하였다.[12] 그런데 현존하는 양안의 자료는 온양군 동상면東上面 양안인데, 면 전체를 기록한 것은 아니고 전체 190여 결 중에서 실제 74결 38부 7속만 기록되어 있다. 전답의 전체 필지에서 약 40% 정도만을 수록하고 있다. 조선 후기의 양안은 보통 실제 경작하는 경지를 대상으로 하여 토지의 소유자만 기록한 것인데 반하여 이 양안에는 토지 소유자인 지주와 경작자인 작인作人을 동시에 기록하고 있다.[13]

〈표 1〉은 온양군 동상면 토지 소유의 편차를 모두 7개 구간으로 나누어 본 것이다.[14] 이 지역의 전체 농민 중에서 토지 소유자 수는 모두 204명이었다. 25부 이하의 토지를 소유한 농민구간 (사)은 118명으로 전체의

---

11   『비변사등록』 제260책 27권, 고종 16년 계사 11월, 361~362쪽.

12   이 기사는 『증보문헌비고』의 다음 기록에서도 확인된다. 「(續) 今 上十六年 改量溫陽 郡田 從領議政李最應啓也」, 『증보문헌비고』 권 142, 648쪽, '전부고 2'.

13   온양군 동상면 양안(『양안』(국민대 박물관 소장 도서))은 전체 79장에 불과하고 표지도 없고 앞 뒷장에 낙장이 많아 출처나 소재처나 면전체 상황을 헤아릴 수는 없다. 그렇지만 양안 작성시 중간마다 전답이 소재한 지역명이 기록되어 있다. 전체 24개 동리에 자호의 순서에 따라서 양안의 등재 순서를 재편성할 수 있다.

14   이 표는 대전(垈田)과 진전(陳田)을 제외하고 작성한 것이다. 25부 이하의 토지를 소유한 농민 (사)을 비롯하여 25부 이상 50부 이하 (바), 50부 이상 75부 이하 (마), 75부 이상 1결 이하의 경우 (라), 1결에서 2결의 경우 (다), 2결 이상 5결 이하 (나), 5결 이상 (가) 등 7개로 분류하였다.

57.8%를 차지하지만, 토지 소유의 규모로는 13결 68부 7속으로 전체 농지의 19%에 지나지 않았다.

다음 25부 이상 50부 이하로 소유한 것으로 나타내는 구간 (바)에 해당하는 사람은 46명이며, 전체 면적은 15결 39부 2속으로 전체 농지의 21.4%를 차지했다. 다음 50부 이상 75부 이하로 소유한 것으로 나타내는 구간 (마)에 있던 사람은 19명이며, 소유 면적의 비중은 15.5%이고, 다음 구간 (라)는 75부에서 1결 이하의 소유자로 9명이며, 소유 면적의 비중은 11.0%였다.

1결 이상의 토지 소유자 중에는 구간 (다)에서는 10명이 전체 토지의 18.9%를 차지하고 있으며, 2결 이상 5결 이하구간 (나), 5결 이상의 소유자구간 (가)도 각각 1명이었다. 이들의 소유 면적은 5.8%와 8.4%에 이르렀다. 결국 1결 이상의 토지 소유자구간 (가)~(다)는 12명에 불과했지만, 전체 토지 면적은 23결 89부로 전체 면내 농지의 33.2%나 차지하였다. 1결 이상의 농지를 소유한 자들은 아마도 지주이거나 부농이라고 추정된다. 이러한 농지 소유자의 현황은 크게 1결 이상의 지주, 부농과 25부 이하의 영세 소유자층을 구분하여 특징을 살펴볼 수 있다.

이러한 소유 분화의 양상만으로는 이 시기 온양군 농민층 계층 분화 현상을 제대로 이해하기는 어렵다. 이 지역에서 진행된 농민층 분화의 실상을 알기 위해서는 해당 농지를 경작하는 상태의 양상을 동시에 살펴보아야 한다.

이 지역의 전체 경작농민 수는 모두 232명이었다. 여기서 0이상 25부 이하 구간 (사)의 토지를 경작하는 농민이 128명으로 전체 농민 232명 중에서 55.2%를 차지하여 절대 다수임을 알 수 있다. 이들이 경영하는 농지는 모두 합해 15결 50부 3속이었으며, 전체 농지면적의 21.7%에

〈표 2〉 온양군 동상면 농업 경영 분화(1879)(단위 : 속, %)

구간	경영 규모	인원	인원 비율	면적 규모	면적 비율	경영 평균
가	5,000~					
나	2,000~5,000					
다	1,000~2,000	11	4.7	14,613	20.5	1,328.5
라	750~1,000	6	2.6	5,331	7.5	888.5
마	500~750	22	9.5	12,782	17.9	581.0
바	250~500	65	28.1	23,066	32.4	354.9
사	0~250	128	55.2	15,503	21.7	121.1
	합계	232	100	71,295	100	307.3

불과하다. 다음으로 25부 이상 50부 미만 구간 (바)의 농민들은 65명이고 그 다음 50부 이상 75부 이하의 구간 (마)의 농민은 22명이다. 75부이상 1결 미만의 구간 (라)의 경작 농민은 6명에 불과했다. 이에 반하여 1결 이상의 농지를 경작하는 농민은 11명이었는데, 이들이 경작하는 농지의 총면적은 14결 61부 3속이고, 전체 면내 농지의 20.5%를 차지하였다. 그런데 2결 이상을 경영하는 농민은 존재하지 않았다. 이들은 대개 자작혹은 대여지 경영의 한계치로서 그 이상 경영을 확대할 수는 없었던 것으로 보인다. 다만 농업 경영상 1결 이상의 농지를 소유하면서 동시에 경영하는 농민들을 부농이라는 범주로 간주한다면, 이들 부농은 전체 인원상 4.7%에 지나지 않았지만 전체 농지 경영에서 차지하는 비중이 20.5%를 높게 차지하고 있다. 따라서 온양군 지역에서는 소유의 분화 못지않게 경영에서도 다수의 영세한 빈농과 더불어 일부 자작 상농, 혹은 부농층이 존재하고 있음을 확인해 볼 수 있다.

따라서 이곳 충청도 온양군 동상면 지역에서는 소유 분해의 측면에서 한편으로는 다수의 빈농을 양산해내고 있으면서 다른 한편으로는 지주의 토지 소유 확대가 이루어지고 있었고 지주들은 1/3 이상의 토지를 과점하고 있었다. 경영 분해의 측면에서는 역시 다수의 영세빈농이 많이 존재하고 있었으며 상층농 중에서 소유지와 비슷하게 경영지를 확보하고 있는 경영하는 부농이 다수 존재하고 있었다고 볼 수 있다.

1879년 충청도 온양군 동상면 양안의 지주와 농민층의 분화양상은 이후 1899년에 작성된 광무 양안과 비교하여 볼 수 있다. 우선 전제할 점은 광무양안에는 전주 답주와 더불어 작인의 표기가 있었다는 점이다. 양안상에 기록된 토지 소유자인 '시주時主'로 기록되어 있다.[15] 1900년에 중초를 거치면서 완성된 정서책 양안에서는 '시주'와 '시작時作'으로 통일되었다.[16]

〈표 3〉과 같이 온양군 동상면 양안에 기록된 토지 소유자는 모두 589명에 이른다.[17] 이 중에서 구간 (사)에 속하는 영세빈농은 381명으로 인원수로는 64.7%, 필지수로 533필지이고, 실적수로는 전체 실적의 17.8%이고 결부수로도 전체 결수의 14.7%에 불과했다. 구간 (바)에 속한 인원도 96명으로 16.3%이고, 실적수 대비에서도 14.9%, 결수로는 14.3%로 인원의 비중에 비해 소유 토지의 총량은 낮은 편이었다. 이에 따라 50부 이하로 되어 있는 구간 (바)~(사)에 속한 소유자는 477명으로 81.0%를 차지하고 있음에도 불구하고 실적수에서도 32.7%, 결수에서도 29%로 되어 영세한 소유자층의 토지 소유 규모가 매우 적었음을 알 수 있다.

15 『온양군 동상면 양안』(상)의 경우에는 처음에는 '시주'와 '시작'으로 기록되다가 이후 대부분 '전·답주'와 '작인(作人)'으로 표기되어 있다.(『온양군 양안초-동상면』상(규 17667) 18-5)『온양군 동상면 양안』(하)의 경우에는 '시주'와 '시작'이라는 형태와 더불어 '전·답주'와 '작인(作人)'으로 혼재되어 나타난다.(『온양군 양안초-동상면』하 (규 17667) 18-6)

16 시주의 소유지 통계 자료에서 관둔전, 2필지, 9부 9속, 공수동답 6필지, 76부 7속, 진전 4필지 1결 5부 9속 등은 사유지가 아닌 공토로, 그리고 진전으로 별도로 산정되었다.

17 위의 표는 온양군 동상면 양안(1899)에서 토지소유로서 전답의 소유만을 대상으로 한 것이다. 대지는 본 표의 통계에서 배제하였다.

구간	소유 규모	인원	비중	필지 수	실적 수	비율	전결 수	비중	평균 소유
가	5,000~	6	1.0	224	790,926	16.3	45,165	19.3	7,527.5
나	2,000~5,000	16	2.7	355	925,564	19.1	46,483	19.8	2,905.2
다	1,000~2,000	22	3.7	194	565,476	11.6	27,522	11.7	1,251
라	750~1,000	23	3.9	162	397,891	8.2	19,698	8.4	856.4
마	500~750	45	7.6	234	590,522	12.2	27,366	11.7	608.1
바	250~500	96	16.3	301	721,713	14.9	33,471	14.3	348.7
사	0~250	381	64.7	533	863,228	17.8	34,521	14.7	90.6
	합계	589	100	2003	4,855,320	100	234,226	100	397.7

〈표 4〉 온양군 동상면 토지 소유자의 변화(1879~1899)(단위 : 속, %)

구간	소유 규모	1879		1899		1879		1899	
		인원	비율	인원	비율	전결 수	비중	전결 수	비중
가	5,000~	1	0.5	6	1.0	6,081	8.4	45,165	19.3
나	2,000~5,000	1	0.5	16	2.7	4,172	5.8	46,483	19.8
다	1,000~2,000	10	4.9	22	3.7	13,637	18.9	27,522	11.7
라	750~1,000	9	4.4	23	3.9	7,905	11.0	19,698	8.4
마	500~750	19	9.3	45	7.6	11,168	15.5	27,366	11.7
바	250~500	46	22.5	96	16.3	15,392	21.4	33,471	14.3
사	0~250	118	57.8	381	64.7	13,687	19.0	34,521	14.7
	합계	204	100	589	100	72,042	100	234,226	100

〈표 4〉는 온양군 동상면 전후 양안을 비교해 본 것이다. 우선 양기간 양안에서 기록된 부분은 인원상으로는 204명에서 589명으로 1.9배 증가되었다. 면적은 2.3배나 증가하였다. 면적의 차이는 양자료의 제작 방식과 보존상태의 차이에서 나온 것으로 원래 1879년 양안의 경우 전체 면적은 190여 결이었으므로 전체 면적에 비해 양안에 반영되어 있는 면적은 38%만 기록되어 있었다. 그러니까 온양군 동상면의 경우에는 20년 동안 원장부를 기준으로 1899년의 양안과 비교해 보면, 전체 결수로는 약 23% 정도 증가한 것으로 볼 수 있다.

이전 양안에서 구간 (마)와 구간 (바)의 소유자들의 비중이 낮아지고,

반면에 구간 (사)가 새로운 양안 기록에서는 상대적으로 늘어나는 경향을 보였다. 결국 1결 이하의 토지 소유자들은 점차 소유 규모가 적어지고, 특히 25부 이하 영세 빈농층의 비중이 늘어나는 경향을 보였다. 이는 영세 빈농층의 비중이 늘어난 것과 관련하여 2결 이상의 지주층이 증가한 것은 서로 맞물려 나타난 것이 아닌가 한다. 인원의 변화를 보면 25부 이하 영세 빈농층이 118명[57.8%]에서 381명[64.7%]로 증가한 것이며, 반면에 이들의 토지 소유 규모의 비중은 19%에서 14.7%로 크게 줄었다.

한편 경영농민의 분화 양상은 위의 표와 같이 25부 이하의 농민의 비중이 128명, 55.2%에서 424명 58.8%로 약간 증가하였지만, 경작하는 결수에서는 도리어 21.7%에서 19.8%로 소폭 축소되었다. 대상 인원이 2.1배 늘었다는 것을 감안하더라도 150여 명 정도 인원이 늘었던 것이며, 결수 면적으로는 도리어 2.3배 늘어난 것에 비해서도 경영면적은 10결 이나 줄어든 것으로 볼 수 있다.

이 표에서는 나타나 있지 않지만, 최하의 구간으로 토지를 전혀 소유하지 않으면서 오로지 작인으로 일하는 순소작 농민의 변화가 주목된다. 순소작농은 1879년에는 45명[250명 중 18%]에서 1899년에는 355명[937명 중 37.9%]나 되었다. 이렇게 20년 동안 소규모의 토지에서 방출당한 토지 없는 무전농민과 경작 면적의 비중이 2배나 증가하였던 셈이다.

〈표 5〉와 같이 온양군 동상면 지역에서는 소유 분해의 측면에서 다수의 빈농층을 양산해 내고 있는 반면, 지주층의 토지 소유 확대가 이루어졌음을 확인할 수 있었다.[18] 특히 2결 이상의 지주들은 전체 토지 실적 수

---

18 1899년 광무양전사업에서 조사된 온양군 일북면 지역의 경우에는 5정보 이상의 지주들은 모두 23명으로서 이들의 소유 총면적은 203.39정보로서 일북면 전체 경지면적의 39.3%를 차지하고 있었다. (최윤오·이세영, 「대한제국기 토지소유구조와 농민층

〈표 5〉 온양군 동상면 토지경영 농민의 변화(1879~1899)(단위 : 속, %)

구간	경영 규모	1879		1899		1879		1899	
		인원	비율	인원	비율	결수	비중	결수	비중
가	5,000~								
나	2,000~5,000			3	0.4			7,118	3.0
다	1,000~2,000	11	4.7	40	5.5	14,613	20.5	55,636	23.7
라	750~1,000	6	2.6	36	5.0	5,331	7.5	31,187	13.3
마	500~750	22	9.5	66	9.2	12,782	17.9	40,791	17.4
바	250~500	65	28.1	152	21.1	23,066	32.4	53,148	22.7
사	0~250	128	55.2	424	58.8	15,503	21.7	46,346	19.8
	합계	232	100	721	100	71,295	100	234,226	100

의 39.1%로 과다 소유하고 있었다. 경영 분해의 측면에서는 25부 이하의 영세 빈농층이 인원 수로 58.8%가 되었지만, 토지 실적 수에서는 19.8%로서 평균 경영 규모가 10부 9속 정도에 그치고 있었다. 다수의 영세빈농이 존재하고 있었으며 상층농 중에서 경영부농의 비중은 점증하고 있었으므로 충청도 온양군 농촌 내부에서는 토지와 경영을 둘러싼 각 계층간의 대립과 갈등이 크게 일어났다고 할 수 있다. 결론적으로 1879년 이후 20여 년 동안 농촌사회에서 발생한 농민층 분화의 추이는 전체적으로 지주제의 확대, 경영상층의 일부 증가, 영세빈농의 대거 창출이라는 경향을 보여주고 있었다.

한편 1880년대 이후 전국적으로 명례궁을 비롯한 궁장토의 확대로 인하여 해당 지역의 소유자 및 경작자간의 분쟁이 크게 제기되었다. 대표적인 논란이 되었던 전라도 일대 균전의 수도 문제는 1891년부터 시작되었다. 전주토호全州土豪 김창석金昌錫이 전주, 김제, 금구, 태인, 부안, 옥구, 임피 등 7개 읍에 균전사均田使로 파견되었다. 이 지역 1888년에 발생한 진

분화」,『대한제국의 토지조사사업』, 민음사, 1995, 419~421쪽. 특히 '〈표 6〉 일북면의 5정보 이상의 토지소유 지주')

전戊子陳田을 개간한다는 명목으로 하여 균전양안均田量案을 작성한 데부터 시작된다. 그런데 이 균전에는 개간된 진전뿐만 아니라 다수 경작하고 있는 토지도 조세 면탈을 도모하기 위해 편입해 들어갔다. 그 이유는 균전이 되면 국가에 납부하는 결세를 낮추어주고 3년 이후부터 균도均賭는 가볍게 해준다는 선전으로 인하여 많은 농민들이 자진하여 자기 토지를 납입納入하게 되었던 때문이었다.[19]

이 사업은 1891년부터 1894년까지 진행되었는데, 바로 명례궁이 자금을 대어 균전사를 파견하고 별도로 양안을 작성하였다. 그것은 다름 아니라 3년 전에 흥덕현 일대 장토의 설치 과정을 그대로 재현한 데 불과한 것이었다.

1888년에 흥덕일대興德一帶에 설치된 명례궁장토明禮宮庄土는 흥덕, 고부, 무장, 고장, 부안 등 5개 군현에 걸쳐서 설치되었다.[20] 이 흥덕 일대 장토는 비록 진기섭이라는 대지주의 토지를 매매하는 형식을 취하기는 했지만, 사실상 처음부터 민유지에 대해 소유권을 빼앗아 설치한 것이었다. 이어 그해에 도조를 징수하였고 대신에 결세가 면제된 것도 아니어서 이곳 농민들에게는 가혹한 침탈을 당한 것이었다. 이에 대해 이 지역 농민들은 명례궁의 도조수취를 거부하고 있었다. 이는 1888년 당시 흥덕현이나 고창현의 명례궁장토 추수기에 잘 나타나있다. 다른 한편으로 소유권을 되찾기 위해 정소운동도 전개하였다. 즉 "명례궁明禮宮에서 궁속宮屬을 파송하여 토지를 측량한 후에 일체 점유하였으나 해궁세력을 저항치 못하고 영군營郡에 여러 차례 정소묘所하여도 소유권을 추환推還지 못하였

19 「조회 제86호」, 『내장원각부부래첩』 7, 1904(광무 8). 7. 15.
20 왕현종, 「19세기 말 호남지역 지주제의 확대와 토지 문제」, 『1894년 농민전쟁연구』 (1), 역사비평사, 1991.

다"는 지적과 같이,[21] 몇 차례 집단적인 소장을 제출하는 방법으로 저항하였다. 그렇지만 이 탈입된 토지 중에는 장토의 반가량을 소유하던 부재지주, 이 지역의 양반 토호들의 토지가 포함되어 있어서 이들이 이 문제를 부각시키고 반환운동을 전개하기에는 애초부터 많은 한계를 가졌다.[22] 또한 이 지역의 민전이 다수 이 장토에 탈입된 것은 지역 차원으로 국한되어 있어서 당시 봉건권력의 최고 자리에 있는 왕실에 대항해서 환급을 적극적으로 요구하는 것에 이르지는 못했다. 흥덕 등지에 형성된 명례궁 장토는 양반토호, 대지주, 이서층뿐만 아니라 소토지 소유자에 이르기까지 수많은 농민의 토지를 탈취하면서 만든 것이었다.

1890년대 들어와서 호남 일대에서는 적어도 1891년 이후에는 전주 등 7개군의 균전수도均田收睹 문제와 더불어 이 지역 5개군의 명례궁장토 문제가 결합되어 이 지역의 중대한 토지 문제로 대두되었던 것으로 보인다. 이러한 토지 문제는 1893년 전주민란에서 나타났고 이어 1894년 동학농민전쟁으로 표출되었던 것이다. 이는 고부민란에서 '진답의 기간처에 도조를 받지 말게 할 一陳畓己墾處賭租也'[23]이라는 읍폐의 시정과 바로 직결되었으며, 농민전쟁 과정에서 제기된 '보세 및 궁답을 시행하지 말 一願稅洑稅及宮畓勿施'이라는 주장에서도 계속해서 나타났다.[24]

---

21 「인정(認定)을 경(經)하고 고미하급건(姑未下給件)」(14, 흥덕군 답12석락 유장규(柳章奎) 외 17명에 대한 전답하급건),『각도군각곡시가표(各道郡各穀時價表)』(규 21043) 제2책;「전라북도 흥덕군 소재 최봉권 제출도서 문적류」,『전라도장토문적』(규 19301) 제7책;「최봉권(崔鳳權) 상소문」(무자4월).

22 이 장토의 원소유자들은 대부분 대지주였고 또한 봉건권력과 일정한 관련이 있었다. 그중에는 익산군에 사는 부재지주 이석현(李石峴), 양반지주로서 김기중(金祺中, 진사), 박종만(朴鍾萬, 중추원의관), 백남선(白南璿, 유학), 유장규(柳章奎, 유학) 등이 있었으며 향리로서 진홍섭(陳洪燮, 흥덕 下吏)등이 확인된다.(『흥성지(興城誌)』(건, 곤), 흥덕향교, 1962)

23 『일성록』, 1894년(고종 31년) 4월 24일조(안핵사 장계의 읍폐 7조).

이렇게 소작농인 영세소농, 빈농층의 입장으로서는 당시 궁방전과 해당 지역 지주와의 이중적 소유관계 하에서 소작료는 더욱 수탈당했을 뿐만 아니라 결세의 작인에의 전가로 인해 농업 경영상 큰 타격을 입게 되었다. 특히 각종 봉건부세도 점차 증대되어 거듭된 흉작에도 불구하고 그 부담이 증대되고 있었던 현실이었다. 따라서 오지영의 『동학사』 초고본에 나온 "토지를 평균으로 분작할 사"라는 조항은 이러한 소유와 경영의 수탈구조에서 나타난 것이었다. 당시 농민들은 지주제를 반대하면서 지주들의 토지 문서를 탈취하거나 도조를 거납하고 빼앗은 행위를 여러 지역에서 감행하고 있었다.[25] 집강소 시기에 이르면 농민군이 부농을 침탈하면서 빈농 중심의 개혁을 기도하는 것으로 보아 빈농과 부농의 대립관계는 보다 현재화되었다고 할 수 있다.[26] 이렇게 1894년 농민전쟁 과정에서 전라도 일대의 균전 문제를 비롯하여 조선왕조 권력과 양반·토호지주, 그리고 소작인들간에 적대적인 대항관계가 형성되어 치열한 투쟁을 벌이고 있었다.

3) 민중의 폐정 개혁 요구와 지역 현안의 갈등 양상

19세기 후반 일반 민중들의 삶 속에서 개인의 권리 갈등과 더불어 크게 영향을 끼친 것은 국가의 각종 부세의 침탈이었다. 이에 대해 민중들

---

24 한우근, 『동학란 기인에 관한 연구』, 1971, 88~121쪽.
25 『김약제 일기』 3, 갑오 7월 30일·8월 21일조; 『민장치부책』 2, 을미 3월 2일, 30쪽; 『동학란기록』 상, 순무선봉진등록, 628·650~651쪽; 「동비토록」, 『한국학보』 제3집, 265쪽.
26 1894년 당시 농민층의 '평균분작'안에 대한 논란(배항섭, 「1894년 동학농민전쟁에 나타난 토지 개혁 구상─'평균분작(平均分作)' 문제를 중심으로」, 『사총』 43, 1994 참고)이 있지만, 당시 농민층의 요구와 함께 재야지식인층의 토지 개혁 요구가 함께 검토되어야 하고 이들의 논의를 현실의 지주제를 철폐, 혹은 개선하기 위한 개혁안으로 주목해 보아야 한다.

은 1862년 농민항쟁에서 각지에서 봉기를 일으켰다. 이른바 '민란民亂'은 당시 조선왕조의 폐정을 시정하기 위한 각종 요구를 내세우고 있었다. 부세제도의 폐단은 계속해서 가중되고 있었기 때문이었다.

이후 농민항쟁은 개항 이후에도 어려워진 경제생활에 부가하여 더욱 빈번하게 일어났다. 민란은 전국 어디에서나 주기적으로 일어나고 있었고, 해당 지역의 민인들이 조선국가에서 부과하는 비합리적인 조세의 부과를 시정하고 관리들의 부정부패를 고발하며 빈곤한 민중들에게 집중되는 조세의 과중에서 벗어나고자 하였다.

19세기는 민란의 시대라고 불리울 만큼 전국적으로 수많은 지역에서 민중들의 반란이 일어났다. 당시 각 지역의 문제는 가장 고질적인 조세 문제를 비롯하여 공사채의 문제, 고리대, 토지 매매와 경작권의 분쟁 등 다양하게 이루어져 있다. 소위 삼정三政의 문란은 가장 심각한 지역 갈등의 현안이었다.

이러한 조세의 폐단에 대해 하나의 분쟁사례를 이야기해 보자. 1884년 경상도 예천 지역에서 과중한 조세 부담과 관련된 사건이 발생하였다. 이곳에는 계미년1883에 흉년으로 인하여 예천에 50여 호 되는 동리가 모두 이산離散하고 헐린 집과 빈집이 많았다. 동 중에 과중한 6~7백 냥의 각종 공금이 부과되어 도저히 감당하기 어려운 상황이었다.

이곳에 사는 박학래朴鶴來, 1864~1942는 가난한 동리를 대표하여 소장을 제출하였다. 그는 군수에게 군 남쪽의 2개 면인 빈동과 부동에 대해 모두 균일케 하고 다시 경장하도록 호소하였다. 그러자 부유한 동리富洞는 반대하여 다른 장두狀頭가 나섰다. 양 동리의 갈등이 심화되자 부유한 동리 백성도 면회面會를 여니 그 수가 2천여 명이었다. 다수의 인민들이 "도회都會를 하여 각각 승세를 자랑하며 천지를 뒤흔들 듯하였다"고 한다.[27] 당시 부동의 장두는 최금릉崔金陵이었다. 예천 군수 이용태李容泰는 그를 잡아들이고 다음 날 해당 안건을 심의하도록 했다.[28]

당시 예천 군수와 박학초, 최금릉 사이에 이루어진 공판 논점을 소개하면 다음과 같았다.

[이용태 질의] 너 한 백성 때문에 빈·부동 양편 6~7천 다수 인민이 민요民擾를 지으니, 너의 죄를 당장 영문에 보하여 엄치정배嚴治定配할 것이다. 막중한 공금이 철판대장鐵板臺帳에 변경이 없는 것을 너로 인해 국법에 없는 변복을 하게 하였다. 백성이 다소간 주선하여 바칠 것도 너로 인해서 지완불납遲緩不納되고 있는 형편이다. 너는 나이 불과 20살 된 어린 백성이 나날이 송사를 일삼아 관정을 분란케 하니 너의 죄를 용서치 못하리라.

[박학초 대답] 성주는 백성을 위한 부모와 같은지라 20여 살 되는 이 백성이 이

---

27 『학초전(鶴樵傳)』 1권, 48~67쪽, '갑신년 세금 문제'. 『학초전』은 경상도 예천, 순흥, 경주, 청송, 영양 등지에서 살아온 학초 박학래(朴鶴來, 1864~1942)가 평생 경험한 중요한 사건을 나이 60세 되던 1923년께 술회하는 식으로 기록한 자서전이다. 주로 1880~1890년대 경상도 일대 지방의 경험과 특히 1894년 농민전쟁의 체험담을 담고 있다.

28 이용태(李容泰, 1854(철종 5년)~1922)의 본관은 전주(全州). 부사 병로(乘路)의 아들이다. 1873년(고종 10년) 진사가 되고, 군수로서 1885년 증광문과에 병과로 급제하여, 누진하여 직각에 이르렀다. 1887년 영국·러시아·이탈리아·프랑스 등 5개국 공사관 참찬관에 임명되고, 부응교를 거쳐 1891년 참의내무부사(參議內務府事)가 되었다. 1894년 장흥부사로 재직중 동학농민군의 봉기가 일어나자 안핵사(按覈使)로서 동학군의 무마에 나서 지나친 탄압과 만행을 감행하여, 오히려 동학교도들의 심한 반발을 사게 되어 봉기가 확대되자 파직당하고, 김산군에 유배되었다. 1884년 5월에는 충청도 홍산 현감으로 있었다가 잠시 예천 군수 정원세와 바꾸어 부임하기도 하였다.(『한국민족문화대백과』, 한국학중앙연구원) 이용태는 1883년 6월 25일 사용원 판관에서 홍산 현감으로 부임하였다가, 다시 1884년 5월 28일 예천 군수가 되었는데, 이때 담당한 사건으로 보인다.(『승정원일기』, 해당 임면기사)

렇게 원통을 호소하는 바입니다. 위로는 나라의 백성이 되고, 아래로는 부모처자를 거느리고 살기를 바랄 뿐입니다. 부모가 자식을 살게 해 주시는 것이 의무인 것은, 일신에서 열 손가락에 한 손가락이 상하면 어찌 아픔이 없겠습니까? 성주는 백성의 부모가 되니, 빈한 백성은 모두 죽어라 하고, 부한 백성만 부익부로 부자가 되게 할 이치는 없을 줄로 압니다.

이렇게 군수와 부동과 빈동의 대표자간의 논쟁에 대해 부동의 입장을 대변하였던 최금릉은 다음과 같이 주장하였다.

[최금릉 주장] 일도一道도 아니고 일군一郡도 아니고, 유독히 민民의 두 면面만 경장하는 것은 불가하옵니다. 한 해 흉년은 다시 풍년이 되면 그 자리가 메꾸어질 것입니다. 예전의 방식대로 시행을 바라나이다.

[박학초 주장] 빈동 백성이 부동으로 가면 혹 고공雇工이나 부역을 하며 세금 없이 살아갑니다. (반면 남아 있는) 빈동 백성은 예전 세금에다 새로운 세금을 낼 능력이 아주 없습니다. 가망 없는 백성이 어찌 빈동에 살러 올 이유가 있겠습니까? 경장하는 일도 일군이 아니하는데 (우리만) 못 한단 말이 한 사람이 그 같은 것을 견디지 못하여 죽는 것을 만인 중에서 보고 구하지 아니하는 것이라면, 만인 중에 불량한 괴수魁首는 부동의 장두로 인증하겠습니다.

[박학초 재주장] 부자 사람이 빈자의 집 고운 딸도 데려다가 낳은 자녀에게 호강도 하게 하고, 부자가 빈자에게 낚시 미끼 같이 금전을 빌려 주고는 마지막에 빈자의 살림을 모조리 털어 가기도 합니다. 부자가 빈자를 대하여 큰 덕이나 보일 듯이 하면서 종 같이 부리기도 합니다. 가난한 백성은 입에 풀칠하듯 살아가니 여가 없

이 주야로 노동을 하지만, 부자는 장기, 바둑, 도박 등으로 신선을 자칭하고 남의 재산을 다소를 막론하고 탈취합니다. 탕자, 패자, 역적이 모두 고금 역사상에 부자의 집에서 나니 빈자의 것에서 많이 빼앗아서 모은 돈으로 동포지의와 국민 의연義捐[29]으로 넓은 바다에 좁쌀 한 알처럼, 아홉 마리 소에 터럭 하나 뽑듯이 하여, 빈동이 부담할 공금이나 같이 아니하려는 백성은 후일 난신적자가 될 자이오니, 엄히 다스리어 나중에 올 폐단을 막아 주옵소서.[30]

위의 사례는 당시 각 동 단위로 부과되는 호세를 둘러싼 갈등을 보여준다. 당시 각 군의 관속이 백성에게 거두는 세곡으로 정해진 것이 있으니 관노청官奴廳의 노방奴房 세곡稅穀을 비롯하여 문간門間의 사령使令 세곡, 각 면面의 면주인 세곡, 정식에서 삼가 이름이라도 3청 세록을 도합하면 춘추로 각 1기, 2기로 하여 한 마을이 부담해야 할 세곡을 도합하면 6~7석이 되었다. 만일 한 번 정해진 후에는 동민은 이거이래移去移來 변복이 있어도 정식은 고치기 어려웠다. 당시에는 사람이 사는 도리가 공사채公私債 할 것 없이 한 번 빚을 지면 십 년, 이십 년, 생전에도 못 갚으면 아들, 손자, 친척까지 족징族徵을 당하는 현실이었다. 궁한 백성은 전에 짊어진 채무에 눌리어 생전에 자신할 도리 없고, 피해 달아난 사람이 살던 터

---

29 이 글에서 언급한 '동포지의와 국민 의연'은 1884년 당시에 쓰인 말은 아닌 것으로 보인다. 이 용어는 1890년 후반 독립협회 운동 시기에 '동포지의'라는 말이 등장하고, '국민'이라는 용어도 1900년대 이후에 유행한 말이기 때문이다.(권용기, 「『독립신문』에 나타난 '동포'의 검토」, 『한국사상사학』 12, 1999, 245~257쪽; 권보드레, 「'동포'의 수사학과 '역사'의 감각–1900~1904년 '동포' 개념의 추이」, 『한국문학논총』 41, 2005, 274~279쪽; 김소영, 「한말 수신교과서 번역과 '국민' 형성–『윤리학교과서(倫理學敎科書)』와 일본 『신편(新編)윤리학교과서』 비교, 분석을 중심으로」, 『한국근현대사연구』 59, 2011, 12~22쪽)

30 『학초전(鶴樵傳)』 1권, 65~67쪽, '갑신년 세금 문제'.

에는 나중에 오는 이에게도 징출徵出을 하니 가난한 동네의 백성들에게는 계속해서 부담이 될 수밖에 없었다.

19세기 조세 수취와 관련된 지역민의 갈등은 일시적으로 해결될 것이 아니고 매년 반복되는 고질적인 현상이었다. 당시 박학초는 이러한 조세 갈등의 해결하기 위한 방안으로 단지 한 번의 처결이 아니라 이후에도 개혁의 증빙을 삼기 위하여 별도의 다짐을 받아야 했다.

이때 당시 각 군 관청에서 거두는 호세戶稅는 호포戶布라고도 하는데, 매년 일, 이, 삼, 사, 육, 칠 번까지 춘추로 각 영으로 나오지 아니하고 동 단위로 나오고, 사령청에서 거두는 곡식과 관노청에서 거두는 곡식도 모두 동 단위로 해마다 나오는데, 인민이 흉풍 연삭에 살다가 타처로 이사를 가더라도 동에서 존위 구장이 동에 분배해서 바치는 관행이 있었다. 지세는 결곡結穀이라고 하고, 토지 명으로 바치는데, 전답 기준으로 삼십여 두락을 한 '먹'이라 하는데, 원결原結이니, 상전上田이니 포량砲粮이니, 관수官需이니 합하여 엽전으로 110냥이나 되었다고 한다. 각처 인민이 곤란으로 한 달 육장하고 관속이 독봉하여 잡아가는 것이 19세기 후반 농촌사회 일상의 모습이었다. 이에 박학초가 예천 군수와 수석 방장과 논의하여 양 면의 각 동 빈민의 호세戶稅, 지세地稅를 담당하여 추가로 독촉하지 않고 주선을 시켜 관대하게 바치게 하였다. 이에 따라 지금까지 빈동이 매년 공금 700여 금씩 항상 부과하도록 하였으나, 이해에는 이마저도 종전의 8/10을 탕감하는 증서를 받아 빈동의 부담을 크게 덜어낼 수 있었다.

또 다른 지역의 조세 갈등 사례로서 1889년에 일어난 수원 지역 농민들의 민란을 살펴보자.

당시 수원 지역 민란으로는 1889년 10월에 일어난 수원 성내민의 봉기가 있었고, 이어 1891년 6월 화산 현륭원의 원군園軍들이 대거 봉기하는 사건이 있었다. 이후 이들 수원 난민들은 1893년 보은취회에도 수백 명이 참가했을 뿐만 아니라 경기 각지의 농민반란에 적극적으로 참여하기도 하였다.[31]

1889년 10월에 일어난 수원 성내의 민란을 살펴보자. 당시 10월 17일경 이틀에 걸쳐 난민亂民 수백 명이 성내에 모여들어 밤중에 관아와 관리들의 집을 습격하여 부수는 등 봉기를 일으켰다.[32] 당시 수원 유수 김홍집金弘集은 "수원 성내 무뢰배 수백 명이 밤을 타서 작나作拏하여 인가를 파괴하였는데, 이전에 이런 변고가 없었다"고 보고하였다. 당시 탄압과 체포의 책임이 전적으로 중군中軍에 있었음에도 불구하고 바로 대책을 시행하지 않았기 때문이었다. 김홍집은 "본부 중군 윤영규尹泳奎는 병을 핑계로 오랫동안 부임하지 않았으므로 우선 그를 차출할 거"라고 하였다. 이에 대해 정부는 "수창首倡의 사람을 따로 기찰하여 포착하여 엄히 사정을 밝힐 것과 나머지 밖에 둔취하고 있는 자들은 효칙하여 보내 안도케 할" 것을 명하였다.[33] 뒤이어 사건의 원인을 자세히 조사하여 처벌하는 조치로 이어졌다.

그런데 당시 민란의 원인 제공자로 지목된 김명기와 윤수영이 문제였다. 그렇지만 후속 조처는 일반인과 달랐다. 11월 18일 의금부는 이들의 신병 조치를 하기는 했으나 이들이 고위 관직 출신이므로 형구를 갖추어 고문하지 말고 심문할 것을 요청했었다.[34] 또한 최후 처결로 내린 결정도

---

31 수원 지역 동학의 지도자로서는 안교선(安敎善)이 주목된다. 그는 본래 호남 출신으로 1884년 2월 수원을 비롯한 경기 지역 동학 전도에 역할을 하였고, 안승관(安承觀), 김 내현(金來鉉, 異名으로 鼎鉉, 弼鉉, 昇鉉) 등 수원 지방의 유력한 접주들이 생겨났다. 또한 서인주(徐仁周, 長玉, 호 一海)는 수원 출신 동학지도자로 알려져 있다. (최홍규, 「경기지역의 동학과 동학농민군 활동」, 『동학학보』 3, 2002, 96~99쪽)

32 『일성록』, 고종 26년 11월 14일조; 『승정원일기』, 고종 26년 11월 14일조.

33 『일성록』, 고종 26년 10월 17일조.

특이했다. "두 사람은 민요에 이르게 한 원인을 제공한 자이므로 당연히 정배定配의 처벌을 내리려고 했으나 민요를 일으킨 수창자인 이흥완李興完은 지금 이미 도주하였으므로 죄를 묻고 처분할 수 없다고 하면서 두 사람을 특별히 석방하라"는 처분을 내렸다.[35] 결국 수원부 민란의 원인을 제공하였던 김명기 등을 중앙 관료라는 이유로 사면 처분을 내렸으며, 민란 원인에 대한 조사와 처벌이나 폐단의 시정 등도 더 이상 거론되지 못한 채 모두 유야무야되었다.[36]

그렇지만 1890년 6월 재차 병조 참의로 임명받은 김명기金命基는 수원 성내 민란의 상황을 자신의 입장에서 왜곡하였다.[37] 그는 "자신이 한 행위가 유수부 서리들의 핍박에 못 이겨 격분한 나머지 꾸짖는 일이었을 따름이었는데, 도리어 서리들이 토호들과 결탁하여 관장을 속여 자신의 죄목을 꾸며냈다"고 변명하였다.

그런데 수원 성내 민란의 원인과 대응 추이를 구체적으로 규명하는 문제는 현재 자료가 부재하기 때문에 그 이상 실체를 알 수는 없다. 그러나 수원 민란은 관료와 서리들의 갈등에서 일어났으며 수원 주민들이 부담하는 조세 부담이나 부서의 경비 등이 원인이었을 것이다. 왜냐하면 수원 지역의 조세 토지가 발생한 원인 중 하나는 관에서 소유하고 있는 토지의 명목과 과세 면적이 지나치게 많이 책정되었기 때문이다.

그런데 1894년 농민전쟁의 발발 당시에도 각 지역 폐정 개혁의 현안

---

34 「의처김명기등(議處金命基等)」, 위의 책, 고종 26년 11월 18일.
35 「명김명기등특방안직김태욱등분간(命金命基等特放安㴐金泰郁等分揀)」, 『일성록』, 고종 26년 11월 24일;『승정원일기』, 고종 26년 11월 2일.
36 김명기는 이후 1890년 7월 사간원 대사간으로 임명됨으로써 마침내 복권되었다.(『일성록』, 고종 27년 7월 7일, '기사')
37 『승정원일기』, 고종 27년 6월 18일조.

은 지세제도의 불균과 편중 문제를 넘어서 국가권력 내지 궁방과의 토지
소유와 경작을 둘러싸고 고질적인 갈등이 심화되고 있었다.[38]

2. 1890년대 민중의 동향과 보은취회의 운동 전환

1) 보은취회 개최와 민중운동의 방향 논란

1862년 임술농민항쟁 이후 전국 각지의 민란은 해가 갈수록 더욱 빈
발하고 있었다. 특히 1876년 개항 이후 일본과 청을 비롯한 외국 상권의
침탈이 본격화되는 1880년대 중반부터 전국에 사회경제적 폐단이 고질
화되면서 민란도 아예 각 지방에서 일상적인 국면으로 변화하고 있었다.
1880년대 중반 이후에 대표적인 민란으로 1885년 여주민란, 원주민란을
비롯하여 전국 수십 개의 군현에서 계속해서 반복하여 일어나고 있었다.

1892~1893년에 이르러서는 지역을 넘나드는 민중세력들은 여러 지
역을 연결하고 있었다. 더 나아가 도 단위 혹은 그에 준하는 광역의 지역
을 연계하는 민중의 연대가 이루어지고 있었다. 여기에 1892년 전라도와
충청도 지역에서 일어난 동학도의 집회를 주목해 볼 수 있다. 이들 동학
도들은 원래 종교적인 신앙에서 출발한 사람들도 있었겠지만 다수는 지
배층의 수탈에 따라 빈민층으로 내몰리게 되는 일반민중들이었다. 이 시
기에도 정부 및 지방의 동학도 탄압과 불법적 수탈이 자행되었기 때문에
시정하기 위해 상소운동이 전개되었다. 이들에 의한 집단적인 상소와 시
위활동으로 전라도 삼례취회, 충청도 보은취회, 그리고 한성으로의 상경

---

38   정창렬, 「갑오농민전쟁연구」, 연세대 박사논문, 1991, 218~219·238~240쪽; 배항섭,
   「1894년 동학농민전쟁에 나타난 토지 개혁 구상」, 『사총』 43, 1994, 125~138쪽.

투쟁, 그리고 다시 보은취회 등으로 이어졌다.

여기서는 앞서 서술한 민중들의 폐정 개혁 요구와 제도 개혁의 지향이 1893년 동학 교단에 의해 개최된 '보은취회'를 통하여 어떻게 나타나고 있었는지를 살펴보려고 한다.

우선 역사 용어로 일반화되어 정착된 '보은 집회'는 당시 '보은취회報恩聚會'라고 불렸다. 이는 1892년부터 여러 차례 시도된 교조신원운동의 연장선상에서 개최된 충청도 보은 지역의 민중들의 취회를 말하였다. 발단은 1893년 3월 10일 교조 조난일을 맞아 최시형이 충청도 청산의 김연국 집에서 손병희, 김연국, 박용호 등 여러 지도자들과 만나 향후 대책을 논의한 데서 시작된다. 이들은 대규모 동학교도를 모아 상소 시위를 감행하려고 하였다. 동학의 2대 교주 최시형은 부패한 관리들의 압박에 대응하고 하층교도들을 보호하기 위한 대책으로 "모든 교도들로 하여금 보은으로 집결하도록 통문을 보내"게 된 데서 비롯하였다.[39]

보은취회에 관한 초기 연구로서는 김상기의 『동학과 동학란』을 들 수 있다.[40] 김상기는 동학농민전쟁이 '일대 민중운동'이고 '사회혁신운동'이었다고 규정하고 있지만, 처음부터 동학교단의 지도방침과 일반 동학교도의 요구를 구분하여 파악하려고 하였으므로 교단 중심의 입장과 일반

---

39 「본교역사(本教歷史)」, 『천도교회월보』 31, 1913. 2, 22쪽; "一以爲衛道尊師之方 一以爲輔國安民之策."(『시천교종역사』 제2편, '제10 · 13장')

40 이 글은 『동아일보』 1931년 8월 21일(제3827호)부터 10월 9일(제3876호)까지 36회에 걸친 신문연재물이었다. 이후 1947년 대성출판사에서 간행되었다가 1974년 『동방사논총』(서울대 출판부)에서 간행되었다가 1975년 같은 제목으로 한국일보사에서 간행되었다. (이영호, 「동학과 농민전쟁 연구의 원형 - 『동학과 동학란』(김상기, 『동아일보』, 1931)」, 『동학과 농민전쟁』, 혜안, 2004, 241~258쪽) 이 글은 동학이 출현한 사회종교 배경에서 시작하여 동학 개념, 교조신원운동, 동학농민전쟁의 전말에 대하여 종합적으로 정리하였다. 특히 문헌자료와 증언을 토대로 재구성하여 이후 동학연구의 기본 틀을 제공해 주었다.

동학교도의 분리를 강조하고 있다.[41] 이후 김의환은 보은취회 이전 삼례취회를 "동학교도들이 교문조직망을 통하여 많은 인원이 모여 실력으로 항소투쟁"을 한 것이고, 이후 동학운동을 더욱 조직적 정치적 실력대결로 앙양케 하였다고 높이 평가하였다.[42]

이렇게 동학교단 중심의 교조신원운동 전개 과정을 강조해 왔던 초기 연구 경향은 1980년대 이후에는 교단 이외에 변혁 지향 세력의 척왜양운동으로의 전환을 강조하는 연구로 나아갔다. 1892년 이후 교조신원운동과 척왜양운동의 전개 과정에서 보은취회의 주도층인 동학 교문 주도층과 남접 주도층의 지향점이 크게 달랐다는 견해가 제기되었다.[43] 이에 따라 최시형 위주의 교단 세력과는 별도로 전라도 지역에서 활동하기 시작한 서인주, 전봉준 등 남접의 세력을 구분하려고 하였고, 배외적인 정치운동으로서 척왜양운동을 주도한 세력을 강조하면서 교단내, 혹은 교단 밖의 변혁 지향 세력인 '남접'에 주목하게 된 것이었다.[44] 따라서 최근

---

41 김상기, 『동학과 동학란』, 64·84~90쪽; 오지영, 『동학사』 70~71쪽; 『천도교창건사』 제2편, 45~46쪽.

42 김의환은 보은취회의 모든 과정을 『천도교창건사』와 『시천교종역사』그리고 『취어』 등을 종합하여 상세히 정리하였다. (김의환, 「1892 1893년의 동학농민운동과 그 성격」, 『한국사연구』 5, 1970) 그러나 신영우는 "보은집회의 참가인원을 보은 향리들이 보고한 퇴거자의 수를 기준으로 하여 비율을 낸" 것은 잘못이며, 남접 지역 이외의 지역은 제대로 조사하지도 않고, 충청남도와 경상남도를 남접 지역으로 본 것은 틀린 것이라고 지적하였다. (신영우, 「1893년 보은집회와 동학교단의 역할」, 『실학사상연구』 10·11, 1999, 593~594쪽)

43 조경달, 「동학농민운동과 갑오농민전쟁의 역사적 성격」, 『조선사연구회논문집』 19, 1982; 조경달, 「1894년 농민전쟁에 있어서 동학지도자의 역할―서병학 서인주를 중심으로」, 『역사연구』 2, 역사학연구소, 1993, 69~82쪽; "湖西之徐丙鶴, 湖南之金鳳集·徐長玉, 竝令各該道道臣, 捉囚營獄, 嚴査登聞."(『고종실록』 34책 30권 23장, 1893.4.10, A면 기사)

44 1980년대 이후의 연구에서는 남접이 별도로 개최한 금구집회를 강조하면서 교단 중심의 보은집회 설명이 축소되고 남접 중심의 척왜양 외세배척운동을 강조하게 되었

연구사에서는 보은취회가 당국의 탄압에 의해 해산되자, 이후 전봉준을 중심으로 하는 남접 세력은 동학교단과는 별도로 독자적으로 대규모 농민봉기를 일으켰다는 설명이다.[45]

그러면 1890년대 민중운동 전개 속에서 민중들의 주체적인 인식과 동향, 그리고 지도자층과 일반 민중들의 참여 방식에 대해 구체적으로 어떻게 보아야 하는지 살펴보기로 하자.

1890년대 초 고양된 교조신원운동과 척왜양의 분위기 속에서 동학교단 측은 보다 큰 규모의 집회를 준비하였다. 1892년에는 서인주 등이 여러 차례 교조신원을 주장하여 최시형의 반대에도 불구하고 독자적인 운동으로 나섰다. 10월 17일경 서인주, 서병학 등은 공주에서 대규모 집회를 가졌다. 이들은 충청감사 조병식에게 '각도 동학 유생들이 의논하여 보내온 단자單子'를 제출하였다. 이들은 동학이 유교와 다르지 않다고 하면서 교조의 신원과 포교의 자유를 주장하였다. 또한 당시 일본 상인들의 미곡 유출에 따른 농민의 피해도 언급하면서 시정을 요구하였다.

이에 대해 최시형은 10월 27일 통유문通諭文을 보내 11월 1일을 기해 각지의 두령은 각포 도도道徒를 거느리고 삼례역에 집합하라고 하였다차 삼례취회.[46] 이에 11월 1일에는 삼례에서 집회가 있었다. 역시 전라감영에 두

다.(정창렬, 「갑오농민전쟁연구」, 연세대 박사논문, 1991, 44~82쪽) 특히 1893년 3월 삼례 2차 집회와 그 이후 척왜양 방문의 내용이 거의 같다고 해서 이들의 운동이 동일한 세력하에 일관된 주장으로 간주하였으나 당시 운동의 전략과 적합성을 구체적으로 분석할 필요가 있다.

45 북한학계에서는 이러한 교단지도층의 행태를 비판하면서 동학 상층 지도부가 교조신원운동에서 하층 참여자층의 폭력적인 진출을 적극 억제하였을 뿐만 아니라 군중들을 조직적으로 해산시키는 행위를 감행하였고, 심지어 봉건정부와 결탁하여 하층 참여자의 동태를 밀고하는 행위도 서슴치 않았다고 하면서 동학 교단 지도부의 역할을 낮게 평가하였다.(정창규, 「1893년 보은집회투쟁의 성격에 대하여」, 『력사과학』 제3호, 1984, 33~38쪽; 량만석, 『동학의 애국애족사상』, 사회과학출판사, 2004, 110쪽)

차례 건의문을 올렸다. 전라감사도 이전 충청감사와 마찬가지로 동학교도들에 대한 탄압을 금지시키겠다고 약속하면서 교도들을 해산시켰다.[47] 그렇지만 동학에 대한 탄압은 수그러지지 않았고 도리어 이전보다 심해지기까지 하였다.

이렇게 되자 교도들은 동학에 대한 탄압에 대해 보다 확실한 대책을 요구하기 위해 서울 궁궐 앞에 나가 복합상소를 주장하였다. 최시형은 부득이하여 이를 받아들여, 1892년 12월 6일 복합상소 문제를 논의하기 위해 보은에 도소都所를 차렸다.[48] 최시형이 보은을 근거로 하여 거처를 임시 마련한 1885년 이래 보은은 재차 교단 측의 본부로서 위치하게 되었다. 이들의 복합상소는 광화문 앞에서 1893년 2월 11일부터 13일까지 밤낮에 걸쳐 시도되었다. 이후 귀가하여 안업하면 소원을 들어주겠다는 국왕의 교지에 따라 해산되었다. 그렇지만 일부 외세배척운동자들은 외국 공사관이나 학당, 교회당 등지와 여러 주요 지점에 척왜양을 기치로 조선에서 물러날 것을 주장하는 방문을 붙여 위협하였다.[49]

한편 1893년 2월 10일 전라도 삼례에서는 수천 명의 교도들이 다시 집회를 열었다2차 삼례취회. 이들은 전라감사에게 "장차 수십만이 창의하여 서울로 가서 왜양을 제거하고 병자년의 치욕을 씻겠다"는 글을 보내고 각읍의 관아에 척왜양 창의문을 게시하였다. 이들은 "우리 수만 명은 힘을 합쳐 죽기를 맹세하고 왜적倭賊과 양적洋賊을 물리쳐 대보지의大報之義를 본받고자" 하며, "각하도 뜻을 같이하고 협력하여 충의忠義로운 선비들을

46　『천도교 창건사』 제2편, 145~146쪽; 「해월선생칠십이년사」, 『신인간』 해월신사탄생백주기념호(제2권 제3호).

47　『한국민중운동사 자료대계』 1, 여강출판사, 1985, 68~75·77~78쪽.

48　「천도교서」, 『동학농민전쟁사료총서』 28, 211~212쪽.

49　김의환, 「1892·3년의 동학농민운동과 그 성격」, 『한국사연구』 5, 1970, 164~167쪽.

선발하여 함께 보국輔國하기를 간절히 바란다"고 충고 겸 위협하는 글을
보냈던 것이다.

그렇지만 동학교도들의 서울 복합상소는 수포로 돌아가고 동학지도층
은 그동안 합법적 방법에 의한 신원운동을 더 이상 전개할 수 없었다. 이
에 1893년 3월 10일 최시형은 동학 대중과 하층 간부들의 강력한 요청
으로 다음과 같은 통유문을 발하여 전국에 있는 교도들로 하여금 충청도
보은 장내帳內로 집합하도록 하였다.

보은 관아에 통고報恩官衙 通告
대개 사람의 일에는 3가지 어려운 것이 있는데, 절개를 세워 충성을 다하여 나
라를 위해 죽는 것은 신하로서 어려운 일이고, 힘을 다해 정성으로 효도하여
어버이를 섬기다가 죽는 것은 자식으로서 어려운 일이며, 정절을 지켜 아름다
움을 사모하여 남편을 따라 죽는 것은 아내로서 어려운 일입니다.

태어나고 죽음이 있는 것은 사람에게 당연한 것이고, 일이 있고 없는 것은 때時
가 정하는 것입니다. 아무런 일이 없이 편안한 때에 살면서 충성과 효도의 도리를 다
하는 것을 즐거워하고, 일이 생겨 재앙과 어지러운 때에 살면서 충성과 효도를 다하다
가 죽는 것은 바로 신하와 자식으로서 어려우면서도 쉬우며 쉽고도 어려울 수 있습니다.
(…중략…) 저희들은 비록 초야에 있는 어리석은 백성이지만, 그래도 선왕의 법을 따
르면서 임금의 땅을 경작하고 부모를 봉양하며 살고 있으니, 신하와 백성을 구분하여 귀
하고 천한 것에는 비록 차이가 있더라도 어찌 충성하고 효도하는 것에 다름이 있겠습니
까? 원컨대 미약한 충성이나마 나라에 바치고자 하나 위에 알릴 길이 없습니다.[50]

삼가 생각하건대 임금께서는 세력이 있는 집안의 훌륭한 인재로서 길이 국록國

---

50 "生等雖草野蠢氓 猶襲先王之法耕 國君之土以養父母於臣民之分貴賤雖殊 忠孝何異
　　哉願效微忠於 國區區下情無路上達."(「취어」)

祿을 보전하여 나아가거나 물러가거나 근심이 임금을 사랑하고 나라에 충성하는 정성에 있다는 것은 저희들과 비교할 수가 없을 것입니다. (…중략…) 저희들 수만 명은 함께 죽기를 맹세하여 왜와 서양을 제거하고 격파하여 큰 은혜에 보답하는 의리를 다하고자 합니다. 삼가 원하건대 각하께서는 뜻을 같이하고 힘을 합하여 충의정신이 있는 선비와 관리를 모집하여 함께 국가의 소원을 돕도록 하십시오. 천번 만번 기원하고 간절히 바랍니다.[51]

1893년 3월 초 10일 묘시卯時에 동학창의유생東學倡義儒生 등이 여러 번 절하고 글을 올립니다.[52]

이들은 국가에 충성을 다하여 나라를 위해 죽는 것을 내세우며 신하와 자식으로서의 충효를 절대적인 가치로 내세우고 있다. 이러한 유교적인 충효이념을 바탕으로 하여 일본과 서양을 오랑캐로 보며 이들에 대한 적개심을 노출하고 있다. 그러면 이들은 '초야에 있는 어리석은 백성生等雖草野蠹氓'이지만 선왕의 법과 땅을 갈고 있는 사람으로서 충성으로써 나라에 바치고자 하는 의지를 표현하였다. 그리하여 저희들 수만 명은 함께 죽기를 맹세하여 왜와 서양을 제거하고 격파한다는 것을 이념으로 삼고 있다고 하였다. 이들은 충의 정신이 있는 선비士와 관리吏를 모집하여 국가의 소원을 돕도록 하고 있다. 이들은 일반 민중의 의사를 대변한다고 하지만, 충효라는 유교적인 명분을 의뢰하여 이른바 충군애국적인 반외세 척왜양을 외치고 있었다. 이들은 민중의 피폐한 삶을 직접적으로 개선하거

---

51 "生等數萬 同力誓死 掃破倭洋 欲效大報之義 伏願閣下同志協力 募選有忠義之士吏 同輔國家之願 千萬祈懇之至."(「취어」)

52 「취어」, 동학농민전쟁백주년기념사업추진위원회 편, 『동학농민전쟁사료총서』 2, 사운연구소, 1996, 29~75쪽.

나 개혁하려는 구호를 내세우기 보다는 '척왜양'이라는 배외주의를 통하여 내적인 생존의 문제를 우회적으로 해결할 수 있는 방법으로서 민중을 동원시켜 정치세력화를 꾀하는 것이라고 할 수 있다.

1893년 3월 11일 "보은취회에 모인 사람들은 적어도 2만여 명에 이르렀고, 몰려든 사람들로 인하여 쌀을 파는 상인들이 북새통을 이루었다. 이들은 커다란 척왜양기와 각 방위를 나타내는 오색기를 세우고 각 지역별 접을 대표하는 작은 깃발을 세웠다"고 한다.[53]

그런데 당시 1893년 3월에 보은에 모인 사람들은 단지 하나의 새로운 종교으로 동학이라는 종교집단의 구성원에 그친 것이 아니라 다양한 세력들이 함께 모여 있었던 것으로 보인다. 이때 모인 사람들의 면모는 당시 어윤중의 장계 기록에 다음과 같이 적시되어 있다.

저 무리를 따라 온 사람들은 스스로 모인 이후 날마다 수천 개의 계획이 마치 물이 계곡에 넘치고, 불이 언덕을 태우는 것과 같이 쏟아져 나와 막을 수가 없었습니다.
① 처음에는 부적과 주문을 가지고 무리를 현혹시키고, 도참설을 전파하여 세상을 속이니 마침내 재주와 기상을 믿었다가 일이 뜻대로 되지 않은 사람들이 그들을 따랐고, ② 탐욕이 멋대로 행해지는 것에 대해 분개하여 백성을 위해 생명을 내놓은 자들이 그들을 따랐으며, ③ 바깥 오랑캐들이 우리의 이익의 원천을 빼앗는 것을 분하게 여겨 함부로 큰소리치던 자들이 그들을 따랐고, ④ 탐욕스러운 장수와 속이 검은 아전에게 학대를 당하여도 억울함을 호소할 곳이 없었던 자들도 그들을 따랐습니다.

---

53 「취어」, 위의 책, 33~34쪽.

⑤ 서울과 시골에서 무단武斷으로 협박과 통제를 받아 스스로 보전할 수 없었던 자들이 그들을 따랐고, ⑥ 서울 밖으로 죄를 짓고 도망한 자들이 그들을 따랐으며, 감영과 고을에 의지할 수 없어 흩어져 살던 자들이 그들을 따랐고, ⑦ 농사를 지어도 곡식을 남기지 못하고 장사를 하여도 이익을 남기지 못한 자들이 그들을 따랐으며, ⑧ 어리석고 우매하여 소문만 듣고 동학에 들어간 것을 즐겁게 여기던 자들이 그들을 따랐고, ⑨ 빚을 져 독촉을 이겨내지 못하던 자들이 그들을 따랐으며, ⑩ 상민과 천민이 귀하게 되기를 원하는 자들이 그들을 따랐습니다.

선유사 어윤중의 위와 같은 보고에서와 같이 다양한 참여 이유 중에서 동학과 관련된 종교적 이유 때문에 참여한 사람들①, ⑧도 있었지만, 그보다 많은 사람들은 각 지방에서 행해진 부당한 토색과 곤란에 의해 피해받은 소빈농들이었다②, ④, ⑤, ⑦, ⑨. 이들은 탐욕스런 장수와 아전에게, 그리고 무단으로부터 협박과 통제를 받아 가산을 빼앗겼지만 억울함을 호소할 곳이 없는 사람들이었다. 일반적으로 보은취회에서는 동학도의 소집령에 의해 모인 동학의 교도들로 추정되고 있지만, 여러 양상 중에서 겨우 ①과 ⑧에 그칠 정도로 동학도보다는 그 이외 억울한 사람들이 많았던 것으로 보인다.

당시 보은취회에 모인 사람들의 규모는 다음과 같은 『취어聚語』라는 상세한 보고서에 담겨있다. "돌로 쌓은 담장은 그전 모양과 같고, 사람의 수는 약 2만여 명을 헤아리는데, 성 안에 있는 사람은 1만여 명에 불과하였습니다. 어떤 사람은 "한 사람마다 한 푼의 돈을 거두는데 합해서 230여 냥이 된다"라고 하는데, 믿을 수 없다"고 하였다.[54] 대체로 보은취회에 모

---

54 "石堞如前樣人名數或二萬餘名而城內之人不過萬餘名或云每一名收一分錢而合爲 二百三十餘 兩而未可準信."(『취어』, 1893.3.20 보고) 당시 도량형으로는 10푼(分)은

은 사람들은 전국적으로 2만 3천여 명에 이른다고 했는데, 실제로 이들이 어디에서 모여들었는지에 대해서 알아보자.

〈표 6〉은 보은취회에서 해산할 때 소속된 동학의 접에 포함되어 주로 성안에서 집회에 직접 참여하는 사람들을 가리키는 것으로 보인다. 이들의 참여 규모는 각지에서 1만 2천여 명으로 추정된다.[55] 자료의 중간에는 각접의 규모에 따라 수십 명에서 수백 명까지 다양하게 구성되어 있음을 알 수 있다. 이들은 각 지역의 대표자와 함께 하나의 표지로 집단을 이루어 활동하고 있었다. 예컨대, "장수長水의 황병원黃丙元 등 130여 명과 영암靈巖·무안務安·순천順天·인동仁同·지례知禮 등지의 사람 260여 명이 깃발 세 개를 세웠다"고 하면서 '호수부의湖水赴義', '호장대의湖長大義', '호남수의湖南水義' 등으로 표기한 것이었다.

이들의 모습에서는 "온 나라에 불평의 기운이 가득한 것을 모두 모아 하나의 단체와 마을을 만들어 놓고 팔을 걷어 부치며 호언장담을 하고, 눈으로는 죽음을 단지 그냥 돌아가는 것처럼 여기며, 선비의 의관과 복장을 하여 비록 무기를 지니지 않은 듯하지만 성에 깃발을 꽂고 망을 보고 살피는 것은 자못 전쟁하는 진영의 기상이 있다. 부서가 서로 이미 정해져 행동거지가 어긋남이 없어 글을 하는 사람이 오면 글로써 접대하고, 무술을 하는 사람이 오면 무술로써 접대하여 스스로 판단하는 방법이 있으니, 함부로 무력을 사용해서는 아니 됩니다"고 지적하고 있듯이 매우 정연하게 집단적으로 행동하고 있음을 알 수 있다.

1전(錢), 0.01량(兩) 이므로 1량은 100푼이고, 230여 량은 약 2만 3천 명이 낸 모금액으로 추정된다.

55 김의환의 논문 187쪽 표의 통계는 남접과 북접으로 각기 6,409명과 5,994명으로 모두 12,403명으로 추정하였으나 본문에서 공주, 옥천, 문의 등지 해산한 15명을 추가하여 총 12,418명으로 정정하였다.

〈표 6〉 1893년 보은취회 당시 전국에서 모인 동학도 및 민중들의 참여 규모

일자	출신 지역	인원	비고
3.29	상주 강화일 접	6명	
	충청도 경상도 접	3명	
	공성(公城) 김맹현 등	7명	
	금산 김상수 최봉비 등	2명	
	성주·선산·금산 상주 등인	36명	
	경기도 광주	수백 명	돈 네 바리, 천안, 직산, 덕산 돈 수십 량
3.30	장수 황병원	130명	
3.30	영암 무안 순천 인동 지례 등	260여 명	
3.30	공주 옥천 문의	15명	
4.2	두령 최도주 서병학 등		승야도주
4.2 ~4.3	경기 수원접	840여 명	*수원 용인 300여 명 추후 도착(3.26) *1,000여 명, 사실 6~700명 불과(3.28)
	용인접	200여 명	
	양주 여주등지	270여 명	
	안산접	150여 명	
	송파접	100여 명	
	이천접	400여 명	
	안성접	300여 명	
	죽산접	400여 명	
	강원도 원주접	200여 명	
	청안접	100여 명	
	진천접	50여 명	
	청주접	290여 명	
	목천접	100여 명	
	간로 원평으로부터 충주 향한 자	1,000여 명	
	전라도 궐읍무기(闕邑無幾)	5,600여 명	
	비인접	8명	
	연산접	13명	
	진잠접	3명	
	공주접	5명	
	옥천접	150여 명	
	청산접	30여 명	
	비인접	8명	
	연산접	13명	
	진잠접	30명	

일자	출신 지역	인원	비고
4.2	공주접	5명	
~4.3	영남 김산(金山)	2명	
4.2	함평, 남원, 순창, 무산, 태인, 영광	200여 명	*호남 영광 등지 100여 명(3.27) 도착
	장수접	230여 명	
	영암접	40여 명	
	나주접	70여 명	
	무안접	80여 명	
	순천접	50여 명	
	하동접	50여 명	
	진주접	60여 명	
	인동접	40여 명	
	경상도 성주접	30여 명	
	선산접	30여 명	
	상주접	90여 명	
	옥천접	30여 명	
	영동접	50여 명	
	상주접	20여 명	
	선산접	60여 명	
	금산접	18명	
	인동접	40여 명	
	옥천접	800여 명	
	상주 공성(公城)접	50여 명	
	금산 선산 등지	100여 명	
	안동접	40여 명	
합계		12,418여 명	

출전 : 보은 각 처 장리의 방수자들이 조사한 동학도 퇴거 일자 / 지역 / 인원 수(『취어』)

이들의 대외적인 요구를 표상하는 '척왜양'을 외치는 논리적 구성은 매우 특이함을 발견할 수 있다. 어윤중은 "저들이 오랑캐를 물리친다고 명분을 삼은 오랑캐들이 국도國都에 섞여 살면서 우리의 재물의 원천을 소모시키니, 이는 어느 나라에도 없는 것이기 때문에 온 나라의 의병과 함께 힘을 합쳐 물리치려는 것"이라고 말하였다고 하였다. 이를 구체적으로 적시하면, "탐관오리의 횡포는 외국과 교류한 이후 더욱 거리낌이 없고, 많은 사악한 것이 뒤섞여 밀려 들어와 백성을 박해하는 것을 일삼고 있는데, 비록 이를 징계하라는 명령이 있었으나 실상은 효과를 거두지 못하였다"라고 하면서 탐관오리의 행태가 개항 이후 더욱 가중되었음을 지적했다. 그래서 이들은 위로 조정에 아뢰어 탐관오리를 쫓아내고자 하였다. 또한 "저희들의 이 집회는 조그마한 무기도 가지지 않았으니, 이는 바로 민회民會입니다. 일찍이 여러 나라에도 민회가 있다고 들었고, 조정의 정령政令이 백성과 나라에 불편한 것이 있으면 모여서 의논하여 결정하는 것이 근래의 일입니다. 어찌 저희들을 도적의 무리비류(匪類)라고 지적합니까?"라고 하였다.[56]

보은취회 참여자들은 척왜양과 탐관오리를 연결시키고, 조정에 알려 이들을 쫓아내려고 하는 것이라 주장하면서 이들 스스로 '민회'로서 의논하여 결정하는 방식을 취하는 것이라고 자임하였다. 이를테면 조선왕조의 지배체제의 하부에서 밑으로부터 민중들의 민주주의적인 주장을 담고 있는 것으로 보인다.

2) 보은취회에서 나타난 민중운동의 변화 지도층과 이념의 이중교차

1893년 보은취회의 주도세력과 성격에 대해서는 주로 동학도들이 제기하는 기치와 지향점을 근거로 논의되어 왔다. 예컨대 보은취회의 1차 통유문3월11일자에서는 교조신원과 사회 개혁을 위주로 하여 작성되었다고 보았다. 특히 동학도라고 하여 관리와 양반 토호의 부정한 억압과 토색질을 비판하면서 각기 생업을 편안히 하면 소원을 들어준다는 임금의 유시諭

---

56 "臣曰 此在朝廷處分 汝等焉敢乃爾 又曰渠等此會不帶尺寸之兵乃是民會 嘗聞各國亦有民會 朝廷政令有不便於民國者 會議講定 自是近事 豈可措爲匪類乎."(「선무사재차장계 어윤중 겸대(宣撫使再次狀啓 魚允中兼帶)」,『취어』)

示에 빗대어 위도존사衛道尊師와 보국안민의 계책을 마련하자고 하였다.

그러나 2차 통유문3월 16일 자에서는 척왜양을 전면에 내세우고 있다. 즉 "기강이 무너졌고 법은 문란해져서 요사스럽게 오랑캐들이 중국을 침략 능멸하고 우리 날에도 침범하여 제멋대로 돌아다니고 있다"고 하면서 "하물며 왜적과는 해와 달을 같이 할 수 없을 만큼 불구대천지 원수인데 짐승의 무리에게 곤욕을 당하고 참으라고 말하겠는가"라고 하였다.[57] 이렇게 방침이 바뀐 이유에 대해서는 다음과 같이 여러 가지 설명이 가능하다.

1893년 3월 11일 최시형이 보은 장내리에 도착하였을 때 이미 교도 수만 명이 모여 있었으며, 보은 관아에는 '척왜양'을 전면에 주장하는 통고通告가 이미 게시되어 있었다.[58] 그만큼 급박하게 상황은 전개되었다. 전국 각지에서 다양한 신분 계층의 사람들이 모여들기 시작하자, 3월 22일 동학인방문東學人榜文에도 '척왜양'을 기치로 내걸었다.[59]

보은취회시기 척왜양 창의가 전면에 내세워진 이유는 교조신원이나 탐관오리의 축출보다 척왜양이라는 구호가 민중들의 사회 개혁 요구보다는 정부나 보수유림도 인정하고 동조할 수밖에 없는 명분이라는 판단했기 때문이었다. 따라서 호남 지방의 동학교도들이 척왜양을 내걸어 동학교단 지도부에 압력을 가하였으며, 보은취회와 금구취회의 지향점은 슬로건 자체에서 큰 차이가 없었다고 판단하였다.[60]

---

57 「취어」, 『동학농민전쟁사료총서』(2), 29~31쪽.
58 위의 글, 29~75쪽; 『천도교회사초고』, 453쪽; 『본교역사』, 330쪽.
59 박찬승은 복합상소와 척왜양 방문을 서울과 전주 감영에 내걸던 시기에 "호남 지방의 동학교도들 사이에서 '척왜양'과 '탐관오리 축출' 등 정치적 구호를 내걸고 이를 실행에 옮기고자 하는 세력이 급격히 형성"되었다고 하였다. (박찬승, 「1892·1893년 동학교도들의 '신원'운동과 '척왜양'운동」, 『1894년 농민전쟁연구』 3, 역사비평사, 1993, 358쪽)
60 이는 고부봉기에서 전봉준이 각지의 동학교도들에게 거국적인 봉기를 호소하였을 때 호남 지방의 교도들이 아무런 호응을 보이지 않았다는 점에서 1894년 초의 시점까

지금까지 보은취회 연구에서는 '척왜양'의 기치가 1890년대에 여러 소외계층의 불만을 표출시켜 동원해 내는 이데올로기의 성격을 갖는다고 파악하였다. '척왜양'으로의 전술적인 변화는 교조신원보다는 보다 폭넓은 계층의 지지를 얻을 수 있다고 판단하였다.[61] 척왜양은 종래 유교적 교리와 수양을 주장하며 동학의 이단성을 희석시키는 것과 아울러 내부의 계층적 갈등을 외부의 적을 배척함으로써 무마하고 서로의 연대를 이루어낼 가능성이 있기 때문이었다.[62]

그러나 척왜양과 보국안민은 그렇게 쉽게 결합될 수 있는 내적 연관성을 가지고 있었는가는 의문이다. 양자는 엄연히 분리된 이념이라고 할 수 있다. 왜냐하면 보국안민은 봉건 정부의 수탈과 지방적 수탈의 대상이 되어 급속히 몰락하고 있는 민중을 구제하려는 이념이었기 때문이다.[63] 예컨대, 충주 유생 김영상金永相의 『율산일기栗山日記』에서는 "척왜양사, 민씨축출사, 호포혁파사, 당오전혁파사, 각읍세미정지사, 착목면 불통외국물

지도 전봉준의 지도력이 아직 확립되지 못하였다는 것을 보여주는 예라고 설명하였다.(박찬승, 위의 글, 373~374쪽)

61 배항섭, 『조선 후기 민중운동과 동학농민전쟁의 발발』, 경인문화사, 2002, 159~231쪽, '제5장, 척왜양운동과 동학교도 대원군의 거병기도'.

62 이경원은 1880년대 후반 전라도 지역의 동학 포교에서 유교적 실천윤리가 강조되었다는 측면을 강조하였다. 무장, 함평 등지의 동학도들이 정감록 사상을 가지고 척멸왜양(斥滅倭洋)을 주장하였으며, 복합상소 무렵 전개된 척왜양 활동은 이들 전라도 동학교도들의 주도 가능성이 높다고 주장하였다.(이경원, 「교조신원운동기 동학지도부의 유교적 측면에 대한 고찰」, 『역사연구』 19, 2010, 28쪽)

63 이영호는 1892년 이후 교조신원운동 과정에서 전개된 동학 교단과 농민들의 운동 이념에 대해 '척왜양'과는 다른 이념으로서 '보국안민(保國安民)'이라는 개념에 주목하였다.(이영호, 『동학과 농민전쟁』, 혜안, 2004, 469~471쪽) 배항섭은 보은집회 이전부터 독자적인 세력을 형성해 간 인물로 서병학, 서장옥, 전봉준 등으로 하나의 그룹으로 보면서 이들을 '교단 내 변혁 지향 세력'이라고 표현하고 있다.(배항섭, 앞의 책, 2002, 206~207쪽) 그런데 서병학은 전봉준 등과는 다른 성향으로 구별하여 보아야 하지 않을까 한다.

색사"등 정치 개혁 요구를 해산의 전제로 내세웠다.[64]

그러므로 척왜양을 내세워 민중운동의 외연을 확대·강화한다는 설명은 그 자체로 이데올로기적인 편협성을 갖는 구호라고 보는 것이 나을 것이다. 척왜양을 통하여 동학운동의 외연을 확대시키고 투쟁 의지를 강화하는데 도움이 될지는 몰라도 계급적 대립이 이미 심화된 농촌사회 내부에서 척왜양 자체가 민중운동의 구심점과 지향이 될 수는 없기 때문이다.

그러한 의미에서 ① 교조신원과 ② 척왜양, ③ 보국안민의 3가지 핵심어가 논리적으로는 바로 연결되지 않는다고 생각된다. 다만 삼자가 연결될 수 있는 이유는 주도세력의 사상적 차이라기 보다는 민중의 생존 조건의 변화에서 고리를 찾을 수 있지 않을까 한다. 앞서 1893년 3월 11일 보은관아에 통보한 「통고문」에서도 알 수 있듯이, 교조신원의 구호가 후퇴하고 동학교도들의 정치적 요구를 주장하면서 보국안민의 의지를 결연히 주장하고 있었다.[65] 당시 『도쿄아사히신문』에 의하면, 동학당의 목표가 1893년 4월에는 "외교배척外敎排斥 외상축거外商逐去이고, 당조黨祖 최복술崔福戌, 최제우의 원명세설寃名洗雪"이었지만,[66] 6월에 이르면 정치적인 구호로 "척화척양斥和斥洋 창의倡義"이라고도 하지만, 실제로는 "망녕된 신하 28인을 제거하고 이국안민利國安民을 이루자"는 정치 개혁의 구호가 나타났다고 보도하였다.[67] 이는 조선 정부의 요로에 있는 민씨, 조씨, 이씨 등 세도가문 부패 관료를 제거하려는 것으로 척왜양이라는 배외주의를 넘

---

64 "斥倭洋事, 閔氏逐出事, 戶布革罷事, 當五錢革罷事, 各邑稅米精持事, 着木棉不通外國物色事."(『율산일기(栗山日記)』 人, 계사 4월 17일 자(신영우, 「1893년 보은 장내리의 동학집회와 그 성격」, 『충북학』 5, 2003, 41~44쪽 재인용))

65 「취어」, 『동학란기록』 (상), 111쪽. 보은 군수 이중익과의 문답.

66 「東學黨の事」, 『도쿄아사히신문(東京朝日新聞)』, 1893.4.18, 1면 5단 기사.

67 「東學黨の旗幟」, 『도쿄아사히신문』, 1893.6.25, 2면 3단 기사.

어서서 현실의 부패한 정권을 개혁하고자 하는 것이었다. 이렇게 보은취회 참여층의 개혁 목표 설정은 단지 종교적인 포교의 자유나 종교적 차원의 구호에 그치는 것이 아니었다. 이들 참여층 전반은 민중의 생존과 직결된 부패관리의 탐학과 서양·일본의 침탈 방지에 있었으므로 보다 현실적인 정치 개혁 문제를 제기하고 있는 것이다.

따라서 민중 주도적인 관점에서 보은취회의 성격 변화를 재해석해 보면, 개혁의 목표와 전략은 1892~1893년 교조신원운동을 통해 대전환을 맞이하게 되었다. 우선 동학도의 침탈을 방지하고 공인 종교화를 위해 교조 최제우의 죽음을 신원하고자 하는 운동으로 시작하였지만, 이후 자신들의 사회경제적 처지를 극복하고자 하는 척왜양운동으로 방향을 틀었고, 척왜양으로는 더 이상 유지할 수 없다는 것을 절감하고 '보국안민'의 이념이라는 정치 개혁의 구호로 구체화하였다. 물론 운동 전략의 수정과 전환은 처음부터 의도적이고 계획적이지 않았지만, 운동의 전개 과정에서 자연스럽게 극복된 실천운동의 단계적 전환 과정이었다고 평가할 수 있다.

그런 의미에서 보은취회는 1894년 농민전쟁으로 가는 전기가 되었다는 점을 알 수 있다. 이는 이념과 조직, 주도층의 측면에서 3가지 측면의 전환이 결합되어 교조신원, 척왜양, 보국안민으로는 삼중 전환을 이루는 것이었다. 따라서 1893년 보은취회의 주도세력의 변화와 현실 대응 전략에 대하여 북접과 남접이라는 지도부의 교차, 그리고 척왜양과 보국안민이라는 이념의 교차라는 측면에서 재해석할 수 있다. 그러한 의미에서 19세기 후반 민중운동의 성장과 발전이라는 측면에서 볼 때 동학의 교조신원운동 단계에서 전국적이고 폭발적인 농민전쟁으로 이어지는 계기적 전환에 '보은취회'를 새롭게 자리매김할 필요성이 있다.

또한 보은취회를 바라보는 관점에서 새롭게 주목해야 할 점은 전국적으로 서로 연대할 수 있는 공통의 공간, 연대의 장소가 최초로 제공되었다는 '집회의 장소성'에 있다. 전국 어디에서나 출발한 각계각층의 다양한 사람들이 보은 장내리로 모여들었던 것은 전근대사회에서는 유별난 특이한 현상이었다. 1892년 12월 교조신원운동이 본격화되었을 때 최시형은 이미 보은에 도소都所를 세워 운동의 구심체 역할을 하였으며, 1893년 3월 보은취회에서도 대도소大都所를 세워 창의의 본부로 만들었다. 또한 충청, 전라를 비롯한 경기, 경상, 강원에 이르기까지 전국에서 수만 명의 동학교도와 민중들이 함께 참여한 장소의 특이성이 있었다.

3. 1894년 농민전쟁의 민중 참여와 민중적 개혁 지향

1) 동학농민군 지도자 전봉준의 등장과 지도자적 역할

(1) 보은·금구 취회의 주도성과 보국안민 이념 제기

19세기 말 농민의 개혁이념은 초기에는 척왜양이라는 반외세적인 것으로 나타났으나 이제 보국안민輔國安民이라는 민생의 안정화를 지향하였다. 그렇지만 농민적 개혁이념은 아직 구체적인 것이 아니었을 뿐만 아닐 그것을 구현하고자 하는 수단도 강구되지 못하고 있었다. 여기에 1893년 3월의 보은취회와 금구취회에서의 전환이 이루어졌다. 민중세력에 기반한 지도자로서 전봉준, 손화중, 김개남 등 이른바 남접 지도자들이 등장하기 시작하였다.

기존 연구에서는 농민군 지도자들의 정국 구상이나 지도이념에 대해서는 집중하여 연구되었다.[68] 그러나 전봉준 등 농민군 지도자들의 전략적 구상을 제대로 밝히지 못하고 있다. 1차 봉기에서도 고부민란 직전 소위

사발통문의 구상에서도 '경사로 직향할 사'라는 목표를 내세우기는 했지만, 어떻게 구체적인 행동계획을 짜고 실천했는지는 자세히 알 수 없다.

여기에서는 전봉준을 중심으로 농민군 지도자들의 정치 개혁 구상을 중심으로 살펴보면서, 이들 농민군 지도자의 역할과 일반 농민군 참여자와의 관계성을 구체적으로 검토해 보려고 한다. 왜냐하면 정치 지도자와 참여 농민층의 관계가 일방적인 지도와 동원으로 이루어진 것인지 아니면 자발적 참여에 의한 것이었는지, 즉 지도자들의 민중 동원의 방식에 대해 세밀하게 분석할 필요가 있기 때문이다.

전봉준이 동학과 깊은 관계를 맺게 된 것은 대개 1880년대 말, 혹은 1890년경으로 추정하고 있다.[69] 그가 정치적 지도자로 부각되기 시작한 것은 1892년 말 이후로 추정된다. 우선 1880년대 동학의 교세가 각 지방에 확산되면서 지방관의 침탈이 더욱 심해졌다. 이후 동학의 합법화를 위해 교조 최제우의 신원伸寃과 포교의 자유를 공개적으로 주장하기 시작했다.[70] 1892년 10월에는 서인주, 서병학 등이 주도한 공주에서의 대규모 집회가 있었고, 이어 11월 1일에는 삼례에서 집회가 있었다. 그렇지만 동학에 대한 탄압이 수그러지지 않고 오히려 더 심해지기까지 했음으로 최시형 등 교단의 지도자들은 1893년 12월 6일 보은에서 모여, 서울 궁궐

---

68 전봉준 등 동학농민군 지도자의 정치 구상 및 혁명 활동에 대해서는 김용섭, 『한국근대농업사연구』 III, 지식산업사, 2001; 배항섭, 『조선 후기 민중운동과 동학농민전쟁의 발발』, 경인문화사, 2002; 배항섭, 『19세기 민중사 연구의 시각과 방법』, 성균관대 출판부, 2015; 이이화, 『전봉준, 혁명의 기록』, 생각정원, 2014; 정창렬, 정창렬저작집간행위원회 편, 『갑오농민전쟁』, 선인, 2014; 조경달, 『이단의 민중 반란—동학과 갑오농민전쟁』, 1998, 이와나미쇼텐 등 다수가 있다.

69 정창렬, 위의 책, 102쪽.

70 김상기, 『동학과 동학란』, 64쪽; 오지영, 『동학사』, 70~71쪽; 『천도교창건사』 제2편, 45~46쪽.

앞에 나가 복합상소를 올리기 위해 준비하기 시작했다.

이들이 주최한 복합상소는 광화문 앞에서 1893년 2월 11일부터 13일까지 밤낮에 걸쳐 시도되었고, 이후 귀가하여 안업하면 소원을 들어주겠다는 국왕의 교지에 따라 해산되게 되었다. 그렇지만 일부 외세배척운동자들은 외국 공사관이나 학당, 교회당 등지와 여러 주요 지점에 척왜양을 기치로 조선에서 물러날 것을 주장하는 방문榜文을 붙여 외국인들을 위협하였다.[71] 2월 20일 전후에 "우리나라의 국범을 범하여 교당을 세우고 포교하는데, 만일 짐을 꾸려서 돌아가지 않으면 3월 7일에 우리 당은 당연히 너희 공관에 쳐들어가 소멸하겠다"[72]고 하였다. 그렇지만 이때 무장하여 서울로 쳐들어가겠다는 전술은 실제 실행되지 못했다.[73]

당시 교조신원운동이 크게 일어나던 시기에 전봉준은 서울로 상경하여 흥선대원군과 만난 일화가 전하고 있다.[74]

선생先生이 일찍 경성京城에 올라가 대원군을 찾아본 일이 있었다고 하는데, 선생이 대원군을 만나 보았으나 한 말도 일찍 개구開口한 일이 없었다. 하루는 대원군이 선생을 조용從容히 청請하여 일을 물어보았다.

그대는 무슨 일로 하여 나를 찾아왔으며 나를 보았으면 어찌 말이 없는가 시골사람이 서울 와서 세도勢道집을 찾아다니는 법法이다. 각기 소회所懷가 있어 오는바이어늘 그대는 어찌 홀로 말이 없는가 그대의 소회가 과관科官인가 혹은 소송訴訟인가 아무거나 말을 하라 하였다.

---

71 김의환, 「1892·3년의 동학농민운동과 그 성격」, 『한국사연구』 5, 1970, 164~167쪽.

72 김윤식, 「면양행견일기」, 『속음청사』 권7 상, 계사 2월 24일, 257쪽.

73 1893년 3월 7일 서울에서 척왜양의 공격은 전혀 이루어지지 않았다는 점에서 구체적인 무장집단의 실행계획이 세워졌다고 보기는 어렵다. (정창렬, 앞의 책, 118쪽)

74 오지영, 『동학사』(초고본) 4, 177~178쪽.

선생 왈티 사람이 누가 소회가 없으리오마는 나의 소회는 말하기가 어렵다 하였다. 과관청이나 소송청 같은 것은 나의 소회가 아니요, 무슨 소회는 있으나 대감의 생각이 어떠하실는지를 몰라 말을 못하고 있었나이다.

대원군 왈 무슨 소회가 있으면 있는 대로 다 말하라.

선생 왈 나의 소회는 나라를 위하여 인민을 위하여 한 번 죽고자 하는 바이라고 말하였다. 이로부터 선생전봉준과 홍선대원군과의 사이에 무슨 밀약이 있었는 듯하다. 세평世評이 있었던 것이다.[75]

이러한 전봉준과 홍선대원군의 일화는 대개 1894년부터 3년 전이라고 추정되었으므로 교조신원운동 직전인 1891년의 일로 추정된다. 그런데 일화에서 전하는 것과 같이 전봉준의 시세 인식은 아직 추상적인 차원에 머물러 있는 것으로 보인다. 그는 '나라를 위하여, 인민을 위한다'는 언사처럼, 전봉준은 이때에도 벼슬자리나 소송 등을 풀기 위한 것이 아니라고 주장하면서도 나라와 인민을 위한 근본 대책을 모색하고 있었다는 수준이다. 구체적인 개혁 구상의 편린을 찾아볼 수는 아직 없었지만, 그의 진정성은 나타내주고 있다.

그런데 1893년 3월 10일 이후 소집된 보은취회에서는 '척왜양'을 전면으로 주장하였지만, 척왜양이라는 구호 이면에는 도리어 '보국안민'이라는 개혁이념이 저류하고 있었다.[76] 이때에도 새롭게 주창된 '보국안민'

---

75 위의 인용문은 오지영 『동학사』의 간행본에서도 그대로 진술되어 있다. (오지영, 『동학사』(간행본), 162~163쪽) 『천도교창건사』에서도 전봉준은 갑오 기병하기 3년 전부터 대원군 문하에 출입하였다고 하였다. (『동학사상자료집』 2, 147~148쪽(정창렬, 앞의 책, 126쪽 재인용)

76 「취어」, 『사료총서』 (2), 69~70쪽; 『동학란기록』 (상), 국사편찬위원회, 1958, 123쪽. "또 말하기를, 호남취당은 간단히 보면 비록 동종의 종류인 것 같으나 발문게방(跋文揭榜)은 모두 그들이 한 것이다. 정형이 극히 수상하니 원컨대, 공은 상세히 살펴보고, 판

이라는 이념의 내적 목표는 봉건 정부의 수탈과 지방적 수탈의 대상이 되어 급속히 몰락하고 있는 민중을 구제하려는 것이다. 척왜양을 통하여 동학운동의 외연을 확대시킬 수는 있어도 농촌사회 내 계급 대립과 계층적 갈등이 심화된 상태에서 내부에서 결속할 수 있는 개혁이념이 필요했기 때문이다. 그래서 농민적 삶의 개혁을 위해서는 농민적 개혁이념을 보여줄 수 있는 정치이념의 개념화가 필요했을 것이다. 이러한 이유로 하여 보은취회와 병립되어 추진된 금구취회를 주도한 전봉준 등 새로운 농민군지도자들이 등장하였다. 이를 계기로 하여 농민전쟁의 지도부와 이념의 이중 교차가 동시에 이루어졌음을 주목해 볼 수 있다.[77]

(2) 동학농민군 지도자 추대와 농민전쟁의 확대

1894년 1월 고부민란에 이어 3월 중순 무장에서 봉기한 농민군은 순식간에 전라도 일대를 석권하면서 봉건적 폐정을 개혁하고 부패 관리를 징치하는 개혁을 추진하려고 하였다. 농민군의 1차 봉기는 처음에는 고부민란에서 연유되었다고 할 수 있다. 민란의 준비단계부터 농민군의 전략적인 목표가 천명되고 있었다. 1968년에 발견된 '사발통문'은 다음과 같은 내용이 수록되어 있다.[78]

〈그림 2〉는 크게 4개의 부분으로 나뉘는데, "(1)은 그림에서 보는 것처럼 통문 내용이 빠져있고 서명한 날짜와 20명의 서명자, 그리고 각 리의 집강에게 보낸다고 한 부분이다. 다음 (2)는 통문이 사방에 돌려진 후 지

단하여 우리 당과 혼동하지 말고 옥석을 구분해달라."(『속음청사(續陰晴史)』, 국사편찬위원회, 1960, 266쪽)

77   왕현종, 「1893년 보은집회 연구의 쟁점과 과제-주도층과 이념의 이중교차」, 『동학학보』 28, 2013, 76~82쪽.

78   「녹두장군 전봉준」, 『나라사랑』 특집호.

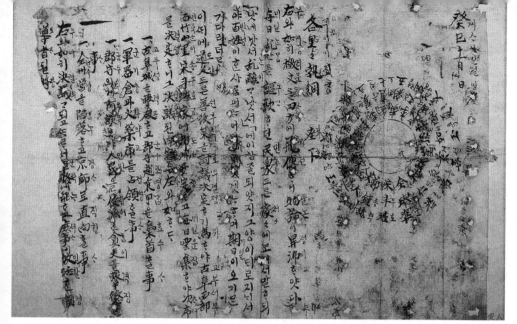

〈그림 2〉 고부 농민봉기 모의 기록 자료(일명 「사발통문」)

역사회의 여론 동향을 전문한 내용이다. (3)은 사람들이 선후책을 도모하기 위하여 고부 서부면 죽산리 송두호宋斗浩가에 모여 4개의 결의를 한다는 것이다. (4)는 이 모임에서 실제 결의한 4개의 봉기 목표와 영도할 장군으로 누구를 뽑는다"는 내용이다.[79]

그중에서도 봉기의 주모자들이 고부 송두호가에 모여 결의한 4개의 목표는, ① 고부성을 격파하고 군수 조병갑을 효수할 사, ② 군기창과 화약고를 점령할 사, ③ 군수에게 아유阿諛하야 인민을 침어侵漁한 탐리貪吏를 엄징할 사, ④ 전주영을 함락하고 경사京師로 직향直向할 사 등이었다.

이러한 고부봉기의 목표와 더불어 이를 관장한 장수로 전봉준을 지목하고 있다. 이 통문의 주된 핵심은 죽산리 송두호가에서 민란의 목표를 설정하고 이를 이끌 지도자로 전봉준을 추대한다는 이야기이다. 전후 사실로 미루어 보아도 전봉준임에 틀림없다.[80]

79 『나라사랑』 15집, 1974, 134~135쪽.
80 고부에서의 모의 과정을 기록한 『갑오동학혁명란과 전봉준장군실기』(송재섭, 1954)에

이러한 고부 일개 지방의 민란을 전국적인 민란으로 격상시킨 것은 민란의 주도층의 지도력과 전략적 선택이 다른 여느 민란과는 차별성이 있었다. 이른바 '사발통문' 자료에서 나오는 4개의 전략 목표가 주변 지역의 봉기와 연계되고 나아가 서울로 쳐들어갈 것을 결의할 정도로 전면적인 봉기의 계획을 다지고 있었다. 실제 민란 계획은 주변 지역에서 이에 호응하여 연계해 봉기하고 있다는 점에서도 확인할 수 있다.[81]

그런데 전봉준 등 민란 지도부의 의도대로 고부민란을 순조롭게 전국 민란으로 확대시키지 못했다. 조선 정부는 초기부터 민란의 전개상황을 정확하게 파악하지 못하고 있었지만,[82] 이어 2월 22일에는 국왕의 윤음綸音을 반포하여, 민란의 원인이 "탐학한 관리가 백성을 침탈한 데 있다"고 규정하고 여러 지방 관리의 장부藏否를 조사·보고하도록 하는 조치를 취하였다.[83] 이러한 대책은 이전의 민란을 다루는 대책을 재탕한 것에 불과했다.

1894년 2, 3월에서야 정부 지배층은 민란의 원인을 봉건국가 체제적인 문제가 아니라 관리의 부패와 민중 수탈에 있다고 보고 이들의 침탈만 제거한다면 지방에서의 민란은 곧 수습될 수 있다고 판단하고 있었다. 실제 고부에서는 민란이 진정 국면에 있었다. 이에 대응하여 전봉준은 민란을 보다 확대하기 위한 차선의 계획으로 방향을 돌렸다.

서도 이 부분의 결락된 부분에 이어서 전봉준을 추대한다는 것으로 나와 있다.

81 『남유수록』해당 기사.

82 2월 15일에서야 전라감사 김문현과 고부 군수 조병갑에게 각각 월봉(越俸)과 나문정죄(拿問定罪)하는 조처를 취하였다. 또한 장흥부사 이용태를 안핵사로 파견하면서 읍폐의 교구방략을 소상하게 조사할 것과 민란의 수창자(首倡者)이외에 협종지류(脅從之類)는 효유하여 해산시킨다는 방침을 전달하였다.(『일성록(日省錄)』, 고종 31년 갑오 2월 15일, 48쪽)

83 「下綸音于各道郡邑民人」, 『일성록』, 고종 31년 갑오 2월 22일, 56~7쪽.

(고부)민란 초에 중민衆民이 (전봉준을) 장두狀頭로 앉혔다. 그가 그 간계를 미처 펴 보지 못한 상태에서 중민이 모두 해산하였다. 고로 전봉준도 창졸간에 도망하 여 몸을 숨겼다. 감영과 안핵사가 심히 급하게 찾으니 전봉준은 벗어나기 어렵 다고 두려워져서 이에 그의 당 김개남·손화중·최경선 등과 함께 민을 유인하 여 전화위복하려는 계획을 하고 함께 짜고서 반反하였다. "동학은 대천리물代天理 物하고 보국안민保國安民하며 죽이거나 약탈하지 않으며, 오직 탐관오리만은 용서하지 않 는다"라고 창언倡言함에 우민愚民이 향응하고 우연右沿 일대 10여 읍이 일시에 봉 기하니 열흘 남짓 사이에 수만 명에 이르렀다. 동학이 난민亂民과 합습함이 이에 서 시작되었다.[84]

위의 글은 매천 황현의 고부민란에 대한 기록이다. 여기서 중요한 부분 은 바로 전봉준이 고부봉기의 명분으로 내세운 말이다. "동학은 대천리물 代天理物하고 보국안민保國安民하며 죽이거나 약탈하지 않으며 오직 탐관오 리만은 용서하지 않는다"는 부분은 동학의 이념이 단순히 종교적인 차원 으로 대천리물에 그치지 않고 보국안민하는 것과 연관되는 것이라며, 사 람을 죽이거나 약탈하지는 않지만, 탐관오리는 용서하지 않겠다고 천명 하고 있다. 전봉준은 보국안민의 대의명분으로 확장하면서 동학과 민중 들을 동원해 내고 있었다.

이렇게 하여 전봉준은 전라도 고창 손화중과 손잡고 또 김개남과 함 께 3월 20일 무장에서 다시 봉기하였다. 그리고 백산에 창의소를 차리고

---

84 "民亂初, 衆推爲魁, 未及逞其姦, 而衆遽散, 故琫準亦倉皇伏匿, 已而巡按, 交索之急, 乃
    與其黨金箕範·孫化中·崔敬善謀, 擧大事, 誘民以轉禍爲福之計, 揚言東學代天理物,
    保國安民, 不殺掠, 惟貪官汚吏不貸, 於是愚民響應, 右沿一帶十餘邑, 一時響應, 旬日
    至數萬人, 東學之與亂民合, 自此始."(황현, 『오하기문』 수필 1, 3월 1일조, 24쪽; 정창
    렬, 「고부민란의 연구 (하)」, 『한국사연구』 49, 1985, 133쪽)

'제폭구민除暴救民', '보국안민輔國安民'이라는 주장을 내세웠다. 이들은 고부, 고창, 무안을 비롯하여 전라도의 주요 지역을 돌아다니며 각지의 농민들에게 동참할 것을 호소하였다.[85]

또한 전봉준은 동학군 창의소에서 조선왕조의 폐정을 개혁할 것을 주장하면서 정치적 대체자로서 흥선대원군을 내세웠다. 4월 16일에 보낸 통문은 다음과 같았다.

오늘 우리들의 의거는 결단코 다른 의도가 없으며, 탐관오리들이 잘못을 뉘우치고 스스로 새로운 사람이 되어 **국태공國太公** 흥선대원군을 받들어 나라를 감시하고 위로는 종사를 보존하며 아래로는 여민들을 편안하게 하기 위한 것이다. 부자간의 천륜과 군신간의 대의를 온전하게 하면, 나라를 어지럽히는 불충한 무리들이 자연히 자취를 감추게 되고 감히 국가를 해치게 하는 독벌레가 되지 않게 될 것이다. 말을 여기에 그칠 따름이다.

창의소倡義所 갑오 4월 16일[86]

이 통문에서 전봉준 등은 탐관오리들의 부패 비리를 고발하고 국태공

---

85 격문(檄文) "우리가 의(義)를 거(擧)하여 이에 이른 것은 그 본뜻이 다른 데 있지 않고 창생(蒼生)을 도탄(塗炭) 속에서 건지고 국가를 반석(磐石) 위에 두기 위해서이다. 안으로는 탐학한 관리의 머리를 베고 밖으로는 횡포한 강적(強賊)의 무리를 쫓아내고자 하는 것이다. 양반과 부호(富豪)들에게 고통을 받는 민중들과 방백(方伯)과 수령에게 굴욕을 당하는 소리(小吏)들은 우리와 같이 원한이 깊은 자들이다. 조금도 주저하지 말고 이 시각으로 일어서라. 만일 기회를 잃으면 후회하여도 늦을 것이다. 갑오 정월 일 호남창의대장소 (고부)백산."(오지영, 『동학사』)

86 「완영의 유진소에 영광에서 올려 보낸 저들의 통문(靈光上送彼類通文 完營留陣所)」, 『수록』. "靈光上送彼類通文 完營留陣所 吾儕今日之義 斷無他意 而使貪官汚 吏改過 自新奉國太公監國 上保宗社 下安黎民 以全父子之天倫 君臣之大義 則亂臣賊子自然屏 跡 不敢爲害國之蠹言止此而已矣 倡義所 甲午四月十六日."(『수록』 해당 조항)

홍선대원군을 받들어 정치를 맡길 것을 주장하였다. 이는 자신들의 주장의 정당성을 더욱 확보하는 정치적 수사이며, 역시 위로는 종사를 보존하고 아래로는 여민黎民을 편안케 한다는 보국안민의 이념을 재강조했다.

또한 4월 18일에는 동학농민군 지도부는 나주의 관속에게 자신들의 봉기의 뜻을 전하였다.

> 우리들이 오늘 일어선 뜻은 위로는 나라의 은혜에 보답하고 아래로는 도탄에 빠진 백성을 구하기 위한 것이다. 우리가 지나가는 고을의 부패한 탐관오리는 징벌하고, 청렴한 관리는 포상하여 관리들의 작폐와 백성들의 고통을 바로잡고 개혁할 것이며, 세금으로 거둔 쌀을 서울로 운반하는 데 따른 폐단은 영영 혁파할 것이다. 전하께 아뢰어 국태공國太公을 모셔 국정을 돌보게끔 하여 나라를 어지럽히고 불충불효하며 아첨이나 일삼는 자들은 모조리 파면시켜 축출하고자 한다. 우리의 뜻은 이와 같을 뿐인데, 어찌하여 너희 관원들은 나라의 처지와 백성들의 실정은 도외시하고, 각 고을의 군대를 동원하여 공격을 위주로 살육을 일삼고 있으니, 이것은 진실로 무슨 마음인가. (…중략…) 각 고을에서 모집한 군대는 농사일에 돌아갈 수 있도록 돌려보내고, 감옥에 갇힌 동학도들을 바로 석방하여 풀어준다면, 우리들은 너희들의 관할 지역에 들어가지 않을 것이다. 우리는 모두 한 임금의 백성들인데, 어찌 서로 공격할 생각을 갖겠는가. 이러한 뜻을 수용할 것인지 아닌지를 속히 회답하기를 바란다.[87]

이들은 각 지역을 순회하면서 "우리 무리는 보국안민하여, 한편으로는 탐관오리를 징계하여 꾸짖고, 한편으로는 백성들의 고통을 바로잡기 위

---

87 『오하기문』수필(首筆), 69~70쪽.

해 각 읍을 두루 다니다가 본 읍을 거치게 되었다"고 주장하였다.[88] 이러한 동학농민군의 세몰이의 명분은 무엇보다도 폐정 개혁과 부패관료의 징치였다.[89] 그래서 4월에 내린 4대 명의名義에서는 "① 사람과 생물을 죽이지 말 것. ② 충효를 함께 온전히 하여 세상을 구하고 백성들을 편안케 할 것. ③ 왜놈과 양놈을 모두 좇아내고 성도聖道를 깨끗이 할 것. ④ 군대를 거느리고 서울로 쳐들어가 권귀權貴들을 모두 없앤다" 등을 내세웠다.[90] 이들 농민군 지도부는 농민군을 순회시키면서 가는 곳마다 환영을 받아 많은 농민들을 농민군 대열에 참여시킬 수 있었고, 또한 지휘부에도 다양한 출신의 지도자들을 동참할 수 있게 하였다. 이러한 동학농민군에의 참여 확대와 지도부의 확충에 힘입어 전봉준 등은 마침내 4월 27일 전라도의 감영이 있는 전주성을 점령하였다.

이때의 정황에 대해 "어제4월 27일 오시午時 쯤에 동도東徒들이 용두현龍頭峴에서 커다란 붉은 기를 앞세우고 길게 몰려와서 깃발과 창 및 칼을 들고 성 밖을 에워쌌고 화살과 돌이 선화당宣化堂에까지 이르게 되었다"고 표현하고 있다.[91] 전주성을 점령한 동학농민군의 숫자는 무려 3만 명에 이르고 있었다.[92] 당시 홍계훈의 정부군으로부터 봉쇄된 상황에서도 전주성에는 예상 외로 활기가 넘쳤다.

동도東徒들이 처음 완성完城에 들어가 농민을 보고 반드시 위로하고 타일러서

---

88 "不絶幾十名升堂而言 曰吾儕以輔國安民之事 一以懲創貪官汚吏 一以矯正民摸次 遍行各邑 路由本邑 今見士民之入護 可知本倅之治績 果如所聞云云."(위의 글, 『수록』)

89 배항섭, 「제1차 동학농민전쟁 시기 농민군의 진격로와 활동양상」, 『동학연구』 11, 2002, 41~56쪽.

90 정교, 『대한계년사』 권2, 1894년 4월조. (조광편, 『대한계년사』 2, 소명출판, 2004, 24쪽)

91 『남유수록』, 4월 29일조.

92 「초10일 초토사전(初十日 招討使電)」, 『동비토록』.

농사에 힘써 때를 놓치지 말도록 했기 때문에 성 밖을 출입하는 자들은 모두 삿갓을 쓰고 가래를 메어 기찰譏察을 모면하였다. 성 밖의 조금 먼 곳에 거주하는 자들도 일부러 촌티 나는 농군 복장을 입고 적진賊陣을 가서 보았다고 한다. 민심이 도리어 동도들의 즐겁고 편안함을 기뻐하고 관군의 침략을 괴로워하였으니, 순리順理와 역리逆理 그리고 상도常道에 어긋남이 어찌 이런 지경에 이르렀는가[93]

이렇게 동도들이 크게 활동하였던 현실을 빗대어 유생의 입장에서 개탄할 정도로 일반 농민들은 동학농민군의 전주 점령에 기뻐했고, 그야말로 "민심은 도리어 동도들의 즐겁고 편안함을 기뻐하고 관군의 침략을 괴로워하였다"고 한다.

4월 28일 동학농민군과 경군京軍은 전주를 둘러싼 공방전을 계속하였다.[94] 이후 동학농민군은 홍계훈이 이끄는 경군과 여러 차례 전투가 있었으나 5월 3일과 5일 전투에서 동학군은 패배하고 말았다.[95]

이러한 상황에서 5월 7일 전격적으로 동학농민군 지도부와 양호초토사 홍계훈, 신임 전라감사 김학진 사이에 화약이 체결되었다. 전봉준은 정부에 27개조 폐정 개혁안을 올렸고,[96] 이에 홍계훈은 이를 받아 국왕에

93　"東徒之始入完城 見農民則 必慰喩使 勤耕無失時 故出入者 皆戴笠荷 鍤以免譏察 居城外稍遠者亦有故 作野態農 服往觀賊陣者云 民情厭悅 東徒之樂易而 苦官軍之侵掠 順逆反常 豈至此哉."(「갑오 5월」, 『남유수록(南游隨錄)』)

94　「갑오 4월 30일 초토사 홍(甲午四月三十日 招討使 洪)」, 『동비토록』.

95　홍계훈 초토사는 "3일 신시(申時)에 적과 싸움을 하여 그 대장을 공격하여 바로 그 괴수 김순명(金順明)과 14세 소년장사 이복용(李福龍)과 그를 따르는 무리 500여 명을 베었다. 총과 칼 300자루를 빼앗았고, 도망가는 적들을 일일이 잡았다. 머지않아 전주를 회복할 날을 기약할 수 있겠다"고 보고하였다.(「갑오 5월 초4일 초토사(甲午五月初四日 招討使)」)

96　이후 「전봉준 판결 선고서」에는 27개 조항 중 14개만 제시되어 있고, 13개 조항은 기록

게 올려 시행할 것을 요청하겠다는 약조를 맺었다. 전봉준이 청·일의 군사적 개입으로 인한 정국 위기와 농민군의 연이은 패배를 극복하기 위한 부득이한 결단이었다. 5월 8일 정부군은 전주를 회복하여 성으로 진입하였고, 동학농민군은 동문과 북문으로 나가 각자 고향으로 돌아가게 되었다. 이러한 사건이 이른바 '전주화약'이었다. 이러한 당시 전주성 공방전을 마친 것에 대한 상황을 기록한 것은 민간과 정부의 입장에 따라서 각기 서술의 차이가 있었다.[97]

2) 전쟁 초기 동학 지도자와 농민군과의 상호관계

1894년 1차 봉기와 더불어 2차 봉기에도 각 지역의 농민군은 동학농민군 지도부인 접주의 지휘하에 활동하였다. 당시 정부 진압군의 보고서를 보면, 전봉준 등 동학농민군 각 지역 지도자와 농민군과의 관계를 엿볼 수 있다. 이러한 지도자와 동학농민군과의 상호관계를 구체적으로 살펴보기 위해 전라도 무안 지역을 대상으로 검토해 보기로 하자.

전라도 지역 동학의 포교는 대개 1880년대 들어 본격적으로 이루어졌

되지 않았다. 이에 대해서는 일본의 경제적 침략과 무력 개입을 철저하게 반대하는 내용, 또는 토지분배 등의 내용을 포함하고 있다고 추측하였다. (우윤, 『전봉준과 갑오농민전쟁』, 창작과비평사, 1992, 201~203쪽) 아직까지 사라진 13개 조항의 실체를 발견되지 않았으나 다분히 정치적 요구를 담고 있지 않았나 추정할 수는 있다.

97　후일 오지영은 「동학군과 경병 강화」, 『동학사』를 기술하면서 이 장면을 양자의 타협으로 서술하고 있다. 즉, "홍(계훈)장은 일변으로 동학군진에 향하여 휴전하기를 청하고 일변으로 정부에 보고하였다. 이때 정부에서는 의론을 거듭한 결과 관민이 서로 싸우는 것보다 강화로써 하는 것이 옳다 하고 전라감사는 김학진으로 임명하고 안무사 엄세영을 특파하여 한가지로 전주에 내려 왔다. 정부 측은 동학군 측에 향하여 여러 가지 폐정개안을 제출케 하여 이를 앞으로 실시하기로 서약을 정하고 양방이 서로 퇴병하게 되었다"고 하였다. (『동학사』(간행본), 124쪽) 그는 동학농민군이 화약에서 주도적인 역할을 한 것으로 보았다.

다고 한다.[98] 무안 지역의 초기 기록으로는 1892년 전후로 무안과 주변 지역에서 입도자가 점차 증가일로에 있었다.[99] 1892년은 이미 전라도 삼례에서 교조신원운동이 시작되고 있었을 때이므로 이때를 전후해서 무안 지역에서도 확대되고 있음을 알 수 있다. 1892년 2월 광화문 복합상소에서 교도 대표로 무안의 배규찬裴奎贊이 참가한 바 있었다.

1893년 3월 보은과 원평 집회에서도 무안 지역 동학도들이 참여하였다. 영암과 무안 등지에서 260여 명이 3월 30일 차례로 들어왔으며, 4월 3일 보은 장래리로 떠나간 동학도 수로 영암접 40여 명, 나주접 70여 명, 무안접 80여 명이었다고 한다.[100] 이러한 무안 지역의 동학도들이 이후 1894년 농민군의 1차 봉기와 직접 연관성이 있었는지는 분명치 않다.

그런데 무안 지역에서 동학농민군 지도자들은 여러 유력 가문들에서 출현하고 있었다. 우선 달성 배씨의 집안이다. 삼향면 대양리에 근거를 둔 배상옥, 배규찬 등 청천리의 배씨 일가들이다. 몽탄면 사창리에 근거를 둔 나주 김씨의 집안이다. 김응문, 김효문, 김자문, 김여정 등을 중심으로 하는 무안군 몽탄면 사창리와 다산리 일대 김씨 일가들이다. 다음으로 최씨 삼형제를 위시로 하는 해제면 최씨의 집안이었다.[101] 그밖에도 다양

---

98 이돈화, 「천도교창건록」; 이이화 외, 『이대로 주저앉을 수는 없다』, 혜안, 2006, 22~29쪽.

99 1920년대 천도교 관련 문서에는 이 지역 입도자에 관한 기록이 남아 있다. 무안군 김의환(金義煥), 이병경(李秉炯)이 각기 1892년 7월 17일과 11월 7일에 입도하였다. 청계면 남성리 조병연(趙炳淵), 같은 면 남안리 이병대(李炳戴), 같은면 도림리 고군제(高君濟), 석고면 당호리 한용준(韓用準), 남이 함기연(咸奇淵) 등이 모두 1892년에 입도하였다. 1893년에는 청계면 상마리 송두욱(宋斗旭)과 송두옥(宋斗玉)이 입도했으며, 장산면 각두리 장도혁(張道爀), 청계면 청례리 한택률(韓澤律), 같은면 하마리 송군병(宋君秉)과 박인화(朴仁和), 외읍면 교촌리 정인섭(鄭仁燮) 등도 같은 해에 입도했다. 이들은 1920~1930년대 천도교 측의 조사에 의한 것이다.

100 『취어(聚語)』.

101 무안 지역 동학 접주층의 구체적인 배경에 대해서는 이이화 외, 『이대로 주저앉을 수 없

한 집안에서 동학농민군 지도자를 배출하고 있었다.

우선 1894년 당시 무안 농민군을 이끌었던 가장 유명한 지도자는 무안대접주 배규인裵奎仁이었다.[102] 배규인 대접주는 1차 봉기시에 자기가 살고 있었던 삼향면三鄕面 대양리大陽里에서 농민군을 모아 출발한 후 다시 청계면 청계리에 들러 이곳 농민군과 합류하였고 바로 10리도 안되는 무안읍으로 들어왔다고 한다. 당시 배규인은 '호남하도거괴湖南下道巨魁'라고 하였고,[103] 무안, 장흥 등지의 접주들과 서로 왕래하는 등 활동 지역이 넓었다.[104]

다-호남 서남부 농민군, 최후의 항쟁』 혜안, 2006, 163~193쪽. 나주 김씨는 비록 지방에서 크게 유세한 벌족은 아니었으나 고을의 양반으로서는 어느 정도 품격을 유지한 것으로 보인다. 특히 차뫼 마을 앞에는 제법 너른 들판이 펼쳐져 있고 상당한 경제적 재산도 축적해 있었던 것으로 보인다. 주변에 널려있는 산들은 거의 나주 김씨가의 선산이고 그 규모도 매우 컸다. 김씨들은 이러한 가세를 바탕으로 하여 무안 지역에서 큰 성씨인 박씨, 임씨, 유씨, 오씨와 함평 지역에서 노씨 등과 통혼관계를 유지하고 있었다. 이들 김씨가의 김응문(김창구)와 그의 아들 우신, 영구(효문)와 덕구(자문) 등 네 명이나 이 지역 동학농민군의 지도자로 등장하고 있었다. 해제면의 최씨 3형제는 최장현, 최선현, 최기현 등 3형제가 참여하였다.

102 그는 일반적으로 배상옥(裵相玉, 1862~1894)으로 불리었다. 그의 위세에 대해서는 "이는 관변 측 기록에는 규인 또는 상옥으로 기재되어 있는 것으로 보아 족보를 만들면서 글자를 바꾼 것인지 아니면 본인이 변성명으로 쓴 이름인건지 확인할 수 없다"고 하였다.(위의 책, 198쪽) 달성 배씨 족보에는 배규인, 혹은 배상옥이라는 이름은 나오지 않고, 배규옥(裵奎玉)으로 되어 있다. 자는 상선(相善)이다.

103 배상옥은 "기골이 장대했으며, 그 집안은 1000석꾼 정도의 재산뿐 아니라 지붕 처마 자락에 풍경을 달고 있을 정도로 상당한 부자였다고 한다. 후손들의 증언에 따르면 배상옥은 백마를 타고 다녔으며, 관군의 수색을 피하기 위해서 여자를 대동하고 다니는 등 변장술에도 매우 능했다"고 한다.(무안군 청계면 청천리 배상섭·배영찬 씨의 증언, 2004.10.9)

104 "지금 부내(府內, 장성)의 비류는 각자 접이 있고 접주(接主)가 바로 우두머리입니다. 크고 작은 구별이 있는데, 전봉준(全琫準)과 김개남(金介男)은 바로 거괴(渠魁)라고 할 수 있으나 이들보다 큰 자는 무장(茂長)의 손화중(孫化中)과 무안(務安)의 배상옥(裵相玉)입니다. 각각 포(包)의 무리를 이끌어서 많게는 몇만 명에 이르러서 전(全)과 김(金)에 비교하면 2배와 5배에 해당됩니다. 다만 전봉준과 김개남은 그 악명이 서울

또한 배규찬裵圭贊은 대접주 배규인의 동생으로 복합상소 시에는 교단 대표뿐만 아니라 수많은 교도들이 상경하였고, 복합상소의 대표로 가담하였다. 농암農庵 배정기裵楨基는 당시 훈장으로 한학이 매우 조예가 깊었으며, 마을과 이웃에서 명성이 자자했다고 한다. 많은 사람이 농암한테 한학을 배웠다고 하며 손님이 오면 모두 이곳에서 숙식을 하고 갔을 정도로 영향력이 있었다.[105]

1894년 무안 지역 농민군이 농민군 봉기에 참여하기 시작한 것은 음력 3월 15일양력 4월 20일경으로 추정된다. 이때 무안의 배규인과 해남의 김춘두 등은 측근을 이끌고 전봉준 장군과 손화중 대접주가 있는 무장현 동음치면 당산으로 가서 함께 가담하였다. 3월 20일4월 25일 전봉준이 농민군을 거느리고 전라도 무장에서 정식으로 1차 봉기를 일으켰을 때부터 고부, 태인, 원평, 금구 등지를 휩쓸게 되었다.

이후 동학농민군은 1894년 3월 25일경 부안 백산에서 대규모 대회를 개최한 것으로 보인다. 오지영은, "동학군이 고부성을 함락한 후 백산에 돌아와 진을 치고 다시 격문을 발한 후 호남 일대는 물론이고 전조선 강산이 고부 백산을 중심으로 하여 흔들흔들하였다"고 하면서 이때 참여 인사를 지역별로 호명하였다.[106]

여기에 무안 지역의 지도자층은 배규인, 배규찬, 송관호宋寬浩, 박기운朴琪雲, 정경택鄭敬澤, 박연교朴淵敎, 노영학魯永學, 노윤하魯允夏, 박인화朴仁和, 송

과 지방에 퍼져서 조정에까지 들어갔기 때문에 반드시 이 2명을 거괴라고 하지만 만약에 거괴를 말한다면 손(孫, 손화중)과 배(裵, 배상옥)를 가리켜야 할 것입니다."(「잡기(雜記)」, 『이규태왕복서병묘지명』)

105 경제력은 15마지기 정도의 자작농이었다는 구전도 있으나 머슴 2명 정도를 유지할 정도였다는 것으로 보아 당시 청천리에서는 가장 부유했던 것으로 보인다.(「배석오 씨, 2004.10.9 증언」, 『무안군사』, 1994)

106 「백산대회」, 『동학사』(초고본).

두옥宋斗玉, 김행로金行魯, 이민홍李敏弘, 임춘경林春京, 이동근李東根, 김응문金應文 등이라고 했다. 이처럼 전봉준이 백산에서 농민군 지휘부로 호남창의 대장소를 조직했을 때, 무안 지역 배규인을 비롯하여 김응문 등 15명의 접주가 포함되어 있었다.

4월 초 2일경 고부군 부안 백산 등지에서 활동한 동학군 모습은 다음과 같았다.[107]

고부군 백산白山의 남은 무리들이 본 읍에 살고 있는 그들 무리들을 충동하여, 하동면下東面 분토동分土洞에 모이게 하였다. 거의 500명쯤 되었는데 각자 죽창을 들고 있었고, 또한 붉은 기를 걸었는데 깃발에는 '보국안민輔國安民' 이라고 쓰여 있었다. 또한 작은 깃발에는 부안, 고부, 영광, 무장, 흥덕, 고창 등의 읍호를 썼다. 모인 무리 중에서 200여 명은 4월 초 1일 안으로 난입하여, 장청에서 대기하던 순영문의 포군들을 그들이 맘대로 쫓아내며 말하기를, "지금 이들 장정을 모으는 것은 오로지 우리를 방어하려고 하는 것이다. 너희들은 일제히 나가서 각자 자기가 하던 일을 종사하는 것이 옳다"고 하였으며, "그들 무리들은 곧이어 분토동을 향해 곧바로 돌아갔다고 합니다"라고 하였다.[108]

이때 동학농민군은 무안 지역에서는 4월 5일양력 5월 9일 농민군 수백 명이 모여 돈과 곡식을 약탈하며 난폭하게 행동했다고 보고되었다. 여기서

---

107 「부안 현감 이철화(李喆和)의 보고」, 『수록』, 4월 초5일.
108 "今月初二日到付 扶安縣監 李喆和牒呈內 古阜郡 白山餘黨衝動 本邑所居渠之同類聚會於下東面分土洞 近五百名 各持竹鎗 又揭紅旗 而旗面 曰輔國安民 又書小旗 曰扶安 古阜 靈光 茂長 興德 高敞 等邑 號是乎所 聚黨中二百餘名 初一日攔入城中 砲軍之起送營門次 待令將廳者 渠自逐送 曰今此募丁專由於防禦 吾輩之也 汝等一齊 出往各安其業可也云 而渠輩則 還向于分土洞 是如爲白乎所."(위의 글)

중요한 언급은 고부군 백산에서 남은 무리들이 부안 경내의 무리들을 거의 5백 명쯤 되었고, 죽창으로 무장하고 깃발에 '보국안민輔國安民'을 써서 내걸었다. 작은 깃발에는 부안, 고부, 영광, 무장, 흥덕, 고창 등의 읍호를 썼다고 한다. 여기에 초기 동학군에서는 각지에서 자발적으로 모여 취회를 하면서 활동을 시작했다는 것이다. 그만큼 동학농민군은 각 읍의 지역적인 연계만 있었고, 농민의 군대로서 상명하달의 군사조직으로서 체계는 없었던 것으로 보인다. 4월 6일 무안 현감이 서리들을 이끌고 가서 농민군 30명을 체포하고 그들로부터 서책과 녹권錄券, 염주, 예물 등을 몰수했을 정도로 대응력이 취약했다고 볼 수 있다.[109]

4월 14일에는 무안과 이웃한 지역인 영광에서 한양선이 세미를 싣고 떠났다가 동학군들이 들이닥쳐 세곡을 압류하기도 하였다.[110] 함평에서는 "16일에 동도 6,000~7,000명이 영광에서 본 현으로 곧바로 들어왔다. 깃발을 들고 포를 쏘며 각각 총과 창을 지니고 있었다. 말을 탄 자가 100여 명이었고, 갑옷을 입고 전립戰笠을 입거나 물든 두건을 두르고 칼춤을 추기도 하였다. 함평 읍내에서 충돌하여 바로 동헌으로 들어갔는데, 이교吏校·노령奴令·수성군 100여 명이 막았으나, 바로 관문官門이 깨어질 때에 삼반三班의 과반수가 창에 찔렸고, 나머지는 모두 도망을 갔다. 각 건물에 머무르며 자신들이 먹을 쌀을 요민饒民에게 할당하였다. 공형을 잡아가서 그들을 영접하여 음식을 대접하지 않았다고 하여 곤장을 때렸다. 포흠逋欠을 한 아전의 성명과 각각의 문서와 장부를 거두어 갔다"고 보고하였다.[111]

---

109 「조선의 소동」, 『지지신보(時事新報)』, 1894.4.20(양력 5월 24일) 기사
110 「十六日亥時 完伯」, 『동비토록(東匪討錄)』.
111 「20일 체완백(二十日 遞完伯)」, 『동비토록』.

4월 21일 자양력 5월 25일 「동학당에 관한 휘보」에서는[112] "무안 삼내리三內里에 동학도 7, 8천 명이 절반은 말을 타고 절반은 걸어서 몸에는 갑주甲冑를 입고 각자 긴 창과 큰 칼을 지니고 18일음력 4월 14일에 유숙하여 하룻밤을 자고 나주로 행했다"고 하였다.[113] 이들은 서로 연계하여 성원하고 있었다. 이후 4월 16일양력 5월 20일 전봉준 장군이 함평을 점령하고 5일간 체류하고 있었다.[114] 당시 일본 영사관은, "그들 무리 절반은 영광에 머물고 반은 함평과 무안 등지로 향하였다"고 하였다.[115] 전봉준 등 주력군이 장성으로 향하기 직전 함평에서 남하하여 무안을 점령하였는데, 그 때가 음력 4월 18일이었다. 그다음 날 이들 농민군은 나주 공략에 나섰다고 한다.[116]

이때 전봉준은 함평을 점령하고 농민군 부대를 여러 지역으로 보내고 있었을 때이므로 무안 지역에서는 이들 농민군 본대와 더불어 별도로 세

---

112 「發第六十七號 受第六七七八號 東學黨ニ關スル彙報」 "陰四月二十一日我五月廿五日 全羅道監司電報 卽見靈光十七日電報 則東徒數千名不知 何處來向 直入郡中 沖火於軍器庫 戶籍亦爲燒火 破碎官門 而當日還去 不知何處 又接務安所報 則本縣三內面 東徒七八千名 半騎半步 身被甲冑 各執長鎗大刀 十八日留住一夜後 向往羅州云."(「동학당에 관한 휘보」, 『한국동학당봉기일건(韓國東學黨蜂起一件)』, 1894.5.27)

113 「발 제67호」, 『동학당휘보』: 이에 대해 무안향토사연구소장 백창석은 다음과 같이 지적했다. "이것은 실지보다 부풀려진 숫자이며 자료를 잘못 읽은 데서 비롯된 착오"라고 하였다. 무안현 보고에서 본현 삼향면(三鄕面, 원문에는 三內面)의 표시가 잘못되었으며, 4월 18일 동학 대접주 배상옥은 삼향면 대월리에서 훈련을 받고 있던 농민군 7~80명을 데리고 무안읍에서 하루를 머물고 나주에 합류했으리라 본다"고 하였다. (『무안동학농민혁명사』, 2008, 56쪽) 그렇지만 이 기사는 당시 동학농민군의 전체 이동 경로상으로 이해할 필요가 있다.

114 「전라도출정군에의 위로를 위하여 내탕전을 내리는 건」, 위의 책; 「一. 全羅民擾報告 宮闕內騷擾의 件 一」; 「(16) 동학당 휘보(東學黨彙報)」, 『주한일본공사관기록』, 양력 5월 25일.

115 "同日未刻招討使電報 彼徒, 半留靈光, 半向咸平, 務安等地, 云昨則派二隊兵, 今曉又送二隊兵, 次次連進後援, 伏計."(일본 부상총영사관 무로다, 「동학당취보」, 『동학당휘보』, 4월 15일 자 초토사전보)

116 최현식, 『증정 갑오동학혁명사(增訂 甲午東學革命史)』, 신아출판사, 1994, 79쪽.

를 크게 불렸을 것이다.[117] 당시 무안 농민군은 안으로 배규인, 송두옥, 김응문 등 접주들의 지휘 아래 봉기하고 있었고, 이들의 규모는 여러 접주 아래 수백 명 정도였을 것으로 추정된다.

그래서 당시 기록에 보아도, 이들은 "저들의 종적이 일정하지 않아서, 400~500명 또는 1,000~2,000명씩 아침에 모였다가 저녁에 흩어지고 동에 번쩍 서에 번쩍하여 특별히 방향을 지정할 수가 없다. 군대를 모두 내어 추격해서 잡으려고 하였으나, 허다한 군사들이 길을 왕래하느라 매우 피로하여 잠시 그만두었다"고 할 정도로 정확한 인원과 활동 지역을 특정할 수는 없었다.[118]

이렇게 3월 말 백산집회 이후 4월 내내 동학농민군의 규모는 크게 늘었음에도 불구하고 조직적인 체계와 규율이 마련되지는 못했다. 이때 전봉준 등 동학농민군 지도부는 세가 불어난 농민군을 통제하기 위해 농민군의 12개조 규율을 제정하였다. 「계군호령戒軍號令」은 다음과 같았다. "① 항복한 자는 아끼고 대우한다. ② 곤궁한 자는 구제한다. ③ 탐욕스런 자는 내쫓는다. ④ 따르는 자는 공경하여 복종시킨다. ⑤ 배고픈 자는 음식을 준다. ⑥ 간특하고 교활한 사람은 그만두게 한다. ⑦ 도망가는 자는 추격하지 않는다. ⑧ 가난한 자는 진휼한다. ⑨ 반역하는 자는 잘 타이른다. ⑩ 아픈 자는 약을 준다. ⑪ 불효자는 죽인다" 등이었다.[119]

이렇게 1894년 동학농민전쟁 초기 국면은 각 지역에서 동학접주들이

---

117 이 기사는 「무안에 있는 당인(黨人)」이라는 제목으로 『만조보(萬朝報)』(양력 1894년 5월 24일 기사)에서도 그대로 실려 있다.

118 「16일 초토사(十六日 招討使)」, 『동비토록』.

119 "降者愛待, 困者救濟, 貪者逐之, 順者敬服, 飢者饋之, 奸猾息之, 走者勿追, 貧者賑恤, 逆者曉諭, 病者給藥, 不孝殺之 右條吾儕學行根本 若違令者 囚之地獄."(「12조계군호령(十二條戒軍號令)」)

자기 휘하의 수십, 수백 명의 농민군을 거느리고 여러 지역의 연합부대를 형성하였다.

이리하여 오래전부터 동학에 물들었으면서 겉으로 드러내지 못한 채 시세를 관망하던 사람들까지 한꺼번에 모두 들고 일어났는데, 이들은 모두 '도인道人'이라고 하면서 승복을 입고 두건을 쓰지 않고 염주를 목에 걸고 부적을 붙이고 주문을 외우며 말이나 노새 중 가리지 않고 타고, 총칼을 휴대하고 떼 지어 진을 이루고 산과 들을 가득 메웠다. 무릇 도인이라고 스스로 이름하는 사람들은 자신들이 배운 것을 '도'라고 하였으며, 그 무리들을 '포包'라고 하였고, 포가 모인 것을 '접接'이라고 하였으며, 이때 그 우두머리는 '대접주大接主'라 하였다. 그 아래를 '도접주都接主', 또 그 아래를 '접주'라 하였는데, 이들은 상대를 부를 때 높여 '접장'이라고 하였으며, 상대방에게 자신을 나타낼 때는 '하접'이라고 자신을 낮추었다. 접의 단위는 어떤 경우에는 만 명이 한 접이 되고, 어떤 경우는 천 명이 한 접이 되기도 했으며, 때로는 백 명 또는 수십 명이 한 접을 이루기도 하였다. 규모가 큰 고을에는 수십 개의 접이 있었고, 작은 곳에도 서너 개의 접을 만들어 곳곳에 널려 있는 것이 마치 헌 솜에 불을 붙이면 사방에서 연기가 나고 수은을 땅에 부으면 조그마한 틈새에도 스며드는 것과 같았다.[120]

당시 동학농민군의 조직 체계는 오래전부터 동학에 입도한 사람들을 중심으로 도인이라고 호칭하면서 포와 접으로 조직을 갖고 대접주, 도접주, 접주 등의 지도자층이 나타냈으며, 접의 단위는 수십 명에서 만 명에 이르기까지 다양한 형태를 취하고 있었다고 한다. 1차 봉기에 참여한 농

---

120 황현, 김종익 역, 『오하기문』, 역사비평사, 1994, 127~128쪽.

민군은 대체로 자발적으로 참여한 것이었고, 동원된 군중들은 아니었다. 각지에서 참여한 농민군들은 각기 이해가 어느 정도 일치하고 있었으나 일률적인 조직체계와 규율이 아직 이루어지지 않았다.

이러한 전쟁 초기 동학농민군은 동학의 지도자들인 접주의 지휘 아래 자발적인 참여로 이루어졌다. 이들 농민군은 또한 자신들에 대한 조선 정부와 지방의 부세 수탈과 사회경제적 문제 해결을 위해 기꺼이 참여했으며, 1차 봉기에 이어 여러 차례 전승을 거쳐 지방의 집강소 개혁이 실시되자 여기에도 적극적으로 참여하였다.

이렇게 1894년 동학농민전쟁 초기 국면에서 동학농민군의 참여와 동원은 단순히 민란의 일시적 가담자들로서 피동적으로 참여한 것이 아니라 당시 보국안민이라는 대의명분을 가지고 농민군의 현안 해결과 병행하여 자발적 참여를 유도한 것이라고 할 수 있다. 이러한 농민군 지도자와 농민군과의 상호관계 이전 개화파 관료 지식인이나 유교적 지식인에게 보이는 것처럼 민중을 우민이나 계몽의 대상이며 정치적 주체로 될 수 없다는 인식과는 다른 궤적을 가지고 있다고 하겠다. 1차 농민전쟁 시기에 농민들의 밑으로부터의 참여와 동원은 '자발적 참여를 통한 동원'으로 볼 수 있을 것이다.

3) 전주화약 전후 보국안민의 구체화와 농민적 개혁 노선

1894년 농민군의 폐정 개혁안에 대한 관심은 1945년 해방 후 연구 초기부터 있어왔다.[121] 이는 1940년대 오지영의 『동학사』출간본, 1940에서는 집강소 강령을 중시하였다.[122] 그는 1894년 5월 집강소 강령 12개조가

---

121 송찬섭, 「폐정 개혁안이라는 용어를 그대로 쓸 것인가」, 『농민전쟁 100년의 인식과 쟁점』, 거름, 1994, 156~169쪽.

이전 농민군이 제기한 폐정 개혁안으로서 하나의 완성된 단계로 보았다. 반면에 그 이전의 원정原情 등 폐정 개혁안은 1차적인, 혹은 단순한 폐단 시정으로 바라보았다.[123]

이에 대하여 한우근은 동학농민군의 원정과 강령을 하나의 연속적인 것으로 보면서 보다 포괄적으로 농민군의 지향을 살폈다. 그는 김윤식의 『속음청사續陰晴史』와 『동비토록東匪討錄』 등에서 고부 농민 봉기 당시의 호소문으로부터 전주화약 당시의 원정을 거쳐 강령에 이르러 농민군의 요구가 점차 확대되어 왔으며 운동의 진행에 따라 폐정 개혁의 내용이 유동적으로 변할 수 있다는 점을 강조했다.[124] 그렇지만 그의 설명은 농민들의 폐정 개혁의 수준이 사실상 조세체계 전반을 비판한 것은 아니라고 제한적으로 해석했는데, 이러한 이해는 당시 민중의 사회경제적 조건과 계급적 대립의 심각성을 간과한 것이다.

1894년 농민군의 폐정 개혁안을 다루기 위해서는 우선 농민군들이 제기한 내용을 순차적으로 열거하면서 축조적으로 검토할 필요가 있다.[125]

---

122 이이화, 「오지영(吳知泳) 「동학사(東學史)」의 내용검토(內容檢討) ─주로 1894년 동학농민전쟁과 관련하여」, 『민족문화』 12, 143~167쪽; 노용필, 「오지영의 인물과 저작물」, 『동아연구』 19, 1989, 72~98쪽; 김태웅, 「1920·30년대 오지영의 활동과 『동학사』 간행」, 『역사연구』 2, 104~110쪽.

123 「집강소의 행정」 부분에, "이째 全羅道 五十三州에 골골마다 執綱所가 아니 設立된 곳이 업시 一律로 다 되엿섯고 執綱所의 안에는 幾千名의 義軍이 護衛를 하엿섯고 行政에 잇서서는 執綱이 主務로 十數人의 議員이 잇서 協議體로 組織이 되엿섯고 都執綱 一人을 쏩아 全道의 代表가 되게 하엿섯고 已往잇든 大小官吏들은 오즉 事務에 責任만을 맛게 하엿섯고 執綱所의 政綱은 이와갓다"라고 하면서, 집강소의 정강을 소개하고 있다. (역사문제연구소 동학농민전쟁백주년기념사업추진위원회 편, 『동학사』(초고본)(동학농민전쟁사료총서), 사운연구소, 1996, 476~478쪽)

124 한우근, 「농민군의 폐정 개혁안 검토」, 『역사학보』 23, 1964, 55~69쪽.

125 자료① 박은식, 「한국통사」, 『박은식전서』 상, 단국대 동양학연구소, 108~109쪽; 자료② 『오하기문』, 갑오 4월 29일; 자료③ 『동비토록』, 갑오 4월 26일; 자료④ 「전봉준

먼저 ① 1894년 3월 29일 제중의소濟衆義所「격문 9개조」, ② 4월 19일 호
남 유생 명의로 초토사 홍계훈에게 바친「정문呈文」, ③ 4월 21일 고부 농
민군이 법성포 이향에게 제기한「통문通文」④ 5월 초 전주화약 직전 농
민군이 초토사 홍계훈에게 바친「23개 조목條目」,[126] ⑤ 5월 초 전라도 유
생 등이 순변사 이원회에게 바친「원정原情 14개조」및「원정열록 24개
조」,[127] ⑥ 5월 20일 장성 농민군이 관찰사 김학진에게 바친「13개조」,
⑦ 7월 중 전주사민이 연명으로 관찰사 김학진에게 올린「정장呈狀」등이
있다. 동학농민군 지도자들은 호남 유생이라는 명칭을 써가면서 자신들
의 폐정 개혁안을 조목조목 열거하고 있다. 위의 7종류의 폐정 개혁 건의
문은 시기적으로 5월 8일 전주화약 이전의 것과 5월 중순 이후의 것으로
대별된다.

  여기서 주목하는 것은 5월 호남유생들이 홍계훈 초토사에게 드리는
23개조의 원정문 ④이다.[128] 글의 첫머리에서는 "민은 나라의 근본이며
근본이 견고하면 나라가 평안해 진다"라는 보국안민의 이념을 강조하고
있으며, 말미에서는 "국태공을 받들어 나라를 감국하게 하여 부자의 인
륜과 군신의 의리를 온전히 하며, 아래로 여민들을 편안히 하고 종묘사직

판결문」, 『동학관련판결선고서』 37; 자료 ⑤ 「면양행견일기」, 『속음청사』; 자료 ⑥ 『대
한계년사』, 갑오년 5월; 자료 ⑦ 『계초존안』, 갑오 8월 초1일; 자료 ⑧ 『동비토록』, 5월
28일조 등이다.

126 농민군의 폐정 개혁안과 오지영의 『동학사』에서 기술된 12개조 강령은 서로 맥을 달리
하는 것이었다. 「전봉준판결선고서」에서 전주화약시 제시된 27개조 중 예시된 14개조
이외에 나머지 13개조를 복원하기 위한 연구가 필요하다. (박종근, 「갑오농민전쟁에 있
어서 '전주화약'과 '폐정 개혁안'」, 『역사평론』 140, 1962)

127 한우근은 5월 초 순변사 이원회에게 바친 원정열록과 『동비토록』에 수록된 「호남 회생
들의 상서 (湖南會生等 上書)」 및 23개 조항이 일치한다고 보았다. (한우근, 「동학군의
폐정개혁안 검토」, 『역사학보』 23, 1964, 63쪽, '각주 9')

128 「호남 유생이 초토사에게 드리는 원정문(湖南儒生原情于招討使文)」, 『동비토록』, 5월.

을 보존시킬 것"을 재삼 강조하였다.[129]

한편 이 시기 동학농민군이 제시하는 폐정 개혁은 순변사에게 보낸 23개 조항에서 잘 드러난다.

一. 전운轉運의 조복미漕復米를 해당 읍에서 상납하는 것을 관례대로 복구할 것.

一. 균전관均田官이 진결陳結을 농단하는 것이 백성들에게 폐단이 가장 크니 영구히 혁파할 것.

一. 군포는 봄과 가을에 매 호당 1냥씩 원래 정할 것.

一. 결미結米는 전례대로 다시 만들 것.

一. 어느 곳을 막론하고 보洑를 쌓아 수세하는 것을 혁파할 것.

一. 해당 읍의 지방관이 자신의 읍에서 논을 사고 산을 이용하는 것을 형률에 따라 처벌하라.[130]

一. 각 읍 시정市井의 물건에 매기는 분전分錢에 수세하는 것과 도매都賣는 영구히 혁파할 것.

一. 환곡還穀은 전임 방백이 이미 밑천을 뽑아 받았으니 다시는 거두지 말 것.

---

129 "삼가 저희들은 하늘과 땅 사이에서 교화에 참여한 사람인데, 어찌 감히 함부로 의롭지 못한 일을 일으켜서, 스스로 형벌에 빠지겠습니까? 민은 나라의 근본입니다. 근본이 견고하면 나라가 편안하다는 것이 옛 성인이 남긴 교훈이고 시무(時務)의 대강(大綱)입니다.(生等以 覆載間參化之人 安敢妄擧 不義之事 自陷於刑辟乎 夫民者國之本也 本固邦寧 古聖之遺訓 時務之大綱也) (…중략…) 일이 이런 지경에 이르러, 억조(億兆)의 사람들이 마음을 하나로 하고 8도가 의논하여, 위로는 국태공(國太公)을 받들어 감국(監國)하게 하여 부자(父子)의 인륜과 군신(君臣)의 의리를 온전히 하고, 아래로는 여민들을 안정시켜 다시 종묘사직(宗廟社稷)을 보호할 것을 죽어도 변치 않기로 맹서하였습니다.(事到此境 則億兆同心 八路詢議 上奉國太公監國 以全父子之倫 君臣之義 下安黎民 更保宗社 誓死不變矣)"(위의 책, 5월 28일조)

130 이 조항은 「호남 유생이 초토사에게 드리는 원정문」, 『동비토록』 다음에 들어 있는 23개 조항 중 하나이다. 나머지 22개 조항은 『남유수록』에 실려 있는 것과 동일하다. 결국 『남유수록』에서는 이 조항을 빠뜨렸다.

一. 갚지 못한 공전公錢이 1,000금이어서 자기 몸을 희생하여 죄를 갚으면 친척을 침범하지 말 것.

一. 오래된 사채私債는 관장에 보고하여 강제로 거두는 것은 일체 금지할 것.

一. 여러 읍의 이속吏屬에게 임채任債를 바치고 차임差任하는 것을 시행하지 못하게 하고 금지할 것.

一. 각 포浦와 항港에서 잠상潛商들이 쌀을 사는 것을 일체 금지할 일.

一. 각 포浦의 어염魚鹽에 수세하는 것을 시행하지 못하게 할 것.

一. 각 관아에 차입次入된 물건의 종류는 시가에 따라 배정하여 사용하고 상정례詳定例는 혁파할 것.

一. 각국의 사람들은 항구에 머무르게 하고 도성 안으로 들어와 관사館舍을 마련하지 못하게 할 것.

一. 본영의 사람 중에 죄 없이 죽은 자와 감옥에 갇혀 있는 자는 일일이 억울함을 풀어줄 것.

一. 전보국電報局이 백성들에게 가장 폐단이 크니 혁파할 것.

一. 보부상과 잡상이 무리를 지어 행패를 부리니 영구히 혁파할 것.

一. 흉년에 백지징세白地徵稅는 시행하지 못하게 할 것.

一. 연역煙役에서 분전分錢을 더 거두는 조항은 영구히 혁파할 것.

一. **국태공國太公을 받들어 국정을 살피고 돕게 할 것.**

一. 경저리京邸吏의 급료는 규례에 따라 삭감할 것.

一. 본영의 진전賑錢은 백성에게 폐단이 되니 영구히 혁파할 것.[131]

동학농민군은 위의 23개조를 의정부에 보내 임금으로 하여금 시행하

---

131 「5월」, 『남유수록(南游隨錄)』 기사. 이 중에서 초토사에게 보낸 원정과 차이가 있는 것은 13, 17, 22번째 조항 등이다.

도록 요구하였다고 했다.[132] 이 자료는 5월 28일에 보고된 내용으로 대개 조선왕조의 조세제도의 폐단을 시정할 것을 요구했을 뿐만 아니라 공사채의 금지, 이속의 임채 금지, 각포구와 항국에서 잠상들의 쌀 구입, 보부상과 잡상의 폐단 혁파, 외국 상인들의 도성 금지 등 다양한 것이었다. 이들 폐정 개혁 요구 중에는 대부분 전세, 군역-요역, 잡세 등의 조세 부분이 많으며 환곡도 포함되어 있다. 개별 폐정 개혁안이 지닌 사회 경제적 의미에 대해서는 대체로 삼정의 문란이라는 관점에서 폐정을 거론하는 것이었고, 전운사, 균전사 등 새로운 전정 운영에서 벌어진 문제, 환곡, 진고 등과 잡세, 상업세 등을 구체적으로 다루는 경향이 있었다.[133] 다만 이들의 요구에서 주목되는 점은 초기에 삼정에 관한 문제 제기에서 점차 구체적이고도 근본 문제 해결로 확대 발전되고 있다는 점이다. 특히 4월 23일 황룡촌 전투 이후 4월 27일 전주성 입성에서는 보다 정연된 형태로 제기되었으며, 5월 8일 전주 해산 이후에도 계속해서 지방조세행정과 운영체계의 시정을 요구하는 수준을 유지하였다.

그런데 이러한 조항은 이미 5월 8일 전주화약에 제기한 것 27개 폐정 조항과 거의 동일한 것이었지만, 차이가 있는 몇 가지 조항이 있었다. 대표적인 정치 개혁으로 "一. 각국의 사람들은 항구에 머무르게 하고 도성 안으로 들어와 관사館舍를 마련하지 못하게 할 것. 一. 본영의 사람 중에 죄 없이 죽은 자와 감옥에 갇혀 있는 자는 일일이 억울함을 풀어줄 것. 一. 국태공國太公을 받들어 국정을 살피고 돕게 할 것" 등이었다. 또한 초토

---

132 「갑오 5월 28일」, 『남유수록』 기사.

133 정창렬, 「갑오농민전쟁연구 — 전봉준의 사상과 행동을 중심으로」, 연세대 박사논문, 1991; 박찬승, 「1894년 농민전쟁의 주체와 농민군의 지향」, 『1894년 농민전쟁연구』 (5), 역사비평사, 1996.

사에게 보낸 원정에서도 "세력을 믿고 사람을 빼앗아 농단을 부리는 자는 그 사람을 죽여 장려할 것, 탐관오리로 잔민을 침학하는 자는 일일이 파출시킬 것" 등을 포함하고 있다.

이러한 주장은 대개 정치 개혁에 관한 것이었는데, 이러한 조항의 정치 개혁적 성격은 지금까지 크게 주목받지 못했다. 이는 전봉준 판결 선고서에서 소개된 14개 조목 이외에 숨겨져 있는 나머지 13개 조목이 무엇이고, 왜 기록되지 않았는가 하는 점과 관련된다.[134]

판결선고서에서 누락된 13개조로 폐정 개혁의 여러 조항의 반복이어서 생략된 것으로 추측되기도 하지만, 위의 정치 개혁 조항과 같이 매우 민감한 요구 조항이 있기 때문이 아닌가 한다.[135] 예컨대 균전사의 폐지 등 토지 문제에 국한된 것이 아니라 왕실에 대한 폐단을 직접 거론한 것이었으며, 대원군의 감국 요청으로 인하여 국왕권의 제한시키는 조항 등

---

134 이에 대해서는 일본의 경제적 침략과 무력 개입을 철저하게 반대하는 내용, 또는 토지 분배 등의 내용을 포함하고 있다고 추측하였다.(우윤, 『전봉준과 갑오농민전쟁』, 창작과비평사, 1992, 201~203쪽) 아직까지 사라진 13개 조항의 실체를 발견되지 않았으나 다분히 정치적 요구를 담고 있는 조항이라고 추정할 수 있다.

135 후일 전봉준 재판관결문에는 당시 상황을 이렇게 기록하고 있다. "陣ᄒ여四月二十六七日게官軍보담몬져全州城을드러가니 其時 全羅監司는 임의逃亡ᄒ여 간곳슬모르거날 其翌日의다더러 招討使 洪在義가 軍士를 다리고 城下의 迫到ᄒ여 城밧긔서 巨砲를 놋코 攻擊ᄒ기로 被告가 其徒로더부러 應戰ᄒ여 즈못 官軍을 괴롭게ᄒ니라 이에 招討使가 檄文을 지어 城中으로 던지고 被告等의所願을 드러줄터이니 速히 解散ᄒ라 曉飭ᄒ엿ᄂᆞᆯ디 被告等이 곳 轉運所革罷事國結不爲加事 禁斷步負商人作弊事 道內還錢舊伯旣爲捧去則不得再徵於民間事 大同上納前各浦口潛商貿米禁斷事 洞布錢每戶春秋二兩式定錢事貪官汚吏竝罷黜事 壅蔽上聰賣官賣爵操弄國權之人一竝逐出事 爲官長者不得入葬於該境內且不爲買畓事 田稅依前事烟戶雜役減省事 浦口魚鹽稅革罷事 洑稅及宮畓勿施事 各邑倅下來民人山地勒標偸葬勿施事 二十七條目을 늬여가지고 上奏ᄒ기를 청ᄒ엿더니 招討使가 卽時承諾한 故로 被告는 同年 五月初五六日게 쾌히 그무리를 解散ᄒ여 各其就業ᄒ게ᄒ고."(「37 전봉준(全琫準)(태인)」, 『동학 관련 판결선고서(東學關聯判決宣告書)』, 乙未(1895년); 왕현종, 「1894년 농민전쟁 지도자의 재판과정과 판결의 부당성」, 『한국사연구』 168, 2015, 223쪽)

이 문제가 되었을 것이다.[136] 물론 폐정 개혁의 실현방법과 관련해서는 탐관오리의 축출이나 민씨정권의 퇴진, 대원군 섭정의 요구 등을 요구한다고 해서 농민들의 입장에서 제기된 권력구조의 개편을 직접적으로 겨냥하지는 못하는 한계는 있다. 이러한 의미에서 1894년까지 도달한 농민군의 정치의식은 아직 농민들의 주체적인 정치 참여와 민주적인 정치구조를 수립하는 데까지 이르지 못하고 있다. 이 점이 동학농민군 지도부의 한정된 정치의식의 수준을 보여주고 있다.

1894년 5월 이후 농민군이 추진하는 조세 개혁 요구는 대개 조선 후기 조세 지방행정의 난맥상을 개별적으로 시정하는 것이었지만, 조선왕조의 주요 법률 중의 하나인 정조년간의『대전통편大典通編』으로의 회복이라는 점은 주목할 만하다.[137] 비록 농민들은 "군역·환곡·전세 삼정을『대전통편』의 예에 따라 준행할 일"을 주장하였듯이 자신들의 개혁안이 합리적인 조세와 금납화를 전제로 하고 있었으므로 이미 정조대의 조세제도 수준을 넘어서는 것이었다. 따라서 농민군의 주장은 조세체제의 제도적 복원에 그치는 것이라기보다는 원칙 있는 조세행정을 고려하고 있으며, 또한 이후에 합리적인 조세행정과 특권적 조세체제의 극복을 보이고 있다는 점은 강조하여도 좋다. 더욱이 왕실의 토지 확대와 민중 수탈에 관해서는 적극적인 입장을 피력하고 있다. 예컨대 균전관의 폐단, 농결弄結 징세 금지, 균전답의 남봉 남조의 금지 등은 단순히 조세 문제만이 아니

---

136 전봉준이 재판과정에서 자신의 궁극적인 목적을 "첫째 민족(閔族)을 무너뜨리고 한 패인 간신을 물리쳐서 폐정을 개혁하는데 있고, 또한 전운사(轉運使)를 폐지하고 전제(田制) 산림제(山林制)를 개정하고 사리(私利)를 취하는 소리(小吏)를 엄중히 처단할 것을 원할 뿐"이라고 진술하였다는 점을 상기할 필요가 있다. (「동학당대거괴(東學黨大巨魁)와 그구공(口供)」,『도쿄아사히신문』, 1895. 3. 5, 5면 1~3단 기사)

137 「전라도 유생들이 순변사 이원회에게 제출한 요구 조목」,『속음청사』상, 322~333쪽; 김선경, 앞의 글, 2010, 134~135쪽.

라 궁방전 등 국가적인 토지의 관리와 도조 문제를 제기하는 것이다. 이는 조선국가의 특권적 토지제도의 철폐와 해당 지역의 농민들, 특히 영세 빈농들의 권익 보호를 요구한 것이라고 할 수 있다.

그런데 1894년 농민전쟁 시 농민들의 개혁은 당시 갑오개혁 정부의 개혁과 맞물려 진행되었다는 점을 고려해야 한다. 1894년 6월 군국기무처가 설립된 이후 갑오개혁의 국가 개혁 사업은 여러 방면에서 추진되었다. 군국기무처가 자체로 의결한 사회경제 개혁 의안은 전국적으로 공포되어 시행해 나갔다. 6월 28일 반상班常이라는 신분적 차별제도를 폐지하고 귀천에 구별 없이 인재를 채용할 것을 선언하였다. 이어 공사노비제도의 폐지, 인신매매의 금지 등 사회신분제를 폐지하는 의안을 의결하였다. 7월 2일에는 칠반천인을 해방하며 양반의 상업 경영의 자유화를 공포했다. 7월 3일에는 과거제도의 폐지와 선거조례의 제정, 연좌법의 폐지를 선언하여 양반관료 이외의 능력 있는 인사의 권력 참여를 허용할 것을 표명하였다. 또한 7월 12일에 향회 설치의 건을 제정하여 지방민의 권력 참여를 제도화시키려는 의도를 나타냈다. 이러한 법제적 조처를 통해서 양반과 상천민의 신분적 차별제도는 국가제도상으로 완전히 폐지되었다.

또한 종래 여러 가지 부세의 현물납과 봉건 재정 원칙을 개혁하여 각종 부세 명목의 간소화와 조세의 금납화를 추진하였다. 7월 10일 조세 금납화 의안을 통해 10월부터 실시를 예고하고 있었고, 군포는 신분제를 전면 폐지하는 가운데 모든 호에서 호세를 내도록 했으며, 환곡제는 환곡의 폐단을 금지하고 사창제를 세우려는 원칙을 제시하였다. 이는 신분과 지역에 따르는 부세 불균을 제거하고 '균부균세均賦均稅'의 원칙을 확립하려는 것이었다. 또한 갑오정권은 지방의 봉건적 수탈과 탐학한 지방관을 금지하고 규제할 것을 선언하였다.[138]

이러한 군국기무처의 초기 개혁 의안은 이미 1차 농민전쟁에서 농민들이 제기한 사회 개혁과 삼정 조세 개혁 요구를 대부분 수용한 것이라 평가되고 있다. 군국기무처는 새로 만든 『관보』에 개혁의안을 수록하였을 뿐만 아니라 7월 1일부터 활판으로 별도로 인쇄하여 전국에 유포하였다.[139] 이에 따라 전라감사 김학진은 7월 12일에 기왕에 제정된 의안 9개조를 공문으로 각 지방에 유포하도록 하였다. 8월 8일에는 경상감영에서도 중앙에서 제정한 선무 27개조를 유포시키고 있었다.[140] 더욱이 8월 20일에는 군국기무처에서 8월 10일 이후 결의한 의안에 대해서도 재차 고시하도록 하였다. 이렇게 군국기무처의 개혁 의안은 7월과 8월에 순차적으로 각 지방으로 유포되었으며, 이와 더불어 학부협판 겸 군국기무처 의원인 정경원을 삼남선무사로 임명하여 7월 말, 8월 초 충청지방에 보내 직접 선무하면서 농민들로 하여금 정부의 개혁사업에 순응하도록 유도하는 상황이었다.

4) 농민군 집강소의 설치와 농민적 개혁

이러한 분위기 속에서 5월 중순부터 시작된 동학농민군의 집강소 개혁 정치는 더욱 활력을 갖게 되었다.

1894년 5월 말부터 8월까지 전국 각지에서 동학농민군의 집강소 개혁이 실시되었다. 호남 각지에서 제대로 지방관의 집무를 볼 수 없었고, 실제적으로 농민군의 집강소 정치가 관의 통치를 대신하고 있었다고 해도 과언이 아니었다. 이 시기 집강소 정치가 어떻게 이루어졌으며, 당시 현

---

138 『의정존안(議定存案)』, 1894년 6월 28일; 7월 2·3·7·10·12일; 8월 10일조.
139 『일성록』, 1894년(고종 31년) 갑오 7월 1일, 204쪽.
140 「수록(隨錄)」, 『동학농민전쟁사료총서』(5), 46~47쪽; 『목록』(4)(규18149).

안이 무엇이었는지에 대해 충청도 각 지역·지방의 사례를 중심으로 살펴보자.

[사료 1] 7월 초 1일 맑음. 읍邑마다 당黨이 있고, 촌村마다 도徒가 있었으며 하루에 오는 것이 3~4번 아래로 내려가지 않았다. 금구접金溝接, 김제접金堤接, 옥구접沃溝接이라고 하고 서로 접장接長으로 불렀다. 거기에 속한 사람들은 도인道人이라고 불렀고, 그 무리에 들어가지 않은 자는 속인俗人이라고 불렀다.[141]

[사료 2] 동학에 들어간 지 오래된 사람을 가리켜 '구도舊道', 최근에 새로 들어오는 사람을 '신도新道'라 하였다. 평민을 가리켜 '속인俗人'이라 하였으며, 속인 가운데 동학을 비방하는 사람은 이들을 협박하여 반드시 동학에 들어오게 하였는데, 이런 것을 '륵도勒道'라 하였다. 그들이 이렇게 하는 것은 대개 세상 사람들이 함부로 자신들을 적대시하지 못하게 하기 위한 것이며 서로서로 소리 높여 자신들의 도道를 칭송하고 5만 년 동안 다함없는 훌륭한 도道라고 여기도록 하기 위한 것이었다.[142]

[사료 3] (7월) 초 5일 맑음. 며칠 전부터 동학도가 자주 동네에 들어 부유한 집에서 말·총·창·칼·돈·왜솔 등을 빼앗았다. 원한을 가지면 눈을 흘겨보고 반드시 보복하였다. 비록 노예奴隸라고 하더라도 동도東徒에 들어오면 반드시 존대하여 감히 이름을 함부로 부르지 않았다. 상하의 구분과 귀천의 분별이 없어 옛날에는 없던 것이었다.[143]

---

141 『남유수록』, 갑오 7월조.
142 『오하기문』(동학농민혁명사료총서 1), 109쪽.
143 『남유수록』, 갑오 7월조.

충청도 부여 지방에서 일어난 첫 번째 사례[사료 1]는 각 지역마다 접이라는 구역 조직이 있고, 읍마다 당黨이 있으며, 촌마다 도徒가 있다고 하였다. 동학의 당과 도에 속하는 사람을 도인道人이라고 했다. 다음의 사례[사료 2]에는 예전에 동학에 들어온 사람을 '구도'라고 하고 최근에 들어온 사람들을 '신도'라고 하면서 서로 접대하였으며, 동학을 비방하는 속인을 억지로 동학에 들어오게 하는 등 동학세력의 확대를 꾀했다. 이렇게 동학의 확대는 입도시키는 방법이 비교적 간단하여 12자 주문을 외거나 서로 접대하며 예를 올리는 방식을 취하고 있기 때문이기도 하였다. 또한 동학에 입도하여 도인이 된다는 것은 도인으로서 의義를 실천하는 주체가 되는 것이었다. 그래서 동학도들은 제폭구민과 척왜양 창의라는 대의명분에 참여한다는 도덕적 우월성을 스스로 확보해 나가는 것이기도 하였다.[144]

다음 사례[사료 3]는 충청도 각 지역에서 동도가 부유한 사람의 집에 들어가 마필, 총창검, 전량, 왜솔倭率 등을 갈취했다는 것이다. 이는 자신들의 무장력과 자금을 확보하기 위한 것으로 어쩔 수 없는 것이었지만 민간인에게 주는 폐해가 컸다.

특히 지방의 유생의 눈으로는 노비 해방에 대한 곱지 않은 시선을 드러낸다. "비록 노예라고 하더라도 동도에 들어오면 반드시 존대하였고 감히 이름을 부르지 않았다"고 비판하면서, 상하의 분별과 귀천의 구별을 없앤 것은 예전에 없었던 일이라고 하였다.[145]

---

144 홍동현, 「1894년 '동도(東徒)'의 농민전쟁 참여와 그 성격」, 『역사문제연구』 20, 2008, 185~193쪽; 김선경, 「갑오농민전쟁과 민중의식의 성장」, 『전통의 변용과 근대 개혁』, 태학사, 2004, 199~210쪽.

145 "雖其奴隷投入東徒 則必尊待之不敢斥呼 無上下之分貴賤之別 古所未有也."(『수록』, 갑오 7월조)

[사료 4] (1894년 8월) 초 8일 맑음. 이 마을의 오봉룡吳鳳龍 3형제가 동도東道에 들어가서 말하기를, "지난 겨울에 바친 4석의 조租는 매우 근거가 없으니 그 물건은 찾아야 하고 그 원한을 갚아 달라"고 하였다. 접주와 접사接司에게 그런 말을 했는데 모두 한동네 사람으로 그 일을 잘 알고 있어서 응하지 않았을 뿐만 아니라 도리어 책망하며 제지하였다. 봉룡이란 자가 와서 아버지를 보고 조포租包를 요구하였는데, 패악한 말이 한 가지가 아니었다. 바로 지난날 내가 반교에 있을 때의 일 때문이었다. 그 아우인 봉기鳳起가 다시 와서 요구하기에 바로 포包에 가서 장접주張接主, 장봉한을 만나 그 이유를 말했더니 장접주와 최접사崔接司, 최천순는 모두 가당하지 않다고 했으나 송접사宋接司 건노建老만이 말하기를, "나라법에 이자는 자모子母에 그쳐야 한다. 무자조戊子租 10두를 말한다면 10두로 4석을 받은 것으로 외부 사람들이 그것을 듣는다면 의아해 할 것이니 나라법에 따르는 것이 옳다"라고 하였다.[146]

[사료 5] 12일 맑음. 동리東里 박석사朴碩士 성백伯이 공주 반송포盤松包에 입도入道하였다. 며칠 전에 접주를 만나러 가서 앉아 있을 때에 성이 석石 씨인 자가 억울함을 호소하여 말하기를, "저의 선산이 곡화천曲火川 뒤의 산등성이에 있는데 어떤 집에게 빼앗겼습니다. 지금까지 펴지 못한 억울함을 위엄 있는 명命을 빌려 한 번에 씻고 그 무덤을 파서 그 땅을 돌려받으며 이미 베어서 팔아버린 소나무와 가래나무를 돈으로 받아내어 주시기 바랍니다"라고 하니, 접주가 말하기를, "땅을 돌려받는 것은 가능하다. 그러나 무덤을 파는 것은 법으로 금하고 있다"라고 하였다. 석石씨가 말하기를, "이 달 보름에 그가 성묘하는 것을 이용하여 잡을 계획이니 이것을 헤아려 주시기 바랍니다"라고 말하니, 접주가 말하

---

146 위의 책.

기를, "어찌 이와 같은 사리事理가 있겠는가"라고 하였다. 내 집안의 산소를 가리켜서 말한 것이었다. 그때 대접주大接主 김상오가 공주에 들어왔을 때에 접주 이李가 송사를 듣고 심리했는데, 그는 바로 이남원李南原의 아들로 성백聖伯과는 교분이 있었다. 접사 윤尹은 바로 성백과는 사돈 사이의 친척으로 더욱 막역하여 내 집안을 위하여 매우 힘 있게 말을 해주었다. 돌아와서 알려주기를, "성묘하러 가지 말"고 하고, 다시 말하기를, "접사도 이처럼 생각한다"라고 하였다. 매우 고맙고 고마웠다. 성백과 함께 접주와 접사를 만나보고 후환을 없애려고 했으나 성백에게 일이 있어 하지 못하였다.[147]

우선 [사료 4]에서는 부여 본 동에 사는 오봉룡 3형제는 동도에 가입하였고, 자신들의 민원을 해결해 달라고 요구했다. 지난 겨울에 이자로 4석의 조租가 근거가 없으니 환수해 달라는 요구였다. 이에 대해 장접주와 송접사는 모두 한동네 사람으로 이 일의 전말을 잘 알고 있으므로 무자년 조를 4석을 내었던 것이 부당하니 전부 환수해 달라는 것이었다. 그렇지만 이들은 무자년인 1888년 이후 5년이 지났으므로 이자로 매년 2두 이내로 받아 10두의 조를 내는 정도는 당연하니 나라법에 따르는 것이 맞다는 입장을 표명하였다. 다만 10두가 아니라 4석을 받은 것은 문제라고 지적한 것이다. 이렇게 동학에 가입한 농민들이 종래 부채에 대해 도리어 과도한 환수 요구를 하는 것에 대해서는 동학의 접주 접사들이 일정하게 조정자의 역할을 담당하고 있음을 알 수 있다.

또한 다음 [사료 5]에서는 부여 동리의 박성백朴聖伯은 공주 반송포에 입도하였는데, 석 씨 성을 가진 자가 산등성이에 빼앗긴 집을 돌려달라고

---

147 위의 책.

요구하는 것을 전하고 있다. 석씨는 산등성이 집을 허물고 다른 사람이 무덤을 파고, 소나무와 가래나무를 베어 팔았으므로 이에 대한 원상 복구를 요구하였다.

또한 농민들은 당시 군국기무처에서 제시한 개혁의안의 수준을 넘어 농촌사회의 내부 신분질서를 깨트리고 평등화된 사회를 직접 실현하고자 하였다.

[사료 6] (7월) 25일 맑음. 홍주 갈산의 김씨 집이 그 노복奴僕에게 참혹한 화를 입었는데, 원근의 양반집들에 종종 이런 화가 있었다. 마침 묘당廟堂에서 관제官制와 의제衣制를 개정하였고, 공사천公私賤·창우倡優·백정을 혁파하여 모두 종량從良하였다. 인근 마을의 민씨네 집에서는 모두 풀어주어 종량했다고 한다. 바로 김권이金權伊를 불러 그의 아내 용금의 문권文券을 내어 주었다. 김성만의 아내인 순동과 김업성金業成의 아내인 옥섬玉蟾은, 모두 신만손申萬孫의 아내인 여종 순금의 소생이었다. 세월이 오래되어 문권을 잃어버렸기 때문에 증표를 써서 주었다. 성만이 옛날 문권을 고집스럽게 요구하였으나 끝내 주지 못하여 사뭇 야속하게 여기고 돌아갔다. 한층 더해지면 그가 어떻게 변할지는 모르겠다.[148]

위의 사례는 충청도 홍주 갈산 지역에서 노비 해방의 실제 모습을 설명하고 있다. 부여 원근의 양반집에 기존의 노비들이 해방되는 과정에서 민씨네 집에서는 김권이와 그의 아내 용금의 문권을 내어주고, 김성남의 아내 순동과 김억섭의 아내 옥섬 등은 신만손의 아내 여종 순금의 소생이었는데, 너무 오래되어 문권이 없어 대신 증표를 써서 주었다고 하였

---

148 『남유수록』, 갑오 7월조.

다. 이렇게 노비 문서를 돌려받거나 새로 노비 해방의 문서를 작성해 주어야만 실제 노비의 해방의 증거로 삼을 수 있었기 때문이다. 따라서 그렇지만, 실제 옛 노비문권을 모두 되찾지 않는 한, 노비에서 벗어난 것은 아니라는 관습 인식이 팽배했다고 할 수 있다.

농민들은 공사노비법의 폐지에 힘입어 기존의 노비 문서를 불사르며 양반과의 신분 투쟁을 일으켰다. 갑오정권은 격렬한 신분 투쟁에 대해 우려를 나타내면서 기존 군국기무처의 신분제 폐지 의안은 "구휼의 뜻으로 압량위천하여 대대로 역을 지우는 것을 금한 것이지 일찍이 판매된 자를 논한 것은 아니다"라고 하였다.[149] 이러한 공문은 이전 신분제 혁파 법령에서 후퇴하여 기존 노비 존재를 그대로 인정하는 것이었다.[150]

이러한 향촌의 관행에 맞춰 노비들은 자신들의 속량贖良 문건을 획득하고자 강박했던 것이다. 이렇게 동학농민군의 신분 해방 요구는 당시 갑오개혁의 정책과 맞물려 실제 향촌에서 신분계급관계를 평등하게 변혁시키는 역할을 하였다. 이러한 조치에 대해 향촌사회에서는 동학도들의 조직적 강박행위와 노비신분층의 직접적인 압박을 통해 쟁취해 나갔다. 이러한 사회경제 개혁을 위한 투쟁 과정에서 동학에 참여하는 계층의 확대가 이루어지고 있었음을 짐작할 수 있다.

이러한 집강소 시기 농민들의 폐정 개혁 요구와 처리 방법은 각 지역에 산재하고 있었던 폐단을 하나하나씩 사안마다 처리하는 방식으로 이

---

149 『계초존안(關草存案)』, 갑오 8월 10일조; 신용하, 「1894년의 사회신분제의 폐지」, 『규장각』 9, 131~133쪽.(『한국근대사회사연구』, 일지사, 1987 재수록)
150 물론 그렇다고 갑오개혁정부의 신분제 폐지 정책이 수정된 것은 아니었고, 이후 1896년 4월 '적도처단례'를 통해서 일반인의 약취와 노비 전환을 금지하는 법령을 시행함으로써 법적인 사후조치로 이어졌다. 이는 재지양반세력과 타협적인 입장에서 점진적으로 노비제를 해체해 나가겠다는 것이고 당시 농민들의 정서와는 거리가 있었다.(왕현종, 『한국근대국가의 형성과 갑오개혁』, 역사비평사, 2003, 289~303쪽)

루어졌다. 비록 각 지방의 집강소 내부의 권력 관계에 의해 일부 좌우되고는 있으나 전반적으로 억울한 농민들의 소원 수리를 하는 과정에서 현안들은 해결해 나갔다. 예컨대 신분제의 해체는 노비들이 동도에 들어와 서로 존재하며 스스로 상하 구분과 귀천의 분별을 없앴으며, 개별 양반가의 노비 문서도 스스로 제출하게 하여 노비문권 자체를 스스로 획득함으로써 사회적 구속에서 벗어났던 것이다. 또한 고리대를 통한 과도한 부채 탕감이나 산송 분쟁에 대해서도 지방의 관행과 합리적 요구를 해결하는 방식으로 이해관계를 조절해 나갔다. 위의 사례는 물론 몇 가지 특수한 사례에 불과하다고도 말할 수 있지만, 이러한 분쟁 해결의 사례는 집강소가 설치된 고을에서는 어디서나 일어나고 있었다고 할 수 있다.

다음으로 농민들은 당시 지주 소작제라는 경제 현안을 해결하려는 부분에서 갑오개혁 정부와 심각하게 대립하였다. 농민들은 봉기 초기부터 진답과 기간처의 도조를 폐지할 것, 보세와 궁장토를 물시할 것, 각궁 윤회결을 혁파할 것, 균전관이 진결 환롱으로 민인에게 큰 해를 끼치므로 혁파할 것, 해당 지방관이 본읍의 토지 매집하게 하지 말 것, 균전어사를 혁파할 것 등을 제기하고 있었다.[151] 당시 갑오개혁 정권은 농민들이 요구하는 조세 개혁 주장을 일부 수용하면서도 토지 개혁의 요구는 받아들이지 않으려고 하였다.[152]

---

151 '진답(陳畓) 중 이미 개간한 곳의 도조(賭租) 문제'(「고부사핵장복계」, 『일성록』, 1894년(고종 31년) 갑오 4월 24일, 125쪽); '보세(洑稅) 및 궁답(宮畓)을 시행하지 말 것', '각궁방 윤회결(輪回結)을 모두 혁파할 것'(김윤식, 「전과도유생등원정우순변사이원회(全羅道儒生等原情于巡邊使李元會)」, 『속음청사』 (상), 5월 11일경, 322~323쪽); '균전관의 진결을 환롱한 것은 백성을 크게 해치는 것이므로 혁파할 것', '해당 읍의 지방관이 본읍에 논을 사서 산소를 만드는 것은 법률에 따라 처단할 것'(김윤식, 「원정열록추도자(原情列錄追到者)」, 『속음청사』 (상), 5월 17일경, 323~324쪽); '균전어사를 혁파할 것'(정교, 『대한계년사』 (상), 1894. 5, 86쪽).

한편 동학농민전쟁 시기에 농민들의 토지 문제에 대해서는 전봉준 등 동학지도부가 구체적으로 어떤 방향을 취한 것인지 명확하지 않다. 집강소기 폐정 개혁정강 12개조 중에서 '토지를 평균으로 분작케 할 사'라는 토지균등분작의 요구를 내세우고 있었다. 한편에서는 소작농민의 경작지 분배라는 견해로부터 정전론, 혹은 균전론이라는 사적 토지 소유제도의 폐지라는 해석에 이르기까지 다양하다.[153]

당시 평균 분작의 주장은 실재성 여부도 앞으로 더 확인해야 하겠지만, 단순히 소유권을 재분배라고 해석한다든지 농민의 경작규모만 균등케 하려는 것인지 좀 더 검토가 필요하다.[154] 다만 농민들은 현실 지주제의

152　예컨대 8월 26일 군국기무처는 종전 면세지에 대해 출세하는 면세지승총을 결정하면서 종래 각궁방 및 역둔토는 국유로 편입시키면서 세금을 부담하는 자를 경작자로 명시하였다. 국가의 소유지이건 혹은 조세만 내는 곳이건 간에 지세부담은 소작인에게 지우게 함으로써 농민들이 도조(賭租) 이외에 지세까지 부담해야 하였다. 이른바 하나의 토지에 두 번의 세를 내게하는 '일토양세(一土兩稅)'를 부담시킨 것이었다.

153　이 조항이 내포하는 의미에 대해서는 지주제 해체와 농민들의 균등 경작 요구로 보는 견해(김용섭,「조선왕조 최말기의 농민운동과 그 지향」,『한국근현대농업사연구』, 지식산업사, 1992, 367쪽), '균작론(均作論)'(정창렬, 앞의 글, 1991, 232~237쪽), '정전론(井田論)'(신용하,『동학과 갑오농민전쟁연구』, 1993, 271~281쪽), '균전론(均田論)'(박찬승,「동학농민전쟁의 사회 경제적 지향」,『한국민족주의론』 3, 1985, 68쪽) 등이 주장되었다. 또 박찬승은 익산지방에 한하여 채택되었을지도 모르는 균작론(均作論)이었을 것으로 추측하기도 하였다.(박찬승,「1894년 농민전쟁의 주체와 농민군의 지향」,『1894년 농민전쟁연구』(5), 역사비평사, 1997, 123~130쪽) 한편 배항섭은 빈농층의 균전론적인 개혁 요구는 왕토사상에 의한 구상으로 근대적인 지향을 보이는 것은 아니며, 또 평균분작이 농민군의 전면적인 요구로 표출되지 않았다는 점을 들어 단지 오지영의 저술의도에 따라 기술된 것에 지나지 않다고 평가하였다.(배항섭,「1894년 동학농민전쟁에 나타난 토지 개혁 구상」,『사총』 43, 1994, 125~138쪽)

154　정창렬은 전봉준이 정다산 비결(『경세유표』)와 연결하여 '경작능력에 따른 득전(得田)'을 구상하고 있었고, 농민들도 곳곳에서 지주의 토지문서와 도조를 횡탈한 사실에서 지주제의 철폐를 지향하고 있었다고 보았다. 다만 1894년 7월 20일 전후에 전라감사 김학진과 전봉준 사이에서 폐정 개혁안을 합의하는 과정에서 김학진 측은 경작평균안을 제시하고, 전봉준 측은 균산주의 이념에 입각한 경작능력(耕作能力)에 따른 득전

모순을 뼈저리게 경험하고 있었고, 대다수의 농민들이 자신의 토지를 잃어버리고 지주의 소작농민, 혹은 무전농민으로 전락해 있는 상황이었다. 농민들이 '경자유전耕者有田'의 이상을 실현하고자 했던 것은 사실이었다고 생각된다. 농민들의 지향점에 입각하여 볼 때, 토지제도의 농민적 개혁은 현실의 지주제 개혁과 맞물리면서 사적 토지 소유와 농민 경작군의 문제를 해결해야 했다. 그럼에도 불구하고 갑오개혁 정권은 표면적으로는 농민들의 사회경제적 요구를 모두 들어줄 것처럼 선전하였으나 8월 이후에도 각 지방의 농민들의 상소를 대부분 받아들이지 않았다. 도리어 9월 초순에는 삼남지방 각 처에서 농민들이 거칠어지고 소란이 날로 심해져 도선무사를 특별히 파견하여 효유 귀화시키되, 불가능할 경우 후속하여 군대를 파견하여 진압한다는 방침을 세우고 있었다.

이상과 같이 1894년 농민전쟁 시기 전봉준 등 동학지도자들은 우선 민중의 자발적 참여를 기반으로 하여 보국안민의 기치와 폐정 개혁안의 제기를 주장했다. 집강소 시기에는 구체적으로 농민적 개혁 구상이 실체화되어 지방향촌사회의 변화를 이끌어나갔다. 그런데 1차 농민전쟁 시기 농민들의 참여는 자발적 참여를 통한 실천 행위가 이루어졌기 때문에 위로부터 개화 지식인이나 유교 지식인들의 우민관에 바탕을 둔 민중 동원과는 차원을 달리하고 있었다. 다만 이러한 민중들의 자발적 참여와 동학 지도자들의 선도적인 주도성 확보는 민중들의 사회경제적 폐정 요구와 그 실현 방식에 의거하여 좌우될 수 밖에 없었다. 특히 집강소 시기 각 지방의 신분계층적 대립 갈등은 단지 종래 양반 상놈의 신분 차별에서 해방되는 것에 그치는 것이 아니라 보다 다양한 사회경제적 이해에 따라

안을 제시하였는데, 전봉준 측이 양보하여 김학진 측의 안을 수용하였을 것으로 추정하였다.(정창렬, 위의 글, 1991, 232~237쪽)

각기 다른 갈등을 초래하게 되었다. 대표적인 갈등의 양상이 토지를 평균 분작이라고 할 때 지주와 소작인, 자영농민간의 이해갈등이 조정될 필요가 있었으며, 불법적인 수탈과 고리대 등 경제적 차별에 대해서도 각 계층의 이해에 따라 갈등이 도리어 심화되고 있었다고 하겠다.

이러한 이해갈등의 양상은 집강소 시기 각 지역적 차이에 따라 크게 불거지고 도리어 반동보수화되는 여론을 형성하기도 하였다. 결국 집강소 시기의 농민적 개혁은 각 지역의 다양한 주민 집단의 이해를 조절할 수 있는 민주주의적 제도 개혁이 뒷받침되지 않는 한 갈등의 조절은 더 이상 봉합할 수 없는 한계에 부딪치게 되었다. 더구나 집강소 시기 농민군의 개혁정치는 2차 봉기 발발까지 불과 4개월에 그치게 되었다.

4. 2차 농민전쟁 시기 민중의 전쟁 동원과 민중 탄압

1) 2차 봉기의 대의명분과 전쟁 전략 반일 전선의 확대

1894년 6월 일본은 청과의 전쟁을 일으키기 위해 전쟁 명분을 확보하고 전쟁 수행에 협조해 주는 친일정부親日政府의 존재가 필요하였다. 일본은 조선 내부의 개혁을 둘러싸고 속방론이나 내정 개혁 권고를 통해 이를 해결하려고 하였다. 그러나 모두 실패로 돌아가자, 군사 개입을 감행했다.[155] 6월 21일양력 7월 23일 새벽 일본군은 경복궁에 쳐들어가 조선 정부를 교체한 것이다. 6월 22일에는 고종의 친재親裁를 중지시키고 대원군으

---

155 6월 13일 제3차 노인정 회의와 다음 날, 조선 정부는 일본의 내정 개혁 요구를 정식으로 거부하였다. (기밀 제129호 본(本)74 「내정 개혁 권고에 대한 조선 정부의 회답」(大鳥圭介→陸奧宗光), 『주한일본공사관기록』(1), 1894.7.18, 302~303쪽)

로 넘겨 섭정으로 삼았으며, 25일에는 김홍집金弘集을 수반으로 하는 개혁 관료세력의 갑오정권甲午政權을 수립시켰다.[156]

이렇게 경복궁이 일본군에 의해 점령되었다는 충격적인 소식은 얼마 지나지 않아 삼남지방에까지 전파되었다. 전라도 일부 농민군은 6월 말부터 무장력을 강화하여 일본병과 거류민을 축출하고자 하는 준비에 착수했다.

전봉준 등 농민군 지도부가 일본군의 경복궁 점령과 아산전투의 소식을 들은 것은 7월 초였던 것으로 보인다. 「전봉준공초」에 의하면, 처음에는 "질문 : 일본병이 궁궐을 범한 것을 들은 것은 언제요問 日兵之犯闕 聞於何時오. 대답 : 7월과 8월 사이에 들었소이다供 聞於七八間月이외다. 질문 : 누구에게서 들었는고問 聞於何人고. 대답 : 그런 소문이 낭자하여 자연히 알게 되었소이다供 聽聞狼藉 故自然知之외다"라고 하였다. 누구에게 어떻게 들었는지 모르겠으나 소문이 낭자하여 자연히 알게 되었다고 하였다. 어디서 들었는지 추가 질의에 대해 7월 중에 남원에서 비로소 확실한 내막을 알게 되었다고 하였다.[157]

이때 전라감사 김학진金鶴鎭은 사마司馬 송인회宋寅會를 파견하여 "같이 국난을 짊어지기로 약속하고 도인을 거느리고 함께 전주를 지키자"는 내용으로 전봉준 등 농민군 지도자를 만나자고 제의해 왔다. 전봉준은 이에 호응하여 최경선 등 40여 명과 함께 7월 6일경 전주로 가서 김학진을 만났다. 그리하여 전봉준은 김학진과 담판 끝에 이때 "관찰사와 관과 민이

---

156 왕현종, 『한국근대국가의 형성과 갑오개혁』, 역사비평사, 2003, 130~147쪽, '제4장, 개혁주체의 형성과 갑오정권 수립'.
157 "問 日軍之犯闕 聞於何處何時. 供 七月間始聞於南原地"라고 하였다.(『전봉준공초』 문답)

서로 화합하는 대책을 상의하여 각 군에 집강을 설치하기로 허락받았다 觀察使相議 官民相和之策 許置執綱于各郡"는 결정을 도출해냈다. 이로써 5월 중순 이래 자체적으로 각 군현 단위에서 통치하였던 농민군 집강소를 인정받았으며 또한 일본의 침략에 대해 수성守城의 임무를 맡기로 하고 전라도감사로부터 전라도 일대의 행정권을 이양받게 되었다. 김학진은 또 7월 8일에 도내에 감결을 보내고 전봉준을 중심으로 관민상화官民相和의 질서가 확보, 유지되기를 기대하고 있었다.[158] 이렇게 김학진은 53주에 내린 감결에서 전봉준의 뜻을 적극적으로 긍정함으로써 그의 입지를 강화시켰다.[159]

한편 농민군 지도부는 7월 15일경 남원에서 농민군대회를 개최하여 농민군 지배하의 개혁 강령과 통치권을 강화하려고 하였다. 이때 농민군 지도부인 전봉준과 손화중, 김개남 등 3인은 청일전쟁 직후의 정세 인식과 농민군이 앞으로 취해야 할 방략에 대해서 서로 다른 의견을 보였다. 7월 17일 전봉준은 "바야흐로 외구外寇가 궁궐을 범하여 국왕을 욕보였으니 우리들은 마땅히 목숨을 걸고 의로써 싸워야 하나……. 그 화가 종사에 미칠지 물러나 은둔하여 시세를 관망한 연후에 세력을 모아 다음 계책을 도모하는 것이 만전지책萬全之策"이라고 하였다.[160] 청국과 일본의 개전에 유의하면서 일단 농민군의 무장을 갖추지 않고 폐정 개혁에 치중한다는 내용이었다.

이에 반하여 김개남은 "대중은 한번 흩어지면 다시 모으기 어렵다"고 하면서 계속해서 무장력을 유지할 것을 주장한 반면, 손화중은 조기 해

---

158 『초정집(草亭集)』 권 7 「감결(甘結) 53주」, 1894년(개국 503) 갑오 7월.

159 정창렬, 앞의 책, 2014, 266~272쪽.

160 「무주집강소」, 『수록(隨錄)』, 갑오 7월 17일.(동학농민전쟁백주년추진위원회, 『동학농민전쟁사료총서』 (5), 사운연구소, 1996, 278~279쪽)

산을 주장하였다.[161] 이렇게 보면, 1894년 8월 말까지 전봉준과 손화중은 무장력을 계속하기보다는 '관민상화'의 집강소 질서를 유지하는 입장을 밝혔으나 김개남은 이에 반대하면서 무장력을 유지한 채 보다 적극적인 대처를 요구하고 있었던 것으로 보인다.[162]

그렇지만 실제 일본은 본격적인 진압과 내정간섭정책으로 전환하였으며 갑오정권의 회유정책이 추진되고 있었으므로 농민군의 적극적인 전략 수립이 필요하였다. 8월 말 이후 농민군은 각 지역에서 자발적으로 재봉기를 모색하고 있었다. 8월 25일 김개남의 주도하에 농민군 5만여 명이 남원 대회를 열었고, 9월 1일에는 김인배가 이끄는 순천 영호대도소의 농민군 부대가 섬진강을 건너 경상도 하동을 공격하였다.[163]

마침내 9월 10일 전봉준은 재봉기 준비에 착수했다.[164] 9월 14일 삼례역에서 800여 명의 부하를 인솔하고 전주성 내로 들어와 두 차례에 걸쳐 군기고의 화포와 탄환 환도 등의 무기를 탈취하였다. 또 삼례에 대도소를 차리고 군산과 인근 읍에 통문을 돌려 봉기를 위한 무장과 군자금을 모

---

161 『오하기문』(동학농민전쟁사료총서 (1)) 2필, 1996, 210~211쪽.

162 왕현종, 「갑오정권의 개혁정책과 농민군 대책」, 『1894년 농민전쟁연구』 (4), 역사비평사, 1995, 502~504쪽.

163 충청도 지역에서는 공주 근처에서 충청감영의 관군과 대치하였으며, 8월 하순에는 충주 지역에서 농민군이 봉기했다. 경상도에서도 8월 하순경 60여 지역에서 농민들이 일어났다고 보고될 정도였다. 특히 문경에서는 농민군 600여 명이 일본 병참부 공병대와 맞서 싸웠다. 9월 2일부터 진주 지역 농민들은 순천 영호대도소의 농민군과 힘을 합쳐 충경대도서(忠慶大都所)를 설치하고 9월 10일 농민군 대회를 열기도 하였다. (「동학당의 격문 통보 및 정보통지 요청」, 『주한일본공사관기록』 (1), 1894.10.22, 140쪽) 강원도에서도 9월 4일 영월, 평창, 정선 등지의 농민군 수천 명이 강릉부를 점령하였다.

164 "그는 "지금 이런 거사를 몹시 커서 비용이 많이 들게 되므로 공곡(公穀)과 공전(公錢)을 이용해야 하겠으니 군수미 300석과 동전 2천 량을 밤사이 금구 원평의 대도소로 수송하기 바란다"고 하였다. "(「행전라도관찰사 위등보사(行全羅道觀察使 爲謄報事)」, 위의 책, 1894.9.18, 130~131쪽)

았다. 이처럼 전봉준의 지휘하에 9월 14일 삼례의 대도소를 거점으로 세우고 2차 봉기를 추진하였다.

전국 각지에서 2차 봉기의 사례로는 이미 1894년 7월 무주 집강소에서는 향후 2차 봉기를 염두에 두면서도 만전을 기할 것을 요구하는 방침을 살펴볼 수 있다.

무주茂朱 집강소執綱所

방금 외적이 대궐을 침범하였으며, 임금께서 욕을 당하셨다. 우리들은 마땅히 죽을 각오로 일제히 나아가라. 저들 외적들이 바야흐로 청국의 군사와 함께 서로 대적하여 싸우는데, 그들 군대가 매우 날래고 민첩하다. 지금 만약 갑자기 싸우게 되면 그 화는 예측할 수 없어서 종사에 미칠 수 있을 듯하니, 물러나 잠적하는 것만 못하다. 시세를 본 후에 기운을 북돋아주어서 계획을 실천한다면 만전을 기하는 대책이 될 것이다. 바라건대 무주 내의 각 접주들에게 통문을 내어서 면마다 상의하여 각각 그 업에 편안하게 종사하게 하고, 경계 내에 각 접주들 여러 사람들과 직접 상의하여 각각 편안하게 자신의 생업에 종사하게 하고 절대 경계 내에 있는 무리들이 마음대로 마을을 돌아다니면서 소동을 일으키지 못하게 하도록 절실히 바란다. 이와 같이 단단히 타이른 후에 이와 같은 폐단을 고치지 못하면 해당 집강들을 영에 보고하여 엄히 처단할 것이며, 결코 용서하지 않겠다. 해당 접의 사람으로 법을 어기는 자는 마땅히 용서할 수 없는 죄를 시행할 것이다. 절대 예사롭게 보지 않도록 하라.

1894년 7월 17일 영하營下에서.
좌우도소押 도서圖署를 새겼음. 좌우도左右道 도집강都執綱.[165]

---

165 "茂朱 執綱所 方今外寇犯闕 君父見辱 吾儕當齊赴死義而 彼寇方與淸兵交敵 其鋒甚銳 今若遽然爭抗 其禍不測 似及於宗社 不如退潛以觀 時勢然後 勵其氣而 就其計

1894년 7월 17일에 무주집강소에서 포고한 내용으로는 일본의 경복궁 침범사건을 예의 주시하되 청일전쟁이 진행 중이므로 시세를 보아 계획을 실천하도록 만전을 기하는 대책이 마련되어야 한다고 하였다. 그래서 무주 경내 각 접주들에게 면내에서 여러 사람들과 직접 상의하여 일단 생업에 종사하게 하고, 경내 무리들이 마을에도 돌아다니면서 소통을 일으키게 하지 말도록 단속하는 조처를 취하게 하였다. 이처럼 각 지역 동학농민군은 각 지역 집강소를 중심으로 집강과 면인들과 상의를 통하여 활동들을 단속하도록 하였다. 이는 한편으로는 동학에 동조하거나 참여하는 인민들을 바로 군사조직으로 결집시키기보다는 약간 느슨한 형태로 조직의 규율을 강화하려는 차원의 조치였다고 볼 수 있다. 그런데 농민군 재봉기 이전 무안동학군은 이미 무장을 갖추려고 했다. 무안과 이웃한 해남 지역 일대에서도 동학농민군이 무장을 갖춰 군사적 충돌에 대비하는 활동을 강화하였다.[166]

드디어 전봉준은 1894년 9월 10일 사통에서 "지금 이런 거사를 몹시 커서 비용이 많이 들게 되므로 공곡과 공전을 이용해야 하겠으니 군수미 300석과 동전 2천 량을 밤 사이 금구 원평의 대도소로 수송하기 바란다"고 하였다.[167] 9월 14일 삼례역에서 800여 명의 부하를 인솔하고 전주성 내로 들어와 두 차례에 걸쳐 군기고의 화포와 탄환 환도 등의 무기를 탈

爲萬全之策 望須發通 境內各接主 面面商議 各安其業 切禁境內 胥動之類 無使橫行 閭里 以致騷動切望 如是申飭之後 此弊不悛 則該執綱之報 營嚴處斷 不容貸 該接人 犯禁者 當施不容之罪 勿泛勿泛焉 甲午七月十七日 在營下 左右都所 圖署刻 左右道 都執綱."(「무주 집강소」(갑오 7월 17일), 『수록(隨錄)』(동학농민전쟁사료총서 5), 125~126쪽)

166 「전라우수사 이규환 장본(狀本)」, 『계초존안』, 1894년 7월 30일조.

167 「행전라도관찰사 위등보사(爲謄報事)」, 『주한일본공사관기록』, 개국 503년 9월 18일, 130~131쪽.

〈그림 3〉 동학농민군, 「동도창의소 고시」(1894)
출처 : 국사편찬위원회

취하였다. 또한 삼례에 대도소를 차리고 군산과 인근 읍에 통문을 돌려 곡물 반입을 강요하여 2차 봉기를 위한 무장과 군자금을 모으는 데 진력하고 있었다. 그리하여 전면적인 2차 농민전쟁은 삼례의 대도소를 거점으로 하여 전봉준의 활동을 중심으로 일어나게 되었다.

보다 구체적인 봉기의 목적으로는 11월 12일 발포된 「고시문」에서 그 일단을 엿볼 수 있다.[168]

고시 경군여영병이교시민

무타라 일본과 조선이 개국 이후로 비록 인방이나 누대 적국이더니 성상의 인후하심을 힘입어 삼 항을 허개하여 통상 이후 [가] 갑신 시월의 사흉이 협적하여 군부의 위태함이 조석의 있더니 종사의 흥복으로 간당을 소멸하고 금년 시월의 개화간당이 왜국을 처결하여 승야입경하여 군부를 핍박하고 국권을 천자하며 [나] 우황 방백수령이 다 개화중 소속으로 인민을 무휼하지 아니하고 살육을 좋아하며 을생녕을 도탄함이 매양 의병 이르는 곳의 병정과 군교가 의리를 생각지 아니 하고 나와 접

---

168 이 고시문의 원문은 순한글본인데, 국사편찬위원회에서 펴낸 『동학난기록』에서는 한문을 첨가하고 있다. (「동학창의소의 고시문(갑오 11월 12일)」, 『고종시대사』 (3), 국사편찬위원회, 1969, 660~661쪽, 도판 제4; 정창렬, 앞의 책, 2014, 298~299쪽. 여기서는 본문을 원문 그대로 표현하였다. 한편 자료의 작성 시점에 대해서는 1894년 11월 4일 고종의 효유문에 대응하여 11월 12일에 경군과 영병, 이교, 시민들에게 호소하는 내용(이이화, 『전봉준, 혁명의 기록』 생각정원, 2014, 235~242쪽)으로 보는 반면, 공주전투 이후 경천에서 물러가면서 발표했다는 설도 있다.

전하매 비록 승패는 없으나 인명이 피차의 상하니 어찌 불상치 아니 하리요 기실은 조선끼리 상전하자 하는 바가 아니여늘 여시 골육상전하니 어찌 애닯지 아니리요 또한 공주 한 밭 일로 논지하여도 비록 춘간의 보원한 것이라 하나 일이 참혹하며 후회막급이며 방금 대군이 압경의 팔방이 흉흉한대 편벽되이 상전만 하면 가위 골육상전이라 일변 생각컨대 [대] 조선 사람끼리라도 도는 다르나 척왜와 척화는 기의가 일반이라 두어 자 글로 의혹을 풀어 알게 하노니 각기 돌려보고 충군우국지심이 있거든 곧 의리로 돌아오면 상의하여 같이 척왜척화하여 조선으로 외국이 되지 아니케 하고 동심합력하여 대사를 이루게 하올새라

갑오 십일월 십이일

동도창의쇼

이 고시문에서는 일본이 갑신정변 이래 조선 내부에 간섭해 오더니 '금년 시월'에[169] 개화간당이 왜국과 체결하여 군부를 핍박하여 국권을 마음대로 하였다[개]고 판단하고 있었다. 주목되는 부분으로는 갑신정변의 개화파와 마찬가지로 갑오개혁 정권의 담당자들을 '개화간당開化奸黨'으로 파악하면서 일본과 체결하여 군부를 핍박하고 국권을 농단하는 자들로 규정하고 있다. 이들이 백성을 무휼치 않고 살륙하는 등 폐정을 그대로 행하는 것[내]으로 보았다. 이에 따라 전봉준 등 지도부는 일본과 개화간당을 물리는 것, 즉 척왜와 척화의 기치를 높이는 것[대]이라고 선언하였다.[170] 이로써 전봉준 등 농민군 지도자들은 일본의 경복궁 점령사건

---

169 원문에는 '금년 십월'로 되어 있으나 이것은 '금년 시월'로 원래 1896년 음력 6월 21일 일본군의 경복궁 점령사건을 지칭하는 것으로 보인다.

170 또 전봉준은 10월 16일 충청감사 박제순에게 상소문을 올려 "目今朝廷大臣 妄生苟全之心 上脅君父下罔黎民 連腸於東夷 致怨於南民 妄動親兵欲害先王之赤子 誠何意哉 竟欲何爲"이라 하여 조정대신이 일본 오랑캐와 결탁하여 농민군을 진압한 것에 대해

에 대한 실체를 적실하게 파악했음을 보여준다. 농민군은 1차적인 목적인 '보국안민'의 기치를 넘어선 것이다. 일본의 군사적 침략이라는 국권 상실 위기에 반대하며 재봉기에 나섰다.

그런데 아쉽게도 동학농민군 총대장 전봉준의 2차 봉기 목적과 전략에 대해서는 자신들이 남긴 기록은 거의 없다. 다만 그가 사로 잡힌 후 진술한 취조기록을 통해서 일부 추측해 볼 수 있다.

동학농민군의 2차 봉기의 목적이 대일항전에 있었다는 사실은 다시 일본신문에 소개된 기사를 통해 알 수 있다. 1895년 3월 5일 기사에 재인용된 동학당정토군 제19대대 사령관 미나미 고시로南小四郎 소좌의 취조기록이다.

이때 미나미는 전봉준에게 "일본 정부가 의병義兵을 낸 방안 등은 금일에 이르러 알지 못했는가?"라고 질책하였다. 그는 일본 정부가 청국의 조선 속국화에 대응하여 조선의 독립을 지키고자 '의병'을 파병했다고 강변했다. 이에 전봉준은 "금일에 비로소 그것을 들었다. 나는 처음부터 일본이 의병을 내어 우리나라를 도와주었던 것의 정의情誼를 알지 못해 전라도 인민을 설유하고 공히 일본의 미방味方이 가함에도 도리어 일본군에 대항한 것은 실로 유감"이라고 하였다. 이에 미나미는 "우리 일본 정부는 무엇보다도 조선국으로 하나의 독립국으로 만들려는 방침이고 그러한 방향으로 생각하니 독립국이 좋으냐 아니면 속국이 좋은가"라고 물었다. 이에 전봉준은 "속국은 불가하다. 독립국이 가하다는 것은 우리나라로부터 이것을 알고 있지만, 정부의 망간배妄奸輩들이 와서 인민에게 향하여 가령 일본이 우리나라를 일시에 독립국으로 한다고 하여도 이를 영원

항의하였다.(「전봉준상서(全琫準上書)」, 『동학난기록』(하), 383~384쪽)

히 보속保續할 수 없으니 일찍이 청국을 위하여 덮어버리는 것이 명확하다고 하는 고로 이제 대국에 쫓는 것이 유리하다는 것을 포명布命으로 나오게 되었다"고 하였다.[171]

여기서 전봉준의 답변에서 주목되는 점으로는 일본군 파견의 취지가 조선의 내정에 부당하게 속국으로 간섭하려는 청에 대해 소위 조선의 독립을 위해 일본군이 파견되었다는 일본군 사령관의 취지설명을 수긍하고 농민군의 2차 봉기를 후회했다고 언급했다는 것이다. 이는 분명히 왜곡보도임에 틀림없다. 전봉준이 일본의 대의명분에 공감한다든지 심지어 일본군 파견을 '의군義軍'으로 표현했을 리는 없었다. 전봉준은 이후에도 시종일관하게 조선을 영토적으로 침략하려는 일본군을 물리치려고 했다는 진술을 했기 때문이다.

전봉준은 일본영사관과 법무아문의 권설재판소에서 행한 정식 취조 과정에서도 자신들의 봉기 목적을 재차 표명하였다. 2차 진술2월 11일에서 "재차 기포는 일본병이 궁궐을 침범하였다 하므로 재거再擧하였다 하니, 재거한 후에는 일본병에게 무슨 조치를 행하려 하였느냐?"에 대해, 전봉준은 "궁궐을 침범한 연유를 꾸짖고자 함이었다"고 대답했다.[172] 이어 재차 "그러면 일본병과 그리고 각국인으로 서울에 주유留住하는 자를 모두 구축하려 하였느냐?"고 묻자, 전봉준은 "그러함이 아니라, 각국인은 다만 통상만 하는데 일본인은 군대를 이끌고 서울에 진을 치고 체류하는 고로 우리나라 영토를 침략하려는 데 있을 것으로 의심을 품게 되었기 때문이

---

171 「동학당대거괴와 그 구공(東學黨大巨魁と其口供)」,『도쿄아사히신문』, 1895. 3. 5, 5면 1~3단 기사.

172 "問 再次起包 因日兵犯闕之故再擧云 再擧之後 於日兵欲行何擧措耶; 供 欲詰問犯闕 緣由."(「을미 2월 11일 전봉준 재초문목(再招問目)」,『전봉준공초』,『동학 관련 판결문집』, 총무처 정부기록보존소, 1994, 14~15쪽)

었다"고 대답하였다.[173]

그런데 전봉준에 대한 심문 과정에서 초미의 관심으로 등장한 것은 흥선대원군과의 연계 문제였다. 일본 측은 연락 과정을 탐지하고 농민군의 2차 봉기가 흥선대원군의 사주에 의해 일어났음을 확인하고 싶어했다. 농민군의 2차 봉기가 흥선대원군의 내응하에 이루어졌다고 전제하에 전봉준 등 지도자들에 대한 심문을 진행시켰다.[174]

전봉준은 흥선대원군과의 관련성을 일체 부인하였다. 첫째, 흥선대원군과 연결되었던 송희옥과의 관련성을 부인하였다. 전봉준은 "송희옥宋憙玉은 본시 부황한 무리로서 지난번 일본 공사관의 물음에 대답할 때 영사가 글 한 편을 내보이는 데 그것이 송희옥의 글씨였다"고 하였다.[175] 전봉준은 사실 송희옥과 절친한 사이였음에도 불구하고 송희옥의 글을 안다고 하면 글의 내력을 묻게 되고나면, 결국 의혹을 벗어나기 어려울 것이므로 부인할 수밖에 없다고 변명하였을 것으로 추측된다.[176]

둘째, 전봉준은 일본군에게 취조당할 때 흥선대원군에 대해 부정적으

---

173 "問 然則日兵與各國人留住京城者 欲盡驅逐耶; 供 不然 各國人但通商而已 日人則率兵留陣京城 故疑訝侵掠我國境土也."(위의 책, 14쪽)

174 전봉준과 흥선대원군과의 관계에 대해서는 1922년 황의돈(黃義敦)이 「민중적 규호의 제일성인 갑오의 혁신운동」(『개벽(開闢)』, 1922.5)에서 전봉준과 대원군의 밀약설을 처음으로 논하였다. 이후 이상백(李相佰), 「동학당과 대원군」, 『역사학보』 17·18집, 1962; 이이화, 「전봉준과 동학농민전쟁」, 『역사비평』 여름호, 1990; 양상현, 「대원군과의 농민전쟁 인식과 동향」, 『1894년 농민전쟁연구』 5, 역사비평사, 1997 등은 2차 봉기 사주설은 아니지만 대원군과 전봉준 및 농민군의 연락 관계를 긍정적으로 이해하고 있다. 반면 배항섭은 2차 봉기 당시 양자의 관련성을 차단시켜 전봉준의 독자적인 판단으로 보고 있다.(배항섭, 「전봉준과 대원군의 '일약설' 고찰」, 『역사비평』 39, 1997)

175 「을미 2월 19일 전봉준 삼초문목(三招問目)」, 『전봉준공초』(앞의 책, 16쪽).

176 송희옥은 전봉준의 처족 7촌으로 가까운 인척이었고, 전봉준이 그를 전라도 도접강(都執綱)으로 임명하여 전주감영을 맡길 정도로 동학 지도자급 인물로서 측근 중의 측근인 인물이었다.

로 평가하였다. 그는 대원군의 영지令旨 운운에 대해 "병을 일으킴에 다른 사람에게 선동되지 않았고 사주되지도 않았다. 단지 한 생각을 가지고 이 거사를 도모했다"고 했다.[177] 또한 "대원군은 오래 정치를 행하고 척권戚權이 매우 성했지만, 당시는 늙어서 정권을 잡을 기력도 없고 원래 우리나라의 정치를 그르친 것도 모두 대원군이기 때문에 인민이 그에게 복종하지 않는다"고 하면서 흥선대원군을 직접 비판하는 증언을 남겼다.[178]

셋째, 그는 일부 세력가에게 정치를 전담할 것이 아니라 합의제에 의한 정치 운영을 주장하였다. 일본영사관에서 일본인 경부警部가, "그대가 경성에 쳐들어온 뒤 누구를 추대할 생각이었는가"라는 질문에 전봉준은 "일본 군사를 물러나게 하고 간악한 벼슬아치를 축출해서 임금의 측근을 깨끗하게 한 뒤에 몇 명의 심지 굳은 선비를 내세워서 정치를 맡게 하고

---

[177] 오지영이 1926년경에 『동학사』(초고본)을 쓰면서, 전봉준이 공초를 받을 때 "네 당시 거사할 때 국태공 대원군(國太公 大院君)과 서로 연락이 있었지. 전봉준 왈 "대원군은 또한 세력이 있는 자라. 유세한 자 어찌 먼 시골 백성을 위하여 동정이 있었으랴"고 대답하였다. "네 만일 연락이 없을 진대 어찌하여 척왜척양의 표지를 세웠나"는 질문에, 전봉준 왈 "왜(倭)와 양(洋)은 육신적으로 정신적으로 우리 적이라, 적을 적으로 아는 것은 온 나라가 다 일반이라. 어찌 홀로 대원군 한사람에 한하여 그 뜻이 있는 바랴 이르나뇨"라고 하여 독자적인 봉기를 하였음을 말했다고 전했다. 오지영은 "혹자가 대원군과 밀약으로 일어났다함은 그의 창의문 가운데 척왜(斥倭)의 문구가 있고 그가 도성으로부터 내려오자 그 일이 생겼으므로 그를 의아하는 말이며", "만일 정평(正評)으로 말할 것 같으면 그 본의는 국가와 백성을 위함에서 나온 것이라 하겠다"고 하였다. 오지영은 전봉준의 공초에 나온 주장대로 흥선대원군과의 제휴를 부정하였다. (오지영, 『동학사』, 「전봉준의 시(詩)」, 185쪽)

[178] 당시 일본영사는 "문 : 사민(士民)은 대원군을 떠받쳐서 그에게 복종했다. 또한 대원군도 사민이 자기를 복종하고있다고 자신했다. 때문에 사민에게 고시를 전한 것이 아닌가. 그러하거늘 사민이 대원군에 복종하지 않는다고 하면 어찌해서인가? 답 : 사민이 어떤 일이라도 대원군에 복종하지 않는다고 하는 것은 아니라. 우리나라가 종래부터 해온 양반·상인의 제도를 폐지한 것에는 복종하지 않는다고 하는 뜻이다"라고 대답했다고 신문기사에서는 기술하고 있다. (「전봉준의 구공서(口供書)」, 『도쿄아사히신문』, 1895.3.5)

우리는 곧장 농촌으로 돌아가 평상의 직업인 농업에 종사할 생각이었다. 하지만 국사를 들어 한 사람의 세력가에 맡기는 것은 크게 폐해가 있음을 알기에 몇 사람의 명사에게 협력해서 합의법合議法에 따라 정치를 담당하게 할 생각이었다"고 하였다.[179] 전봉준이 주장한 합의제에 의한 정치체제는 구체적으로 진술하지는 않았지만 한 사람의 세력가인 흥선대원군에 대한 기대를 하지 않는다는 비판적인 표현일 수 있었다. 또한 전봉준은 취조 과정에서 본래 2차 봉기에서 추구하는 목적을 명확하게 진술하였다. "원래 우리들이 병을 일으킨 것은 민족閔族을 타도하고 폐정을 개혁할 목적이었지만, 민족은 우리들의 입경에 앞서 타도되었기 때문에 일단 병을 해산했다. 그런데 그 후 7월 일본군이 경성에 들어가 왕궁을 포위했다는 것을 듣고 크게 놀라 동지를 모아서 이를 쳐 없애려고 다시 병을 일으켰다. 단 나의 종국의 목적은, 첫째 민족을 무너뜨리고 한 패인 간신을 물리쳐서 폐정을 개혁하는 데 있고, 또한 전운사轉運使를 폐지하고 전제田制 산림제山林制를 개정하고 사리私利를 취하는 소리小吏를 엄중히 처단할 것을 원할 뿐"이라고 하였다.[180]

이처럼 전봉준의 2차 봉기의 최종 목적은 국내 정치 폐정의 개혁과 토지제도의 개혁에 두고 있었다. 민씨 척족과 소리들에 대한 처단을 포함하여 일대 국정의 혁신에 있었고, 그러기 위해서도 일본군을 물리치려고 했던 것이었다.[181] 그는 기성의 정치세력, 민씨 척족이나 흥선대원군과의 연

---

179 「동학수령과 합의정치(東學首領と合議政治)」, 『도쿄아사히신문』, 1895.3.6, 2면 5단 기사.

180 「동학당대거괴와 그 구공(東學黨大巨魁と其口供)」, 『도쿄아사히신문』, 1895.3.5, 5면 1~3단 기사.

181 1895년 2월 17일 전봉준이 정식으로 재판에 회부될 때, 일본인들은 이미 법무아문 심판에 붙인 이상 사형을 면할 수 없다고 하였다. 사람들은 저마다 전봉준에게 말하여 일본공사에게 정령 목숨을 빌면 어떤가 하였는데, 그는 분연히 듣고 "이 시기에 미쳐 여하

계가 아닌 독자 정국 구상을 제기하였던 것이다.

그렇지만 단기간에 시행된 집강소 개혁으로 농민적 개혁 구상을 구체화시키지는 못했을 것이다. 또한 그의 정치 개혁 구상에서 민중들의 역할은 어떻게 설정되어 있었는지가 의문이다. 그가 표방한 농민적 개혁의 목표와 연계된 민중의 역할을 알 수 있는 자료는 거의 없다. 다만 그의 2차 봉기에 관한 판결선고서를 통하여 일부 추측할 수 있다.

전봉준을 비롯한 농민군의 지도자에 대한 권설재판소의 재판은 1894년 11월부터 시작되어 1895년 3월 말 거의 막바지에 이르렀다. 전봉준의 판결선고서에서는 전체 농민전쟁의 전개 과정과 전봉준의 역할에 대해 구체적으로 기술되어 있는데, 2차 봉기의 목적과 관련해서는 다음과 같이 서술되어 있다.

[가] 그 뒤에 피고는 일본 군대가 대궐에 들어갔다는 말을 듣고 반드시 일본인이 우리나라를 삼키려는 뜻이 있는 줄을 알고, 일본군을 쳐서 물리치고 그 거류민居留民을 나라밖으로 몰아낼 마음으로 다시 군사를 일으킬 것을 모의하였다. 전주 근처의 삼례역參禮驛이 땅이 넓고 전라도의 요충지이기에 그해 9월쯤에 태인을 출발하여 원평을 지나 삼례역에 이르러 그곳을 기병起兵하는 대도소大都所로 삼았다. 그리고 진안鎭安에 사는 동학 접주 문계팔文季八·전영동全永東·이종태李宗泰, 금구에 사는 접주 조준구趙駿九, 전주에 사는 접주 최대봉崔大奉·송일두宋日斗, 정읍井邑에 사는 손여옥孫汝玉, 부안扶安에 사는 김석윤金錫允·김여중金汝中·최경선崔卿宣, 慶善과 동일인·송희옥宋憙玉 등과 모의하여 지난해 3월 이후에 피고와 함께 일을 했던 비도의

괴수 손화중 이하 전주·진안·흥덕·무장·고창 등지의 원근遠近 각 지방의 인민에게 격문을 돌리거나 사람을 보내 유세를 하였다. 전라우도에서 군사를 모으기를 4,000여 명이 되매, 곳곳의 관아에 들어가서 군기軍器를 강제로 빼앗고, 각지방의 부민富民으로부터 돈과 곡식을 징발하여 삼례역을 떠나가면서 무리를 모집하고 은진恩津과 논산論山을 지나 무리가 10,000여 명이 되었고, [나] 그해 10월 26일쯤에 충청도 공주에 이르렀는데, 일본군이 먼저 공주성을 점거하고 있어 전후 두차례 싸웠다가 모두 크게 패배하였다. 그러나 피고가 일본군을 더 치려 하였으나 일본군이 공주에서 움직이지 않고 있는 데다가 그 사이 피고의 포包 중에서 점점 도망가고 흩어져서 수습하지 못하게 되었다. [다] 어쩔 수가 없어 한번 고향으로 돌아갔다가 다시 군사를 모아 전라도에서 일본군을 막으려 하였으나 응모하는 자가 없었기 때문에 함께 모의한 3~5명과 의논하여 각각 변복變服을 하고 가만히 경성京城으로 들어가 정탐을 하려고 하였다. 그래서 상인商人처럼 하고 혼자 상경上京하려고 태인을 떠나 전라도 순창을 지날 때에 민병民兵에게 잡힌 것이시니라.[182]

재판선고서에 기술된 [가] 부분은 일본영사관과 권설재판소에서의 심문에서 가장 초점이 되었다. 2차 봉기와 흥선대원군의 관련성에 대해서는 이미 전봉준공초에 나타난 것처럼 수차례의 질문에도 불구하고 관련성을 부인하였다.[183] 더구나 일본군의 침략에 대해 "일본인이 아국을 병탄코져 하는 뜻인 줄 알고" 오해했다고는 하지만, 정작 원래 일본군의 경

---

182 「제37호 판결선고서 원본」, 『동학관련판결문집』, 총무처 정부기록보존소, 1994, 29~31쪽.
183 실제 전봉준은 공초에서 "其後에 聞한직 貴國이 開化라 稱ᄒ고 自初로 一言半辭도 民間에 傳布ᄒ미 無ᄒ고 쏘 檄書도 업시 率兵ᄒ고 우리都城에 入하여 夜牛에 王宮을 破擊하여 主上을 警動ᄒ엿ᄒ기로 草野의 士民더러 忠君愛國之心으로 慷慨홈을 不勝하여 義旅를 糾合하여 日人과 接戰하여 此事實을 一次請 問코저 홈니이다"이라고 설명하고 있다. (「을미 2월 11일 전봉준 재초문목」, 『전봉준공초』, 9쪽)

복궁 점령사건에 대해 아무런 평가가 내려지지 않았다. 또한 전봉준은 일본군과 일본인에 대한 대책에 대해서도 경성에 있는 외국인과 일본인에 대해서는 용인하는 듯한 대답을 하였으나 이 부분도 반영하지는 않았다.[184] [나]와 [다] 부분도 역시 공주에서의 전투와 그 이후에도 일본군의 침략에 대항하여 싸웠다는 사실을 그대로 적시하고 있을 뿐이었다.

이렇게 판결선고서에서는 2차 봉기가 일본군의 경복궁 점령과 조선 병탄의 의혹이라는 오해에서 비롯된 것처럼 왜곡하였다. 이러한 표현은 기본적으로 2차 봉기에 대한 전봉준의 진술을 그대로 인용하면서도 일본 측의 입장을 적극적으로 반영한 것이다. 반면에 흥선대원군과의 결합, 혹은 사주로 인해 봉기하였다는 설명은 일절 언급되지 않았다.

판결선고서에는 일본의 침략성에 대해서는 부정과 긍정도 하지 않은 채, 동학농민군이 일본군과의 전투였다는 범죄사실에 대한 별다른 처형의 근거를 내세우지 못했다. 결국 동학농민군 지도자에 대한 평결은 농민군의 2차 봉기가 조선국가의 국내 문제와 형법적 지배질서를 위배한 것으로 축소되고 말았다. 그중에서 이들의 처벌은 조선국가 내부의 자체적인 판단이 아니라 일본 측의 엄형으로의 처벌 강제가 크게 작동하고 있었다.

한편 동학농민군의 재판에 대해서는 일본군의 농민군 강제 진압과 아울러 경성주재 일본영사의 재판 관여를 통해서 조사되고 진행되었다. 당시 우치다 일본영사는 "동학당의 거두 전봉준·손화중·최경선 등의 처분 방법에 관해서는 사형에서 일등—等을 감하여 처분하라는" 취지의 권고를

---

184 "그러미 아니라 各國人은 다만 通商만 하는디 日人은 率兵하여 京城에 留陣ㅎ는 故로 我國境土를 侵掠ㅎ는가 疑訝홈이니다"이라 하였다. (「을미 2월 11일 전봉준 재초문목」, 『전봉준공초』, 14쪽)

하였다고 기술하고 있는데, 이는 일본의 양면성을 보여주는 동시에 영사 자신의 권한을 넘는 월권이기도 하였다. 또한 전체적인 봉기의 목적에 대해서는 "경상·강원·경기·황해 각 도의 일부에서 일어난 폭도도 탐관오리를 척결한다고 하거나, 혹은 왜인을 격퇴한다고 하면서 군사를 일으킨 것이지만, 실상은 여러 해 쌓인 가렴주구 때문에 의식에 궁핍한 빈민 등이 서로 모여 각지를 횡행하면서 난순히 약탈을 자행한 것에 불과한 것"이라고 왜곡하고 있다. 일본은 전체 봉기의 목적을 전체를 왜곡하여 동학농민군의 봉기 목적이 "저들이 왜인을 격퇴한다는 명분으로 각지에서 횡행하기에 이른 것은 필경 대원군 및 이준용 등이 이를 선동 교사한 데서 원인이 된 것 같다"고 하여 동학농민군이 가진 반일운동의 성격을 가급적으로 배제시키려고 하였다.[185]

이렇게 전봉준 등 동학농민군 지도부의 2차 봉기의 목적은 일본의 침략을 규탄하는 대의명분을 내세우며 민중을 동원하는 전략을 추진했다. 여기에서는 민중의 자발적인 참여를 유도하더라도 이들이 기꺼이 참여하리라는 보장은 없었다. 민중들의 척왜의식을 동원의 기저로 사용했을 뿐이다. 이는 2차 봉기의 연대세력으로 동참을 호소한 최시형 등 동학교단 지도층과 북접 계열의 동학도들에게도 참여의 명분으로 작용하였다. 그러나 이는 민중의 자발적인 참여라는 측면에서 보다 적극화하기 위해서는 민중들의 자기 이해를 보다 충족시키는 보국안민의 구체화가 필요했던 것으로 보인다. 그렇지만 전봉준 등은 척왜라는 대의명분만을 내세운 채 위로부터 민중 동원의 기저를 유지했던 것이다. 이 시기 농민군 지도자의 민중 동원 방식은 유교·관료 지식인들의 민중 계몽과 동원 전략

---

185 「1894년 11월 4일 법무아문에서의 이병휘(李秉輝) 조사필기 발초」, 『동학단련판결문집』, 총무처 정부기록 보존소, 1994.

과 크게 다르지 않았던 것으로 보인다. 이로써 2차 봉기에 참여한 동학농민군들은 민중들의 광범한 참여과 연대를 확보하기 보다는 소극적인 지지를 얻은 데 불과했다고 생각된다.

2) 조·일 연합의 농민군 탄압 양상과 민중 인식
(1) 1894년 8월 말 동학농민군 인식과 탄압 방침

여기에서는 1894년 9월 이후 전개된 조선 정부의 군대가 일본군과 공동 진압 과정에서 어떻게 동학농민군을 진압했는가 하는 문제를 다루려고 한다. 2차 봉기에 대한 진압은 일본군의 지휘하에 조선 정부군과 각 지방의 민보군 등이 동원되었다. 일본의 군사 통제권 아래 조선 정부군이 종속되어 있었고, 일본군은 불법 무도한 학살을 자행하는 지방의 민보군 등을 규제하면서 동학농민군을 토벌하였다고 한다. 이는 물론 일본 정부와 일본군의 자기 합리화이며, 마치 토벌 과정의 잔인한 살상을 감추고, 조선 내 정치 갈등을 조장하려는 고도의 전술이라고 할 수 있다. 실제 전국에서 농민군 '토벌' 과정은 누가 주도했으며 어떻게 수행했는지를 살펴보는 것이 중요하다.[186]

---

186 1894년 당시 조선 정부 및 일본의 동학농민군 토벌 과정에 대해서는 다음의 논문이 참고된다. 박종근(朴宗根), 『일청전쟁과 조선』, 아오키서점(靑木書店), 1982(번역본, 일조각, 1989); 조경달, 『이단의 민중 반란』, 이와나미서점(岩波書店), 1998(박맹수 역, 역사비평사, 2008); 박찬승, 「동학농민전쟁기 일본군·조선군의 동학도(東學徒) 학살」, 『역사와 현실』 54, 2005; 신영우, 「1894년 일본군 중로군사(中路軍司)의 진압책과 동학농민군의 대응」, 『역사와실학』 33, 2007; 신영우, 「1894년 일본군의 동학농민군 학살」, 『역사와실학』 35, 2008; 신영우, 「1894년 왕조정부의 동학농민군 인식과 대응」, 『한국근현대사연구』 51, 2009; 강효숙, 「청일전쟁기 일본군의 동학농민군 진압」, 『열린 정신 인문학연구』 6, 원광대 인문학연구소, 2005; 강효숙, 「제2차 동학농민전쟁과 일본군-일본군의 생포농민군 처리를 중심으로」, 『전북사학』 2007; 강효숙, 「청일전쟁기 일본군의 조선민중탄압-日本軍의 '非合法性'을 중심으로」, 『청일전쟁기 한·중·일 삼

먼저 조선 정부가 동학농민군에 대한 탄압 방침을 어떻게 세웠는지를 살펴보자. 8월 24일 조선 정부의 개혁을 총괄하고 있었던 군국기무처 회의가 소집되었다.

一. 원임대신原任大臣 중에서 특별히 삼남 도선무사의 일을 맡긴다는 것은 이미 의논하여 계啓를 받은 바 있다. 그런데 현재 유민莠民의 경화梗化는 양호兩湖지방이 심하므로 우선 몇 사람을 파견하고 군사를 대동하여 길을 나누어 주재하여, 한편으로 탄압하고 **한편으로 선유宣諭하여** 은위恩威를 행하면서 요분妖氛을 확청廓清하는 것이 목하目下의 급무입니다. 의정부 탁지아문 및 각 영에 빨리 칙령을 내려 조병調兵과 주향籌餉을 준비하여 당일 거행케 하고 군무아문으로 하여금 절제를 도모하고 양호선무사는 곧바로 소환하고 도선무사 령令은 그대로 둘 것 등을 의정부로 하여금 다시 논의하고 먼저 별유를 행할 것을 청합니다.[187]

이날 논의에서의 결론은 이전의 방침에서는 한편으로 탄압하고 한편으로 선유한다는 양면책을 써왔는데, 이제부터는 달라져야 한다는 것이다. 즉, 의정부, 탁지아문, 각 영에 토벌을 준비하고 군무아문으로 하여금 토벌 작전을 마련하자고 하였다. 이는 7월 초 이후 갑오정권의 개혁 정치로 지방의 여론을 순화하고 농민군을 설득해 내려는 이른바 '선무책宣撫策'이 사실상 실패했음을 의미하는 것이었다. 이 결의안은 조선 정부, 갑오정권이 진압 방침을 천명한 최초의 결정 문건이다.

국의 상호 전략』, 동북아역사재단, 2009; 홍동현, 「1894년 동학농민전쟁에 대한 문명론적 인식의 형성과 성격」, 『역사문제연구』 26, 2011; 이노우에 가쓰오, 『明治日本の植民地支配－北海道から朝鮮へ』, 岩波現代全書, 2013.

187 『의정존안(議定存案)』, 갑오 8월 24일; 『일성록』, 1894년(고종 31년) 갑오 8월 24일, 287쪽.

그렇지만 곧 바로 농민군 진압에 착수하지는 못했다. 당시 흥선대원군이 이를 반대하고 있었기 때문이었다. 결국 이후 전라, 경상, 충청 등 삼남지방에 효유문을 보내 농민군을 설득시키기로 하고, 당분간 추이를 지켜보기로 했다.[188] 반면에 전봉준 등 농민군 지도부들은 9월 중순까지는 아직 재봉기의 결의를 이루지는 못하였고, 각 지역에서 개별 접주들의 지휘를 받아 각기 분산적인 대응에 머물러 있었던 상황이었다.

갑오정부는 9월 초 시점에서도 아직 농민군의 동향을 제대로 인지하지 못하고 있었다. 당시 김윤식은 9월 7일 자 일기에서, 당시 일본공사가 직접 영남동학군의 격문을 보여주고 설명했던 것은 사실이나 호서 호남의 동학도들이 서울로 쳐들어온다는 정보를 소문으로 듣고 있을 뿐이었다고 하였다. 더구나 "운현장흥선대원군의 효유문이 내려 온 이후 각포 동학이 진정서를 올려 귀화의 뜻을 밝혔다"는 충청관찰사의 서한을 통해 동학농민군의 동향이 진정되고 있었다고 판단했다는 것이다.

그러는 가운데 9월 초에는 이미 흥선대원군 계열의 정권 붕괴 공작이 시행되고 있었다. 9월 2일 경무사 이윤용의 해임에 이어 3일 궁문장 김기홍金基泓의 정권 퇴진 상소 등이 이어졌다.[189] 9월 13일 자 김윤식의 일기에는 "동학의 소요가 날로 치열해져서 경기와 호서지방에서 피난하려는 사람들이 계속해서 보따리를 싸서 서울로 올라오고 있다. 또한 장차 서울로 쳐들어온다고 한다"는 등을 기록하였다. 이때서야 비로소 구체적인 정황을 인식하기 시작한 것으로 보인다.[190] 이때 장위영 영관 이두황과

---

188 기밀 제189호 본112 「충청도 동학당에 관한 휘보」; 별지 「대원군효유문」(大鳥圭介 공→陸奥宗光 외무대신), 『주한일본공사관기록』 (5), 1894.9.26(음력 8월 27일), 47 ~51쪽(이하, 번역문).

189 『갑오실기(甲午實記)』, 9.4; 『나암수록(羅岩隨錄)』 217, 「수문장 김기홍(金基泓) 상 소」, 9.3, 394쪽.

경리청 영관 성하영 등을 각기 죽산과 안성 군수로 임명 파송하고 농민
군을 초무토록 하였다.[191]

최종적으로 갑오정부가 농민군 진압 방침을 확정한 것은 9월 14일이
었다.

구월 십사일

상고할 것. 동요東擾가 하나같이 어찌 이렇게 되었는가. (…중략…) 도의 수신
과 읍진 관리들은 진정 협심하여 대책을 마련하고 초무勦撫의 방안을 갖추었으
면 저 무리들의 경화梗化가 어찌 여기까지 이르렀겠는가. 이제 한편으로 은무恩撫
를 행하는 것은 불가하니 그치고, 마침내 부득이하게 용무用武해야 할 것이다. 그리고
가만히 생각컨대, 도당 중에 반드시 강압에 못 이겨 참여했으나 아직 양심이
남아있는 자가 다수 있을 것이니 모름지기 그른 길을 버리고 바른 길로 향하는
의리로서 포고하여 각기 해산케 하라. 만일 거괴渠魁를 잡아들이는 자가 있으면
먼저 영읍에서 중히 논상論賞해 주고 조기朝家에서는 또한 각별히 녹용錄用하도
록 해야 한다. 만일 이와 같이 다시 묘칙을 내린 후에도 또한 여전히 아무런 조
처를 취하지 않는다면 마땅히 돌아갈 바가 있을 것이다. 두려워하는 마음으로
거행할 일이다. 초포勦捕 사항을 일일이 보고함이 마땅할 것.[192]

앞서 8월 24일 의안의 진압 방침 천명에 이어 이제 확정적으로 '용무用
武'의 입장을 확정하였다. 관초의 내용에서는 진압의 임무를 각 지방의 감
영·병영에 위임하고 있었다. 동학농민군 중에서 강박에 못 이겨 가담한

---

190 『속음청사』(상), 1894(고종 31년).9.7, 339쪽.
191 위의 책, 1894(고종 31년).9.13, 339~340쪽.
192 「훈령(訓令)」, 『관초존안(關草存案)』, 9.14.

자를 회유하여 해산케 하고, 주모자에 대한 포상 등을 내세우며 논상하고 관리를 채용할 것 등 방침을 내세우고 있다. 갑오개혁의 조선 정부는 중앙 군대를 파견하여 직접 진압하겠다는 토벌 작전을 세우거나 군대 파견을 결의한 내용은 아니었다. 다만 훈령의 방침을 충청도와 경상도 감영과 병영, 경기도 전라도에까지 전국적인 조처를 내리고 있었다. 그럼에도 이 시점까지도 갑오정부는 아직 토벌의 본부인 별도의 군영까지는 세우지 않았던 것이다.

이때 일본은 이미 동학농민군의 토벌 방침을 세우고 갑오정부를 압박해 나가기 시작했다. 9월 16일 서한을 보내 삼남지방의 농민군이 일본군에 대한 공격을 감행하고 있으므로 이를 제거하기 위해 파병할 것을 주장하였다. 이 서한에서는 동학농민군을 '국해國害'로 간주하고 있었다. 이틀 후인 9월 18일에는 일본군이 농민군을 진압하는 데 갑오정부가 협조해야 하지 않으면 안 된다고 강요하였다.

지난날 본사本使가 누차 귀대신께 선유사를 파견하여 그들을 불러 위유慰諭를 하도록 하고, 그들은 그래도 귀순하지 않으면 병력을 동원하여 토벌을 감행하도록 하여, 그때 우리도 병력을 파견하여 초토剿討를 돕게 하도록 권고勸告하였습니다. 그러나 아직까지 그 권고를 시행하지 않고 있습니다. (…중략…) 지금 본사는 경성과 부산 두 곳에 우리 병사 약간 명을 파견하여 귀국 병사와 합세한 후, 그들을 초토하는 우리를 도와서 기어히 그 비당들을 소탕하여 일국의 화근을 영원히 제거하고자 하오니. (…중략…) 조속히 우리의 권고를 시행하시기 바랍니다. 또 그렇게 해야만 될 것이다. 이에 다시 조회를 하는 것이다.[193]

---

193 제202호 「동학당의 재기와 일군의 비도진압에 따라 조선 정부의 협조 요청」, 『주한일본공사관기록』 (1), 1894.9.18, 132~133쪽(번역문, 원문, 428쪽); 「조회」. 단, 국사편

이러한 일본의 정치 군사적 압력에 따라 갑오정부는 결정적인 국면에 몰렸다. 중앙에서 정치세력간의 투쟁을 통해 점차 권력기반이 와해되고 있는 상태이고, 지방에서도 취약한 상태에서 갑오 조선 정부는 현실추수적인 선택을 택했다.[194] 갑오정부는 일본의 군사적 압력을 수용하고 이에 의존하면서 중앙의 정치 권력을 유지함과 동시에 전국 각지에서 동학농민군 토벌에 나서게 되었다.

(2) 도순무영의 설치와 일본군의 개입

동학농민군 진압의 최고기관은 순무영이었다. 이 기구가 설치된 것은 9월 22일이었다. 의정부에서 "양호 지역에 비류가 창궐하니 호위부장 신정희申正熙를 순변사巡撫使로 임명"하게 하였다.[195] 다음 날에는 순무사를 도순무사로 올려 총괄하게 하였다. 이어 다음 날 9월 24일 의정부는 "호서와 호남의 비적들이 요즘은 다시 영남, 관동, 경기, 해서海西 등지에 널리 퍼진다고 하니"라는 계를 올렸다. 그래서 각처에서 토벌하고 무마하는 것을 모두 순무사에게 일체 처리하게 하였다.[196]

갑오정부는 초기부터 도순무영의 군사 동원 체제를 주도면밀하게 수립하지는 못했다. 실제로 전투 전선이 확대되고 진압의 체계가 정연하게 정리됨에 따라 순차적으로 토벌을 위한 군사체계를 갖추기 시작하였다. 1894년 12월 말에 보고된 양호도순무영 산하 각 진영의 체계는 〈표 7〉과 같았다.

찬위원회 번역문에서는 일본군의 강요가 부각되지 못해서 원문에 맞게 수정했다.
194 왕현종, 『한국근대국가의 형성과 갑오개혁』, 역사비평사, 2003, 385~386쪽.
195 「갑오 9월 22일」 기사, 『갑오군정실기』 (1); 「조지(朝紙)」, 『선봉진일기』, 1894.9.21와 동일.
196 『고종실록』, 개국 503년 9월 24일조.

양호 순무영의 지휘를 받는 부대로는 크게 8개 부대가 참여하였다. 우선 중군 경무사 허진의 지휘로 약 492명이 참가하였고, 좌선봉 부대는 선봉장 이규태의 지휘하에 408명의 병정이 참가하였으며, 우선봉 부대는 선봉장 이두황으로 하여 장위대관 이하 388명과 별군관 이하 362명의 병졸로 나뉘어져 있었다.[197] 경리청 소속 부대로 홍운섭 영관 지휘하에 361명이 있으며, 서산 군수 성하영과 경리청 영관 구상조의 지휘하에 368명이 있었다. 이와 별도로 일본의 지휘를 받는 교도부대로 영관 이진호 휘하 255명이 있었으며, 심영 중 파견 부대로 중군 이하 283명의 병정이 있었다. 그밖에 소수 파견 부대로 장위교장 원봉석 지휘로 36명이 일시적으로 천안 방수에 나서고 있었고, 일본 군진에 파견된 인원은 별군관 11명 등 12명이 그리고 별도로 4, 5명이 파견되기도 하였다. 이렇게 하여 양호도 순무영 산하 편제된 장교 및 병정의 숫자는 모두 2,974명이었다.

한편 일본은 본격적인 동학농민군 토벌을 위해 주력 부대로 후비보병 제19대대 3중대를 편성했다. 후비보병 제18대대의 1개 중대^{총주 강원도 파견}, 후비보병 제6연대 제6중대^{인천 주둔} 1개 중대, 후비보병 제6연대 제4중대와 제7중대 일부 병력^{황해도 파견}, 부산수비대의 1개 중대, 육전대 소속 승조원 등이었다.[198] 특히 주력 부대인 후비보병 제19대대는 야마구치현에 주

---

197 장위영의 출진 장교와 병사의 상황은 우선봉장 1명, 참령 1명, 대관 4명, 교장 12명, 규칙 19명, 별군관 4명, 서기 4명 십장 48명, 병정 566명, 화병 36명, 후병 8명 등 모두 703명이었다. 부대별 편성으로는 좌 4소대, 중 4소대, 우 4소대 및 포대, 곡호대 등으로 구성되어 있었다. 1소대는 대개 55~64명이었고, 중1~3소대는 31~46명으로 규모가 작았다. (『양호우선봉일기』 2, 1894년 11월조)

198 『주한일본공사관기록』 1·6권, 이노우에 가쓰오의 논문에서는 2천 명 정도로 추정되고 (신영우, 앞의 글(2007), 272~273쪽, 재인용), 강효숙은 서울수비대(후비보병 독립 제18대대)에서 1중대가 합류하였고, 용산 인천 수비대로부터 1중대, 부산수비대의 1대대(병참부의 수비병과 전라도 남부에 파견된 부대를 포함), 그 보충병, 육전대(쓰쿠바함 筑波 승조원 251명, 조강함(操江艦) 승조원 82) 등이 농민군 탄압에 참가하였다고 보

<표 7> 양호 도순무영의 군사 지휘체계 및 인원 현황

	지휘자 성명	상세 내역	인원(명)	비고
1	중군 경무사 허진(許璡)	중군 1, 종사관 3, 참모사 7, 참모관 1, 별군관 27명, 대솔군관 16, 집사 29, 본군관 3, 별무사 33, 마의 1, 서사 19명, 각색비두 10명, 기타(호위청 대장소, 220명, 중군소 50, 기타 72)	150/492	유진 인원 (留陣 人員)
2	좌선봉 이규태(李圭泰)	선봉장 1, 통위령관 1, 대관 및 교장, 서기 등 8, 병정 284, 후병 9, 치중병 14, 장막군 등 26, 참모사 1, 참모관 5, 별군관 18, 군관 1, 별무시 2, 서지적 2, 치중병 4, 전배순령 등 32	408	이하 출진 인원 (以下 出陣 人員)
3	우선봉 이두황(李斗璜)	선봉장 1, 장위대관 2, 교장 8, 병정 321, 장부 등 기타 56	388	
		별군관 3, 영관 1, 대관 2, 교장 4, 병정 306, 후병 등 46	362	
4	경리영관 홍운섭(洪運燮)[199]	영관 1, 대관 2, 교장 4, 서기 1, 병정 304, 후병 등 기타 52	361	
5	서산 군수 성하영(成夏永), 경리영관 구상조(具相祖)	군수 1, 영관 1, 대관 2, 교장 4, 서기 1, 병정 304, 후병 등 기타 52, 참모관 3,	368	
6	교도영관(敎導領官) 이진호(李軫鎬)	영관 1, 대관 5, 교장 5, 서기 2, 병정 209, 군조 2, 후병 등 기타 31[200]	255	
7	심영(沁營) 중 파견	중군 1, 영관 1, 초관 3, 초장 3, 군의 1, 책응관 1, 군관 1, 기교(譏校) 3, 서기 4, 병정 265	283	
8	장위교장(壯衛敎長) 원봉석(元奉錫)	교장 1, 병정 32, 후병 등 3,	36	천안 방수
9	일본군진 파견	별군관 11, 참모관 1	12	
10	파견	별군관 등 4명	4	양호 출진
		참모사 2, 별군관 2, 별군관 1	5	호서좌우도 분거 (分居), 해서
합계			2,974	

둔했던 수비병으로 10월 초양력 11월 3~4일 시모노세키항에서 출발하여 인천에 상륙하였다. 일본 후비보병 19대대의 소속 병사의 수는 이후 전공자

였다. 이에 따라 제19대대를 포함하여 약 12개 중대 이상으로 추정할 수 있고, 후비보병연대편제표에 의하여 서울 이남에 본격적으로 농민군 탄압을 담당한 일본군의 수는 2,708명이라고 하였다. (강효숙, 『제2차 동학농민전쟁과 일청전쟁-방위청 방위연구소도서관소장 사료를 중심으로』, 치바대학(千葉大學) 대학원, 2005, 27쪽)

199 친군경리청 소속 장졸의 수는 영관 구상조 이하 좌1소대 156명, 대관 백락완이하 좌2소대 156명, 서산 군수 성하영, 대관 윤영성 이하 중2소대 150명, 영관 홍운섭 대관 조병완 이하 우1소대 162명, 참모관 이상덕 이하 79명 등 703명으로 추산되었다. (『친군

공로자 신청에 의하면, 제19대대 지휘관급으로는 13명 이외에 본부 대대에서 48명, 1중대 193명, 2중대 186명, 3중대 187명 등 총 627명으로 추산된다.[201]

후비보병 제19대대의 초기 작전은 남부병참감 이토 유기[伊藤祐義 중좌의 지휘를 받았다.[202] "인천을 출발할 때 이토[伊藤 사령관으로부터 구두시달로 각 로의 한병들을 모두 지휘하라는 명령이 있었기 때문에, 소관은

경리청장졸성책(親軍經理廳將卒成冊)』, 갑오 10월. 〈표 7〉 경리청 소속 장졸 및 기타의 수 729명과는 약간 차이가 있음)

200 『순무선봉진등록』, 갑오 11월 초3일. "幾日見絶之境是乎則自今月初九日爲始領官以下至馬夫三百十八員人名內馬夫二名上京是乎則實三百十六員"으로 총 316명이 참여한 것으로 기록되어 있다. 그런데 보고의 상단에서는 교도중대 소속 병사와 진남영 병정 100명이 같이하고 있다는 것으로 보아, 원래 교도중대의 인원은 240여 명으로 보인다.(『갑오군정실기』(번역본), 11.5, 150쪽) 한편 중로분진대는 이시구로 미치마사(石黑光正) 대위의 지휘 아래 후비보병 제19대대 3중대와 본부병력 등 202명과 중대장 이진호(李軫鎬) 휘하 교도중대 병력 316명이 동행된 520명의 부대라고 설명하였다.(신영우, 앞의 글, 2007, 278~279쪽),

201 전투에서 직접 공훈을 세운 자는 본부에서는 4명, 1중대에서는 87명, 2중대에서는 183명, 3중대에서는 183명 등이었으며, 근무하면서 공로를 세운 사람은 본부중대 소속원이 44명, 1중대 사병은 106명, 2중대 사병은 3명, 3중대는 4명이었다. 이에 따라 전공 공로를 받은 사람은 모두 본부 48명과 1중대 193명, 2중대 186명, 3중대 187명으로 모두 614명으로 나타난다. 공로자 중에서는 별도로 사관급에게 전공을 상신하고 있는데, 여기에는 후비보병(後備步兵) 제19 대대장 미나미 고시로(南小四郎) 이하 육군보병대위 松木正保(동로분진대 대장), 森尾雅一(서로분진대 대장), 石黑光正(중로분진대 대장), 陸軍 一等軍醫 高橋春庵, 윤군보병 중위 鯉登行文(대대 부관), 米原熊三(3중대 소대장), 赤松國封(서로분진중대 파견), 육군보병 소위 桑原榮次郎(육로측량대 호위), 육군3등 군의(陸軍三等軍醫) 馬嶋繁次郎(대대본부) 植野俊成(1중대 소대장), 육군3등 군사(軍史) 野崎則義(2중대 소대장), 武內眞太郎(3중대 소대장) 등 13명을 포함하면 총 627명이다. 이는 당시 후비보병 편제 연대에 따라 본부 56명과 1중대 221명으로 총 719명과 약간 차이가 있다.(『주한일본공사관기록』 6권, 「동학당 정토 공로자에 대한 논공건의의 건」(발신 : 후비보병 독립 제19대대장 南小四郎 → 수신 : 특명전권공사 백작 井上馨), 1895.5.13)

202 강효숙, 「청일전쟁기 일본군의 조선민중탄압」, 『청일전쟁기 한·중·일 삼국의 상호 전략』, 동북아역사재단, 2009, 420~465쪽.(446쪽 지도 재인용)

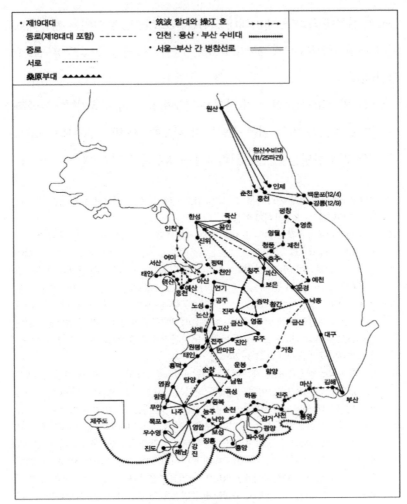

<그림 4> 일본군의 농민군 진압 경로

모든 한병^{韓兵}을 지휘하게 되었다. 중로^{中路}는 청주에 이르러 그곳에 주둔

하는 군대가 청주성을 지키고 있었으므로 이것도 소관이 지휘하기로 하

였다"고 기록하고 있다.[203] 이들 제19대대는 조선에서 3개의 도를 통해

---

203 『주한일본공사관기록』(6), 27쪽.

전진하게 하였다. 우선 ① 서로분진대로 수원 천안 및 공주를 경유하여 전주부 가도로 전진, ② 중로분진대는 용인 죽산 및 청주를 경우하여 성주 가도로 전진, ③ 동로분견대는 가흥, 충주, 문경 및 낙동을 경유하여 대구부 가도로 전진하는 등 3가지의 진로를 잡고 교도중대는 그 뒤를 따라 가는 것으로 정했다.[204]

이렇게 진주함에 따라 동학농민군 진압의 요령을 다음과 같이 지시했다.

연도沿道에 있는 동학당을 격파하고 그 화근을 초멸함으로써 동학당이 다시 일어나 후환後患을 남기지 않도록 해야 한다. 그리고 그 수령首領으로 인정되는 자는 체포하여 경성 공사관京城 公使館으로 보내고, 동학당 거물급 간의 왕복문서, 혹은 정부 내부의 관리나 지방관, 또는 유력한 측과 동학당 간에 왕복한 문서는 힘을 다해 이를 수집하여 함께 공사관으로 보내라. 다만 겁에 질려 따르는 자에 대해서는 그 열성 정도를 보아 가리고 순순히 귀순하는 자에 대해서는 이를 관대히 용서하여 굳이 가혹하게 다루는 것을 피하라. 단, 이번 동학당 진압을 위해, 전후로 하여 파견된 조선군 각 부대의 진퇴의 조절은 모두 우리 사관의 명령에 복종케 하며, 우리 군법을 지키게 해서, 만일 군법을 위배하는 자가 있으면 군율에 따라 처리하기로 조선 정부로부터 조선군 각 부대장에게 이미 시달되어 있으니, 세 갈래 길로 이미 출발했거나, 또는 장차 출발할 조선군의 진퇴에 대해서는 모두 우리 사관으로부터 지휘·명령을 받아야 될 것임.”[205]

204 「동학당진압을 위한 파견대장에게 보내는 훈령(東學黨鎭壓ノ爲メ派遣隊長ニ與フル訓令)」, 『주한일본공사관기록』(번역본) (1), 1894.11.9, 153~156쪽; 「위관 히라키와 미야모토에게 내리는 훈령」(양력 11월 10일), 『갑오군정실기』(번역본) (1), 1894.10.14, 76쪽.
205 「동학당진압을 위한 파견대장에게 보내는 훈령」, 『주한일본공사관기록』(번역본) (1),

위의 훈령에서는 동학당의 지도자인 수령首領은 체포하여 경성 주한일본공사관으로 보내고, 각종 동학당에 관련된 왕복문서, 정부 내부의 관리나 지방관, 유력한 측과 동학당 간에 왕복한 문서 등은 공사관으로 발송하도록 지시하였다. 또한 동학당 진압을 위한 지휘체계에 대해서는 조선군 각 부대의 진퇴 조절은 모두 일본군 사관의 명령에 복종케 하고, 일본군의 군법에 지키게 하라는 방침을 전달하였다. "만일 군법을 위해하는 자가 있으면 군율에 따라 처리하기로 조선 정부로부터 조선군 각 부대장에게 이미 시달되어 있으니"라고 하였다. 그렇지만 이 공문에서는 일본군의 일방적인 지휘체계와 통솔 책임관계를 마치 조선 정부와 조선군과 이미 협의를 통해서 결정된 것으로 기정사실화하고 있었다.[206] 왜냐하면 조선 정부군의 경우 동학농민군 진압을 위해 출발한 각 부대는 각종 전투 상황에 대해 보고한 상급부대는 양호도순무영에 두고 있기 때문이었다.

그런데 일본군의 지휘체계 개편 의도와는 달리 후비보병 제19대대와 양호순무영 양자는 지휘와 명령 계통을 달리하고 있었다. 일본군과 양호도순무영의 상호관계는 상호 협조적인 관계라고 하지만 초기에서 서로 분리되어 병립된 관계였다.

실제 동학농민군의 토벌 과정에서 일본군 및 일본군 장교의 지휘에 의

1894.11.9, 153~156쪽.

206 이 보고에 대해 주한전권공사 이노우에 가오루는 별지안을 보내면서 "첫째, 우리 군대의 파견은 명분상 한병을 응원하는 것으로 되어 있으나 실제로 한병의 진퇴와 행동은 우리의 지휘 감독 하에 두게 해서 우리의 절제(節制)에 복종하게 할 것"으로 설명하고 있다. 일본군 파견의 명분은 한병을 응원하는 것으로 되어 있다는 점을 강조하는 한편, 또한 실제로는 한병(韓兵)의 진퇴운동은 일본의 지휘 감독하에 두게해서 절제에 복종하게 할 것을 강조하였다. (「기밀 제210호, 동학당 진압을 위한 제19대대 파견에 따른 훈령」(발신 : 특명전권공사 井上馨 → 수신 : 병참감 伊藤), 『주한일본공사관기록』 5권, 양력 1894년 11월 9일)

해 이루어졌지만, 전투의 경과 보고는 2가지 계통으로 이루어졌다. 일본 군은 별도로 군 지휘계통을 통해 주한일본공사에게 전해졌다. 조선군의 각 부대는 따로 양호도순무영이나 기영, 군무아문 등으로 별도로 보고되었다. 다만 일본군의 직접적인 지휘를 받는 교도 중대의 경우에서도 일본 군 내의 지휘체계의 영향과 아울러 조선군 장교과 일본군 장교의 지휘권에서 사이에서 약간 혼선이 발생되기도 하였다.[207] 실제 전투와 진압 과정에서 조선의 각 부대들은 양호도순무영 이외에도 충청감영, 경상감영, 전라감영 등의 행정체계와 결부되어 다소 혼란스러운 지휘와 보고체계를 수행해야 했다.[208]

아무튼 동학농민군의 진압을 위해 파견되는 일본군의 형세에 대해 당시 외무대신 김윤식은 "일본군은 일간 500명을 파견하여 3갈래로 나누어 내려갈 것입니다……. 대개 비도는 무리를 모아 기세를 이루지만 그 실상을 맹랑하여 빈손의 적에 불과하고, 오합지졸처럼 비록 많더라도 어찌 두려워할 것이 있겠습니까, 양창을 얻더라도 사용하는 데에 익숙하지

---

207 "마오하라의 위의 협서(夾書)에 미나미가 바로 교도대를 지휘한다'고 하였습니다. 본 영에는 마오하라의 지휘와 령칙이 있는데 지금 받은 협서에는 미나미의 지휘를 받으라고 하니 처분을 몰라 당황스럽습니다"라고 하니, 제19대장 미나미 소좌의 지휘와 제18대장 마오하라(馬屋原)의 지휘를 받으라는 명령서가 있었으므로 미나미의 지휘를 받으라고 지령하였다.(『갑오군정실기』 1권, 10.26, 115쪽, '전령') 또한 "미나미(南) 소좌(少佐)에게 훈령 : 중로(中路)를 행군한 조선 군대는 항시 필히 白木·宮本 2명의 지휘감독 아래에 두고 귀관은 이를 우리 군대와 함께 움직이도록 부서로써 명령함을 요함. 만약 따로 분견하고 혹은 구분할 필요가 있더라도 필히 위 두 사람에게 명령하여 지휘시킬 것. 요컨대 白木·宮本 양인은 교도중대장으로서 취급해야 함"이라는 훈령도 있었다.(「교도중대(敎導中隊) 사용의 건」(발신 : 중좌 이토(伊藤) → 수신 : 특명전권공사 井上馨), 『주한일본공사관기록』 3권, 양력 1894년 11월 7일)

208 공주성 공방전 이후 선봉장 이규태와 일본군 미나미 소좌와의 갈등을 통해 양호도순무영의 지휘부와 일본군간의 갈등을 나타내고 있었다.(신영우, 「양호도순무영 지휘부와 일본군 간의 갈등」, 『군사』 81, 2011, 173~178쪽)

않고, 또한 탄알이 없으면 도리어 토총만 못합니다. 토총은 볼품없는 기계인데, 어찌 서양 총을 대적할 수 있겠습니까. 그래서 일본군 1명이 비도 수천 명을 상대할 수 있고, 경병 10명이 비도 수백 명을 상대할 수 있습니다"라고 하여 병기의 우수함을 긍정하였고, "일본군이 10명이면 비도 수만 명을 감당할 수 있다"고 하며 일본군의 화력과 작전 수행의 우수성을 높이 평가하고 있었다.[209]

(3) 조선 정부군·일본군의 동학농민군 진압 과정

① 동학농민군 진압 초기 과정9.22~10.22

9월 중순 설립된 순무영의 지침에 따라 별군관 이규태 선봉장이 이끄는 선발대는 10월 11일 드디어 한성 숭례문을 나서 10월 12일 과천, 진위, 수원 등지를 나아갔다.[210] 이어 통위영 병사와 교도부대 병사가 선봉진에 가담하여 행군하였다.[211] 당시 경리청 영관 성하영과 장위영 영관 이두황 등은 보은 등지에 있었다.[212] 10월 14일 보은읍에 가서 주둔하고 동학군이 머물던 임시 막사 400여 개 등과 집을 불태우고 초토화시켰다. 17일에는 회인을 출발하여 행군하여 공주로 향하였다.[213] 서산 군수 성하영은 보은 등지로 갔다가 영동을 거쳐 다시 공부를 행하여 회인현에 도착하여 도집都執 유홍구柳鴻九, 윤경선尹敬善 등을 효수하였다.[214] 이후 10월 19일에 충청감영인 공주에 도착하여 순무영의 명령에 따라 계원 영관 구

---

209 「금영래찰(錦營來札)」;「갑오 10월 12일, 김윤식의 편지」,『동학농민혁명국역총서』 (7), 동학농민혁명기념재단, 2001, 496~497쪽.
210 『순무선봉진등록』(동일 11일 출 14일 도부 재수원 보고).
211 「10월 18일」, 위의 책, 음력 1894년 10월 18일.
212 「10월 18일. 17일 진시 발송 18일 도착」, 위의 책.
213 「10월 20일」, 위의 책.
214 「10월 23일」, 위의 책.

상조 휘하의 2개 소대 중에서 1개 소대를 나누어 통솔하게 되었다.

각지에서 전투가 벌어지자 지휘 계통과 진압 과정에 여러 혼선이 있었다. 10월 21일 목천 세성산전투에서는 동학농민군 토벌 과정에 혼선이 있었다. 당시 시급한 전황에 따른 명령 계통의 혼선이 문제였다. 이때 이두황의 행태는 "험한 것을 피하고 쉬운 데로 나아가는 것"이라고 비판받았다.[215]

각 지역에서 전투가 치열하게 진행되면서 순무영 각 부대와 일본군과 협조하에 전투를 수행하는 경우가 이제 많아졌다. 10월 19일에는 동학농민군이 이인을 침범했을 때, 충청감영의 지휘에 따라 이달 23일에 경리청 대관 윤영성尹泳成, 참모관 구완희具完喜 및 일본 병사 100명과 더불어 힘을 합해서 토벌하여 크게 한바탕 싸워서 승승장구하여 이인利仁을 탈취하고 머물렀다고 한다.[216]

② 동학농민군 진압 과정과 공주 두 차례 전투10.23~25, 11.8~11

동학농민군은 10월 중순 청주 세성산전투와 홍주성전투 등지에서 패배하였다. 그렇지만 공주 부근으로 결집한 농민군 전력은 보다 강화되어 충청감영이 있는 공주를 둘러싼 전투를 크게 치렀다. 10월 23일부터 25일에 걸쳐 제1차 대접전을 벌였다. 농민군 4만 명은 10월 23일 경천으로

---

215 장위영 부영관 겸 죽산진 토포사 이두황은 순무영에서 청주로 가서 지원하라는 전령을 받고 출발하려고 하였는데, 청주병영에서 먼저 급한 것이 목천 세성산이므로 곧바로 쳐들어 가서 결국 승리를 거두었다. 그렇지만, 충청감영의 회답은 "공주에 가서 지원하라는 순무영의 전령이 이미 도착한 것 같은데 순무영의 명령을 따르지 않고 다만 청주병사의 감결만 따르고 있으니 이것이 무슨 곡절인지 알지 못하겠다. 병사가 가지고 있는 의견이 일치하지 않고 엇갈리기 때문에 지금 막 파직하도록 장계를 올렸다"고 보고하였다.(「10월 24일」, 위의 책)

216 「10월 27일」, 『순무선봉진등록』 (2).

부터 이인, 효포, 판치, 웅치를 중심으로 하여 진압군과 맞섰다. 충청감사 박제순이 지휘하는 감영군, 서산부사 겸 경리청영관 성하영이 지휘하는 경리청군, 스즈키 아키라鈴木彰 소위가 이끄는 일본군, 경리청부영관 홍운섭이 지휘하는 경리청군, 이규태 휘하의 좌선봉군이 맞서 싸웠다.[217]

10월 24일 이후에는 공주 부근 여러 지역에서 격전이 치루어졌다. 선봉진은 금강 장기진에 도작하여 납교蠟橋 뒷 봉우리에서 동학농민군의 형세를 보고, 다음 날 통위영 영관 이하 2개 소대를 통솔하여 효포 등지에서 전투를 벌였다.[218] 이러한 일본군과의 협조는 이미 일본군 지휘하에 새롭게 편성된 교도중대의 활동에서 드러나고 있었다.[219]

10월 27일 이후 공주 주변에 조선 정부군 및 일본군이 다수 집결하여 동학농민군의 공주 공방에 대비하였다. 장위영, 부영관, 이두황 등이 병정 712명을 인솔하여 10월 27일에 신의 감영에 와서 주둔한 연유는 전에 급히 아뢰었다. 해당 부령관은 휘하의 병정을 데리고 29일에 예산과 홍주 등지로 떠났다.[220]

마침내 1894년 11월 10일에 공주 감영 및 우금치를 둘러싼 동학농민군과 정부군의 대혈전이 전개되었다. 경리청 참령관 구상조는 11월 8일 "당일 미시 쯤에 비도 몇만 명이 혹은 정천점定川店에서 곧바로 올라오거나 혹은 노성현 뒷 봉우리에서 산으로 올라와서 에워싸는데 포성이 진동하고 깃발이 어지럽게 섞여서 함성을 지르며 일제히 전진하여 오는데, 이러한 병력으로는 당해내기가 어려웠다. 그 때문에 편의에 따라 효포·웅

---

217 박맹수, 「동학농민혁명과 우금티전투」, 『공주와 동학농민혁명』, 모시는사람들, 2015,
     47~48쪽.
218 「10월 28일」, 『순무선봉진등록』 (2).
219 「11월 3일」, 위의 책.
220 「충청감사 박제순의 보고」, 『갑오군정실기』 4권, 1894.11.5, 149~150쪽.

치 등의 길이 좁고 험하고 높은 봉우리로 나가서 진을 치고 각별히 명령하여 지키고 망을 보게 하였다"라고 하였다.

한편으로는 일본군 장교와 긴밀하게 연락을 취하면서 출병하게 하고, 통위영 병사 2소대를 나누어 출동하여 지원하도록 하였다.[221] 이때 전투를 벌인 광경을 선봉장 이두황은 다음과 같이 동학농민군의 규모에 놀라면서도 이를 완전히 토벌하지 못했음을 아쉬워했다. "아! 저 몇만 명 되는 비류의 무리가 40~50리를 연이어 에워싸서 길이 있으면 빼앗고 높은 봉우리는 다투어 차지하여 동쪽에서 소리 지르다가 서쪽으로 달아나고 왼쪽에서 번쩍 하다가 오른쪽에서 튀어나오면서 깃발을 흔들고 북을 치며 죽을 각오로 먼저 산에 올라오니, 저들은 무슨 의리가 있는 것이며, 저들은 무슨 담력이 있습니까. 저들의 정적을 생각해 보면 뼈가 떨리고 마음이 서늘해진다. 이와 같은 병력으로 전후좌우로 대비하지 않은 바가 없기 때문에 사람들이 모두 힘을 쏟고 용기를 다하지 않음이 없었다. 그러나 끝내 저들을 깨끗하게 토벌하지 못하여 비류가 아직 이와 같이 날뛰게 한 것은 지극히 애통하다"고 하였다.[222]

---

221 공주 우금치전투에 참여한 조선 정부군의 주요 면모는 다음과 같다. 통위영 대관 오창성, 교장 박상길, 경리청 영관 홍운섭·구상조·조병완·이상덕, 참모관 이상덕·황승억, 별군관 유일환, 교장 김홍엽·이봉춘·이장혁·우기준, 효포의 봉수를 지키는 통위영 영관 장용진, 대관 신창희, 교장 김상운 등이었다. 또한 별군관 출신 이달영·송흠국, 전 만호 이지효, 전 감찰 이재화, 전 중군 이종진, 전 수문장 유석용, 전 부장 박정환, 사과 이홍교, 본 진영으로 임명된 군관 전 오위장 황범수, 유학 이주서, 사과 이선 및 서산 군수 성하영, 경리청 교장 김명환·정재원·정인갑·장대규 등이 참여하였다. 이밖에 공주영장 이기동, 충청감영의 수교 박준식, 병교 박춘직·안재후, 집사 김백현·양원길, 천총 박순달, 좌별장 박춘명, 우별장 조광승, 파총 말시원, 장무 군관 정평오와 감영의 병사들이 참가하였다.(「11월 10일 [동일(同日)]」, 『순무선봉진등록』(2))

222 위의 글.

③ 공주전투 이후 각지의 동학농민군 진압 과정[1894.11.12~1895.2.4]

11월 25일에는 양호도순무영은 동학농민군이 모이고 흩어지는 것이 종잡을 수 없어 보다 체계적으로 진압하기 위해 순무영 소속 선봉장 이규태를 좌선봉장으로 임명하고 장위영 영관 이두황을 우선봉장으로 길을 나누어 토벌하도록 하였다. 우선봉장 이두황에게 장위영, 경리청, 교도중대 등 3진의 장관 이하 병정을 이끌고 전적으로 다스리도록 하였다.[223]

이 시기에는 일본군은 농민군 토벌 작전에 대한 지휘권을 강화하였다.[224] 일본군 장교의 작전 지휘는 각 지역에서 전투 과정에 대응하여 장위영뿐만 아니라 통위영, 교도중대 등 전체 조선 정부 각 부대에 직접 명령을 내렸다. 한편 일본군 후비보병 제19대 대장 미나미 고시로南小四郎 소좌는 당시 조선 사병 중에서 교도중대와 장위영병이 가장 규율이 좋다고 평가하면서 그 외 선봉대대 병사들은 가는 곳마다 인민의 물품을 약탈하고 순종하지 않을 때는 구타하여 난폭하다고 하면서 일부 조선군 장교와 병졸의 수탈을 비판하기도 하였다.[225]

1894년 12월 이후 조선 정부에는 공주, 논산, 원평, 태인전투 등이 끝나고 전봉준, 김개남 등이 체포되거나 처형됨으로써 동학농민군을 차례로 평정하였다는 정세 인식이 있었다. 그리하여 12월 27일 양호도순무

---

223 이에 따라 우선봉장 이두황은 統衛營 영관 張容鎭, 경리청 영관 具相祖, 瑞山郡守 成夏永, 敎導所 領官 李軫鎬, 壯衛營 영관 元世祿 등을 통솔하게 하였다.(「전령 좌선봉이규태」,『순무사각진전령』, 1894.11.25;「선봉장 이두황에게 전령함」,『갑오군정실기』(번역본) (6), 11.26, 238~239쪽)

224 『순무선봉진등록』1, 갑오 11월 11일.

225 「동학도진정에 관한 제보고 및 의견구신」(발신 : 후비보병독립 제19대대장 南小四郎 → 수신 : 특명전권공사 백작 井上馨),『주한일본공사관기록』(1), 1894.12.25, 227~228쪽.

영을 폐지하고 이제부터는 기존 각 부대의 장졸들은 군무아문의 절제를 받아 토벌 작업을 수행하는 것으로 바뀌었다.

이렇게 1894년 9월 이후 행해진 동학농민군의 '토벌'은 1895년 2월 4일양력 2월 28일 소위 '동학당정토 일한 양군 개선식'을 거행함으로써 마무리되었다. 동학당 토벌대 전군 전체는 그날 오후 4시경에 도착하였다. 이때를 빌어서 군무협판 권재형이 국왕을 대리하여 칙사로서 일본군의 노고를 위로하는 고종의 칙어를 전했다.[226] 이에 참석자 사람들은 미나미 소좌의 선창으로 '조선국 대군주 폐하 만세', '대일본 황제 폐하 만세'를 외쳤다고 한다. 이렇게 하여 조선군과 일본군의 합동 농민군 토벌은 1894년 9월부터 시작해서 다음 해 2월 초까지 대부분 종결되었던 것이다.

이러한 동학농민군 진압 작전 이후 각 부대 및 참여 인사들은 양국 정부로부터 포상을 받았다. 조선의 경우에는, 우선 농민군 토벌에 참여한 병사들에 대한 포상으로 별도로 '갑오군공록'을 작성하여 포상하였다. 갑오군공록에는 순무사 신정희를 비롯하여 정부 및 지방관리, 소모관 등과 순무영 휘하 각 군대의 장교와 병졸 등의 명단을 작성하고 각기 공적 사항을 기록하였다. 이때 포상을 상신한 군공록의 전체 인원은 410명이나 되었다.[227] 또한 정부의 병사들뿐만 아니라 민간의 토벌 공로자를 포함하여 작성한 「동학당정토인록」을 작성하였다. 여기에는 주책籌策, 4명, 장령將領, 25명, 주모主謀, 17명, 공략攻略, 309명, 중복 3명, 의려義旅, 347명, 중복 2명, 정탐偵探, 64명

---

226 "이웃한 나라의 交誼에 의하여 이 한랭한 날씨에도 남도 준험의 산곡을 두루 돌아다니고 여러 가지 고난을 경험하고 우리나라를 위해 東學匪徒를 剿討하여 一國의 治安을 保全하고 地方生民을 塗炭의 苦痛 중에서 求하여 朕은 심히 높은 友誼를 가상하게 생각하고 功勞에 감사한다"는 것이었다."(「朝鮮時事 - 東學黨征討軍の凱旋」(2월 28일 경성 靑山好惠), 『도쿄아사히신문』, 1895.3.13, 2면 2~3단 기사)

227 『갑오군공록(甲午軍功錄)』(서울대 규장각 소장); 동학농민전쟁백주년기념사업추진위원회 편, 『동학농민혁명사료총서』(17), 1996, 372~413쪽.

등 모두 765명에 대해 공훈의 내역을 기록하였다. 특히 각 지방의 의려義旅 명단을 통해 전국 각지 수성군에 참여한 자까지도 포함하고 있었다.[228] 또한 일본군에 대한 포상도 내역으로는 전투공로자 457명과 근무 중 공로자 157명 등 모두 627명에 대한 포상이 이루어졌다.[229]

3) 동학농민군의 민중 참여 방식과 저항의 최후

1894년 8월 중순 이후 동학농민군은 전국 각지에서 재봉기하였다. 8월 25일 김개남의 주도하에 농민군 5만여 명이 남원에 모여 대회를 열었고, 9월 1일에는 김인배가 이끄는 순천 영호대도소의 농민군 부대가 섬진강을 건너 경상도 하동을 공격하였다. 충청도 지역에서는 공주 근처에서 충청감영의 관군과 대치하고 있었으며 8월 하순에는 충주 지역에서 농민군이 일어났다. 경상도에서도 8월 하순경 60여 지역에서 농민들이 일어났다고 중앙에 보고되었으며, 문경에서는 농민군 600여 명이 일본 병참부 공병대와 맞서 싸웠다.

이러한 상황에서 동학농민군의 봉기는 8월 말, 9월 초 이후 갑오개혁 정권이 개량적 개혁으로의 후퇴하였기 때문이기도 하였지만, 그보다도 일본군의 경복궁 점령과 청일전쟁의 확대에 대한 실상을 파악했기 때문에 이제 구체적인 행동으로 나아간 것이다.

오지영은 당시 2차 봉기의 모습을 『동학사』「재도의거再度擧義」에서 다음과 같이 서술하고 있다.[230] "호남 53개군에서 각기 동학농민군 지도자

---

228 『동학당정토인록(東學黨征討人錄)』, 서울대 규장각 소장; 동학농민전쟁백주년기념사업추진위원회 편, 『동학농민혁명사료총서』(17), 1996, 287~469쪽.
229 「동학당 정토 공로자에 대한 논공건의의 건」(발신 : 후비보병 독립 제19대대장 南小四郎 → 수신 : 특명전권공사 백작 井上馨), 『주한일본공사관기록』(6), 1895.5.13.
230 「재도거의」, 『동학사』(초고본) 3.

인 접주의 기치 아래 각 지역에서 농민군이 소집되었다. 전주부에 주둔한 최대봉, 강수한 등의 동학군은 5천여 명이었으며, 임천서, 임형노 등은 역시 5천여 명을 거느리고 고창읍에, 최경선은 7천여 명으로 태인읍에, 김개남은 1만여 명으로 남원부에, 김봉득은 5천여 명으로 금구읍에, 유한필은 천여 명으로 함열 황등산에, 송경찬, 송문수 등은 7천여 명을 거느리고 무장읍에, 오하영, 오시영 등은 8천여 명을 거느리고 영광읍에, 김봉년, 황경삼 등은 4천여 명으로 김제읍에, 정일서, 김도삼 등은 6천여 명으로 고부읍에, 손여옥은 5천여 명으로 정읍읍에, 송희옥은 5천여 명을 거느리고 삼례역에, 오동호는 1천 5백여 명으로 순창읍에, 송태섭은 7천여 명으로 ○평시에 이방언은 5천여 명을 거느리고 장흥읍에, 김병태는 3천여 명으로 해남읍에, 배규인^{배상옥}은 2천여 명을 거느리고 무안읍에 진을 치고, 기우선은 3천여 명을 거느리고 장성읍에 오권선은 3천여 명을 거느리고 나주읍에 이○○은 2천여 명을 거느리고 함평읍에, 고영숙은 2천여 명을 거느리고 흥덥읍에, 강경중은 3천여 명을 거느리고 청송역에, 박○양은 5천여 명을 거느리고 순천읍에, 유희도는 3천여 군을 거느리고 흥양읍에 진을 치고, 문장○은 3천여 명을 거느리고 보성읍에 ○○○은 4천여 명을 거느리고 광주읍에 진을 치고, 이용거, 이병용 등은 3천여 명을 거느리고 임실읍에, 김중혁은 3천여 명을 거느리고 담양읍에 진을 치게 되었다." 이렇게 전라도 지역만 해도 28개 지역에 무려 12만 5백 명이 참가하였던 것으로 기록하고 있다.

이러한 대규모의 농민부대 편성에도 불구하고 조직간의 결합은 제대로 이루어지지 않았다. 더구나 동학농민군의 핵심 부대라고 할 수 있는 전봉준의 본대에서 여러 차례 거듭된 전투에서 패배하였으므로 전투 과정과 그 후 동학농민군을 통솔하거나 지휘하는 데 여러 애로를 겪었다.

공주 감영이 산이 가로막히고 하천을 두르고 있어 지리가 형승形勝하였기 때문에 이 땅을 웅거하여 굳게 지키기를 도모하면 일본 병사들이 용이하게 공격하지 못할 것이므로 공주에 들어가 일본 병사에게 격문檄文을 전하여 서로 버티고자 하였더니, 일본 병사들이 먼저 공주를 웅거雄據하였으니 사세가 접전을 아니할 수 없었기 때문에 두 차례 접전 뒤 10,000여 명의 군병을 점고點考한 즉, 남은 자가 불과 3,000여 명이요, 그 뒤 또 두 차례 접전한 뒤 점고한 즉, 불과 500여 명인 까닭에 패주敗走하여 금구에 이르러 다시 초모하니 수효는 조금 증가하나 기율이 없어 다시 개전하기 아주 어려웠더니 일본 병사가 뒤따랐기 때문에 두 차례 접전하다가 패주하여 각기 해산하였다.[231]

이때 전봉준은 일단 충청도 감영이 있는 공주에 웅거하여 저항할 전략이었으나 이미 일본군과 정부군에 의해 점령된 상태에서 공주성 공방전을 벌였다. 두 차례의 전투에 참여한 농민군의 규모는 무려 1만여 명이었으나 전투 후에는 3천여 명으로 다시 2차 전투 후에 5백여 명으로 축소되고 말았다. 결국 위의 『동학사』의 기술과 같이 고부와 정읍을 중심으로 하는 전봉준의 본대는 두 차례의 전투로 대부분 병력을 상실하고 3천여 명, 5백여 명으로 축소되었다. 전투의 패배 결과는 비참하여 초기 참여 인원 중 사망하거나 흩어진 인원이 대다수이고 불과 1/20로 축소되어 버린 것이다. 물론 대거 참여한 동학농민군의 이탈은 전투의 패배로 인한 자연스런 결과일 수도 있지만, 농민군의 동원 방식과 전쟁 명분의 확보에 실패한 것에서도 기인한 것으로 보인다. 따라서 이러한 동학농민군의 실패는 우선 전투의 최전선에서 미리 차지했어야 하는 유리한 지형적 조건을 확

---

231 「전봉준초초문목(全琫準初招問目)」,『전봉준공초』, 1895.2.9.

보하지 못했고, 또한 동학의 교단을 비롯하여 여러 제휴세력과의 결합을 조기에 완수하지 못한 데서 발생하였다. 보다 기본적인 원인은 동학농민군의 군사 동원 체계와 결합력에 심대한 균열이 있었음을 찾아볼 수 있다.

또한 다른 동학농민군의 군대동원체계에 대한 문제점을 살펴보자. 전라도 무안 지역의 2차 봉기 참여 양상을 보면, 동학 지도자 배규인裵圭仁을 필두로 하여 2천여 명이 2차 봉기에 참여하였다.

(1894년 12월) 11일 유시 경에 무안읍에 도착하여 아무 사고 없이 머물러 지냈습니다. 무안현務安縣 또한 비류의 소굴로 거괴가 많아, 수성군을 설치하고 각 면面의 민간의 장정들과 협동하여 붙잡은 접주가 70여 명이나 되며 그 외에 또한 놓친 자가 많았습니다. 본관이 백성들의 바람에 따라 처결한 자가 30여 명이며 잡아 가둔 자는 40여 명이었습니다. 그중에 배상옥裵相玉 · 배규찬裵奎瓚 형제는 그 마을의 거괴일 뿐 아니라 하도 연해 지역의 괴수로 불리던 자로서, 전봉준 · 김개남 · 손화중 · 최경선 등의 적보다 못하지 않습니다. 배상옥은 법망을 피해 도주하였고 배규찬은 체포하여 잡아 가두었기 때문에 군민을 대대적으로 모아놓고 효수하였고, 그 다음 가는 거괴 9놈은 한꺼번에 총살하였습니다. 그리고 잡아 가둔 여러 놈은 본 현에 명령하여 죄의 경중을 가려 처리하고 보고하라고 하였습니다. 두 고을에서 처결한 놈들의 성명을 책자로 작성하여 보고합니다.[232]

2차 봉기에 참여한 인물로서는 12월 11일 순무선봉진이 무안에 도착하여 무안 지역 내에서 활동한 동학농민군을 잡아들인 것은 접주만 해도 70명에 이르렀다고 한다. 그중에서 30명을 군민의 희망대로 처결하

---

232 「갑오 12월 14일」, 『순무선봉진등록』 5권.

여 죽이고 나머지 40명을 잡아두었다고 한다. 또한 주요 인물로 지목된 접주는 배상옥裴규인 이외에 배규찬裴奎璨, 오덕민吳德敏, 조광오趙光五, 김문일金文日, 박경지朴京之, 박기운朴沂雲, 김효문金孝文, 양대숙梁大叔, 서여칠徐汝七, 박기연朴淇年 등이었다.[233] 비록 퇴조기 농민군에 대한 탄압 국면에 대한 기사이기는 하지만, 무안 지방의 경우 2차 봉기에 참여한 동학농민군 중 지도자급인 접주만 하더라도 70명에 이르렀다고 하였다.[234] 당시 무안동학농민군의 규모는 접주당 30명 정도의 농민군을 포괄하고 있었다면 무안 전체에서 동학농민군이 2천여 명에 이르렀다는 추산이 가능하다.

그렇지만 정부군과 일본군의 일방적인 탄압이 진행되는 과정에서 12월 하순 전라도 해안 지역에까지 밀린 동학농민군은 최후의 항전을 대비할 수 밖에 없었다.[235]

그런데 순무영은 1894년 10월 10일에 처음으로 내린 고시문에서 동학농민군에 대한 사후 처리 방침을 선포하였다. 순무영의 고시문에서는 우선 국왕의 이름을 빌어 동학농민군 "모두를 적자赤子라고 생각한다고

---

233 「감결무안현(甘結務安縣) 동일」, 『선봉진각읍료발관급감결』

234 무안 동학농민군 지도자와 참여자의 명단은 현재 동학농민혁명 기념재단에서 조사하고 인정한 66인과 무안군 향토사 연구회에서 찾은 참가자 66명 중 새로운 명단 11인, 변남주가 원전자료를 통해 새로 확인한 47명 중 5인 등 모두 82인에 불과하다. (목포대 도서문화연구원, 『무안군동학농민혁명 역사성 고증 및 기념사업 기본계획수립』, 2013, 96~110쪽)

235 "이달(12월) 초 8일에 무안의 경내에 있는 동도 수천 명이 그곳 현의 대월촌(對月村) 앞에 모였다가 경군이 내려온다는 소문을 듣고 조금씩 해산한다고 하기에, 만호와 진졸(鎭卒)·진속(鎭屬) 30여 명이 칼을 뽑아들고 뒤를 쫓아 가서 총과 창, 칼 등을 낱낱이 도로 빼앗아왔습니다. 그 수효를 계산해보니 전 만호 때에 빼앗긴 수효보다 많습니다. 이를 창고에 넣어둔 뒤에 찾아온 실제 수효를 헤아려서 책자로 작성하여 급히 보고합니다. 제(題): 책자는 받았거니와 군수물품을 이렇게 도로 찾아 왔다는 소식을 들으니 참으로 칭찬할 만하다. 마땅히 위에 전달하여 포상하고 장려할 것이다."(「12월 20일」, 『순무선봉진등록』 5권, '보고')

하고 있지만, 너희들이 사리에 어둡고 완고하여 다스려지지 않고, 패악을 더욱 심하게 저지르고 있으니 어쩔 수 없이 토벌하지 않을 수 없다"는 입장을 천명하였다. 동학농민군의 소굴을 소탕하고 도당을 잘라 없애기 위해 여러 조치를 취했으며 이제 남겨두어서는 안 될 백성들이므로 이제 모두 죽인 다음에 그만둘 것이라는 강력한 토벌의지를 밝혔다. 이후 다음과 같이 옥석을 가릴 것이라고 천명하였다.

나는 너희들의 이전의 잘못을 용서하고, 너희들이 새롭게 교화된 것을 가상히 여겨서, 너희들의 궁핍함을 구제하고, 너희들을 수색하고 체포하지 않도록 하여, 너희들이 편안하게 생업을 즐길 수 있고, 나라의 태평한 복을 영원히 누릴 수 있도록 하겠다. 갑작스레 새로이 깨달아서 혹시라도 의심하고 두려워하지 말라.

만약 너희 우두머리 중에 크게 어질지 않고, 끝내 마음을 고치지 않은 자는 나랏 법이 용서하지 않을 것이다. 실로 너희들도 함께 깊이 미워하여야 마땅하다. 너희들을 협박한 것이 끝이 없었으니, 그들의 고기를 베어 먹고 가죽을 벗겨 깔더라도 너희는 만족하게 여기게 될 것이다. 능히 의로움을 떨쳐서 힘을 가지런히 하여 그들의 목을 베거나 사로잡아 와서 바치는 자는 내가 마땅히 아낌없이 공을 논하고 상을 줄 것이다.[236]

위의 고시문에서는 동학농민군 중에서 이전의 잘못을 뉘우치고 교화된 것이라면 수색하여 체포하지 않고 생업을 즐길 수 있게 하겠지만, 동학농민군의 지도자들에 대해서는 엄격한 처벌을 가할 터이니 접주들의 목을 베거나 사로잡아 와서 바치는 자는 논공행상할 것이라고 언명했다.

---

236 「고시문」, 『갑오군정실기』(번역본) (1), 1894.10.10, 51~53쪽.

원래 양호도, 순무영은 초기부터 동학농민군 지도자인 접주층과 그 외의 다수 참여자를 구별한다고 하면서도 참여자 중에서도 동학에 적극 가담한 자들은 또한 지도자층과 마찬가지로 취급한다는 방침을 가지고 있었다. 이에 따라 "그곳 군에서 가두어 둔 자들의 명단을 보고해오면 마땅히 처분이 있어야 하고, 죄인을 뒤쫓아 체포할 때에 소문이 돌 폐단이 있을 수 있으니 지금 이후로는 만일 그곳 농리에서 붙잡은 자가 아니면 혹시라도 민간에 거론하지 말라. 그리고 만일 거괴를 염탐하는 일이 있으면 반드시 보고하여 조처하도록 하라"고 하였다.

그렇지만 동학의 지도자들에 대해서는 재판에 넘기지 않고 그 자리에서 효수하는 것을 원칙으로 삼았다.[237] 이는 동조하는 동학도들에게 경계하게 하는 것과 동시에 죄의 처분을 가혹하게 한다는 것을 보여주려고 했기 때문이다. 따라서 일부 동학에 참여한 혐의가 확실하고, 또 동학의 접주 등 지휘자였던 자들에게는 가혹하게 처벌하여 효수로 경계할 것을 강조하였다.

또한 양호도순무영은 붙잡힌 동학농민군 포로에 대한 처벌 과정에서 동학에 협박에 의해서 들어간 자와 그렇지 않은 자의 구별을 엄격히 하려고 했다. 예를 들어 "① 협박을 받아 들어간 자는 잘못이 없음을 밝혀 억울함을 풀어주고 원래대로 되돌리게 하며, ② 가장 흉악하고 모질고 교활하여 감히 교화를 거스르고 터무니없는 거짓말을 해대면서 난을 선동하고 추악한 것을 고치지 않는 자는 법에 따라 엄단하고, ③ 갑자기 깨달아서 무리를 흩어지게 하고 자신이 지은 죄를 자백하고 복종하거나, ④ 그들의 우두머리를 포박해서 바치거나, ⑤ 평민을 보호하여 근처에 있

---

237 「갑오 11월 초2일」, 『순무선봉진등록』 (2).

는 지역들을 편안하고 조용하게 하고 흔들림이 없게 한 자는 이름을 지적하여 그가 저지른 이전의 과오를 씻어주고 오히려 상을 후하게 할 것" 등의 처벌 방침을 세웠다.[238]

이에 따라 강제로 동학에 들어갔더라도 기존에 행패를 부린 일이 없고 곧바로 귀화했다면, 이를 용서해 준다는 방침도 채택하고 있었다.[239] 그러나 이 경우에도 "동도를 배반하고 귀화했다는 것"을 증명해야 했는데, 일단 마을에서 보증을 세우고, 각 군의 소임들의 다짐을 받고 추후에 다시 검토하도록 하였다.[240]

이러한 원칙 하에서 지방에서는 엄격하게 귀화한 동학도에 대한 색출에 나서고 있었다. 이에 따라 각지에서는 동학농민군 색출을 위한 5가 작통이 실시되었다. 이는 이미 9월 30일 각지의 외영 병방에게 내린 전령에서도 실시하도록 하였으며, 11월 30일에는 충청도 일원에서 오가작통법이 실시되었는데, 이는 각 마을에서 작통에 들어오지 않는 자를 비류로 간주하고 마을에서 축출하든지 관정에 고발하는 것으로 하였다.[241] 일부에서는 동학농민군에 대한 적대적인 토벌이 여러 전투 과정에서 시행되고 있었으므로 여러 가지 억울한 사례도 다수 발생했다.[242]

농민군 탄압을 주도한 일본군은 이미 동학농민군 토벌과 처형을 더욱 강화하고 있었다. 제1군 사령관 야마가타 아리토모山縣有朋는 "우리 군대가 동비를 초토함에 있어 본래 비적匪賊을 귀화시키는 데 주력하여 살육

---

238 「훈칙」, 『갑오군정실기』(번역본) (1), 1894.10.14, 75~76쪽.
239 「갑오 11월 초3일 공주 정안면 봉암화촌 대소민인등정(公州正安面鳳岩花村大小民人等呈)」, 『순무선봉진등록』(2).
240 「갑오 11월 초5일」, 위의 책.
241 「전령 진어병방 장기홍(張基弘)」, 『갑오군정실기』(1), 9.30; 「충청감사 박제순 등보」, 『갑오군정실기』(6), 11.30.
242 「갑오 11월 초6일」, 『순무선봉진등록』(2).

을 함부로 가하지도 않았다. 무릇 비도匪徒를 한 번 체포했을 경우 그 석방에 대해서는 서로 회동하여 철저히 규명하고 지방관에게 일임시켜 단독으로 처리하지 않기를 바랐다"고 다소 유화적인 발언을 내세우고 있다.[243] 그렇지만 카와카미 소로쿠川上操六 병참총감은 일본군에게는 비밀지령을 내려 "동학당에 대한 처치는 엄렬함을 요구한다. 향후 모조리 섬멸하라"고 명령한 바 있었다.[244]

일본군은 초기 진압 과정에서는 사로잡은 포로에 대해 심문을 통해서 혐의가 없는 자들은 풀어주는 예도 적지 않았다. 그렇지만 일본은 동학농민군 토벌 초기부터 일본의 영사재판권을 원용하여 사건의 조사와 처벌에 회심을 요구하였다.[245] 11월 18일에는 경기도 광주 농민들의 민란에 대해 두령 남대희南大熙·구연태具然泰·심상현沈相賢 등 3명을 체포하여 경성으로 압송하였는데, 일본 영사가 심문하기 위해 지금 공초를 가지고 보고하러 왔다고 하였다.[246] 11월 27일에는 해주 지역 동학군 동향에 대한 보고에서는 "무릇 비도匪徒를 한번 체포했을 경우 그 석방에 대해서는 서로 회동하여 철저히 규명하고 지방관에게 일임시켜 단독으로 처리하지

---

243 「해주동학군 방초상황 및 기본방침의 시명과 나획자 회심 방침의 주지의뢰」(발신 백작 井上馨),『주한일본공사관기록』(1), 1894.11.27;「5. 동학당에 관한 건 부순사파견의 건 2」.

244 박종근(朴宗根),『일청전쟁과 조선』, 아오키서점(靑木書店), 1982, 218쪽(번역본, 일조각, 1989); 이노우에 가츠오(井上勝生), 앞의 책, 2013, 100쪽.

245 1894년 10월 2일 일본은 "天安居住 日本人을 殺害한 犯人 金敬先·趙明云을 日本警部等이 逮捕하여 押送하였는 바 日本公使 井上馨이 外部大臣 金允植에게 公翰을 보내어 이들을 會同審問할 것을 要請"하였다. (『통리교섭통상사무아문일기』, 1894.10.2;「일안(日案) 3266호」,『구한국교문서』 3, 1894(고종 31년).10.2;「일안 3285호」, 1894.10.5;「동학단에 관한 건 부순사파견의 건(東學黨ニ關スル件附巡査派遣ノ件) (1)」제233호,『주한일본공사관기록』 1, 1894.10.5·30.

246 「5. 동학당에 관한 건 부순사파견의 건 2」,『주한일본공사관기록』(1), 1894.11.27, '(6) 광주폭동사건에 관한 제보고, 2) 동학당혐의자 고종주(高宗柱) 등에 대한 회심요구'.

않기로"요청하는 공문을 보냈다.[247] 결국 동학농민군 나획자拿獲者에 대한 일본군의 회심 방침을 두루 주지시키도록 한 것이었다. 동학농민군 포로에 대한 회심 요구는 1894년 12월 이후 흥선대원군 계열의 변란 모의에 대한 조사가 진행됨에 따라 더욱 강도가 높아갔다.

1894년 동학농민전쟁이 끝나고 상당한 시간이 흐른 뒤, 1895년 9월 우치다 사다즈치內田定槌 경성주재 일본영사는 「동학당사건東學黨事件에 대한 회심전말구보會審顛末具報」라는 최종보고서를 냈다.[248] 이 보고서에 따르면, "작년 11월 중 당국 법무아문法務衙門이 동학당사건의 심문을 개시하자 소관은 각하의 훈령에 따라 조약의 규정에 의하여 매회 법정에 출석하여 당해 관리와 심리를 행하였다. 첫 번째는 11월 2일 시작하여 그 후 날을 보내기를 175일, 법정에 출석하기를 전후 31회, 피고인을 취조한 것이 61명, 압수한 증빙서류를 검열한 것이 실로 1,496통이라는 많은 수에 미치었다. 올해 4월 25일에 이르러 비로소 그 심리를 끝내고 별지別紙 제1호와 같이 각 피고인에 대하여 그 처분을 마쳤다"고 보고하였다. 서울로 압송된 동학농민군 지도자에 대한 재판 과정에 깊숙이 개입하여 약 6개월인 175일 동안, 법정 출석 31회, 압수한 증빙서류 1,496통을 가지고 피고인 취조 61명을 수행하였던 것이다.[249]

이렇게 정식 재판을 받은 동학농민군 지도자들은 사실 소수였다. 전투 현장에서 사로잡은 사람 중에서 동학과 관련된 임명장, 염주 등이 지닌

247 위의 글, '(8) 해주동학군(海州東學軍) 방초상황과 나획자 회심 방침 주지의뢰(주한일본공사 井上馨 → 외부대신 金允植)'.
248 「동학당사건에 대한 회심전말 구보」(발신 : 在京城 1등영사 內田定槌 → 수신 : 특명전권공사 伯爵 井上馨), 『주한일본공사관기록』(8), 1895.9.2.
249 일본의 동학농민군 재판 간여에 대해서는 왕현종, 「1894년 농민전쟁 지도자의 재판과정과 판결의 부당성」, 『한국사연구』 168, 2015.3, 248~252쪽 참조.

것이 발간된 사람들, 지방관아와 마을사람들이 접주 등이라고 지목해준 사람들에 대한 처벌은 가혹했다. 일본군이 파악한 '거괴巨魁'의 경우에는 일본공사관으로 호송하였지만, 그 밖의 사람들은 대부분 바로 처형하였다. 동학농민군 '포로'들은 대부분 학살을 당했다고 볼 수 있다. 당시 동학 농민군이 일본 및 관군과의 전투 과정에서 희생된 수효는 거의 기록되지 않아 알 수 없는데, 비록 생포되었더라도 농민군 참여 사실이 확인되면 즉시 사살되었기 때문에 포로 중에서 학살당한 숫자도 역시 정확하게 헤아릴 수 없었다.[250]

1894년 9월 이후 전국 각지에서 동학농민군에 대한 대학살은 종래 조선시기 반란 토벌의 정도를 크게 넘었다. 오지영은 1920년대에 『동학사』 초고본에서 당시의 참상을 적나라하게 묘사한 바 있다.

동학군東學軍으로서 관병官兵 일병日兵 수성군守城軍 민포군民包軍에게 당한 참살慘殺 광경은 이러하였다. 총으로 쏘아 죽이는 일, 칼로 찔러 죽이는 일, 몽동이로 때려 죽이는 일, 불에 태워 죽이는 일, 목을 옭아 죽이는 일, 땅에 파묻어 죽이는 일, 나무에 매달아 죽이는 일, 물에 집어넣어 죽이는 일 등 가지각색各色으로 죽이는 참경慘景은 일월日月도 빛이 없고 초목草木도 실품을 머금었다. 천리강산千里 江山이 다 같이 당한 일이지만 그중에도 가장 참혹한 곳이 전라도가 제일에 거居하였고, 충청도가 그다음이며 또는 경상, 강원, 경기, 황해 등 각 도에도 살해가 많았다. 전후 피해자를 계산하면 무릇 30, 40만의 다수에 달하였고 동학군의 재산은 모두 관리의 것이 되었고 가옥은 다 불 속에 들어갔으며 기타 부녀 강탈 능욕凌辱 등은 차

---

250 이규태가 장흥으로 가는 길에 영암에서 2만여 명을 죽였고, 이두황과 이규태 및 일본군이 연합해 해남에서 3만 6천여 명을 죽였다고 한다. (이이화 외, 『이대로 주저앉을 수는 없다―호남 서남부 농민군, 최후의 항쟁』, 혜안, 2006, 142~150쪽)

마 못다 기록한다.[251]

당시 동학농민군에 대한 토벌 작전이 거의 마무리되는 시점인 1894년 12월 이후에도 전국 지방에서 가혹한 탄압이 계속되었다. 오지영은 농민 전쟁 전후로 희생된 사람이 무려 30만~40만 명에 이른다고 하였다. 동 학군의 재산은 거의 관리의 것이 되었고, 가산을 불태워졌으며, 가족들과 부녀자들은 강탈과 능욕을 경험하지 않을 수 없었다.

사실 현지에서의 가혹한 처벌에 대해서는 수많은 사례가 있다. 조선의 순무영에서도 동학농민군 지도자에 대한 보다 엄격한 징벌과 내릴 것을 지시하면서도 더불어 너무도 가혹한 탄압에 대해서는 군관과 유회군 등 에 의한 임의로 자행된 살육에 대한 금지 방침을 하달하였다.

一. 징계하고 죽이는 일은 엄하게 하지 않을 수 없다. 죄가 있거나 죄가 없거나 나란히 죄를 묻지 않는다면 적은 이에 도망할 것이며, 백성들은 반드시 복종 하지 않을 것이다. 아! 저들 도망간 괴수들이 완고하여 고치지 않으니 반드 시 지금 비록 위엄을 두려워하여 잠복하였으나 나중에 반드시 사악한 기운 을 타고 머리를 내밀 것이다. 이러한 것들을 제거하지 않으면 끝내 다시 근 심거리가 될 것이다. 마을 마을이 모두 '죽여야 한다'고 말하고, 많은 죄악의 정황이 이미 드러난 자는 일일이 적발하여 반드시 죽여서 용서하지 말라.

一. 죄인을 죽이는 것은 마음대로 자행해서는 안 된다. 명을 받아서 권한을 맡 은 자도 망령되게 시행해서는 안 된다. 하물며 명령과 권한을 받음이 없이 감히 마음대로 행할 수 있겠는가? 근래 들으니 참모參謀·군관軍官·유회儒會·

251 오지영, 『동학사』(초고본) 제3필, 39~40쪽; 『동학사』(간행본), 505~506쪽.

상사商社가 애초에 인장과 패牌도 없이 감히 마음대로 사람을 죽이고 있다고 하니, 이는 모두 불법을 저지르는 것이다. **출진한 장령將領, 초토招討, 소모召募, 토막討募 등의 관인官人을 제외하고는 마음대로 죽일 수 없다.**[252]

이렇듯 전국 각 지역에서는 재지 유생들에 의한 유회, 군관, 참모 등이 민보군을 만들어 지역의 동학협의자에 대한 가혹한 처형을 벌이고 있었다. 위의 자료에서 앞서 징계하고 죽이는 일은 엄하게 하지 않을 수 없다고 하면서도 실제로는 자의적으로 죽이는 것을 방임하고 있었다. 그러한 대표적인 사례가 전라도 광양현에서 벌어진 리민에 의한 동학농민군의 학살이었다.

각 처의 동도 천여 명이 본 읍의 성안에 진을 치고 그 소요를 일으키는 것이 일정하지 않던 터에 이달 초 7일 향리와 백성들이 일시에 힘을 합쳐 이른바 영호嶺湖 대접주 금구의 김인배金仁培와 영호 수접주 순천의 유하덕劉夏德 두 놈을 모두 붙잡아서 효수하여 사람들을 경계하였습니다. 나머지 도당 90여 명을 총살한 연유는 우선봉 사또가 행차하신 때에 이미 밝히 살피셨습니다. 그날 이후 각별히 민간 군사를 타일러서 또 100여 명을 붙잡아 즉시 총살하였고, 향리와 백성이 도와 더욱 엄히 방비하여 우선은 동도가 행패를 부리는 폐단이 없습니다. 제題 두 놈의 거괴를 처결하고 나머지 무리도 법에 따라 처리하였으니 수령 자리가 비어 있는 곳의 민정이 대단히 가상하다. 계속 타일러서 정탐하도록 하여 (동학농민군을) 깨끗이 쓸어 없애도록 도모하라.[253]

252 「좌선봉 이규태에게 전령을 보냄」, 『갑오군정실기』(7), 1894. 12. 9, 292~293쪽.
253 「을미 정월 초3일」, 『순무선봉진등록』(6).

전남 순천 지역에서 활동하고 있었던 영호대접주 김인배를 위시한 동학농민군은 이서배들의 불법적인 진압으로 커다란 피해를 받았다. 김인배는 효수되어 객사에 목이 걸리었고, 봉간 접주 박홍서 외 20명은 총살되었으며, 8일에는 영호수접주 유하덕이 효수되고 인덕 접주 성석하 외 8명이 총살되었으며, 10일에는 5명이, 11일에는 47명이 연이어 총살되었다.[254] 이러한 리민에 의한 사적 처형은 사실 앞서 관인 이외의 자가 함부로 동학도를 죽일 수 없다는 전령과는 배치된 것이고, 명백하게 불법적인 학살이었다. 그럼에도 불구하고 제사에서와 같이 기왕의 처형 처사를 긍정하고 이를 용인해 주었다.[255]

또한 12월 11일에는 일본군과 좌수영병은 광양읍내로 들어와 잔여 농민군을 수색하여 90여 명을 또 총살하였다. 이때 광양에 있던 동학농민군은 효수되거나 총살 내지 타살된 자는 최소한 240여 명에서 천여 명에 이르렀다고 한다.[256]

이상과 같이 1894년 동학농민군 진압에 대한 조선 정부의 지휘체계와 진압 과정을 살펴보았다. 1894년 8월 말 이후 조선 정부 내에서 농민군

---

254 「순천부포착동도성명성책(順天府捕捉東徒姓名成冊)」, 『잡책철(雜冊綴)』, 갑오 12월; 「광양현포착동도성명성책(光陽縣捕捉東徒姓名成冊)」; 김양식, 「전남 동부지역의 동학농민군 활동」, 『호남문화연구』 23, 1995, 78~82쪽.

255 「(18) 全羅左水營兵의 動作에 관한 記事」(발신 : 부산항 筑波艦長 黑岡 → 수신 : 경성공사 井上馨), 『주한일본공사관기록』 (6), 1895. 1. 25.

256 1894년 농민전쟁 당시 희생된 농민군의 숫자에 대해서 동학 측 기록인 『천도교창건사』에는 살해당한 자를 20만 명으로, 오지영의 『동학사』에서는 피해자를 30~40만 명으로 추정하고 있다.(이돈화, 『천도교창건사』, 천도교중앙종리원, 1933, 69쪽; 오지영, 『동학사』, 영창서관, 1940, 176쪽) 최근 연구에 따르면, 전투 과정 및 수색과정에서 체포 처형된 비전투원 희생자 등을 합하여 3만 명이 넘으며, 부상 후 사망자를 더하면 5만 명에 육박한다고 추정하였다.(조경달, 박맹수 역, 『이단의 민중 반란』, 역사비평사, 2008, 324~330쪽)

선무와 탄압을 둘러싸고 양론이 제기되었으나 흥선대원군의 효유를 통해 추이를 지켜보기로 하였다. 그렇지만 9월 초 각지에서 농민군의 동향이 심상치 않았고, 더욱이 일본군의 진압 강요 등을 받고 있는 상황에서 9월 14일 '용무用武'의 방침을 정하였다. 보다 체계적인 진압체계를 갖추는 것은 9월 22일 이후로 양호도순무영을 세워 군사 동원과 진압체계를 갖추기 시작했다. 당시 진압에 동원된 장교 및 병정의 숫자는 2,974명으로 추정할 수 있다. 한편 일본은 주력부대로 후비보병 제19대대의 3중대를 편성했는데, 약 627명으로 추정되고 당시 조선에 주둔하고 있던 청일전쟁 관련 주둔군과 합치면 수만 명에 달하였다. 일본군은 농민군 탄압과정에서 일방적으로 작전 지휘와 군대 통솔을 주도하였으며, 농민군의 '토벌'에 나섰다. 이러한 작전 지휘와 통솔 권한을 양호도순무영과 일본군사이에 나누어져 있었으며, 실제로는 조·일 연합 지휘체계에 있었다.

동학농민군 '토벌' 작전은 크게 3단계로 나누어볼 수 있는데, 계기적인 전환점은 10월 말, 11월 초에 있었던 공주공방전이었다. 이후 일본군의 작전 통제는 더욱 강화되었고, 1895년 2월 초까지 전국 각 지역에서 대대적인 동학농민군 학살이 자행되었다.

2차 봉기에 참여한 농민군은 숫자로 12만 명을 넘을 정도였지만, 수차례의 전투에서 패배하여 참여 인원이 대폭 축소되었다. 농민전쟁의 실패는 농민군 지도자뿐만 아니라 수많은 참여 민중들에게도 심각한 타격을 미쳤다. 동학농민군에 대한 처리 방침은 처음에는 동학지도자인 접주층과 단순 참여자, 혹은 가담 후 뉘우치고 교화된 자 등을 구별하여 처벌하는 것을 원칙으로 내세웠으나 실제로는 지도자뿐만 아니라 참여자들이나 연계된 사람들까지 가혹하게 처벌하기 시작했다. 그중에서 전봉준, 손화중 등 동학농민군의 일부 지도자들은 포로로 잡혀 서울로 압송되어 재판까지 받아 반란죄로 사형에 처해지고 말았다. 그밖에 재판의 절차 없이 전투 과정에서 그리고 이후 섬멸 과정에서 재판의 절차 없이 학살당한 수만 명의 농민군이 있었다.

이렇게 농민군 패배라는 엄청난 결과에 대해 2차 봉기에서 자발적으로 참여한 십수만 명의 동학농민군의 자발적 동기만을 가지고 평가할 수는 없다. 여기에는 물론 살해가담자로서 갑오정권과 정부군, 지방 민보군, 그리고 이들을 지휘했던 일본군의 만행을 규탄해야 하지만, 역시 동학농민군 지도부의 정치적·도의적 책임도 묻지 않을 수 없다.

당시 본과 조선 정부, 그리고 민간에서 동학농민군의 처형에 대하여 전봉준 등 동학지도부는 제대로 대응하지 못했다. 그것은 대탄압에 대한 전략 부재가 본질적인 요인이었으나 반일 연합전선을 형성하는 과정에서 척왜양의 기치 아래 민중을 동원시키는 전술적인 오류도 크게 작용했다. 이에 따라 전국 각지에서 민중의 개혁 노선에 협조 내지 연계되는 다른 사회계층과의 결합을 이루어내지 못했으며, 광범위한 민중세력의 자발적 동참과 지속적인 후원도 이끌어내지 못했다. 최후의 결과로 인해 1894년 농민전쟁에 참여했던 민중세력은 커다란 희생을 치른 채 당분간 잠복할 수밖에 없었다.

제2부

대한제국기
민중 인식의
편차와 계몽 담론

제4장

한말 지식인들의
민중 계몽 담론과 민중의식의 성장

1. 근대 계몽 지식인의 신문 발간과 계몽 담론의 제기

1) 한말 시기 근대 신문의 발간과 계몽 개념어 현황

한국 근대사 사료의 수집과 정리는 해방 이후 몇 차례에 걸쳐 단계적인 발전이 있었다. 1970년대까지는 자료 소장 기관을 중심으로 사료 정리가 이루어졌고, 1980년대 이후에는 서울대 규장각, 한국학중앙연구원 등 주요 기관을 중심으로 이루어졌다. 1990년대 들어 정보 전산화의 발전에 힘입어 한국역사통합검색시스템이나 국사편찬위원회 한국사데이터베이스 등이 체계적이고 풍부한 근현대 자료를 축적하였다.[1] 2000년대 들어 각 기관이 구축한 정보 전산화 규모는 엄청나게 발전했으며, 체계적인 정보 분석 방법론의 활용을 기대할 수 있게 되었다.[2]

---

[1] 한국역사정보통합시스템구축사업으로 인하여 국사편찬위원회, 서울대 규장각, 민족문화추진회, 한국정신문화연구원 등이 참여하여 각각 자체의 DB를 구축하였고, 이를 통합하여 검색할 수 있는 한국역사정보통합시스템(https://www.koreanhistory.or.kr/)이 개발되었다. 2007년 12월에는 약 770만 건의 레코드를 갖는 대량의 정보검색 시스템이 되었다. (주성지, 「디지털 역사자료의 구축과 표준」, 『역사민속학』 26, 2008, 213~214쪽)

한국 근대사의 신문 자료 연구는 그동안 한말 신문 잡지의 간행 추세와 더불어 좌우되었다. 초기에는 신문자료 영인본에 기초하여 내용 중심의 연구가 진행되었으나 최근 수록 내용 전체에 대한 정보 자료의 전산화가 가능해지면서 개념사 연구 방법을 활용하거나 텍스트 마이닝 기법을 활용한 심층 연구로 나아가고 있다.[3]

먼저 근대 신문 자료의 출간이 어떻게 이루어졌는지 살펴보자. 1970년대부터 2015년까지 한말 개화기 신문 영인본의 간행은 연구의 범위와 내용에 커다란 영향을 미쳤다.[4]

『한성순보』가 가장 먼저 1969년에 영인 출판되었는데, 초기에는 연구 논문이 불과 몇 편에 지나지 않았다. 이후 1983년 『한성주보』와 함께 다시 영인되었고, 번역본이 제공되면서부터 관련 연구가 활성화되었다. 이후 신문의 영인본이 순차적으로 나왔다. 1977년에는 『대한매일신보』 영인본이 발간되었고, 1981년 이후 『독립신문』과 『황성신문』, 『제국신문』의 순서로 간행되었다.

먼저 『독립신문』을 대상으로 하는 연구가 저서 및 논문 등으로 156편 논문 97편에 이르렀다. 다음 『대한매일신보』가 102편 논문 55편, 『황성신문』이

2   한국사 데이터에서 '역사인물 메타데이터'의 경우 한국사와 관련된 각 기관에서 구축한 역사인물 2024년 기준 24만 6,347건의 자료를 한꺼번에 볼 수 있다. 한국역사정보통합시스템에서 제공한 역사자료메타데이터 중 목록 및 해제 자료의 경우에 42만 2,230종의 자료에 대한 제목, 목차, 간단한 해제 등이 전자파일 형태로 정리되어 있다.

3   황호덕, 이상현 역, 『개념과 역사-근대 한국의 이중어사전-외국인들의 사전 편찬 사업으로 본 한국어의 근대』(번역편), 박문사, 1922; 민현식, 『한글본 이언 易言 연구』, 서울대 출판부, 2008; 윤애선, 「LEXml을 이용한 『한영자전』(1911)의 지식베이스 설계」, 부산대 인문학연구소 편, 『한불자전연구』, 소명출판, 2013.

4   〈표 1〉의 작성은 국사편찬위원회 한국사연구휘보 수록 논저(1970~2015)에서 추출하였다. 다만 주요 신문의 선별은 해당 신문에 대해 10편 이상 연구가 이루어진 것만을 대상으로 하였다.

<표 1> 한말 주요 신문 연구 논문 저술 상황(1969~2015)

순서	제호	영인본 간행	연구논집	저서	연구논문	간행연대		
						1979 이전	1980~90	2000~15
1	『한성순보』	서울대 출판부, 1969	49	15	34	4(3)	23(21)	22(10)
2	『대한매일신보』	한국신문연구소, 1977(6권)	102	47	55	4(4)	34(27)	64(24)
3	『독립신문』	독립신문영인간행회, 1981~1987	156	59	97	20(16)	71(55)	65(26)
4	『황성신문』	한국문화간행회 편, 경인문화사, 1982(21권)	69	24	45	3(1)	27(22)	39(22)
5	『한성주보』	관훈클럽신영연구기금, 1983(1권 (『한성순보』), 2권(『한성주보』), 3권(번역판))	28	8	20	2(2)	13(12)	13(6)
6	『만세보』	아세아문화사, 1985(상·하권)	19	6	13	0	8(7)	11(6)
7	『제국신문』	아세아문화사, 1986(2권(1898~1902)); 청운출판사, 2011(5권(1903~1907))	25	14	9	0	10(5)	15(4)
8	『한성신보』	연세대 근대한국학연구소·학술정보원 국학자료실, 소명출판, 2014(4권)	10	4	6	1(1)	1(1)	8(4)

69편논문 45편 등으로 나타났다. 신문에 관한 시기별 연구 주제 논문의 발간 동향을 살펴보면, 역시 1980~1990년대에 가장 많은 연구가 많았으며, 2000년대 이후에도 각 신문별로 비슷한 경향을 보여 『독립신문』, 『대한매일신보』, 『황성신문』의 순으로 나타났다. 『제국신문』의 경우, 이 표에서는 1979년 이전 논문이 없었지만, 1970년대에는 석사학위논문이 1편, 1990년대 이후 박사학위논문도 여러 편이 나오게 되었다.[5] 근대 개화기 연구에서 신문 자료의 영인 출간이 현저한 영향을 끼쳤음을 알 수 있다.

위 표에서와 같이 2000년대 이후에는 한말 신문의 영인본에 수록된 신문 논설 및 기사 자료를 활용한 연구는 대폭 늘어났다. 『황성신문』 연

---

5   한국 교육학술정보 사이트(Riss4u) 검색에서 '제국신문'으로 학위논문을 검색하면, 석사논문 1편(1979), 1980~1990년대 논문으로는 학위논문 7편, 2000년 이후 학위논문 8편(교육대학원 논문 포함) 등이다.

구에는 그동안 논설 기사를 대상으로 한 계몽적인 항목을 추출하여 수행하는 선별적인 주제 연구가 진행되었다.[6] 최근『황성신문』논설 전체를 대상으로 하여 총량적인 분석이 가해지고, 나아가 여타 신문과도 비교하는 연구로 나아가고 있다.[7] 그런데『황성신문』논설 전체에 대한 종합적인 연구는 아직 미진하다. 전체 논설의 내용을 모아 분석한 연구가 부족하고 또한 잡보 기사 등『황성신문』에 게재된 전체 기사의 분석에는 미치지 못하기 때문이다.

『독립신문』에 대한 담론 연구가 크게 진척되었다.『황성신문』에 비해 적어도 2배 이상 논문이 집중되고 있는『독립신문』의 경우에는 1934년 이래 총 527편의 학술논문이 발간된 것으로 보인다. 1980년대 이래 연구논문의 숫자가 비약적으로 많아지고 있다. 특히 1996년 21편에 이어 2003년 22편, 2011년 27편, 2014년 29편, 2017년 30편으로 많은 논문이 양산되었다. 이에 따라 1990년대에 비해 2000년대에는 2배 정도 늘어났으며, 2010년대에도 크게 증가되고 있는 추세를 보이고 있다.

이러한『독립신문』의 양적 연구의 확대는 무엇보다도 그동안『독립신문』자료에 대해 개별 연구를 넘어 집단 연구 작업을 통해 데이터 자료를 축적했기 때문에 가능했다. 이러한 작업이 가능한 배경에는 역시 정보 전

---

6   이광린,「『황성신문』연구」,『동방학지』53집, 1986; 박찬승,「한말자강운동론의 각 계열과 그 성격」,『한국사연구』68, 1990.(『한국근대정치사사상사연구』, 역사비평사, 1991, 69~99쪽)

7   주혜영,「황성신문 논설기사의 계량적 분석-초기(1898~1901)를 중심으로」, 세종대 석사논문, 2002; 김진숙,「문명의 재구성 그리고 동양 전통 담론의 재해석-『황성신문』을 중심으로」,『근대 계몽기 지식의 발견과 사유지평의 확대』, 소명출판, 2006; 최경숙,『황성신문연구』, 부산외대 출판부, 2010; 노대환,「대한제국 말기(1904~1910)『황성신문』의 현실 인식과 대응 양상의 변화-『대한매일신보(大韓每日申報)』와의 비교를 중심으로」,『이화사학연구』54, 2017; 김현우,「『황성신문』논설의 정량적 분석과 근대 인식 추론-국가 개혁과 국민 교육을 중심으로」,『유교사상문화연구』68, 2017 등.

〈표 2〉『독립신문』 연구(1930~2018)

연대 구분	건수	비중	증가율
1930~1945	4	0.8%	
1945~1949	0	0.0%	
1950~1959	1	0.2%	
1960~1969	13	2.5%	1200.0%
1970~1979	20	3.8%	53.8%
1980~1989	52	9.9%	160.0%
1990~1999	79	15.0%	51.9%
2000~2009	154	29.2%	94.9%
2010~2018	204	38.7%	32.5%
	527	100.0%	158.3%

〈그림 1〉『독립신문』 연구의 추이

산화를 통해 한말 근대 시기 신문자료가 전산화가 이루어졌다는 요인을
들 수 있다.[8]

8 　국사편찬위원회의 근현대신문자료(http://db.history.go.kr/)와 한국언론재단의 고신
문 검색 사이트(https://www.bigkinds.or.kr/news/libraryNews.do), 국립중앙도서관
의 대한민국 신문아카이브(https://nl.go.kr/newspaper/) 등이다. 한국사데이터베이스
의 활용에 대해서는 류준범, 「역사자료 정보화의 현황과 전망」, 『사학연구』 121, 2016,
81~113쪽; 김희순, 「우리나라 고신문의 서비스 방안연구」, 중앙대 교육대학원 석사논
문, 2014.2, 47~49쪽; 정진석, 「『대한매일신보』와 나의 인연, 영인본과 디지털화─시
대의 고뇌가 담긴 언론사 연구의 실증적 체험기」, 『근대서지』 13, 2016, 53~83쪽.

2011년부터 「제국신문의 수립, 정리 및 DB자료화」를 통해 『제국신문』에 대한 논설 및 잡보 기사 전체를 텍스트 자료로 구현하였다.[9] 『제국신문』 자료 연구팀은 방대한 원본 수집 및 정리, DB자료화 작업은 지난한 작업이었으며 추진 과정에서 애로 사항도 많았다고 한다.[10]

이제 2000년대 들어 근대 신문의 영인과 정보 전산화를 계기로 하여 일련의 공동 연구가 활성화되었다. 예컨대 2004년 이화여대 한국문화연구원이 주최한 『독립신문』 공동 연구는 처음으로 신문 논설에 대한 새로운 분석 방법 도입과 집중적인 분석을 시도하였다.[11] 『독립신문』 등 인쇄매체들이 담고 있는 내용에 대해서는 1970년대 이래 연구 경향은 분석하는 연구자의 관점에 따라 자의적으로 선별한 자료를 중심으로 이루어졌으나 이제는 공동 연구진이 특정 개념의 시용에 대한 전체 양적 연구 및 유비적 연구가 가능해졌다.[12] 공동 연구자 류준필은 『독립신문』에 나타난 '자주와 독립^{ᄌᆞ쥬독립}'의 개념 용례를 분석하였는데, 그는 독립이라는 단어

---

9 「제국신문의 수립, 정리 및 DB자료화」.(연구책임자 : 박찬승, 연구수행기관 : 한양대학교, 연구기간 : 2011.12.1~2013.11.30, AKS-2011-EBZ-3103) 표 중에서 "( )안의 원본은 소장처만 확인, 소장처에서 원본 열람만 확인"하였다고 한다.(「제국신문의 수집, 정리 및 DB자료화 결과보고서」, 17쪽, 〈표 2〉)

10 연세대학교 국학자료실에서 보유하고 있는 『제국신문』 자료(1908.1~1908.10.20 : 총 231호 분량)이라고 했다. 이후 연세대학교 근대한국학연구소의 근대한국학 자료총서 시리즈로 2019년 『제국신문』(전3권, 소명출판)이 출간되었다.

11 고미숙 외, 이화여대 한국문화연구원 편, 『근대계몽기 지식 개념의 수용과 그 변용』, 소명출판, 2004.7; 이화여대 한국문화연구원 편, 『근대계몽기 지식의 발견과 사유 지평의 확대』, 소명출판, 2006.5; 이화여대 한국문화연구원 편, 『근대계몽기 지식의 굴절과 현실적 심화』, 소명출판, 2007.7.

12 이진경, 『역사의 공간-소수성, 타자성, 외부성의 사건적 사유』, 휴머니스트, 2010, 24~25쪽; 김현주, 「근대 개념어 연구의 동향과 성과-언어의 역사성과 실재성에 주목하라!」, 『상허학보』 19, 2007, 230~232쪽; 류준필, 「19세기 말 '독립'의 개념과 정치적 동원의 용법-『독립신문』 논설을 중심으로」, 『근대계몽기 지식 개념의 수용과 그 변용』, 소명출판, 2004, 57쪽.

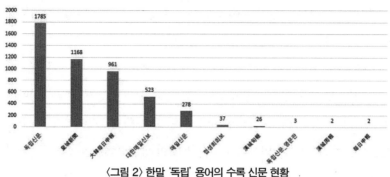
〈그림 2〉 한말 '독립' 용어의 수록 신문 현황

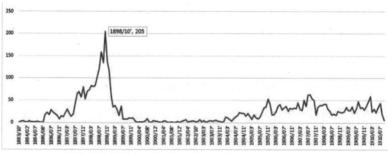
〈그림 3〉 한말 신문에 수록된 '독립' 용어의 빈도(1883.10~1910.9)

가 다른 단어나 용어들과 이루는 의미론적 연관, 즉 대응, 병렬, 설명 등을 포착하려고 하였다. 이로 하여 그는 독립 개념과 국민과 국가, 인민, 백성 동포 등과 연관성을 밝혔다. 이로써 새로운 개념 연구를 통하여 독립의 용법과 의미에 대한 다면적인 분석으로 나아갈 수 있는 계기가 되었다.[13]

그러면 이 책의 문제의식과 관련하여 19세기 말에서 20세기 초반 국권과 민권 등과 같은 개념어의 사용에 대해 먼저 알아보자. 한말 각종 신

---

13 허재영, 「근대 계몽기 개념어 형성과 변화 과정 연구—사회학 용어를 중심으로」, 『한말 연구』 46, 한말연구학회, 2017.12, 281~303쪽; 김영희 외, 「독립신문 논설의 언론 관련 개념 분석—독립신문 코퍼스 활용 사례연구」, 『한국언론학보』 55권 5호, 2011.10, 29 쪽; 강남준 외, 「『독립신문』 논설 주석 코퍼스의 구축과 황용—어미 사용 빈도 분석을 통한 독립신문 논설의 저자판별」, 『한국사전학』 15, 2010, 73~101쪽.

문에서 '독립'이라는 용어는 어떻게 쓰이고 있으며, 각 신문별 용례 사용의 차이는 어디에 있는지에 대해 살펴보자.

한말 주요 언론 매체에 나타난 '독립'기사 빈도는 우선 『독립신문』이 1,785건으로 가장 많다. 『황성신문』과 『대한매일신보』국한문판과 『대한매일신보』한글판 등의 순으로 되어 있다. 이런 추이를 본다면, 역시 『독립신문』에서 '독립' 기사가 빈번하게 나오는 것이 당연한 것처럼 보이고, 특히 1898년 10월에 205건으로 가장 높은 수치를 보이고 있다. 이는 『독립신문』의 자매운동과 같은 독립협회의 민권운동과 정치 개혁운동이 가열차게 일어난 1898년과 연관성이 있다.

지금까지 개화기 근대언론매체의 개념어들에 대한 분석은 아직도 계발할 부분이 많다고 생각한다. 예컨대 개념어의 분석에서 '독립'의 단어와 관계 지어지는 '공기어co-occurrence'들의 연관 분석이 이루어져야 한다.

2000년대 들어 언어학, 언론학, 역사학, 사회학 등 여러 학제적 연구가 수행되면서 한말 신문 자료에 대한 집중적인 매체 분석이 이루어졌음에도 그렇다. 근대 개념어 연구의 활성화를 위해서는 보다 세밀하고 고도화된 정보처리 방법론을 통해서 용어 개념의 개별 분석에서 이제 상호 공기어의 출현 및 시대적 의미의 변화 등 심층적 분석에 나아가야 한다.

2) 근대계몽 신문 잡지의 '국민' 개념 사용과 신문별 편차

한국 근대 개혁기에 제기된 민중 인식 연구의 자료는 흔히 이 시기 간행된 각종 신문과 잡지 자료에서 추출하고 있다. 그중에서도 1896년에서 1899년까지 발행되었던 『독립신문』은 대표적인 개화·계몽운동의 시각에서 당시 근대국가와 근대 개혁이념을 찾아볼 수 있는 신문이었다. 『독립신문』의 발간은 원래 갑오개혁정부가 추진한 것으로 민간의 개혁 여론을 만들기 위해 제기되었으나 아관파천 이후 주도권은 서재필, 윤치호 등 개화 세력으로 넘어갔다. 『독립신문』에 대한 일반적인 연구에서는 최초 민간인 신문이며, 부르주아들의 정치적 견해를 대표하여 국민국가 건설과 입헌정체론을 주장했다고 하였다.이광린, 1975; 신용하, 1976; 김영작, 1989; 정진석, 1990. 이러한 『독립신문』에 대한 주요한 견해에 대해 1990년대부터 『독립신문』과 독립협회가 제국주의 침략성에 대한 의식이 희박했을 뿐만 아니라 반민중적이었다는 비판주진오, 1993이 제기되었으며, 자유주의자들이 가진 계급적 한계를 전형적으로 드러내고 있다고 비판하였다.이나미, 2000.[14]

여기에서는 『독립신문』에 사용된 많은 개념과 용어들을 근대국가 구상이라는 측면에서 재검토해보려고 한다. 지금까지 연구에서는 선험적으로 개화·개혁세력의 개혁이념과 구상이 완성된 것으로 전제하는 경향이 많았다. 이를테면 『독립신문』이 인민을 강조하거나 의회를 강조했다고 하지만 실제 민권을 기초로 하여 국민주권이나 의회제도를 주장하지 않았으며, 또한 서양의 문명론화에 경도되어 조선의 민족공동체를 주장하지는 않았다는 주장을 들 수 있다.[15]

이러한 한계를 극복하기 위해 『독립신문』의 발간 내용 중 논설을 중심으로 개화 계몽론자들의 지식 담론을 분석하고자 하는 연구가 제기되었다. 개화기 신문에 기록된 언술의 텍스트 분석은 구체적인 텍스트 마이닝 기법을 이용하여 용어의 빈도와 연관어를 새롭게 추정할 수 있다.[16]

---

14 이광린, 「서재필의 독립신문 간행에 대하여」, 『진단학보』 39, 진단학회, 1975; 신용하, 『독립협회연구』, 일조각, 1976; 정진석, 『한국언론사』, 나남, 1990; 김영작, 『한말 내셔널리즘 연구-사상과 현실』, 청계연구소, 1989; 주진오, 「독립협회의 주도세력과 참가계층-독립문 건립 추진위원회 시기를 중심으로」, 『동방학지』 77·78·79 합집, 연세대 국학연구원, 1993; 이나미, 「독립신문에 나타난 자유주의 사상에 관한 연구」, 고려대 박사논문, 2000.

15 김동택, 「『독립신문』의 근대국가 건설론」, 『사회과학연구』 12집 2호, 2004, 69~70쪽.

	『독립신문』(한글판)				『대한매일신보』(국한문판)					
연도	1896	1897	1898	1899	1905	1906	1907	1908	1909	1910
국민	29	44	67	31	76	169	243	324	418	319
민족	0	0	0	0	0	26	47	139	126	79
인민	499	865	947	598	198	384	368	322	221	268
신민	38	75	102	58	12	20	20	20	11	5
백성	730	1,288	1,456	1,252	3	5	3	7	5	1
동포	24	44	247	31	44	63	241	233	481	379

〈표 3〉에서와 같이 『독립신문』에서는 일반 민인을 가리키는 용어로 가장 많이 쓰인 것은 백성과 인민으로 매년 인민은 800~900회 정도 쓰였지만, 백성은 1,200회 이상으로 많이 쓰이고 있었다. 반면에 신민이나 동포라는 용어는 거의 쓰이지 않았다.

그런데 주목되는 것은 '국민'이라는 용어이다. 1896년에는 불과 29회 정도 밖에 쓰이지 않지만, 1897년 1898년에 각기 44회와 67회로 크게 늘어났다. 그러나 이러한 국민이라는 용어의 사용 용례를 자세히 들여다보면, 사회 정치적인 행위주체로서의 의미를 담고 있지 않다. 예컨대 국민주권으로서 의회 설립과 선거제도의 참여를 통한 참정권이라는 개념을 갖지 않았다. 그런데 국민이라는 용어 자체 분석 연구에서 한 가지 간과하고 있는 사실은 국민과 같이 쓰이고 있는 공기어가 특별히 있다는 것이다. 그것은 '내외 국민'이었는데, 이는 우리나라의 국민과 외국의 국민을 함께

---

16   이 표의 통계는 '근대전환기(1894~1910) 인쇄매체를 통해 본 근대 지식과 개념의 변모양상에 관한 연구'(2002~2005년 한국학술진흥재단 기초학문지원사업, 이화여대 한국학연구원)의 결과를 재인용한 것이다. 『독립신문』은 기사 전체를, 『황성신문』은 창간에서 1904년까지 관보·외교·광고를 제외한 기사 전체를, 『대한매일신보』는 발행 시기 전체 국한문판과 국문판의 논설을 모두 입력했다고 한다.(권보드래, 「근대 초기 '민족' 개념의 변화─1905~1910년 『대한매일신보』를 중심으로」, 『민족문학사연구』 3, 2007, 198쪽, 각주 22)

지칭하는 것이다. 이러한 의미는 결국 하나의 국가 단위의 국민의 구별, 혹은 국가의 경계 안에 있는 인민이라는 개념을 사용한다는 것이다.

조선 인민이 독립이란 것이 무엇인지 모르더니 근일에 각 학교 학도들이 비로소 독립 의사를 알고 독립된 것을 경축히 여겨 (…중략…) 그중에 경사로운 것을 참 마음에 박히도록 내외국민에게 애국 인민하는 행실을 보이니 이 사람들 까닭에 조선 명예와 값이 얼마큼 돋우어졌더라 (…중략…) 이런 사람들은 우리가 생각 하기를 조선을 중흥할 사람들이요 이 사람들은 이왕 사람보다 사업을 착실히 하여 국중에 실효가 있게 하기를 우리는 밤낮 정성을 다하여 하나님께 축수 하고 조선 인민의 목숨과 재산과 자유권과 조선 정부에 지체와 명예와 영광과 위엄이 세계에 빛나고 튼튼하게 보존하기를 죽는 날까지라도 빌 터이니 원컨대 조선 인민은 자기 임금과 동포 형제를 생각하여 서로 사랑하고 서로 보호하여 나라 중흥되기를 경영들 하시오.[17]

위의 글은 『독립신문』에서 학교 학도들이 독립을 축하하기 위해 하는 행사를 통해서 독립과 충군애국을 고취했다는 것이다. 여기서 '국민'이라 는 용어의 쓰임은 안과 밖의 다른 국민들에게 애국 인민의 행실을 보였다 는 것이다. 반면에 독립된 주권국가로서 인민들의 주권을 포함하는 국민 국가의 특성을 보이지 않고 있다. 마지막 단락에 조선의 인민 목숨, 재산, 자유권을 지키는 조선 정부의 권위가 이어지기를 축원할 뿐이다. 도리어 『독립신문』에서는 다수의 인민을 백성으로 가장 많이 사용하고 있었다.

그런데 『독립신문』의 발간자들의 논리는 국민이란 인민의 권리가 보

---

17 「죠션 인민이 독립이란 거시 무어신지 모로더니 근일에」, 『독립신문』, 1897.1.19.

장되는 제도를 수반하지 않고 도리어 부과된 법적 질서를 지켜야 하는 의무를 가진 존재이다. 『독립신문』에서 강조하고 있는 것은 국가적인 의례, 국기, 애국가, 충군애국 사상을 고취하려는 방식은, 곧 인민을 교육과 계몽을 통해 만들어내는 '위로부터 강제된 국민'을 도모하고 있다고 하겠다.[18] 이러한 독립협회의 인민계몽론은 대한제국의 '국민화'라는 맥락으로 마치 『독립신문』이나 독립협회가 민권을 보장하고 민이 국가의 주체인으로 것으로 간주하는 국민주권사상을 고취하는 것으로 해석하는 것은 과잉 해석이라고 할 수 있다.[19]

한편 『독립신문』에서 고종황제의 조서를 보도하면서 본의와 다르게 수록하고 있는 인민 표기의 사례를 살펴보자.

조서를 내리기를, "믿음이라는 것은 다섯 가지 덕의 근간이 되는 것이니, 이 때문에 사람에게 믿음이 없으면 사람 노릇을 하지 못하고 나라에 믿음이 없으면 다스려지지 않는 것이다. **지난번에 짐**朕**이 흉금을 터놓고 민중들에게 효유했건만** 아직도 의구심이 채 풀리지 않았을까 저어하여 또다시 이렇게 널리 알리는 바이다. **무릇 인민들은 한두 명씩 고립되어 있을 때면** 누구나 다 분수를 지키고 마음을 안

---

18   김동택, 앞의 글, 73~78쪽.
19   쓰키아시 다쓰히코(月脚達彦)는 대한제국 시기 고종의 황제권 강화와 독립협회의 계몽운동이 서로 민권과 국권으로 모순되지만, 경축회를 통해 황제에 대한 만세를 외치는 것이 국가에의 '일군만민'적 관여로 볼 수 있고, 대한제국의 '국민화'라는 점을 강조하면서 계몽논설이 의의가 매우 크다고 파악하였다. 요컨대 독립협회의 정치 개혁론은 일군만민적인 것에 있고, 그는 갑오농민전쟁과 대한제국기 민중운동에 있어서 황제(국왕) 환상에 기초하는 '일군만민' 지향이 형성되었다는 점(조경달, 1998)에 대해서는 기본적으로 동의하면서도 갑오개혁이후 대한제국까지, 독립협회운동을 포함하여 고종이 아래로부터 일군만민의 지향을 지렛대(梃子)로서 활용했다는 점을 강조했다. (月脚達彦, 『朝鮮開化思想とナショナリズム―近代朝鮮の形成』, 동경대 출판회, 2009, 205~208쪽; 趙景達, 『異端の民衆反乱―東学と甲午農民戦争』, 岩波書店, 1998, 428~431쪽)

정되게 지니지만, 수백, 수천 명씩 무리를 이루게 되면 그 속에서 자연히 들뜬 기운이 생겨나, 처음에는 감히 말하지 못할 말을 하다가 마지막에는 감히 해서는 안 될 일을 하게 된다. 전날의 이른바 민회民會라는 것 역시 그러했으니, 처음에는 임금에게 충성하고 나라를 사랑하는 것을 주된 목적으로 하다가 결국에는 발언과 행동에서 두려워하거나 꺼리는 것이 없게 되었다. 해산되는 지경에 이르러서는 잡힐까 봐 두려워하여 도피만 일삼은 채 임금의 위엄은 수효의 많고 적음에 관계없이 두루 미친다는 것을 전혀 모르고 있다. 진실로 모여 있던 날에 용서를 해주려고 하다가 해산된 뒤라 하여 약속을 어기게 된다면, 어찌 나라에서 민을 대하는 도리라고 하겠는가?"[20]

이 조서는 1898년 12월 독립협회의 의회 개설운동과 정부 교체운동이 가열차게 진행되는 때, 독립협회를 해산시키면서 고종이 당부한 말이다. 그런데 이러한 조서에 대해 당시 『독립신문』은 다음과 같이 용어를 바꾸어가면서 보도하고 있다.

○ 조서하여 갈아사대, "신信은 오덕에 추뉴라. 그런 고로 사람이 신이 없은 즉 서지 못하고 나라가 신이 없은 즉 다스리지 못 하나니 저번에 짐이 임의 심복心腹을 여러번 뵈이여 민중을 효유하였으나 오히려 풀지 못 함이 있을까 하여 또 이에 크게 고하노라. 대저 백성이 한둘 고독한 땅에 있어서는 분수를 지키고 뜻을 정하지 아닐 이 없다가 천백이 무리되는 데 미쳐서는 자연은 뜬 기운이 있어 그 가온데 나서 시초에는 감히 못할 말을 발하고 나중에는 감히 행치 못할 일을 행하니

---

20   『고종실록』 38권, 고종 35년 양력 12월 28일, 2번째 기사

전일에 소위 민회가 또한 그러한지라. 그 시초에 충군 애국으로 종지를 삼고 나중에 발언행사가 두렵고 꺼려하는 것이 없고 그 헤어질 때에 포박을 근심하여 은피하는 것을 일삼으니 뇌정이 이르는 바에 많고 작은 것을 분변이 없음을 알지 못한지라. 진실로 모혔을 때에 사하여 면하고 헤어진 후에 식언하고자 한 즉 어찌 국가에서 백성 대접하는 도리리요."[21]

위의 조서를 그대로 한글로 번역하면서 '인민대중'을 가리키는 말로 '민중民衆'을 그대로 번역하였으나 『독립신문』에서는 "국가에서 민이 대하는 도리"라는 원문에 대해 "엇지 국가에서 백성 대접하는 도리"라고 하여 인민과 백성을 아무 거리낌 없이 그대로 환치하여 사용하고 있었다.

그런데 조서의 핵심은 민중들이 민회를 구성하여 시초에 충군애국을 종지로 모였으나 이후 이를 어기면서 활동하게 되면 이를 징치하겠다는 강경한 입장을 발표한 것이었다. 이에 대해 『독립신문』은 적어도 인민의 권리나 민회를 조직한 민중의 주장에 동조하며 반발해야 하나, 고종의 입장을 그대로 수용하면서 민중, 인민을 도리어 백성으로 바꾸어 인식하고 있었다. 이렇게 당시 『독립신문』이 백성, 인민, 신민, 국민을 별다른 구별 없이 마음대로 바꿔서 쓰고 있었다는 대표적인 사례로 볼 수 있다.

한편 1895년 당시 일본 게이오의숙에 유학하였던 조선유학생들은 일본 대학과 정치계의 영향을 크게 받았다. 유학생의 관리 감독을 맡았던 신해영은 1897년 12월 『친목회회보』 사설에서 인민과 국민의 차이를 밝히고 있다.[22] 그는 인민을 개인주의로 정의되고 있으며, 반면 국민은 어

21　「관보 2년 12월 30일 조서하여 갈으샤」, 『독립신문』, 1899. 1. 5.
22　신해영, 「무신경계약(無神經契約)의 결과불선변(結果不善變)」, 『친목회회보』 제6호, 1897. 12, 2~3쪽.

느 특정한 출생한 나라와 거주지에 속하는 것으로 자국의 국명으로 자국의 국민이 된다는 점을 강조하였다. 우리 동포 2천 5백만이 대한국 사회원으로 포함된다고 하였다. 여기서 '대한국민大韓國民'이라는 4글자는 사실 대한의 국민이 아니라 대한국의 민으로서 이야기하고 있다. 여기서 한 가지 간과할 수 없는 개념은 국민이란 생득적生得的 개념, 즉 태어나면서 결정되어 있는 것이라는 점이다.[23] 국민 개개인이 권리와 의무, 정치 참여 등을 선택해 나가는 후천적後天的 선택이 아니라는 점이다. 그의 생각에는 국민은 기존의 국가권력이나 정치권력으로부터 구속받는 존재에 그칠 가능성이 있었다.

그런데 1898년 당시 『독립신문』과 더불어 여러 신문들이 창간되어 발행되었다. 『협성회회보』, 『경성신문』, 『제국신문』, 『황성신문』 등이다. 독립협회와 관련된 외곽단체였던 협성회와 관련된 인물들이 각기 『협성회회보』, 『매일신문』, 『제국신문』을 창간하게 되었다.[24] 그중에서 『제국신문』은 1898년 8월 10일에 창간되어 12년 동안 약 3,240호 정도 발행된 것으로 순한글 신문으로 유명하다. 주로 하층민, 부녀자 등을 포함한 폭넓은 독자층을 확보하고 근대 지식을 전파한 신문으로 간주되고 있다. 논조에 있어서 『황성신문』과 비슷하여 자매지와 같은 감이 있었으니 황성을 수신문, 제국을 암신문이라 지칭한 것도 무리가 아니었다고 평가하기도 하였다.[25] 이와 같이 『제국신문』의 논조는 근대 신문으로서 하층민이

---

23 신해영은 국민의 생득적 개념하에서 국민이 갖춰야할 성질을 구래의 조선인이 가지고 있었던 의뢰심, 경멸심, 의려심, 무신용 등 병폐를 없애는 것으로 거론하고 있다. (신해영, 「환성옹의 담(기화기질의 사대중요)」, 『친목회회보』 제5호, 1897.6, 2~5쪽)

24 이밖에 『경성신문』은 1898년 3월 2일 창간되었으나 이후 4월 6일에 제호를 견경하여 『대한황성신문』으로 그리고 『황성신문』으로 제호를 고쳐 간행되었다. (문일웅, 「만민공동회 시기 『제국신문』과 『황성신문』의 인민 동원 논리」, 『인문과학연구』 21, 2015, 57쪽, 각주 7)

나 부녀자들에 계몽적 역할에 방점을 두고 있음은 분명하다.[26]

예를 들어 1898년 10월 6일 자 『제국신문』 논설에서는 한성 내에 외국인들의 상점 침탈로 인하여 백성들이 피해를 받고 있는 상황을 비판하고 있다.[27] 이러한 주장은 『제국신문』의 여러 논설에서 반복되고 있다. 특히 개항통상조약의 확대로 인하여 목포, 군산, 진남포 등 여러 지역의 개항장이 증설되고, 외국상인들의 한성 상권 침탈도 심화되면서 한국의 상인들이 권리를 침해당하는 현실에 대한 비판이었다. 그래서 대책으로서는 만국공법의 준수, 치외법권의 폐지, 내외 상인의 동등한 권리 보장 등을 주장한 것이다.[28]

여기서 주목되는 것은 민권이 강하면 국권을 지킬 수 있는 논제에 있기는 하지만, 또한 압제정치에 반대하여 백성이 각자의 자유권을 인식하여야 한다는 원칙을 강조하고 있기는 하나, 인민, 혹은 민중의 권리 보장을 주장하면서 국민적 권리를 설명하는 것이 아니라 아직 대한제국의 체제하 백성의 권리를 주장하는 데 그치고 있다.

『제국신문』이 제기하는 논설·논조로는 또한 백성들은 근대 공법의 지식과 통상의 규정 등을 잘 교육받아야 민간의 권리를 보장받을 수 있다고 하였다. 그렇지만 국가와 국민의 권리에 대해서는 매우 원론적인 차원에서 강조할 뿐 국민의 참정권이나 권리 확보의 방법 문제에 대해서는 등한시하였다. 또한 1902년 당시 각 지방에서 일어난 민중들의 소요에

---

25 차상찬, 「조선신문발달사」, 『조광(朝光)』, 1936.11.

26 최준, 「제국신문 해제」, 한국학문헌연구소 편, 『제국신문』, 아세아문화사, 1986; 장영숙, 「『제국신문(帝國新聞)』의 성격과 자료적 가치」, 『동아시아문화연구』 58, 한양대 동아시아문화연구소, 2014, 239~266쪽.

27 「논설」, 『제국신문』 1권 48호, 1898.10.6.

28 「논설」, 『제국신문』 1권 59호, 1898.10.19; 「논설」, 4권 89호, 1901.4.26; 「논설」, 5권 146호, 1902.7.1.

순위	개념어	빈도 수	비고 순위	연결 정도 중심성
1	인민	841	1	275
2	국가	671	2	320
3	일본	542	3	116
4	정부	508	4	
5	아한	445	6	158
6	아국	435	7	
7	국민	335	10	168
8	사회	246	15	
9	외국	206	19	
10	한국	202	20	
11	동포	199	21	86
12	문명	186	23	

대해서는 "백성이 어두어 아직까지도 동학 여당 등류의 주의가 없어지지 않았다"고 하면서, 백성을 해하고 국가를 위태롭게 하는 탐관오리를 길러 관민이 이로 인하여 갈등이 나면 외국이 중간에 흔단을 열지 모르니 주의해야 한다고 하였다.[29] 『제국신문』의 논조는 궁극적으로 갑오 동학의 난리나 청국 무술년 의화단의 변과 같이 민중 반란으로 외국이 개입하게 되는 상황을 가장 크게 우려하고 있었다. 결국 민중 일반을 무식한 우민으로 보고, 공연히 척양척왜라고 선동하여 분란을 일으킨다고 하여 민중들의 사회경제적 요구나 개혁의 요구에 대해 관심을 갖지 않았다. 그러한 측면에서 『제국신문』이 단순히 여성과 민중에 대한 한글 계몽 신문이라기 보다는 민중에 대한 우민관을 그대로 보여주고 있으며, 소요하는 민중들은 대한국의 국민 범주에서 배제해 버리는 비국민화의 논리를 펴고 있다고 하겠다.

29　「논설」, 『제국신문』 1권 59호, 1902.7.3; 7권 211호, 1904.9.17.

그러면 『황성신문』의 경우에 대해 알아보자. 〈표 4〉는 최근 『황성신문』 논설의 개념어 분석 논문을 재인용한 것이다.[30]

『황성신문』 전체 발행 지면에서 사설, 논설이라고 표시된 사설 2,846건에 대해 몇 가지 핵심어를 추출하여 검토하였다. '인민'이라는 용어가 가장 빈도 수가 많았고, 이어 국가, 일본, 정부 등의 순이었다. 다음으로 국민은 335회, 사회는 246회, 한국은 202회, 동포는 199회, 문명은 186회 등으로 보인다. 이는 앞서 국가가 671회, 국민이 335회로 보이는 것과 일정한 관계가 있을 것이다. 표의 오른쪽 공기어 네트워크 상 연결 정도에서 중심성을 보이는 단어로 국가가 320회로 가장 많았고, 그 다음이 인민 275회, 사상 203호, 교육 185회, 아국 180회, 국민 168회 등으로 나타났다. 이는 국가를 중심으로 인민과 국민의 관계를 보이고, 사상과 교육 등의 연관성을 보인 것으로 간주할 수 있다.

또한 전체 사설 중에서 국민, 국가 등과 관련된 사설은 실제 1,315개였다. 이를 연도별로 구분하고 또한 국민을 기준으로 하여 다시 표를 작성하면 다음과 같았다.

〈표 5〉에서 주목되는 것은 전체 『황성신문』의 논설 기사 수중에서 국가나 국민 등을 포괄적으로 언급한 사설의 수는 1,315건으로 연도별 추이를 보면 독립협회운동이 크게 일어난 1898년에는 18건으로 아주 낮은 관심을 보이고 있으며, 그중에서 국민을 직접 거론한 사설의 수는 4건에 불과했다.[31]

---

30 정유경, 「텍스트의 계량분석을 활용한 근대전환기 신문의 시계열적 주제 분석법 ― 황성신문 논설을 중심으로」, 『역사문제연구』 43, 2020, 144~154쪽. 본표는 원래 논문의 〈표 2〉(146쪽)에서 국가와 국민, 혹은 인민과 관련된 키워드를 임의적으로 선택하여 12개 핵심어를 중심으로 재구성한 것이다.

31 본 표의 작성은 원래 전체 『황성신문』의 기사를 대상으로 한 것은 아니라 국립중앙도

〈표 5〉『황성신문』 사설 기사 중 개념어 '국민'의 빈도 수(1898~1910)

연도	1898	1899	1900	1901	1902	1903	1904
국민	4	38	12	13	47	32	39
사설	18	75	81	101	117	121	105
비중	22.2%	50.7%	14.8%	12.9%	40.2%	26.4%	37.1%
연도	1905	1906	1907	1908	1909	1910	합계
국민	62	95	124	89	89	41	685
사설	108	177	173	101	96	42	1,315
비중	57.4%	53.7%	71.7%	88.1%	92.7%	97.6%	52.1%

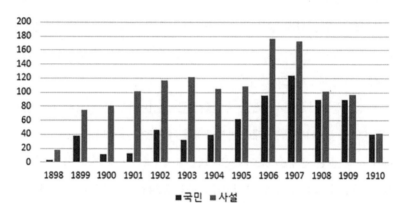

■국민 ■사설

〈그림 4〉『황성신문』 사설 중 국민 관련 사설 게재 현황(1898~1910)

그런데 『황성신문』의 사설에서는 국가와 국민, 인민을 구체적으로 어떻게 규정하고 있었는지 문제이다.[32] 우선 『황성신문』에서는 1898년 10월 당시 정부와 인민이 서로 반대하며 싸우고 있었던 상황을 비평하고 정부와 인민이 하나의 국민적 통합을 이루어야 한다고 주장하였다.[33] 이어 1899년 2월에는 개개인마다 1인의 자유권이 있듯이 1국도 1국의 권이 있

서관에서 구축한 '대한민국 신문아카이브' 중에서 『황성신문』 기사 검색 중에서 국문과 한문 색인어로 '국민(國民)'으로 검색한 통계치를 다시 분석한 것이다. 이에 따라 제한적인 조건 검색이었다.

32 안종묵, 「황성신문 발행진의 정치사회사상에 관한 연구」, 『한국언론학보』 46-4, 2002.

33 「논설」, 『황성신문』, 1898.10.21, 1면 1단.

고, 자주의 국가는 전국 인민의 생명과 재산의 권리를 보호하기 위해 존재한다는 것을 강조하고 있다.[34] 1900년 1월에는 국민의 평등한 권리를 보호하고 보장하는 것이 국가가 존재하는 이유라는 점을 강조하였다.[35]

이러한 국가와 국민과의 관계에 대해서는 이후에도 계속해서 강조하고 있는데, 국가는 인민의 생활복지를 보호·발달케 하는 의무를 가지고 있고, 인민은 마땅히 국가에 대하여 재무와 병역의 의무를 부과하는 것을 기본으로 한다는 입장이었다. 그렇지만 국민의 권리와 의무에 대해서는 구체적으로 언급하지 않은 채 아한我韓의 인민은 '제1 아신상에 천부한 자유권한과 동류 동포同胞로서 동등한 권리를 누려야 한다는 민권론의 원론을 강조하는 데 그치고 있다.[36]

『황성신문』 사설에서 쓰인 국민의 빈도는 1901년부터 100건을 넘겨 101건으로 된 이후에는 계속해서 100건 이상이 게재되고 있었다. 그중에서 가장 많은 관심을 보이고 있었던 때는 1906년 이후로 직접 언급한 것은 95건에 달하고 있었고, 1907년에는 124건이나 되었다. 이때는 국가의 권력구조 개편을 둘러싸고 치열한 논쟁을 벌이고 있는 시기였다. 1908년 급감한 이후 1910년에는 비록 8개월치에 한정되지만 41건으로 낮은 비중으로 내려갔다. 그러므로 『황성신문』에서 사용된 국민 개념은 1907년 전후로 집중해서 나타났으므로 이 시기에 대한 분석이 필요하다.

다음으로 국민과 관련된 용어라고 생각되는 '국권'의 빈도 수와 비교해 보자. 일반적인 추론에 의하면, 1905년 이후 국권 침탈로 인하여 국권이라는 용어가 많이 쓰였을 것이고, 또한 1910년 일제의 강제 병합 때 가장

---

34   위의 글, 1899.2.17, 1면 1단.
35   위의 글, 1900.1.19, 2면 1단.
36   위의 글, 1905.8.4, 2면 1단.

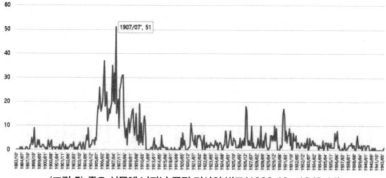

〈그림 5〉 주요 신문에 나타난 국권 기사의 빈도(1883.10~1943.11)

많이 쓰였을 것으로 예상할 수 있다. 그렇지 않다면 일제하 독립운동의 일환으로 국권회복운동이 전개되었음을 상기해볼 때, 일제강점기에서도 빈번하게 국권이라는 용어가 쓰였을 것이다.[37]

한말 『독립신문』과 『황성신문』 등에서는 '독립'이라는 용어가 1898년 10월에 205건으로 가장 많이 거론되었지만, 이후에는 50여 건 밑으로 거론되고 있었다. 반면에 '국권'이라는 용어의 빈도 수도 1907년 7월에 51건으로 가장 많은 건수를 보이고 있다.

1883년 10월 『한성순보』로부터 1943년 11월 『동아일보』에 이르기까지 주요 신문들에서 게재한 '국권' 관련 기사의 빈도 수로는 1,861건에 이른다. 실제로는 국권 빈도 수는 대체로 매달 10건 이하로 비교적 고르게 나타나지만, 1905년 8월부터 국권의 빈도가 급격하게 올라가 20건을 넘더니 1907년 7월 고종 퇴위사건으로 51건을 기록하는 정점을 찍었다. 그 이후에는 1910년까지는 20회 이하로 떨어졌고, 다시 1920년대 중반이나 1930년 초반에 일시적으로 국권의 빈도가 올라가기는 하지만 대체로 낮은 비율을 보이고 있다.

이러한 국권 기사 빈도 수 변화에서 알 수 있듯이 국권 기사의 수는 1909~1910년에는 도리어 하향 곡선을 걷고 있다는 점이다. 일반적으로

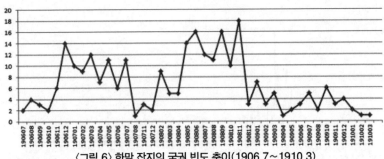

<그림 6> 한말 잡지의 국권 빈도 추이(1906.7~1910.3)

국권 침탈의 시기에 국망의 위기의식으로 인하여 국권의 빈도가 더욱 높아지는 것은 당연하리라고 짐작되지만, 이는 1910년 일제의 강제 병합 전후가 아닌 1905년 7월부터 1908년 6월까지 특히 1907년 7월에 51건으로 집중하고 있다는 것이 주목된다.

그렇다면 당시 계몽운동 각종 학회의 잡지의 논설문이나 연설회 활동 등에서 국권이 어떻게 나타나는지 알아보자. 아래와 같이 한말 시기 각종 계몽운동 단체와 유학생회에서 간행한 각종 잡지의 논설 등에 언급된 국권의 기사는 모두 267건이었다.[38]

이를 시계열적으로 나누어 보면, 1906년 7월부터 2건, 8월에 4건 등으로 시작되어 1906년 12월에 14건으로 높아졌다가 다시 낮아지는 추세였다. 이후 1908년 2월 이후부터 급상승하여 1908년 5월에는 다시 14건, 9월에는 16건, 11월에는 18건으로 최정점에 이르렀다. 이후는 도리

---

37 이하의 도표는 한말 주요 신문의 범위는 정보 전산화된 자료로 되어 있는 신문을 대상으로 하였다. 『독립신문』, 『황성신문』, 『대한매일신보』 등에 국한하며, 일제하에서는 주로 『동아일보』의 총기사를 대상으로 하였다. 한말과 일제하에 간행된 신문매체의 정보 데이터를 분석 제공해 주신 김혜진 교수(공주대 문헌정보학과)에게 감사를 전한다.

38 분석 대상은 국사편찬위원회 한국사데이터베이스에 등재된 한말 잡지 자료에 의거했다. 주요 잡지로는 『대한자강회월보』, 『태극학보』, 『서우』, 『대한유학생회회보』, 『대한학회월보』, 『대동학회월보』, 『대한협회회보』, 『호남학보』, 『서북학회월보』, 『기호흥학회월보』, 『대한흥학보』 등 11종이다.

어 관심에서 사라지고 있다. 이러한 빈도 수치는 1905년 11월 을사늑약 이후 점차 국권에 대한 논의가 시작되어 1906년 12월에 절대적인 관심을 받았다는 의미로 해석된다. 이후 1907년 7월 이후 군대 해산과 정미 7조약의 여파로 국권 상실의 우려가 컸기 때문에 국권 상실에 대한 위기의식의 고조에서 국권의 언급이 가장 많아진 것으로 보인다.

이러한 신문과 잡지의 국권 빈도 통계는 물론 국권의 내용 및 국권회복의 내적 논리를 분석하는 것과 연관하여 분석되어야 한다. 그럼에도 불구하고 왜 1905년 을사늑약 이후 1년 간에 많은 대중의 관심을 받고 있던 국권의 논의가 이후 크게 낮아졌던 이유가 궁금하다. 또한 잡지에서는 신문의 보도 빈도와는 달리 다시 1907년 8월 이후에야 본격적으로 국권을 주요 주제로 다루기 시작했는지 이유를 찾아야 할 것이다.

이와 같이 1900년 이후 대한제국의 국가적 독립성과 관련되는 '국권' 개념의 빈도 수는 서로 연관성을 보여주지 못하고 있다. 즉 국권의 침탈 위기를 가장 느끼고 국권에 대한 위기와 회복이라는 경우에는 1905년이나 1910년이 아니라 1907년 7월에서 11월에 가장 집중적으로 거론되고 있는 이유를 밝혀야 할 것이다.

2. 대한제국 전기 입헌정체의 이해와 민중 참여의 배제

1) 1896년 이후 정체 개편 논의와 황제 즉위

19세기 후반 조선사회에서 개화파 지식인들은 1880년대 중반 서구의 입헌정체를 비로소 파악하기 시작했다. 이들은 서구정체를 직접 수용하기보다는 기존의 법제도하에서도 군주의 결단으로 정치체제의 개혁이

가능하다고 생각했다.

1880년대 후반에는 만국공법과 서구정체에 대한 이해가 한층 심화되었고, 유길준과 같은 논자들은 기존의 유교적 변통론變通論에 입각하면서도 영국의 입헌정체를 받아들여 정체를 개혁하려고 하였다. 그래서 유길준은 '군민공치君民共治'의 정체 수립이 필요하다고 주장했다. 이는 박영효와 김윤식에게서도 비슷한 논리로 제시되었는데, 1880년대 말 새로운 국가체제의 이론으로서 '군민공치'의 정체가 구상되었다. '군민공치'는 입헌군주제를 번역한 말이기는 하지만, 원래 있었던 '군신공치'의 개념을 변형시켜 입헌정체의 형태로 이해하려는 것이었다.[39]

1894년 갑오개혁은 개화파 개혁관료들이 군민공치의 개혁이념을 실현하는 장이었다. 당시 정치제도 개혁의 원칙으로는 조종祖宗 성헌成憲에 기초하고 각국의 전례를 참작한다는 것이었다. 1894년 9월에는 개혁관료들은 개혁기구였던 군국기무처軍國機務處를 개편하여 기존 의정부와 대치하는 독립된 입법기구로 만들려고 하였다.[40] 그해 12월에는 고종의 군주권을 어느 정도 인정하는 선상에서 홍범 14조를 반포하기도 하였다. 이러한 권력구조의 개편은 개화파 개혁관료들의 일방적인 주도에 의해 추진된 것은 아니었고, 일본의 보호국화 간섭에 의해 추동되었고, 또한 군주권을 존중하려는 고종 중심 세력의 반대가 서로 작동하고 있었다.[41]

1895년 4월에는 의정부를 '내각관제內閣官制'로 개정하여 군주의 정치

---

39   왕현종, 「19세기 말 개혁관료의 서구 정체인식과 입헌문제」, 『한국사상사학』 17, 2001, 430~452쪽.

40   『의안(議案)』, 1894년(고종 31년) 6월 28일, 1쪽; 「의안」, 『일성록(日省錄)』, 1894. 9. 11, 308쪽; 유영익, 『갑오경장연구』, 일조각, 1990, 139쪽.

41   자세한 갑오개혁기 권력구조 개편에 대해서는 왕현종, 『한국 근대국가의 형성과 갑오개혁』, 역사비평사, 2003, '6·10장' 참조.

적 권한을 유명무실하게 만들었다. 내각은 의회적 기구인 중추원을 무력화시킨 것이었고 여기에 참석하는 국무대신들에게 입법과 행정의 전권을 부여한 것이었다.[42]

이렇듯 갑오개혁에서는 개혁관료의 권한은 높아진 반면 군주권의 위상은 도리어 낮추어졌음으로 신기선申箕善과 같은 보수적인 관료들은 개혁관료들이 입헌을 도모했다고 비판했으며, 고종까지도 대신들이 원하는 대로 국체를 공화제로 바꾸라고까지 비난했다.[43]

이와 같이 갑오개혁에서 정치체제의 개혁은 본래의 이념이었던 '군민공치'의 정치체제를 구현한다는 목표를 가지고 있었으나, 아직 군주권의 위상 확립이나 민의 정치 참여 통로를 제도적으로 마련하지 못한 상태였다. 유길준은 입헌군주제를 실시하기 위한 전 단계라고 하면서 지방자치를 실시하고자 했노라고 할 정도였다.[44] 당시 집권개혁관료들은 내각관제의 권력 구도를 그대로 유지시키는 가운데 1895년 10월 '대조선제국大朝鮮帝國'의 수립과 향회조규의 실시를 통해서 군주권의 위상을 새롭게 정립하려고 하였다. 그러던 중 1895년 8월 을미사변에의 개입으로 말미암아 갑오개혁정권은 붕괴하고 말았다.[45]

1896년 2월 아관파천 이후 고종과 정부대신들은 새로운 개혁 방향을

---

42 규장각자료총서 편, 『의주(議奏)』 1(규 17705), 115~116쪽; 『일성록』, 1895(고종 32년). 3. 25, 62쪽; 「중추원관제급사무장정」, 『한말근대법령자료집』 (I) 칙령 40호, 1895. 3. 25, 202~203쪽; 도면회, 「1894~1905년간 형사재판제도 연구」, 서울대 박사논문, 1998, 116~142쪽.

43 왕현종, 「갑오개혁기 관제개혁과 단료제도의 변화」, 『국사관논총』 68, 1996, 275~276쪽.

44 유길준, 「우리들이 작성한 개혁안」(1896년 3월 혹은 4월경 도쿄에서 작성); 이광린, 「유길준의 영문서한」, 『동아연구』 14집(『개화파와 개화사상 연구』, 일조각, 1989, 232쪽 재수록).

45 왕현종, 앞의 글, 2001, 505~510쪽.

모색하고 있었다. 9월 기존의 내각관제를 폐지하고 의정부를 복설하였다. 개혁의 방침으로 '옛 제도를 따르되 새로운 것을 참작한다率舊章而參新規'라는 원칙을 내세웠다.[46] 당시 상황은 갑오개혁의 실패 이후 '법과 규율이 문란해져서 옛 법은 폐지되고 새 법은 아직 세우지 못하였으니 마치 법이 없는 나라'라고 비판하고 있을 정도였다.

1897년 3월 고종과 의정부 대신들은 새로이 장정 제정과 법률 개정을 모색하였다. 새로운 법률체계를 총칭하여 '조선장정朝鮮章程'이라고 일컬었는데, 이는 조선국가체제 전반을 규정하는 틀이었기 때문이었다. 3월 16일 고종은 신·구 법전의 절충과 법규 작성을 위한 기구의 설립을 명령하였고, 이에 의정부는 3월 23일 교전소校典所를 설치하기로 했다.[47]

1897년 4월 12일 교전소 1차 회의가 경운궁 내 외부대신 사무실에서 개최되었다. 여기서는 박정양을 회의의 주석으로, 서재필을 참서관으로 정했고, 전문 16조, 부칙 5조로 된「교전소 회의규칙」을 제정하였다.[48] 이 회의규칙은 일종의 의사 진행방식을 결정한 것이었는데, 최종 결론은 다수결의 원칙을 따른다는 것 등을 규정하였다.[49]

5월 11일『독립신문』은 교전소 다수 위원들의 사직과 불참으로 인한 정회 사태를 보도하였다.[50] 당시 서재필, 윤치호, 이상재 등 독립협회 계

---

46 『일성록』, 1896(건양 원년). 8. 18(양력 9월 24일), 205쪽; 『비서원일기』, 1897(건양 2년). 2. 14, 13-466쪽.
47 『비서원일기』, 1897. 2. 14, 13-466쪽; 「주본 76호」, 『주본존안(奏本存案)』1책(규 17704); 「주본 77호」.
48 「교전소 제1차 회의일기」, 『교전소일기(校典所日記)』(규 18925), 1897. 4. 12; 『독립신문』 2-49호, 건양 2년 4월 27일, 196쪽.
49 「교전소 제3차 회의일기」, 『교전소일기』, 1897. 4. 19; 「교전소 제5차 회의일기」, 1897. 4. 29; 『독립신문』 2-51호, 1897. 5. 1, 206~207쪽.
50 『독립신문』 2-55호, 건양 2년 5월 11일, 226쪽.

구분	날짜	주창자	전통적 논거	만국공법의 논거
I	5월 1일	전승지 이최영(李㝡榮) 등	조서, 칙서 사용하나 아직 왕으로 불림	
	5월 9일	유학 권달섭(權達燮) 등	건양(建陽) 연호 사용, 자주 독립권	
	5월 16일	의관 임상준(任商準)	삼한(三韓) 통합 계승	
	5월 26일	유학 강무형(姜懋馨)	대군주를 높임	
	5월	전 군수 정교(鄭喬)	신라 고려의 개원(改元)	『만국공법』 자주권, 청·일 제호(帝號)
II	9월 25일	농상공부 협판 권재형(權在衡)		『공법회통』 제86장 자주국, 제84장 러시아 황제
	9월 26일	외부협판 유기환(兪起煥)	명의 계통 따라 황제, 독립권 연호 설정 가능	
	9월 26일	충청도 유학 심로문(沈魯文) 등	독립 강조	
	9월 28일	전시독 김두병(金斗秉)	공덕의 존칭	
	9월 29일	숭릉령 이건용(李建鎔)	삼한 통합	『만국공법』 독립 자주
	9월 29일	봉조하 김재현(金在顯) 등 716명	송·명 계통 계승	구라파와 아메리카 여러 나라 서로 평등하게 왕래, 공법에 근거
	9월 30일	의정부 의정 심순택(沈舜澤) 등 정부대신	요순 이하 계통을 계승	각 나라 황제 칭호와 서로 평등하므로 처음에 황제의 이름이 없었더라도 제국.
	9월 30일	성균관 유생 이수병(李秀丙) 등	소화(小華)로서 계통을 계승	
	10월 1일	의정부 의정 심순택(沈舜澤) 등 정부대신	중화 계통 계승	『만국공법』의 자주권 주장, 권재형의 주장을 재론
	10월 2일	전승지 김선주(金善柱)		
	10월 2일	유학 곽선곤(郭善坤)		
	10월 2일	시민 전지사 정재승(丁載昇)		
	10월 2일	독립신문 논설		실질적인 독립자주권 우선 확보
	10월 3일	의정부 의정 심순택(沈舜澤) 등 정부대신	묘제 천자의 의식	『만국공법』의 자주권 주장 재론
	10월 10일	6품 편상훈(片相薰)	명의 정통론 계승	

출전 : 『일성록』, 『대한계년사』, 『대례의궤(大禮儀軌)』 상소문 제출 날짜

열의 개혁론자들은 고종의 권력 남용을 제한하면서 국가권력의 기능적 분리와 분권을 지향하고 있었다. 그렇지만 고종과 측근세력들은 기존의 의정부관제를 중심으로 간관제도의 강화라는 형태로 권력구조의 개편을 구상하고 있었다. 고문관 중에서도 이선득李善得, 리젠드르과 백탁안柏卓安, 브라운은 개혁론자들의 견해에 가장 강력하게 반대하고 있었다.[51] 결국 양 세력은 교전소의 국정 개혁 방향을 놓고 일단 크게 충돌할 수밖에 없었다.

이런 상황에서 고종은 기존의 교전소 회의 방식을 일단 제외시키고 다른 방향으로 모색해 나갔다. 이는 1897년 5월부터 시작된 '존칭제호尊稱帝號'에 관한 상소, 즉 황제로서 즉위할 것을 요청하는 상소운동으로 전환되었다.[52]

1897년 5월 1일 전 승지 이최영李㝡榮의 상소에서 시작하여 5월과 8월과 9월에 걸쳐 상소운동이 계속되었다.[53] 위의 표와 같이 첫 번째 시기인 1897년 5월에 제기된 상소들이 있다. 전 승지 이최영과 유학 권달섭, 의관 임상준, 유학 강무형 등은 대개 전통적인 유교 인식에 바탕을 두고 논리를 펴고 있었다. 이들은 중국 황제의 제도와 같이 이제 조서, 칙서를 쓰므로 그에 걸맞게 존칭으로 불러야 하며, 더욱이 자주 독립의 나라에서는 마음대로 부를 수 있다고 주장하였다.[54]

---

51 『윤치호일기』5, 1897.7.2, 71쪽; 김태웅, 앞의 글, 1997, 190~191쪽.
52 이구용,「대한제국의 성립과 열강의 반응-칭제건원 논의를 중심으로」,『강원사학』1, 1985; 이민원,「칭제논의의 전개와 대한제국의 성립」,『청계사학』5, 1988.
53 한영우,「대한제국 성립과정과 대례의궤」,『한국사론』45, 2001;『명성황후와 대한제국』, 효형출판, 2001.
54 반면 보수유생으로서 최익현, 유인석 등은 존화양이의 관념에 근거하여 비판하였다. 즉 중화의 문명을 이은 우리의 의관문물제도를 바꾸는 것은 불가하며, 또한 '서구의 의례에 따라 존호를 바꾸는 것'은 짐승의 제도를 취하는 것으로서, 소중화의 나라에서 황제 즉위를 한다는 것은 망령되이 스스로를 높이는 행위라는 것이었다. (최익현,『면암집』, 여강출판사, 1990, 89~91쪽; 유인석,『소의신편』, 국사편찬위원회, 1975, 62~65·

황제 즉위 상소의 논리적 전환점을 보여주는 것은 정교鄭喬의 상소였다. 그는 황제 호칭의 근거가 전통적인 사유에서도 가능하지만, 중요한 논거로서 만국공법을 들었다.

그는 공법에서는 황제로 부르는 것이 지역의 광협이나 번속을 두는 것과 관계가 없으며, 청과 일본에는 모두 존호를 쓰고 있기 때문에 우리 나라도 자주국으로서 호를 황제로 올릴 것을 주장하였다.[55] 이는 자주 독립의 국가주권을 향유하기 위해서 공법상의 근거를 취할 수 있으며, 청과 일본뿐만 아니라 서구와도 대등관계를 구현하기 위한 방법이며, 국체의 대외적 위상을 높일 수 있다는 것이었다. 그렇지만 정교의 입론은 고종에게 바로 전달되지는 못했으므로 더 이상 정부에서 공론화하지는 못했다.[56]

한편 고종은 8월 12일에 갑오개혁에 발포한 건원建元과 단발령에 관한 조칙을 없애도록 하고 새로이 연호를 세우도록 하였다. 8월 13일은 조선왕조가 개국한 지 505년 기념절을 치르는 날이었다. 다음 날인 8월 14일 연호를 '광무光武'로 새로 정하였다.[57] 이를 계기로 해서 의정부의 대신들은 다시 한번 고종을 황제로 즉위케 하자는 상소운동을 벌였다〈표 1〉의 구분 II.

9월 25일에 농상공부 협판 권재형權在衡의 상소, 26일에는 외부협판 유기환의 상소, 29일에는 봉조하, 김재현 등 716명의 상소로 이어졌다. 당시 농상공부 협판 권재형은 새롭게 공법상의 논거를 제기했다. 일반적인 이해에 의하면, 황제국으로 부를 만한 조건을 가진 나라들에 한정하여 부

83~84·278쪽)

55 정교, 『대한계년사』 (상), 160~162쪽; 김은주, 「정교의 정치 활동과 정치 개혁론」, 『한국사상사학』 11, 1998, 291~350쪽.

56 "時上疏勸卽帝位者 皆語無倫脊 而惟此疏辭意明白 將呈秘書院 而爲人所猜不得門票而未得上撤."(『대한계년사』 (상), 162쪽)

57 『일성록』, 1897.7.15(양력 8월 12일), 146쪽; 7.16(8.13), 150쪽; 7.17(8.14), 151쪽; 『독립신문』 2-97호, 1897.8.17, 191~193쪽.

를 수 있다는 것이었는데, 그는 『공법회통公法會通』제86장에 있는 자주국의 규정, 제85장 관할 구역이 넓어야 한다는 조건, 제84장 러시아 황제의 존칭사례를 들어 반박했다.[58] 이렇게 서구의 공법을 일부 원용하기는 했으나 그의 논리는 실제 만국공법상의 원의原義와는 거리가 있었다. 그의 해석은 견강부회하는 측면이 많다고 할 수 있다. 당시 만국공법에서 규정한 국제관계란 기본적으로는 각국의 평등한 관계를 전제하고 있지만, 그 것은 어디까지나 유럽 제국 중심의 국제관계의 틀에 있는 한에서 가능한 일이었고, 유럽 이외 약소국들에게는 해당되는 것은 아니었다. 당시 황제 즉위 상소의 관제 여론을 부추기고 있는 상황에서 권재형의 상소는 고종과 정부대신들에게는 가장 적합한 논리로 채택되었다.[59]

결국 1897년 10월 11일에는 새 국호를 '대한大韓'으로 정하였고, 다음 날에는 환구단圜丘壇에서 고천지제告天之祭를 행하였다. 마침내 10월 13일 새로운 국가로서 '대한국'을 선포하였다. 이때 국호를 '대한'으로 바꾼 것은 조선이라는 기자箕子의 옛 강토의 이름을 쓰는 것이 마땅치 않았기 때문이며, 이제 삼한의 땅을 통합하여 한 개의 왕통을 갖는 나라로 세운다는 것이었다.[60] 국호 자체는 이미 철저하게 만국공법상 '제국帝國'의 영토

---

58 예컨대 85장의 구절은 "관할하는 지역이 넓은 경우에는 황제로 불러도 될 수 있지만 그 렇지 않은 경우에는 분수에 넘칠 것 같다"라는 내용이지만, 이를 단정적인 표현이 아니라고 치부하면서 애써 제외하였으며, 84장의 러시아 황제의 경우를 인용하면서 처음에는 다른 나라가 인정하지 않았지만, 결국 나중에 인정하였다는 식이었다. (『비서원일기』, 1897.8.28(9.25), 13-574쪽)

59 당시 『독립신문』에서는 황제 즉위 상소에 대해 비판적인 입장을 취했다. "나라가 자주 독립 되는 데는 꼭 대황제가 계셔야 자주독립 되는 것은 아니다. 왕국이라도 황국과 같 이 대접을 받으며 권리가 있는 것이다. 지금 조선에 제일 긴요한 것은 자주독립의 권 리를 잃지 아니하여야 할 터인즉, 관민이 대군주폐하가 황제 되시는 것을 힘쓰는 것도 옳거니와 제일 자주독립권리를 찾으며 지탱할 도리를 하여야 할 것"이라고 비판하였 다. (「논설」, 『독립신문』 2-117호, 1897.10.2, 471쪽)

규정에서 비롯된 것이었다.

1897년 10월 13일 고종은 황제로 오를 때 고종은 국가의 실질적인 위상을 높이거나 광범한 국민적 논의를 선행하지 않는 가운데, 단지 '황제'라는 칭호로 개정하고 대내외적인 군주권의 위상을 높임으로써 황제의 이름 아래 조선의 신민臣民들을 위로부터 통합시키려는 의도를 가지고 있었다.[61] 이렇게 '대한국'과 '광무황제光武皇帝'는 새롭게 탄생되었다. 그렇지만 1897년 10월의 시점에서 대한국의 권력구조를 규정하는 정치체제는 아직 미완성인 상태였다.

2) 입헌정체론의 수용과 정체 개혁론의 구조

(1) 재일 유학생의 입헌정체 인식

여기에서는 당시 논자들이 과연 정체 개혁의 논의로서 입헌과 민중의 정치 참여 문제를 어느 정도 이해하고 있었는지 검토해 보기로 하자. 우선 일본에 유학한 유학생들의 견해를 살펴보자.

조선 유학생들은 한 달에 한 번씩 통상회라는 회합을 열고 근대학문 지식과 당시 정세에 대해서 논하였다. 제1회[1895.4.18]로부터 제31회[1897.12.5]까지 31회에 걸친 통상회를 개최하였다.[62] 이들은 대체로 개화와 문명,

---

60 『일성록』, 1897(광무 원년).9.17(10.12), 217~218쪽; 9.18(10.13), 218~220쪽.

61 쓰키아시 다쓰히코(月脚達彦)는 대한제국 시기 경축회와 대중집회를 활용하여 황제에 대한 만세삼창 등을 부름으로써 '일군만민(一君萬民)'적인 관여를 가능케 했으며 그것은 대한제국의 '국민화'라는 점에서 계몽논설 이상의 의의가 크다고 평가하였다.(月脚達彦, 「獨立協會の「國民」創出運動」, 『朝鮮學報』172, 1999, 7~15쪽) 이 논의에서는 갑오개혁과 대한제국 시기 정체 개혁론에 대한 단계적 차이와 주도세력의 구분없이 일관되게 황제권의 강화와 '일군만민'의 논리를 연결시켜 이해하고 있다. 그런데 대한제국기 '일군만민'이라는 용어는 매우 한정적으로 사용되어야 할 것이다.

62 『친목회회보』4, 89쪽; 박찬승, 「1890년대 후반 도일(渡日) 유학생의 현실 인식」, 『역사와 현실』31, 1999, 122~125쪽.

〈표 7〉『친목회회보』 논설 필자와 제목 일람(회보 1~6호)

분류	저자	분류	제목	핵심어	출전
1	신해영 (申海永)	사설	본지취론(本誌就論)	친목회 취지	회보 1호, 1~2쪽
		사설	한문자(漢文字)와 국문자(國文字)의 손익여하(損益如何)	국민, 국어	2호, 1~8쪽
		논설	국민(國民)의 희노(喜怒)	국민, 사회일반	2호, 17~20쪽
		사설	면학(勉學)의 호시기(好時機)	학생, 국민	3호, 1~6쪽
		사설	환성옹(喚惺翁)의 담(談) (기화기질(變化氣質)의 4대요소(四大重要))	조선인 성질	5호, 1~9쪽
		사설	무신경계약(無神經契約)의 결과불선별(結果不善變) (홀이대이찰어소소굴어의이장어내 (忽於大而察於小屈於外而狃於內))	국권, 이권, 계약	6호, 1~9쪽
2	박정수 (朴正秀)	사설	친목회서설	친목회 취지	1호, 2~4쪽
3	남순희 (南舜熙)	논설	입지권학론(立志勸學論)	가국(家國) 문명 확산	1호, 5~6쪽
		논설	국가진취(國家進就)의 여하(如何)	국민, 임무	3호, 15~18쪽
		논설	외교상(外交上)의 여하	국민, 보호무역	4호, 13~14쪽
		논설	용민설(庸民說)	수신윤리, 국민	5호, 23~26쪽
		강연	심리학과 물리학의 현효(現效)	음악, 공상	5호, 42쪽
4	윤방현 (尹邦鉉)	논설	지학설(志學說)	보군(輔君)	1호, 6~7쪽
5	임병구 (林炳龜)	논설	분발론(奮發論)	국민 교육, 용무정신	1호, 7~9쪽
6	조병주 (曺秉柱)	논설	우국론(憂國論)	시무	1호, 9~10쪽
7	이희철 (李喜轍)	논설	역학설(力學說)	국민, 안락지화	1호, 10~11쪽
8	여병현 (呂炳鉉)	논설	권학설(勸學說)	유학, 실학, 시무	1호, 11~12쪽
9	김정훈 (金正壎)	논설	조선론	유학, 일인지심	1호, 12~13쪽
10	이하영 (李廈榮)	논설	학문	독립, 학업	1호, 14~15쪽
11	홍석현 (洪奭鉉)	강연	대조선군주국형세여하(大韓鮮君主國形勢如何)	유학, 일본 근대화	1호, 20~27쪽
		논설	조선론	청국 학술 비판	2호, 10~12쪽
		논설	실행적 불실행적, 진보적 퇴보적, 국민적 대문제 (實行的不實行的, 進步的退步的, 國民的大問題)	동아 침탈, 진보	3호, 6~10쪽

분류	저자	분류	제목	핵심어	출전
11	홍석현 (洪奭鉉)	논설	인생행로(人生行路)	인생 수필	4호, 14~15쪽
12	김용제 (金鎔濟)	연설	연설	친목회 협회	1호, 27~28쪽
		사설	본회취지	친목회, 교육실업	2호, 8~10쪽
		논설	국민지원기쇄마방금지우환 (國民之元氣鎖磨方今之憂患)	국권, 학문 국가의 본	3호, 29~36쪽
		논설	국민의 신용	사회적 동물, 신용	4호, 21~23쪽
		강연	입헌정체의 개론	국가주권, 군주주권, 헌법	5호, 58~64쪽
13	어용선 (魚瑢善)	논설	일가일국(一家一國)에 일인(一人)의 관중(關重)	원수부모, 적자	2호, 13~17쪽
		강연	경제학개론	경제학, 부, 생산, 분배, 교역, 소비 등	5호, 43~47쪽
14	장태환 (張台煥)	논설	지학론(志學論)	양육, 농공, 상고(商賈) 학문	2호, 21~22쪽
15	고의준 (高義駿)	논설	사물변천의 연구에 대한 인류학적 방법	사물변화, 추리, 역사, 인류학적 방법	2호, 22~26쪽
16	전태흥 (全泰興)	논설	금일대세설(今日大勢說)	개명 각국, 강부지권	2호, 26~28쪽
		논설	시무지대요(時務之大要)	국무민강(國富民强)	4호, 18쪽
		논설	경찰로	경찰 연혁	5호, 21~23쪽
17	농구자 (弄球子)	논설	일견(一見)과 백문(百聞)의 우열(優劣)	학문 면려	2호, 28~30쪽
18	권봉수 (權鳳洙)	논설	시무론(時務論)	시무, 일본론	3호, 10~13쪽
19	지승준 (池承俊)	논설	학문(學問)의 공효(功效)	국가 이용 연구	3호, 13~15쪽
		강연	지진(地震)의 원인(原因)	지진 현상	5호, 65~68쪽
20	최상돈 (崔相敦)	논설	교육론	교육실업 면학	3호, 18~19쪽
21	장헌식 (張憲植)	논설	무본론(務本論)	교민화육(教民化育)	3호, 19~21쪽
		논설	송제2학기졸업첨군각취전문서 (送第二學期卒業僉君各就專門序)	졸업 축사	4호, 15~17쪽
22	안명선 (安明善)	논설	정치의 득실	입헌정체, 전제정체	3호, 21~24쪽
		강연	정도론(政道論)	전문학교 국가민생	5호, 38~42쪽
23	윤세용 (尹世鏞)	논설	정치가언행론(言行論)	충의분발, 지식광명	3호, 24~25쪽
24	유창희 (劉昌熙)	논설	국민의 의무	민권 확장 자주독립	3호, 27~28쪽

분류	저자	분류	제목	핵심어	출전
24	유창희 (劉昌熙)	논설	정치가의 직책론(職責論)	충의, 언행, 총명, 과감, 발군 등	4호, 11~13쪽
		강연	현사소송법의 연혁	로마와 독·불 연혁	5호, 52~55쪽
25	원용상 (元應常)	논설	학문의 연구	후생이용, 공사이익	3호, 25~27쪽
		사설	내외정책의 여하	국권 부진(不振), 민권 미장(未張)	4호, 1~4쪽
		논설	교육에 대하여 국민의 애국상상(愛國想像)	체육, 지육, 덕육론, 애국심	5호, 9~15쪽
		강연	개화(開化)의 삼원력(三原力) (자연, 사회, 일개인)	개화 진취 상태	6호, 65~73쪽, 28회 통상회(9.5)
26	신우선 (申佑善)	논설	일심이심(一心離心)의 관계	이천만동포	4호, 4~7쪽
27	김기장 (金基璋)	논설	정치본원(政治本原)	생명, 자유, 명예, 재산	4호, 7~8쪽
		논설	정치본원(승전)	국교, 국력, 민도 증진	5호, 15~18쪽
28	조제환 (趙齊桓)	논설	허세자책(虛世自責)	교육 입학	4호, 17~18쪽
		강연	교통개론	상공과 농무상 실업	5호, 64~65쪽
29	장규환 (張奎煥)	논설	뢰인처세기비교육지부진여 (賴人處世豈非敎育之不振歟)	가족제도, 남존여비, 관습법, 교육 부진	4호, 8~10쪽
		강연	감옥제도론	감옥제도 분류 설명	5호, 68~74쪽
30	이면우 (李冕宇)	논설	학문의 실행과 허식(虛飾)의 이해	학문면려	4호, 10~11쪽
		강연	형법의의의 약론(略論)	서양 각국법학자 8종 주의	5호, 55~58쪽
31	이주환 (李周煥)	논설	유물론(諭物論)	박쥐 생태	4호, 18쪽
32	정인소 (鄭寅昭)	논설	국가의 관념	충군애국지심, 학문	4호, 18~19쪽
33	김홍진 (金鴻鎭)	논설	만학론(晚覺論)	교육 진취, 부국강병	4호, 19~20쪽
34	유승겸 (兪承兼)	논설	희망에 대한 행위의 득실	자주 권리 확립, 국가 독립 기초	5호, 13~15쪽
35	윤치성 (尹致晟)	논설	무사교육(武事敎育)의 최급설(最急說)	국가부강, 무사력	5호, 18~20쪽
36	김동규 (金東圭)	논설	우체(郵遞)의 개론(槪論)	사상통신, 문화교통	5호, 26~27쪽
37	변국준 (卞國璿)	논설	물리총론약술(物理總論略述)	물리학 현상	5호, 27~30쪽

분류	저자	분류	제목	핵심어	출전
38	임재덕 (林在德)	논설	경국지4대요(經國之四大要)	정치, 법률, 군무, 실업	5호, 30~31쪽
		논설	선사업자선찰시기(善事業者善察時機)	국정 근본, 정치형태	6호, 59~61쪽
39	오성모 (吳聖模)	논설	분업(分業)과 합력(合力)의 관계(關係)	전문 취학, 인민교육	5호, 31~32쪽
40	김성은 (金成殷)	논설	애국심(愛國心)이 유한(有흔) 후국민(後國民)	선량한 정치, 공정한 의무	5호, 32~33쪽
41	김상순 (金相淳)	강연	법률의 정의(문제)	국가 명령, 권리	5호, 34~38쪽
42	정재순 (鄭在淳)	강연	법률개론	법률 개론	5호, 47~52쪽
43	노경보 (盧景輔)	강연	군제유래약서(軍制由來略敍)	만국 군제 유래	5호, 74~79쪽
44	최영식 (崔永植)	강연	공업의 필요	만물 천태 만상	5호, 79~81쪽
45	유치학 (兪致學)	논설	민법의 요론(要論)	불성문법, 다수 민법법전	6호, 52~56쪽
46	장호익 (張浩翼)	논설	사회경쟁력(社會競爭的)	국민 교육, 자국 권리	6호, 56~59쪽
47	육종면 (陸鍾冕)	논설	해군창기사(海軍唱起辭)	3면 바다, 일본 해군 창설	6호, 62~63쪽
48	권호선 (權浩善)	강연	대한국의 위치급경계와 신민(臣民)의 각오(覺悟)	위국 정신, 징병, 국부병강 강조	6호, 73~75쪽

교육과 유학 자세, 입헌정치와 제도 개혁 등의 주제를 발제하였다. 유학생들의 통상회를 통하여 발간된 『친목회회보』는 단순히 조선 유학생의 친목을 도모하는 동아리 수준의 회보에 그치는 것이 아니라 일본 국내의 정세, 학술정보의 유포와 개혁의 과제 등 다방면의 지식을 담아내는 학술잡지의 성격이 있었다.

『친목회회보』가 여섯 차례 발간되는 동안 48명 필자들이 총 80편 글을 발표하였다. 그런데 사설, 강연, 논설 등 주제글을 2편 이상 글을 게재한 유학생은 신해영, 홍석현, 김용제 등 16명에 불과했다. 이러한 주제글 중에서 정체 개혁과 관련된 글의 특성을 분류하면 다음과 같다.[63]

첫째, 조선인 유학생의 학업과 유학생 친목회에 당부하는 글이다.[64]

둘째, 국민의 각성과 애국을 촉구하는 논설들이 제기되었다.[65] 홍석현은 「조선론朝鮮論」에서 청국 학술, 의술 등에 의존해 온 현실을 비판하고 최근 영국의 거문도 점령사건을 수수방관했음을 비판하면서 각성을 촉구하였다. 그는 「국민적 대문제大問題」 논설에서 인도를 비롯하여 안남, 시베리아 등이 영국, 프랑스, 러시아에 의해 침탈되었다고 하였고, 필경 십수년 내에 동아東亞 인종이 서아西亞 인종에 병탄되어 노예주의로 압제당할 것이라는 비관적인 전망을 내놓기도 했다. 김용제는 「국민의 원기가 쇠마함과 방금의 우환國民之元氣鎖磨方今之憂患」 논설에서 우리나라가 내치에 밝지 못하고 외교도 불리하여 권리를 빼앗기는 조선의 암담한 현실을 비판하였다.[66]

셋째로, 국가의식과 애국심을 강조하는 논설이 제기되었다. 여기에서는 대체로 국왕에 대한 절대적인 충군애국을 강조하는 경향이 많았다.[67] 민권의 중요성을 강조하는 논설도 일부 소개되었다. 예컨대 유창희劉昌熙는 「국민의 의무」 글에서 국민으로서 공정한 의무를 각자 애호하고 국세를 견고한 연후에 민권을 확장하여 자주독립을 확실히 세워야 한다고 하였다.[68] 그는 군주에의 충성을 강조하면서도 국민의 공정한 의무를 강조하면서 진전된 민권 개념을 소개하였다.

63   왕현종, 「갑오개혁 이후 조선 유학생의 일본 유학과 유학 분야」, 『역사와실학』 69, 2019, 12~25쪽.

64   신해영, 「면학(勉學)의 호시기(好時機)」, 『회보』 3호, 1~6쪽.

65   김소영, 「재일조선유학생들의 '국민론'과 '애국론'—『친목회회보』(1896~1898)내용분석을 중심으로」, 『한국민족운동사연구』 66, 2011, 14~27쪽.

66   김용제, 「국민지원기쇄마방금지(國民之元氣鎖磨方今之憂患)」, 『회보』 3호, 29~36쪽.

67   어용선, 「일가일국(一家一國)에 일인(一人)의 관중(關重)」, 『회보』 2호, 13~17쪽.

68   유창희, 「국민의 의무」, 『회보』 3호, 27~28쪽.

당시 유학생들은 국가의 소유자로서 군주君主라는 존재를 부인하지는 않았지만, 만인 즉 국민의 존재와 의무가 중요하다는 점을 동시에 강조하였다.[69] 이 중에서 안명선이 쓴 「정치의 득실」이 주목된다.[70]

[가-1] 정체는 입헌정체즉 대의정치와 전제정체즉 군주독재정치가 있으니 어떤 것이 선하며 어떤 것이 악하느뇨. 입헌정체는 중치정부衆治政府라 인민의 자유를 공고鞏固케 하여 인민이 각각 자유의 권을 가진 고로 불평하다 창咆하는 일이 없게 하고, 전제정체는 단독정부라 독단정부하에 있는 민은 자유를 얻지 못하고 위에 의리하여 그 정치가 만일 포학하면 불평함을 창咆하나니 이로 보건대 입헌정체와 전제정체의 우열은 논을 기대하지 아니하려니와 (…중략…) 어찌 전제정체는 모두 악하며 입헌정체는 모두 선할 뿐이리오. 당국자의 선용善用하여 선용치 못함에 있다하도다.[71]

안명선에 의하면, 입헌정체의 장점은 여러 사람들이 정치에 참여하고

---

69 『친목회회보』 3, 27~28쪽.
70 안국선(安國善, 1879~1926)은 한말 지식인이자 문학가로 천강(天江), 농구실주인(弄球室主人). 경기도 안성에서 출생하여 16세까지 향리에서 한학을 수학한 후 1895년 관비유학생으로 도일하여 도쿄전문학교에서 정치학을 수학했다. 귀국 후 독립협회에 가담하여 애국계몽운동을 펼치다가 1896년 독립협회 해산과 함께 체포되어 참형 선고를 받고 진도로 유배되기도 했다. 1907년부터 강단에서 정치·경제 등을 강의하면서 『외교통의』, 『정치원론』, 『연설법방』 등의 저서를 발표하는 등 활발한 사회 계몽 활동을 펼쳤다. (권영민, 「안국선」, 한국현대문학대사전, 2004.2.25) 일본 유학시절 그는 안명선(安明善)으로 불렸으며, 이렇게 이명동인으로 안국선은 최기영의 논문에 의해 처음으로 밝혀졌다. (최기영, 「안국선(1879~1926)의 생애(生涯)와 계몽사상(啓蒙思想)(上)」, 『한국학보』 17-2, 1991, 127~128쪽) 그의 정치사상에 대해서는 김효전, 「안국선 편술, 〈정치원론〉의 원류 (2)」, 『인권과정의』 333, 2004; 이태훈, 「한말 일본 유학 지식인의 "근대 사회과학" 수용과정과 특징 - "정치"에 대한 인식과 "입헌정치론"을 중심으로」, 『이화사학연구』 44, 2012, 73쪽.
71 『친목회회보』 3, 21~24쪽.

인민의 자유를 공고케 하여 인민이 자유권을 갖게 하는 것이고, 전제정체는 독단정부로서 민이 자유를 얻지 못하고 정치가 임금에게 의뢰하여 포학해지기 쉽다고 하였다. 다만 양 정체의 우월을 쉽게 가리기는 어렵다고 하면서 만일 전제정체이라도 현명한 군주가 인정을 편다면 정치가 잘 이루어질 것이며, 중치정부衆治政府라 하더라도 국회의원이 무주의無主義 무정견無定見하면 정법이 공정치 못하고 필경은 망할 것이라고 하였다. 이는 실제 정체의 우열은 그 운영 방식에 좌우된다고 하여 일단 유보적인 입장으로 표현하기도 했다.

그렇지만 그는 근본적으로는 다중多衆에 의한 대의정치가 일인에 의한 전제정치에 비하여 우승優勝하다고 평가하였다. 그래서 정치제도상으로 전제정치가 군주 1인이 생사여탈권을 자의로 행사함에 비하여 대의정치는 인민들이 대의원을 선거하여 인민의 이해에 따라 정사에 참여하는 권리를 갖는다고 하였다. 그러나 그는 전제정체와 입헌공화제로 양분하면서도 중간형태로서 간주될 수 있는 입헌군주제에 대해서는 언급하지 않았다. 그의 구상에는 조선에서 입헌군주제가 실현될 것이라는 전망을 상정하지 않았던 것으로 추정할 수 있겠다.

한편 1896년 12월 김용제金鎔濟는 「국민의 신용」을 쓰면서 국가의 정의와 역할을 강조하였다.[72] 즉 국가는 인류의 공중단체적인 결합으로 성립

---

72 김용제(金鎔濟, 1868~?)는 1895년 5월 관비유학생으로 일본에 유학하여 1896년 7월 게이오의숙(慶應義塾) 보통과를 졸업하고 동경전문학교에서 정치경제학을 배웠으며, 1898년 11월에 귀국하여 광흥학교(光興學校) 교사를 역임했다. 이때 교사로 활동한 사람은 신해영, 어용선, 남순희, 장도 등이 있었다. 이후 김용제는 1901년 12월 관직에 입문하여 궁내부 내사과장, 비서과장, 제도국 이사 등을 역임하였으며, 이후 경성부 숭신면장(崇信面長)으로 근무하면서 과수원을 경영하였고, 1914년 경기도 참사, 1918년 경기도 이천군수를 거쳐, 1921년 충청북도 진천 군수로 부임하였다. 종6위 훈4등을 받았다. (『대한제국관원이력서』 4책, 106쪽; 『충북산업지』, 205쪽)

하는 것이고 정부는 국가와 인민의 기관적 행위라고 정의하였다. 정부의 의무는 인민의 생명과 재산을 보존하고 국가와 인민의 안녕을 보장하는 의무를 가지고 있다고 하였다.[73]

그는 1897년 5월 '입헌정체의 대요'라는 강연에서 헌법의 정의와 종류, 제정 방식을 상세히 설명하였다. 헌법은 대개 주권의 분배를 말하는 것이고 국가주권과 군주주권 2가지 형태의 주권이 있다고 하였다. 국가주권은 헌법 이외의 권력이고 군주주권은 헌법 이내의 권력인데, 군주주권이 헌법 내에 있는 것이 곧 입헌정체라고 이해하였다. 그는 입헌정체에 대해 원수로서의 황제권을 강조하면서도 궁극적으로는 의회 설립을 통한 입법 제정과 행정 감시기능을 강조하고 있었다.

또한 그는 헌법의 종류에 대해서도 학설사적 흐름과 근거를 일일이 들면서 구체적으로 설명하였다.

[가-2] 요즘 세계열국世界列國의 정체를 참관함에 각자 부동不同하여 전제·입헌·공화 3종의 구별이 있으니 전제정체는 세계열국에 5분의 1이 못되고 5분의 4는 입헌 및 공화정체인데, 입헌 및 공화는 반드시 헌법으로써 국가를 조직하며 경국안민經國安民의 근본 대법大法을 삼으니 어찌 강대치 아니하겠쇼.[74]

그는 세계 열국의 정체가 각기 달라 전제, 입헌, 공화 3가지 종류로 있지만, 전제정체는 세계에 오분의 일이 못 되고 나머지 대부분은 입헌 및 공화정체라고 했다. 김용제는 우리 나라도 기본 대법인 헌법으로써 국가

---

73 『친목회회보』 4, 21~23쪽.
74 「입헌정체(立憲政體)의 개론」, 『친목회회보』 5, 건양 2년 6월 간행, 광무 원년 9월 26일 발행, 58~64쪽.

를 조직하고 인민으로 하여금 활동의 기상을 만들어주어야 하며, 자존권리自存權利를 완전하게 하며 애국애군愛國愛君의 공심公心을 고취하여 흥기시킬 것을 주장하였다. 그의 정체 개혁론은 전제정에서 입헌군주제로의 이행을 주장하고 있었다.

이렇게 재일 유학생들은 헌법을 국가의 기본법으로 삼아야 하며, 군주의 상징적인 통수권 행사를 강조하면서 행정부의 역할 강조, 의회의 설립, 국민의 원기 배양, 국민의 권리의식 고취 등 원론적인 입헌정체론을 펴고 있었다.[75]

[가-3] 나라의 세민細民은 항심恒心과 정의定義가 작음이오. 다만 재상자在上者의 교양과 지도로 말미암음이니 그런 즉 정치가의 일언一言이 능히 국민의 원기를 혹 발흥하며 혹 최억摧抑도 하며 정치가의 일행一行이 능히 혹 교화도 양성하며 혹은 폐절廢絶도 함이니 (…중략…) 재하자在下者는 자연히 충군애국忠君愛國으로서 돌아가리니 (…중략…) 대저 집권자로써 세민에 비하면 존비의 등이 있으나 군자가 소인을 키우니라 하니 재상자가 교양하지 못하고 재하자와 재상자가 반대로 이르르니 이는 하민의 반대가 아니라 재상자의 불찰이니.[76]

일반 세민細民은 기본적으로 항심과 정의가 적은 존재로서 정치가인 재상자의 교양과 지도를 받아야 한다고 주장하였다. 윤세용은 정치 참여자를 재상자와 재하자, 즉 존비의 등급으로 구분하고 일반 인민들의 정치

---

75 1896년 6월에 발간한 『친목회회보』 제2호는 5백 부 중 115부가 모국에 보냈는데, 『독립신문』 1896년 9월 22일과 10월 8일 자에는 회보의 주요 내용을 소개하기도 하였다. (「논설」, 『독립신문』 1~73호, 건양 원년 9월 22일~10월 8일)
76 윤세용, 「정치가언행론(政治家言行論)」, 『친목회회보』 제3호, 1896. 10, 24~25쪽.

참여에 대해서는 부정적인 입장을 제기하였다.

이런 정치 개혁과 인민에 대한 논의는 대개 1897년 2월에서 5월까지 집중적으로 거론되었는데, 당시 황제 즉위 상소운동이나 황제권의 위상 강화와는 정면으로 대립되었다. 그래서 『친목회회보』 5호는 1897년 6월에 간행하기로 했으나 광무년간이 선포된 이후인 1897년 9월에야 발간될 정도였다. 재일 유학생들 중에 일부 인사들은 1898년 11월 국내에 돌아오자마자 정치 개혁운동에 참여하기도 했다.[77]

이들의 입헌정체론에서는 공통적으로 일본의 명치헌법과 같은 형태의 입헌군주제에 대해 긍정적인 이해를 하고 있었다. 앞서 김용제의 입헌정체론에서 나타나는 것처럼 이들의 논리에는 군주의 주권을 국가주권의 하위에 놓고 입헌정체의 틀 안에서 원론적인 정치제도만을 강조하는 것이었다. 결국 그들의 입론에는 황제권과 의회와의 관계 설정에 대한 명확한 이해에는 도달하지 못하고 있었을 뿐만 아니라 대한제국의 권력구조 개혁에 대한 구체적 대안을 제시하지 못하고 있었다는 한계가 있었다. 더욱이 국민의 참정권에 대한 논의는 매우 부정적으로 생각하고 있었다.

(2) 유교 지식인의 입헌 이해와 하의원 설립론

이 시기에는 전통적인 유교에 입각하면서도 서구의 정체를 수용하려는 논자들도 있었다. 이들의 공통점은 유교적 이상사회를 흠모하면서 삼

---

77 1898년 10월 흥화학교에서 교사를 지낸 임병구, 남순희를 비롯하여, 1898년 11월부터 광흥학교에서 교사로 지낸 신해영, 어용선, 김용제, 권봉수, 남순희, 장도, 유창희, 1899년 2월 시무(時務)학교에서 어윤적, 윤방현, 김용제 등과 1899년 3월 전수학교(專修學校) 출신 지승준과 동경상선학교 출신 변하진은 한성의숙(漢城義塾)에서 학생들을 가르쳤다.(『황성신문』 1-43호, 1898(광무 2년).10.25, 171쪽; 1-50호, 11.3, 200쪽; 2-64호, 1899(광무 3년).3.25, 966쪽; 「잡보」, 2-142호, 6.24, 194쪽; 「논설」, 2-293호, 12.21, 798쪽; 『독립신문』 4-61호, 1899.3.22, 244쪽)

대의 정치가 오늘날 서구의 입헌정체나 공화제와 유사한 것이라고 간주하려는 경향을 가지고 있었다. 이러한 논지를 편 인물 중에는 대한제국의 양전사업에서 양무위원으로 활약한 해학海鶴 이기李沂를 찾아볼 수 있다. 그는 1899년경에 저술한 「급무팔제의急務八制議」에서 독특한 '국제國制' 제정을 주장하였다.[78] 그는 세계의 정치체제를 크게 공화共和·입헌立憲·전제專制의 세 가지 형태로 나누어 보았다. 이를 옛 정치에 비교해 보건대, 당우唐虞 이상의 시대를 공화지치共和之治, 삼대三代를 입헌지치立憲之治, 진한秦漢 이하를 전제지치專制之治로 보았다. 하·은·주 삼대사회는 비록 임금의 자리는 사사로이 올랐으나 그 법은 사사로이 하지 않았고 임금이 잘못한 바가 있으면 민들도 말할 수 있는 사회였다. 그는 행하기에 가능한 것은 오직 삼대의 입헌으로 보았다. 그리고 '선사어향選士於鄕'과 '우병어농寓兵於農'은 바로 현재 서양의 상하 의원과 상·후비병常·後備兵의 제도와 같다고 생각했다.[79] 이기는 현실의 전제정체의 폐해를 비판하면서도 서구의 입헌정체를 그대로 도입하는 것을 주장하지 않았다. 그는 3대의 입헌정치를 본받는 것이야말로 오늘날 입헌군주제의 도입과 같은 것이라고 주관적으로 파악하고 있었던 셈이다.

이러한 논리는 1901년 3월 4일 『제국신문』의 논설에서도 반복되고 있었다.[80] 『제국신문』의 논설에서는 정체를 옛 제도와 비교하면 걸·주와 같은 임금은 전제정치로 같은 것으로 간주했으며, 요·순·우 임금은 공화정치, 그리고 주나라 주공은 입헌정치와 동일한 것으로 이해하려고 하였

---

78 「급무팔제의(急務八制議)」, 『해학유서(海鶴遺書)』 권2, 국사편찬위원회, 1955, 국제(國制) 제일(第一), 20~21쪽.
79 위의 글, 21쪽.
80 『제국신문』 45호, 1901(광무 5년).3.4, 193쪽.

다. 이들은 서구의 입헌정치를 중국의 삼대 정치와 유사한 것으로 이해하고 있는데, 이는 서구 근대국가의 정체론을 아직 충분히 수용하지는 못했기 때문이었다.

이러한 인식태도는 유교 지식인의 정치 개혁상소에서 여러 차례 확인된다. 이런 주장은 1898년 12월에 제기한 전 참사관 안태원安泰遠의 상소에서도 나타나 있다.[81] 그는 각 군各郡의 대표 100~200여 명이 서울에 모여 국정 전반을 토의하자고 주장하였다. 이는 당시 독립협회의 민회 주장이나 중추원 개편을 통한 상원 설치에 대해 비판하는 입장이었다.

1899년 1월 1일 전도사前都事 전병훈全秉薰도 언로言路를 넓히는 방안을 제기하였다.

[나-1] 언로言路를 널리 열어놓는다는 것 (…중략…) 외국의 하의원下議院 규례를 본받아서 각 고을에서 뛰어난 인재人才를 한두 사람 선발하게 하여 매해 정월에 모두 수도에 모이게 하여, 민民과 국國의 이로운 점과 해로운 점을 진술하게 하며 서로 협력해서 일을 해나가게 한 다음에야 여러 계책이 전부 집중되고 정사하는 방도가 크게 발전하게 될 것입니다.[82]

그는 서구와 같이 하의원下議院의 규례를 받아서 각 고을에서 뛰어난 인재를 선발하게 하여 매해 정월에 수도에 모여 국가 상 주요한 사안을 토의 결정토록 하면 좋을 것이라고 주장하였다. 여기서 주목되는 점은 그가 내세운 의회 설립의 근거가 서구의 것이라기보다는 요순堯舜이나 한漢 고조高祖의 사례를 들고 있다는 점이다. 이는 당시 정부당국의 견해처럼 중

---

81   『비서원일기』, 1898.10.26(12.9), 13-938~939쪽.
82   위의 책, 1898.11.20(1899.1.1), 13-968~971쪽.

추원을 이전과 같이 간관諫官 기관으로 간주하고 있었던 것에서는 크게 벗어났다고 할 수 있다. 그의 주장은 1899년 3월 '만언소萬言疏'라는 이름으로 『시사총보』에 소개되기도 했다.[83] 이에 대해 신문사의 주필이었던 장지연張志淵은 "매우 적절한 논의이며 치평治平의 중요한 도道이자 경제 개혁 방안을 제기했다"고 하면서 높이 평가하였다.[84] 이처럼 당시 개신유학자들의 주장은 일반적으로 유교 지식인 전체에 광범위하게 공감을 불러일으키고 있었다.

이런 흐름을 이어 유교 지식인들은 1899년 1월 중추원에 직접 상소를 제출하였다. 이는 '특설하의원特設下議院'이라는 논제가 붙었다.

[나-2] 영국의 하의원례下議院例를 모방하여 매년 정월에 향신鄕紳 4백여 원員을 서울에 모이게 하여 전곡 출입과 병수兵需 잉축剩縮, 인물장부人物臟否 등 민民과 국國에 이로운 것과 해로운 것 등 무릇 정령政令의 득실에 대하여 상의원上議院과 서로 논의하여 결정한 후 정부에 조복을 보낸다. 정부는 또한 심사숙고하여 공론을 협의한 연후에 군주에게 가부를 품재 받게 한다. 그러한 고로 군주는 힘들이지 않고 다스린다. 이것이 서구에서 오래 민란의 거친 후에 다스림의 좋은 법으로 만든 것이다. 모두 일국一國의 인재를 쓴다는 아름다운 뜻을 지니고 있다. 이제 반드시 우리 나라에 세워서 실행한 연후에야 난민亂民이 가히 다스려질 수 있고 여러 대책이 필경 모아져서 영국의 강대함과 같이 다스림에 이르게 될 것이다.[85]

---

83 『시사총보(時事叢報)』18호~24호, 1899.3.4~16.

84 위의 책, 24호, 1899.3.16.

85 「건의구조(建議九條)」, 『전안식(田案式)』(中B13G-89), 국사편찬위원회.

이 글에서는 하의원이야말로 일국의 인재를 활용하는 방안으로 적합하다는 것이라고 주장하고 있었다. 여기에서는 영국의 하의원 사례를 원용하여 하의원으로 하여금 국가의 정령에 대한 모든 것을 논의하게 하고 상원과 상의할 것이며, 정부에서는 이를 검토하고 공론으로 협의한 후 군주에게 재가를 받도록 하였다. 다만 의회와 정부, 그리고 군주와의 삼자 관계는 대단히 수직적인 편제를 하고 있다는 문제점을 가지고 있었다. 이 글의 필자가 누구인지 아직 알 수 없지만, 이 상소문에서는 외국과의 통상장정의 개정, 대외 침략을 경계하기 위한 양병론養兵論, 토지 소유권과 경작권을 보호하기 위한 양전量田과 토지 개혁, 민권 보장을 위한 법률 개정 등을 함께 주장하였다.

위의 상소문에서 제기된 국정 개혁과 하의원 설치 주장에 대해 1899년 2월 『황성신문』은 적극적으로 찬성하고 있었다. 현재 개편될 예정인 중추원의 직무가 상의원을 모방하고 있으므로 앞으로 '민유방본民有邦本'이라는 의미를 표명해 나가는 것이 중요하다고 하였다.[86]

그런데 이들은 비록 입헌정체의 긍정적 수용이나 하의원의 설치 등을 주장하고 있으나 근대적인 민권의식이나 입법부로서 국가의 주요 정책과 법률의 제정권을 부여하지 않았다. 또한 하의원의 기능과 역할에도 문제가 있었다. 하의원은 권력구조상으로 전제군주제하 의정부와 상원 아래 종속적으로 편제되어 있었다. 그렇기 때문에 개신유학자들이 주장하는 하의원의 구상은 결국에는 전제군주권의 주요 정책의 자문과 심의를 담당하는 종속적 자문기관으로 편제될 가능성이 높았을 것이다. 또한 하의원에 참여할 수 있는 일반 민인의 선거권 등을 거론하지 않음으로써

---

86 「논설」, 『황성신문』 2-37호, 1899.2.22, 545쪽.

아래로부터 민중들의 권력 참여의 기회를 보장하는 구상은 아니었다고 결론지을 수 있다.

(3) 독립협회의 입헌군주제론과 중추원 개편론

독립협회는 1898년 4월 3일 토론회에서 "의회원을 설립하는 것이 정치상에 제일 긴요함'을 주제로 정했다. 당일 토론회에서 회원과 인민들에게 의회 설립의 필요성을 본격적으로 제기하였다.

당시 정부 방침은 중추원을 의회원으로 설립하기보다는 의정부의 자문기구로 만드는 것이었다. 이는 4월 11일 법부고문 이선득李善得, C. W. Leg-endre는 윤치호와 만나 '자문 회의Consultation Board'로 하려는 정부안을 설명한 데서 알 수 있다.[87] 이 자리에서 이선득은 "대한제국은 오래된 절대주의로는 더 이상 지탱할 수 없으며 그렇다고 완전한 대의정체thoroughly representative government도 적합하지 않다"고 주장했다. 그는 궁내부고문으로서 절대군주제와 대의정체를 절충한 과도기적 정부 형태가 적절하다고 보고 의회의 기능을 대신할 자문 내지 감독기구를 정부 내에 상설해야 한다고 주장하였다.[88]

이에 대해 윤치호는 완전한 대의기구를 설립하지 못한 상황에서 정부의 방침처럼 자문기구가 아니라 상원 중심의 대의기구가 필요하다는 점

---

87 『윤치호일기』, 1898. 4. 14, 150~152쪽. 1896년 9월 러시아 공사 베베르는 고종에게 러시아의 정치제도인 국가평의회를 참고할 것을 고종에게 권유하였다고 한다. 국가평의회는 각종 법안을 검토하여 다수결로 결정하였지만 군주가 회의에 참여하여 법안에 대해 최종적인 결정을 내리는 국무 회의의 기능을 가지고 있었다. 이는 조선의 의정부 제도와 거의 유사한 것이었다. (김영수, 「아관파천기 정치세력연구」, 성균관대 석사논문, 2000, 51쪽)

88 김현숙, 「한국 근대 서양인 고문관 연구(1882~1904)」, 이화여대 박사논문, 1998, 161~165쪽.

을 생각하고 있었다.[89]

이어 4월 30일 자 『독립신문』에서는 의회 설립의 필요성을 자세히 해설하였다.[90]

[다-1] 불가불 의정원이 따로 있어 국중에 그중 학문 있고 지혜 있고 좋은 생각 있는 사람들을 뽑아 그 사람들을 행정하는 권리는 주지 말고 의론하여 작정하는 권리만 주어 좋은 생각과 좋은 의론을 날마다 공평하게 토론하여 이해손익을 공변되게 토론하여 작정하여 대황제 폐하께 이 여러 사람의 토론하여 작정한 뜻을 품하여 재가를 물은 후에는 그 일을 내각으로 넘겨 내각서 그 작정한 의사를 가지고 규칙대로 시행은 할 것 같으면 두 가지 일이 전수히 되고.[91]

위 글에서는 정부의 조직을 크게 내각內閣과 의회원議會院으로 나누고, "일국 사무를 행정관이 의정관의 직무를 하며 의정관이 행정관의 직무를 하려고 하여서는 의정도 아니 되고 행정도 아니될 터이라"고 주장하면서 양자의 역할 분리를 주장하였다. 이는 내각과 의회원을 엄격히 분립시켜 의정관은 행정권을 갖지 않고 오직 의론하여 작정하는 권리만 갖고, 행정관에게는 의정원에서 결정한 사항을 집행하는 행정권만 주는 것이었다. 입법과 행정의 2권 분리를 주장한 것이었다.

『독립신문』의 권력구조 개편론은 황제의 법률제정권과 집행권을 손상하지 않으면서도 의회원 설립을 실현시킬 수 있는 현실가능한 정체 개혁

89 이때 윤치호는 대의기구(representative popular assembly)의 구상을 포기하고 차선책으로 상원 중심의 의회원을 추진한 것으로 생각된다. (『윤치호일기』, 1898. 5. 2, 156쪽)
90 「잡보」, 『독립신문』 3-42호, 1898. 4. 9, 168쪽; 신용하, 『독립협회연구』, 일조각, 1976, 205~206쪽.
91 「논설」, 『독립신문』 3-51호, 1898. 4. 30, 201~202쪽.

론이었다. 이후 독립협회가 전제군주제하에서도 의회의 설립이 가능하다는 논리적 근거를 삼을 수 있었다.

[다-2] 근일의 구주예방歐洲列邦이 비록 전제정치라고 하더라도 상·하의원을 설치하여 국시國是를 자추諮諏하오며 언로를 널리 여니 이는 조칙 중의 일상일벌一賞一罰 혹시 남시濫施하지 못하게 하고 다 공의에 붙이라 하라신 지의旨意가 넓고 광해廣大함을 품어서 외탕巍蕩하오신 성덕聖德이 상고의 질융지치郅隆之治에 꼭 맞음이옵시고, 만국통행지규萬國通行之規에 부합하옵시니 비록 신들이 우매함으로도 더욱 감증격절感增激切의 성誠을 이길 수 없어 부월지위斧鉞之威를 피하지 않고 감히 우로지충愚魯之衷을 진술하오니, 성상에게 엎드려 원하건대, 방구준언旁求俊彦하시며 부순여정俯循輿情하오셔서 대소 정령政令을 위로는 백료百僚로부터 아래로는 서민에 이르기까지 널리 자문하고 의견을 구하시어 제반 조처를 시행하옵시면 만민이 심히 다행이고, 천하가 심히 다행이옵니다.[92]

1898년 7월 3일 독립협회 상소문에서는 중추원의 기능과 역할에 대해서 비판하고 있었다. 여기서는 대한국에서도 전제군주제를 그대로 하더라도 서양제국과 같이 상원과 하원을 개설하여 민간의 의견을 광범위하게 채택하여 실시할 수 있다는 것을 주장하였다. 그리하여 독립협회가 구상하고 있는 중추원의 개편안은 일반적인 의미에서 의회, 곧 하원이 아니라 '상원으로서 의회원'이었다고 할 수 있다.

[다-3] 하의원이라 하는 것은 백성에게 정권을 주는 것이라. 정권을 가지는 사

---

92 『비서원일기』, 1898.5.21(7.9), 13-803~804쪽; 「별보」, 『독립신문』 3-79호, 1898.7.5, 314~315쪽.

람은 한 사람이던지 몇만 명이던지 지식과 학문이 있어서 다만 내 권리만 알 뿐 아니라 남의 권리를 손상치 아니 하며 사사를 잊어 버리고 공무를 먼저 하며 작은 협의를 보지 않고 큰 의리를 숭상하여야 민국에 유익한 정치를 시행할 지니 무식하면 한 사람이 다스리나 여러 사람이 다스리나 국정이 그르기는 마찬가지요. 무식한 세계에는 군주국이 도리어 민주국보다 견고함은 고금 사귀와 구미 각국 정형을 보와도 알지라.[93]

위의 글은 『독립신문』 1898년 7월 27일 자 논설 '하의원은 급치 안타'라는 글이다. 하의원은 백성에게 정권을 주는 것이므로 민중이 교육을 받아 계몽되지 않으면 안 된다고 했다. 그리고 무식한 백성이 있는 곳에서는 군주국이 도리어 민주국보다 낫다고까지 했다. 따라서 『독립신문』은 점진적으로 학교의 설립을 통해 새로운 세대들을 교육시키고, 해외로 구미각국에 학도를 파견하여 선진학문을 수용함으로써 민중을 계몽시킨 후인 40, 50년이 지나야 하의원의 설립을 생각해 볼 수 있다는 입장이었다.[94] 이는 앞서 검토한 유교 지식인의 하의원 설치안과는 근본적으로 대립되는 구상이었다. 물론 일반 민인들의 정치 참여를 보장하는 것은 아니라는 점에서 공통점을 가지고 있었다.

그런데 이 시기 독립협회의 중추원 개편운동은 고종 및 측근세력에 의

---

93 『독립신문』 3-98호, 1898.7.27, 389~390쪽.
94 "안으로는 학교를 도처에 설시하여 젊은 사람들을 교육 하며 또 밖으로는 학도를 구미 각국에 파송 하여 유익한 학문을 배워다가 인민에 지식이 쾌히 열려 사오십 년 진보한 후에나 하의원을 생각 하는 것이 온당하겠도다."(『독립신문』 3-98호, 1898.7.27, 389~390쪽) 또한 7월 9일 『독립신문』은 「민권이 무엇인지」라는 장문의 논설을 싣고 민회의 설립, 교육의 미비, 자유와 권리 유포, 무공의 높임, 애국심 등을 들고 우리에게는 도리어 이런 부분들을 고쳐시켜야 할 것이라고 강조했다.(『독립신문』 3-83호, 1898.7.9, 329~330쪽)

해서 좌절될 위기에 놓여 있었다. 1898년 10월 중순 이후 독립협회가 부패 무능한 대신을 규탄하고 개각을 요구하는 등 본격적인 권력 개편운동을 전개하였기 때문이다. 이에 고종은 황제의 고유한 관료 임명권을 주장하고 있었다.[95] 독립협회는 정치를 거스르고 법률을 어지럽히는 신하가 있으면 이를 탄핵하고 성토하는 권한이 있다고 하였다.

당시 독립협회는 민권이 성하면 군권이 손상된다는 하는 것은 잘못된 것이라고 비판하였다.[96] 이러한 논리는 결국 군주가 전제권을 가지고 국정운영을 해나가는 것을 인정하면서도 무제한적인 군권이 아니라 민의의 수렴과 동의를 통해 권력을 행사하는 방식을 주장하였던 것이다.

결국 독립협회는 전제군주제를 부정하지 않으면서도 중추원의 설립을 통해 민의 의사를 반영하는 법률을 제정함으로써 군주권을 일정 정도 제한하는 입헌군주제를 지향했다.[97] 그러한 입헌군주제의 권력구조는 중추원과 황제, 황제와 의정부로 이어지는 권력구조를 상정하고 있었다. 1898년 10월 이후 독립협회의 정치 개혁운동은 의회원로 상정될 수 있는 중추원 개편을 중심으로 전개되었으며, 중추원과 황제와의 연결을 매우 중요하게 생각하고 있었다. 이러한 상황에서 한성부를 중심으로 하는 시민·서민의 정치 개혁운동이 촉발되고 있었다.

---

95 『비서원일기』, 1898.9.6(10.20), 13-890쪽.

96 「중추원 일등의관 윤치호호소」, 위의 책, 1898.9.9(10.23), 13-892~893쪽.

97 1898년 12월 7일 『독립신문』은 「정치가론」이라는 논설에서 이탈리아와 프랑스와의 대립관계를 설명하면서 이탈리아가 당시 입헌정치의 제도를 세우고 인민에게 무한한 자유의 권을 주었던 것으로 인하여 프랑스의 나폴레옹과 대적하여 무사히 국가를 보전할 수 있었다는 점을 강조하고 있었다. (「정치가론」, 『독립신문』 3-209호, 429~430쪽)

3. 1898년 한성부민의 정치 참여운동과 민 의식의 성장

1) 1898년 10월 관민공동회를 통한 시민의 집회시위운동

대한제국기 시민들은 당시 정치적 이슈에 대한 대응으로 점차 정치운동을 고조시키고 있었다. 1894년 7월 갑오개혁 이후 1897년 대한제국의 수립과 그 이후 제국의 수도인 한성에서 벌어진 시민운동은 일정한 정치적 색채에 따라 영향을 받을 수밖에 없었다. 그중에서 가장 영향력을 갖기 시작한 것은 독립협회의 계몽운동에 영향을 받은 '만민공동회'의 활동이었다.[98]

1898년 4월부터 정치 개혁운동이 본격화되었다. 이때 주요한 이슈는 중추원을 비롯한 정치구조의 개편을 통해 시민의 정치적 진출을 노린다는 것이었다. 합법적인 집회, 시위, 결사 등은 이미 독립협회의 활동을 통해 점차 확산되고 있었고, 이의 정점을 맞이한 것이 바로 1898년 10월에 개최된 '관민공동회'였다.

1898년 10월 26일 독립협회는 사무소에서 모임을 열고 고위 관리와 낮은 관리, 선비를 초대하여 나라의 일을 협의하자고 의결하였다. 독립협회는 이틀 후인 10월 28일 종로에서 대규모 집회를 갖기로 하고, 10월 27일 정부관료와 각계각층에게 150여 장의 초대장을 발송했다.[99] 이것이 관과 민이 함께 모여 국사를 논의하자는 '관민공동회'를 알리는 초대장이었다.

---

98 도면회는 아관파천 이후 국왕권을 세 단계를 거쳐 강화되고 있다고 보았다. 결국 1899년 8월 대한국국제의 반포를 통해 '변용된 전제군주제'가 성립되었다고 보았다. (도면회, 앞의 글, 2003, 83~89쪽) 이 책의 본문에서는 일방적인 군주권의 강화로만 보는 일반 견해에 대해서 반론을 제기하는 입장이다. 1898년 10~12월에 개최된 관민공동회와 「헌의 6조」, 중추원 개편안들이 수용되었다면 대한제국의 입헌군주제로의 개편이 이루어질 수 있었다는 논지이다.

99 「잡보(종로별회)」, 『독립신문』 3권 176호, 1898.10.28; 『대한계년사』 (상), 278쪽.

그러나 독립협회의 총대위원들이 연명으로 보낸 초대장을 받은 정부 대신들의 반응은 냉담했다. 이들은 초대장에 대해 이달 20일 황제 폐하가 지시한 대로 "원래 정해진 장소에서만 토론하고 그만 두라"는 명령을 상기시키면서 원래 정해진 장소는 독립관이고 종로는 원래 정해진 장소가 아니므로 나아갈 수 없다고 하였다.

그럼에도 10월 28일 종로에서는 예정대로 모임이 성대히 열렸다. 약 4천 명의 회원들은 울타리 안에 단정히 앉아 있었고, 이를 구경하는 사람들이 구름처럼 몰려들었다. 오후 1시가 되자 독립협회 회장 윤치호와 다수 회원이 도착하여 대회가 시작되었다. 이때 윤치호는 공동회 대회장으로 추대되었다. 그는 대회 진행 도중에 회중會衆이 반드시 지켜야 할 네 가지 조건을 선언하였다.

1. 황제와 황실에 불경한 언행은 엄금하며, 민주주의와 공화정치를 옹호하는 연설을 금한다.
2. 우리가 겪는 불행은 우선 우리의 책임이므로 우리와 조약을 맺은 외국을 모독하거나 외교분쟁을 일으킬 수 있는 언행을 금한다.
3. 우리는 양반과 상민이 모두 동포 형제로서 이 대회에 모인 것이므로 누구든지 서로 모욕적인 언행은 엄금하며, 우리가 규탄했던 전임대신들에게도 불쾌한 언행을 금한다.
4. 일부의 사람들이 자기의 나라보다도 자기의 풍속을 사랑하므로, 상투를 포함한 사회관습 개혁에 대한 논의는 금하며, 국가정책에 대한 논의만을 행한다.

매우 조심스럽게 제안한 위의 네 가지 조건은 나름 판단의 근거가 있었다. 우선 첫 조항으로 현재 정치제도의 비난을 삼가며, 특히 황제와 황실에 대한 불경한 언행을 하지 않는다는 것이다. 여기에 더하여 민주주의와 공화정치를 옹호하는 언설을 금지하고 있다. 이는 독립협회가 표방하는 서구 민주주의의 이념과 제도 도입을 지향한 것과는 어긋하는 것이라고 할 수 있다. 이는 아무리 도성 시민이라고 하더라도 그들의 과격한 정치 참여의 주장을 그대로 수용할 수는 없다는 입장을 취하고 있었기 때문이었다. 세 번째의 조항에서는 양반과 상민이 모두 동포 형제라는 의식을 강조했다. 당시 『독립신문』의 기사 분석에서도 나타나고 있듯이 인민, 백성 등에 대한 표현이 다수를 차지하고 있었지만, 아직 다양한 계층의 민족주의적 결합을 강조하는 의미의 논설이나 기사는 거의 나타나지 않았다. 위의 조건들은 참석한 군중들에게 커다란 호응을 얻었다.

다음 날인 10월 29일 독립협회의 주최로 종로에서 관민공동회가 재차 열렸다. 이날 오후 2시 종로에서 관민공동회가 계속 열렸다. 정부 각부서의 관리 및 신사紳士, 각 협회, 각 학교 학생, 가게 상인, 맹인, 승려, 백정 등이 모두 청첩장을 받고 왔다. 이때 참석한 관리는 의정부 참정 박정양, 찬정 이종건, 법부 대신 서정순, 농상공부 대신 김명규, 탁지부 대신 서리 고영희, 중추원 의장 한규설, 옛 대신 심상훈, 이재순, 정낙용, 민영환, 민영기, 한성 판윤 이채연, 학부 협판 이용직, 의정부 참찬 권재형, 찬무 러젠드르 등이었다. 또한 참가한 각 단체는 보부상 단체인 황국협회, 상인들의 단체인 총상회, 배제학당 학생들의 토론회인 협성회, 일어학교 학생들의 토론회인 광무협회, 유생들의 모임인 진신회搢紳會, 등짐장수들의 친목회, 신사들이 설립한 국민협회, 서울 북부의 양반 부인들이 창설한 순성회도 참석했을 뿐만 아니라 가장 천한 지위에 있는 백정, 즉 소를 잡는 사람들인 재설꾼도 참여했다. 이때 처음으로 발언에 나선 사람이 백정 박성춘朴成春이었다.

이놈은 바로 대한에서 가장 천한 사람이고 매우 무식합니다. 그러나 임금께 충성하고 나라를 사랑하는 뜻은 대강 알고 있습니다. 이제 나라를 이롭게 하고 백성을 편리하게 하는 방도는 관리와 백성이 마음을 합한 뒤에야 가능하다고 생각합니다. 저 차일에 비유하건대, 한 개의 장대로 받치자면 힘이 부족하지만 만일 많은 장대로 힘을 합친다면 그 힘은 매우 튼튼합니다. 삼가 원하건대, 관리와 백성이 마음을 합하여 우리 대황제의 훌륭한 덕에 보답하고 국운이 영원토록 무궁하게 합시다.[100]

이 연설을 들은 참석자들은 박수갈채를 보냈다. 회원들이 각자 의견을 개진하여 총 11개 조목에 달하는 결의안을 만들었다. 먼저 6개조로 큰 줄거리를 만들어 황제께 아뢰고, 그 나머지 5개조는 항목으로 만들어 다음에 아뢰기로 결정하였다. 참석한 모든 사람들이 '찬성합니다'라고 말하면서 동의했고, 여기에 여러 대신들도 모두 '가可' 자 밑에 서명하였다. 이때 고종황제에게 바치는 「헌의 6조」는 이렇게 정해졌다.[101] 이 과정에서 주목하는 점은 엄청난 군중들의 응집력과 함성 등을 통해서 일사분란하게 결의되었다는 점이다. 이는 최초로 서울의 시민들이 자신의 정치적 주장을 내세웠다는 점과, 별도의 민주주의적 형식 절차와 의견 수렴 없이 다중의 힘으로 의사를 결정하였다는 점이다.

「헌의 6조」중에서 먼저 1조, "외국인에게 의지하지 말고 관민의 의사를 수렴하여 전제황권을 굳건히 한다는 것"으로 개혁 방침의 원칙을 강조한 부분이다.[102] 2조는 대한제국 설립 초기 외국과의 이권 허여 조약에 대해 규제하는 내용으로 되어 있으며, 3조는 국가 재정의 합리적인 운영

---

100 『대한계년사』 (상), 282쪽.
101 『고종실록』 38권, 고종 35년 양력 10월 30일, 2번째 기사.
102 『고종실록』, 1898.10.30, 3~65쪽; 「별보」, 『황성신문』 1-48호, 1898.11.1, 189~190쪽.

을, 4조는 재판 과정에서는 공정한 재판을 요구하는 것이었다. 5조는 황제가 직접 임명하는 고위관료인 칙임관의 임명이 자의적으로 이루어진 현실을 개혁하기 위해 의정부에 자문하여 과반수의 찬성에 따라 임명하자는 것이다. 황제권의 관료 임면권을 제한하기 위한 것이다. 6조의 경우에는 갑오개혁 이후 각 관청과 부서의 규정에 따라 시행하자는 것으로 합리적인 행정 운영을 강조하였다. 「헌의 6조」는 당시 황제의 권한과 일부 관료들에 의해 자의

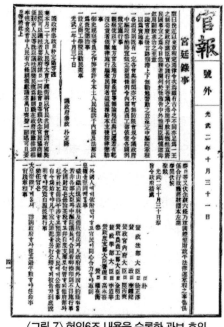

〈그림 7〉 헌의6조 내용을 수록한 관보 호외
(1898.10.31)

적으로 운영되던 국가 운영의 난맥상을 시정하고, 행정과 사법의 합리적인 운영을 통해 대한제국의 국정을 개혁하려는 요구였다.

다음 날인 10월 30일, 독립협회와 시민들은 다시 집회를 열어 「헌의 6조」가 선포되기를 기다렸다. 오후 1시까지 반포하기로 한 약속은 지켜지지 않았고, 오후 8시가 되어서도 공포되지 않았다. 마침내 독립협회의 회원이기도 한 의정부 총무국장 이상재와 참서관 윤달영이 황제의 윤허를 알렸다. 황제께서는 장차 조칙으로 특별히 반포하여 관보에 게재할 것을 약속하였다는 것이었다. 이때 추가된 5개 조항이다.[103]

드디어 10월 31일 8시에 종로에서 다시 관민공동회를 열고 황제의 재

---

103 『승정원일기』, 1898년 음력 9월 16일; 「별보」, 『황성신문』, 1898.11.1.

가와 지시를 공포했다. 황제의 승인 소식을 듣고, 참석한 여러 회원들은 만세를 불렀다. 이날은 공교롭게도 고종황제가 황제에 즉위한 계천기원절繼天紀元節이었다. 독립협회에서는 독립관에서 경축 모임을 열었다. 회원들이 일제히 일어서서 풍악을 앞세우고 애국가를 부르며 경운궁德壽宮의 정문인 인화문 앞으로 가서 대황제와 황태자, 그리고 2천만 동포를 위하여 만세와 천세를 불렀다.[104]

이때 현제창의 제의에 따라 「조칙 5조」와 「헌의 6조」 10만 장씩을 인쇄하여 온나라에 널리 배포하고 또한 각 학교 학생들에게 그것을 배우고 익히게 하도록 했다. 이날 회원으로 참석한 사람들이 몇천 명인지 모를 정도로 많았다. 이후에도 독립협회는 11월 2일까지 6일간이나 연속으로 종로 집회를 가졌다.

2) 대한제국의 정치적 반동과 시민운동의 대탄압

이렇게 관민공동회의 「헌의 6조」에 대응하여 고종은 「조칙 5조」를 선언하였다. 그 내용은 1898년 10월 31일 관보에 바로 게재되었다. 이러한 조칙과 주본의 올린 사실과 그 내용을 공포한 경위는 좀 복잡했다. 우선 조서는 그야말로 고종의 입장을 그대로 표시하고 있는데, "이에 민국民國을 위해서 해야 할 사항으로 오늘날 급선무가 되는 것을 아래에 열거하여 중앙과 지방에 포고하니, 너희 신하들은 엄격히 준수하고 소홀히 하지 않음으로써 잘 다스려 보고자 하는 짐의 지극한 뜻에 부응하라"고 하였다.[105] 여기서 민국을 위한다는 말은 일반 국민과는 전혀 다른 뜻으로 '민과 국에서 마땅한 일로서 금일의 급무가 되는 것'이라는 의미였다. 그러

---

104 「별보」, 『독립신문』, 1898.11.1.
105 『승정원일기』 139책, 1898.10.30(음력 9월 16일) 기사.

니까 민을 위한다는 것이라 기보다는 일단 일왕지제—王之制가 이미 갖춰져 있고, 시행 과정에서 신하들이 엄격히 준수하면서 시행해야 할 것이라는 취지에서 5조목으로 집약하여 선포하고 있었다.

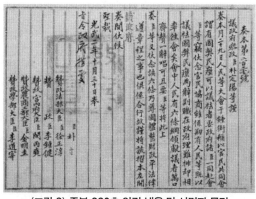

<그림 8> 주본 220호 안건 내용 및 서명자 문건

이에 반하여 독립협회를 중심으로 이루어진 「헌의 6조」에 대한 의결은 관보에 등재된 찬성 대신들의 명단에서 보는 것처럼 의정부 참정 박정양, 법부대신 서정순, 찬정 이종건, 궁내부 대신 민병석, 농상공부 대신 김명규, 학부대신 이도재, 탁지부 대신 고영희, 참찬 권재형 등은 찬동하여 서명하였다.

그런데 놀라운 사실은 이러한 결의와 서명이 당시 대한제국의 최고 의결기관인 의정부 회의에서 정식으로 검토된 것이 아니라는 것이다. 이는 당시 주본奏本이 국왕에게 올려지기 전에 반드시 의정부 회의를 거쳐야 하는데도 불구하고 이에 대한 검토 회의가 없었다는 것에 주목할 필요가 있다. 「주본 제220호」로 올려진 안건은 특별한 제목없이 종로에서 이루어진 관민공동회의 개최 경위와 결의 사항을 설명한 후, 「헌의 6조」의 내용 그대로 안건을 올리는 형식이었다.

따라서 이 안건은 의정부 전체 회의를 통해서 정식으로 결의된 것이 아니었고, 당시 의정부의 대신 회의에 참석할 수 있었던 외부대신 박제순, 내부대신 이근명, 군부대신서리 유기환, 찬정 조병식, 이종건, 이윤용 등은 서명하지 않았다.[106] 그리고 정부 일각에서는 이 조치에 불만을 품은 사람들이 있었다. 이렇게 의정부 회의에서 충분히 검토되지 못한 채 국왕의 재가를 강요하였던 사안을 다시 국왕과 보수관료들의 집요한 거부로 말미암아 11월 4일 해당 대신들을 해임하는 초강수가 두어졌다.[107]

독립협회에 불만을 갖고 있던 일부의 관료들은 가깝게는 1898년 8월 안경수의 정변 미수 사건에 영향을 받았을 것이다. 안경수가 정변을 일으키려고 했다가 미수에 그치고 일본으로 망명하는 사건이 발생했기 때문이다. 이때 참정 조병식은 이 사건을 계기로 해서 정부에 비판적인 독립협회를 붕괴시키려고 했다.

이에 독립협회는 7월 17일 통상회에서 김구현, 홍정후, 최석민 등을 총대위원으로 뽑아 의정부 참정 조병식이 그동안 행한 실정과 탐학을 조사하였다.[108]

또한 9월 11일 이른바 '김홍륙 독차사건'이 발생하였다. 고종황제가 위해를 당하자 9월 23일 개원한 중추원에서 서상우 등은 갑오개혁 때 폐지된 죄인의 사지를 찢어죽이는 극형인 노륙법拏戮法과 관련된 죄인의 가족과 친척을 함께 처벌하는 연좌법連坐法을 부활시킬 것을 요구하였다. 이에

---

106 1898년 11월 2일 의정부 회의에는 대부분의 정부 대신이 참여하고 있으며, 다만 이윤용(출강), 최익현(미수척) 등의 사유가 있을 뿐이었다. (의정부(조선) 편저, 「주본 제221호 회의안」, 『주본(奏本)』(奎17703-23), 1898)

107 정교는 이러한 사태를 이미 우려하고 있었다. 이에 의정부 참정 박정양, 법부대신 서정순, 의병부 찬정 이종건, 농상공부 대신 김명규, 탁지부 대신서리 협판 고영희, 의정부 참찬 권재형 등이 모두 해임되었다. (정교, 변주승 역, 『대한계년사』 4, 소명출판, 2004, 22~23쪽; 『고종실록』 권 38, 1898.11.4; 『관보』 회의, 1898.11.5)

108 조병식은 이에 앞서 1898년 윤3월 14일에 중추원 1등의관으로 임명되었다. 이후 5월 26일에는 의정부 참정으로 임명되었으나 6월 3일에 면관되었으며, 7월 1일에는 징계를 면해 주었다. 7월 1일에는 다시 중추원 일등의관으로 복귀하였으나 7월 29일에는 중추원 의관 조병식(趙秉式)이 총상회장(總商會長)이라고 일컬으며 방문을 붙여 상민(商民)들에게 철시(撤市)하도록 하였다고 하면서 의정부 참정 윤용선은 비록 경무청이 타일러 즉시 예전처럼 점포를 열었지만 사체로 헤아려 볼 때 지나간 일이라고 하여 그대로 둘 수는 없다고 조병식의 견책을 요구하였다. (『승정원일기』, 해당 일자 기사)

법부대신 겸 중추원 의장 신기선 이하 의관 34인이 정부에 상소하였다.

이에 대해 독립협회는 국민의 생명과 재산의 자유권을 침해하는 것이며 신법률을 개악하는 것으로 결의하고 비록 김홍륙이라고 하더라도 법률에 의해 처벌되어야 하며 연루자에 대한 고문도 중지하라고 하면서 연명소에 서명한 의관과 의장을 사직할 것을 요구하였다. 이에 대해 노륙법 부활을 둘러싸고 여론은 중추원의장 신기선의 주장에 동조하는 보수적인 유생들이 지지를 표명하는 등 독립협회와 대립하게 되었다. 독립협회는 10월 7일 만여 명의 민중과 더불어 경운궁 인화문으로 나아가 정교가 지은 상소를 올렸다. 독립협회는 강경한 논조로 근대적인 법률 제정을 규정한 홍범 14조의 중요성을 다시 강조하면서 노륙법과 연좌법의 부활을 반대하였다.

10월 8일 인화문 앞 집회에서 군중들은 7대신의 규탄과 대신의 교체를 통한 신내각 수립을 요구하였다. 그러나 고종황제는 7대신에게 경고만 하고 교체하지 않겠다는 뜻을 밝혔다. 이에 10월 10일 다시 3차 상소를 올려 "백성이 나라의 근본이요. 근본이 튼튼하여야 나라가 평안할 것인데, 백성이 튼튼치 못하고 나라가 평안하지 못한 것은 7대신의 죄"라고 규탄하며 전면개각을 요구하였다. 이날 밤에서 군중들이 물러나지 않고 철야 집회를 갖자 고종황제는 호소와 위협으로 해산하려고 하였다. 결국 12일에는 의정부 참점 윤용선을 해임시켜 의정 심순택과 함께 7대신을 모두 해임시켰다. 또 전면 개각을 단행하여 박정양을 의정서리사무, 민영환을 군부대신으로, 조병호는 탁지부대신, 서정순을 법부대신, 윤용구를 궁내부 대신으로 임명했다. 당시 미국 공사 알렌을 위시한 각국 외교관은 대한제국 정부의 전면 개각으로 개혁파가 집권하게 된 사실에 놀라움을 표시하면서 민중들에 의해 '하나의 평화적 혁명'이 이루어지고 있다고 보았다.[109]

3) 중추원 신관제 실시와 정계 개편 시도

윤치호는 대한제국 정부가 마련한 중추원 관제는 민의를 널리 채택하는 데 부적합하다고 판단하였다. 10월 24일 정교鄭喬, 이건호李建鎬, 이상재李商在 등 3인을 중심으로 독자적인 중추원관제를 마련하였다. 독립협회는 중추원의 권능을 크게 확대시켜 놓았다. 중추원에 국정 전반의 주요정책에 관한 포괄적인 권한을 부여한 것이었다. 만일 중추원과 의정부가 서로 의견을 달리할 경우에도 양 기관이 합석하여 협의 타결한 연후에 시행한다는 조건을 붙였다. 또한 중추원의 의원으로서 의관 50명 중에서 반수를 독립협회 회원으로 충당할 것을 규정하였다.[110]

이후 관민공동회에서 10월 28일에서 11월 2일에 걸쳐 「헌의 6조」와 조칙 5개조의 실행이 약속되자 대한제국 정부는 의정부 참정 박정양의 이름으로 11월 2일 자로 중추원신관제를 의정부 회의에서 통과시키고, 11월 4일 공포하였다.[111]

이때 제정된 중추원 규정은 중추원이 이제 국정의 자문기능에서 벗어

---

109 「주한미국공사관보고」(Communications to the Secretary of State from U.S. Representatives in Korea; H. N. Allen) No. 152, 1898년 10월 13일조(Change of Cabinet, Peaceful Revolution, Independence Club). "I have the honor to inform you that this city has just passed through a period of intensive excitement. A peaceful Revolution has taken place, and at the demand of the masses, almost a complete change of cabinet has been made. Such cabinet changes took place when, in 1894, the Japanese took practical possesion of Korea……."(신용하, 『독립협회연구』, 일조각, 1976, 352쪽, '각주 326' 재인용)

110 『대한계년사』(상), 272쪽; 「잡보(추원개안(樞院改案))」, 『황성신문』 1-44호, 1898.10.26, 1~175쪽.

111 중추원관제 중 핵심적인 내용은 제1조와 제11~14조였다. "제11조 中樞院에서 各項案件에 對하여 議決하는 權만 有ㅎ고 上奏 或發令을 直行치 못할 事", "제12조 議政府와 中樞院에서 意見이 不合하는 時는 府院이 合席協議하여 妥當可決한 후에 施行ㅎ고 議政府에서 直行함을 得치 못홀 事" 등이 중요하다.(『독립신문』 4-166호, 1898.10.17, 258쪽; 『관보』 1917호, 1898.11.4, 6-724~725쪽)

나 실질적인 입법기구로서 부여되었다. 의정부와 중추원은 행정권과 입법권을 나누어 가지면서 상호 권한을 견제하는 기능을 갖게 되었다. 기존의 의정부 중심의 권력구조를 의정부와 중추원의 분권을 실현하는 권력구조로 교체할 것을 의

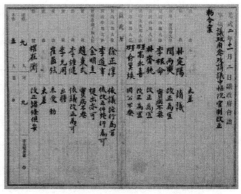

〈그림 9〉 의정부 회의의 중추원 관제 결의

미하였다. 그리고 양자의 상위에 황제의 군주권이 있는 권력구조로 개편되었다.[112]

그런데 독립협회의 기본 구상과는 약간의 차이가 있었다. 1898년 4월 30일 자 논설에서 주장한 바와 같이 의회에서 결정된 정책사안을 내각을 거치지 않고 황제에게 직접 상주한다는 부분이 있었는데, 이제 개편된 중추원장정에서는 의회와 내각이 서로 협의한 후 황제에게 상주한다는 내용으로 바뀐 것이다. 이는 갑오개혁 시기에 제기된 행정부과 의회와의 양권 분립의 개혁안과 유사한 것이었다.[113] 이러한 권력구조 개편론은 입헌군주제하의 군주의 상징적 역할로 제한하는 것으로써 실제 권력의 실체에서 황제권을 제외시키는 것과 같은 결과를 초래할 가능성도 있었다.[114]

---

112 주진오, 앞의 글, 1995, 187~188쪽.

113 "의회는 의사부이고 정부는 행정부이다. 양자는 서로 대치해야 하고 섞이는 것은 불가하다. 이는 만국통례이다."(「의안」, 『일성록』, 1894년(고종 31년) 갑오 9월 11일, 308쪽)

114 중추원관제의 제정에 관여한 인사들의 면모에서 특징적인 점을 발견할 수 있다. 이들은 의정부참정 박정양, 법부대신 서정순, 의정부찬정 이종건, 농상공부대신 김명규, 탁지부대신서리 이자 협판 고영희, 의정부참찬 권재형 등과 독립협회의 윤치호, 정교, 이상재 등이었다. 이들 중 대다수가 이미 1897년 4월에 법규개정을 논의하던 교전소에 참여했던 인사들이라는 점에 주목할 필요가 있다.(『대한계년사』(상), 261~263쪽)

〈그림 10〉 중추원관제 개정안

이렇게 중추원 개정 관제는 의정부 의정 서리 박정양과 참찬 민병석의 건의로 의정부 회의에 회부되어 참석자 9명 전원의 찬성으로 의결되었고, 곧이어 고종황제의 칙령으로 반포되었다. 토의 안건은 첫째로 법률, 칙령 제정 폐지, 혹은 개정에 관한 사항을 우선으로 하였고, 의정부에서 의논하여 상주한 일체의 사항, 칙령으로 인하여 의정부에서 자순하는 사항 등 중추원의 결의 안건은 비교적 폭넓게 규정되어 있었다.[115]

이 개정 관제의 기본 취지는 의정부는 행정권을 중추원은 입법권을 가지고 상호 견제하도록 하는 것이 이상적이겠으나 여기서는 의정부 내지 국정 전반에 자문하거나 건의를 올리는 기능으로 한정하였다. 이에 따라 실제 중추원의 역할과 범위가 명확하지 않았으므로 양 기구의 역할이 중첩될 가능성이 있었다. 다만 의정부와 중추원의 결의는 반드시 황제를 거치게 됨으로써 대한제국의 권력구조는 황제를 최상위로 하여 그 아래 의정부와 중추원을 양립시키는 것으로 결론지었다. 그러면서도 중추원의 의관 임명의 방식이 의관 50명 중 반수를 의정부에서 회의하여 상주하여 결정하도록 하고, 나머지 반수는 인민협회, 곧 독립협회에서 주로 투표하여 선출하도록 함으로써 처음으로 중추원이 대의적인 성격도 포함하게 되었다.[116]

---

115 「기사」,『고종실록』38권, 1898.11.2).
116 「주본 234호 중추원관제개정사」, 1898.11.2, '제3·16조 조항'.

이러한 방안은 고종황제와 의정부, 독립협회 간에 오랫동안 협상 과정을 통해서 도출안 타협안이었다. 당시 정치 개혁의 현안은 의정부의 각부 대신들이 각 부서의 대신으로 적합하지 않다고 하여 고위 관료들의 임명 문제가 쟁점이 되어 있었는데, 이는 고종황제의 고유 권한이라고 하면서 관료의 임명권을 제외하고 의정부와 중추원을 대치시키는 방향으로 중추원 관제를 개정한 것이었다.[117] 이러한 절충안을 마련하게 된 계기는 앞서 설명한 「헌의 6조」의 수용에 있었다.

그렇지만 고종은 황제권의 안정화를 최우선으로 하였기 때문에 독립협회나 만민공동회의 정치 개혁과 대신 교체 요구에 대해서는 자신의 전제권專制權을 침해하고 있다고 간주하고 있었다. 그래서 고종은 11월 26일 고종황제는 친히 만민공동회의 집회에 나아가 최종적인 입장을 밝혔다.[118]

고종황제는 지금까지 정치적 논란과 분쟁에 대해서는 일체 용서해주고 군신민의 관계에서 왕과 민간의 신의를 강조하면서 전제정치와 충군애국에 어긋나지 않도록 당부하였다. 이렇게 1898년 10월 정치 개혁의 논쟁의 초점은 중추원 개편 문제였는데, 이때 어느 정도 실마리를 찾을 수 있었고, 이는 곧 입헌정치 수립을 위한 하나의 단계를 이루는 의미를 가졌다. 당시 고종황제와 박정양과 같은 정부 내 개혁관료인사들이 밑으로부터의 입헌 요구에 부응하려고 했다고 볼 수 있다. 당시 현실적으로는 1898년 10월에서 11월에 이르는 시기에 대한제국은 입헌군주제로의 정체 변화를 추구할 수 있는 가능성이 있었다고 생각된다.

---

117 독립협회는 1898년 4월 초 전제군주제 아래 의회원에서 결의한 사항은 황제에게 직접 상주하여 재가한 후, 황제는 다시 내각으로 넘겨 시행할 것으로 구상하였다.(「논설」, 『독립신문』 3-51호, 1898. 4. 30, 201~202쪽) 10월 이후에는 중추원과 의정부와의 상호 대치하는 권력구조로 개편하였으며, 그 위에 황제권을 위치하게 하였다.
118 『고종실록』 3책, 1898. 11. 26, 73쪽; 『관보』 호외 2호, 1898. 11. 26.

4) 1898년 12월 중추원 선거의 전복과 전제황제로의 복귀

새로운 중추원 관제 3조와 16조에 의거하여 독립협회에서 25명의 의관을 선거하여 명단을 보내달라고 요청하였다. 독립협회는 11월 5일 독립관에서 투표에 의하여 중추원 의관을 선거할 것을 결정하였다. 이제 대한제국의 권력구조에서 중추원을 민선民選의 의회로 바꾸고 명실공히 새로운 법률과 정책을 결정하고 국정에 반영함으로써 민의를 반영하는 대의민주주의 정체를 시도하게 된 것이었다.

1898년 11월 5일 독립관에 있을 최초의 의회의원 선거를 구경하기 위해 많은 사람들이 모이기 시작하였다. 그러나 이들은 청천벽력과 같이 이상재 이하 17명의 지도자들이 이미 경무청에 체포되었으며, 독립협회에 해산 명령이 있었음을 듣게 되었다.

윤치호 등 지도부는 가능한 한 최대의 군중을 모아 항의 투쟁을 하기로 하였다. 양홍묵, 이승만 등을 비롯한 영어학교, 배재학당 등 각 학교의 학도들이 경무청 앞에서 항의를 시작하고 백목전 도가都家에서 만민공동회를 개최하고 윤시병을 회장으로 선출하여 경무청 문 앞으로 달려가기 시작하였다. 경무사는 당황하면서 민중들은 체포자 명단에 없으므로 체포할 수 없으니 해산하여 줄 것을 종용하였다.

그날 11월 4일 밤 의정부 찬정 조병식, 군부대신 서리 유기환, 법부협판 이기동 등 수구파 관료들은 "조선왕조가 쇄망하고 민과 천이 공히 응하고 만민이 공동하여 대신을 회의하고 대통령을 추대하게 될 것"이라는 익명서를 광화문 밖에 몰래 붙이게 하였다.[119] 또한 조병식은 이를 발견했다고 하면서 11월 5일 독립관에서 대회를 열어 박정양을 대통령으로 윤치호를

---

119 1898년 11월 8일 만민공동회의 집회 시위를 무마하기 위해 경무사 신태휴가 "드디어 양손으로 은밀히 익명서를 잡고 단지 세 글자만 잠깐 만민회 사람들에게 보여 주었는

〈표 8〉 1898년 11월 이후 만민공동회의 전개와 참여층(1898.11~12)

일자	장소	주요 주장	주도층	참여 인원	전거
1898년 11월 5일경	경무청 문 앞	독립협회 구속 인사 17명 석방	윤시병, 배재학당 교사 양홍묵, 이승만, 학생 40~50명, 기타 회원 수십 명	황국협회 일부, 각 학교 학생 등 시민 수천 명	『대한계년사』 1898년 11월조(이하 동 번역문, 4권, 23~29쪽)
11월 6일	종로 각 상인	독립협회 회원 구속에 대한 항의	종로 각 점포의 상인	종로 철시	4권 (번역문, 33쪽)
11월 8일		만민공동회 상소	윤길병 등 만민회		4권 (번역문 50~52쪽)
11월 초	서울 안 사방 큰 거리		만민회에서 총대위원 100명	백성들에게 연설	4권 (번역본 44쪽)
11월 12일	종로	17명 석방 요구	만민공동회	수만 명	(번역문, 68쪽)
11월 15일	인화문 밖 시종원	제4차 상소	만민회		(번역문 88~89쪽)
11월 16일	서울 시내		등짐장수 모임	18~19일 각도로부터 서울로 들어와 수천명 집회	(번역문 102~103쪽)
11월 20일	인화문 앞		만민회	만민회 사람들 전에 비해 갑절	(번역문 106쪽)
11월 21일	종로	만민회 해산 목적	등짐장수 미리 2천 명 2패로 나눔	등짐장수로 마포에 모인 사람은 모두 1천 7백 명	(번역문, 113쪽)
11월 22일	종로	등짐장수의 횡포 항의	만민회	도성 안 5서의 인민이 각기 서의 깃발 신호로 나뉘어 모임. 수만 명(?)	(번역문, 121~122쪽)
11월 24일	사대문 종로	등짐장수의 행패에 대한 게시문	만민공동회	등짐장수 1천 700명	(번역문, 134~135쪽)
11월 26일	돈례문(경운궁 남쪽 문)	만민회 및 등짐장수(부상) 회유	고종황제	만민회 회원 200명, 등짐장수 200명	(번역문, 141~142쪽)
12월 2일	서서 쌍용정	김덕구 장례	'대한제국의사(義士) 김공덕구지구(金公 德九之柩)'	회원 수천 명	(번역문, 163~166쪽)
12월 3일	독립관	통상회	독립협회	회원 총수 4,173명 중 참석회원 271명, 사정으로 불참한 회원 112명, 아무 까닭 없이 참석치 않은 사람 3,800명	(번역문, 167~168쪽)
12월 6일	종로	상소문 작성	만민회		(번역문, 169~174쪽)
12월 초	숭례문 밖	자동회(子童會) 충군 애국 연설	어린 아이 서형만(徐 亨萬, 14세) 40여 명		(번역문 180쪽)

일자	장소	주요 주장	주도층	참여 인원	전거
12월 9일	상동 달성교회당에서 경무청 앞	부상 반대 집회	만민회	교도 수백 명	(번역문 181~182쪽)
12월 13~17일	경무청	상소운동	만민회	반수 천여 명	(번역문, 196~214쪽)
12월 19일	종로	고종 회유	만민회		(번역문, 228~233쪽)
12월 23일	고등재판소 앞	병사들에 의한 해산	만민회		(번역문, 241~244쪽)

부통령, 이상재를 내부대신, 정교를 외부대신, 기타 독립협회 간부들을 각 부대신과 협판으로 선거하고 국체를 공화정으로 변개變改하려 한다고 상소하였다.[120] 고종황제는 이렇게 잘못된 무소誣訴에 쉽게 속아 넘어가면서 윤치호를 비롯한 독립협회 지도자를 체포할 것을 명령하였다.

결국 체포된 독립협회 지도자는 이상재, 정교, 남궁억, 이건호, 방한덕, 김두현, 윤하영, 염중모, 한치윤, 유맹, 현제창, 정항모, 홍정후 등 17명이었고, 윤치호, 최정덕, 안녕수 등은 체포당하기 직전 도피하였다. 고종황제는 11월 5일에는 11월 4일 자 조칙으로 독립협회를 혁파한다고 발표하였다. 이전 관민공동회에서 「헌의 6조」에 서명한 박정양, 서정순, 이종건, 김명규, 고영희, 권재형 등을 파면하였고, 그 자리에 조병식, 민종묵, 민영기 등을 임명하였다. 이에 박정양 내각은 무너지고 조병식 내각이 성립되었다.

모든 일은 11월 4일 밤부터 11월 5일 아침에 일어났다. 독립협회 회원들의 중추원 의관 선거가 있기 전, 의회 개설 요구를 일거에 전복시키고 수구파 정권으로 복귀된 것이다. 평화로운 선거 혁명의 단서가 시작되기

데, 곧 '대통령(大統領)'이라는 세 글자였다"고 한다. (『대한계년사』 제4권, 467~468쪽)
120 『대한계년사』 (상), 289쪽; "Molayo's Accounts of Recent Events in Seoul", *The Independent* Vol.3 No.131, 1898.11.10, p.318.

도 전에 결국 잘려나간 것일까.

11월 8일 수많은 시민들은 고등재판소 문 앞에서 시위를 계속하는 가운데, 회장 윤시병은 익명서 무고사건과 체포된 인사들의 억울함을 풀어주기 위해 공식 재판을 요구하는 상소를 올렸다. 드디어 11월 10일 고종황제는 민의에 굴복하여 조병식, 민종묵에게 해임을 요구하는 상소를 올리게 하여 해임하고 새로 의정부 대신들을 교체하였다. 이에 고등재판소 재판부는 독립협회 지도자 17명이 지난 10월 20일 정해진 장소 이외에 야외 집회를 금지하라는 조칙을 위반하였고 백성을 움직여 대신을 위협하고 재판을 강요한 죄를 들어 17명 전원을 각각 태 40대를 처한다고 선고하고 실직이 있는 사람들은 태형에 대신하여 속전贖錢을 물도록 하고 나머지는 이를 면제하여 석방하였다. 이로써 6일간의 걸친 서울 시민들의 철야시위는 독립협회 지도자 17명의 석방이라는 성과를 거두고 끝마쳤다.

이와 같이 1898년 10월 말에서 12월 하순에 이르기까지 고종과 독립협회의 갈등과 대립, 타협의 굴곡 속에서도 여러 차례 격돌하였다. 그런 중에도 관민공동회의 「헌의 6조」와 「5조 약조」의 합의는 변경할 수 없는 양자의 암묵적인 합의였다. 독립협회와 만민공동회 측에서는 11월 중에 여러 차례 상소를 올려 「헌의 6조」의 시행을 촉구하였다.

이에 정부는 11월 12일 다시 중추원 관제를 개정하여, 인민협회에 의한 민선의원 임명을 삭제하고 의정부의 임명권 행사로 복귀시켰으며, 1년간의 임기제한도 폐지하고 독립협회의 의원 선출권도 삭제시켰다.[121] 그리고 나서 정부는 11월 29일 중추원의 의관을 새로 임명하였다.[122] 독

---

121 「주본 238호」, 『주본』 (2), 1898.11.12, 637~639쪽.
122 의관 50명 중에서 보부상 계열이 29인으로 가장 많고 정부관리가 4명, 독립협회 계열이 17명이었다. (「주본존안」 3책, 1898.11.29; 「주본 252호」, 『대한계년사』 (상), 361~362

립협회 및 만민공동회 회원이 17명, 황국협회 회원이 28명, 도약소원 1명, 고종황제 직계 4명 등 50명이 임명되었다. 12월 1일에는 독립협회는 지난 25일 보부상과의 싸움에서 죽은 김덕구의 장례식을 만민장으로 거행하였다.

12월 15일 새로 개편된 중추원 회의가 열려 임명직인 의장 이외에 선출직으로 부의장으로 윤치호를 선출했다. 이어 12월 16일 회의에서는 독립협회 출신 의관들이 「헌의 6조」와 「조칙 5조」의 실시를 주장하는 가운데, 최정덕은 정부의 행정관료로 임명할 수 있는 인재로 11명을 추천해서 쓰자고 돌발적으로 제안하였다.[123] 이때 선임된 사람은 민영준[18표], 민영환[15표], 이중하[15표], 박정양[14표], 한규설[13표], 윤치호[12표], 김종한[11표], 박영효[10표], 서재필[10표], 최익현[10표], 윤용구[8표] 등이었다.[124] 그런데 논란이 되었던 사람은 박영효로 1895년 대역 죄인으로 일본에 망명 중이었다. 또한 서재필도 이미 미국인으로 미국에 돌아가 있었다. 중추원 의관들은 이들을 의정부의 대신들로 임명해 줄 것을 요청하는 안을 의결하고 말았다.[125]

쪽; 「잡보(중추원의관)」, 『독립신문』 3-204호, 1898.12.1, 412쪽; 「관보(서임급사령)」, 『황성신문』 1-75호, 1898.12.2, 298쪽)

123 당시 대신으로 추천된 사람은 민영준, 민영환, 이중하, 박정양, 한규설, 윤치호, 김종한, 박영효, 서재필, 최익현, 윤용구 등 11명이었고, 이때 대신추천안에 가(可)를 던진 사람은 윤시병, 유맹, 홍재기, 정항모, 최정덕, 손승용, 신해영, 이승만, 어용선, 홍정후, 변하진 등 11명이었으며, 부(否)를 던진 사람은 이관제, 이시우, 이병응, 박하성, 이덕하, 유석준, 이준덕, 강상기, 유문수, 박래동 등 10명이었고, 기권한 사람은 이교석, 남궁억, 이기, 송수만, 김연식, 도진삼 등 6명이었다.(「조복(照覆)-12월 19일 통첩동의시 의관진기(通牒動議時 議官進記)」, 『중추원래문』 3책, 1898.12.28)

124 12월 16일에 재주와 기량이 감당할 만한 사람 11명씩을 무기명으로 투표하여 함께 추천한 후 높은 점수를 얻는 사람 11명을 뽑아서 문서로 작성하기로 하였다.(『대한계년사』 4권, 216~217쪽)

125 12월 16일 처음으로 개최된 중추원 1차 회의에서는 각부장관으로 담당할 만한 사람 11명을 공천하였다. 이는 새로 개정된 중추원 관제 제1조 5항에 근거했다고 하나 이 조항

그러나 이러한 결의안은 새로 개정된 중추원 관제 제1조 5항 '중추원에서 임시로 건의하는 사항'에 해당되기는 했으나 의정부의 인사를 간여할 수 있다는 조항이 명시적으로 규정된 것은 아니었고, 더구나 박영효, 서재필을 추천한 것은 정치적인 무리수였다. 이것은 중추원의 관한을 넘어선 월권 행사였다. '대신 추천안'을 주동한 사람들은 독립협회와 만민공동회을 주도하고 있던 일본유학생 출신자들이었다.[126]

그런데 이런 사태에 대한 입장은 당시 같은 시기에 일본에 유학했던 개화 지식인들 사이에서도 크게 엇갈렸다. 1898년 12월 23일 사립흥화학교 교사 임병구林炳龜는 일본의 사례를 들어 의원이 탄핵하여 민국사民國事를 의정하는데, 내각內閣을 거쳐 상주하여 재가하는 과정이 타당하다고 인정하면서도 정부 대신에 합당한 사람을 직접 추천하는 권리는 없으며, 더욱이 영국이나 미국의 의회에서도 마찬가지라는 점을 지적하였다. 즉 중추원에서 대신후보를 추천한 것은 국민자유권의 범주를 벗어난 것으로 파악하였다.[127] 12월 23일 『독립신문』에서는 중추원에서 대신을 천

은 원래 '중추원에서 임시로 건의하는 사항'에 해당되기는 했으나 의정부의 인사를 간여할 수 있다는 조항이 명시적으로 중추원 장정에서 규정되지 않았으므로 중추원의 권한을 넘어선 월권 행사였다. 더욱이 박영효, 서재필을 추천한 것은 정치적인 무리수였다. (주진오, 「19세기 후반 개화개혁론의 구조와 전개-독립협회를 중심으로」, 연세대 박사논문, 1995, 117~125·133·242~247쪽; 박찬승, 「1890년대 후반 도일(渡日) 유학생의 현실 인식」, 『역사와 현실』 31, 1999, 144~151쪽; 이태진, 『고종시대의 재조명』, 태학사, 2000, 39~50쪽; 이방원, 『한말 정치변동과 중추원』, 혜안, 2010, 74~96쪽)

126　당시 독립협회 운동에 적극 참여한 사람으로는 변하진, 신해영, 어용선 등이 있었다. 이들은 주로 만민공동회 활동 시기에 독립협회 회원으로 활약하면서 1898년 11월 29일 독립협회의 추천으로 중추원 의관이 되었다. 이들은 일반적으로 박영효, 안경수를 비롯한 권력구조의 개편을 지향하는 계열의 인물들로 분류되고 있다. (주진오, 위의 글, 1995, 117~125·133·242~247쪽; 박찬승, 위의 글, 1999, 144~151쪽)

127　「논설-사립흥화학교 교수 림병구씨 긔셔」, 『매일신문』 1-202호, 1898.12.23, 861~862쪽; 「논설」, 1-203호, 1898.12.24, 865~866쪽.

거한 사실을 자세히 보도하고 있었다.[128] 또한 12월 27일 『매일신문』 논설에서는 '박영효의 투표건에 대해 "아무리 전역적이라도 금일에 공정한 일을 행하면 공정한 사람으로 아는 까닭이니"라고 도리어 옹호하면서 기존의 정부대신들의 부패 무능함을 지적하기도 하였다.[129] 이렇게 논쟁이 야기된 이유는 개편된 중추원 관제에 권력구조상 문제점을 내포하고 있었기 때문이었다. 이는 단지 정부대신의 추천이라든지, 의정부와 중추원과의 상호 대립의 문제에 그치는 것이 아니라 황제권의 위상과 상호 충돌을 빚었기 때문이었다.

이에 따라 보수적인 인사들은 이 조치를 비판하는 상소를 올려 만민공동회와 독립협회의 해산 여론으로 몰아갔다. 마침내 고종황제는 12월 25일 만민공동회를 불법적인 단체로 규정하여 해산시켰다. 또한 1월 초에는 소위 역적을 추천했다는 이유로 중추원 의관들에 대한 징계를 시작하였다. 대신 추천을 주도한 혐의로 신해영, 어용선, 변하진, 이승만, 홍재기를 면관하는 등 독립협회 세력을 중추원에서 배제시켰다. 이로써 독립협회는 고종황제와 대한제국 정부의 탄압으로 사실상 해산 상태에 들어갔으며, 1899년 1월에는 각 지역에 있는 독립협회 지회들도 해산당하고 말았다.

이렇게 1898년 12월 고종은 사태의 책임자들을 의관에서 면관시키고, 군대를 동원하여 만민공동회를 강제 해산시켰다. 이렇게 정치적 파동을 겪자. 중추원은 더 이상 정치적인 역할을 담당하기 어려웠다. 정부는 1899년 5월 22일 다시 중추원관제를 개정하였고, 이제 중추원은 의정부

---

128 『독립신문』3-223호, 1898.12.23, 490~491쪽.
129 「논설」, 『매일신문』1-205호, 1898.12.27, 873쪽.

와 대치하는 기관으로 더 이상 존재하지 않았다.[130] 이제 중추원은 이전의 간접선거를 통한 대의기구로서의 성격을 완전히 배제당하고 황제의 명령 아래 의정부의 지휘와 감독을 받으며, 더욱이 의원을 일방적으로 임명받는 자문기구로 격하되었다.

고종은 1899년 7월 임시기관인 법규교정소法規校正所를 설립하고 8월 17일 '대한국국제大韓國國制'를 전격적으로 제정하였다.[131] 고종은 무한한 군권을 향유하는 황제로서 대한제국의 통치권 일체를 행사하는 절대군주로 규정되었다.[132] 국제는 만국공법상의 주권 규정을 원용하여 이루어진 것이기는 하지만, 국호와 주권의 소재만을 규정한 것이었고, 앞으로 대한제국의 헌법을 제정할 수 있다면 제1장의 내용만 확정한 것에 불과했다. 또한 황제권의 강화를 추구하기 위해 일련의 권력기구 재배치가 이

---

130 중추원 관제에서 의정부와 중추원의 상호관계에 대한 11조 규정 중 단서조항이 추가되었다. "단 時急한 事情이 有하여 詢問ᄒᆞᆯ 待키 難한 境遇에ᄂᆞᆫ 議政府로서 直爲上奏ᄒᆞ고 追後로 其理由를 照會說明ᄒᆞ며 或按例應行하여 不必詢問ᄒᆞᆯ 者ᄂᆞᆫ 亦爲直行ᄒᆞᆯ 事"라고 하였다. 즉 시급한 사정이 있어 자문을 기다리기 어렵거나 일반적인 사례로서 행하는 것은 자문에서 배제하여 직접 황제에게 상주할 수 있도록 하였다. 또한 칙임의관 10명은 황제가 임명하고 주임의관 40명은 의정부에서 임명하며, 주임의관의 자격을 전함품질(前銜品秩)이 있는 자로 규정하였으므로 관변의 자문기구로 격하시켰다.(『주본』(3), 1899.5.20, 259~261쪽)

131 『관보』 1344호, 1899.8.19, 7-607쪽; 1346호, 1899.8.22, 7-612~613쪽.

132 대한국 국제 9개 조항의 주요 내용을 보면, 우선 제 1조에 "대한국은 세계만국에 공인되온바 자주독립하온 제국이니라"라고 하였으며, 제2조에는 "대한제국의 정치는 유전칙 오백년전래ᄒᆞ시고 유후칙 선만세불변(互萬世不變)하오실 전제정치이니라"라고 규정하였다. 이렇게 국호는 대한국으로, 정치체제는 국가의 자립권과 독립권을 가진 제국으로서 황제의 전제권을 규정하였다. 그래서 제3조에서 "대한국대황제께옵서는 무한하온 군권(君權)을 향유(享有)하옵시느니 공법(公法)에 위(謂)한 바 자립정체(自立政體)이니라"라고 규정하였다. 이렇게 3조와 5조 이하 9조에 이르기까지 황제의 군주권의 범위와 성격을 자세히 규정하였다. 즉 황제는 무한한 군권을 향유하며 군대의 통수권과 법률제정권, 행정권, 관료 임명권, 외교권 등을 갖았음으로 해서 이제 황제는 대한제국의 통치권 일체를 행사하는 절대군주로 규정되었다.

루어졌다. 이제 대한제국의 황제권은 대한제국의 모든 권력 행사에 직접적으로 간여하면서 절대 무한의 군권을 향유하는 무소불위의 권한을 가지게 되었다.[133]

이렇게 1898년 10월 말에서 12월 중순에 이르기까지 고종과 독립협회의 갈등과 대립, 타협의 굴곡 속에서도 여러 차례 격돌하였다. 그런 중에도 관민공동회의 「헌의 6조」와 「5조 약조」의 합의는 변경할 수 없는 양자의 암묵적인 합의였다. 독립협회와 만민공동회 측에서는 여러 차례 상소를 올려 「헌의 6조」의 시행을 촉구하였다. 더구나 1898년 11월 초 중추원관제의 개정으로 말미암아 의정부와 중추원의 기능이 행정과 입법의 기능에 맞추게 되고, 중추원의 의원 구성이 독립협회 등 단체에서 시민의 대표격인 인사를 추천하여 충원할 수 있게 되었다. 이는 대한제국의 전제군주제하에서 입헌군주제로의 변모를 가능케 하는 정치구조의 개혁이었다.

그러나 당시 고종과 보수적인 정부대신들은 중추원 개편론을 주도하였던 의정부 참정 박정양과 독립협회 회장 윤치호와의 결합을 공화제 수립운동으로 왜곡시켜 인식하게 하였다. 더구나 중추원 개편 후 첫 회의에서 의정부의 대신들을 추천함으로써 중추원의 권한을 넘어서는 월권을 행사한 것이었다. 이는 중추원과 의정부의 권력구조의 틀 내에서 이루어진 것이 아니었다는 점에서 파장이 컸다. 결국 고종과 측근세력들은 1898년 12월 독립협회와 만민공동회를 해산시켜 1898년에 지속되었던

---

133 1899년을 계기로 해서 의정부 이외의 황제 직속기구가 잇달아 설치되고 기존의 궁내부도 크게 확대되었다. 통신사, 철도원, 서북철도국, 광학국(礦學局), 박문원(博文院), 수민원(綏民院), 평식원(平式院) 등이 그것이었다. (이윤상, 「1894~1910년 재정제도와 운영의 변화」, 서울대 박사논문, 1996, 70~89쪽; 왕현종, 「대한제국기 고종의 황제권 강화와 개혁 논리」, 『역사학보』 208, 2010, 15~19쪽)

밑으로부터 개혁 여론의 수렴과 전제 정체의 강화라는 '2가지 힘의 균형 구도'에서 벗어나 또 다른 일방적인 차원의 전제군주제 강화로 나아갔다.

이러한 대한제국의 권력구조 개편 논의에 정치적 추동력을 발휘한 것은 서울시민들이었다. 그렇지만 이들이 주도한 만민공동회운동은 대한제국정부의 탄압과 지배층간의 권력구조 개편론에 의해서 무산되었다. 1898년 당시 대한제국의 정치제도 개편 논쟁에서 민중들의 정치 참여의 기회 부여와 민주주의적 제도 개편은 고려의 대상이 되지 못했다.

제5장

1905년 이후 계몽운동의 전개와
민권론의 제기

1. 1905년 이후 계몽운동의 국권론과 국민 개념의 전개

1904년 러일전쟁 이후 대한제국의 한국사회는 일본의 정치·군사적 침략으로 커다란 위기를 겪고 있었다. 일본은 1905년 11월 을사조약을 강제 체결하여 한국의 국권 일부를 빼앗아 보호국으로 만들었다. 일본은 1906년 2월부터 한국통감부를 설치하고 통감에게 내정간섭의 전권을 주었다. 1907년 7월에는 헤이그밀사사건을 구실로 고종황제를 강제로 퇴위시키고 순종황제를 내세웠다. 마침내 이완용 내각에 강요하여 7월 한일신협약, 소위 '정미 7조약'을 강제 체결케 했다. 일본의 강제 늑약은 한국의 식민지화를 도모하기 위해 한국을 실질적으로 장악하려는 조치였다. 이 시기 대한제국은 중차대한 국망의 위기 상황에 놓여 있었다. 이때 일본 측이 대한제국의 국권 위기 상황을 조장하면서 국권과 민권의 논의 방향을 조절하고 있었으며, 여타 계몽운동가들도 이에 크게 영향을 받으면서 논의를 제기하고 있었다. 그러한 가운데 쟁점으로 부각된 것은 대한제국의 군주권 위상 개혁과 국가·국민의식, 민권의 강화를 도모하

는 정치 개혁 등이 문제였다.[1]

이 시기 민족운동으로서 주목받아온 한말 애국계몽운동은 대체로 계몽적 방법에 의한 자강운동으로 정의되고 있다. 지금까지 계몽운동 연구에서는 당시 상호 대립적인 의병운동과 더불어 독립운동사의 두 축을 형성하고 있다고 이해하고 있으며, 포괄적으로 '국권회복을 위한 민족운동'으로 범주화하여 연구하고 있다.[2]

이에 따라 당시 애국계몽사상 내지 계몽운동의 주조主潮는 자강독립을 목표로 하는 근대 국민국가의 건설이었으며, 이들 개화 지식인들은 천부인권론에 기초하여 국민의 자유권·평등권·생존권을 주장하고, 사회계약론에 기초하여 국민주권과 국민참정권을 주장하였다고 한다.[3] 또한 자유민권사상을 바탕으로 하여 전통적인 군주＝국가관을 부정하고, 국민을 위한, 국민에 의한, 국민의 국가 곧 근대국민국가관을 가지게 되었다

---

1 대한제국의 국권이 상실되는 시기의 주요 연구로는 『한국사 43 - 국권회복운동』, 국사편찬위원회, 1999에 대체적인 흐름이 소개되어 있다. 대한제국의 국가 체제에 대해서는 그동안 고종황제의 절대권 강화로 강조되어 왔으며, 반면에 독립협회의 민권운동은 협회 해산 후에 당분간 영향력을 상실하였다고 평가하고 있다.(연갑수 외, 『한국근대사 1 - 국민 국가 수립 운동과 좌절』, 푸른역사, 2016)

2 국권회복과 계몽운동에 대한 연구로는 박찬승, 『한국근대정치사상사연구 - 민족주의 우파의 실력 양성운동론』, 역사비평사, 1992; 김도형, 『대한제국기의 정치사상연구』, 지식산업사, 1994; 왕현종, 「근대 부르주아적 개혁운동」, 『쟁점과 과제 민족 해방운동사』, 역사비평사, 1990, 124~128쪽; 김도형, 「한말구국운동 연구에 관한 쟁점과 과제」, 『한민족독립운동사연구의 회고와 전망』, 국사편찬위원회, 1993, 39~44쪽; 신용하, 「한말 애국계몽사상과 운동」, 『한국사학』 1, 한국정신문화연구원, 1980, 269~272쪽; 신용하, 『한국근대사회사상연구』, 일지사, 1987, 349쪽.

3 한국 근대사 연구에서 처음 국권회복운동으로서 다룬 단체는 '대한자강회'였다. 이미 1930년에 최남선이 『동아일보』에 연재된 「조선역사강화 (43)」에서 신교육운동이 전개된 것은 국권회복이 교육의 진흥에 있다고 소개하면서 처음 나타난 것으로 보인다.(『동아일보』, 1930.3.6, 4면 5단) 국내 연구에서는 이현종이 처음으로 대한자강회의 목적을 '국권회복'으로 강조한 논문이 아닌가 한다.(이현종, 「대한자강회에 대하여」, 『진단학보』 29·30, 1966, 158~160쪽)

고 결론지었다.[4] 애국계몽운동이야말로 근대국민국가의 수립을 위한 국권회복운동으로, 가장 대표적이고 근대적이며 바람직한 이념적인 운동으로 내세웠다.[5]

그렇지만 당시 국권회복이라는 민족운동사의 맥락에서 살펴보는 민족주의 담론은 다양한 사상과 논의를 포괄하여 정리하고 있었다. 때문에 그러한 단일한 시각으로 포착할 수 없는 다양한 운동과 논리를 이해하기 어렵게 하였다. 이러한 시각은 대한제국의 수립 이전부터 제시된 국가 주권의 문제인 황제권의 위상과 함께 국권·민권론의 전개와 다양하게 결합되어 있었던 측면도 놓치게 된다.[6]

여기에서는 대한제국의 국가체제 개혁의 연장선상에서, 그리고 한국 사회의 근대사회 근대국가로의 전환이라는 관점에서 구조적으로 인식하여 다루는 것을 목표로 하고 있다. 그중에서도 근대사회로의 사회적 주체인 민중의 성장과 등장이라는 민중사의 입장에서 근대민족운동의 성격을 재평가해야 한다고 생각한다.

1904~1905년 러일전쟁과 을사늑약은 대한제국의 대외 주권을 상실케 한 사건이었다. 이에 따라 국망國亡의 위기와 긴장이 가장 높아졌던 시기였다. 당시 대한제국의 국권과 국민 주권에 대한 한국 지식인의 인식 변화를 살펴보자.

---

4   유영렬, 「대한자강회의 애국계몽운동」, 『한국근대민족주의운동사연구』, 일조각, 1987; 유영렬, 「대한자강회의 애국계몽사상과 운동」, 『대한제국기의 민족운동』, 일조각, 1997, 98~100쪽.
5   유영렬, 「개요」, 『한국사 43 국권회복운동』, 국사편찬위원회, 1999, 7~8쪽.
6   김소영, 「재일조선유학생들의 '국민론'과 '애국론'」, 『한국민족운동사연구』 66; 박찬승, 「1904년 황실 파견 도일유학생연구」, 『한국근현대사연구』 51, 2009; 김소영, 「대한제국기 '국민' 형성론과 통합론 연구」, 고려대 박사논문, 2010.

1) 러일전쟁 전후 '국권' 상실과 국권회복 논리

먼저 1900년 전후에는 개화 지식인이나 관료 정치인들은 대한제국의 국권國權 정의에 대해 대내와 대외적인 양 측면에서 해석하려고 하였다. 예컨대 한 국가의 국권 존속 여부는 외적인 것도 중요하지만 국내의 국민의 지식 정도, 즉 민도에 의해서도 좌우되는 문제로 보았다.

[가-1] 나라에는 고유한 국권國權이 있으니 국권자는 나라와 나라 사이에 서로 대치하는 권이라. 고로 안으로는 정치, 밖으로는 교섭에서 독립자주의 권을 유지하여 강토와 생명과 자산에 능히 자강자보自强自保하여 척촌지리尺寸之利로도 타국에 양보하지 않으며, 사호지치絲毫之恥로도 타인에게 긴박되지 않는 것이 고유의 국권이라. 만약 내정을 다스리지 못하고 외교가 믿지 못하여 독립자주의 권을 유지할 수 없으면 이내 그 강토는 침략을 당하며 생명은 제재를 받으며 재산은 이익을 잃어서 자강자보하지 못 하면 이는 고유의 국권을 스스로 잃어버리는 것이라.[7]

1900년 8월에 제출된『황성신문』의 논설에서는 국권을 일반화된 규정으로 설명하고 있다. 나라에는 고유한 국권國權이라는 것이 있고, 그러므로 안으로는 정치와 밖으로는 교섭에 있으며 독립 자주의 권리라고 하였다. 따라서 강토와 생명 재산을 스스로 자강自强 자보自保하여야 함을 강조하였다. 이는 내정內政이 닦이지 않고 외교外交에 불신不信하면 자주 독립의 권을 유지할 수 없다는 논리이고 내정과 외정을 동시에 닦아야 한다는 입장이다. 이 논설에서는 당시 대한제국의 주권국가로서 상정하고 있기

---

7   「논설－국권고불가실(國權固不可失)」,『황성신문』, 2면 1단, 1900.8.15.

는 하지만, 한 나라의 국권 유지를 위한 주권자의 규정과 역할로 한정하지 않고 추상적으로 국가의 권리로 말하고 있다.

[가-2] 대저 어느 나라의 권리란 즉 세계상 자연적 정도正道라. 일국의 체모를 보수하며 만성萬姓의 질서를 유지하여 타국의 유월踰越을 허락하지 않는 것이니 대개 내국의 권리란 무릇 나라 안에 일체 정치 및 법령을 스스로 정부의 입헌立憲을 준수하는 것이오, 국제의 권리란 토지의 대소와 형세의 강약을 가리지 않고, 단지 내외관계의 진실 정상으로써 한제限制를 확립하는 것이라.[8]

1903년 2월에 저술된 윗글도 다소 원론적인 입장에서 만국공법의 원리를 원용하여 국권을 정리하고 있다. 즉 국가의 권리는 세계상 자연적 정도正道이며, 국중의 일체 정치 및 법령을 정부의 입헌으로부터 준수하고 국제적인 권리는 토지의 대소나 형세의 강약에도 불구하지만 내외 관계로 확실히 제한을 받게 된다고 하였다. 만일 어느 나라도 독립의 주권을 확보하면 비록 강대국이라고 침해할 수 없지만, 국제상 외교 권리는 반드시 외치外治만이 아니라 내치內治의 제도에서도 연유한다고 인식하고 있다. 결론적으로 "인민의 지식이 높고 밝으려 정부의 법령이 균평한 연후에 인민이 각기 의기로 보수하면 능히 국가의 권리를 보수할 수 있다"고 하여 국권의 유지 여부는 내치의 근대화 정도에 관련된다는 내치와 외치의 상호연관성을 결부시켜 이해하고 있다.

이와 같이 국권 유지를 위해서는 내적인 부분과 더불어 외적인 독립을 통해 이루어진다고 정의하였다. 이를테면, "인민의 지식은 교육이 불

---

8 「논설−개민명법연후보수국권(開民明法然後保守國權)」, 『황성신문』, 2면 1단, 1903. 2.16.

립ᅀᆞᇇ하면 개발되지 못하고, 그렇게 되면 국권을 보수할 수 없다"고 하였다. 그래서 한편으로 법률이 명확하지 않으면 인민이 제한을 서로 범하듯이 소위 법을 만들어 민을 속이면 자유로운 생명과 재산을 지키지 못하니 어찌 국권의 입헌을 계속 유지할 수 있겠는가라고 반문하고 있다. 인민의 지식이 개명되지 못한 상태에서는 외세의 침탈, 즉 제일은행권의 신용, 내지산업의 잠매와 협잡 등으로 국권이 손상하게 될 수밖에 없다고 하였다. 결론적으로 국가의 국권을 유지할 수 있는 전제로서 국민적 지식의 개발 미비, 법률의 불명확성 등을 해결해야만 외세의 침략에서 벗어날 수 있다는 것이었다.

이러한 국권 침탈의 대응논리는 당시 일본의 황무지 개간권 요구 등에 대응하거나 혹은 일본의 외교적 간섭에 대항하려는 논설에서도 여러 차례 강조되었다.

[나-1] 우리 일본이 처음부터 한국을 위하여 주책籌策함이니 관유, 민유외 개척하지 않은 토지는 한가로이 버린 땅이오 세금을 붙이지 못하는 물이라. 경계를 구획하여 빌려 얻어 거대 자금과 경편기예輕便技藝로 도처에 경작 개간하면 국고는 세입이 많이 늘고 민생은 곡물이 풍족하며 기한이 찬 후에 약속에 의하여 다시 돌려준다면 부국의 책策과 교린의 의誼가 이보다 지나친 것이 없노라 하노라. (…중략…) 산림 천택 토지사건으로 3천 리 내 2천만 인심이 일반으로 격앙하여 애국의사들은 죽을 의지를 뇌결牢決하고 일에 어두운 우민愚民들은 쟁단爭端을 불러 일으키니 (…중략…) 독립을 부식扶植이 아니라 곧 침해요 강토 보안이 아니라 곧 강탈이오. 동양평화 유지가 아니라 분란을 야기함이 아니리오.[9]

9　「(박장현 기서(朴長玹 寄書)) 선의교개민지(先宜敎開民智)」, 『황성신문』, 1904. 9. 5.

[나-2] 개명한 국민은 자유를 주장함으로 어떤 때는 정부 명령에 항의하여 굴복하지 않으나 국가주권에 대하여는 타인에게 일호라도 손실하지 않기로 열심 진력하여 신명을 평안히 함을 내던질지언정 국권을 잃어버리지 않거늘, 미개한 국민은 유순하여 쉽게 다스려서 정부 명령을 복종하지 아니함이 없으나 **국권의 사상은 심히 냉담하여 국가의 사망이 자기와 상관이 없는 자와 같으니** (…중략…) 혹은 말하기를 조약이 있으니 국가가 안온安穩하다고 하나 이는 크게 그렇지 않은 것이 비록 증거가 최고로 엄정한 조약이라도 누누이 파기하니 조약을 어찌 믿겠으며, 또 이웃 나라가 서로 시기하고 꺼리니 어느 겨를에 우리를 해하리오 하나 이는 가린可憐한 망상이오. (…중략…) 나는 우리 한인민韓人民이 아무쪼록 어린아이 같은 몽매함을 탈각하고 장성하여 발달할 지식에 힘써 증진하여 국가의 화복禍福을 자기의 화복으로 깨달아 애국 열심히 일체 단결하여 일종 특성한 인민이 됨을 간절히 바라노라.[10]

위의 글은 박장현朴長玹이 1904년 9월에 제출한 기고문으로 일본이 침탈하는 산림, 천택 토지사건에 대해 독립의 부식이 아니라 침해이고 강토 보안이 아니라 강탈이라고 하여 일본의 경제 침탈을 즉각적으로 비판하고 있다. 두 번째 글에서는 국가 주권에 대해 타인에게 하나라도 손실치 않기로 열심히 진력하면 차라리 신명을 포기할지언정 국권을 상실하지 않는다는 단호한 각오를 가져야 한다고 강조하였다. 요컨대, 미개未開한 국민國民은 국권의 사상에 냉담하여 국가의 존망이 자기의 상관이 없는 자 같이 한다는 것으로 보았다. 그는 국가의 화복이 자기의 화복으로 깨달아 애국 열심으로 일체 단결하여야 한다는 입장에서 국가 주권의 수호

---

10 「애국(愛國)이 유어개명(由於開明)」, 『황성신문』, 1904.9.13.

를 강하게 주장하고 있다. 이러한 국권 의식에서의 일본 침탈에 대한 비판은 위의 논설이 쓰여진 시점으로 1904년 9월과 관련된다. 그는 아마도 본격적인 국권 침탈에 대한 경계의식보다는 경제적 침탈로만 이해하고 있었던 한계가 있었다. 그럼에도 불구하고 당시 박장현의 입장은 국내의 어떤 지식인보다 더 철저하게 일본의 경제 침탈에 대한 비판적인 논조를 취하고 있었다.[11]

그런데 본격적으로 국권의 외교적 위기와 그에 대한 대응을 주장하는 내용으로 국권을 강조하기 시작한 것은 1905년 가을 이후부터로 보인다.

[다-1] 박제순 씨는 갔다가 다시 와서 번거롭지 않다고 하니, 어제의 갔다는 것은 어떤 소견이며, 오늘의 왔다는 것은 어떤 소문인지, 다음에 지난번 항행사건航行事件으로 말하건데, 국가의 정안政案에 진실로 불리하고 불편한 자가 있으면 몸소 의정議政하여 비록 얼굴을 붉히고 고된 간언이라도 가함이오. 면면 정쟁政爭이라도 가하거늘 (…중략…) 사태가 긴박하여 조인이 이미 이루어진 것인즉 타인에게 죄를 위임하여 그 면을 분식한 것을 보면 비록 교활한 계책이나 사람들이 어찌 알지 못하리오. 문자 해소는 그 장점에 따른 것이나 일에 임하여 충성스런 경지는 원래 가히 논하지 아닌 것인즉 외무교섭의 때에 어떤 사건을 다시 고의로 나오게 될지 모르겠으나 **이들처럼 피로하여 기운이 없는 사람이 천백 명 따르더라도 국권회복에 보탬이 되는 바가 없을 것이오.**[12]

---

11 1905년 가을, 네브래스카 한인사회에서는 박용만과 그의 삼촌 박정현(朴長鉉)이 오마하 시의 두 철도회사를 찾아가 한인들에게 철도건설 현장과 철도역 소제부를 알선해 주었고 미국 지방 유지들에게 말하여 소작인 일자를 얻어 주었다.(안형주, 『1902년, 조선인 하와이 이민선을 타다』, 푸른역사, 2013, 85~87쪽) 박장현은 1907년 6월 9일 덴버지방에서 동포를 위하여 활동하다가 죽었다고 한다.(「잡보」, 『공립신보』, 1907.6.21, 2면 2단 기사)

12 잡보「정계관견(政界管見)」, 『대한매일신보』, 1905.9.21.

[다-2] 비록 지금 타인에게 우리들의 주권과 국권을 빼았겼으나 우리들이 국민의 자격과 애국의 성심과 동포의 단체는 견탈見奪받지 않은 것인 줄로 결심하면 저들이 빼앗지 못하리이다. (…중략…) 지금까지 인민의 단체가 하나같이 있어 마땅히 **나라를 사랑하여 다시 국권회복國權回復할** 기회를 기다리고 준비하며, 유대 인민들이 지방까지 빼앗기고 사방으로 쫓겨나서 살아도 어느 날 어느 때든지 본국이 회복하여 본국 회복할 희망을 사람마다 흉부에 담고 있었나이다. (…중략…) 나라가 부유하고 민이 강하게 하는 그리스도교를 받들지어다. 우리들이 이와같이 행하면 5년, 10년, 15년이 지나지 않아 다시 우리나라를 회복하여 전에 비하여 더욱 흥왕케 되어 부강존영富強尊榮할 기회를 천주天主께서 내려주시리다.[13]

위의 첫 글에서는 1905년 9월 정부 조직의 개편을 통해 새로 등장한 박제순, 이완용, 이지용 등 신임 3 대신의 역할을 소개하였는데, 박제순이 외교적인 현안에 대해 제대로 대응하지 못하고 분식하는 모습을 비판하면서 그가 국권회복에 결코 도움을 주지 못할 것으로 통렬히 비판하였다.[14] 이 글에서는 이른바 '국권회복國權回復'이라는 용어가 처음으로 등장하였다.

다음 글에서는 을사조약 이후 상황으로 단체를 결성하여 강인한 이웃이 위력으로 국권을 모두 빼앗을지라도 전국 인심을 빼앗을 수 없으므로 앞으로 교육과 단체 결성을 통해 2천만 국민이 일심으로 뭉치면 국권회복도 어찌 있지 않겠느냐는 주장을 담고 있다. 이는 1905년 11월 17일 체결된 을사늑약 이후에 쓴 글이라는 점이 주목된다.

---

13 「기서 경고한민(寄書警告韓民)」,『대한매일신보』, 1905.12.9.

14 잡보 「정계관견」,『대한매일신보』, 2면 3단, 1905.9.21; "血性男兒에 強項不屈하는 志氣가 自當如是홀지니二千萬인衆이 苟能一心成城이면 將來國權回復이 何難之有也리오 噫라 政府上肉食者는 此說를 或得聞하얏는지苟有一分인心이며 愧死無地라."(잡보 「사궁칙변(事窮則變)」,『대한매일신보』, 3면 3단, 1905.11.8)

이렇게 을사늑약 체결 전후에는 비로소 국권의 위기와 상실에 대한 우려가 본격적으로 제기되었고, 이에 대응하여 '국권회복'의 특정한 문구가 등장하고 있었다. 다만 당시 국권 인식의 한계는 밖으로는 일본과의 조약을 통해서 외교 관계의 예속과 보호국화를 전제하고 있으면서도 내적으로 대한제국이 근대법제와 제도를 완비하지 않았기 때문이라고 하였다. 따라서 국권의 상실의 원인이 내적·외적 양 측면 중에서도 내적 요인에 더 방점이 두어지고 있었다. 이러한 입장은 외세 침탈에 대해 국가의 주권자로서 정면으로 대항하여야 하는 국권 수호의 논리라기보다는 대한제국의 내적 정치체제가 서양과 일본 등 근대국가의 수준으로 올라가지 못하고 있기 때문이라는 것이다.

계몽운동의 국권 인식은 1906년 7월 31일 『대한자강회월보』에 실린 「대한자강회취지서」에 자세히 언급되어 있다.

[라] 대저 방국邦國의 독립은 오직 자강自強의 여하에 달려있다. 우리 대한이 종전부터 자강의 술術을 강구하지 않은 것이 아니라 인민이 스스로 우매에 갇혀 있고 국력이 스스로 쇠퇴에 따라 드디어 오늘날 간극艱棘에 이르러 결국 외인의 보호를 입게 되었으니 이는 모두 자강의 도에 뜻을 두지 않았기 때문이다. 오히려 이렇게 완개玩愒를 반복하여 자강의 술에 힘쓸 생각을 하지 않는다면 마침내 멸망에 이를 뿐이리라. 어찌 단지 오늘에 그치겠는가.[15]

윗글의 요지는 한 나라의 독립은 오직 자강自強의 여하에 있다고 전제하면서 우리 대한은 종전에 자강의 술을 강구하지 않아 국력이 쇠퇴하여

---

15   본회회보「대한자강회취지서(大韓自強會趣旨書)」,『대한자강회월보』1, 1906. 7. 31.

서 금일의 어려움에 미쳐서 결국 외인%사의 보호를 받게 되었다고 하였다. 그 원인으로는 모두 자강의 도에 뜻을 두지 않았기 때문이라고 진단하고 있다. 앞으로 자강의 방법에 대해 교육의 진작, 식산흥업을 강조하고 있다. 또 자강의 목적을 제대로 성취하기 위해서는 국민 정신을 배양하지 않으면 안 된다고 하였다. 그래서 단군과 기자 이래 4천년 이래 자국의 정신으로 자강의 정신을 망각하지 않고 복권의 활기를 일으켜야 한다고 강조하고 있다.

그런데 대한자강회의 현실 인식에서 주목되는 것은 "우리 대한이 이렇게 부강의 길로 나아가면 가히 국권國權의 회복回復이 가능하다"고 하는 것이다. 그런데 여기서 국권의 상실 사태에 대한 진단과 국권회복의 시점을 언급하고 있지 않다.

이렇게 자강의 방법을 통한 국권회복의 점진적인 성취로 보는 관점은 역설적으로 당시 대한제국의 배타적인 국가 주권의 성격을 불명확하게 인식하고 있는 것이 아닌가 하는 의문이 든다. 국권의 피탈은 일본의 강제적인 강박에 의해 외교권 박탈에 그쳤을 뿐 아직 대한제국의 대내외 주권은 엄존하고 있음을 인식할 필요가 있었다.

이렇게 대한자강회에서 국권론 인식의 편향을 가져오게 된 요인을 제공한 것은 다름 아닌 대한자강회의 일본인 고문인 오가키 다케오大垣丈夫였다. 그는 1906년 5월 1일 대한자강회 연설에서 자강회의 제4조를 설명하면서, "제4조 방법 국법 범위와 문명 궤도의 이내행동以內行動으로 혹 민을 지도하며, 혹 정부에 건의할 사"라고 정의하였다.[16] 그는 외교의 측면은 일본이 전담함으로써 한국이 고심하여 경영할 것이 없으며 내정의 개

---

16 본회회보 「대한자강회규칙(大韓自强會規則)」, 『대한자강회월보』1, 1906. 7. 31, '제4조'.

량에만 전력을 주입한다면 부강의 실을 성취할 것으로 강조하였다. 그는 "대저 신협약에는 한국 부강富強의 실實을 인할 시에 이르게 하기까지 협정한 약관約欵이라 함은 명기明記할 뿐 아니라 이토오 통감伊藤統監이 일천만 원 차관에 대하여 연설한 중에도 한국의 부강에 자資하는 소이를 명언明言하였은 즉, 한국에서 문명을 흡수하여 부강의 실만 성취하면 신협약을 해제함을 득할 뿐 아니라 완전한 독립국으로 세계 열국에 병오倂伍함을 득함이 명료한 사실인 즉, 이 사리에 의하여 국권國權의 회복恢復과 독립獨立의 기초基礎를 성할지니 이 본회本會는 최선무最先務로 방침을 결정한 소이所以라"하였다. 그는 한국에서 문명을 흡수하고 부강의 실을 성취한다는 조건하에서는 언제든지 신협약은 해제할 수 있다는 주관적으로 희망 어린 예상을 했을 뿐만 아니라 완전한 독립국으로 세계열국에 나아가리라고 전망하기도 하였다.[17]

그의 논리는 국권의 요소 중에서 대외 주권의 경우 일본의 외교에 위임하였으므로 차후에 신경을 쓰지 않아도 되며, 내정의 국권을 강화하기 위해 곧 부국강병을 이루기 위해 내정의 개량에만 매진하면 된다는 것으로 국권 침탈을 호도하는 결과를 초래한 편향 논리였다. 다시 말하자면, 대외적 주권의 국권 상실이 이미 엄존한 현실에서 부강의 실을 취하기 위한 교육 개혁과 부강을 기르기 위한 실력 양성을 주장한 것이다. 그의 주장은 국권의 침탈을 당연시하고 그러한 한계 조건하에 실력 양성을 논하고 있다는 점에 한계가 있었다. 그의 주장은 결국 일본의 보호국화 추진과 맞물려 있는 조선사회의 실력 양성론이라는 논리를 그대로 받아들이라고 하는 것과 다름없었다.

---

17   잡보「대한자강회 연설」,『황성신문』, 3면 2단, 1906.5.1.

〈표 1〉 대한자강회의 활동과 국권회복의 인식

	날짜	게재한 곳	주제	주장자	국권회복 용어의 연관어	출전
1	1906. 4.28	연설 (대한자강회의 취지와 특성)	회복아대한지독립주권 (回復我大韓之獨立主權)	윤효정 (尹孝定)	그러나 소위 타일에 회복하여 독립할 수 있다는 것은 5년, 10년 내에도 있지만	월보 1호
2	1906. 7.31	대한자강회 월보간행축사	회복국권 (恢復國權)	윤효정	조국의 정신을 배양하여 가히 국권회복의 정로에 도달할 수 있다.	월보 1호
3	1906. 10.20	통상회 연설	금일국민지감념여하 (今日國民之感念如何)	윤효정	금일 본회는 의무교육으로 정부에 건의한 것이므로 이것이 국권을 회복하는 것으로 유일무이의 희망이다.	월보 5호
4	1907. 1.12	평의회 연설	지사의 안루와 학생의 지혈 (志士의 眼淚와 學生의 指血)	윤효정	혹 인사를 지도하여 인사가 하나같이 되면, 그 범위 내에서 국권을 횟할 여지가 있다	월보 8호
5	1907. 7.25	소식	회원동정	윤효정	지사 정재홍(鄭在洪) 유족 구조의연금 모집 취지서에서 국권회복은 오로지 인재양성에 있다고 하고	월보 13호
6	1906. 5.1	연설 (教育의 效果)	국권회복	오가키 다케오 (大垣丈夫)	본회는 한국의 부강을 도모하고 국권회복의 목적을 달할진대	월보 1호
7	1906. 8.18	통상회 연설	의무 교육의 본의	오가키 다케오	국가에서 학교의 설비를 완정치 아니한 고로 (…중략…) 과연 어느 날에 국권의 회복과 독립의 본의를 달하리오.	월보 3호
8	1906. 10.20	통상회 연설	소감일즉 (所感一則)	오가키 다케오	우리 회원 제국민 방청 제군은 금일 국원이 땅에 떨어지고 외인의 발호가 날로 증장함을 탄식하되	월보 5호
9	1907. 2.16	통상회 연설	한국목하의 급무 (韓國目下의 急務)	오가키 다케오	어느 날에 국권을 회복하여 독립의 명예를 완전히 하리오.	월보 9호
10	1907. 5.25	논설	본회의 장래	오가키 다케오	본회는 국권의 회복을 기도하고 독립의 기초를 확정함으로 목적으로 삼고 교육 식산 정신의 3강을 들어 부강의 자격을 완비함에 힘쓰고	월보 11호
11	1906. 8.25	논설 (自强會問答)	국권지회복 (國權之恢復)	장지연 (張志淵)	지금 자강의 회는 혈성애국(血誠愛國)의 사(士)에서 나왔으니 국권의 회복하려고 함이다.	월보 2호
12	1906. 9.25	논설	자강주의 (自强主義)	장지연	국권의 만회를 보완하지 못하는 것은 무엇 때문이뇨	월보 3호
13	1906. 11.25	논설	단체연후민족가보 (團體然後民族可保)	장지연	이와 같이 민족으로써 단체의 협력을 도모하면 마치 연목에서 구어와 같음이라(猶緣木而求魚也)	월보 5호
14	1906. 11.25	학술	지리 3 (地理三)(속)	장지연	국권이 먼저 떨어짐으로 인하여 일반 국민이 노예의 비경에 빠진 즉 우리가 없이 모두 타민족의 천대함을 면하지 못할지라. 어찌 자국의 민족에서 귀천의 차등을 구별함이 가하리오.	월보 5호

	날짜	게재한 곳	주제	주장자	국권회복 용어의 연관어	출전
15	1907. 2.25	논설	천시우신 (天時又新)	장지연	우리는 분습(奮習)을 제거하지 않음이 없으며 실력을 양성하여 국권의 엎어져 인종의 사멸함에 이르는 것을 면하라 하니	월보 8호
16	1907. 6.25	논설	현재의 정형(情形)	장지연	우리 정부는 유래한 습관(習慣)으로 인하여 국권을 빠뜨렸고 이로 인하여 국가의 굴욕을 빨리하고 이것으로 인하여 국력을 파괴하였으며	월보 12호
17	1907. 7.25	논설	정재홍 씨 (鄭在洪氏)	장지연	모두 우리는 생을 가벼이하고 고려치 않으면 서서히 국권의 도를 만회하리니	월보 13호
18	1906. 4.28	연설 (敎育의 必要)	국권손상(國權 損傷), 국권신장(國權伸張), 국권의 회복(國權의 恢復)	정운복 (鄭雲復)	우리 자강회는 우리 대한의 부강의 실을 들어 국권의 회복을 속히 도모코져 희망하는 주의니	월보 1호
19	1906. 7.31	상동	만회국권 (挽回國權)	김석환 (金碩桓)	자강(自强)을 끊이지 않고 연합하여 힘을 쓰면 조만간 국권을 회복하고 나라의 기본을 견고하게 할 따름이라.	월보 1호
20	1906. 7.31	상동	국권복 (國權復)	지석영 (池錫永)	자강하여 사람을 강하게 하고 가족에 강하게 하면 국가에 강하게 되니 인재를 교육하는 것이 국권을 만회하는 것이니 제군의 뜻과 정성을 가히 키울수 있다	월보 1호
21	1906. 8.13	회원동정		안병찬 (安秉瓚)	언론의 무편무당한 기사가 공정하고 올바름에 이르면 제 귀신도 의심하지 않아 실력과 국권을 만회하여 반드시 그것에 기초를 다질 수 있다.	월보 3호
22	1906. 11.8	내부 건의서	건백서 (建白書)		본회는 교육 식산의 발달하여 국권과 민리의 회복을 도모함이 2가지 목적에 보익(補益)함을 인지함과 같거니와	월보 8호
23	1906. 11.25	잡록		이종준 (李鐘濬)	지금의 계책은 오직 2가지이니 가히 우리 국권을 회복하려면 교육과 식산이 그것이니라	월보 5호
24	1906. 12.25	소식	흥화학교추도회 (興化學校追悼會)	정재원(鄭載元), 정구창(鄭求昌)	각자 분투하여 힘을 써서 단체를 결성하여 우리 독립의 국권을 회복하고	월보 6호
25	1907. 1.12	평의회 연설	단체의 효력 (團體의 效力)	설태희 (薛泰熙)	이미 단회(團會)에 마음을 쓰고 국권회복을 희망하며 전도의 행복이 능히 얻어지겠다는 생각을 하지말지여.	월보 8호
26	1907. 3.25	학술	경제학총론 (經濟學摠論)(속)	설태희	대저 국권을 회복한다 할지라도 조약과 같이 지면으로 격소(繳消)하려니와 (…중략…) 날로 진작하면 15년 내로 국권만회의 실력이 자연 완성할진져	월보 9호
27	1907. 1.25	논설	교육론	이종준(李鍾濬)	우리 국권을 회복시키는 도는 오직 정부와 국민에게 있고, 간접적으로 교육 2자에 있음이로다.	월보 7호

	날짜	게재한 곳	주제	주장자[18]	국권회복 용어의 연관어	출전
28	1907.2		국채보상의연권고문 (國債報償義捐勸告文)	발문인(發文人), 김인식(金仁植) 등	금일 이 거사가 가히 우리나라 국권의 만회이라.	월보 9호
29	1907. 3.25	논설	자유론 (自由論)	남궁식 (南宮湜)	다시 의뢰할 곳이 없음을 걱정하여 그 사람에게 국권을 양여하면 필경 보호를 받게 되니	월보 9호
30	1907. 4.25	잡저	항론구요 (巷論俚謠)		독립 자유가 아니면 민족과 국가를 보존치 못할 줄 사람들이 모두 안 연후에 아 독립자유를 사람이 모두 얻을 것이니 (…중략…) 채무를 갚는 것과 국권의 회복이 어찌 희망이 없다고 하리오.	월보 10호
31	1907. 7.25	소식	내지휘보 (內地彙報)		유학계 신사업으로 일본 도쿄 유학생 제씨가 본국 동포의 미식이 미발하여 국권이 타락함을 우분(憂憤)하여 신문을 발간한다는데	월보 13호
32	1907. 7.25	소식	내지휘보		의사 유서 감옥서에 수감되었던 김석항(金錫恒) 씨 원혼이 흩어지지 않아 장차 국권이 회복하고 난적을 주살함을 보게 되리니	월보 13호

그가 본래 일본으로 하여금 근대적 문명을 한국에 이식하고 한국을 지도 개발해야 한다는 한국부조론韓國扶助論을 주장하는 논자였음을 상기할 때 이는 오히려 당연한 귀결일지도 모른다.[18] 그런데 당시 대한자강회에서 주최하는 각종 연설회와 논설에서 그와 비슷한 논리가 빈번하게 제기되고 있었다는 점이 주목된다.[19]

대한자강회가 주장하는 국권회복의 논리를 제기하는 논자들은 주로 오가키 다케오 고문을 비롯하여 윤효정, 장지연 등 특정 개화 지식인들이었다.

우선 오가키 다케오 고문은 대한자강회 출범시에 행한 연설에서 국권회복의 목적을 달성하기 위해 교육의 진작 필요성을 강조하고 있다〈표 1〉의 6. 그는 국가 정치를 외교와 내정의 2자로 구분하고 이제 외교는 일본의

---

18 박찬승, 「한말 자강운동론과 그 각 계열」, 위의 책, 1992, 58쪽.
19 〈표 1〉은 발표한 시점에 따라 순서를 매기되, 윤효정, 오가키 다케오, 장지연, 설태희 등 동일한 주장자의 글은 한데 모아 다시 순번을 매겼다.

담임한 바가 되어 한국은 고심 경영할 것이 없다고 하면서 이제부터는 오로지 내정이 개량 진보에만 전력을 기울여 부강의 실을 성취하는 데 힘쓰자고 하였다.[20] 이후 1906년 8월 18일 열린 통상회 연설 주제인 '의무 교육의 본의'에서도 이러한 입장이 반복되었다〈표 1〉의 7. 또한 1907년 2월 통상회 연설에서도 한국 목하의 급무는 "무릇 미개국에서 문명국으로 옮겨가는 과도시대에 있어서 관리들이 국가적 사상이 없고 지도 장려의 신념이 없으며 오히려 학민비기虐民肥己의 구습에 그리워하는 일이 있다면 언제 국가의 개명을 기대하며, 어떤 날에 국권을 회복하여 독립의 명예를 완전히 하리라"고 강조하였다〈표 1〉의 9.[21] 1907년 5월에도 그는 국권회복을 기도하고 독립의 기초를 삼기 위해서는 교육, 식산, 정신의 삼강을 들어 부강의 자격을 구비함에 힘써야 한다고 주장하였다〈표 1〉의 10. 그는 1905년 11월 이래 대한제국은 일본의 보호국으로 전락했음으로 이는 국권의 상실된 상태로 규정하였다. 그럼에도 불구하고 국권을 회복하기 위해서는 교육과 식산, 그리고 정신적 각성으로 진작시켜야만 먼 미래에 국권을 회복하고 독립을 성취할 날이 온다고 주장하였다.

당시 대한자강회에서 주도적인 역할을 맡고 있었던 윤효정도 1906년 4월 제1회 통상회에서 교육과 식산의 필요가 자강의 특효라고 할 수 있으며 이것이야말로 대한의 독립주권을 회복할 수 있다고 주장하였다〈표 1〉의 1.[22] 그도 역시 교육과 정신적 각성의 중요성을 강조하고 있었는데, 기본입장이 오가키 다케오 고문의 주장과 같은 것이라고 볼 수 있다.

또한 장지연의 경우에도 역대 근대 역사상의 망국사를 조감하면서 폴

---

20 「본회회보(本會會報)」, 『대한자강회월보』 1호, 1906. 7. 31.
21 「한국목하(韓國目下)의 급무(急務)」, 『대한자강회월보』 9호, 1907. 2. 16.
22 「본회회보」, 『대한자강회월보』 1호, 1906. 7. 31.

란드, 이집트, 안남 등의 제국들은 애국의 단체가 없지 않으니 이를 통해 국권회복을 기도할 수 있지 않을까 전망하였다⟨표 1⟩의 11. 그에게 특이한 점은 국권을 떨어트림에 따라 일반국민이 노예의 상태에 빠졌다고 인식하면서 민족 내부적으로도 귀천의 차등을 둘 필요가 있느냐고 반문하고 있다. 장지연의 경우에는 앞의 두 사람보다는 일본의 보호국화를 비판적으로 인식하고 있었는데, 그의 의식에서는 현재의 상태가 국권의 타락, 국가가 망하는 심각한 상태라는 파악하고 있었다.

그는 1907년 6월 『대한자강회월보』 12호에 실린 「현재의 정형」이라는 글에서, "우리 정부는 오래된 습관과 같은 것이다. 이것으로 국권을 타락시켰고, 이것으로 인하여 국위를 손상시켰으며, 이것으로 인하여 나라의 굴욕國辱이 빠르게 되었고, 이것으로 인하여 국력이 소진되었으며, 이것으로 인해 국민의 원기國民之元氣를 낮추고 패배시켰고, 이것으로 인하여 국민의 살려는 의지國民之生意를 뽑아 없애 오늘에 이르게 하였다. 이것의 원인이 되고 또 원인이 됨과 같으니 그대로 있어 변하지 않는다면 이것으로 인하여 반드시 인종이 점차 없어질 따름이니 이것이 어찌 민국民國의 커다란 긍계肯綮와 커다란 관려關捩인 것이 아닐 것인가"[23]라고 주장하였다⟨표 1⟩의 16. 이는 종래 대한제국 정부의 관습으로 인해 국권이 손상받고, 이로 인해 국력이 멸망하였으며, 이렇게 잘못된 관습이 계속된다면 결국 인종조차 없어질 것이라고 하였다. 1907년 6월에 일본이 침략에 대해 더 이상 가만히 있을 수 없다는 점을 강조하고 있었음에도 불구하고 장지연은 국권회복을 성취하기 위해 교육과 식산에 의해 한국의 내적 정신을 고취하고 실력을 향상시킨다는 실력 양성운동의 논리 틀에서 벗어

---

23 민국(民國)의 커다란 긍계(肯綮 : 사물의 가장 중요한 것)와 커다란 관려(關捩 : 문의 빗장)이라는 뜻이다.

나지 못했다.[24]

이러한 개화지식들의 편향 논리는 연구상으로 흔히 '선실력 양성 후독립'으로 정형화시켜 규정하고 있다.[25] 그러나 이러한 계몽운동논리를 설명할 때, 국권의 상실된 상태에 대한 이해와 국권을 회복하기 위한 방법론과의 연관성을 설명할 필요가 있다. 이는 국권의 상실과 관련하여 대한제국의 일본 보호국으로의 전락 현실을 어떻게 이해하는가와 맞물려 있다.

그런데 1905년 전후 일본의 보호조약 강제에 대해서『황성신문』등 주요 언론사들은 제대로 대응하기 어려웠다. 1905년 11월『황성신문』은 장지연의 「시일야방성대곡是日也放聲大哭」을 게재하여 일본의 침략성을 노골적으로 비판했다가 그만 4개월간 정간되고 말았다. 이후『황성신문』은 1906년 3월 일본 국제법학자인 아리가 나가오有賀長雄의 보호국론에 대한 사설을 실었다.[26] 이때『황성신문』의 논조는 보호국과 피보호국의 관계가 고정된 것이 아니라 가변적이라고 보았다.

이와 같이 국권 인식과 국권회복론을 바탕으로 한다면 일본의 보호국 체제는 어찌할 수 없는 현실로 받아들여질 수 있었고, 반대로 일말의 가능성을 발견하는 정도에 그쳤다. 결국 이들의 국권 논리로는 국권회복의 즉각적인 구체안으로 연결될 수는 없었다. 그리하여 일본의 보호국화 상황을 인정하면서도 이를 역이용해서 국권회복으로 나아갈 수 있다는 계몽 지식인의 국권회복 담론은 이후 실질적인 성과를 얻지 못했다.

24   김도형, 「장지연의 변법론과 그 변화」,『한국사연구』109, 2000, 92~95쪽; 노관범, 「대한제국기 장지연의 자강사상연구─단합론을 중심으로」,『한국근현대사연구』47, 2008, 164~169쪽.

25   박찬승, 「한말 자강운동론과 그 각 계열」, 위의 책, 1992, 56~69·72~76쪽.

26   아리가 나가오(有賀長雄),『보호국론(保護國論)』, 와세다대(早稻田大) 출판부, 1906;『황성신문』, 1906. 3. 13·15; 최덕수, 「근대계몽기 한국과 일본 지식인의 '보호국론' 비교연구」,『동북아역사논총』24, 2009, 128~129쪽.

2) 계몽운동의 『국민수지』 편찬과 '국민' 개념의 전개

당시 국권의 위기에 대응하여 계몽운동가들은 나름대로 대한제국의
정치체제 개편에 대해 일정하게 목소리를 내기 시작했다. 그 첫걸음은
1905년 '헌정연구회'의 결성이었다.

헌정연구회는 1905년 5월 중순에 이준, 윤효정, 양한묵, 심의승 등이
발기하여 5월 24일에 창립되었다.[27] 이준, 윤효정 등 발기를 준비한 사람
들은 국권을 수호하고 독립을 유지하기 위하여 정치력이 집결된 단체의
결성이 필요하다고 느껴 설립을 추진하였다. 또한 헌정연구회의 설립 목
적 중에는 세계의 대세인 입헌체제를 갖추기 위한 헌정의 논의憲政之義를
준비하기 위한 것이었다. 그것은 입헌체제가 서구 열강의 부강의 근원
이므로 전제군주국인 우리나라도 계절에 앞서 의복을 준비하듯이 대세
의 변화를 예비하여 헌법을 제정하고 입헌정치를 실시해야 한다는 것이
었다.[28] 그렇지만 헌정연구회의 강령에서는 3대 목표로서 "강령 ① 제실
帝室의 위권威權은 흠정헌법에 달린 것이므로 존경하며 번영하도록 도모한
다. ② 내각의 직문 권한은 관제 장정에 실려 있으므로 책임지고 달성하
도록 도모한다. ③ 국민의 의무와 권리는 법률의 범위안에 있으므로 자유
롭게 이루도록 도모한다"를 내세우고 있었다.[29] 강령의 취지로 보아 헌정
연구회는 새로운 입헌제도를 수립하기보다는 기존의 황제권에 의존하여
흠정헌법을 제정하되, 내각의 권한을 규정하는 관제 장정의 제정을 도모
하고 국민의 의무와 권리義權을 법률의 범위에서 얻어 자유를 도모한다는

---

27 최기영, 「헌정연구회에 관한 일고찰」, 『윤병석교수 화갑기념 한국근대사논총』, 1990;
    『1900년대의 애국계몽운동연구』, 아세아문화사, 1993.
28 「잡보」, 『황성신문』, 1905. 5. 16.
29 "綱領 一 帝室威權之揭於 欽定憲法者期圖尊榮事, 二 內閣職權之載於官制章程者期
    圖責成事, 三 國民義權之得於法律範圍者期圖自由事."

취지를 가지고 있었다. 결국 대한제국의 군주주권을 개편하지 않으면서 정부와 국민의 책무와 권리를 신장한다는 목표를 내세우고 있었다고 할 수 있다.

헌정연구회는 자신들의 정치 개혁의 요구안을 담고있는 제안서를 직접 공론화하려고 하였다. 이는 『헌정요의』라는 제목의 정치 프로파간다를 주장하는 책자로 발간되었다. 이 책의 이름은 다시 『국민수지國民須知』로 개칭되었다. 이것이 단행본으로 간행된 것은 1906년 4월경이라고 한다. 이전에 1905년 초에 이미 저술되었던 『헌정요의憲政要義』가 전거를 이루었을 것으로 보인다. 실제 주요 내용은 『황성신문』에 1905년 7월 15일부터 8월 3일까지 10회에 걸쳐 『헌정요의』라는 제목으로 연재되었다.[30]

『국민수지』의 원래 필자와 관련해서는 저자가 헌정연구회에서 활동한 사람이어야 한다는 전제하에서 연구되었다. 그래서 현채가 『유년필독석의』에서 말한 바와 같이, 해외 유객遊客 경험이 있어야 하며, 내용상 1901~1904년 사이에 집필했을 가능성을 검토해야 한다고 했다. 이에 적합한 인물은 지강芝江 양한묵梁漢默, 1862~1919으로 추정되고 있다.[31] 『황성신문』의 연재본에서는 독자 투고 형식으로 실렸으며, 이 글에 대한 양한묵의 서문이 실려있기 때문이었다.

이렇게 『황성신문』에서 연재된 『헌정요의』는 곧이어 자구 수정을 통해 『국민수지』란 제목의 소책자로 발간되었다. 그런데 출판본 『국민수지』의 경우에는 헌정연구회 사무원인 김우식金宇植의 서문이 나온다.[32] 그렇다면

---

30 『대한교육회보』에도 연재되었다고 한다. 최기영, 『한국근대계몽운동 연구』, 일조각, 1997, 42쪽; 현채, 「국민수지(國民須知)」, 『유년필독석의(幼年必讀釋義)』(영인본), 아세아문화사, 1977, 79쪽.

31 정혜정, 「개화기 계몽교과서에 나타난 근대국가수립론—『국민수지』를 중심으로」, 『한국 교육사학』 제33권 제2호, 2011.8, 140쪽, 각주 53.

당시 출판물의 간행상 서문을 쓴 사람이 저술가라고 할 수 있는데, 그렇다면 양한묵과 김우식의 역할과 관련성은 무엇인지는 알 수 없다.[33]

이후 1907년 초에 국민 교육회에서 같은 이름의 책을 간행하였고, 또한 7월 현채가 편찬한 『유년필독』과 『유년필독석의』에 「국민 교육회본」을 싣는다는 해설과 함께 재수록되었다. 이어 1907년 9월 휘문관에서 인쇄되어 박상만이 경영하는 광학서포에서 다시 발행되었으며, 1906년 9월 대한자강회의 『대한자강회월보』 제3호에 「국가의 본의」와 「국가급황실의 분별」이 게재되었다. 『제국신문』에도 1907년 7월 21일부터 8월 9일까지 16회에 걸쳐 「국민의 수지」라는 제목으로 연재되었다.[34] 한편 해외 신문으로서 미국 교민 신문인 『신한국보』에도 실려있다.[35]

『국민수지』의 편찬과 관련하여 각 시기별로 편찬의 시기가 다르고 또한 수록한 신문 잡지의 종류에 따라 내용의 차이가 있을 수 있다. 『황성신문』, 『제국신문』, 『신한국보』 등 신문에서는 체제상으로도 각기 다르게 편

---

32 국회전자도서관 소장의 『국민수지』(김우식, 古 320.951 77841, 등록번호 : 098503, 33쪽)에는 김우식을 저자로 등록하고 있다. 현담문고(옛 아단문고)에는 『국민수지』의 출판사는 광학서포(廣學書舖), 발행지는 황성, 발행일은 1908년, 형태는 22센티미터, 17면으로 되어 있다. 아단문고본에서는 1908년 8월에 발행된 재판으로 1907년 5월에 초판 발행, 1908년 7월 25일에 재판을 발행했다고 적혀 있다. (김동택, 「『국민수지』를 통해 본 근대 국민」, 251쪽, '각주 23')

33 "전 룡담군슈 김우식 씨는 국민슈지라는 칙을 더슐기간하여 유지쟈에게 한권식 갑시 업시 보닉얏고 쏘 셩명도 쓰지안코 다만 것봉에 운곡싱이라쓰고 그속에 만재일시론이란 칙 한권식을 각쳐와 본사에도보닉엿는디 『국민수지』는 유리흐나 만재일시론은 그 쥬의를 알수 업다더라."(「잡보」, 『제국신문』, 1906.4.27) "이 글은 우리나라 유명한 신사의 저술한 것이니 우리 국민의 불가불 열람할 것이라. 그러나 저 악마의 수단에 걸려 압수의 운명을 당하였더니 이제 그 초본을 얻어 좌에 기재하오니 애독제군은 깊이 연구하여 보시기를 바라노라."(『신한국보』, 1910.3.15)

34 연세대 근대한국학연구소 편, 『제국신문』.

35 『신한국보』, 1910.5.10~25(9회 연재).

신문	연재	종류	제목	호수	년도	월	일	요일	면수	단수
황성신문	1	기서(寄書)	근일 헌정연구회에서 헌정요의(憲政要義)라 헌정요의 1회 국가의 본의(本意)			7	15		3	3
	2	기서	헌정요의 2회- 국가급황실(國家及皇室)의 분별(分別)			7	18		3	1
	3		헌정요의 3회			7	20		3	2
	4	기서	헌정요의 4회- 군주급정부(君主及政府)의 권한	2000호	1905	7	22		3	2
	5	기서	헌정요의 4회(속) 군주급정부의 권한[속]	2002호		7	24		3	2
	6		헌정요의 5회- 국민급정부(國民及政府)의 관계	2003호		7	25		3	2
	7		헌정요의 6회-군주의 주권(主權)	2005호		7	27	목	3	2
	8		헌정요의 6회[전호속]-군주의 주권	2006호		7	28	금	3	1
	9	기서	헌정요의 7회-국민의 의무(義務)	2010호		8	2	수	3	3
	10	기서	헌정요의 7회(속)-국민의 의무[속]	2011호		8	3	목	3	3
제국신문	1	논설	국민의 수지(須知) 국가본의(國家本義)	2461호		7	21	일	1	1
	2		국민의 수지-국가와 정부의 관계	2462호		7	23	화	1	1
	3		국민의 수지-군주와 정부의 권한	2463호		7	24	수	1	1
	4		국민의 수지-군주와 정부의 권한	2464호		7	25	목	1	1
	5		국민의 수지-국가와 정부의 관계	2465호		7	26	금	1	1
	6		국민의 수지-군주의 주권	2466호		7	27	토	1	1
	7		국민의 수지-군주의 주권	2467호		7	28	일	1	1
	8		국민의 의무(국민의 의무)	2469호		7	31	수	1	1
	9		국민의 의무(국민의 의무)	2470호	1907	8	1	목	1	1
	10		국민의 수지-국민의무-국민의 권리(權利)	2471호		8	2	금	1	1
	11		국민의 수지 독립국(獨立國)의 자주민(自主民)	2472호		8	3	토	1	1
	12		국민의 수지 독립국의 자주민	2473호		8	4	일	1	1
	13		국민의 수지-독립국의 자주민	2474호		8	6	화	1	1
	14		국민의 수지-독립국의 자주민	2475호		8	7	수	1	1
	15		국민의 수지-독립국의 자주민	2476호		8	8	목	1	1
	16		국민의 수지-독립국의 자주민	2477호		8	9	금	1	1
신한국보	1		국민수지 / 국가본의 / 국가급황실의 분별	86호		3	15	화	4	1
	2		국가급정부의 관계	87호	1910	3	22	화	4	1
	3		군주급정부의 권한 / 국민급정부의 관계	88호		3	29	화	4	1

신문	연재	종류	제목	호수	년도	월	일	요일	면수	단수
신한국보	4		군주의 주권	89호		4	5	화	4	1
	5		국민의 의무	90호		4	12	화	4	1
	6		국민의 권리	91호	1910	4	19	화	4	1
	7		독립국의 자주민	92호		4	26	화	4	1
	8		독립국의 자주민	93호		5	3	화	4	1
	9		독립국의 자주민	94호		5	10	화	4	1
유년필독		20과	국민의 권리	31쪽		7				
			국가본의	31쪽						
			국가급황실의 분별	31쪽						
			국가급정부의 관계	33쪽						
			군주급정부의 권한	34쪽	1907					
			국민급정부의 관계	37쪽						
			군주의 주권	38쪽						
			국민의 의무	40쪽						
			국민의 권리[36]	42쪽						
			독립군자주민(獨立國自主民)	43~49쪽						

재시켜 연재하고 있기 때문에 실제 내용의 변이와 차이에 주목해야 한다.

우선 헌정연구회는 『헌정요의』에 대해 저작자와 발간취지를 밝혔다.[37] 『황성신문』에 소개된 글로서 보면, 이 책자는 『헌정요의憲政要義』라 이름의 소책자라는 것이고, 발간의 주체는 헌정연구회라고 하였다. 발간의 취지는 국민이 먼저 국가의 성립한 요령을 각오한 연후에 정치의 사상이 처음으로 움직이고, 정치의 사상이 움직인 연후에 헌정의 본의를 연구하고자 하는 이유로 저술한 것이라고 하였다. 이 부분에서 주목할 점은 이 책자가 헌정의 본의를 연구하고자 하는 것이라는 점이다. 이는 헌정연구회에서 올린 정치 개혁 의견서와 비슷한 시점에서 발간되었다는 점과 그 정치

36　『국민의 권리』 제목 아래 제20과 참간(參看)이라고 부기되어 있다.

37　「기서(寄書) 근일헌정연구회에서 헌정요의라(近日憲政硏究會에셔憲政要義라)」, 『황성신문』, 1905.7.15, 3면 3단.

개혁의 방향과 관련하여 일정한 시사를 가질 수 있다는 점일 것이다.

다음으로 주목할 점은 이 책의 구성이 이미 갖추어져 있으며, 편차별로 보면, "국가의 본의, 국가급황실의 분별, 국가급정부의 관계, 군주급정부의 권한, 국민급정부의 관계, 군주의 주권, 국민의 의무, 국민의 권리, 독립국의 자주민自主民" 등의 완결된 구성으로 되어 있음을 알 수 있다. 그런데 주요한 정치체제 개혁의 논점은 현재 대한제국의 국체인 황제에 대해 어떻게 국가의 주권으로 위치 지을 것이며, 황실과 정부, 국가와 정부의 구별, 국민과 정부의 관계를 어떻게 규정하고 있는가 하는 점이었다.

일단 『황성신문』에 연재하기 시작한 헌정요의는 앞서 표에서 적시된 것처럼, 10회분의 연재가 계속되었다. 그런데 주목되는 것은 책자의 마지막 부분인 국민의 권리와 독립군의 자주민 2편이 게재되지 않았던 점이다. 그러면 이후 관련 자료와 비교하여 그 이외의 부분이 과연 어떻게 게재되었고 왜 가감되었는지 살펴보기로 하자.

〈표 3〉에서 첫 번째와 두 번째 란에 제시된 내용만을 비교해 보았을 때, 『황성신문』과 『유년필독』 안에 수록된 내용이 거의 일치함에 비하여, 『제국신문』에 한글로 번역된 부분은 해당 주제의 첫 문단 정도만을 전문 인용하고, 나머지 다양한 사례와 참고 설명 등은 일체 생략하면서 서술하지 않았음을 알 수 있다. 황실의 흥망이 국가의 흥망과는 바로 연결되지 않으며 프랑스의 보르본 왕조와 나폴레옹 왕조를 들어 여러 황실의 교체가 곧 국가의 흥망과 연결되지 않는다는 점을 강조하고 있다. 그렇지만 『제국신문』에서는 관련 주제의 핵심 내용은 과감하게 생략되어 있다.

그런데 '군주의 주권'과 관련된 부분은 3가지 판본이 일부 다른 점이 보인다. 우선 『황성신문』은 군주의 주권을 강조하면서 국가는 중민衆民의 합성체라고 규정하고 군주를 합성체되는 국가를 대표하는 자로서 민주국에 있으면 그 권한이 의원議院에 속하지만, 군주국이라도 군주 및 의원에 같이 속할 수 있다고 하였다. 이는 군주국이라도 정부와 의회가 존재할 수 있는 입헌군주제의 형태가 가능하다는 점을 은연중에 강조하고 있는 것으로 보인다.

또한 국가의 주권을 내용 주권과 외용 주권으로 구분하고, 내용 주권은 국내의 통치하는 대권으로 입법, 행정, 사법 등을 주관하는 권한임을 설명하였으며, 이는 외국의 간섭을 받을 수 없다는 점을 강조하고 있다. 또한 외용주권의 경우에는 대외적으로 외국과의 교섭하는 대권이라고 하면서 사신의 파송 및 접수, 조약의 체결 및 정정, 선전 포고 및 강화 등의 일을 행하는 것이라고 하였다. 특히 이 부분에 강조하고 있는 점은 문명제국이 '문명이 미흡한 국가'에 강요하는 치외법권에 대한 지적이었다.

앞서 『황성신문』의 경우에는 이러한 치외법권에 대한 설명이 비록 문명제국에 의해 강요된 것이었지만, 어쩔 수 없다는 점으로 설명되고 있었다. 『제국신문』에서도 논조는 더욱 누그러져 있다. 그래서 "문명한 여러 나라가 그 나라의 법률이 완전치 못함과 정령이 착하지 못함을 보고 자기 나라의 신민을 위하여 치외 법권을 구하나니"라고 하여 어쩔 수 없으며, 더 나아가 문명한 제국은 자기 나라의 신민을 위하여 치외법권을 구하는 것이 당연한 권리인 것처럼 서술하였다.

반면에 『유년필독』의 경우에는 보다 강한 어조로 비판하고 있다. 즉, "대저 어떤 나라사람이든지 우리나라 법으로써 구속하지 못할진댄, 범죄

38　『제국신문』, 1907.7.21, 1면 1단.
39　원문에는 체(體)로 표기되어 있다.
40　"是는 水草逐移하는 部落의 烏合人衆과 同할지니 國家의 秩然한 體制를 豈成하리오."(『국민수지』)
41　"民爲貴 社稷次之 君爲輕."(「진심(盡心) 하」, 『맹자(孟子)』)

〈표 3〉 『국민수지』의 연재본 분석 1(『황성신문』 / 『제국신문』 / 『유년필독』)

『황성신문』(1905.7)	『제국신문』(1907.7~8)[38]	『유년필독』(1907.7)
1) 국가(國家)의 본의(本義)		
國家ᄂᆞᆫ 國民萬姓의 共同體니 君主 一人의 私有物이 아니라 故로 其本義를 釋ᄒᆞ건ᄃᆡ 土地曰 國이오 人民曰 家ㅣ니 此二者를 合稱홈이라 然ᄒᆞ나 土地와 人民이 有ᄒᆞ야도 國家라 遽稱ᄒᆞ기 不能ᄒᆞ야 必政治組織이 一定ᄒᆞᆫ 後에 可ᄒᆞ니 政治組織은 何謂홈인고 政府를 設ᄒᆞ야 治體를 立홈을 謂홈이라 君主國에 帝王이 有ᄒᆞ고 共和國에 統領이 有ᄒᆞ야 其下에 百般政令의 擧行ᄒᆞᄂᆞᆫ 大小官吏를 置ᄒᆞ고 國家의 事務를 辦理홈이 是라 若不然ᄒᆞᆯ진ᄃᆡ 是ᄂᆞᆫ 水草逐移ᄒᆞᄂᆞᆫ 部落의 烏合人衆과 同ᄒᆞᆫ지라 國家의 秩然ᄒᆞᆫ 體制를 豈成ᄒᆞ리오 昔에 漢土孟子曰호ᄃᆡ 民에 重ᄒᆞ고 社稷이 其次오 君이 又其次라 ᄒᆞ니 夫其謂ᄒᆞᆫ 바 民與社稷은 卽國家를 謂홈인 즉 是를 由ᄒᆞ야 觀ᄒᆞᆯ진ᄃᆡ 國家及君主의 先後輕重을 可知ᄒᆞᆯ진져	국가ᄂᆞᆫ 만민의 몸이모여 ᄒᆞᆫ아히 된것이니 그 본뜻을 말ᄒᆞ건ᄃᆡ 토디ᄂᆞᆫ 국이라ᄒᆞ고 인민은 가라ᄒᆞ야 이두가지를 합ᄒᆞ면 국가이라 그러나 토디와 인민이 잇고라도 국가라 ᄒᆞᆯ슈업고 반다시 일뎡ᄒᆞᆫ 정치가 잇슨연후에야 국가라ᄒᆞᆯ지니 졍치라ᄒᆞᄂᆞᆫ것은 졍부를 베풀고 다ᄉᆞ리ᄂᆞᆫ법을 셰움을 일음이라 군쥬국에ᄂᆞᆫ 황뎨가잇고 공화국에ᄂᆞᆫ 대통령이잇셔 그아릐ᄇᆡᆨ가지 졍령을 거힝ᄒᆞᄂᆞᆫ 대소관리를 두고 국가의ᄉᆞ무를 쳐리ᄒᆞ나니라	國家는 國民 萬姓의 共同體[39]니 君主一人의 私有物이 아니라 故로 其本義ᄅᆞᆯ 釋ᄒᆞ면 土地曰 國이오 民曰 家니 此二者ᄅᆞᆯ 合稱홈이라 然ᄒᆞ나 土地와 人民이 有ᄒᆞ야도 國家라 遽稱ᄒᆞ기 不能ᄒᆞ야 政治가 組織ᄒᆞᆫ 後에 可ᄒᆞ니 政治組織은 何ᄅᆞᆯ 謂홈인고 政府ᄅᆞᆯ 設ᄒᆞ야 治體ᄅᆞᆯ 立홈을 謂홈이니 君主國에는 帝王이 有ᄒᆞ고 共和國에는 統領이 有ᄒᆞ야 其下에 百般政令을 擧行ᄒᆞᄂᆞᆫ 大小官吏가 國家事務ᄅᆞᆯ 辦理ᄒᆞᆯ지니 **萬一不然ᄒᆞ면 此는 水草ᄅᆞᆯ 逐移ᄒᆞ는 部落의 烏合人衆이라.** 엇지 國家體制ᄅᆞᆯ 成ᄒᆞ리오.[40] 昔에 漢土孟子는 曰 民이 重ᄒᆞ고 社稷이 其次오 君이 또 其次라ᄒᆞ니[41] 其謂ᄒᆞᆫ 바 民과 社 稷은 卽國家ᄅᆞᆯ 謂及홈이니 然즉 國家及君主의 先後輕重可知ᄒᆞᆯ 지니라
2) 국가급황실(國家及皇室)의 분별(分別)		
世人이 國家及皇室의 分別을 不知홈으로 國家를 擧ᄒᆞ야 君主一身으로 視ᄒᆞ니 此ᄂᆞᆫ 專制惡風에 浸染ᄒᆞ야 其迷想誤解를 不破홈이라 夫君主ᄂᆞᆫ 國家의 統治者ㅣ라 謂홈은 可호ᄃᆡ **國家의 私有者ㅣ라 謂홈은 不可ᄒᆞ니** 譬컨ᄃᆡ 地方에 官長을 置홈은 其地方을 統治홈이오 其地方을 私有홈은 안닌처럼 國家에 君主를 立홈은 國家를 統治홈이오 其國家를 私有홈은 아니라 君主로써 國家라 ᄒᆞᆯ진ᄃᆡ 人生自然ᄒᆞᆫ 道에 悖ᄒᆞ니 天下에 是理가 豈有ᄒᆞ리오 人은 生命이 雖多ᄒᆞ여도 八九十年에 不過ᄒᆞ고 國家ᄂᆞᆫ 其生命의 長久홈이 千萬年에 亘ᄒᆞᄂᆞ니 **夫皇室의 興亡으로써 國家의 興亡이라 謂홈은 國家本義에 不明ᄒᆞᆫ 所以라** (…중략…) 英吉利國家의 亡홈은 아니며 法蘭西의 寶本王室及拿破崙皇室이 亡ᄒᆞ고 民主政體가 興홈은 其政體가 變更홈이오 法蘭西國家의 亡홈은 아니니 是以로 土地人民이 他國의 管轄에 不歸ᄒᆞᆯ진ᄃᆡ 其國內의 皇室變易과 政體變更으로ᄂᆞᆫ 國家가 亡ᄒᆞ다 謂홈이 不可ᄒᆞ니라 (…중략…) **厚禮斗益大王의 言은 國家及皇室의 分別을 明定ᄒᆞ야 萬世의 龜鑑이라 故로 歐洲人이 稱ᄒᆞ야 曰 憲法의 元祖라 ᄒᆞ니라**	셰상사ᄅᆞᆷ이 국가와 황실의 분별이 잇슴을 알지못홈으로 국가를 군쥬의 ᄒᆞᆫ몸으로 보니 이ᄂᆞᆫ 압졔ᄒᆞᄂᆞᆫ 악ᄒᆞᆫ 풍속에 물들어 그히미ᄒᆞᆫ ᄉᆡᆼ각과 그릇풀믈 ᄭᆡ치지 못홈이라 무릇군쥬ᄂᆞᆫ 국가를 통솔ᄒᆞᄂᆞᆫᄌᆞ라홈은 가커니와 국가를 사ᄉᆞ로이둔 ᄌᆞ라홈은 불가ᄒᆞ니 비컨ᄃᆡ 디방에 관장을둠은 그 디방을 통솔홈이오 그 디방을 사ᄉᆞ로이둔것은안인것갓흠이라 만일 인쥬로ᄡᅥ 국가라 ᄒᆞᆯ진ᄃᆡᆫ 이ᄂᆞᆫ 인ᄉᆡᆼ의 ᄌᆞ연ᄒᆞᆫ도리에 억길지니 텬하에 엇지 이갓ᄒᆞᆫ 리치가 잇스리오 사ᄅᆞᆷ은 ᄉᆡᆼ명이 비록 길어도 팔구십에 지나지 못ᄒᆞ되 국가의ᄉᆡᆼ명은 장구히 쳔만년을 잇나니라.	世人이 國家及皇室의 分別을 不知ᄒᆞ고 國家ᄅᆞᆯ 擧ᄒᆞ야 君主一身으로 視ᄒᆞ니 此는 專 制惡風에 浸染ᄒᆞ야 其迷想誤解ᄅᆞᆯ 不破홈이라. 大抵 君主는 國家統治者라 謂홈은 可ᄒᆞ되 **國家ᄅᆞᆯ 私有ᄒᆞ얏다 함은 不可ᄒᆞ니** 譬컨ᄃᆡ 地方에 官長을 置홈은 其地方을 統治홈이오 其地方을 私有ᄒᆞ라 홈은 아니니 國家에 君主ᄅᆞᆯ 置홈도 國家ᄅᆞᆯ 統治ᄒᆞ라 ᄒᆞᆯ섄이오. 國家ᄅᆞᆯ 私有ᄒᆞ라 홈은 아니라 君主로ᄡᅥ 國家라, ᄒᆞᆯ진ᄃᆡᆫ 人生의 自然ᄒᆞᆫ 道 ᄅᆞᆯ 悖ᄒᆞᆯ지니 天下에 엇지 此理가 有ᄒᆞ리오.또 人生은 百歲에 不過ᄒᆞ거니와 國家는 千萬年에 亘ᄒᆞᄂᆞ니 然ᄒᆞᆫ 즉 **皇室의 興亡으로ᄡᅥ 國家의 興亡이라 謂홈은 國家本義ᄅᆞᆯ 不知홈이라.** (…중략…) 英吉利 國家의 亡홈이 아니며 法蘭西의 寶本王室及 拿坡崙 皇室이 亡ᄒᆞ고 民主政體가 興홈은 其政體가 變更홈이오. 法蘭西의國家가 亡홈은 아니니. 이런 故로 土地 人民이 他管轄에 不歸ᄒᆞᆯ진ᄃᆡᆫ **其國內외 皇室變易과 政體變更으로ᄡᅥ 國家가 亡ᄒᆞ다 謂홈이 不可ᄒᆞ니** (…중략…) **厚禮斗益大王의 言은 國家及皇室의分別을 明定ᄒᆞ야 萬世의 龜鑑이 될지라 故로 歐洲人이 稱ᄒᆞ야 曰 憲法의始祖라 ᄒᆞ니라**
3) 국민급정부(國民及政府)의 관계(關係)		
夫國民이 有ᄒᆞᆫ 後에 政府가 有ᄒᆞ니 故로 政府ᄂᆞᆫ 國民을 爲ᄒᆞ야 建設ᄒᆞᆫ 者라 人이 羣을 成ᄒᆞ야 國이 된 즉 國內의 事務ᄂᆞᆫ 卽其人民의 事務니 君主가 一國의 統治者가 되ᄂᆞᆫ 故로 其事務ᄅᆞᆯ 處理ᄒᆞ기 爲ᄒᆞ야 政府의 官吏ᄅᆞᆯ 命홈인 즉 政府의 官吏ᄂᆞᆫ 其受命ᄒᆞᆫ 事務에 相當ᄒᆞᆫ 權이 無ᄒᆞᆫ면 不可ᄒᆞᆫ 故로 凡民에 比ᄒᆞ야 其地位가 高ᄒᆞ며 勢力이 大ᄒᆞ니 卽一種地位及勢力이 有ᄒᆞᆫ 雇傭인져 且夫官吏ᄂᆞᆫ 君主의 治ᄅᆞᆯ 佐成ᄒᆞᄂᆞᆫ 者라 故로 曰 管治者며 人民은 君主의 治ᄅᆞᆯ 蒙受ᄒᆞᄂᆞᆫ 者라 故로 曰 被治者니 古人所謂 君子野人의 別이 是라 然ᄒᆞ나 管治者되ᄂᆞᆫ 官吏도 其國의 人이오 **被治者되ᄂᆞᆫ 人民도 其國의 人이니 一切 國民의 智識氣力이 高尙潑活ᄒᆞᆫ 然後에 政府에 立ᄒᆞᄂᆞᆫ 者ᄂᆞᆫ 賢能才俊ᄒᆞᆫ 類가 多ᄒᆞ거니와** 是에 反ᄒᆞ야 全國의 風俗이 頑愚	무릇 국민이 잇슨연후에 졍부가 잇ᄂᆞ니 그런고로 졍부ᄂᆞᆫ 국민을 위ᄒᆞ야 셜시ᄒᆞᆫ바라 사ᄅᆞᆷ이 무리를 합ᄒᆞ야 나라이 되얏슨즉 국ᄂᆡ의 ᄉᆞ무ᄂᆞᆫ 곳 그 인민의 ᄉᆞ무니 군쥬ᄂᆞᆫ 일국을 통솔ᄒᆞᄂᆞᆫ쟈로 그 ᄉᆞ무를 쳐리ᄒᆞ기 위ᄒᆞ야 졍부에 관리ᄅᆞᆯ 명홈인즉 졍부의 관리ᄂᆞᆫ 그 ᄉᆞ무에 상당ᄒᆞᆫ 권이 업스면가치안이ᄒᆞᆫ고로 평민에 비ᄒᆞ야 그 디위가 놉흐며 셰력이 크니 이ᄂᆞᆫ 곳 디위와 셰력잇ᄂᆞᆫ 고용이라 ᄒᆞᆯ진뎌 관리ᄂᆞᆫ 군쥬의 다ᄉᆞ림을 돕ᄂᆞᆫᄌᆞ라 고로 다ᄉᆞ림을 맛ᄒᆞᆫᄌᆞ라 ᄒᆞ겟고 인민은 군쥬의 다ᄉᆞ림을 밧ᄂᆞᆫᄌᆞ라 고로 다ᄉᆞ림을 입ᄂᆞᆫᄌᆞ라 ᄒᆞᆯ지니 옛사ᄅᆞᆷ에 말 ᄒᆞᆫ바 군ᄌᆞ와 야인의 구별이 이것이라 그러나 다ᄉᆞ림을 맛ᄂᆞᆫᄌᆞ되ᄂᆞᆫ 관리도 그 나라의 인민이오 **다사림을 입ᄂᆞᆫᄌᆞ되ᄂᆞᆫ 인민도 그나라의 인민이니 물론 엇더ᄒᆞᆫ 인민이던지 지식**	國民이 有ᄒᆞᆫ 後에 政府가 有ᄒᆞ니 故로 政府는 國民을 爲ᄒᆞ야 建設ᄒᆞᆫ 者라. 人이 羣을 成ᄒᆞ야 國이 되얏슨 즉 國內事務는 即其人民의 事務오. 君主는 一國統治者가 되는 故로 其事務ᄅᆞᆯ 處理키 爲ᄒᆞ야 政府官吏ᄅᆞᆯ 置ᄒᆞ얏스니 政府官吏된 者ㅣ 其事務에相當ᄒᆞᆫ 權이 無ᄒᆞ면 不可ᄒᆞᆫ지라. 故로 凡民에 比ᄒᆞ야는 其地位가 高ᄒᆞ고 勢力이 大ᄒᆞ니 即 一種地位 及 勢力이 有ᄒᆞᆫ 雇傭人이오. 또 官吏는 君主의 治ᄅᆞᆯ 佐成ᄒᆞ는 者라. 故로 曰管治者라ᄒᆞ고 人民은 君主의 治ᄅᆞᆯ 承受ᄒᆞ는 者라. 故로 曰被治者라 ᄒᆞ니. 古人의 謂ᄒᆞᆫ바 君子野人의 別이 此라. 然이나 管治者가 되는 官吏도 其國의人이오. **被治者가 되는 人民도 其國의 人이니, 一切國民의 智識氣力이 高尙活潑ᄒᆞᆫ 然後에야 政府에 立ᄒᆞᆫ 者ㅣ 賢能才俊이 多ᄒᆞ거니와** 萬一 不然

『황성신문』(1905.7)	『제국신문』(1907.7~8)[38]	『유년필독』(1907.7)
蒙昧호진디 暢明通達호 官吏가 何處從生호리오 設或 一二人의 超絶호 者가 有호다 호야도 杏然히 滄海一粟이라 何益이 有홀가 故로 曰 惡民上에 惡政府가 無호고 良民上에 惡政府가 無호니라	과 긔기가 고명호고 민활호연후에 정부에 들어가는즈는 어질고 능호즈가 만으려니와 그러치 못호고 풍속이 어리셕고 어두울진디 붉고 공변된 관리가 어디로 좃차나리오 셜혹 흔두 사름의 특별흔 즈가잇더릭도 묘연흔 창히에 좁쌀흔낫 갓흔지라 무엇이 유익홈이 잇스리오 그런고로 악흔 인민우에 어 진졍 부가 업고 어진인민우에 악흔정부가 업다흐느니라	호야 全國風俗이 頑愚蒙昧호진디 暢明通達호 官吏가 何處에셔 生호리오. 設或 一二人의 超絶흔 者가 有훌지라도 곳滄海一粟이라 何益이 有호리오 故로 曰惡民上에 良政府가 無호고 良民上에 惡政府가 無호다 호느니라

6) 군주(君主)의 주권(主權)

國家가 有흔 즉 主權이 有호고 主權이 無흔 즉 國家도 無호니 故로 國家와 主權은 相須호야 立호고 須臾도 分離홈이 不可흔지라 夫國家는 衆民의 合成体며 主權은 衆民의 合成力이니 君主가 其合成体되 國家를 代表홈 즉 其合成力이 主權을 握持홈이로되 民主國에 在호야는 議院에 歸호며 君主國이라도 君主及議院에 在호고 君主一人에 不屬호기도 有호느니 此는 各其 國体를 隨호야 異同이 有홈이라 曰 主權이라 謂흔 즉 其上에 他權을 不容호야 國家諸權의 本源되는 者이니 此를 分言호야 曰 內用主權이며 曰 外用主權이라	국가가 잇슨즉 쥬권이 잇고 쥬권이 업스면 국가도 업나니 그런고로 국가와 쥬권은 즘시라도 셔로 써 남이 가치 안이홀지라 쥬권은 무엇을 이름이뇨 쥬권은 그우에 달은 권을 용납지 안이호야 국가 모든 권의 근본이되는자니 이것을 난호와 말호면 안에서 쓰는쥬권 밧게서 쓰는쥬권 두 가지라 안에서 쓰는 쥬권은 국닉를 통솔호는 큰권이니 립법권 힝졍권스법권이 다 이 쥬권의 지휘에서 나옴이라 립법권은 법률제정호는 도를 이름이오 힝졍권은 졍령을 반포호는 도를 이름이오 스법권은 소송을 판결호는 도를 이름이니 무릇 이 세가지는 국가의 천만스무를 관활호야 크고 젹음을 물론호고 모다 갓추어 외국의 간셥을 허락지 안이홀 뿐더러 만약 방히호는즈가 잇스즉 방어호는 도를 힝하나니 일호라도 즈긔 나라의 쥬권을 굴호면 이는 그 국가의 위엄을 스스로 덜어버리는 것이라	國家가 有흔 즉 主權이 有호고 主權이 無흔 즉 國家도 無호느니 故로 國家와 主權은 相須호야 立호고 頃臾도 分離치 못홀지라. 大抵國家는 衆民의 合成體오 主權은 衆民의 合成力이니 君主가 其合成體되는 國家를 代表호얏 즉 其合成力되는 主權을 握持호얏거니와 民主國에 在호야는 其權이 議院에 歸호고 君主國이라도 其君主及議院에 在호고 君主 一人에만 不屬호느니 此는 各其團體를 隨호야 異同이 有홈이오. 大抵主權이라홈은 何를 謂호 曰主權은 其上에 他權을 不容호야 國家諸權의 本源되는 者이니 此를 分言호야 曰內用主權이오 曰外用主權이라 호느니
內用主權은 內務統治호는 大權이니 立法行政司法이 皆此主權의 指揮作用에 出홈이라 立法은 法律制定호는 道를 謂홈이오 行政은 政令頒布호는 道를 謂홈이오 司法은 訴訟判決호는 道를 謂홈이니 凡此三者는 國家千萬事務를 包括호야 巨細不遺호고 大小畢備호야 無論某國의 干涉을 不許호는 者니라	밧게 쓰는 쥬권은 외국을 교섭호는 큰권이니 스신 의과송과 영졉이며 죠약의 체결과 기졍이며 션젼과 구화호는 등스를 이름이라 국닉에셔는 그 쥬권을 스스로 힝호고 타국의 쥬권을 용납지 안이호나 그러나 문명이 되지못호 나라이 타국과 죠약을 체결호야 외국인민이 통상 항구에 와셔 사는셕는 문명호 여러 나라이 그 나라의 법률이 완젼치 못홈과 졍령이 착지 못홈을 보고 즈긔 나라의 신민을 위호야 치외 법권을 구호나니라	內用主權은 內務統治호는 大權이니 立法, 行政, 司法이다. 此主權의 指揮作用에 出홈이라 立法은 法律制定호는 道를 謂홈이오 行政은 政令頒行을 謂홈이오 司法은 訴訟判決을 謂홈이니 凡三者는 國家千萬事務를 包括호야 巨細가 不遺호고 大小가 畢備호야 外國의 干涉을 不許홈뿐더러 萬一 妨害호는 者가 有호면 排遏防禦호느니 一毫라도 自國의 主權을 屈호면 此는 其國家의 威를 自損홈이오.
外用主權은 外國交涉호는 大權이니 使臣의 派送及接受와 條約의 締結及改証과 宣戰及媾和 等事를 謂홈이나 一國의 內에는 其主權을 自行호고 他國의 主權을 不容호나 然호나 文明이 未洽호 國家의 主權을 締結호야 他人民이 通商港口에 來居호는 時에 文明諸國이 其國의 法律이 未完홈과 政令이 未善홈을 見호고 自國의 臣民을 爲호야 治外法權을 求호나니 治外法權이라 호는 者는 假令 何國人이 未開國內에 在호야 罪를 犯호거든 未開國의 法律로 懲治치 못호고 各其國의 法律로 懲治흠 즉 此는 未開國이 治外의 法權을 各國에 讓흠이라 [未完]		外用主權은 外國交涉호는 大權이니 使臣의 派送及接受와 條約의 締結及改証과 宣戰 及媾和等事를 謂홈이라. 一國內에는 其主權을 自行호고 他國의 主權을 不容호나 然호나 文明이 未洽호 國은 他國과 條約을 締結호야 外國人民이 通商港口에 來居호는 時에 文明諸國이 其國의 法律이 未完홈과 政令이 未善홈을 見호고 自國臣民을 爲호야 治外法械을 求호나니 治外法權이라호는 者는 假令 何國人이 我韓國內에 在호야 罪를 犯호거든 我韓의 法律로 懲治치 못호고 各各其國法律로 懲治홈이니 此는 我韓이 治外法權을 各國에 許홈이라. 故로 此는 恥辱의 極홈이니 法律을 明定호야 其法權을 恢復홈이 國家의 當務오 其法權을 自行치 못호는 時는 外國人이 開港地外에 居住홈을 勿許호며 內地商販을 勿許호며 쏘 鐵道, 礦山, 電信, 森林, 漁採等 一切行政事務에 關호 者를 勿許홀지니 大抵何國人이든지 我法으로써 拘束지 못홀진딘 犯罪者가 有홀 時에는 將且엇지 處置호리오 他國人民이 內地에 入居호는디로 他國의 巡檢及憲兵이 自國人民을 保護혼다 稱호고 內地에 橫行홀지니 此는 他國의 主權이 我國에 行홈이라 大抵 一國內에 二主權이 有호면 곳國에 二王이 有홈과 如호고 如此호 時에는 不學無知호 人民이 土地山林을 外國人의게 放賣호며 쏘 外國人을 符同호야 內國主權을 損傷호는 事가 多호니니 蔽一言호고 此輩는 其罪가 곳國家의 大逆不道라 흘지니라.

자가 있을 때에는 장차 어찌 처치하리오. 다른 나라 인민이 내지에 들어와 사는 데 다른 나라의 순검 및 헌병이 자국 인민을 보호한다 칭하고 내지에 횡행할지니 이는 타국의 주권이 우리나라에 행함이라. 대저 한 나라 안에 2개 주권이 있으면 곧 나라에 두 사람의 왕이 있음과 같으니 이와 같은 때에는 배우지 못하고 무지한 인민이 토지 산림을 외국인에게 방책放賣하며 또 외국인과 부동符同하여 나라 안의 주권을 손상하는 일이 많으리니 폐일언하고 이러한 무리들은 그 죄가 곧 국가의 대역부도大逆不道라 할지니라" 하였다. 이는 타국에서 이주한 인민들이 아국에 행하는 치외법권을 행사할 수 있도록 허용한 것이 문제라는 것이다. 결국 주권이 하나인 나라에 2개의 주권이 존재하며, 이는 나라에 2개의 왕이 있다는 것과 같다고 강력하게 비판하고 있다. 더욱이 '불학무지한' 인민들이 외국인에게 토지와 산림을 방매하고, 또한 외국인을 부동하여 내국 주권을 손상하는 일이 많으므로 이는 곧 나라의 대역부도의 죄인이라고까지 비판하고 있다.

다음으로 문제가 되는 것은 소위 민권의 규정과 권리에 대한 강조점이다. 우선 민권의 정의에 대해서는 『국민수지』에서는 다음과 같이 설명되어 있다. 먼저 "사람이 세상에 나오매 그 권리가 있으니 권리라 하는 것은 천수天授한 정리正理라. 사람이 사람되는 본분이니"라고 하여 인간의 권리가 천수한 정리라는 원론적인 측면을 강조하고 있다. 또한 "사람이 만일 타인의 하나의 권리를 범犯하면 타인도 또 그 권리를 범하는 지라. 고로 자기의 권리를 사랑하는 자는 타인의 권리를 또한 사랑하느니, 국가의 법률은 국민 권리를 보호하고자 하여 설치함이라. 고로 사람의 권리를 침범하는 자는 법률로서 방금防禁하느니"라고 하였다. 위의 설명은 일반적인 국민의 권리 보호와 타인에 대한 권리 침해 부정을 내용으로 하고 있다.

〈표 4〉『국민수지』의 연재본 분석 2(『황성신문』/『제국신문』/『유년필독』)

『황성신문』(1905.7)	『제국신문』(1907.7~8)	『유년필독』(1907.7)
	국민(國民)의 권리(權利)	
연재본 없음	사름이 세상에 나미 반닷이 그권리가 잇스니 권리라 ᄒᄂᆞᆫ쟈ᄂᆞᆫ 흔날이 쥬신 정당ᄒᆞ 리치라 이것이 업스면 사름됨을 엇지 못ᄒᄂᆞᆫ고로 인군이 신ᄒᆞ의 권리를쌔앗지못ᄒᆞ고 아비가 ᄌ식의 권리를 쌔앗지 못ᄒᄂᆞ니 사름의 동정 형위가 다 그 권리에 맛도록ᄒᆞ야 텬ᄌ로부터 서인에 이르도록 각기 그 당흔 권리 범위를 지나지 안임이가ᄒᆞ니 만일 흔거름이라도 범위밧게 나가면 곳 불의흔 일과 무도흔 힝실이 이러나ᄂᆞ니 그런고로 사름 마다 그 권리를 굿게 직혀서로 침노치 안이흔 연후에 국가의 안녕과 사회의 질셔가 문란ᄒᄂᆞᆫ 근심이 비로소 업ᄂᆞ니 사름이 만약 타인의 권리를 범ᄒᆞ면 타인도 또흔 ᄌ긔의 권리를 범ᄒᆞᆯ고로 ᄌ긔의 권리를 ᄉᆞ랑ᄒᄂᆞᆫ쟈ᄂᆞ 타인의 권리를 또흔 ᄉᆞ랑ᄒᆞᄂᆞ니라 무릇 국가의 법률은 국민의 권리를 보호ᄒᆞ기 위ᄒᆞ야 베품이라. 타인의 권리 침범ᄒᄂᆞᆫ쟈가 잇스면 법률노 방금ᄒᄂᆞ니 인간의 천가지죄와 만가지 악흠이 실노다 권리를 침노 ᄒᄂᆞᆫ더서 말미암아 인군의 실덕과 관리의 학정도 권리 흔가지에서 지남이 안이며 인민들 사이에 닷토고 쌔앗숨도 권리 흔가지에서 나감이 업ᄂᆞ니 까닭홈게 거듬과 ᄉᆞ오납게 취홈은 ᄌ산의 권리를 범홈이오 람형을 써서 무죄흔 쟈를 죽임은 싱명의 권리를 침노홈이라 이럼으로 나라이 흥호고 망흠과 세상이 다ᄉ리고 어즈러옴이 권리를 잘 보호호고 안이홈에 달녓스니 텬하만국중에 인민의 권리가 가장 존즁흔쟈는 영국이라 흐고 텬하만국중에 가장 부강흔 쟈ᄂᆞ 또흔 영국이라 ᄒᆞ나니라	人이 世上에 生ᄒᆞ믜 其權利가 有ᄒᆞ니 權利라 ᄒᆞᄂᆞᆫ 者ᄂᆞ 天授흔 正理라 人이 人되ᄂᆞᆫ 本分이니 此를 失ᄒᆞ면 人됨을 不得ᄒᆞᄂᆞᆫ 故로 君이 此를 臣의게 奪치 못ᄒᆞ고 父가 此를 子의게 奪치 못ᄒᆞᄂᆞᆫ지라. 人의 動靜行爲가 다 其權利에 準ᄒᆞ야 天子로브터 庶人에 至ᄒᆞ기까지 各其固有흔 範圍에 不逾홈이 可ᄒᆞ니 典一一步라도 其軌限에 出홈진된 不義無道흔 事가 層生疊起ᄒᆞᄂᆞᆫ 故로 各人이 各其正當흔 權利를 守ᄒᆞ야 互相不侵홈 然後에 國家의 安寧과 社會의 秩序가 保維定着ᄒᆞ야 紊亂顚倒ᄒᄂᆞᆫ 患이 無ᄒᆞ리니 人이 萬一 他人의 一權利를 犯ᄒᆞ면 他人도 또 其權利를 犯ᄒᄂᆞᆫ지라 故로 自己의 權利를 愛ᄒᆞᄂᆞᆫ 者ᄂᆞ 他人의 權利를 또한愛ᄒᄂᆞ니. 國家의 法律은 國民權利를 保護고자ᄒᆞ야 設홈이라. 故로 人의 權利를 侵犯ᄒᄂᆞᆫ 者ᄂᆞ 法律로써 防禁ᄒᄂᆞ니 此ᄂᆞ 人間의 千罪萬惡이다. 權利侵犯ᄒᄂᆞᆫ데서 出홈이라. 大抵國君의 失德과 官吏의 虐政도 다 此에서 由ᄒᆞ고 人民의 爭鬪攘奪도 其顚結이라. 此에서 出ᄒᄂᆞ니 苟欲竊盜ᄂᆞ 人의 財産權利를 犯홈이오. 濫刑爭殺은 人의 生命權利를 侵홈이라. 故로 國의 興亡과 世의 治亂이 權利를 保護ᄒᆞᄂᆞᆫ 興否에 係ᄒᆞ니 方今 萬國中에 人民權利의 最重最尊홈 者ᄂᆞ 英國이라. 故로 英國이 天下萬邦中에 最强最富ᄒᆞ고 英國人의 言에 曰皇帝가 位로ᄂᆞ 雖乘天子오 陸海軍大元飾로되 萬一一毫라도 我人民의 權利를 侵損고자홈진된 我英國人民은 其權利를 自保ᄒᆞᄂᆞᆫ 權利가 有ᄒᆞ다 ᄒᆞ니 此ᄂᆞ 英皇帝가 專制虐政을 行ᄒᆞ야 國民權利雪奪코자 ᄒᆞ면 英國人民이 不許ᄒᆞ다 謂홈이라.

이러한 국민의 권리의 규정은 바로 민권의 발달이나 권리 신장과 직접 연결시키지는 않았다. 이는 1905년 단계에서 아직 국민의 원리와 민권의 발달이 서로 연계되어 있다는 의식에까지 미치지 못한 것으로 보인다. 이는 국민의 의무를 설명하는 부분에서도 나타나는데, 국민의 의무 중에 가장 중요한 것은 납세의 의무와 병역의 의무에 대한 논의로 그치고 있다.[42]

그리고 국권과 민권의 의미를 중요하게 부각시킨 것은 마지막 장인 '독립국獨立國의 자주민自主民' 부분이다.

또한 독립국의 자주민에 대해서는 대외 자주권의 확보를 위해서 당시

---

42 "然ᄒᆞ나 開明치 못한 國民은 兵役에 就ᄒᆞ야 其給料를 政府에 仰홈이 當然한 事로 視ᄒᆞ니 何其不思홈이 甚하고 給料兵役은 名曰 雇兵이라 國家되ᄂᆞᆫ 義務로 國家를 防禦하기 爲하여 兵役에 就홈이 아니오."(「[기서] 헌정요의(憲政要義)제7회(속)」,『황성신문』, 1905.8.3)『황성신문』에서는 국민의 의무에 대해 몇 가지 오타가 발견된다. 문맥상으로는 국민이 되는 의무가 맞다.

국제정세와 역사적인 사례를 들어 자주국의 중요성을 강조하고 있다. 특히 한국은 "한국은 한인의 한국이라 하여 타국의 간섭을 막고 타국에 의뢰도 말지니 한국의 금일 정황을 살피면 청국에 의뢰하던 마음이 굴러 일본의 간섭이 되고 일본의 간섭이 굴러 아라사[러시아]에 의뢰하는 정을 생하다가, 지금 또 중도에 방황하여 의지할 곳이 없는지라"라고 하여 주변 강대국인 청과 일본, 러시아 등 타국에 의뢰하는 생각이 없어야 함을 강조하였다. 이 부분은 『제국신문』에서도 동일하게 강조되고 있는 부분이다.

그런데 타국에 의뢰하여 국가의 독립을 상실한 사례를 『국민수지』에서는 먼저 폴란드波蘭國의 경우 러시아와 독일普魯士의 간섭을 받아 결국 망하게 되었다는 사례를 거론하였으며, 다음으로는 반대의 사례로서 프랑스法國가 혁명 시기에 주변 열국의 침략을 받았지만, 프랑스 국민이 하나로 뭉쳐 이를 물리쳤다는 사례를 들었다. 『제국신문』은 여기에다가 월남의 사례를 들어 프랑스의 보호국이 되고 결국 망할 지경에 이르렀다는 사례를 추가하였다.

이렇게 『국민수지』의 마지막 부분은 독립국과 자주민으로서 가장 긴요한 부분이 스스로 자행하고 타국에 의지하지 말 것을 강조하였다. 이때 존비귀천과 남녀노유를 물론하고 독립국 자주민의 지위를 유지해야 한다는 것을 강조하고 있다. 그래서 논설의 마지막 부분으로 "한국 이천만二千萬 인은 존비귀천과 남녀노유를 물론하고 독립국 자주민되는 지위를 자중자존하여 외인의 간섭을 덜어버리고 국가와 인민의 권리와 이익을 보수할지어다. 일호라도 외국에 의뢰하는 비열 천루한 사상이 있으면 단군의 창업하신 사천四千 년 국가와 이 씨의 계승하신 오백五百 년 종사가 일조에 막대한 치욕을 받아 천하에 가히 설 땅이 없으리니 이를 염려하며 이를 삼가서 협동 일치로 국가사를 스스로 판단할지어다. 완"이라는

〈표 5〉『국민수지』의 연재본 분석 3(『황성신문』/『제국신문』/『유년필독』)

『황성신문』(1905.8)	『제국신문』(1907.8)	『유년필독』(1907.7)
독립국(獨立國)의 자주민(自主民)		

독립국(獨立國)의 자주민(自主民)

『황성신문』(1905.8)	『제국신문』(1907.8)	『유년필독』(1907.7)
此所謂 國家의 起原을 觀하면 全是吾人類의 天賦흔 自由의 目的과 自由의 生活과 自由의 福利를 達흐기 爲하야 漸次 法理的關係로써 彼我의 權義를 定하며 治者被治者의 差別을 分하야 國家는 宜乎其人民의 生活福祉를 保護發達케 하는 義務가 有하고 人民은 宜乎其國家에 對하야 財務兵役의 義務를 負흐는 者ㅣ 故로 若其國家의 政法이 紊亂하야 一般 人民의 生活福祉를 能히 保維키 難흔 境遇에는 由是乎 其人民의 擔負흔 義務를 亦權行치 아니하며 更히 其天然의 自由와 人格의 權利를 맛당이 如舊回復케 하는 權이 自在하나니 是는 其國人民의 智識能力이 可히 自己의 天然自由를 覺知흔 者ㅣ 乃文明흔 國民으로 반다시 政治上 直接의 意志行動을 得하느것이오 若是를 反하야 其國人民의 思想이 蒙昧하야 其天賦自由의 權限을 不知하는 者는 오직 其國家의 服從하는 義務만 生하고 毫髮도 敢히 其政治에 對흔 權能이 無흔 者라[44]	1) 독립국은 달은 나라의 권력에 의지ᄒᆞ지 안이ᄒᆞ고 그 나라의 체제로 흘연히 스스로 셔 잇ᄂᆞ쟈요즉쥬민은 달은 나라의 명령을 밧지 안이ᄒᆞ고 그 나라의 정체를 넉넉히 홀노 판단 ᄒᆞ는쟈니 이제 우리대한국가 독립국이며 대한인민은 쥬권민이라 칭홀ᄭᅵ 싱각ᄒᆞ야 볼지어다 독립국의 독립체면을 보젼ᄒᆞ기는 쥬권민의 쥬권능력을 기디리ᄂᆞ니 빅셩이 만일 쥬권의 일홈만잇고 그 실상이 업스면 나라도 ᄯᅩ흔 독립되는 일홈만 잇고 그 실상이 업ᄉᆞᆷ이라 고로 나라의 정신이 오즉 쥬권에잇셔 그 몸을 홍모ᄀᆞ치 더지며 그 살ᄋᆞᆷ 초긔ᄀᆞ치 보고 굿게직혀 일치 말아 국가의 독립권을 보젼ᄒᆞ기에 죽기를 앗기지 안이ᄒᆞ 연후에 가히 춤이라ᄒᆞ고 렬이라도 흘만ᄒᆞ니라[45] 2) ᄯᅩ 그 쥬권ᄒᆞ는 마암이 타인을 의뢰ᄒᆞ기를 질거지 안이흐ᄒᆞ즉립흔 정치가 ᄯᅩ흔 타국에 의뢰ᄒᆞ기를 원치 안이 ᄒᆞ리라 고로 독립국의 쥬권민은 썩썩흔 정신으로 타국의 의뢰ᄒᆞ는 드러온 뜻을 씻어바리고 혹 간셥을 망령되이 힝코쟈 ᄒᆞᄂᆞ쟈가 잇거든 국가의 쥬권이 분지흐고 쥬ᄀᆞᆷ을 결단ᄒᆞ야 반드 흠으로 써 흔날이 쥬ᄂᆞᆫ 의무를 직힐지니라[46] 3) 독립ᄒᆞ는 국가는 타국의 간셥을 밧지안코 쥬권ᄒᆞ는 권리를 굿게 직히거늘 흠을며 스스로 타국에 의뢰코져 ᄒᆞ는쟈가 엇지 잇스리오 무릇 타국의 일에 간셥ᄒᆞᄂᆞ쟈는 자긔 나라의 리를 위ᄒᆞ야 흠이니 만일 리가 업스면 간셥ᄒᆞ야 달나고 청ᄒᆞ야도 힝치안이 흘지라 그런고로 독립국이 되야 타국의 의뢰코져 ᄒᆞᄂᆞ쟈는 그 쥬권리를 버리고 부용지국이 되ᄂᆞ니 스스로 구흠과 갓흐니 첫지는 국가의 쥬권을 상게흠이오 둘지는 국가의 리익을 덜어 버림이오 셋지는 정치가 문란ᄒᆞ며 넷지는 셰계의 업슈히 녁임을 불음이오 다셧지는 국민의 지긔를 셔러트림이오 나죵에는 국가의 멸망흠을 면치 못ᄒᆞ지니 가히 두렵지 안이며 가히 상가지안이 흘가 고로 한 나라의 일은 한 나라 사ᄅᆞᆷ이 쥬권 흘것이오 결단코 타국의 간셥을 용납지안케 흠이 가ᄒᆞ니 (…즁략…) 옛적에 아미리가 사ᄅᆞᆷ이 가로딕 아미리가는 아미리가 사ᄅᆞᆷ의 아미리가라ᄒᆞ니 이는 영길리의 간셥을 거졀코 팔년을 피를 흘녀 ᄡᅩ홈 흠으로 그 나라의 독립을 엇은 바이며 녀 ᄡᅩ홈 흠으로 그 나라의 독립을 엇은 바이며 근쟈에 비률빈 사ᄅᆞᆷ은 가로딕 비률빈은 비률빈 사ᄅᆞᆷ의 비률빈이라 ᄒᆞ니 이는 합즁국의 간셥을 빗쳑ᄒᆞ고 독립쥬권ᄒᆞᄂᆞ 국가를 셰우고져ᄒᆞ야 여러번 젼졍 ᄒᆞ얏ᄂᆞ니라[47]	獨立國은 他國權力에 不依ᄒᆞ고 其國隨體制를 屹然自立이오. 自主民은 他國의命令을 不受ᄒᆞ고 其國政狀를 確然自辦ᄒᆞᄂᆞ니 수에 我韓國家ᄂᆞᆫ 獨立國이며 我韓人民은 自主民이라. 獨立國의 獨立軆面을 保ᄒᆞ기는 自主民의 自主氣力을 竢ᄒᆞᄂᆞ니 萬一 自主民되ᄂᆞᆫ 名만 有ᄒᆞ고 其實이 無ᄒᆞ면 國도 ᄯᅩᆫ 獨立의名만 有ᄒᆞ고 其實이 無ᄒᆞᆯ지라. 故로 國의 精神이 自主에 在ᄒᆞ야 其身을 鴻毛ᄀᆞ치 擲ᄒᆞ거ᄒᆞ며 其生을 草芥ᄀᆞ치 視ᄒᆞ야 固守勿失ᄒᆞ야 國家의 獨立을 保ᄒᆞ기로 以死自處ᄒᆞ면 此ᄂᆞᆫ 曰丈夫의 忠烈이오. 此ᄂᆞᆫ 曰 國民本分 이라. (…중략…) ᄯᅩ 其自立ᄒᆞᄂᆞᆫ 生活도 他人의게 依賴ᄒᆞ기를 不肯홀진딕 自立ᄒᆞᄂᆞᆫ 政治ᄀᆞ 엇지 他國에 依賴ᄒᆞ기를 願ᄒᆞ리오. 故로 獨立國의 自主民은 勇武雄毅흔 精神氣魄으로 他國에 依賴ᄒᆞᄂᆞᆫ 鄙劣情態를 割斷ᄒᆞ고 或 干涉을 妄行코쟈 ᄒᆞᄂᆞᆫ 國이 有ᄒᆞ면 全國의 敵愾ᄒᆞᄂᆞᆫ 忠誠心이 奮發ᄒᆞ야 決코 排斥ᄒᆞᄂᆞ니 此ᄂᆞᆫ 人々이 各々 其天職의 義務를 守함이라. 獨立國은 他國干涉을 不受ᄒᆞ고 自主權利를 固守ᄒᆞ거늘 엇지 他國에 依賴코쟈 ᄒᆞᄂᆞᆫ 者 有ᄒᆞ리오, 大抵 他國事에 干涉ᄒᆞᄂᆞᆫ 者ᄂᆞᆫ 自國利를 爲흠이니 干涉上에 利가 無ᄒᆞᆯ진딘 干涉ᄒᆞ기를 勸ᄒᆞ야도 不行ᄒᆞᆯ라. 故로 他國이 我의게 依賴心이 有ᄒᆞᆯ지라도 自國의 利를 較論흔 後에야 비로소 其依賴ᄒᆞᄂᆞᆫ 者를 顧助ᄒᆞᄂᆞ니 大抵 獨立國이 되야 他國에 依賴코쟈ᄒᆞᄂᆞᆫ 者ᄂᆞᆫ 其自主權利를 棄ᄒᆞ고 附庸되기를 自求홈이라. 其國家의 害를 枚擧키 難ᄒᆞ니 一則 國家의主權을 傷ᄒᆞ며 一則 國家의利益을 損ᄒᆞ며 三則 政治가 紊亂ᄒᆞ며 四則 世界의 慢侮를 招ᄒᆞ며 五則 國民志氣를 墮ᄒᆞ고 其末에ᄂᆞᆫ 國家의 滅亡을 免치 못ᄒᆞᄂᆞ니可懼치 아니며 可憤치 아니리오. 故로 一國事ᄂᆞᆫ 一國人이 自主ᄒᆞ고 決斷코 他國의 喙를 不容흠이 可ᄒᆞ니
	비률빈은 인ᄒᆞ야 멸망ᄒᆞ얏스니 다시 말흘것 업거니와 아미리가로 볼진딕 대한 사ᄅᆞᆷ은 ᄯᅩ흔 맛당히 대한은 대한사ᄅᆞᆷ의 대한이라 ᄒᆞ야야 타국의 의뢰를 거졀ᄒᆞ고 ᄯᅩ 타국의 의뢰도 말지라 대한의 오늘날 졍황을 슮혀본즉 쳥국에 의뢰ᄒᆞ던 싱각이 변ᄒᆞ야 일본의 간셥이 되얏고 일본의 간셥이 변ᄒᆞ야 로국의 의뢰ᄒᆞᄂᆞ 뜻을 두엇다가 지금은 방황ᄒᆞ야 독립흘 졍신이 업고 쥬권흘 긔력이 사라져 쳔ᄉᆞ만ᄉᆞ에 타국의 힘을 바라니 슯흐다 통곡 흘진져 이러ᄒᆞ고 국가의 망치 안을쟈가 엇지 잇슬가 무릇나라는 스스로 친 연후에 사ᄅᆞᆷ이 치며 사ᄅᆞᆷ은 스스로 업슈이 넉인후에 사ᄅᆞᆷ이 업슈히 넉이ᄂᆞ니 대한인이 독립쥬권 ᄒᆞ야 강경흔 긔상으로 타국에 의뢰ᄒᆞᄂᆞ 싱각이 업스면 타인의 간셥이 어디로 좃츠 이르리오 이말을 듯고 분발 흘지어다 우리 대한인이여 오날날 셰계는 옹용흔 셔싱풍긔로 국가를 직히기능치못ᄒᆞ니라 무릇 외국의 간셥을 볼으는 긔회는 항상 그 졍치가 문란흔 씨에 잇스니 인심이 명치 못ᄒᆞ고 긔	此를 觀ᄒᆞ면 韓國人은 曰韓國은 韓國人의 韓國이라 ᄒᆞ야 他國의 干涉을 拒ᄒᆞ고 他國에 依賴도 말지니 韓國의 今日情況을 察ᄒᆞ면 淸國에 依賴ᄒᆞᄂᆞᆫ 念이 轉ᄒᆞ야 日本의 干涉이 되고 日本의 干涉이 轉ᄒᆞ야 露西亞에 依賴ᄒᆞᄂᆞᆫ 情을 生ᄒᆞ다가 今에 ᄯᅩ 中路에 彷徨ᄒᆞ야 依恃흘 處가 無흘지라. 이에 獨立精神과 自主氣力이 頓然이 消盡ᄒᆞ고 十事萬事에 他國의 力을 仰ᄒᆞ니 따라 可히 痛哭太息ᄒᆞ리로다 然ᄒᆞ고 엇지不亡ᄒᆞ리오. 大抵國은 自伐흔 後에 人이 伐ᄒᆞ고, 人은 自侮흔 後에 人이 侮ᄒᆞᄂᆞ니 萬一 韓國人이 獨立ᄒᆞ야 雄偉흔 氣像으로 他國에 依賴ᄒᆞᄂᆞᆫ 念이 無ᄒᆞ면 他人의 干涉이 何處 從ᄒᆞ야至ᄒᆞ리오.此를 鑑ᄒᆞ야 奮興興起홀지여다. 우리 韓國人이여 今日世界ᄂᆞᆫ 雍容周旋ᄒᆞᄂᆞᆫ 書生 風氣로 國家를 守ᄒᆞ기 不能ᄒᆞ리니 大抵 國家가 外國의 干涉을 招ᄒᆞ기는 恒其政治의 紊亂흘 時에 在ᄒᆞ야 人心이 未定ᄒᆞ고 紀綱이 乖戾흘 際에 甘言으로 誘ᄒᆞ야 曰爾國의 改革을 助ᄒᆞᆫ다ᄒᆞᄂᆞ니 然이나

『황성신문』(1905.8)	『제국신문』(1907.8)	『유년필독』(1907.7)
	강이 어그러질 저음에 감언리셜노 꾀여 가로되 네 나라의 시졍긔션을 도아쥬ㅁ흔즉 졔가 리롭고쟈ᄒᆞ야 그리훔을 씨닷지 못ᄒᆞ는 쟈도 잇스며 또 ᄃᆞᆯ은 나라의 구원을 빌기 위ᄒᆞ야그 간셥ᄒᆞ는 길을 여러쥬는쟈도잇ᄂᆞ니 외국의 간셥이 엇더흔 길로들어오던지 일ᄎᆞᆷ만 시작ᄒᆞ면 젼국 ᄇᆞᆨ셩의 주쥬ᄉᆞ상이 격렬 ᄒᆞ지안이ᄒᆞ면 거졀ᄒᆞ기 불능 흘지라 이졔 외국의 력ᄉᆞ를 인증ᄒᆞ야 이리치를 셜명호리라[48]	其實은 自利心이 其裏面에 伏ᄒᆞ거늘 此를 不覺ᄒᆞ고 其干涉ᄒᆞ는 術+이 薲薲ᄒᆞ는 者이 有ᄒᆞ며 또 他國聲援을 借ᄒᆞ기 爲ᄒᆞ야 其干涉ᄒᆞ는 端을 自啓ᄒᆞ는 者이 有ᄒᆞ느니 外國干涉이 何道로 從入ᄒᆞ던지 一次開發흔 以後는 全國民의 自主思想이 雄壯激烈치 아니ᄒᆞ면 拒斥ᄒᆞ기 不能홀지라. 今에 外國의 歷史를 引ᄒᆞ야 此理를 証明ᄒᆞ노라
	옛젹에 파란국은 구라파쥬에 큰 나라이라 그 졍치를 긔혁 홀ᄊᆡ에 아라스의 셰력을 의뢰홈으로 아라스의 힘이 파란국을 ᄋᆞᆸ졔ᄒᆞ야 돌오혀 그 긔혁홈을 져희ᄒᆞ기에 이른즉 (…중략…) 근셰 월남국은 아셰아 쥬뚀원에 잇는 젹지안인 나라이니 유지 이국ᄒᆞ는 사롬이 다슈히 잇스나 국수를 불고ᄒᆞ고 수욕이 텅츙흔 소인의 무리가 졍부에 셔려잇셔 불란셔에 긔ㅣ 미가 되야 주긔 나라에 리익을 니ᄋᆞ쥬고 춍량을 살ᄒᆞ야ᄒᆞ야 필경은 젼국이 불란셔의 보호국이 되야 각항 셰랍을 불란셔에셔 바들시 ᄇᆞᆨ셩이 가산을 탕피ᄒᆞ도록 그셰를 밧치다 못ᄒᆞ야 머리우에 호조각 ᄒᆞ날ᄭᆞ지 불란셔에 팔고 호곡ᄒᆞ난 디경에 이르며 심지어 근일에 그왕을 불란셔에셔 잡아 갓다ᄒᆞ니 이도뚀호 월남 사롬이스ᄉᆞ로 망홈을 불음이니라[49]	昔者 波蘭國은 歐羅巴洲의 大國이라 其政治改革ᄒᆞ는 際에 露西亞의 勢力을 恃賴흔 故로 露國의 力이 其國을 壓伏ᄒᆞ야 도로혀 其改革을 阻遏ᄒᆞ고 또 普魯士의 援助를 陰求ᄒᆞ다가 普魯士의 力이 또흔 其國을 籠盖ᄒᆞ야 畢竟은 普魯二國의 陰謀지計로 波蘭을 分裂ᄒᆞ니 此는 波蘭人이 其實은 自亡홈이오, 普露兩國이 波蘭을 亡흠은 아니라 此所謂 六國을滅흔 者는 六國이오, 秦이 아니라. 此는 何故오. 波蘭人으로 ᄒᆞ야곰 彼虎狼갓튼 二國에 依賴치 아니ᄒᆞ얏스면 其干涉이 有ᄒᆞ다흘들 滅亡ᄒᆞ기ᄭᆞ지는 不至ᄒᆞ얏슬거시오.
	근셰 법란셔는 혁명의란이 잇슬 ᄶᆞ에 구라파 각국이 그 졍ᄉᆞ에 간셥코져ᄒᆞ야 동밍흔 대병으로 ᄉᆞ면을 압졔ᄒᆞ거날 (…중략…) 이상에 말흔바 삼국의 ᄉᆞ졍을 볼진딘 국가를 보존ᄒᆞ는 도리는 독립쥬를 직히고 못 직힘에잇ᄂᆞ니 결단코 타국이 우리나라를 돕는다고 밋지 말지어다. 뎌의가 리롬이 업스면 나를 도을리치가 엇지 잇스리오 턴하만수가 뎌 사롬이 리로오면 이ᄉᆞ름이 히로움은 뎡흔 리치라 타국을 망령되게 밋어 간셥ᄒᆞ는 긋흘 열어준즉 이는 곳 문을 열고 도젹을 들임과 갓흐니 후회흔딜 무엇ᄒᆞ리오[50]	以上 二國事情으로 視ᄒᆞ면 國家를 保守ᄒᆞ는 大道가 獨立을 守흠과 自主를 保ᄒᆞ는디 在ᄒᆞ니 決斷코 他國이 我國을 助ᄒᆞ다 信치 말지라. 彼에 利가 無ᄒᆞ면 엇지 我를 助ᄒᆞ리오 天下事가 彼利ᄒᆞ면 此害는 不易ᄒᆞ는 定理니 他國을 恃ᄒᆞ야 干涉ᄒᆞ는 端을 一啓ᄒᆞ면 門을 開ᄒᆞ고 盜를 納흠과 如ᄒᆞ야 後悔ᄒᆞ야도 及지 못ᄒᆞ느니 韓國은 韓國人의 韓國이니 韓國事도 韓國人이 自行ᄒᆞ고 外國에 依賴치 말지어다. 不然ᄒᆞ면 國家의 獨立과 國民의 自主가 雪消雲散ᄒᆞ야 影形도 不遺홀지니 韓國二千萬人은 尊卑貴賤男女老幼를 勿論ᄒᆞ고 獨立國 自主民되는 地位를 自重自存ᄒᆞ야 外人의 干涉을 解除ᄒᆞ고 國家及人民의 權利와 利益을 保守ᄒᆞ지어다. 一毫라도 外國에 依賴ᄒᆞ는 卑劣賤陋흔 思想이 有ᄒᆞ면 檀君의 開創ᄒᆞ신 四千年 國家와 李氏의 繼承ᄒᆞ신 五百年宗社가 一朝에 莫大흔 恥辱을 受ᄒᆞ야 天下에 可立-홀 地가 無ᄒᆞ리니. 此를 念ᄒᆞ며 此를 愼ᄒᆞ야 協同一致로 國家事를 自辦흘지어다.

부분을 강조하고 있다.[43]

그런데 『국민수지』를 처음으로 연재한 『황성신문』의 경우에는 이러한 독립국과 자주민에 대한 논설은 아예 게재하지도 못했다. 더구나 1907년

43 위의 신문, 통권 제2476호, 1907.8.8, 1면 1단.
44 『신한국보』 94호, 1910.5.10.
45 「논설」, 『황성신문』, 1905.8.4, 2면.
46 『제국신문』 통권 제2472호, 1907.8.3, 1면 1단.
47 위의 신문, 통권 제2473호, 1907.8.4, 1면 1단.
48 위의 신문, 통권 제2474호, 1907.8.6, 1면 1단.
49 위의 신문, 통권 제2475호, 1907.8.7, 1면 1단.
50 위의 신문, 통권 제2477호, 1907.8.9, 1면 1단.

8월에 5회에 걸친 『제국신문』의 논설에서도 이렇게 대외 자주성을 강조한 부분은 아예 생략되어 있다. 반면에 이 부분은 1907년 7월에 발간한 『유년필독 석의』 속에 있는 논설에는 모두 포함되어 있었고, 또한 1910년 4월 『신한국보』에서도 그대로 게재되어 있었다. 이렇게 『황성신문』의 미수록으로 말미암아 『국민수지』의 취지와 강조점이 제대로 전달되지 않았다는 점을 알 수 있다.

이러한 이유는 원천적으로 일제의 간섭 강화와 보호국화의 실질적 진전에 있었다고 할 수 있다. 일본 당국인 통감부에서는 1907년 4월 신문 규제법의 제정 문제를 논의하기 시작하였다. 통감 이토 히로부미는 한국 정부 대신들과의 정례모임인 한국시정개선협의회에서 신문 규제법의 제정이 필요함을 강조하였다. 특히 1907년 1월 16일 자 『대한매일신보』에 고종이 을사조약에 동의하지 않았다는 내용의 밀서 내용을 게재하는 사태까지 맞이했기 때문이었다.

1907년 5월 30일 '한국시정개선에 관한 협의회'에서 한국인이 발행하는 신문뿐만 아니라 일본인 및 영국인이 국내에서 발행하는 모든 신문에 대해서 규제할 수 있는 신문 규제법이 필요하다고 강조하고, 6월 18일에는 법안의 초안을 한국 정부에 전달까지 하였다.

법률 제1호로 「신문지법」은 1907년 7월 24일 자로 공포되었다. 이전 7월 18일에 고종의 황태자 양위가 7월 20일 고종의 퇴위로 바뀌면서 일제는 강압적인 조치를 시급히 시행하였다. 「신문지법」의 내용에는 발행 허가의 절차, 신문사 임원의 자격, 보증금, 발행사항의 변경, 납본 등을 규정하였다. 제11조부터 제16조까지는 신문 게재를 금지하는 사항이 언급되었다. 이러한 「신문지법」은 언론을 탄압하는 악법으로서 일본의 신문지조례를 그대로 번역하거나 수정한 것이었다.[51]

이러한 논설을 한 시점이 바로 『제국신문』의 『국민수지』 연재물이 계속된 8월 3일부터 8월 9일까지의 「독립국의 자주민」 연재물과 맞물려 있는 시기였다. 그러한 시점을 고려할 때 『제국신문』이 마지막 문단을 수록하기에 거의 불가능한 상황이었음을 재확인할 수 있다.

한편 통감부는 출판법을 제정하고, 각종 학교에서 교과용 도서 가운데 불온한 내용을 가지고 있는 서적을 사용 금지하거나 압수하는 정책을 추진하였다. 1908년 사립학교령이 발표되고 각급 학교의 교과서 사용규정이 만들어지자 학부에서는 수신, 국어, 역사, 리리, 한문, 일어 등의 문학 또는 인문사회계통의 교과서를 불인가도서로 취급하였다.[52] 결국 앞서 설명하였듯이 『유년필독석의』에 제20과로 편재된 내용 전체가 문제시되었음을 알 수 있다.

한편, 1910년 6월 『대한매일신보』의 논설, 「국민의 권한」이 게재되었다.[53] 이 논설에서는 천하만국이 각기 주권을 가지고 있어 군주국은 군주의 주권이 민주국은 민주의 주권이 있다고 전제하면서 군주국에서는 관치자官治者인 정부와 피치자인 인민이 서로 조응해야 한다는 점을 강조하였다. 그런데 서로가 상응하지 않아 국권이 미약해지고 민권도 타락하여 내용 주권內用主權은 이미 잃어버리고 외용주권外用主權이 또한 생겨나 해외

51 당시 언론에서는 적극적으로 반발하였는데, 『황성신문』에서 7월 12일에 「신문조례(新聞條例)에 대한 감념(感念)」이라는 논설을 실었으며, 『제국신문』 1907년 8월 8일 자 논설에서는 「신문지법을 평론함」에서 "이제 더럽게 까다로운 법을 마련하였으니 신문이 어찌 정부관리의 득실과 일반 인민의 선악을 의론하리오. 이제는 신문기자 노릇할 수도 없을 것이오. 신문이라고 볼 것도 없으리라"며 우려 섞은 비판을 가하였다.

52 1910년 7월 1일 현재 학부불인가 교과용 도서 중에는 국어 교과서 중 국민 교육회에서 발간한 여러 서적이 포함되어 있었다. 국민 교육회에서 편찬한 『초등소학』 (4)(1906.12. 20), 현채가 편찬한 『유년필독』 (2)(1907.5.5), 『유년필독석의』 (2)(1907.6.30) 등이 포함되었다.

53 「논설-국민(國民)의 권한(權限)」, 『대한매일신보』, 1910.6.19, 1면 2단.

열강이 틈을 타서 들어와 조약의 체결, 항만의 개방, 철도의 부설, 광산 채굴, 황무지 개척, 삼림의 벌채, 어업의 면허 등 침탈이 이루어졌다고 하였다.[54] 즉, 내용주권이 상실된 상황에서 외국과의 각종 조약과 경제 침탈이 곧바로 들어올 수 있었다고 본 것이다.

1910년 시점의 이러한 이해는 일본의 침략을 어쩔 수 없는 현실로 그대로 추인한다는 점에서 이전의 『국민수지』의 국민론과 크게 달라진 것은 없었다. 또한 1910년 국권 침탈에 대한 대책도 막연하고 점진적인 것이 될 수밖에 없었다. 이 신문의 논설에서는 "국민의 지식기력智識氣力이 고상활발高尚活潑한 연후에 주권主權을 가可히 회복恢復할지니 인민人民을 지도할 자는 누구誰며 정부를 승복할 자는 누구誰이오. 정부와 인민이 지체肢體와 같이 합성合成하여야 국권도 가히 만회하고 민권도 가히 복생復生할지니"이라고 하여 국민이 스스로 지식 기력의 증진을 통해 주권을 회복할 수 있다고 하였다.[55] 그렇지만 정부에서 인민의 권력을 박탈했기 때문에 이러한 사태가 초래했다고 하면서 망국의 처지에 있는 국민으로서 자강자립自強自立의 권한을 잃지 말도록 권유하는 정도에 그치고 말았다.

이상과 같이 『국민수지』의 논설 내용은 지금까지 연구에서 강조되었듯이, 황제 중심의 군주국 체제에서 국가와 군주, 정부와의 권한과 관계를 서술하고, 군주의 주권과 이에 기초한 국민의 권리와 의무를 강조하였다는 개설적인 연구가 있었다. 또한 『국민수지』의 정치 개혁론은 단지 대한제국의 군주권을 중심으로 국민의 권리와 의무를 강제하는 정치제도

---

54 여기서 내용주권과 외용주권의 정의는 이전 유길준이 『서유견문』에서 정리한 개념과 크게 다르다. 유길준은 국가의 주권의 내적 외적 주권의 형태를 나누고 양자의 결합으로서 국가 주권, 즉 국권을 논의하고 있었다.(「국권(國權)」, 『유길준전서』 IV, 25~26쪽)
55 「논설-국민의 권한」, 『대한매일신보』, 1910.6.19, 1면 2단.

를 강조한다는 의미에서 입헌제 정치 개혁을 주장하지 않는 보수적인 군주권 중심의 국가체제라고 평가되었다는 점을 재고할 필요가 있다.

물론『국민수지』의 내용에서는 대한제국하에서 국민주권을 허용하고 입헌제 국가를 주장하지 않았다는 것은 사실이지만, 당시 여러 정치세력의 정치체제 구상을 적극 피력하여 담지 않고 있다. 적어도 외세의 정치 경제적 간섭에 대해서는 매우 비판적인 입장을 취했다는 점은 분명했다. 앞서 국민의 권리를 강조하면서 외래 상권의 침탈에 대한 대응조치를 제기하였으며, 마지막 부분에서 독립국의 자주민의 자세와 관련하여 스스로 자주권을 행사하고 외국의 의뢰를 받지 말아야 한다는 경고는 바로 1900년대 후반 한국의 현실 비판과 대응자세를 강조한 것임에 다름이 없었다.

그러한 의미에서『국민수지』의 정치 개혁과 국민론의 특성은 군주권을 넘어서는 입헌제국가의 제기를 하지 못하는 정치적 주장의 한계임에도 불구하고 독립국의 주권 강화와 자주민의 의식 강화를 통하여 군주권과 국권의 강화를 도모하면서 근대국민국가로의 지향을 보여주었다는 점에 의의가 큰 것으로 평가할 수 있다. 다만 아래로부터의 민권운동을 구체화하지 못한 것으로 한계도 있었다는 점을 강조해야 한다.

2. 계몽운동의 민법 제정론과 민중들의 재판 투쟁 전개

1) 1895년 재판소 설치 이후 농민들의 권리의식 강화와 재판 투쟁

(1) 신식재판소제도 시행과 민중들의 법적 대응

갑오개혁시기 새로운 재판제도로 1895년 3월 25일 반포된 법률 제1

호 「재판소구성법」이 시행되었다.[56] 이때 재판소의 종류는 지방재판소, 한성재판소 및 개항장재판소, 순회재판소, 고등재판소, 특별법원 등 5종으로 구성되었다.[57]

지방재판소는 일체의 민형사 재판을 관할하고 단독 재판을 원칙으로 하되 예외적으로 합의 재판을 둔다고 하였다. 한성재판소 및 개항장 재판소는 내국인에 대한 재판뿐만 아니라 외국인과 조선인 사이에 관련된 민·형사 재판을 관할하게 하였다. 또한 순회재판소는 매년 3월에서 9월 사이에 법부대신이 정하는 장소에서 임시 개정하되 개항장재판소 및 각 지방재판소의 상소를 관할하였다. 또한 새로운 재판소제도하에서는 단심으로 재판이 끝나는 것이 아니라 상소사건을 다룰 수 있게 하였다. 예컨대 고등재판소는 재판장 1인, 판사 2인의 합의 재판제를 취하여 한성 및 인천항재판소의 상소만 수리한다고 하였으며, 지방재판소의 상소는 순회재판소에서 이루어질 수 있었다. 이는 조선국가에서 처음으로 근대식 재판제도를 시작한 것이었으며, 향후 근대적인 시민권과 권리의식을 반영할 수 있는 재판제도로 발전할 가능성을 가지고 있었다.

그럼에도 대한제국의 재판제도는 종전 지방관리가 행정·재판을 통괄하는 체계에서 쉽게 개편하기 어려웠다. 각 지방의 지방재판소나 순회재판소는 법령상으로 존재하고 있었으나 고등재판소와 한성재판소가 새로 설치된 반면, 초기 지방제도의 개혁과 맞물려 23부 단위의 재판소만을

---

56 「법률 제1호, 재판소구성법」(1895.3.25), 국회도서관 편, 『한말근대법령자료집』(I), 1970, 190~198쪽.
57 신우철, 『비교헌법사—대한민국 입헌주의의 연원』, 법문사, 2008, 238~283쪽; 신우철, 「근대 사법제도 성립사 비교연구—우리 '법원조직' 법제의 초기 형성」, 『법조』 통권 612호, 2007, 82~128쪽; 문준영, 「1895년 재판소구성법의 '출현(出現)'과 일본의 역할」, 『법사학연구』 39, 2009, 40~46쪽.

설치된 상태였다. 또한 1897년 13도제의 개편으로 인하여 각 도 단위의 재판소가 설립되어 도 단위의 모든 재판을 담당하게 되었다.

새로운 재판제도가 실시하자마자 맞이한 첫 번째 사건은 농민전쟁의 지도자에 대한 재판이었다. 갑오정권의 권설재판소는 1895년 3월 29일 오후 3시에 전봉준 등 21명의 농민군 지도자에 대한 최종 판결을 내렸다. 이들에게 적용된 죄목은 이미 폐지된 법률인『대전회통大典會通』형전刑典에 나오는 규정으로 "군복을 입고 기마를 타고 관문에서 작변을 일으킨 자는 때를 기다리지 않고 참형을 가한다軍服騎馬作變官門者 不待施斬"고 하여 사형이 선고되었다. 전봉준, 손화중, 김덕명, 최경선, 성두한 등 5명의 농민군 지도자에 대해서만 사형이 선고되었다는 점이 주목된다.[58]

1894년 농민전쟁 당시 생포된 농민군은 대부분 재판 과정 없이 즉결처분으로 처형된 것으로 보인다. 비근한 예로 동학농민군 지도자 김락철, 김락봉 등은 12월 21일 나주 수성군 50명에 의해 포착되었으나 4,000량의 뇌물을 써서 무죄 방송될수 있다고 했지만 제대로 뇌물을 마련하지 못하자 경군과 일본군에 다시 압송되었다. 1월 3일 나주 임시재판소에서는 뇌물을 제대로 바치지 않았다고 마구잡이로 패고 발길질을 당하였다. 당시 수감된 32명 중 3인은 방송放送되었고 나머지 29인은 일본군 대장소에 소환되어 심문을 받았다. 김락철 형제를 제외하고 나머지 27인은 1월 6일 신시申時, 오후 3~5시에 모두 포살되었다.[59] 이후 김락철 형제들은

---

58 전라도, 충청도, 경상도 등지에서 활약한 농민군 지도자들 다수는 그보다 낮은 등급으로 장 100, 도형 3천 리 등의 처분을 받았다. 판결선고서 1호인 한달중 이하의 39건의 참여자들은 의외로 증거불충분으로 '무죄방송'되기도 하였다. 심지어 황해도 장연에서는 동도가 아닌 양민들이 붙잡혔다가 풀려나온 경우도 있었다. (총무처 정부기록보존소,『동학관련관결문집』, 1994)

59 정신문화연구원 편,『김락철역사(金洛喆歷史)』(한국학자료총서), 1996, 681쪽.

다행히 3월 21일 풀려나왔다. 그렇지만 사태가 여기서 끝난 것은 아니었다. 전라감사 이도재는 겸토포사가 되어 경성에서 재판 후 석방된 사람들 중 보성 박태로朴泰魯, 장흥 이방언李方彦, 금구 김방서金方瑞 등을 포살하였으며, 이후 부안에 와서 김락철 형제를 포살하려고 하였다.[60] 이렇게 나주 임시재판소와 경성재판소에서의 판결 이후에도 이미 심한 고문과 즉결 처분 등 자의적으로 처형되었던 것이다.[61]

그렇지만 1895년 신식재판소제도의 실시 이후 재판 관련 송사가 이전과 다른 양상으로 확대되고 있었다. 당시 재판제도의 실상에 대해 3품 이인근李寅根은 1896년 11월에 다음과 같이 상소를 올렸다.

> 그러나 사채私債라고 하는 것에 대해서는 받아야 할 것인지 아닌지, 실제로 있었던 일인지 아닌지에 대해 상관없이 4, 5년 전이나 십수 년 전의 사건도 갑자기 소송을 걸어 첩정牒呈을 제출하기만 하면 경재卿宰나 진신搢紳, 사류士類나 서민庶民 할 것 없이 그 신분을 막론하고 정리廷吏가 그대로 묶어서 끌고 오고 있습니다. 상인常人이나 천인賤人 신분으로서도 감옥에 가고 싶지 않고 옥리獄吏를 대면하고 싶지 않을 것인데, 하물며 왕조에서 예우하는 당당한 벼슬아치들이 하루아침에 이처럼 심한 치욕을 당하니 그 심정이 오죽하겠습니까.[62]

---

60   위의 책, 700쪽.

61   청일전쟁 당시 일본군은 점령지 주민의 재판에 처음에는 특별한 지침이 없었다. 1895년 2월 중순 '적지 주민에 대한 재판에 관한 일정한 제도가 없어 군사령관이 적당하다고 인정하는 바에 따라 처분'하였다가, 2월 23일부터는 대본영에서 공포한 「점령지 인민 처분령」에 따라 행해졌다. 이는 비록 중국인을 대상으로 하였지만, 조선에도 적용되었을 것으로 보고 있다. (강효숙, 「청일전쟁기 일본군의 조선민중탄압」, 『청일전쟁기 한중일 삼국의 상호전략』, 동북아역사재단, 2009, 453~459쪽)

62   「삼품 이인근소(三品 李寅根疏)」, 『승정원일기』, 1896(고종 33년).11.26.

새로운 재판제도의 실시 이후 4, 5년 전에 발생하거나 십수 년 전에 있었던 사건도 갑자기 소송을 걸어 첩정을 제출하는 일이 빈번해졌다는 것이다. 특히 관료층이나 진신, 사류 등 지배층만이 아니라 서민들도 신분을 막론하여 재판정에 끌려나오는 현실을 비난하고 있다. 기존 지배층, 벼슬아치의 입장에서는 상인이나 천인들이 제기하는 제반 소송에 당하는 고충이 적지 않았을 것이다. 더구나 하리나 옥리들이 그동안 묵었던 감정이나 사채에 대해 억울함을 푼다는 명목으로 송사를 벌인다는 것이었다.

> 또 전답田畓에 대한 소송으로 말하자면, 남의 땅을 빼앗고 패악한 짓을 하는 것이 동학東學의 무리들에게서 시작된 일인데, 이것이 점차 확대되어 지금은 모두 서울로 몰려와 한결같이 하찮은 일로 송사하기를 일삼으니, 법이 제대로 시행되지 않음이 어찌 이 지경에까지 이르렀단 말입니까. 이 밖에도 이루 헤아릴 수 없을 만큼 많은 소송이 날마다 생겨나고 있으니, 현재 이보다 더 급하게 백성들의 마음을 뒤흔들고 민생을 위태롭게 하는 것이 없습니다.[63]

전답의 소송에 대해서는 이전 1894년 동학농민전쟁 때 동학의 무리들이 남을 땅을 빼앗고 패악한 짓을 했다고 하면서 이것이 점차 확대되어 서울로 몰려와 하찮은 일로 송사하기를 일삼았다고 하였다. 이 글에서는 이전보다도 이루 헤아릴 수 없을 만큼 많은 소송이 날마다 생겨나고 있다고 비판하고 있지만, 그도 말하는 것처럼 갑오 이전에 발생한 사채, 답

---

63   "신의 생각으로는 갑오년 이전에 발생한 사채, 답송(畓訟), 산송(山訟)에 대한 개인간의 다툼에 대해서는 두말할 것도 없거니와 재판소에 와서 하소연하는 자에 대해서도 공납의 포흠에 대한 예에 따라 정식을 만들어 더 이상 심리하지 말도록 해야 합니다. 이렇게 하여 경외(京外)의 백성들의 송사가 가라앉아야만 나라가 제 모습을 되찾고 백성들이 본연의 역할에 충실하게 될 것입니다."(위의 글)

송, 산송에 대해 개인 간의 다툼이 굉장히 많아진 것도 사실일 것이다. 그렇지만 이러한 비판은 실제 그동안 권세 있는 지배층에 의해 억눌린 고통과 아픔을 생각하지 못하는 양반지배층의 입장에서 비난을 가하는 것이라고 생각된다. 이제 아래로부터 개개인의 사사로운 원한을 풀 수 있는 통로로 재판소제도를 이용한 송사 해결을 이제 민중들의 일상생활이 되었다고 할 수 있다. 그렇지만 수많은 송사訟事가 반드시 약자인 민중들의 편에서 해결되리라는 보장은 없었다.

왜냐하면 1894년 이후에도 조선국가에서는 중앙과 지방 행정에서 행정 관리들의 부패가 만연하였고, 외획제도로 대표되는 조세재정 운영체계의 문란에 대한 법적 처벌도 제대로 이행되지 못했기 때문이다. 더구나 갑오개혁 이후 과거를 통한 인재 등용제도가 무너져 정부에서부터 방백 수령, 심지어 주사, 참봉에 이르기까지 모두 돈으로 매매하였다. 참봉, 군수자리는 보통 한 달에도 바뀌고, 아침에 내었다가 저녁에 갈릴 정도였다. 누가 군수나 방백으로 나가든지 심지어 족속, 친구까지 명색이 아객雅客이라 하여 읍저 여관 도소를 정하고 관청의 정사에 간섭하였다. 그래서 당시 인민들의 채무에 관한 소송을 비롯하여 원총늑굴怨塚勒掘과 사문사에나 존안문서存案文書에도 관여하여 생피, 능욕양반凌辱兩班 등을 능사로 오로지 백성 잡아 털어먹었다. 당시 부당한 조세 집행뿐만 아니라 이를 강제하기 위해 구속하고 편파적인 판결을 일삼고 있었다. 그래서 잡힌 백성이면 잡힌 대로 족쇄에다 문간에 돈을 뇌물로 바쳐야 하며, 집장채에 갇히며 옥사장의 구류채 등으로 말미암아 죄의 유무에 상관없이 한 가지 천냥이 하루에 살림 떨어 딱 맞게 다 빼앗아 가는 상황이었다.[64]

64　『학초전(鶴樵傳)』 1권, 갑오년 정치문란, 67쪽.

1894~1895년 농민전쟁 이후 가난한 농민들은 단순히 자신들의 경제적 처지를 향상시키기 위한 경제 활동에 매진하면서도 농민들의 사회적 처지 향상과 정의를 위한 방안을 스스로 찾아야했다. 사실 가장 곤란한 상황에 봉착했던 동학의 잔존 세력조차 최대한 생존 방식을 마련하지 않으면 안되었다. 다음은 1894년 12월 패주하던 동학 지도자 최시형의 일행을 보좌하고 있었던 여주 동학의 중간 지도자인 임동호의 기록이다.

(을미) 4월에 신성무가 임학선이 신사의 명교를 받들어 각 도인에게 다시 연락을 취하는 통장通帳과 돈 100냥과 광목 1필만 보내라는 말을 몰래 전하여 곧 가르침대로 실행하였다. 동년 10월에 신성무가 임학선의 비밀 부탁을 가지고 와서 "신사께서 견딜 수 없으니, 돈을 좀 주선하여 보내라" 하여 곧 사실을 학선의 여동생娣氏에게 말하니, 토지문서를 내어주었다. 황명현黃命玄에게 부탁하여 1,050냥에 매각하여 50냥은 황씨가 두전頭錢으로 먼저 사용하고 잔금 1,000냥을 보관하였다가 동 11월 17일에 전 350냥과 잉어 2마리를 사서 횡성 초당리草堂里 성사 처소로 가는 도중에 동군 상하터에서 이종훈을 만나고 신성무에게 돈을 지워가지고 가서 학선과 성사를 만났다. 그 밤으로 곧 작별하고 돌아 나와 70리를 나와서 지평 참나무 정니에서 밥을 지어 먹고, 이종훈을 그 집에서 다시 만나 동행하여 돌아왔다. 돌아오다가 이李는 광주 자기 본집으로 가고, 100리를 와서 집에 이르니 밤이 채 밝지 않았다.

동 12월에 신성무가 다시 나와 잔금 650냥을 한가지로 가지고 상하터까지 가서 학선을 주고 곧 다시 돌아왔다. 그때에 신사댁을 원주군 무뢰 강림으로 이거하시기로 정하고 금전을 더 주선하기로 학선과 상의하고 와서, 또 학선 여동생의 자체 논 4두락을 1,300냥에 매각하여 백미 및 식염을 사서 전라도 교인 안만安萬을 불러와서 한가지로 지고 강임 신사댁에 가니, 구암 송암 양암兩菴과 염

창순廉昌順도 회합하였고 성사께서는 월용月鎔 모자를 불러오셨다. 하루를 머물고 나왔다. 동월 그믐께 또 전미錢米 및 장유醬油를 지고 신사댁에 내왕하였다.[65]

임학선은 1894년 우금치 패배 이후 최시형과 손병희를 보필하는 절박한 사연을 묘사하고 있다. 도피 과정에서 많은 물품과 돈이 필요하게 되었는데, 이를 확보하기 위해 자신의 여동생 토지문서를 매각하여 마련하기도 하였고 더 필요해서 논 4두락을 1,300량에 매각하여 백미와 식염을 공급하기도 하였다. 농민전쟁 패배 후 급박한 상황에서도 동학의 지도자를 피신시키기 위한 피나는 노력 끝에 자신과 가족들이 가지고 있던 소중한 몇 두락 안되는 땅도 급하게 처분하였던 것이다. 이러한 피신자금의 확보책에 따라 여주 능서면 신지리에 세거하고 있었던 평택 임씨 중 임학선의 토지는 거의 남아있지 않게 되었다.[66] 이러한 사실에서 1894년 이후 향촌에서는 농민전쟁 후의 엄혹한 상황 속에서도 민간에서의 토지 거래가 빈번하게 이루어지고 경제활동이 지속되었음을 알 수 있다.

이렇게 민중들은 갑오개혁 이후에도 계속된 곤궁한 삶을 타파하고자 상품유통경제 속으로 생활의 활로를 개척해 나갔다. 또한 민중들은 자신들의 경제적 이해를 침해하는 부당한 간섭과 수탈에 대해서도 새로운 재판제도의 확대에 편승하여 민중들의 권리를 향상시키는 송사와 재판투쟁으로 나아갔다.

---

65   『균암장 임동호 씨 약력(均菴丈林東豪氏略歷)』, 22~23쪽.

66   결국 임학선은 일본군에 체포되어 마을 어귀에서 처형당했고, 그의 동생 임학기는 강원도 쪽으로 이주하여 관련 사실을 함구하고 전혀 발설하지 않으면서 살지 않으면 안되었다. (이병규, 「19세기 말 여주지역 동학농민혁명 참여층의 활동과 경제적 배경」, 『근대 여주의 토지 소유와 사회경제적 변동연구』, 학술발표회 발표문, 2022, 78~82쪽 (임규운, 「임학선의 손자 증언록」, 2022.11.13 재인용))

대표적인 사례로서 1898년 대구에서 손봉백 상인의 사채를 둘러싼 송사를 살펴보자. 손봉백은 당시 김기동이라는 사람에서 몇 천냥의 금전을 떼이고 경성 재상가에 가서 돈을 달라고 할 수 없는 처지에서 1898년 11월 18일에 박학초에게 1,800냥을 빌려주었다고 위조 증서를 써서 독봉하기로 작정하였다. 이 송사는 군과 감영을 통해 진행되고 급기야 고등법원 같은 평리원에게까지 제출되어 논란이 되었다.

1901년 4월 24일 박학초는 그의 부친의 혐의로 압송되었던 일로 대구로 왔다. 그는 사실관계를 규명하기 위해서, "피고가 넉넉지 못한 문필일망정 실제로 써 준 포기 문서 같으면 남의 손을 찾아 쓸 이유가 없으니" 필적 재판으로 다툼을 가려달라고 경북관찰부에서 공개 재판을 요구하였다.[67]

당시에 부정재판(府庭裁判)으로 선화당이나 징청각에서 열린 재판을 부르는 말이었다. 어지간한 일로 좀처럼 부정재판은 없었다. 당시 열린 부정재판에는 세간의 관심을 끌어 항차 영문시임 주사인 손주사하고 경주 어떤 사람과 재판을 한다는 소문을 듣고 재판 날에 수많은 구경꾼이 모였다.

4월 25일 오시(午時)에 재판이 시작되었다. 유세한 관속 좌우 대상에 빈틈없이 서 있었다. 포정사 안부터 심지어 담 위와 지붕 위에까지 구경꾼이 인산인해로 모였다. 마치 바다가 자는 듯 고요하였다. 사건에 대한 심문은 오후 내내 지속되었고, 밤중으로 이어졌다. 당시 경상도 관찰사는 손봉백에게 죄를 물어 패소로 판시하였다.[68] 경상도 대구감영에서 세도하던 손기관의 아들인 손봉백은 6,500량을 들여서 관찰부 주사를 하였

---

67 『학초전(鶴樵傳)』 1권, 갑오년 정치문란, 67쪽.
68 "너의 죄가 비둘기 이치를 모를 사람이 없으니 우거무리(愚擧無理, 어리석고 무리한 행동)를 이차에 버리라. 또한 막중 벼슬을 사양하고 인민과 재판을 하니 본시 악인이라. 박민(朴民)의 돈과 손해와 비용을 물어주라"고 판시하였다.

는데, 1,800냥 받으려 하다가 돈도 못 받고 주사에 떨어져 결국 수인이
된 사건이었다.

또 다른 사례로서 1899년부터 경상도 경주 일원에서 제기되었던 궁장
토 수세와 관련된 지역 농민층의 소송이었다. 사건의 발단은 1899년 기
해년 봄 경주군 강서면 달대평에서 일어났다. 이들은 경주, 흥해, 연일 삼
군三郡 백성의 농장 창고로 예로부터 유명한 들이었다. 경주 군수 조의현
趙儀顯, 대구진위대 중대장 조중석趙重錫과 진위대 하사 지재홍池在弘이 서로
동모同謀하여 수세를 받을 모략을 세운 것이다. 이들은 달대평 3만여 두락
중 매 두락마다 엽 1량 3전 5푼씩 수세水稅를 해마다 받아먹을 계책을 세
웠다.[69] 이들은 수세를 선희궁에 세납 5백 냥씩한다고 명분을 내세웠다.

당시 이들에 이해 관계자인 평민 5~6천 인이 모여 방천防川을 못하게
하니 조중석과 지재홍은 진위대 병정을 풀어 방천에 둘러 세우고 백성을
포위하였다. 평민들의 생각에는 농사짓는 백성을 진위대 병정이 어찌 관
계하며, "설마 해하리?" 하고 달려들었는데 백성을 향해 발포하였다던 것
이다. 그중에 우한愚悍한 농부들은 가슴을 풀고 달려들고 논 갈고 밭 매던
농부들도 삼삼오오로 분을 이기지 못하여 달려들며 대항하였다. 포중대
는 '관령 거역죄'라 하여 유수한 평민 16명을 잡아 결박하여 바로 대구로
압상하였다.[70] 이날 발포사건으로 이후 평민 16명을 난민 장두라 하고 대
구 경무청에 가두었던 것이다. 당시 박학초는 해당 관련인들인 5,772명

---

69 경주 군수 조의현은 1898년 12월 27일에 경주 군수로 임명받고 1899년 1월 22일에
    부임하였다. 1899년 12월 9일 조세 납부를 지체한 사안으로 군수에서 해임되기까지
    경주 군수를 1년도 채우지 못했다. (『승정원일기』, 1899년 해당 일자; 「조회 제79호」,
    『평리원거래문(平理院來去文)』(규17883-v.1-4) 2권, 114a면) 조중석은 1899년 4월
    15일 "갑자기 대오를 떠나 민간의 일에 간섭하였는데, 행위가 상도에 어긋나 공문서에
    오르기까지 했다"고 하면서 정직 처분을 내렸다. (『승정원일기』, 1899년 4월 15일조)
70 「기해년 경주 달대평 송사」, 『학초전』 2권, 67~94쪽.

이 함께 가담하여 진행된 등장等狀의 대표인 장두狀頭가 되어 주민들의 의사를 대변하였다.

정부에서 어찌 경주 달대평 백성의 땅을 강탈하라고 진위대 병정과 장관을 내실 이치 없을 듯합니다. 선희궁宣禧宮은 국가 친척이라 하여 무단히 국정 외에 단독으로 경주 달대평을 강탈할 이치가 없습니다. 진위대 향관 하사 지재홍은 병정 양도나 향관할 직책이지 민이 가지고 있는 재산을 강탈할 법권이 없을 터이옵니다. 경주 군수 조의현은 경주 인민의 원·불원은 전불구하고 생 등의 평 중 토지에 없는 폐를 주출할 명령이 조가朝家에 없을 터입니다. 수륜과水輪課 파원派員 서상윤徐相允은 수륜할 곳이 아니고, 자연 천연수로 관개하는 탈 없는 땅에 부당하옵고, 전후 행위가 국가의 벼슬을 빙자하고, 위로 조정을 속이고 아래로 도탄 생민을 하면서 중간에 자기의 자기지욕肥己之慾을 위한 것임을 미루어 짐작할 수 있습니다.[71]

이와 같이 박학초는 수륜과 파원 서상윤, 진위대 중대장 조중석, 하사 지재홍 등의 행태를 비판하면서 전체 3군에서 달대평과 관련된 민인 6천여 명의 소장을 제출하였다. 이 송사는 경주 지방의 수세 문제를 둘러싸고 도를 넘어 중앙에 이르는 대규모 분쟁으로 비화하고 말았다.[72] 대한제국 정부

---

71 "5,772명에 소장 장두 1인, 상평도감에 겸 부장두, 서기 재무에 이순구(李純久), 중평도감에 겸 후원 재무에 신유태, 하평도감에 겸 후원 재무에 이남기, 상중하 각 평에 감고(監考: 출납의 감독을 맡은 사람) 3인, 하인 마부 겸 이인 말 2필, 체수인 16인의 가족은 특별 후원 찬성인"등으로 조직을 꾸렸다.(위의 책)

72 정부에서는 흥해 군수 강태형(姜台馨)으로 하여금 명사관(明查官)으로 보내 사건의 전말과 처결을 시행하도록 하였다. 이후 경상북도 감사가 경주군 달대평사 장두인 박학초의 사실을 정부에 보고하였으며, 1899년 4월 15일 군부대신서리 협판 주석면(朱錫冕)은 대구지방대대대부(大邱地方隊大隊附) 부위 조중석(趙重錫) 등을 징계하였다.(『승정원일기』, 1899년 4월 15일조)

에서는 결국 대구 진위대장 조중석과 향관 하사 지재홍을 파직하고 경주 군수 조의현은 면징계, 수륜과 주임 위원 서상윤은 면직 처분을 내렸다.[73]

경주 달대평 송사사건은 1899년에 끝난 것이 아니라 1900년에도 계속해서 이어졌다. 이 사건에서 해당 민인들은 부당한 선희궁과 지방관속들의 불법적인 수세 징수에 대항하여 청원운동을 전개하였으며, 이들이 내세운 행동의 강령은 이른바 '민유방본'이라는 당연한 주장이었다. "백성은 '민유방본民惟邦本'이라. 백성은 나라 근본이고 농農은 천하지대본이올시다. 문관은 인민의 다소 억울을 밝히고, 무관은 나라 도적을 진압한다. 수륜과는 물을 못 대는데 관개하여 농사 짓기 하는 것이올시다. 문관과 무관이 병정과 나졸을 풀어 농민과 압제 접전이 천일 명명지하에 수치하다 아니 할 수 없고, 천연적 시사로 들어가는 봇물을 수륜水輪이란 말은 산에 가서 배를 타고 선가船價를 내라 함이니 배 안 탄 그 산 초부는 필경 웃을 듯 하외다"라고 주장했다.[74] 이렇듯 전국 각 지방에서 민간의 사회 경제적 이해를 둘러싼 각종 소송은 매우 빈번하게 이루어지고 있었다. 민중들은 명목적으로 민유방본이라고 내세우면서 민의 권리를 주장하며 공정한 처결을 내리도록 요구하였다.

2) 한성재판소의 민사 판결 경향과 민사 쟁송의 사례

대한제국기 민사재판은 1895년 재판소 구성법의 시행 이후 다양한 요구와 재판이 이루어져왔다. 특히 전국적으로 민사재판이 집중되었던 한

73　『승정원일기』, 1900년 8월 24일조. 이후 경주 전 군수 김천수는 체납된 공전 10만 2,960 량을 납부 완료하여 풀려나게 되었다.(「보고서 제300호」, 『사법품보(을)』 26권, 1900년 11월 22일조)

74　「기해년 경주 달대평 송사」, 『학초전』 2권, 67~94쪽.

연도	인사	토지	건물	선박	금전	미곡	물품	증권	분묘	기타	제외	계
1895	2	9	4		156	14	28	5	2			220
1896		24	33	1	306	25	60	9	3			461
1897		25	19	1	181	17	61	4	4			312
1898		23	12	3	103	13	30	4	3			191
1899		31	17	4	250	32	65	13	4			416
1900		14	4		39	2	5	1	1	1		67
1901		14	12		95	2	17	10	1			152
1902		12	17	2	125	7	20	10	1			194
1903		14	19	1	146	7	18	9	5			219
1904		12	12		93	6	36	15	2			176
1905		35	34	7	207	18	46	36	7	1		391
1906		32	64	7	479	34	129	55	7			807
1907		59	39	4	369	19	67	37	12	1	2	609
1908	1	45	31	6	397	16	47	24	28	33		628
1909		73	57	1	614	14	45	11	33	34		882
1910	3	52	47	1	430	2	19	6	21	41		622
합계	6	474	421	39	3,990	228	693	249	134	111	2	6,347

성재판소의 경우를 구체적으로 살펴보자. 〈표 6〉을 통하여 전체적인 민사재판의 양상을 파악할 수 있다.[75]

기존 한성부 민사 판결문에 관한 연구에서는 크게 인사, 토지, 건물, 선박, 금전, 미곡, 물품, 증권, 분묘, 기타 등으로 분류하였다. 이 중에서 금전에 관한 건이 가장 많으며, 그 다음은 물품과 토지, 건물에 대한 건이 많았다. 또한 연도별로 보면, 1896년과 1899년, 그리고 1906년 이후 비약적으로 다수의 사건 처리가 이루어졌음을 알 수 있다.

이 시기 재판소송에 관한 자료 중에서 일반 민중의 억울한 일들이 어

---

75 곽지영·이상용,「근대 한국(1895~1912) 한성재판소 민사 판결문 사건 분포에 대한 연구」,『서지학연구』63, 2015, 283쪽, 〈표 3〉. 본 표에서는 1911~1912년치가 있으나 논의의 편의상 1910년으로 끊어서 재작성함.

떻게 처리되는지 하는 소민小民의 소송 문제를 중심으로 몇 가지 사례를 살펴보자.

[사례 1] 한성 쌀값 소송건光11민18호, 1907.2.7

(원고 : 북문동 거주 평민 천성오) 원고의 주장은 대질質干에 비추어 정직한 것으로 인정한다.

(피고 : 사현동 거주 미상 이성구) 피고는 황기채黃奇采에게 일찍이 쌀값으로 받을 돈이 있었다. 그런데 원고가 설을 쇠려고 백미 4두와 찹쌀 5승을 황기채를 시켜 사오게 하자, 피고가 황기채에게 받을 몫으로 원고가 사갈 쌀과 잔액 58량 5전을 빼앗아갔다.

(판결) 대질하는 마당에 원고의 진술과 황기채의 초체招帖[76]가 모두 확실하니, 쌀과 돈은 원고에게 돌려주고 피고가 받아야 할 돈은 황기채에게 요구해서 받아야 한다. 그런데도 피고가 억지를 부리며 시끄럽게 하는 것은 정당하다고 할 수 없다.

(요지) 피고는 원고의 청구에 응하여, 함부로 빼앗은 백미白米 4두와 찹쌀 5승升, 당오전 58량 5전을 원고에게 돌려주어야 한다. 소송비용은 피고가 부담한다.[77]

[사례 2] 한성 종로 쌀값 소송건민4285, 1907.1.17

(원고 : 종로 거주 상민 엄기석) 쌀값 당오전 합계 670량을 갚아야 한다는 주장, 원고의 주장은 대질에 비추어 정직한 것으로 인정한다.

(피고 : 종로 거주 상민 박성재) 피고는 원고에게 당연히 갚아야 할 쌀값 670냥이 있는데, 원고와 동업한 전용규全用圭의 동생 전성규全成圭에게 받을 돈이 있다고

---

76 초체(招帖)는 갑오개혁 이후 재판에서 소송 관계자를 불러들이기 위해 발부한 문서이다.
77 「제19호 판결서」, 『민사 판결록』 광11민18호, 1907.2.7.

평계대고 상계相計하려고 하면서 갚지 않으려고 한다.

(판결) 그 재산권은 형제가 각기 다른데, 그 형의 동업자에게 갚아야 할 것을 미루고 갚지 않은 것은 정당하다고 할 수 없다. 따라서 원고의 청구는 이유가 있다.[78]

[사례 3] 안성군 동막리 논 소송건민4141, 1906.12.11

(원고 : 최경실) 1906년 7월경에 3두락의 논문서畓券 1장을 족보 책자에서 찾아 구해서 해당 논이 소재한 곳을 자세하게 살펴서 알아보니 이미 1898년에 홍수에 의해 모래가 덮여져 진답陳畓이 되었다가 지금 현재 개간하여 갈아 먹은 자는 곧 이백만李百萬이다.

(피고 : 이백만) 저의 아버지가 지난 1900년 3월경에 본군本郡 옥장리玉璋里에 있는 논 5두락을 엽전 70냥으로 값을 정하여 원고의 양부養父 최대원崔大遠에게서 매득하였다. 구권舊券을 추심해 찾아 가고자 하였으나 '문서가 지저분하게 뒤섞여 있어 갑자기 찾아 주기가 어렵다'고 하여 세월이 지나갔을 뿐만 아니라 (…중략…) 올해 7월에 원고가 구권舊券이 있다고 하면서 이 논을 빼앗고자 하여 관에 정소하는 데에 이르렀고 본군에서는 저를 패소시켰다.

(판결) 그뿐만 아니라 경작하는 7년 사이에 원고가 멀지 않은 땅에 거주하였는데 어찌 한마디의 말이 없었는가? 동보洞報의 변명辨明이 만약 이와 같이 명확하다면 방매放賣한 후에 구권을 지급하지 않은 것은 상황이 실로 그러했던 것이므로 원고를 패소시킨다. 문서를 빼앗아 찢어 버린 그 습속이 매우 나쁘기에 해당 논의 구권을 독촉해서 제출하게 하며 이에 판결서를 작성해 준다.

(요지) 원고는 피고에 대하여, 논 3두락을 도로 추심할 수 없다. 소송비용은 각자 부담한다.[79]

---

78 「제21호 판결서」, 위의 책, 민4285호, 1907.1.17.
79 「제47호 판결서」, 위의 책, 민4141호, 1906.12.11.

이에 대한 사례로서 [사례 1]은 1907년 2월에 제기된 「백미 쌀값에 관한 건」이다. 이는 북문동에 거주하는 평민 천성오千聖五가 사현동 미곡상인 이성구李成九에게 쌀값을 반환해 달라는 소송이었다. 원고가 과세차 백미 4두와 점미粘米 5승을 종전 빚이 있는 황기채黃奇采에게 사오게 했는데, 피고 이성구가 황기채에게서 쌀과 엽전 58량 5전을 빼앗아 갔으므로 이를 반환해달라는 소송이었다. 결과는 피고 이성구가 원고 천성오에게 쌀값을 돌려주어야 한다고 판결하였다. [사례 2]는 한성부 종로에 거주하는 상민 엄기석이 같은 지역에 거주하는 박성재에 대해 쌀값 당오전 670량을 갚아야 한다는 판결이다.

[사례 3]의 경우에는 안성군 동막리 논 소송건으로 1898년 홍수에 의해 진답이 되었다가 개간하여 갈아먹는 작인에게서 토지를 돌려달라는 것이었다. 그렇지만 이 건의 경우 이미 1900년에 논 5두락을 엽전 70량의 값으로 매득한 것으로 주장하고 다만 구권을 인수하지 못했는데, 도리어 원고가 구권을 핑계로 다시 논을 환급해달라는 것이었다. 결국 판결은 지난 7년 동안 경작하고 있었고, 구문기가 없더라도 동洞 중의 보고에도 명확하므로 논 3두락은 현재의 경작자이자 소유자인 피고에게 돌려주라고 하였다.

[사례 4] 양천군 삼정면 밭 소송건民4262, 1907.1.9.

(원고: 권봉옥) 원고의 주장은 "저의 조부께서는 피고의 부친과 장인·사위가 되는 사이다. 그 장인의 빈곤함을 염려하여 피고의 부친이 약간의 전답을 제 조부에게 깃급衿給하고 문권文券을 작성해 준 것이 확연하게 남아 있습니다. 그런데 피고가 지금 갑자기 구권舊券이 있다고 칭하며 해당 전답 중에 밭 1일경을 몰래 맘대로 방매放賣했으니 즉시 찾아 주십시오"라고 하였다.

(피고: 심두식) 저의 부친께서 장인의 빈궁함을 보살펴주시고자 해당 전답을 빌

려 주어 갈아 먹게 하였으나, 구권舊券은 저에게 남아 있다. 그뿐만 아니라 원고가 가진 문권에 비록 문서를 베껴서 배탈背脫:문서 뒷면에 말소 사유를 적음하여 영원토록 깃급한다고 되어 있으나, 베껴 쓴 문권을 원 문권과 비교해보면 실로 서로 어긋나는 점이 있다. 원고가 말한 깃급 전답을 모두 즉시 도로 찾아 주십시오.

(판결) 피고의 부친이 그의 장인에게 영원토록 깃급한다고 문기文記를 작성해 준 것이 확연하여 의심할 것이 없다. 따라서 심두식沈斗植이 지금 도로 찾고자 하는 것은 실로 터무니없으며, 몰래 방매한 밭 1일경 또한 이치에 맞지 않다. (…중략…) 이미 방매한 것은 두고서 묻지 말며, 깃급한 것 가운데 남아 있는 전답은 심두식이 다시는 침탈하지 말아야 한다. 이에 판결한다.[80]

[사례 5] 한성 채권 채무 소송건 광11민1호, 1907.1.18

(원고: 남서 회동 거주 일본인 나카가와 테루오中川照雄) 원고의 진술은 "당오전 69,000 냥兩을 피고의 아들 이하순李夏淳에게 빌려주었는데, 기한을 넘기도록 갚지 않았습니다. 그래서 관아에 거소擧訴하려고 이하순을 피고에게 맡겨두었는데, 피고가 숨어 나타나지 않습니다"라고 하였다.

(피고: 중서 금부후동 거주 전 선달 이원필) 피고로 말하면, 피고의 아들 이하순은 못된 짓을 일삼으며 가산을 탕진하였고, 원고가 피고의 아들을 데려와 책임을 추궁하려고 하기에 거절하고 (돈을) 주지 않았다.

(판결) 보증한 증거가 없는데도, 원고가 단지 아버지라는 의리에 기대어 책임을 추궁하려는 것은 정당하다고 할 수 없다. 따라서 피고의 변론은 이유가 있다.

(요지) 피고는 원고 청구에 응할 만한 이유가 없다. 소송비용은 원고가 부담한다.[81]

---

80 「제50호 판결서」, 위의 책, 민4262호, 1907.1.9.
81 「제29호 판결서」, 위의 책, 광11민1호, 1907.1.18.

[사례 4]는 경기도 양천군 삼정면三#面의 밭 소송건으로 피고와 원고는 각기 사돈관계로 피고의 부친이 장인의 빈궁함을 보살펴 주시고자 해당 전답을 빌려 주어 갈아 먹게 하였다. 피고에게는 구권이 남아 있고, 원고가 가진 문건은 피고의 부친이 원고의 조부에게 새로 깃급을 작성하여 재산을 분배하고 새 문권을 작성해 주었다는 주장이었다. 이에 따라 피고의 부친이 장인에게 영원토록 깃급한다고 문기를 작성한 것이 있다는 사실을 인정하면서도 몰래 방매한 밭 1일경은 일단 묻지 말고, 남아있는 전답은 원고의 소유로 한다고 판결하였다.

[사례 5]의 경우에는 일본인과의 분쟁인데, 당오전 6만 9천 량을 피고의 아들에게 빌려주었는데, 가한을 넘기도록 갚지 않았기 때문에 피고에게 청구한다고 하였다. 이에 대해 판결은 가족관계에서 단지 아버지라는 위치에 대해 의리에 기대어 책임을 추궁하려는 것은 정당하다고 할 수 없다고 판결하였다.

대한제국기 민사재판 판결에서 주목되는 것은 채무와 토지 소유권 등 소송에서 형제, 부자, 장인과 사위 등 가족관계를 빌미로 하여 재산권 청구권을 행사할 수 없다는 것이다. 이는 갑오개혁 이전 연좌죄를 통해 가족관계로 얽혀서 추심하는 관행을 금지했기 때문이었다. 이는 요컨대 가족이나 친족간의 관계를 분호별산分戶別産의 의미를 강조한 것이다. 1900년대에는 그만큼 민중이 권리의 주체로서 개별화되었다는 것을 의미한다. 이는 불과 수십 량, 밭 4~5두락 등 소규모의 채무관계에서도 그대로 관철되고 있다. 이러한 양상은 거의 모든 분쟁사례에서 확인할 수 있다.

이러한 재산권의 형성과 소유권을 둘러싼 다툼은 1890년대에서 1900년대 이후로 이행하는 한국사회의 근대 이행기에 가장 뚜렷하고 격변하는 특성을 드러낸다. 결론적으로 소유 재산권의 주체가 개별화되고 있었다. 개인의 사적 권리는 이를 침해하는 관권, 지역적 특권과 비리에 의거하는 침탈에 대해 저항할 수 있는 기반이 되어 갔다. 이러한 개별적 재산권의 주장이 만일 공통적인 이해에 관계된 것이라면 다시 공동으로 대응할 수 있는 다중의 소송으로 확대되고 있었다.

3) 계몽운동 법률가의 민법 제정론과 민권 의식의 변화

이와 같이 1895년 신식재판제도의 도입 이후 대한제국 시기 내내 민간의 소송은 항상 빈번하게 이루어졌으며, 또한 송사의 과정이 지루하게 오랫동안 끌었을 뿐만 아니라 소송 결과도 정반대로 뒤집는 결과가 다반사처럼 이루어졌다. 이러한 민사소송의 문제는 당시 민법이 제정되지 않았던 현실과 밀접하게 관련이 되었다.

여기에서는 국민의 민권을 보장하기 위한 제도 변화로서 민권을 규정하는 재판과 권리를 어떻게 제정해 나가고 있는가를 살펴보려고 한다. 1905년 이후 민권 제정의 필요성을 제기하는 법률 관계 학회 논의를 통해서 살펴보려고 한다. 여기에서는 특히 그 배경과 관련하여 당시 일본에서 일본식 민법과 법학을 공부한 조선 유학생의 민법 인식과 아울러 종래 관습과 조리의 수용과 관련된 인식에 대해 살펴보고 일반 민사의 제기와 판결의 흐름을 동시에 살펴보려고 한다.[82]

한말 일제하 시기에 근대 민법과 형법 수립을 둘러싸고 연구가 진행되었고, 그중에서도 식민지 법제의 수립 과정에 대한 논쟁이 있었다.[83] 예컨

---

82 왕현종, 「한말 개혁기 민법 제정론의 갈등과 '한국 관습'의 이해」, 『식민지 조선의 근대 학문과 조선학연구』(연세대 역사문화학과 BK21플러스 사업팀), 도서출판 선인, 2015, 133~208쪽.

83 초기 연구에서는 주로 한국 전통적인 법사상과 대비하여 근대법으로서 서양법, 혹은 일본법의 수용에 초점이 맞추어져 있었다. 1990년대 들어 대한제국의 독자적인 법제

대 한국통감부와 이토 통감이 구상하는 한국관습에 기초하는 한국의 독자적인 법제 수립에 대한 논의였다. 한국의 관습과 민법 제정을 지휘한 우메 겐지로梅謙次郎가 한국 민·상법의 완성을 지향했다는 점이 부각되었다. 또한 일제의 식민지 법제 수립에 대한 과정과 성격에 대한 논의가 전개되었다.[84] 일제강점기에 들어가서는 일본의 근대 법제, 즉 민법과 형법을 '의용'한다는 방침으로 귀결되었는데, 이에 따라 조선총독부의 사법정책이나 조선민사령, 조선형사령에 대한 분석이 이어졌다.[85]

그렇지만 대한제국시기 한국 내부에서 민법 제정의 요구가 크게 일어나고 있었고, 1905년 이후 대한제국에서도 독자적인 민법 제정 구상과 실천이 여러 차례 시도되었던 사실에 주목할 필요가 있다. 특히 1905년 후반기가 지금까지 잘 알려지지 않았던 한국 독자 민법 제정을 위한 기구로 법률기초위원회의 설립을 검토해야 한다. 또한 이 시기 민법 제정의 배경에는 민중들이 민사관계 소송을 매우 빈번하게 제기했다는 사실과 관계된다. 따라서 민권의 강화와 민사소송의 빈번화가 이루어지는 현실에서 실제 민중의 생활 조건과 관련하여 민법 제정의 필요성이 어떻게

화에 관심이 두어져 전통적인 법제와 형법대전의 변화 등 전근대적인 법률체계의 성격을 해명하였다.(최종고, 『한국의 서양법수용사』, 박영사, 1982; 최종고, 『한국법사상사』, 서울대 출판부, 1989; 최종고, 『한국법학사』, 박영사, 1990)

84 일본의 한국관습조사와 관련해서 독자적인 한국 근대법제의 수립 방향에 대한 연구가 이루어지고 있다.(정종휴, 『韓國民法典の比較法的研究』, 創文社, 1989; 윤대성, 「일제의 한국관습조사사업과 민사관습법」, 『논문집』 13-1, 창원대, 1991; 이영미(李英美), 『韓國司法制度と梅謙次郎』, 법정대 출판국, 2005(김혜정 역, 『한국사법제도와 우메 겐지로』, 일조각, 2011)

85 이승일, 『조선총독부 법 제정책-일제의 식민통치와 조선민사령』, 역사비평사, 2008; 이승일, 『근대 한국의 법, 재판 그리고 정의』, 경인문화사, 2021; 문준영, 『법원과 검찰의 탄생-사법의 역사로 읽는 대한민국』, 역사비평사, 2010; 도면회, 『한국 근대 형법재판제도사』, 푸른역사, 2014.

제기되는지에 대해서도 한정하여 구체적으로 다루기로 한다.

(1) 1905년 7월 법률기초위원회의 설치와 을사조약 반대 투쟁

1905년 이후 대한제국은 민법 제정에 관한 방향 설정조차 착수하지 못하고 있었다. 이에 1905년 5월 31일 의정부 참정대신 심상훈沈相薰과 법부대신 이근호李根澔는 형법 제정에 이어 민법 제정을 서둘러 추진하자는 상주문을 올렸다.[86] 법부대신 이근호 등은 형법대전에 이어 민법 제정의 필요성에 대해 현재 민법이 없어 원래 생명과 재산의 보호에 제한을 둘 수 없을 뿐만 아니라, 송사와 신소를 판결할 때 사리에 맞게 하지 못하는 병폐를 지적하였다.

이어 6월 3일에는 외국에 유학하고 돌아온 법률학교 졸업생들을 불러 법부대신 이근호 집에 회동하여 민법 기초 방안을 상의하였다. 6월 8일에도 민법을 기초하는 일로 처음 회의 일자는 6월 10일로 예정하고 있었다. 이어 6월 19일 자『황성신문』에는 이제 민법 등 제반 법률의 제정이 임박한 것으로 보도하고 있었다.[87]

그렇지만 민법 제정 과정은 곧바로 착수될 수 없었다. 6월 18일에 내린 고종황제의 조령에서는『형법대전』을 새로 반포한 이후에『민법상례民法常例』를 별도로 하나의 편을 이룬 뒤에야 정상을 반영하여 시의에 부합될 것이라 하였다.[88] 다만, 대체로 법이 있기는 하지만 시행되지 않았고 더구나 법을 맡은 관리가 신중하고 공명정대하게 직무를 제대로 수행하지 못

---

86 『고종실록』 3책, 1905. 5. 31, 382면.
87 「형법개정(刑法改正)」,『황성신문』, 1905. 6. 19, 3면 3단.
88 『고종실록』, 고종 42년 무자 5월 16일(양력 6월 18일);「궁정록사」,『황성신문』, 1905. 6. 21, 1면 1단.

〈표 7〉 법률기초위원 초기 임명사항(1905.7.25~)

순서	이름	생몰	직전직위	학력	경력	출전
1	이준영 (李準榮)		겸임법부법률기초위원장 법부협판		법부협판(1905.7.12) 서리대신사무(1905.8.12)	『고종실록』 임면 일자
2	조경구 (趙經九)		법부참서관	수학우가정(受學于家庭)(1880)	법부참서관(1900.9.28~) 법관양성소교관(1903.9.7~11.17)	『관원이력』 22책, 576쪽
3	김락헌 (金洛憲)	1874~1919	법부참서관	취학가숙(就學家塾)(1880.2.1)	법부주사(1895.4.1~10.13, 1896.1.6~) 평리원검사(1901.3.5~1902.9.25) 법부법률기초위원(1904.4.9~12.19) 법관양성소장(1905.3.7~12.11, 1906.6.13~)	『관원이력』 5책, 143쪽; 19책, 500쪽
4	함태영 (咸台永)	1873~	법부참서관	법관양성소(1895.4.16 입학~1896.11 졸업)	한성재판소검사시보(1896.3.5~) 한성부재판소검사(1899.3.13~) 법부법률기초위원(1905.7.25)	『관원이력』 17책, 431쪽; 27책, 661쪽 『민국인사』, 182·196쪽 『대한연감』 4288, 759쪽
5	정명섭 (丁明燮)	1864(66?)~1952	법관양성소교관	사립법률학교(1895.2)	법부주사(1895.9.15) 한성부재판소주사(1898.2.13) 법부법률기초위원(1902.8.20) 법관양성소교관(1903.7.7~10.13)	『관원이력』 21책, 538쪽 『조선신사보감』, 744쪽, '신사'
6	정영택 (鄭永澤)	1876~1947	육품	전장령 전우(田愚)에게서 수업(1885) 법관양성소(1895.11.1)	증식년생원시(1888) 법관양성소교관(1904.7.8) 겸장법관양성소감독사무(1904.9.17)	『관원이력』 21책, 550쪽
7	김철구 (金澈龜)	1877~	육품	관립일어학교(1892.3~, 1896.6~)	일본국웅본현공립한어학교교사(1898.11~1899.10) 주차일본국공사수원(1900.11.23~1901.4.27) 법부법률기초위원(1905.7.25~8.24)	『관원이력』 19책, 498쪽; 35책, 806쪽; 41책, 879쪽
8	석진형 (石鎭衡)	1877~1946	구품	동경사립호세이(法政)대학 법률과 졸업(1902.7)	법관양성소교관(1905.12.13~1906.6) 법부법률기초위원(1905.7.25~1906.7.19)	『관원이력』 17책, 444쪽; 20책, 537쪽
9	엄주일 (嚴柱日)	1872~	구품	게이오의숙(慶應義塾) 입학 보통학 수업(1895.4~) 메이지(明治)대학(1900.11~1904.6)	평리원판사(1905.8.4~10.14)	『관원이력』 14책, 372쪽

한다고 질책하였다. 이는 형법 법전 반포 이후 민법을 곧바로 제정하기 어렵다는 현실을 비판한 것이었다. 그런데 일본은 대한제국이 추진하는 독자적인 민법 제정에 대해 반대하고 있었다. 장차 일본인 고문관을 고빙

하여 한국의 민법 제정 과정에 간섭하려는 입장을 가졌기 때문이었다.[89]

이런 상황에서도 굴하지 않고 대한제국은 독자적으로 법률기초위원회 규정을 추진했다. 7월 18일 「법부령 제2호」 법률기초위원회法律起草委員會 규정을 개정하여 반포하였다.[90]

법률기초위원회의 구성과 역할은 무엇보다도 민법, 형법, 상법, 치죄법, 소송법 등을 상세히 조사 제정하거나 개정하는 법안을 기초하는 것이다. 위원으로는 위원장 1명과 위원 8인, 그중 4인은 법부 소관 주임관, 4인은 법률 통효인通曉人으로 하고, 서기 2명 등 11명으로 구성되었다. 이어 7월 25일 아래와 같이 법률기초위원을 임명하였다.[91]

〈표 7〉의 법률기초위원회 위원들은 대부분인 위원장과 위원 4명 중 법부 소관 관원은 대개 기존의 가숙을 통해 성장한 관리였다. 함태영과 정명섭의 경우에는 법관양성소나 사립 법률학교 출신자였다. 위원들의 경력 중에는 나머지 법률통효인의 자격으로 임명된 관리 중에서 정영택을 제외하고 김철구, 석진형, 엄주일 등은 일본 유학을 통해 법률을 전공한 법률전문 지식인으로서 채용되었다.

법률기초위원회가 1905년 7월 개편된 이후 추가로 이상설, 민형식 등 법률기초위원장이 교체되었다. 또한 3명의 위원 교체가 추가로 있었다.[92]

---

89 「법률고각(法律姑閣)」, 『황성신문』, 1905. 6. 22, 2면 4단.

90 부칙 제7조 개국504년 6월 15일 법부령 제7호 법률기초위원회 규정과 개국505년 6월 29일 법부령 제3호 법률기초위원회 규정 중 개정건과 광무 4년 2월 27일 법부령 제1호 법률기초위원회규정 중 개정건은 폐지함이라. 제8조 본 규정은 반포일로부터 시행함이라(「부령」, 『관보』 3199호, 1905. 7. 24).

91 「서임급사령」, 『관보』 3202호, 1905. 7. 27; 법률기초위원의 생몰, 이력 등 개별사항은 초종고, 『한국법학사』, 231~386쪽, '제7장, 한국최초의 법학서와 학회지'; 김효전, 『법관양성소와 근대한국』, 소명출판, 2014, 224~352쪽, '9장, 법관양성소의 교수진'.

92 〈표 8〉 중에서 순서 1-1, 5-1 등은 앞의 표의 순서에서 해당 자리를 교체한 위원명을 말한다. 예컨대 1-1의 경우에는 법률기초위원회 위원장의 교체를 얘기하는 것이며, 8-1

〈표 8〉 법률기초위원회 위원 교체 사항(1905.8.4~)

순서	이름	생몰	직전직위	학력	경력	출전
1-1	이상설 (李相卨)	1870 ~1917	법부협판		시종원비서감좌비서랑(~1895.6.20) 한성사범학교 교관(1896.2.28) 부첨사(1902.11.25) 비서원랑(~1900.6.20) 관제리정소의정관(1904.10.27) 외부교섭국장(1904.10.29) 법부협판(1905.9.16) 겸임법부법률기초위원장(1905.10.2 ~11.10)	『관보』 임면 일자
1-2	민형식 (閔衡植)	1875 ~1947	법부협판		궁내부특진관(1901.3.16) 의정부찬정(1904.6.8) 법부협판(1905.11.6) 겸임법부법률기초위원장(1905.11. 10)	『관보』 임면 일자
1-3	김규희 (金奎熙)	1857~	법부협판	영어학교(英語學校) 3년 수학 (1883)	유배(1901.4~8, 철도(鐵島) 유배) 한성부판윤(1904.2~3) 법부협판(1904.9) 법관양성소장(1904.10)	『관원이력서』 4책, 105쪽
5-1	장도 (張燾)	1876 ~?	평리원 검사	게이오의숙(慶應義塾) 수업보 통과(1895.4~1896.7) 도쿄법학원(東京法學院)에 전 입하여 법률학수업(1896.9~ 1899.7)	의학교 교관(1901.11.30) 한성사립법학교 강사(1904.10.14~ 12) 사립보성전문학교 강사(1905.3) 평리원 검사(1905.7.21) 법부법률기초위원(1905.11.10)	『관원이력』 9책, 262쪽; 21책, 563쪽
7-1	유동작 (柳東作)	1877~	구품	메이지학원 보통과(1899.2) 메이지(明治)대학 법률과(19 00.9~1904.7.15)	법부법률기초위원(1905.8.22) 법관양성소 교관(1905.12.13~1906. 4.18, 1906.12.21~) 한성재판소 검사(1906.8.13~)	『관원이력』 11책, 299쪽; 25책, 648쪽
8-1	이필영 (李苾榮)				법부법률기초위원(1906.3.22~7.19)	『관보』 임면 일자
8-2	윤태영 (尹泰榮)	1883~	구품	관립일어학교(1898.9) 법관양성소(1903.3.25~1904. 7.15)	법관양성소 교관(1905.3.10~12.13) 법부법률기초위원(1905.7.19~12. 12, 1906.12.15)	『관원이력서』 8책, 229쪽; 24책 629 쪽; 42책, 899쪽
8-3	박준성 (朴準性)	1874	구품	법관양성소(1903.2.19~1904. 7.21)	법관양성소 박사(1904.7.26~7.28) 법부법률기초위원(1906.7.19~12.14)	『관원이력』 7책, 204쪽
9-1	홍재기 (洪在祺)	1870(73?) ~1950	육품	일본국 유학(1897.6.26~) 도쿄법학원(東京法學院)(18 96.9.11~1899.7.10) 습학차도미국(習學次渡美國) (1898.12.22)	법관양성소(法官養成所) 교관(19 05.12.12) 제1호변호사인가(1906.6.30) 토지소관법기초위원(1906.7.13) 무안항재판소 판사(1907.7.1)	『관원이력』 42책, 908쪽 『조선의 인물과 사 업』, 210쪽

여기서 기존의 위원 중 정명섭, 김철구, 엄주일 등과 교체된 위원들도 장도, 유동작, 홍재기 등은 모두 일본에 유학하여 정식으로 법률학교를 마친 지식인들이었다. 이는 향후 법률기초위원회의 대다수가 일본의 근대 법률 체계에 익숙한 법률전문가로 구성되었음을 의미하며, 이후 이들이 민법 제정의 논의를 주도적으로 이끌 것으로 기대할 수 있었다.

그렇지만 민법 제정 과정은 쉽게 진척되지 못하였다. 1905년 11월 6일에는 법부 참서관 김낙헌 등 연명으로 별도의 상소를 올렸다.[93] "대체로 기존의 법을 참작하고 시의時宜에 잘 맞추어 한 시대의 법전法典을 완성하는 일은 고금에 통달하고 생각이 정제된 사람이 아니면 쉽게 착수할 수 없는 일이다. 그런데 참 다행스럽게도 인재를 알아보는 성상의 밝으신 안목으로, 지금 참찬에 새로 제수된 이상설李相卨을 백관 가운데에서 특별히 선발하여 참찬의 직임을 맡기는 한편 법률기초위원장의 직임을 겸하도록 하였다"고 하면서 위원장 이하 위원의 임명을 긍정적으로 지적하였다. 이들은 이상설 법률기초위원장을 위주로 하여 법률 제정과 관련된 일을 처리하고 법전을 완성하는 일이 머지않아 이루어질 것으로 희망하고 있었다. 상소문의 주장은 대한제국의 법률기초위원회의 정상화와 민법 제정 추진 필요성을 재촉구한 것이었다.

그렇지만 대한제국의 민법 제정 시도는 갑자기 불가항력적인 난관에 부딪쳤다. 11월 17일 일제에 의해 강제로 을사조약이 체결되면서 더 이상 진전될 수 없었다. 11월 2일 의정부 참찬에 발탁되었던 이상설은 이후

은 석진형의 자리에 이후 교체된 위원들을 가리킨다.

93　이 상소문을 올린 사람은 법부 참서관 함태영(咸台永)·이면우(李冕宇)·김기조(金基肇), 한성부재판소검사 홍종한(洪鍾瀚), 평리원 검사 장도(張燾), 법부 법률기초위원 홍재기(洪在祺), 주사 유원성(柳遠聲)·안치윤(安致潤) 등이었다. 이들은 대한제국의 법부와 법률기초위원회와 직접적으로 연관된 관료들이었다.(『승정원일기』, 1905년 을

을사조약 사태가 벌어지자 이에 반대하는 운동의 전면에 나섰다. 이상설은 11월 17일 사직 상소를 올리고 난 후 을사조약에 반대하는 다섯 차례에 걸친 상소운동을 일으켰다. 그는 황제로 하여금 이를 인준하지 말라면서 조약 파기를 주장하였다.[94]

이러한 을사조약 반대운동에는 당시 법관양성소의 교관으로 있던 정명섭 등도 동참하였다. 11월 24일 정명섭 등은 "외교권이 한번 옮겨지게 되면 독립이라는 이름 또한 따라서 떠나가게 된다"는 논리로 조약에 찬성한 이들을 처벌하고 조약의 무효임을 선언할 것을 요구하였다.[95] 이어 11월 26일에도 정명섭은 법관양성소 교관 조세환, 고익상, 김종관, 윤태영, 윤광선 등과 함께 재소를 올려 조약의 철회를 주장하였다.[96] 그렇지만 법관양성소 상소 교관들 중에서 정명섭, 윤태영, 김종호, 고익상, 조세환 등은 1905년 12월 13일 자로 모두 교수직에서 면직당하고 말았다.[97] 이같이 법부 법률기초위원회의 위원 중 이상설과 정명섭 등 을사조약에 반대한 법조인들이 배제되고 새로운 위원들이 선임됨으로써 이들의 민법 제정 과정은 계속되기 어려웠다. 이후 대한제국의 법제 개혁의 주도권은 이후 일본으로 넘어갔다.

(2) 1905년 이후 민법 제정의 요구와 민법 체계의 논란

한편 1905년 이후 한국 민중들은 국권을 다시 찾기 위해 여러 방면에

사 10월 10일(양력 11월 6일); 『일성록』, 1905.10.10(양력 11월 6일))
94 박걸순, 「이상설의 민족운동과 후인 논찬」, 『중원문화논총』 10, 2006, 4~6쪽.
95 잡보 「법관양성소 교관 신 정명섭 등 소본」, 『대한매일신보』 85호, 1905.11.24, 1면 5~6단.
96 잡보 「법관양성소 교관 신 정명섭 등 재소본」, 위의 신문, 87호, 1905.11.26, 1면 4~5단.
97 『관보』 제3325호, 1905.12.16; 『대한제국관원이력서』, 탐구당, 1972, 538~539면; 잡보 「이충피면(以忠被免)」, 위의 신문, 103호, 1905.12.15, 2면 4단.

서 계몽운동을 전개하고 있었다. 이때 새로운 법제 개혁의 담론, 혹은 이론으로 크게 주창되는 부문은 근대국가학, 헌법론, 민권론 등으로 제기되었다. 그중에서는 근대국가의 삼권분립이나 헌법과 민법 제정론과 같은 법제 개혁론이 재차 강조되었다. 당시 각종 학회와 잡지의 기사 제목에서도 근대적인 법률 제정의 필요성을 주장하는 논자들이 빈번하게 나타나고 있다.

〈표 9〉에서 나타난 것처럼 1906년 이후 1909년까지 각종 학회지에서 민법 혹은 법률, 관습 등과 관련된 논설은 모두 77종으로 파악되었다.[98]

이 시기 민법 제정 논의 중에서 주목되는 것은 설태희가 제기한 「법률상 인의 권의」라는 논설이다. 그는 공권公權에 대비된 사권私權을 가리키는 것으로 민법을 정의하고, 사권의 종류에 대해 인격권생명권, 신체권, 자유권, 명예권 등, 친족권호주권, 친권, 부권, 후견인의 권리 등, 재산권취득권, 소유권, 특허권, 기타 민법, 상법 기타의 사법의 보호하에 있는 제종권리, 물권, 민법상의 물권점유권, 소유권, 지상권, 영소작권, 지역권(地役權), 유치권(留置權), 선취특권, 질권, 저당권 등, 채권, 상속권 등 민법의 정의와 순차적 내용을 중심으로 간략히 소개하였다. 특히 그는 일본 민법의 내용을 열거하면서 제정 과정에서의 변화와 의미를 소개하기도 하였다.[99]

그는 법률이 일국의 주권자에 의해 정해진 것이기는 하나 근대국가에서는 국회 상의원, 하의원을 경유하여 만들어진다고 설명하고 근대입헌

---

98 〈표 9〉는 발행일과 저자명을 중심으로 재정리한 것으로 저자별로 모아 정리하지 않은 이유는 시기적으로 어떤 논제가 부각되고 있는가를 살펴보기 위해서이다. 주요한 학회지 등은 국사편찬위원회 한국 근현대잡지자료 사이트와 한국학문헌연구소, 『한말 개화기학술지』(1차, 아세아문화사 간행, 영인본, 1976)를 참조하여 정리하였다.

99 설태희는 일본 구민법에서는 용익권을 인정하여 물권의 하나라고 하고, 또 채차권(債借權)도 물권의 하나라 하였지만, 새로운 민법에서는 용익권을 인정하지 않았고, 채차권도 채권의 일종으로 변경하였다고 파악하였다. (「법률상(法律上) 인(人)의 권의(權義)(승전(承前))」, 『대한자강회월보』 12호, 1907.6, 39~46쪽)

〈표 9〉 한말 학회 잡지 중 민법 제정 관련 논설 목록(1906.11~1909.12)

	저자명	기사제목	잡지명	발행일
1	장계택(張啓澤)	경찰지목적(警察之目的)	『태극학보』제4호	1906.11.24
2	장홍식(張弘植)	재정정리의 문란(紊亂)은 부기법(簿記法)이 무(無)함을 증명함이라	『태극학보』제4호	1906.11.24
3	최석하(崔錫夏)	무하향만필(無何鄕漫筆)	『태극학보』제4호	1906.11.24
4	심의성(沈宜性)	논 아교육계의 시급방침 (論 我敎育界의 時急方針)	『대한자강회월보』제5호	1906.11.25
5	복성초부(福城樵夫) 설태희(薛泰熙)	포기자유-자위세계지죄인 (抛棄自由者爲世界之罪人)	『대한자강회월보』제6호	1906.12.25
6	김락영(金洛泳)	여자교육(녀ᄌ교휵)	『태극학보』제1호	1906.8.24
7	오가키(大垣丈夫)	위대한 국민에는 3개특성(三個特性)이 유(有)함을 견(見)함	『대한자강회월보』제2호	1906.8.25
8	린고생(麟皐生) 유승흠(柳承欽)	종교유지방침이 재경학자속선개화 (在經學家速先開化)기서(寄書) 전호속(前號續)	『태극학보』제2호	1906.9.24
9	해외유객(海外 遊客)	국가급황실(國家及皇室)의 분별(分別)	『대한자강회월보』제3호	1906.9.25
10	박은식(朴殷植) 역술(譯述)	애국론 1(愛國論一) 지나애시객고(支那哀時客稿)	『서우』제2호	1907.1.1
11	옥동규(玉東奎)	인민자유(人民自由)의 한계(限界)	『서우』제2호	1907.1.1
12	오석유(吳錫裕)	가정교육(家庭敎育)	『태극학보』제6호	1907.1.4
13	김봉관(金鳳觀)	위생부(衛生部)(전호속)	『서우』제3호	1907.2.1
14	곽한탁(郭漢倬)	제2장 헌법(憲法) 속(續)	『태극학보』제7호	1907.2.24
15	양재창(梁在昶)	논도량형(論度量衡)(기서)	『태극학보』제7호	1907.2.24
16	박용희(朴容喜)	력사담(歷史譚) 제5회	『태극학보』제7호	1907.2.24
17	설태희	법률상 인(人)의 권의(權義)	『대한자강회월보』제8호	1907.2.25
18	오카다(岡田朝太郞氏) 담화(談話)(柳東作 譯述)	자녀교양(子女敎養)에 취(就)하여	『서우』제4호	1907.3.1
19	이규영(李奎濴)	인(人)의 강약(强弱)과 국(國)의 성쇠(盛衰) 가 위여불위(爲與不爲)에 재(在)함	『태극학보』제8호	1907.3.24
20	전영작(全永爵)	입법 사법 급 행정의 구별과 기 의의	『태극학보』제8호	1907.3.24
21	박성흠(朴聖欽)	아한(我韓)의 광산개요(鑛産槪要)(전호속)	『서우』제5호	1907.4.1
22	한광호(韓光鎬)	통치(統治)의 목적물(目的物)	『서우』제5호	1907.4.1
23	곽한탁	헌법(憲法)(속)	『태극학보』제9호	1907.4.24
24	양대경(梁大卿)	발흥시대(勃興時代)에 적극적(積極的)	『태극학보』제9호	1907.4.24
25	이승근(李承瑾)	국제 공법론(國際 公法論)	『대한유학생회회보』제2호	1907.4.7
26	박승빈(朴勝彬)	옹로문답(擁爐問答)	『대한유학생회회보』제2호	1907.4.7
27	윤정하(尹定夏)	상업교육(Commercial Education)	『대한유학생회회보』제2호	1907.4.7

저자명	기사제목	잡지명	발행일
28	해외관물객(海外觀物客) 이규영	박호자(搏虎者)의 설(說)	『대한유학생회회보』 제2호	1907.4.7
29	박성흠	민법강의의 개요(제9호 속)	『서우』 제13호	1907.12.1
30	설태희	법률상 인(人)의 권의(權義)	『대한자강회월보』 제8호	1907.2.25
31	설태희	법률상 인의 권의(속)	『대한자강회월보』 제9호	1907.3.25
32	설태희	법률상 인의 권의(속)	『대한자강회월보』 제10호	1907.4.25
33	윤효정	형법과 민법의 구별	『대한자강회월보』 제11호	1907.5.25
34	박성흠 역초(譯抄)	민법강의의 개요	『서우』 제7호	1907.6.1
35	설태희	법률상 인의 권의(속)	『대한자강회월보』 제12호	1907.6.25
36	박성흠	민법강의의 개요(속)	『서우』 제8호	1907.7.1
37	박성흠	민법강의의 개요(속)	『서우』 제9호	1907.8.1
38	윤상현(尹商鉉)	고사회지사제공(告社會志士諸公)	『기호흥학회월보』 제3호	1908.10.25
39	중악산인(中岳山人)	법률을 불가불학(不可不學)	『대한협회회보』 제7호	1908.10.25
40	홍정유(洪正裕)	회사법 초략(抄略)	『기호흥학회월보』 제4호	1908.11.25
41	이범성(李範星)	법률학	『기호흥학회월보』 제5호	1908.12.25
42	이종린(李鍾麟) 술(述)	민법총론(2호 속)	『대한협회회보』 제9호	1908.12.25
43		법학의 범위	『서우』 제15호	1908.2.1
44	두천생(荳泉生)	법률발생의 원인	대동학회월보 제1호	1908.2.25
45	조완구(趙琬九) 술	민법총론	『대한협회회보』 제1호	1908.4.25
46	조완구 술	민법총론(속)	『대한협회회보』 제2호	1908.5.25
47	이종일(李鍾一)	각 관찰(觀察)에 대한 관념(觀念)	『대한협회회보』 제4호	1908.7.25
48	안국선(安國善)	민법과 상법	『대한협회회보』 제4호	1908.7.25
49	원영의(元泳義)	법률개론	『대한협회회보』 제4호	1908.7.25
50	번덕연(卞悳淵)	법률이 사세(斯世)에 시행되는 리유	『대한협회회보』 제5호	1908.8.25
51	유원표(劉元杓)	민속(民俗)의 대관건(大關鍵)	서북학회월보 제4호	1908.9.1
52	권동진(權東鎭)	상업발달의 요소	『대한협회회보』 제6호	1908.9.25
53	대한자(大韓子)	토지와 국가 인민의 관계	『대한협회회보』 제6호	1908.9.25
54	번덕연	인민은 법률을 해석할 필요가 유(有)홈	『대한협회회보』 제6호	1908.9.25
55	남형우(南亨祐)	재판상에 관습(慣習)을 원용(援用)함이 이익(利益)이 편유(偏有)홈	『법정학계』 제16호	1908.9.5
56	이범성	법률학	『기호흥학회월보』 제6호	1909.1.25
57	권동진	상무(商務)의 개념	『대한협회회보』 제10호	1909.1.25
58	이용재(李容宰) 역(譯)	민법총론(속)	『대한협회회보』 제10호	1909.1.25
59	이용재 역	민법총론(속)	『대한협회회보』 제10호	1909.1.25
60	홍정유	사회법 초략(抄略)	『기호흥학회월보』 제6호	1909.1.25
61	법학소년(法學少年)	헌법상 8대 자유에 취(就)하여(속)	『서북학회월보』 제18호	1909.12.1

	저자명	기사제목	잡지명	발행일
62	권동진	상무(商務)의 요건	『대한협회회보』제11호	1909.2.25
63	이종린 술	민법총론(속)	『대한협회회보』제11호	1909.2.25
64	홍정유	회사법 초략(抄略)(속)	『기호흥학회월보』제7호	1909.2.25
65	이범성	법률학	『기호흥학회월보』제8호	1909.3.25
66	홍정유	법학	『기호흥학회월보』제8호	1909.3.25
67	권동진	상업의 요무(要務)(속)	『대한협회회보』제12호	1909.3.25
68	이종린	채권법(債權法) 총론(總論)	『대한협회회보』제12호	1909.3.25
69	이종린 술	민법총론(속)	『대한협회회보』제12호	1909.3.25
70	홍정유	법학의 직분(職分)(속)	『기호흥학회월보』제9호	1909.4.25
71	남형우	외국법률을 수입(輸入)함에 취(就)하여 논(論)홈	『법정학계』제22호	1909.4.5
72	이범성	법률학	『기호흥학회월보』제10호	1909.5.25
73	법학소년	헌법상 8대 자유에 취(就)하여	『서북학회월보』제14호	1909.7.1
74	이종하(李琮夏)	법률학에 관한 개견(槪見)(속)	『대동학회월보』제18호	1909.7.25
75	법학소년	헌법상 8대 자유에 취(就)하여(속)	『서북학회월보』제15호	1909.8.1
76	이종하	법률학에 관한 개견(槪見)(속)	『대동학회월보』제19호	1909.8.25
77	이종하	법률학에 관한 개견(槪見)(속)	『대동학회월보』제20호	1909.9.25

주의의 원리를 강조하였다.[100] 그가 법률을 강조하는 이유는 근대국가의 형성 원리로서 국가의 통합과 결합 상태를 나타내 주는 것이라 보았기 때문이다. 결국 설태희는 근대국가학의 입장에서 헌법과 입헌국가의 체계 속에서 법률의 의미를 설명하면서 자연상태 속에서 개인의 계약에 의해 국가가 성립했다는 사회계약설을 강조한 것은 아니었다. 더구나 그는 민간의 민법 제정 논의와 과정에 대해 구체적인 방안으로 주장한 것은 아니었다.[101]

또한 윤효정은 1907년 5월 「형법刑法과 민법民法의 구별」이라는 글에

---

100 「법률상 인의 권의」, 『대한자강회월보』 8호, 1907.2, 16~19쪽; 「법률상 인의 권의(속)」, 9호, 1907.3, 11~13쪽; 「법률상 인의 권의(속)」, 10호, 1907.4, 11~13쪽; 「법률상 인의 권의(승전)」, 12호, 1907.6, 39~46쪽.

101 「헌법서언(憲法緒言)」, 『대한협회회보』 3호, 1908.6, 28~31쪽; 「헌법(憲法)(속)」, 5호, 1908.8, 28~31쪽; 「헌법(속)」, 6호, 1908.9, 33~35쪽.

서, 공법公法은 국가와 인민의 관계를 규정하고, 사법私法은 인민 호상간의 관계를 규정한다고 정의하였다. 여기서 그는 형법은 범죄와 형벌을 정한 공법이고, 민법은 인민 상호간의 권리 의무를 정한 사법이라고 규정하였다.[102] 각국에서 역사, 인정 풍속을 기본으로 한다고 한다면, 윤효정은 한국의 경우 종전 전통 법률의 계수繼受함과 아울러 근대 법률을 제정하는 근거가 문제였다. 예컨대 서구, 혹은 일본을 통해 들어온 근대 법률을 기본으로 하는가 아니면 전통 관습慣習, 조리條理 등과의 상관관계 설정이 문제였다. 이에 대해 윤효정은 민법이란 법률의 명문이 없는 행위라도 조리와 관습을 참작하여 적용할 수 있다고 생각하였다.[103]

그런데 윤효정은 한국의 현실에는 종래 대전회통과 대명률을 적용하였으나 상세한 규정이 없었으므로 관습에 다수 의지하여 인민의 소송을 재판하였다고 평가하였다. 그는 이제부터 수년 후 민법이 발포되면, 이제 관습을 적용함은 자연 감소할 것이라고 전망하였다. 그는 법제도의 전통에서는 상세한 규정이 부재함으로 인해 관습을 다수 채택할 수밖에 없었다는 법제도 운영의 현실을 인정하였다. 그럼에도 불구하고 그는 조만간 한국의 관습에 기초하여 새로운 민법 제정이 필요하다고 주장하였다.

이러한 민법 제정 방향과 관련하여 일본 민법의 수용을 주장하는 논자들이 많았다. 이들은 대개 서양 근대 법학의 세례를 받기는 하지만 직접 일본 민법을 공부한 유학생들이기 때문에 아무래도 일본식 법률 도입을 편의적으로 주장하였다. 조완구趙琬九도 1908년 4월 「민법총론」에서,[104]

---

102 『대한자강회월보』 11호, 1907.5, 49~52쪽.
103 "日本에서 明治二十九年(距今十一年前)四月에 現行民法을 發佈ᄒ며 其 規定한 비 實로 一千一百四十六多條에 及하엿스나 尙且 慣習을 適用할 境遇가 不尠하더라."(『대한자강회월보』 11호, 1907.5.25, 49~52쪽)
104 조완구(趙琬九), 「민법총론」, 『대한협회회보』 1호, 1908.4.25, 35~36쪽; 조완구의 「민법

그리고 유옥겸兪鈺兼은 당시 법률전문지로 간주되던 『법정학계』에 「사법전편찬의 필요」라는 글을 싣기도 하였다.[105]

당시 일본의 메이지 시기 근대 법률, 민법의 내용에 대해서는 일본 유학파 법률 전문가들은 여러 법률학교에서 강의한 내용과 이를 바탕으로 저서를 간행하여 유포시켰다.[106]

한편 대한제국에서도 신식재판소제도와 이를 담당할 재판관의 육성이 필요했기 때문에 국가가 운영하는 법관양성소를 비롯하여 공·사립 법률학교가 다수 설립되었다. 1906년 2월 26일 칙령 21호 「법관양성소 관제」에서는 새롭게 법관양성소를 개편하였는데, 이때 법률 교과 과목은 "형법대전, 명률明律, 무원록無寃錄, 법학통론, 헌법, 형법, 민법, 상법, 형사소송법, 민사소송법, 행정학, 국제법, 경제학, 재정학, 외국어" 등이었다.[107] 각종 신문의 광고기사에서도 각종 사립법률학교의 교과목과 신입생 모집 기사를 흔히 발견할 수 있다.[108]

1904년 7월 법관양성소 하기시험에서는 한문 강제講製와 법문法文, 산

총론」은 이전 일본 법학자 니호 가메마쓰(仁保龜松)의 『민법총론』(東京法學院, 1896)의 서론을 거의 그대로 번역하여 수록한 것이었다.(요시카와 아야코(吉川絢子), 「근대 초기 한국의 민법학 수용과 판사에 대한 영향」, 『법사학연구』46, 2012, 360~361쪽)

105 유옥겸(兪鈺兼), 「사법전편찬(私法典編纂)의 필요(必要)」, 『법전학계(法政學界)』 1호, 1907.5, 10~15쪽.

106 이태훈, 「인물조사를 통해 본 한국 초기 '사회과학' 수용주체의 구성과 성격」, 『한국문화연구』 22, 2012, 32~51쪽.

107 「법률양성소규칙」(1906.3.30 제정), 『황성신문』 2146호, 1906.4.5, 1면 2~3단; 「법률양성소규칙」, 2146호, 1906.4.6, 1면 2~3단

108 "1906년 12월 25일 자 『황성신문』 광고기사에 실린 광신상업학교 야학원 모집광고에서는 교수과정이 3학년 과정인데, 그중 2학년 과목으로 상법(회사편, 수형편), 외국무역론, 은행론, 화폐론, 민법(물권), 국제공법(평시), 은행부기, 일본어이고, 3학년 과목으로 상법(상행위편, 해상편), 민법(채권), 국제공법(전시), 국제사법, 행정법, 재정학, 응용경제학, 일본어 등이었다. 이 학교에도 역시 일본 유학 법률가인 김대희, 이인식, 김

術算術, 근점勤點 등 기초 과목으로, 또한 법률학에 대해서는 『무원록』상·하, 『대명률』天,地,人, 발사跋辭, 강제공계講製共計, 법문 등을 대상으로 하였다. 법관양성소 학도들은 졸업시험에서 『대명률』의 강독시험과 함께 현행률 문제, 발사跋詞, 법문 등을 치렀다.[109]

1906년 이후 각종 법관시험과 변호사 자격시험에는 시험 과목과 출제 경향이 크게 바뀌었다. 1906년 11월 법부령 제5호 「법관전고세칙」에서는 해당 과목의 시험 내용이 크게 바뀌었다.[110] 이렇게 시험 과목의 내용은 일반적인 법률 용어와 범주를 사전에 공부하지 않으면 안 되었다. 특히 근대 법률 사례에 대한 전문 지식을 시험 문제로 출제하였다. 이는 종전 전통 법률시험과는 차원을 달리하는 것으로 근대 민법과 상법, 행정법 등 전문적인 법률 지식이 없다면 응시할 수조차 없었다.

따라서 법관양성소나 국내외 법률학교의 졸업생, 현직 판사와 검사 경험자들은 이들이 법률가로서 활동하기 위해서는 법률 과목에 대한 기본 서적이 보급되어야 했다.[111] 유성준은 『법학통론』을 1905년에 출간하였다.[112] 이 책은 기시모토 다쓰오岸本辰雄의 『법학통론』을 번역한 것이다.

상연 등 3인을 교사로서 채용하였다."(「광신상업학교야학원모집광고」, 『황성신문』 2368호, 1906.12.25, 3면 6단)

109 「보고서 6 - 법관양성소에서 하기시험 성적 보고」, 『사법품보(을)』 45, 1904.7.4; 「보고서 7 - 법관양성소에서 졸업시험 성적 보고」, 1904.7.15.

110 민법의 출제 문제는 "1. 사권의 의의를 설명할 사, 2. 특정물의 매매계약 체결 후에 매주(賣主)가 목적물의 인도를 아니한 이전에 목적물이 천재에 이(罹)하여 생(生)한 손해는 하인(何人)이 부담할가"라고 물었으며, 상법에서도 "1. 상법은 하(何)를 운함이냐. 2. 수형조례 시행후 발행한 어음 소지인은 여하한 권리를 유하였느냐"라는 문제였다.(『법학협회잡지』 2호, 1908; 최종고, 「한말과 일제하 법학협회의 활동」, 『애산학보』 2, 1982)

111 「석씨 청원」, 『황성신문』 2284호, 1906.9.15, 2면 6단; 요시카와 아야코(吉川絢子), 위의 글, 2012, 360~361쪽.

112 유성준은 1883년 일본 게이오의숙(慶應義塾)에 입학 이후, 1896년 4월 일본 망명 후,

1907년 신우선은 『민법총론』을 발간하였다.[113] 그는 니호 가메마쓰仁保龜
松의 『민법총론』을 다수 참조하여 역술한 것으로 보인다.[114] 서론의 내용
상으로는 법제사의 연혁과 법률 규정의 설명에 관하여 상당히 차이가 있
었다.[115] 번역서와 원전의 차이가 발생한 이유는 법률 조항의 연혁과 한
국적 현실을 상호 관련시켜 설명하기 때문이었다. 예컨대, 앞서 신우선의
책에서는 사권의 행위 능력에 대해 미성년자의 규정을 구주 대륙의 다수
입법례에서는 만 21세를 성년으로 정하고 있으나, 일본에서는 만 20세
를 성년으로 정하고 있다고 소개하였다. 그는 한국 현실과 관련하여 혼인
능력의 기준을 남자 만 17세이고 여자는 만 15세로 잡고 있으며, 유언 능

1898년 1월 메이지법률학교(明治法律學校)에 입학하여 1년 후 졸업한 후, 1902년에
국사범 혐의로 경위원에 붙잡힌 후, 1904년 3월 특사로 해배되어 1906년부터 내부 경
무국장, 내각 법제국장 등을 역임하였다.(『대한제국관원이력서』 9책, 294·11-294·33
-757·34-779·34-780·38-828쪽)

113 신우선은 1895년 3월 일본에 유학하여 게이오의숙에서 수학한 후, 1897년 9월 센슈학
교(專修學校)에서 3년간 경제학을 공부하였다. 1901년 6월 일본 대장성 사무견습을
거쳐 1901년 7월 귀국하였다. 1904년 7월 법관양성소 교관을 지냈으며, 1905년 4월
육군무관학교 교관이었다. 1905년 4월부터 1908년 2월까지 보성전문학교 강사를 역
임하였다.(『대한제국 관원이력서』 23책, 609·23-611·35-800쪽) 저서로는 『민법총
론』 이외에도 『어험법론(魚驗法論)』 등이 있다.

114 니호 가메마쓰(仁保龜松),「동경법학원 30년도 1년급 강의록」,『민법총론』, 동경법학
원, 1896; 니호 가메마쓰,「京都法政大學 제2기 강의록」,『민법총칙』, 경도법정대학,
1904(일본 국립국회도서관 소장). 두 책은 목차와 내용이 비슷하나 앞의 책(1896)을
수정 보완한 것이 뒤의 책(1904)이다. 신우선의 『민법총론』은 앞의 책을 저본으로 한
것으로 보인다. 신우선의 민법총론은 2가지 판본이 있다. 하나는 연세대학교 법학도서
관 소장본(346 신우선 민), 다른 하나는 국회도서관 소장본(OL 345.1 ㅅ576ㅁ)이다.
전자는 초기 번역한 강의안이고, 후자는 추후에 수정하여 간행한 재판본으로 보인다.

115 요시카와 아야코(吉川絢子)는 앞의 글(2012)에서 신우선이 니호 가메마쓰의 『민법총
론』을 다수 참조한 흔적이 보인다고 강조하였으나(361~363쪽), 신우선은 니호의 2개
의 책 중에서 앞서 발간된 책(1896)을 주대본으로 하되 뒤에 발간된 책(1904)도 참조
하고 있다. 신우선은 니호의 책에서 제시된 논의의 대부분을 차용했음에도 불구하고
다른 부분의 차이, 즉 한국의 현실, 관습상 차이를 반영한 부분에 주목하였다.

력에 관해서는 남녀가 공히 만 15세로 성년을 정하였다고 설명했다.[116]

일본 유학 법률가들을 중심으로 하는 외래 근대법의 수용에 대해 한국의 현실에 비추어 제한적으로 받아들여야 한다는 주장도 있었다. 이들은 일본의 민법 편찬 방식을 수용하기는 하지만, 한국의 전통적인 불문법률, 관습법에도 관심을 가지고 있었기 때문이다.[117] 신구 법률의 개정과 새로운 민법 제정의 방향에 대해서 남형우는 「외국법률外國法律을 수입輸入함에 취就하야 논論함」에서,[118] 그는 외국의 것을 수입하는 것은 각기 나라의 종교, 관습, 조리, 판결, 학설 등에 비추어 판단해야 하는 것이라고 주장하였다. 외국 법률 수입에서는 주의할 점은 첫째 법률의 성질과 관련하여 아무리 완전하다고 하여도 모종의 상황에서 제정된 것이므로 일반적으로 적용하거나 지방에 적용하는 것이 어렵다는 입장이다. 둘째 문명국의 법률을 바로 미개未開, 혹은 반개半開의 나라에 적용할 수 없으며, 각 나라 국민의 생활 범위와 지식 정도를 헤아려 수입해야 함을 강조하였다. 당시 일본의 법률을 수입하면서도 우리에게도 관습과 판례 등 고유한 법률이 있다는 점을 강조한 것이다.[119] 그의 입장은 외국의 법률이 좋다고 해서

---

116 신우선, 앞의 책, 38~39쪽.
117 「론 상업회의소의 창립」, 『황성신문』 2014호, 1905.8.7, 2면 1단; 「론 상업회의소의 창립(속)」, 2016호, 1905.8.9, 2면 1단.
118 『법정학계』 22호, 1909.4.5; 남형우(南亨祐, 1875~1943)는 1908년 문인 이두훈(李斗勳)의 권유로 보성전문학교 법과에 입학한 뒤 교남교육회 평의원과 1909년 대동청년단 단원으로 활동하였다. 1911년부터 1917년까지 보성전문학교 법률학 교수로 학감·교감·교장을 역임하였고, 1915년 1월 대구에서 조직된 비밀결사 조선국권회복단 중앙총부에 가입, 1915년 3월 조선산직장려계 조직 등을 통해 국권회복운동에 참여하였다. 1919년 3·1운동이 전개되자 경상남도 창원 등지에서 만세 시위를 주도하였다. 1919년 4월 중국 상해로 가서 대한민국 임시정부 수립에 참여하여 법무총장과 교통총장으로 활동하였다.(『대한민국독립유공자공훈록』 1권, 국가보훈처, 1986, 188~190쪽; 5권, 559~561쪽)
119 「재판상(裁判上)에 관습(慣習)을 원용(援用)함이 이익(利益)이 편유(偏有)홈」에서 남

무조건 수입할 것이 아니라 국민의 생활 범위와 지식 정도를 균형을 잡지 않으면 안 된다는 점을 강조한 것이다.

이렇듯 대한제국에서 민법 제정의 논의는 근대 민법의 법 제정과 아울러 한국적 상황을 고려한 민법·상법의 관습 채택을 별도로 고려하지 않으면 안되었다.

그렇지만 대한제국하에서 민법이 제정되지 못한 채, 1906년 한국통감부 설치 이후 한국의 사법제도를 장악하기 시작한 일본은 새로운 재판소 제도를 통하여 간섭하기 시작했다. 당시 한국인 민사 분쟁의 대다수는 역시 금전대차, 토지 분쟁, 가옥 분쟁, 분묘 쟁송 등 4종류에 집중되어 있었다. 대개 단순한 사건이었을 가능성도 있지만 친족관계를 제외하면 대체로 일본 민법에 의거해 처리되었다. 통감부 시기 재판소가 접수한 사건은 앞서 한성부의 민사 판결문 통계와는 크게 다른 양상을 보였다.[120]

1908년 당시 대한제국 정부와 관리의 부정처사에 대한 고소사건들이 많았다. 경성공소원이 취급한 한국인 당사자 간 사건 중 13%에 해당하는 약 60건으로 큰 비중을 차치한 것은 바로 관리와 세력가에게 재산을 사

형우는 재판관이 재판하는 과정에서 성전의 법률을 적용 해석함이 당연하지만, 필요한 경우 성전의 법규에도 불구하고 관습을 원용하게 함으로써 이익을 볼 수 있다고 주장하였다. 행정과 사법을 겸하고 있는 재판제도하에서는 인민은 각자 자기의 생활하는 곳에서 관습을 법률로 인정하여 재판관에게 불복하여 제소하는 경우가 있으며, 새로 제정한 법률의 알지 못할 경우가 있으니, 국가의 정도를 헤아리고 인민의 정세를 고려하여 법률의 적용이 급격하게 되는 것을 고려하여 재판상 관습을 원용함이 이익이 두루 있다고 주장하였다. (『법정학계』 16호, 1908.9.5)

120 〈표 10〉은 평리원 기타 재판소로부터 인계한 사건을 포함하고 있다. 특히 통감부 법무원 이사청 인계사건(1909.11.1. 현재 민사 395건, 형사 57건, 예심 27건, 검사 30건 등 509건), 1910년 검사 건수는 수사사건 수이다. (『통감부시대 재정』, 135~136쪽(문준영, 『법원과 검찰의 탄생―사법의 역사로 읽는 대한민국』, 역사비평사, 2010, 393~394쪽, 〈표 6〉 재인용)).

〈표 10〉 통감부 시기 재판소가 접수한 사건 및 처리 내용(1908~1910)

	1908년	1909년		1910년
	8~12월	1~10월	11~12월	
민사	1,425	10,452	7,738	27,225
형사	4,336	5,802	1,350	8,124
예심	-	52		
검사		99,084	2,595	14,687

취당한 사건이다. 피해를 주장하는 이들은 농민, 재산가, 서리, 징세청부업자 등 다양했다. 이렇게 인민이 지방관을 고소한 사건에서 경성공소원이 법률관계를 밝혀 인민에게 승소 판결을 내리자 일반민중이 대환영하였다고 증언하고 있다.[121]

이런 종류의 계쟁사건에 내려진, 아마도 가장 '최초의 원고 승소 판결'이었다고 생각한다는 일본인 재판장의 회고가 있는데, 이는 물론 기억의 왜곡이다. 결국 식민지 판사의 편향된 기억에서 나온 말이었지만, 이전에 정부 권력자나 지방 토호의 남용사건이 많았다는 것을 예증하고 있다. 일반 민중이 대개 세력가의 횡포에 따라 패소했던 관행이었음을 그대로 보여주고 있다. 그러한 의미에서 1900년대 당시 민중들이 제기하는 민사의 송사는 다분히 집권세력이나 지배층에 의해 억울한 판결로 휘둘리기 쉬운 상황이었다고 할 수 있다.

---

121 우방협회(友邦協會) 편,『韓國における司法制度近代化の足跡─朝鮮司法界の往事を語る座談會記錄』, 東京 : 友邦協會, 1966, 72면, 경성공소원 민사부 재판장 야마구치 사다마사(山口貞昌)의 회고(문준영,「경성공소원 민사 판결원본철을 통해 본 한말의 민사 분쟁과 재판」,『법학연구』22-1, 2011, 20쪽 재인용).

국권회복운동으로서 의병·계몽운동과 민중세력의 동향

1. 1907년 이후 의병운동의 전개와 민중 참여층의 변화

일본은 청일·러일전쟁을 통해 한반도에서 청과 러시아를 구축하였으며, 한국 내정에 대해서도 정치·군사적인 간섭을 강화시켜 나갔다. 이에 한국주민들은 일본 제국주의에 맞서 반제 투쟁의 깃발을 세우고 민족운동을 전개시켜나갔다. 당시 의병운동에는 광범한 계층이 참가하여 반일 연합전선을 이루어나갔다.

일본 제국주의는 1905년 을사조약을 강제 체결하여 한국의 국권 일부를 빼앗아 보호국으로 만들었다. 일본은 1906년 2월부터 한국통감부를 설치하고 통감에게 내정간섭의 전권을 주었으며, 2개 사단의 한국주차군을 주둔시켜 무력으로 강압적인 통치를 자행했다. 1907년 7월에는 헤이그밀사사건을 구실로 고종황제를 강제로 퇴위시키고 순종황제를 내세웠다. 이완용 내각에 강요하여 7월 24일 '한일신협약', 소위 '정미 7조약'을 강제 체결케 했다. 이 조약은 차후 한국의 식민지화를 도모하기 위해 일본인을 한국 정부의 관리로 임명하여 정부를 실질적으로 장악하려는 조치였다. 드디어 8월 1일부터 전격적으로 군대 해산 조처를 취하게 되었다.

이 장에서는 1907년 이후 국권회복운동이 대일 항전으로 전환된 이른바 '정미의병'의 발발과 전개에 대해 살펴보려고 한다. 1960년대 중반 독립운동사 연구의 일환으로 시작된 의병운동 연구에서는 을미의병을 비롯하여 1905년 을사의병, 1907년 8월 군대 해산을 계기로 확대된 전국적인 의병의 양상도 구체적으로 연구되었다.[1]

후기 의병운동 연구에서는 이전과 달리 목표나 참여층 면에 크게 달랐던 점을 강조하였다.[2] 1907년 이후 의병운동의 특징은 흔히 해산군인들의 의병 참여와 평민의병장의 등장이라고 할 수 있다. 이른바 '한병韓兵'과 '의병義兵'의 결합으로 볼 수 있다. 이에 대해서 이미 연구가 많이 있지만, 여러 지방에서 동시·병행적으로 확산되고 있던 의병부대의 지도 이념과 참여층의 변화에 대해 아직 구체적인 연구가 부족한 상황이다.[3]

그런데 1907년 7월 고종황제에서 순종황제로의 강제적인 양위는 대한

---

1 한국민족운동사연구회, 『의병전쟁연구』(상), 지식산업사, 1990.
2 군대 해산과 의병 투쟁과의 관련성에 관한 연구는 다음과 같다. 성대경, 「한말의 군대 해산과 그 봉기」, 『성대사림』1, 1965, 45~79쪽; 성대경, 「정미의병의 역사적 성격」, 『대동문화연구』29, 1994, 169~207쪽; 김의환, 『의병운동사 - 한말을 중심으로』, 박영사, 1974; 박한설, 「정미의병 발발의 원인에 관하여」, 『편사』5, 1974; 이구용, 「한말의병연구」, 『사총』19, 1975; 박성수, 『독립운동사연구』, 창작과비평사, 1980; 오길보, 『조선근대반일의병운동사』, 과학백과사전종합출판사, 1988.
3 '의병' 개념에 대해 박은식은 "義兵者 民軍也 國家有急 直以義起 不待朝令之徵發 而從軍敵愾者也"라고 규정하였다.(『한국독립운동지혈사』(백암박은식전집 제2권), 동방미디어, 2002, 97쪽) 즉, 자발적으로 일어나 국가와 민족을 위해서 싸우는 민중의 의용군(Volunteer)을 말하는 것이다. 그러나 1907년 해산군인의 의병 참여는 종전 의병운동과는 크게 달랐다. 종래에는 계량적인 수치로 접근하거나 전반적인 양상을 포괄하여 다루는 경향이 있었다.(박성수, 위의 책, 1980, 216~229쪽; 김도형, 「한말 의병전쟁의 민중적 성격」, 『의병전쟁연구』(상), 지식산업사, 1990, 174~186쪽)

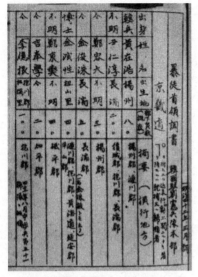

〈그림 1〉 전국 의병장 조사 상황(1909)

제국의 최고 주권자의 교체만을 의미하는 것이 아니라 대한제국이 이제 2중 권력에서 무게 중심이 일제의 준식민지로 전환되었다는 것을 의미하는 것이었다. 즉 대한제국 정부와 한국통감부의 2중 권력체제에서 이제 황제 양위와 군대 해산, 사법권 침탈을 통해 준식민지체제로 전환하고 있었다. 이에 대해 계몽운동의 지도자 중 일부와 군대 지도자층, 일반 평민 출신의 의병대장이 주도하여 항일의병전쟁을 기획해 나갔다. 여기에 많은 민중세력이 동조, 협력, 참여함으로써 대규모의 의병부대를 확대시켰다.

1907년 8월 이후 전국적으로 일어난 의병부대는 대개 각 지역을 단위로 하여 적게는 10여 명에서 수백 명에 이르기까지 수많은 의병을 거느리고 활동했다. 이 시기 의병부대는 1896년 의병과는 달리 의병 참여자의 폭이 넓혀졌을 뿐만 아니라 의병장들의 직업별 구성이 다양해졌다. 새로운 의병부대 지도자층도 등장하고 있었다. 이는 1906년 한 의병부대의 규칙 속에서 발견할 수 있다. 즉, "의병에 참여하는 사람들의 재능을 발휘하기 위해서는 문벌에 구애됨이 없어야 하며 비록 기생이나 백정이라 하더라도 지혜와 용기가 있으면 높은 자리에 앉게 한다"고 했다.[4] 이 기사는 1906년 이후 의병부대에 참여한 사람들의 출신 배경이 다양하게 이루어졌음을 예고하는 것이기도 했다.

---

4   「전보의통(全報義通)」, 『황성신문』, 1906. 4. 5, 415쪽.

여기에서는 전국적인 의병전쟁을 다루기 어려우므로 강원도 원주 지역을 중심으로 하여 전개된 13도 창의군을 대상으로 하여 이 시기 의병운동을 조망하면서 민중세력의 참여를 다루려고 한다. 특히 의병부대에 참여한 해산군인과 일반 민들의 상황을 검토하면서 이른바 귀순 의병들의 직업과 연령 등을 통해 민중들의 의병 참여 배경을 살펴보려고 한다. 이후 독립운동의 전략과 관련하여 민중들이 어떻게 동원되거나 참여했는지를 살피면서 향후 민중세력의 성장 전망을 검토해 보려고 한다.

1) 1907년 이후 의병운동의 양상과 민중 참여층의 변화

이 시기 의병 참여층의 분석은 이미 여러 연구에서 이루어졌다.[5] 양반 유생 계층으로 분류되는 사람들은 대개 유생과 관료층으로 구분되었는데, 전직 정부 각 부서의 주사나 군수 등을 포괄하였다. 반면에 평민 계층으로 분류된 사람들은 구한국군 출신의 부교, 참교, 하사 이하의 병사와 농업종사자, 화적, 무뢰한, 광부 고용, 상업, 수공업자, 학생, 포군 포수 등 다양한 사람들을 포괄하였다. 1909년에 조사된 '전국 의병장 신분 직업별 통계'에 의하면, 전국적으로 신분이 분명한 의병장 255명 중에 유생·양반이 63명, 농업 49명, 무직·화적 30명, 장교와 사병 등이 각각 7명과

---

5   지금까지 인용된 주요 자료는 1908년 10월 경무국이 작성한 「폭도수괴조(暴徒首魁調)」와 1909년 3월 한국주차헌병대 본부가 작성한 「폭도수괴명부(暴徒首魁名簿)」, 그리고 1909년 북부수비관구의 「폭도수괴명부」 등이었다. (박성수, 「1907~1910년간의 의병전쟁에 대하여」, 『한국사연구』 1, 1968, 132~133쪽) 1908년 10월 「폭도수괴조」라는 자료는 경무국에서 편철한 『폭도에 관한 제통계표』에 수록되어 있지만, 국사편찬위원회에서 간행한 『한국독립운동사』(자료 8~19) 「폭도에 관한 편책」에는 빠져있다. 의병 지도자층의 통계는 북쪽 학계에서도 재인용되기도 하였다. (오길보, 「20세기초 반일의병운동의 발생과 그 확대발전」, 『역사과학』 1977-1, 23쪽; 오길보, 『조선근대반일의병운동사』, 과학백과사전종합출판사, 1988, 188~191쪽)

35명이었고, 포군과 광부가 각각 13명과 12명이고, 군수·면장 등이 6명, 주사·서기 등이 9명이었다. 그래서 양반 의병장은 전체 30%를 넘지 못한다고 추정되고 있다.

1908년 8월 말 현재 전국 귀순 의병의 직업 조사를 검토한 연구에 의하면, 귀순 의병 총수 2,227명 중에서 농민이 79%이었으며, 이를 포함하여 전체 평민이 2,162명으로 전체 귀순 의병의 97%를 차지하였다.[6] 그런데 사용한 자료는 당시 일본군에 의해 이루어진 일방적인 조사였기 때문에 정확한 실체를 반영한 것이라고 보기는 곤란하다. 그럼에도 이러한 통계 수치는 당시 평민들의 의병 참여와 의병장들의 압도적 다수가 평민 출신이었다는 논거로서 활용되고 있다.

그러면 1909년 당시 일본군의 실제 조사에 근거하여 전국의 각 지역별 의병장의 출신과 수하 의병 참여 숫자에 대한 구체적인 실상을 살펴보기로 하자.

이 자료는 한국주차 헌병대 본부에서의 기밀 보고로서 「폭도暴徒 수령首領에 대한 조서 보고 건」기밀 535호인데, 보고일자는 1909년 3월 12일 자로 되어 있다. 이 자료는 1909년 당시 일본 측에서 파악한 일률적인 조사로서 조사의 정확성과 신빙성의 여부는 크게 떨어지지만, 당시 일본군의 진압 당국자가 파악하고 있는 의병대장 및 참여 인원에 대한 규모와 상황을 직접적으로 알 수 있다. 각 지역별 의병장 및 부대원의 숫자는 〈표 1〉과 같다.[7]

---

6 호남·경기 지역 연구에서도 참여층의 분석이 이루어졌다. (홍순권, 『한말 호남지역 의병운동사 연구』, 서울대 출판부, 1994, 295~300쪽; 김순덕, 「경기지방 의병운동 연구(1904~1911)」, 한양대 박사논문, 2002, 327~398쪽, '부표')

7 아래의 통계 숫자에서 전체 의병 수는 원자료에는 의병대장 수(수령총소)로 291명(이 중 체포, 투옥, 귀순 등 28명 포함), 296명(27명 행동을 알 수 없는 자) 등으로 2개의 통계수가 있으며, 부하원수에서도 전체 통계가 11,863명으로 되어 있으면서 최대 34,500명으로 추정하고 있다. (주차군헌병대, 「폭도수령조서(暴徒首領調書)」, 1909.3)

	지역	지도자				소계	부하원 수
		유생·관리	군인	농·광부·엽사 등 기타	불명		
1	경기도	5	4	2	18	29	1,220
2	황해도	1		1	46	48	995
3	충청도	14	5	11	20	50	1,181
4	강원도	1	6	1	20	28	956
5	전라도	21	4	10	16	51	2,839
6	경상도	13	1	8	11	33	2,643
7	함경도	1	3	4	21	29	1,406
8	평안도	4	2	15	2	23	622
9	노령·간도	2		9	1	12	?
	합계	62	25	61	155	303	11,862
	(비중)	20.5	8.3	20.1	51.2	100%	

이 자료는 한국주차헌병대 본부에서 1909년 3월 11일에 보고한 자료인데, 〈표 1〉과 같이 전체 의병 지도자 숫자는 303명으로 조사하였고, 그중 유생 및 관리 등의 숫자와 비중이 가장 높아 62명, 20.5%를 차지하고 있었다. 그 다음으로 군인 출신으로 25명, 8.3%를 차지하였다. 그밖에 농민 광부, 엽사 등 다양한 직업군을 찾아볼 수 있다. 물론 전체 의병장의 출신을 조사하면서 출신계층 여부를 정확하게 조사하지 못하고 불명不明으로 조사된 수가 반 수정도로 큰 비중을 차지하고 있지만, 이들의 내역은 사회적으로 잘 알려지지 않았다는 의미이므로 실제 기타 분류에 들어가는 자가 많았을 것으로 생각된다. 이 표에서 주목되는 것은 전체 303명의 의병장 이하 소속 의병의 수가 1만 1,862명에 달한 다는 것이다. 실제 이 표에는 적시하지 않았지만, 의병부대의 규모는 대개 20~30명 단위의 소규모 게릴라 부대의 양상을 가지고 있었다. 그중에서도 100명 이상, 혹은 150명 이상 중규모의 의병부대를 편성한 것이 있었다. 이들이 모여서 1만 명 이상의 참여 의병 수를 나타내고 있는 것이었다.

연합의병의 규모는 이보다 더 크다고 하겠다. 우선 150명 이상의 의병을 주목해 보면, 이 자료에서는 모두 17건으로 보고되고 있다. 경기도 장단에서 활동한 윤인순尹仁淳, 200명,[8] 이은찬李殷瓚, 150명, 연기익延起翊, 200명, 황해도 곡산 수안 등지에서 활약한 나기준羅基俊, 150명, 평산, 재령, 해주 등지에서 활약한 엽부獵夫 출신 심로술沈魯述, 200명, 원 목천 군수 박정빈·강효순朴正斌·康孝淳, 300명,[9] 전라도 능주, 장흥 영암, 진도 연안에서 활동한 유생 출신 심수택沈守澤, 150명,[10] 장성, 함평, 나주 등지에서 활동한 유생 김수용金垂鏞, 150명, 고부, 태인, 순창 지방에서 활동한 송점금宋占金, 150명, 경상도 흥해, 영덕, 경우, 청하 등지에서 활동한 전 흥해군 형방 서기 최성집崔聖執, 170명,[11]

---

8 윤인순은 경기도 양주 출신으로 1907년 양주에서 거의하였다. 1909년에는 이은찬(李殷瓚)·정용대(鄭用大)·강기동(姜基東)·연기우(延基羽) 등과 연합부대를 형성하여 양주·파주·포천·영평·연천·삭령·금천·배천·연안을 연결하는 육상과 해상·도서지방 등에서 활약하였다. 1909년 3월 17일 양주(楊州) 북방 4리에서 삭령 수비대와 전투 중 부하 16명과 함께 전사 순국하였다. (국가보훈처, 『독립운동사자료집』 별집 1권, 55·56·91·112·154·162·166면; 『매천야록』, 491면; 국가보훈처, 『독립운동사』 1권, 532·750·751면; 국가보훈처, 『독립운동사자료집』 3권, 511·512면)
9 황해도 평산 연안 배천 해주 등지에서 활약한 박기섭(朴箕燮) 의진의 경우에는 황해도 유림계에서 추대되어 의병대장이 되었으며, 그 휘하에 김정환(金正煥)·한정만(韓貞萬)·인두정(印斗鼎)·변승준(邊承準)·신도희(申道熙)·신성보(愼成甫) 등과 함께 심노술이 중대장으로 선임되었다. (국가보훈처, 『독립운동사자료집』 제3집, 624·625면; 국가보훈처, 『독립운동사』 제1권, 539·625·627면)
10 심수택은 원래 이름이 심남일(沈南一, 1871~1910)로 전남 함평군에서 태어나 향반이었다. 1905년 11월 을사조약에 항거한 을사의병이후 1907년 11월 함평군 신광면에서 의병을 모집하여 이후 남평, 장흥, 나주, 해남 능주에서 활약하였다. 1909년 10월 체포되어 다음 해 7월 23일 대구 감옥에서 교수형으로 순국하였다. (국가보훈처, 『독립운동사』 1권, 604·605면; 국가보훈처, 『독립운동사자료집』 3권, 801면)
11 최성집은 원래 이름이 최세윤(崔世允, 1867~1916)으로 여러 이명(崔世翰, 崔聖執, 崔聖集, 崔成執)이 있었다. 1895년 을미의병 안동의병장 김도화 의진, 1905년 을사조약 이후 을사의병에도 참여했으나 1908년 2월 이세기, 정순기 등을 잃은 산남의진에서 대장으로 추대되었다. 한때 5백여 명을 이끌고 흥해, 청하, 청송, 영해, 영천, 의성 등지에서 활동하였다. 결국 1911년 11월 15일에 대구지방재판소에서 10년형을 받아가 1916

지리산 부근에서 활동한 유생 출신 윤영수尹榮壽, 250명, 하동 삼가 지방에서 활약한 박마야지朴馬也只, 400명,[12] 덕산, 단성, 삼가 지방에서 활동한 윤자승尹滋承, 200명, 산청, 단성, 하동 지방에서 활동한 화적 출신 윤승지尹承旨, 600명, 함경도 지역에서는 사창 지방에서 활약한 전 한국병 출신 김정호金鼎昊, 280명, 영흥, 양덕, 맹산 등지에서 활동한 오기언吳基彦, 300명, 또한 영흥 등 비슷한 지역에서 활동한 강민학姜民學 외, 300명 등을 들 수 있다. 1909년 중규모 이상의 의병부대 조사에는 물론 1907~1908년도에 강원도 일대에서 활약한 유생 출신 이인영李寅榮과 원주 진위대 출신 민긍호閔肯鎬 등이 빠져있으며, 남조선대토벌의 주된 희생 지역에 있던 전라도 일대 의병장의 이름도 자료에서는 빠져있다. 이렇게 중규모 이상의 의병부대의 대장의 출신과 지역적 분포에서도 추정할 수 있듯이 유생과 군인 출신뿐만 아니라 일반 평민이라고 할 수 있는 농민과 엽부 출신 등 다양함을 알 수 있다.

그러면 1907년부터 경기도와 강원도, 충청도 등지에서 활동하였던 군인 출신 의병 지도자층을 중심으로 의병 참여층의 면모를 구체적으로 살펴보기로 하자. 이러한 방법을 취한 이유는 기존 양반과 관료층이 의병장

년 8월 9일 옥중 순국하였다. (『산남창의지』(하권), 33·34면; 국가보훈처, 『독립운동사자료집』 2권, 36면; 국가보훈처, 『독립운동사자료집』 3권, 398·400·576면)

12 박마야지는 원명이 박인환(朴仁煥, 1882~1909)으로 1907년 1월 고광순 의진에 참여하여 활약하다가 이후 김승지 의진, 임봉구 의진 등에 참여하여 활동하였다. 박인환은 임봉구 의진에 참여하여 1908년 4월 하동군 적양동면 동점촌에서 일본군 및 순사의 합동수색대와 조우하여 접전을 벌였다. 7월에는 하동군 외횡보면 역마내동에서 일신일어학교(日新日語學校)를 습격하여 일본인 교사를 인솔해 온 정우철을 응징하고 교사를 소각 전소시켰다. 이어 내횡보면 토덕동에 거주하는 일진회원 장재수를 처단 응징하였다. 1909년 5월 권석도(權錫燾)·이학노(李學魯) 등과 경남 진주군 일대를 중심으로 군자금을 모집하였으며 1909년 7월 22일 일경에게 피살, 순국하였다. (『폭도에 관한 편책(暴徒首魁 生擒에 관한 件)』, 1908.7.9; 「비수(秘收) 제698호(폭도 생금(暴徒 生擒)에 관한 건)」, 1908.7.10; 국사편찬위원회, 『한국독립운동사자료』 15, 58·59면)

13 강기동(姜基東, 1884~1911) : 경기도 장단 고랑포(古浪浦)에서 헌병보조원으로 일하

번호	성명	직위	활동 내역 및 지역	부하 수(명)
1	강기동(姜基東)[13]	부교	전헌병보조원	약 14~40
2	권중식(權仲植)	정위	양근, 수원	약 2~300
3	김광식(金光植)		원 개성진위대, 개성, 교하, 연천, 적성, 평강, 철원	29
4	김규식(金奎植)	부교	육군보병 부교, 양주, 마전, 삭령, 연천, 철원, 적성	70~80
5	김동수(金東秀)	병사	강화	
6	김봉기(金鳳基)	중위	원 육군장교, 강화, 연안, 배천, 풍덕	35(30)
7	김석하(金錫夏)	장교	별호 수부대장(守府大將), 원 육군장교, 강화, 연안, 배천, 풍덕, 일단 귀순 다시 폭도에 투신	30
8	김성삼(金聖三)		원 시위대 병정, 양주	
9	김수민(金秀敏)	하사	원 육군하사, 장단, 마전, 연천	20~30(300)
10	김재선(金在善)	퇴역병	용인, 음성, 죽산, 안성	
11	김재수(金在秀)	한병	강화, 연안	15
12	김종운(金鍾云)		양주, 파주, 적성, 교하	
13	김준식(金俊植, 駿植)	참위	광주, 포천, 양주, 영평	
14	박종한 (朴宗漢, 宗煥, 鐘漢)	특무조장	원 경성진위대 특무조장, 강화, 풍덕, 연천, 교하	100
15	신창현(申昌鉉)	퇴역병	이천 양주, 13도 창의군 참여	300
16	안두식(安斗植)	참교	원 근위대 참교, 양주, 고양	
17	연기우 (延基宇, 起羽, 基浩)	하사	별호 존양창의대장(尊攘倡義大將), 총수괴라고 칭함, 타 수괴 대다수가 연의 부하임. 파주, 양주, 적성, 교하, 고양, 안협, 평강, 철원, 일단 귀순 다시 폭도로 투신	약 200(30)
18	유명규 (柳明奎, 明啓)	하사	원 강화진위대 하사, 강화, 통진	
19	윤전(尹抶)	하사	광주, 용인 등지	10
20	이경한(李京漢)	정교		
21	이근구(李根求)	정위	광주, 양주	
22	이능권 (李能權, 能漢, 能坤)	장교	강화, 교동	
23	이선명 (李先明, 先達, 主事)	병정	원 강화진위대 병정, 강화, 평산, 배천, 연안, 금천, 해주	약 200
24	이인찬(李演贊)	장교	원 육군장교, 가평, 영평, 철원, 양주 부근 활동	약 30
25	이익삼(李益三)	하사	용인, 광주, 죽산, 양성, 양주	
26	이종엽 (李鍾燁, 鍾協)		토산, 풍덕, 이천, 철원, 금천	29

번호	성명	직위	활동 내역 및 지역	부하 수(명)
27	이천명 (李天命, 千命)	병정	원 강화진위대 병정, 강화	
28	정용대 (鄭用大, 容大)	특무조장	원 경성진위대 특무조장, 강화 풍덕, 연천, 교하	60~200
29	정원규 (鄭元圭, 允圭)		해산병, 여주, 이천, 광주, 음죽, 양평, 가평, 영평	20
30	제갈윤신(諸葛允信)		삭령, 철원 평강	
31	조재호(曺在浩)	참위		
32	지홍윤(池弘允)	부교	강화, 해서	
33	지홍일 (池洪一, 弘一)	하사	원 진위대 하사, 강화, 연안, 배천, 풍덕군	30~40
34	하상태(河相泰)	하사	원 진위대 하사, 삭녕 토산 금천 장단군	30
35	허준(許俊)	정위	시위대 보병 제1연대 중대장 이천, 여주, 양근	
36	현덕호(玄德鎬)	정위, 향관	양주, 장단	
37	황재호(黃在浩)	한병	양주 연천	약 300, 80(30)

출전: 「적도수괴조(賊徒首魁調)」(1908년 10월 말 현재), 『폭도에 관한 통계표』, 1909.1, 878~893쪽('폭도'로 약칭함); 「적도수괴기타조사(賊徒首魁其他調査)」(1908년 10월 말 현재), 894~936쪽; 「적도수괴명부(賊徒首 魁名簿)」(1909년 4월 조사, 북부수비관구), 1055~1068쪽; 『한국독립운동사』 8~18책, 국사편찬위원회; 「의병 전」, 『독립신문』; 성대경, 앞의 글, 1965; 김순덕, 앞의 글, 2002.

이 되는 경우와는 구별하기로 하고, 해산군인 지도층과 일반 민인의 결합양상에서 민중들의 의병 참여 동인을 파악할 수 있을 것으로 생각하기 때문이다.

우선 경기도 지역에서 활동한 해산군인 출신 의병 지도층은 모두 37명으로 추정된다.[14]

고 있었다. 1907년 정미 7조약과 군대 해산이 일제에 의하여 단행되자 뜻 있는 많은 의사들이 항일 무력 투쟁을 전개하였다. 강기동의진은 주로 양주, 포천을 중심으로 활약하였다. 그리고 그의 주변 일대 특히 경기도의 양주 포천을 위시하여 삭령 마전 황해도의 토산 금천 재령 등지에서는 연기우(延基羽) 전성서(田聖瑞) 이한경(李漢京) 등이 활약하고 있었다. 강기동은 계속 경기도 일대에서 활약하다가 그 후 북간도로 이동해 가던 중 1911년 2월 원산에서 체포 압송되어 서울 용산에서 총살 순국하였다.(『독립유공자공훈록』 1권; 국가보훈처, 『독립운동사자료집』 별집 1권, 83·142·144·148·152·161·172·175·540면; 국가보훈처, 『독립운동사』 5권, 151·155·662면)

이들은 대개 육군 출신이거나 강화 진위대 출신 군인이었으며, 정위, 참위 등 장교 출신이거나 특무조장, 하사 등 하사급 지도자들이 많았다. 간혹 '한병韓兵'으로 불리는 일반 병졸 출신들은 극히 적었다. 그렇지만 이들이 의병 지도자가 되었을 때, 군대 내의 지위에 따라 의병부대의 소속 부하수가 결정되는 것은 아니었다. 장교와 하사의 구분 없이 의병대의 지휘자 역량에 따라 의병부대의 규모가 달랐을 것으로 생각된다.

〈표 2〉 중에서 정용대 의병장의 사례〈표 2〉의 28를 구체적으로 살펴보자.

정용대는 경성 진위대 군대 해산시 특무조장이었는데, 강화, 풍덕, 연천, 교하 등지에서 활동하였으며, 인근 다른 의병부대와 연합전선을 구축하였다. 강원도 원주 여주 일대에서 활동한 이은찬 의진과 연결되어 1908년 2월 27일 양주군 석적면, 회암면에서 일본군 헌병과 경찰대와 전투를 벌였다. 처음에는 60명 정도의 부대 규모였는데, 이후 1908년 8월 중에는 200명으로 늘었다. 그는 결국 일본 토벌대에 체포되어 1909년 10월 경성지방 재판소에서 교수형을 선고받고 1910년에 순국하였다.[15] 그의 이력에서 주목되는 것은 조부 이래 배일주의를 품고 있었고, 조부는 동학에 참여하였다가 일본군에 살해당하고, 아버지 또한 참여했다가 병사하였다는 사실이다. 이렇게 3대에 걸쳐 계속해서 항일전선에 나섰던 것이다. 이러한 정용대의 항일 의병 투쟁에 대해 일본은 그를 폭도의 수괴로 지칭하며 탄압에 나섰던 것이다.

한편 강원도와 충청도 지역에서 해산군인의 의병 지도자 수는 경기도

---

14 1904년에서 1911년에 활동한 경기 지역 의병운동 지도자 숫자가 무려 435명으로 폭넓게 조사되었다. 1908년 3월 현재 경기도 지역에서 활동한 장교 출신 의병 지도층은 모두 36명이었고, 해산한 병사18명이 포함되어 있다.(김순덕, 위의 글, 2002, 337쪽) 〈표 1〉과는 인명과 숫자상 약간의 차이가 있다.

15 국가보훈처, 「정용대 판결문」(1901.10.28 선고).

번호	성명	직위	활동 내역 및 지역	부하 수(명)
28	정용대(鄭用大, 容大)	특무조장	원 경성진위대 특무조장, 강화 풍덕, 연천, 교하	60~200

주요 활동 지역 및 내역	1. 정용대는 군대 해산 이후 국권을 회복하고자 의거의 기치를 올리고 스스로 창의좌군장(倡義左軍將)을 칭하고 무장한 수십 명 내지 수백 명의 부하를 이끌고 적과 접전하면서 적성·양주(楊州)·풍덕(豊德)·교하(交河)·통진(通津) 등지에서 많은 전과를 올렸음. 인근 일대에서 활약하던 다른 의병부대와 연합전선을 구축하여 특히 이은찬(李殷贊) 의진과의 연합 전략을 취함. 1908년 2월 27일 이은찬 의진과 함께 양주군 석적면(石積面)에서, 그리고 3월 2일 회암면(檜巖面)에서 일본 헌병 및 경찰대와 교전. 1908년 4월 23일 부하 이종근(李宗根)외 18명으로 하여금 통진군 대패면(大佩面)의 심진사(沈進士) 집에 가서 동면 27동 동장과 양릉면 28동 동장과 산빈면 24동 동장을 일제히 불러서 총을 사올 비용을 염출해 줄 것을 요청, 5일 후에 대금 1만 5천 냥을 거두어 거사 자금에 보태었음. 4월 24일 대패면에 거주하는 부위 김순좌(金順佐)에게서 군도 1자루, 양릉면 곡촌(谷村) 한(韓) 모에게서 군도 2자루, 교하군 민(閔)판서에게서 양총 7자루·탄환 9백 발 그리고 고을 사람에게서 군도 4자루를 거두어 전력을 보완하였으며 고을 사람 조운원(趙云遠) 등과 미리 기맥을 통하여 헌병·순사의 동정을 탐지하여 보고케 함. 정용대는 일본 토벌대에 의하여 체포되어 1909년 10월 28일 경성지방 재판소에서 교수형을 선고 받고 1910년 순국함.(김정명,『독립운동사 명치백년사총서』제1권, 249면) 2. 창의군 중대장이라고 칭하는 정용대는 장단군 장서면 용산리민(龍山里民)에 대하여 심참봉(沈參奉), 이인수(李仁洙), 이영화(李永和), 최광범(崔光範) 4명에게 폭도에 가입하라, 양총 이정을 조달하라 만약 응하지 않으면 1천 5백량, 탄환 5백발을 납부하라는 등의 격문을 배부하고 인민을 협박.(「폭도에 관한 건 개성경찰서장 보고요령」, 13권, 『의병편』 VI, '7. 융희 3년(1909) (3) 3월, 경기도')
참여 인원	3.1) 씨명 연령 신분 직업 전 관직의 구별 : 정용대(鄭用大 라고도 함), 년 28, 양반이다. 경기 적성군 남면 경신동(庚申洞) 출신으로 폭도가 되기 이전에는 동장으로 근무, 부근의 아동에게 한자를 가르치고 있었음. 2) 비도를 소집하고 혹은 옹립되어 수괴가 된 동기(원인 수단 목적) : 작년춘 폭도수괴 윤인순(尹仁順)과 모의하여 그의 서기 노릇을 약 2개월 동안 하고 폭도수괴 이은찬(李殷讚)과 합동, 이를 창의원수라 하고 윤을 우장으로 하고 자신을 좌장으로 삼아 행동중 본년 3월 윤은 수비대로 인하여 죽고 이 또한 생금(生擒)되었으므로 정은 원수가 되어 부하를 통솔하기에 이름. 그는 조부 이래 배일주의를 품고 있었고 조부와 부는 동학당의 상반(上班)으로서 행동 중 조부는 1894~1895년 청일전쟁 시 일본군에게 살해당하고 부 또한 행동 중 병사하였음. 이들의 관계상 그는 현 한국의 상태를 분개하고 이 기회에 부조의 뜻을 이어받아 자가의 명예를 발휘하고 일면 국권의 회복을 꾀하고자 한 것임. 3) 생금에 관한 감개 : 목적을 이루지 못하고 누세의 욕을 당하고 단두대의 이슬로 사라짐은 천추의 한이라 여기고 태도 자약하였다고 함. 4) 인솔 또는 지휘한 비도의 원수와 그 소장(消長) : 작년 8월 중은 부하 약 60명, 최다수의 부하를 거느린 것은 금년 봄 2월경으로 약 이백 명임. 생포되었을 당시는 부하가 흩어지고 그 수는 극히 적었으나 또 그의 한번 명령에 집합하는 자가 백 명을 넘는다고 한다. 5) 주된 근거지 혹은 주로 출몰한 지역 : 주로 경기 풍덕군에 근거를 정하고 교하, 통진, 파주, 양주, 적성, 포천군 지방을 출몰하였음.(「폭도수괴예포(暴徒首魁逮捕)에 관한 건 19」, 『의병편』 XII(漏落本), '(3), 1909.11')

지역보다는 숫자상으로는 두 지역을 합한 숫자로는 비슷한 규모로 파악된다. 〈표 4〉와 같이 강원도 지역에는 22명의 군인 출신 의병장, 충청도 지역에는 13명 정도로 추정된다.

〈표 4〉는 대개 1908년 10월 이후에 활동상을 중심으로 정리한 것이다. 원래 작성된 시점의 자료로 한계가 있어 활동 내역 및 지역, 부하 수 등이 대체로 소략하였다. 1907년 8월 이후 1908년 2~3월까지 의병운동을 주도한 것은 13도 창의군의 발족가 이를 뒷받침한 원주 진위대 해산군인 의병부대였다. 이러한 운동을 이끈 해산군인 출신 의병장은 강원도 원주 진위대를 이끌고 봉기한 민긍호와 김덕제였다. 자료상 특이한 점은 일반 장교급 지휘관이라고 보기 어려운 '관병', '한병', '2등졸' 등으로 표기된 일반 병사 출신들도 의병장으로 보고 있다는 것이다. 예컨대, 강성집〈표 4〉의 1, 권용길〈표 4〉의 2, 김덕문〈표 4〉의 5, 김상태〈표 4〉의 7, 김억석〈표 4〉의 8, 김용석 〈표 4〉의 9, 김치수〈표 4〉의 12, 이용순〈표 4〉의 18 등이 그러했다.

충청도 지역에서는 청주와 공주 진위대 출신 해산군인들이 참여하였으며, 일부 육군 출신 장교 등이 참여한 것으로 나타났다. 충청도 지역 의병 규모는 다른 지역과 비교해 본다면 대개 20~30명에 불과할 정도로 규모 면에서도 큰 차이를 보이고 있었다.

그밖에 전국적인 양상을 간략히 살펴보면, 전라도 지역에서 7명, 경상도 지역에서 7명, 황해도 지역에서 4명, 평안도 지역에서 5명, 함경도 지역에서 9명 등 32명으로 추정되었다.[16]

---

16 1907년 이후 전국 군인 출신 의병 지도자

	지역명	성명(다른 이름, 직위)
1	전라도	서안계(徐安系, 하사), 강사문(姜士文, 判烈), 안계홍(安桂洪, 하사), 정태홍(鄭太洪, 장교), 문태수(文泰洙, 하사), 박초래(朴初來, 참위), 이덕경(李德景, 하사)

번호	성명	직위	활동 내역 및 지역	부하수(명)
1	강성집(姜聖集)	관병	양구 수입면	약 30
2	권용길(權用吉)	한병	원 한병으로 회양, 양구	60
3	김귀성(金龜成)	정위	원주	약 200
4	김규식(金圭植)	참위	강원	약 200
5	김덕문(金德文)	1등졸	원 육군 1등졸, 횡성 홍천간을 행동 원래 한갑복의 부하	약 40
6	김덕제(金德濟)	정위	원 원주진위대 대대장 대리, 강릉 춘천 삼척부근	약 500
7	김상태(金相泰)	관병	양구 수입면	약 70
8	김억석(金億石)	관병	회양 난면	약 50
9	김용석(金用石)	관병	회양 풍곡면	불명
10	김운선(金雲仙)		양주, 청풍, 원주군	약 50
11	김익현(金益顯)	정교	강원	
12	김치수(金致洙)	상등병	원 원주진위대 상등병, 여주, 원주	18
13	민긍호(閔肯鎬)	특무정교	원주진위대 특무정교로 원주지방 출몰	약 300
14	변학기(邊學基)	하사	원 하사로 신기 지역에서 활동	100
15	손재규(孫在奎)	참위	원주	
16	심상희(沈相熙)	참위	강원	
17	이금가(李金可)	하사	원 하사로 평창 지역에서 활동	
18	이용순(李用順)	한병	원 한병으로 회양, 양구	80
19	장선집(張善執)		전 육군, 양구, 낭천 등지	약 20~30
20	장현소(張賢召, 賢台)	정교	원 한병 정교로 고성, 인제	30
21	정경태(鄭敬泰)		강원	20
22	최응선(崔應善)		강원 울진군 부근	불명
23	김규환(金圭煥, 氣煥)	이등졸	청주진위대 이등졸, 청주 산외일면 세교 지역	25(11)
24	김순오(金順五, 金哥)	이등졸	공주진위대 이등 병졸, 충남도 일원	17
25	노병대(盧炳大)	부위	단양, 청풍 지방	약 300
26	민창식(閔昌植)	참위	원 육군 참위, 신창, 예산, 온양, 천안, 공주군, 1909년 3월 현재 헌병에 체포됨	17
27	박관실(朴寬實)	참교	전 육군 참교, 목천, 진천, 청주, 청안, 전의	16
28	박성양(朴星陽)	참위	전 육군참위 보은, 회인	약 30
29	오명수(吳明洙)	부위	충청	약 20
30	이헌영(李憲永)	병사	충청	
31	장기호(張基浩)	병사	충청	
32	장윤석(張允石)	병졸	진위대 병졸, 운량관, 노성, 연산	10
33	진성구(陳聖九)	하사	정주원(鄭周源)의 부하로 평택, 아산, 직산, 수원, 진위	35
34	한광문(韓廣文)	하사	청주 진위대 하사, 음죽, 원주, 충주	24~25
35	한봉서(韓鳳瑞, 鳳洙, 卜男)	상등병	전 청주진위대 상등병, 청주, 청안, 진천	40(70)

출전 : 위의 자료와 같음; 「조선폭도토벌지(1913)」, 『독립운동사자료집』 (3), 독립운동사편찬위원회, 1971.

충청도 지역에서 활약한 민창식 의병장은 충청도 유구 부근에서 이교철과 함께 활동하여 50~60명의 무리를 이끌고 여러 차례 일본군과 전투를 벌였다. 1909년 8월에는 음성군 두의면 신대리에서 일본군과 전투를 벌였지만 결국 예포되고 말았다. 그는 여러 연합의병으로 참여한 인원이 50~60명, 혹은 80여 명 이상 달했으나 결국 예포될 당시에는 17명의 부하원으로 추산되었다.

1907~1908년에 걸친 의병운동에서 주요한 의병 지도자 중에서 해산군인 출신들은 지금까지 알려진 독립운동 관련 자료에서만 보아도 104명이나 될 정도로 상당히 많은 수를 차지하고 있다.[17] 이 시기 강제 해산당한 군인들의 봉기와 의병으로의 전환은 1907년 8월 이후 의병운동에 새로운 활력을 불어넣고 있었다. 직업군인들의 의병부대 합류는 실질적인 전투 능력을 갖게 하였고, 이에 힘을 얻은 농민들과 청년들이 연속해서 의병을 일으키게 되어 의병 무장 투쟁은 고양기에 들어가게 되었다.

	지역명	성명(다른 이름, 직위)
2	경상도	차중근(申重根, 정교), 김용복(金龍福, 병졸), 정문칠(鄭文七), 치성천(崔聖天), 천익승(權益承), 백남규(白南圭, 부위), 김황국(金滉國, 부위)
3	황해도	조병환(趙丙化), 지흥태(池弘台, 繫詳, 부위), 김봉기(金鳳基, 龍基, 鳳奎, 참교), 고원직(高元直, 병사)
4	평안도	신병두(申炳斗, 부교), 김정호(金正浩, 鼎昊, 云浩, 하사), 노희태(盧希泰, 하사), 김창희(金昌禧, 하사), 오기형(吳基亨, 한병)
5	함경도	윤동섭(尹東涉, 병사), 최인복(崔仁福, 병사), 김국선(金國善, 병사), 홍범도(洪範道, 範圖, 하사), 장석회(張錫會, 대위), 김익현(金益鉉, 참령), 장석호(張錫浩, 정위), 차도선(車道善), 유기운(劉基雲)

출전 : 위의 자료와 같음.

17 성대경은 1907년 이후 봉기형태의 변화와 봉기 범위의 확대, 의병 투쟁의 성격 변화, 전투기술 등에 주목하였다. 결론적으로 군대 해산을 계기로 해산군인들의 다수가 의병 대열에서 핵심적, 중추적, 참모적, 주도적 역할을 함으로써 의병운동은 전인민적 대중 운동으로 발전하였음을 강조하였다.(성대경, 앞의 글, 1965, 66~75쪽)

2) 1908년 원주 지역 의병부대와 의병 참여층의 확대

(1) 원주 진위대의 해산과 항일 의병부대의 재편성

원주 진위대는 원래 1897년 6월 수원, 원주, 공주, 안동, 광주, 황주, 안주, 종성 등 8개 지역에 지방대를 설치할 때 창설되었다. 지방대는 전국 각도의 부와 군에서 지방 진무와 변경 수비를 전담하기 위한 것이었다.[18] 원주 진위대는 여주·이천을 비롯하여, 춘천, 죽산, 강릉, 고성 등지에 분견대를 파견하였다. 그래서 경기도 일부와 강원도 전체를 관할 구역으로 하고 있었다. 원주 진위대는 1905년 8월 원용팔 의병부대나 10월에는 단양에서 정운경 의병장을 체포하는 등 의병을 탄압하기도 했다.[19] 그렇지만 원용팔 의병이 원주 진위대와 교섭을 했던 사례에 비추어 보면, 원주 진위대는 상황에 따라 반일민족운동의 제휴 대상이 될 가능성도 있었다.

1907년 8월 1일 일본이 군대 해산 조치를 취하자 원주 진위대는 향후 대책에 촉각을 세우고 있었다. 8월 1일 오후 서울 시위대의 해산과 봉기 소식이 원주에도 알려졌다.[20] 종전 강원감영 자리에 주둔하고 있었던 영

---

18 원주 진위대는 처음에는 639명이었으나 1898년 12월 인원이 409명으로 줄어들었다. 1900년 7월 진위 제5연대 제1대대로 되어 군인 수는 1,029명으로 다시 증가하였다. 1901년 1월과 1907년 4월 다시 축소되었으며, 해산될 때, 장교 10명, 하사 이하 졸병이 251명이었다. (서인한, 『대한제국의 군사제도』, 혜안, 2000, 243~257쪽; 서태원, 「대한제국기 원주 진위대 연구」, 『호서사학』 37, 2004, 208~213쪽)

19 왕현종, 「1907년 이후 원주 진위대의 의병 참여와 전술 변화」, 『역사교육』 96, 2005, 138~141쪽.

20 진위대대 본부 해산계획(8.3~13)

해산 예정일	해산 부대명	소재지	장교	하사 졸
8.8	진위 제1대대	수원	4	113
8.3	분견대	개성	1	103
8.5	분견대	안성	1	40
8.3	진위 제2대대	청주	7	153
8.6	분견대	공주	1	101

내 병사들은 점차 술렁이기 시작했다.[21] 당시 원주 진위대에는 대대장 대리 정위 김덕제를 비롯하여 십여 명의 간부 장교진이 있었는데, 특무정교 민긍호는 김덕제와 함께 일본의 군대 해산에 반대하는 무장폭동을 일으켰다.[22]

8월 5일 오후 2시, 마침 장날이었기 때문에 많은 민중들이 원주 장터에 모여들었으므로 이를 틈타 원주 진위대가 봉기하였다. 이들은 무기고를 열어 소총 1,600여 정과 탄환 4만여 발을 꺼내어 농민들과 병사들에게 분배하여 무장시켰다.[23]

해산 예정일	해산 부대명	소재지	장교	하사 졸
8.10	분견대	홍주	1	50
8.4	진위 제3대대	대구	10	251
8.9	진위 제4대대	광주	4	105
8.10	진위 제5대대	원주	10	251
8.13	분견대	강릉	1	50
8.6	진위 제6대대	해주	10	251
8.6	진위 제7대대	평양	5	105
8.7	분견대	안주	1	50
8.9	분견대	의주	1	50
합계	진위1~7대대		56	1,623
	해산대상총원		69	2,365

출전 : 토카노 시게오(戶叶薫雄)·나다사키 칸이치(楢崎觀一), 『조선최근사(朝鮮最近史)』, 봉산당(蓬山堂), 1912, 148~167쪽; 서인한, 앞의 책, 271쪽.

21 「지방정형」, 『대한매일신보』 60호, 1907.8.7.
22 "1907년 8月 5日 午後 2時 지나 原州鎭衛 第五大隊는 갑자기 騷擾를 시작하여 急激한 非常 喇叭로써 散兵을 拾集하였다. 同時에 마침 舊曆 7月(6월의 오류임) 27日 原州市日로서 그렇게도 雜沓하였던 市民도 周章 앞을 다투어 逃走하는 等 事態는 普通이 아닌 不穩의 模樣이 있고 곧 義兵이라고 稱하는 暴徒의 一團이 鎭衛兵士와 結托하고 먼저 邦人家屋에 侵入 이들을 殺害하려고 한다"고 하였다.(「조난시말서」(상인 丸山熊太郎의 보고, 1907.9.20), 『폭도에 관한 편책』(한국독립운동사자료 8), 국사편찬위원회, 1979, 35~36쪽)
23 신용하, 「민긍호 의병부대의 항일무장 투쟁」, 『한국독립운동사연구』 4, 1990.

<표 5> 원주진위대 군인 중 하사 이상 장교급 인사

분류	성명	행동방식	비고
참령(대대장)	홍유형	불참 이탈	
중위(중대장)	김덕제, 권태희	참여 1명	
부위(副尉)	권태영, 장세진, 백남숙, 이현규	불참 이탈	
참위(소대장)	이현용, 이교승, 윤영원, 권병윤(軍醫), 이한창(軍司)	불참 이탈	
정교(正校)	민긍호	참여 1명	전투 중 사망 (이하 강조)
	이희필, 장대형, 이순우, 장현명, 안경락(1908.4.3)	참여 5명	귀환(괄호 안 표시는 귀환일)
부교(副校)	권진한, 김수환, 이봉현(타지방 출신)	참여 2명	
	장준령, 함우해	미상	고성분견대 파견
	김덕흥, 권진영, 조장용, 정계용, 원영선, 장대근, 김창해, 김순근, 김주현	참여 9명	귀환
참교(參校)	강윤환, 우치백(타지방 출신), 함영순(포상)	참여 1명	
	정명조, 박기우, 김관철(3.11), 함기범, 김일복, 손석출, 정계명, 김용순, 이두철	참여 7명	귀환
합계	총44인	참여 총26명	

출전 : 「전원주진위대사졸명안(前原州鎭衛隊士卒姓名案)」, 『각도군보고』(내각편, 2책); 『내각각도래보』(내각편, 1책); 오영교·왕현종·심철기 편, 『원주독립운동사자료집』(I), 혜안, 2004, 148~467쪽.

그렇다면 당시 원주 진위대의 성원들 중에서 과연 어느 정도 의병에 참여하였는지를 살펴보자. 1907년 8월 현재 원주 진위대 장교 및 병사 가운데 성명이 확인되는 인물은 모두 290인이었다.[24]

원주 진위대 소속 장교들은 모두 44인이었다. 이 중에서 대대장인 참령 홍유형을 제외하고 그 이하 대대장 대리 김덕제, 권태희, 김채욱, 백남숙, 장세진, 권태영, 참위 이현용 등 십여 명의 간부 장교진 중에서 유일하게 김덕제만이 의병대열에 참가하였다. 반면에 특무정교인 민긍호 이하 정교, 부교, 참교급에서는 다수가 참여하였다. 원주 진위대 소속 하사급 이상 장교급 인사 44인 중에서 적어도 26명이 참여한 것으로 보인다.

---

24 「전 원주 진위대 사졸명안」, 『각도군보고』(내각편, 2책); 오영교 외편, 앞의 책, 2004, 224~253쪽.

〈표 6〉은 봉기 초기 의병에 가담한 상등병(가)과 병졸들(나)~(바)의 상황을 보여주는 것이다. 상등병의 경우 35명이 참여했다. 이들 중 대부분은 1908년 초까지 의병 활동을 같이 했다. 중부권 일대 의병부대의 탄압을 받았을 때 민긍호 의병부대가 주요 초점이었다. 이들은 1907년 8월 이래 1908년 2월에서 5월에 걸쳐 정부의 선유에 따라 귀환할 때까지 참여병사들의 상황은 각기 달랐다.

봉기 초기에는 대다수의 병사들이 참여하였던 것으로 추측된다. 특히 병졸 (나), (마), (바)는 모두 원주 거주 병졸이었는데, 이들은 거의 대부분 참여했다. 더욱이 고성 분견대 (다) 및 타지방 거주 병졸 (라)도 이후에 대부분 참여했을 것으로 추측된다. 따라서 원주 진위대 전체 참여자는 일부 장교진을 포함하여 적어도 189명에서 많게는 270명 정도의 인원이 참여했을 것이다. 이는 당시 신문기사에서 자주 언급되었듯이 어림잡아 원주 진위대 해산병 300여 명이라고 한 추정치와 거의 일치하고 있다. 여기에 원주의 시민과 농민들이 계속 가담함으로써 의병부대의 규모는 크게 증가했다.

1907년 8월 5일 이후 원주 진위대 해산 병정을 주축으로 한 원주의병부대는 우선 원주읍 우편취급소, 군 사무소, 경찰 분견대를 습격하였으며, 일본인의 가옥을 파괴하고 미처 도망하지 못한 일본인들을 처단하였다.[25] 이후 원주 의병부대는 점차 지역을 확대하여 강원도 서남부 일대를 중심으로 하여 충청북도와 경기도 지방을 넘나들었다.

주변 지역에서도 이에 호응하여 자발적으로 의병부대를 형성하여 활동했다. 이들이 서로 연합하며 일본군에 대항하여 작전을 수행하기도 하

---

25 『한국독립운동사』(이하 『독운 자료』로 약칭함) 의병편 XII, 국사편찬위원회, 1990, 493
~494쪽, '자료 19'.

〈표 6〉 원주진위대 군인 중 일반 병졸 인사

분류	성명	행동방식	비고
상등병 (가)	최성학, 조군환(3.22), 김인택, 남성운, 이장성, 장치관, 오귀달, 이인용, 김명천(3.12), 전성원, 박영필, 김용덕, 김유혁(2.22), 한광명, 최광복, 이기현(1907.12.13), 서태수(.4.17), 진양수, 정창환, 김덕문(2.1), 강준용, 오문도(4.14), 정귀연(2.29), 함대운(1907.11.16), 안창현, 안영록, 최순경(3.12), 김치호(2.3), 김석복, 최도문(2.28), 안석조, 김치수, 엄석환(1907.11.16), 최덕근, 이태복	의병참여자 35명	
병졸 (나)	신영균, 유경숙, 엄백용, 채삼석, 김명식, 진준철, 김승록, 권진홍, 김복길, 김수업, 양창운, 김원실, 조현묵, 신봉균, 신성팔, 함기연, 이재근, 전영하	의병참여자 18명	전투 중 사망자 (18명)
병졸 (다)	김학수, 이영태, 김백세, 송인섭, 조용복, 이후수, 김화준, 이성만, 김일순, 윤성삼, 박인순, 김영수, 심주현, 조복동, 엄형익, 고덕화, 김공천, 김춘경, 함성숙, 김재봉, 김인용, 이경달, 유봉식, 현인식, 조나경, 김일손, 오재준, 용순성, 김대관, 김자선, 이순서, 김종록, 최홍선, 김대학, 엄덕용, 김승진, 전기준, 김화선	미상	고성분견대 파견 (이상 38인)
병졸 (라)	홍현주, 송봉석, 최만성, 고성보, 신수개, 박순돌, 최복여, 김문범, 이원명, 김봉순, 김도홍, 김석이, 장백만, 정명선, 김봉근, 박대석, 김성록, 신상백, 강도영, 김용진, 김운선, 표경화, 이만오, 박영근, 윤백용, 김윤식, 김상권, 박내철, 손만달, 정운선, 손순성, 박도홍, 김춘일, 박영춘, 백일손, 김금석, 황운학, 김선구, 유용이, 임춘서, 조갑이, 김춘달, 박순봉	미상	원주 이외의 사졸 (43명)
병졸 (마)	고순성(5.24), 김덕희, 김일봉, 안창업, 조수환, 최수봉, 김순경, 한봉기(5.24), 김해봉, 김계완, 김성옥, 정춘실, 김응봉	의병참여자 13명	원주 토착병 미귀환(13명)
병졸 (바)	김동욱(포상), 이만순(포상), 김연택(4.29), 한명하, 정삼용(2.1), 김홍엽(3.22), 한웅식(2.1), 손석숭, 김천석, 김인규, 김복희(1907.12.13), 김재길, 김유식, 김억길, 최석용(2.15), 권귀석, 고성남, 김정길, 신상만(3.18), 장만업(4.14), 김사일, 김용산, 이완용, 김운선, 이보용, 박의선, 안봉구, 김봉록, 김덕필, 이운성, 이원봉, 함기경(4.29), 임장선, 서명봉, 조응국, 김현달, 김영균, 박성용, 김구용(1907.11.16), 박흥근, 최삼용, 김종만(2.1), 이한성(3.11), 정천봉, 박경천, 박경수, 최장쇠, 김성택, 김운선, 염성진, 채운선(3.11), 이봉황, 이영순(李英順, 李英淳, 2.20), 김자영, 김봉학(2.4), 손준혁(3.18), 박만길(2.29), 허치도(2.1), 이춘식(3.18), 황삼출(2.20), 신영규, 김사봉, 허인학, 이병철, 김대원, 박인홍(2.4), 손봉주(2.28), 이상필, 강씨달, 원용성, 허광로, 최장호, 정영철, 김태진, 김승모, 정춘달, 박원순, 한복홍, 서병준, 박봉길(3.11), 지영덕, 안순삼(3.11), 박제희(4.29), 김순만, 김여숙, 박상기, 심삼용(2.20), 안노미, 김명선(3.22), 양명근(3.12), 이원길(4.3), 김이원(金二元, 金理元, 2.28), 최광천(2.28), 최오장, 김준용(3.18), 박충열, 강윤삼, 김승원, 김원문(4.29)	의병참여자 97명	원주 토착(99명 중 97명 귀환)
합계	총246인	참여 총163명	

출전: 위와 같음. 괄호 안의 숫자는 1907년에서 1908년에 걸쳐 시행된 정부의 회유에 의해 귀환한 병사 이름과 귀순 날짜를 표기한 것이다. 연도가 표시되지 않은 것은 1908년에 해당된다. 동명이인은 한자명 2개로 표시했다.

였다. 원주 진위대 해산병들과 일반 민인들로 구성된 원주 지역 의병부대는 각기 다양한 형태로 결합되기 시작하였다.

당시 원주 지역 의병부대의 활약상은 『대한매일신보』나 『황성신문』에 자세히 보도되고 있었다.[26] 여기서 주목할 점은 당시 기록에는 분명 해산 군인들을 지칭하는 '한병韓兵'이라는 용어를 사용하여 일반 의병인 민병民兵과 구분하고 있었다는 점이다.[27] 원주 의병부대의 활약상에 대해서는 다음과 같이 보도하고 있었다.[28]

8월 5일 봉기 이후 원주 진위대의 활약상을 설명하고 있는데, 원주 진위대 한병韓兵과 민병民兵이 합동하여 일본군에 대항하였다고 하였다. 당시 원주 진위대 병정 1백 명은 원주군과 문막 등지에 매복하였고, 2백 명은 읍중에 둔취하여 군기고를 깨뜨리고 총 1천 6백 자루를 꺼내어 민병에게 주었다고 기록하였다. 이는 윤기영과 이인영 의병부대의 무기 확충에 결정적인 도움을 주었다. 이처럼 당시 신문보도는 일반 민인들의 의병이나 화적당 등과 진위대 해산병정을 일정하게 구분하고 있었다. 또한 원주연합부대는 각 처에서 해산한 병정 중에서 서울 시위대 및 수원 진위대 병정과 합하여 6백 명, 혹은 8백 명이나 되었고, 또한 근처 의병이 일

---

26 당시 신문들의 의병보도태도는 봉기의 무용(無用)과 필패(必敗)라는 부정적인 입장을 취하고 있어서 의병을 지원하고 대변하는 입장으로는 보기 어렵다고 한다.(이만형, 「구한말 애국계몽운동의 의병관―대한매일신보를 중심으로」, 『해사논문집』 18, 1983, 102~114쪽) 그렇지만 군대 해산 이후는 『황성신문』보다는 『대한매일신보』의 경우에는 의병항쟁을 적극적으로 보도하면서 동향을 소개하고 있다.

27 당시 의병부대 내에서도 종래 의병, 포군과 구별하여 '병정'으로 부르고 있었다. 예컨대 "驪州義將金賢圭 率兵從之 軍多兵丁"(『창의사실기』, 정미 7월)라고 하여 포군(砲軍)과도 구분짓고 있었다.

28 「원쥬로 가는 일병」, 『대한매일신보』(이하 「대한」으로 약칭함) 1907.8.9; 「관동쇼식」, 1907.8.9; 「디방졍형」, 1907.8.9; 「디방졍형」, 1907.8.14; 「원쥬쇼식」, 1907.8.15; 「의병의쳐소」, 1907.8.20); 「잡보」, 1907.9.21.

어나 일등 포수를 뽑아 무려 2천여 명이나 되었다고 하였다. 이렇듯 원주 진위대를 중심으로 하는 의병부대는 여러 지역을 순회하면서 참여 세력을 확대시키고 있었다.

이렇게 확대된 원주 의병부대는 8월 15일과 16일에 일본군 정찰대에 맞서 처음으로 본격적인 전투를 벌였다.[29] 이 전투에서는 민긍호의 원주 진위대 해산병사를 비롯하여 이강년, 윤기영, 조동교, 오경묵, 정대무 등이 이끄는 의병부대들도 참여했다. 이들 사이에는 서로 긴밀한 연합의진을 형성했다.[30] 이렇게 원주 진위대의 전투 과정에서 의병부대의 편성은 크게 확대되었다. 원주 의병부대는 장차 일본군과의 일전을 대비하기 위해 탄환을 만들고 포군을 연습하고 군령을 정제하여 군율을 엄숙하게 하였다. 당시 여러 의병부대들은 주변에 침탈이 적었으므로 주민들도 즐거이 따랐다고 한다.[31] 이들은 경기 양근에서 강원 강릉 고을에 이르기까지 각개 의병부대들은 머리와 꼬리가 서로 이어져 있었을 정도로 크게 퍼졌다. 이제 원주 진위대의 의병부대와 연계된 각지의 의병부대는 경기, 강원, 충청 일대에 거대 세력권을 형성하고 있었다.

[가-1] 동편에서 온 사람의 전하는 말을 들은 즉 의병이 강원일도와 충청북도에는 없는 고을이 없으되 한 곳에 모여 있는 것이 아니라 혹 높은 산이나 깊은

---

29 「지방정형」, 『대한』, 1907.8.18, 3면 2~4단; 「의병소식(義兵消息)」, 1907.8.18, 2면 4~6단; 「디방정형」, 1907.8.20, 3면 2단; 「지방정형」, 1907.8.24, 3면 3~5단.

30 『운강선생창의유고』 권2, 「창의사실기(倡義事實記)」.

31 의병부대원들에게 의복을 장만해 준 이들은 의병주둔지 주변 주민들이었다. 이들은 진지를 구축하기 위해 돌을 스스로 쌓아 주기도 했다. 의병부대에 참가한 사람들의 부인과 아이들은 삼십 리 밖에서 음식을 준비해 오기도 하였다. 이런 우호적인 분위기속에서 원주 의병부대는 더욱 활동 범위를 넓혔다. (「원쥬쇼식」, 『대한』, 1907.8.15, 3면 2~3단)

골이나 언덕 위에 각각 파수하는 고로 일병이 감히 드러가지 못하고 그 사이에 의병이 산병으로 공격도 하며 복병으로 충돌도 하고 혹 밤에 습격도 하여 일병을 살해한 수효가 일천 명 이상이오 속사포가 둘이오 양총이 일천이삼백 병이며 말이 사십 필이오 탄환이 아홉 바리며 그 외에 짐바리를 많이 빼앗았고 일진회는 맞는 즉 죽이고 또 일병은 발이 부르터서 절뚝거리며 울고 가는 모양이 의병을 대적치 못하는 형세요. 의병은 삼만 명인대 산포수와 백성들이 자원하여 락종하는 자가 날로 더 한다더라.

「관동소식」, 『대한』, 1907.8.27

[가-2] 원주와 충주 사이에 일병이 혹 삼사 명 혹은 사오 명식 순행하여 정탐한다하고 원주 너더리 장터에는 백성에 집 사오 호를 일병이 충화하였다하고 원주군에 있는 의병 수효는 칠판천 명가량인대 혹 사오십 명식 혹 칠팔십 명식 촌집으로 횡행하여 양주 덕수장터까지 안력하였다 하며 횡성군 근처에는 의병 수천 명이 과동할 처소를 준비하는 중이라 하며.

「지방소식」, 『대한』, 1907.11.6

이 시기 원주 진위대를 중심으로 하는 원주 의병부대는 [가-1]과 같이, 제천군에서 평창군 지방에 이르기까지 강원도와 충청북도 일원에서 주둔하지 않은 고을이 없을 정도였다. 이들은 8월 말에서 10월 초에 이르기까지, 즉 원주군 동쪽 20리 되는 갈곡 고림, 주천 근처, 안창 등지에서 활동하고 있었던 것이다.[32]

---

32 "原州東方約二拾里葛谷高林에ᄂᆞᆫ 義兵約四百名이 聚集ᄒᆞ얏ᄂᆞᆫᄃᆡ 葛谷셔 二拾里許高地山下에ᄂᆞᆫ 二十名收容홀만 廠舍五個와 拾五米突되ᄂᆞᆫ 膝射口兵濠와 天然鹿柴를 構築ᄒᆞᄂᆞᆫᄃᆡ 同日에 高日兵一隊가 來到射擊ᄒᆞᄆᆡ 該地에 赴役ᄒᆞ던 義兵은 一齊히 退却

이들은 일종의 유격전을 감행했는데, 높은 산이나 깊은 골짜기, 혹은 언덕 위에 각기 파수를 서면서 일본군과 대치하였다. 특히 [가-2]에서 나타나는 바와 같이, 원주 지역을 중심으로 하는 의병부대는 사오십 명씩, 혹은 칠팔십 명씩 떼를 지어 있으며, 원주 의병부대의 규모도 7~8천 명 가량으로 추산하고 있었다.

일본군과의 전투에서는 민긍호의 휘하에 있는 원주 진위대 해산병력이 중심적인 역할을 담당하고 있었다. 이들은 8월에 이어 9월에도 여러 차례 일본군과 전투를 벌였으며, 대부분 선전하였다. 그래서 당시 [가-1]과 같이 일본병을 살해한 수효가 1,000명 이상이고, 속사포 2정, 양총이 1천 2, 3백 자루, 말이 40필, 탄환 9바리를 거둘 정도로 커다란 승리를 거두고 있었다 하였다. 이 시기 일본병의 피해는 그렇게 크지 않았던 것으로 보면, 의병의 전과는 실제와는 다르게 과장된 것이라고 볼 수 있다. 그렇지만 당시 의병에 가담한 자가 3만 명에 이를 정도로 널리 소문이 나 있었고, 산포수와 백성들이 자원하여 날로 의병의 숫자가 늘어난다고까지 과장하여 보도할 정도였다.

(2) 민긍호 의병부대의 선유사 효유 거절과 서울 공격 작전 수립

1907년 8월과 9월에 의병항쟁이 치열한 국면으로 전환되어 가자, 한국 정부는 의병과의 전투가 치열한 지역을 대상으로 회유와 해산을 종용하는 선유사를 파견하기 시작하였다. 8월 26일 정인흥을 경기도 지역에 파견한 것을 비롯하여 김중환을 경상북도, 홍우석을 강원도, 이순하를 충청북도에 파견하였다.[33] 한편에서는 강원도와 충청북도 일대에서는 선유

ㅎ엿다더라.”(「지방소식(地方消息)」, 『대한매일신보』(국한문), 1907.9.12)

33   이구용, 「한말의병항쟁에 대한 고찰-의병진압의 단계적 수습대책」, 『국사관논총』 23,

사의 파견과 동시에 일본의 군대를 증파하여 군사적 개입을 더욱 확대시켜 초토화전술을 시작하였다.[34] 이제 화전和戰 양면책을 병행시켰다.

민긍호 의병부대는 선유사의 활동에 대응하여 전반적으로 비타협적인 태도를 보이면서 역으로 의병 봉기의 목적을 선전하는 기회로 활용하였다. 당시 강원선유사인 홍우석은 10월 중순 원주에 와서 국왕의 조서를 내세워 효유하기 시작했다. 그는 민생의 사정, 시세의 형편 등을 장황히 설명하며 이제 무기를 버리고 귀순할 것을 종용하였다. 그렇지만 민긍호 의병부대로서는 일본군의 진압이 진행되는 한, 선유사의 귀순 권유를 도저히 받아들일 수 없다는 입장을 취했다. 결국 협상을 거절하고 도리어 6개조의 요구조항을 제시하였다. 이후 선유사 활동을 거부하는 여러 의병부대들의 저항이 이어졌다. 이렇게 의병부대의 반발과 공격을 받게 되자 선유사의 선유 활동은 크게 위축될 수밖에 없었다.[35] 이에 정부는 재차 강원도관찰사 황철로 하여금 민긍호를 다시 회유하려는 공작에 착수하였다.[36]

1991, 193~195쪽.

34 "原州隊解散兵丁이 出沒於洪川橫城等地이다 故로 乃於十月八日에 冒險馳往于洪川則 匪徒之燒燼邑戶가 至爲一百七十餘戶라"고 하였다. (『강원도선유일기(江原道宣諭日記)』(규 26079) 3책)

35 선유사 일행은 도리어 10월 20일에서 11월 초에 이르기까지 여러 차례 공격을 받았다. 선유사는 10월 31일 마치 기존의 의병부대가 절반이나 해산된 것처럼 거짓 보고를 올리고 있었다. 급기야 11월 5일 선유사 홍우석은 원주 문막에서 선유하는 글을 길에 버린 채, 충주로 피신하지 않을 수 없는 사태까지 일어났다. (『독운 자료』 8, [준비수 제242호], 1907.10.26, 67~68쪽; [원비발 제40호], 1907.10.29, 70~73쪽) "宣諭剿義 : 江原道宣諭使洪祐晳氏의 保護兵이 原州地方축嶺에서 義兵과 交戰ᄒ야 二十餘名을 追殺ᄒ얏다더라."(「선유초의(宣諭剿義)」, 『대한』(국한문), 1907.10.25)

36 황철은 황명(皇命)을 거부한 것과 일본의 막강한 군대에 대적할 수 없다는 점과 무고한 생명이 위태롭게 되었음을 들었다. (「보고 제5호」, 『강원도래거안』 외부편 2책, 1907.11.12) 일각에서는 민긍호와의 제휴 모색에 대해 비판적인 여론도 있었다. 1차 효유협상이 무위로 돌아간 후 11월 7일 횡성 군수 심흥택으로 하여금 민긍호 의병부대가 주둔하고 있던 홍천군 좌운리로 가서 귀순을 권유토록 하였다. (『독운 자료』 8, [춘비발 제

1907년 11월 9일음력 10월 4일 민긍호는 관찰사의 두 차례에 걸친 효유를
거듭 거부하였다. 그는 "지금 일본 오랑캐들이 마음대로 악행을 자행하고
군부는 협박을 당하여 성조聖祖 5백 년의 강토와 삼천리의 인민이 오랑캐
의 손아귀에 다 들어가 있다"는 상황에서 충성심으로 의병을 일으켰다는
점을 강조하였다. 그런데 전일 선유사가 내려와서 직접 효유하지도 않았
고 일본군을 대동하여 의진을 함정에 빠뜨리려고 하였다고 지적하였다.[37]
비록 일본이 지금 세력이 강하지만 반드시 망하리라는 신념을 가지고 있
으며 자신은 끝까지 싸울 것임을 천명하였다.

　여기서 주목되는 것은 '진위영 창의사령부鎭衛營 倡義司令部'의 이름으로
반박문을 보내고 있다는 점이다. 그리고 민긍호 의병부대와 연합한 의병
의 규모를 구체적으로 밝히고 있었다. 그는 자신의 직할 부대는 400명인
데, 그중 해산군인이 250명이나 차지하고 있으며, 다수의 무기도 있다는
점을 강조했다.[38] 아울러 강원도 내에 32개 의병조직을 거느리고 있으며,
자기가 모두 지휘하고 있다고 하였다.[39] 이것으로 보아 민긍호 의병부대

44호], 1907.11.12, 111~112쪽)

37　"本道巨魁은 原州隊特務正校 閔肯鎬인딕 部下鮮散兵과 洪川首書記與郡屬이다 該
徒에게 入參훌 意로 逃避不現ㅎ고 郡巡檢 三人도 稱以威脅强從이라 ㅎ야 招而不來
ㅎ고."(「강원선사휘보(江原宣使彙報)」, 『황성신문』, 1907.10.31) 민긍호는 "온 나라
士庶들이 赤手와 白衣로 장차 같은 소리로 각국공사와 담판을 벌이고"라고 말한 데서
와 같이 외교협상론도 하나의 투쟁 방식임을 알고 있었다. 그렇지만 그는 그런 방식으
로는 한국의 독립을 인정받을 수 없다고 생각하였다.(「춘비발 제44호」, 『독운 자료』 8,
1907.11.12, 113~116쪽; 「별지 제2호」; 「민긍호 서한」; 민덕식, 「민긍호 의병장에 관한
일고찰」, 『아시아문화』 12, 1996, 373~390쪽)

38　1907년 8월부터 1908년까지 참여한 민긍호 의병부대원들은 우선 원주 진위대 소속
병사들로서 〈표 6〉에서 설명한 것처럼 대부분 의병에 참여하고 있었다.(『폭도에 관한
편책』 33책, 274·347쪽; 34책, 251·452·577쪽; 35책, 757·759·835쪽)

39　민긍호는 횡성 군수 심흥택과 회담에서 "자기의 부하는 목하 4백 명이며 그중 한병이
250명과 또 다수의 무기가 있다는 일 및 강원도내에는 폭도의 총조수(總組數)가 32조

를 중심으로 강원도 내 32개 의병조직이 서로 연계하여 활동하고 있었음을 알 수 있다.[40]

11월 초에 여러 의병부대들은 이제 하나의 연합 의병조직으로 결합되기 시작했다. 다음과 같이 새로운 공격 목표와 전술을 마련하였다.[41]

우선 민긍호 의병부대의 전술은 먼저 원주와 충주를 습격한다는 것이었고, 다음으로 경성으로 향한다고 알려졌다.[42] 여기서 1907년 11월 초의 시점에서 주목되는 것은 의병연합부대의 규모가 무려 8천여 명 이상이라는 것이다. 이때 연합의병의 부대명과 의병 참여 수효는 한윤복 부대 3백여 명, 민긍호 부대 2백여 명, 한상열 부대 250명, 이인영 부대 3백 명, 여용서 부대 3백여 명, 장모 부대 2백여 명, 심상희 부대 등이 7천여 명으로 추산되어 전체 8천 5백 50여 인으로 추정된다.[43]

1907년 11월 초의 상황으로는 의병부대의 병력이 8천여 명이 넘을 것이라고 하였으나 실제 인원은 그보다 훨씬 못 미쳤을 것으로 보인다. 그

　　(組)가 있고(인원수는 말하지 않았다) 이들 부하는 다 자기가 지휘하는 바이다 운운 대답하였다"고 한다. (『독운 자료』 8, [춘비발(春秘發) 제44호], 1907.11.12, 111~112쪽)

40　1907년 11월과 12월 당시 일본군의 파악에 의하면, 강원도에서 스물다섯 차례, 경기도에서 열두 차례, 충청북도에서 열네 차례의 전투가 벌어졌고, 의병 인원도 강원 4,073명, 경기 722명, 충북 1,642명이 참여한 것으로 조사되어 있다. (『폭도에 관한 편책』 12책, 614쪽)

41　[다-1] 「지방소식」, 『대한』, 1907.11.9; [다-2] 「의도행동(義徒行動)」, 『황성』, 1907.11.10; [다-3] 「보고서」, 『독운 자료』 8, 1907.11.10, 103쪽, [다-4] 「의병정형(義兵情形)」, 『대한』, 1907.11.14.

42　『대한』 658호, 「지방소식」(1907.11.9) 3653쪽, 2면, 5~6단.

43　「의도행동」, 『황성신문』(1907.11.10). 마지막 부분에 결락된 부분이 있어 정확하게 알 수 없으나 전후 맥락으로 보아 그것은 척후, 기타 밀정 등을 합한 것으로 맨 마지막 부분에 심상희 등 □천명은 전체 8천 명 이상과 관련하여 7천 명을 넘지 않을 수 있다고 보고, 전체 인원은 □천이라는 표현도 5천 오백 50여 명 이상으로 숫자를 표시했을 가능성이 있다. 그렇지만 심상희 이하와 전체 숫자는 앞에 언급한 8천 명 이상에 맞춰 대입한 숫자에 불과하리라고 보는 것이 타당할 것이다.

래서 민긍호는 11월 10일경 의병을 보다 확대하여 충원하려는 전술을 세웠다. 이때 보낸 2통의 격문에서 민긍호는 각지의 면장·이장에게 각 촌내에 장정 20세로부터 50세의 자를 소집하고 각자 10일간의 식량을 휴대하여 11월 25일음력 10월 20일 경성 동대문 밖 앞뜰에 집합하도록 독려하고 있었다. 여기서 이 격문을 발령한 사람은 '진위영 창의사령부 대장鎭衛營 倡義司令部 大將 민긍호閔肯鎬'였다. 여기에 보이는 민긍호의 직위는 이미 11월 초부터 사용되고 있으며, 이때는 이미 작전 지휘소가 만들어졌다는 것을 말해주고 있다. 여기서 1908년 1월에 실현된 13도 창의소의 서울 진공 작전에 앞서서 이미 2달 전인 1907년 11월 25일에 사전 경성 진공 작전의 실행계획이 실천에 옮겨지고 있었다.[44]

이 계획이 수립된 데는 이인영이 주도하는 연합의병부대와 전술적 연합에 기초한 것이었다. 이인영 의병장은 일반적으로 9월 2일 원주에서 거의한 것으로 알려져 있지만, 구체적인 경과는 알 수 없다. 거의 직후 이인영은 원주 일대에서 활동하던 의병부대를 재편성하고 통합하는 작업에 서둘렀다. 스스로 '관동창의대장關東倡義大將'이 되어 10월 16일음력 9월 10일 전국 13도에 격문을 보내고 의병을 소모하였다.[45] 이인영의 초기 활동을

---

44 지금까지 알려진 13도 창의대진소의 서울 진공 작전은 1907년 12월(음력 11월) 경기도 양주에서 모인 주요 의병장들의 협의에 의해 만들어진 것으로 알려져 있다.(신용하, 앞의 글, 1988, 38~44쪽) 본문에서와 같이 두 차례 서울 진격 작전이 시도되었다.

45 그는 1907년 9월 25일 대한관동창의대장의 이름으로 「해외동포들에게 보내는 격문 (Manifesto to All Koreans in All Parts of the World)」을 작성하여 해외 동포들에게 발송하였다.(「문서 No.856」, 『일본외교문서』 41-1) 이 문건은 이후 『신한민보』에 다시 실렸다. 선언서 중 중요한 부분을 요약하면, "이에 관동으로 한번 부르매 곧 공히 버리떼 나듯이 십삼도가 소리를 지르니 이는 곧 우리가 성공할만한 기회다. (…중략…) 오직 나라일로서 중심을 삼아 (…중략…) 서로 향응하여 서로 구원하니 혹은 열강의 공법아래서 담판도 하며 각국 사회에서 연설도 하여 공의를 붙들고 죄악을 치며 국권을 만회하며 원수를 토멸하면 (…중략…) 종묘를 가히 보존하고 황위를 가히 회복하리며"라고 하

보면, 처음부터 전국적으로 연계된 의병부대의 창설과 서울 진공 작전을 주도하려고 했음을 짐작할 수 있다.[46]

이후 이인영 의병부대는 경기도 지평으로 이동하여 약 1개월간 머물며 일본군과 수차례 전투를 벌였다. 11월 초에는 이인영이 인솔하는 의병 천여 명이 지평군 상동면 섬실동 삼산리, 주산리, 산매실동 등지의 각 동에서 둔취하였다. 이들은 서울에서 출동한 일본군과 원주군 지향곡면 안창에서 출발한 일본군의 협공을 받아 1907년 11월 7일부터 이틀간 격전을 벌였다. 이인영 의병부대는 무려 이삼백 명의 사상자를 내고 퇴각하고 말았다.[47]

(3) 13도 창의군의 구성과 서울 공격 작전의 재차 실패

이렇게 되자 11월 25일로 예정된 제1차 서울 진공 작전은 시작하기도 전에 실패로 돌아갔다. 이 때문에 계획을 수정하지 않으면 안 되었다. 11월 15일에 평창 근처에 주둔하고 있던 민긍호 의병부대는 향후 계획에

였다. 이때 격문의 발포는 광무 11년으로 1907년인데, 이는 순종으로 강제선양되었으므로 공식적으로는 융희라고 해야 하지만, 이인영은 여전히 광무로 쓰고 있다.(「고 창의장군 이인영 씨의 격문」, 『신한민보』, 1919.1.23, 2면 3단(원 격문 일자는 광무 11년 9월 대한관동창의장군 이인영 명의)

46 13도 창의의진의 형성에서 봉기의 원인을 고종황제가 의병 봉기를 촉구하는 밀지를 보냈다는 것이 결정적이었다고 주장되고 있다. 이강년의 경우에도 별도로 칙령을 받았다는 기록이 있으나 최근 연구에 의하면 부정되고 있다. 이인영에게 보낸 밀지는 실재했다는 설이 있다. 고종의 밀지에 대한 평가는 의병부대의 활동경과와 성격을 관련지어 종합적으로 판단할 필요가 있다.(구완회, 「정미의병기 의병부대의 연합과 갈등─이강년의 호좌의진을 중심으로」, 『제천의병의 의념적 기반과 전개』, 이회문화사, 2002; 오영섭, 「한말 13도 창의 대장 이인영의 생애와 활동」, 『독립운동사연구』 19, 2002; 오영섭, 「한말의병운동의 발발과 전개에 미친 고종황제의 역할」, 『동방학지』 128, 2004)

47 『독운 자료』 8, [경비발 제44호의 1], 1907.11.5, 93쪽; [원비발 제48호], 1907.11.19, 131쪽.

대해 숙고했다. 이들은 대거 평창을 습격하던가 아니면 11월 25일을 기하여 원래 계획대로 경성으로 나아가 각국 영사에게 의뢰하여 항복한다던가 하는 두 가지 다른 방책을 고민하지 않을 수 없었다.

민긍호는 주변 각 지역에 격문을 보내 다시 한번 동참할 것을 호소하였다. "아 한국은 현금 일본에 속국인 상태에 陷^빠하여 이천만의 동포를 위하여 차를 묵과할 수 없다. 부득이 의병을 모집하고 극력 차의 배척에 노력하였으나 이제 역진여하力盡如何히도 할 수 없어 백의를 착着하고 출경후出京後 각국 영사에 의뢰 항복할 것"이라고 하고 있다. 이는 여러 차례 일본과의 전투에서 패배한 직후 심정을 표현한 것으로 보인다. 일종의 위장 전술로 서울로 들어가 자신의 봉기 취지를 각국 영사들에게 직접 호소하겠으며 이내 항복하겠다는 취지를 전하였다. 이는 서울 진공 작전의 내용이 직접 전투보다는 외교적 협조를 구하는 것으로 바뀔 가능성을 보였다. 그러한 차원에서 11월 27일 원주 주둔 한국병사들에게 재차 동참을 호소하는 글을 보내기도 했다.⁴⁸ 그렇지만 역시 별다른 호응을 얻지 못했다. 이제 관동창의대진은 기존 연계조직을 추스리고 다시 대오를 정비할 수밖에 없었다.⁴⁹

12월 초 연합의병부대의 주둔 상황을 보면, 원주읍에서 대개 5, 6리 거리에 있는 각처에는 의병이 100명, 200명 혹은 300~400명 가량씩 둔취하고 있다고 했다. 그래서 원주군 및 횡성, 평창, 영월, 정선 등지의 각처에 산재한 의병의 총수는 약 5~6천 명이 있다고 했다. 원주군 소초면 각

---

48 『독운 자료』 8, [원경비수 제46호의 1], 1907. 11. 25, 141~142쪽; [경비 제135호], 1907. 12. 5, 244쪽.

49 11월 하순 '관동창의대'라는 연합의병부대를 조직해 냈다. 여기에는 관동창의대장 이인영(李麟榮), 총독장 이구채(李球采), 중군장 이은찬(李殷瓚), 진위대사령부 민긍호(閔肯鎬) 등이 임명되었다. (『독운 자료』 8, [원비발 제50호], 1907. 11. 28, 155~157쪽)

동의 인민들에게 의병들을 위한 동복을 준비시키도록 하여 장래 서울 진공 작전에 대비하고 있었다. 12월 중순에는 횡성군 동평 부근에 민긍호 휘하 한갑복, 윤성옥, 한상열 등이 인솔하는 약 천이삼백 명의 의병들이 주둔하고 있었다고 한다.[50]

이렇게 민긍호와 연합의병부대는 일본군 수비대와의 몇 차례 교전을 수행하며 여러 지역으로 이동해 나갔다. 12월 중순에는 횡성군 둔내면 부근에 있다가 인제 방면으로 나와 가평 방면으로 진출하고 있었으며 다시 경기도 양주로 진출하였다.[51]

이렇게 하여 1908년 1월 초순 13도 창의대진소의 진용은 최종적으로 정비되면서 확정되었다.[52]

[나-1] 당시에 강원도는 그 중심점이 되어 이인영李麟榮 씨는 총대장이 되고 리은찬殷瓚, 리채재采載 씨는 6천 명을 영솔하고, 충청도에는 리강년康年 씨는 5백 명을 거느리고 경기도에는 허許위 씨가 대장이 되어 2천 명을 거느리고 황해도에는 권중권權重權 씨가 5백 명을 거느리고 평안도에는 방인관方仁寬 씨가 80명을 솔하고 함경도에는 정봉준鄭鳳俊 씨가 80명을 거느리고 전라도에는 문태수文泰洙 씨가 백 명을 거느리고 오히려 지금까지 횡행하더라.[53]

---

50 『독운 자료』 8, [원비발 제53호의 1], 1907.12.3, 235~236쪽; [원비발 제52호], 1907.
    12.2, 230쪽; [원비발 제16호의 1], 1907.12.14, 275쪽; [원비발 제63호], 1907.12.16,
    279~280쪽.

51 『독운 자료』 8, [경비 제70호], 1908.1.14, 435쪽; 1907년 12월 중순 이후 1908년 1
    월 초까지 원주군 내에는 거의 민긍호 부대와 같은 대규모 의병을 보지 못했다고 한
    다.(『독운 자료』 8, [원비발 제4호의 1], 1908.1.7, 426쪽)

52 총대장 이인영(李麟榮), 군사장 허위(許蔿), 관동창의대장 민긍호(閔肯鎬), 호서창의
    대장 이강년(李康秊), 교남창의대장 박정빈(朴正斌), 진동창의대장 권중희(權重熙),
    관서창의대장 방인관(方仁寬), 관북창의대장 정봉준(鄭鳳俊) 등이 임명되었다.(「의병
    총대장 이인영 씨의 약사(속)」, 『대한』, 1909.7.30; 신용하, 앞의 글, 1988, 38~44쪽)

[나-2] 원주는 교통이 불편하니 대사를 도모하는 데 도저히 적합지 못함으로 작년 십이월에 그곳을 떠나서 양주로 향하여 인연으로 **각 도에 격문을 전하니 원군이 응하여 군사의 수효가 만여 명에 이르렀더라.** 양주에 모여 군제를 정할새 리린영 씨는 십삼도 의병총대장이 되고 허위 씨는 군사장이 되어 싸움에 계책을 쓰게 하고 각 군대장과 대호를 정하니 관동창의대장은 민긍호 씨이오, 호서창의대장은 리강년 씨오. 교남창의대장은 박정빈 씨오. 진동창의대장은 권의희 씨이오,[54] 관서창의대장은 방인관 씨오. 관북창의대장은 정봉준이니라.[55]

[나-3] 군사의 기운을 고동하여 경성으로 향하는 령을 발하고 우선 심복인을 보내어 경성에 들어와 각국 영사관을 방문하고 통문 한 장씩 드리게 하였으니, 그 대상 뜻은 일본의 불의한 것을 토죄하며 한국의 참경을 설명하고 또 갈으되 의병은 순연한 애국혈단이니 각 구에서도 이것을 국제상 전쟁의 단체로 아는 것이 가하며 또 정의와 인도를 주장하는 나라의 돕기를 바란다 하였더라.[56]

위의 인용 사료는 1908년 1월 초 이인영을 중심으로 의병부대를 재편성했을 때 의병 진용과 서울 진공 작전의 목표를 설명한 것이다. 13도 창의군이란 이인영이 총대장이 되어 관동, 호서, 교남, 진동, 관서, 관북 등지에 대표 의병장을 선임한 것이다. 이 중에서 이인영 의병부대를 비롯

---

53 「의병대장 이인영 씨의 약사 속」,『대한매일신보』(국한문), 1159호, 1907.7.29; 같은 제목의 연재물은 1907년 7월 28~31일, 8월 1일 등 5회 연재분이다. 이 연재물의 제목 아래 일지를 계하여 역출함이라 하여 일본의 한성신보의 기사를 재인용한 것으로 보인다.

54 본문 중 권의희는 권중희(權重熙)의 오타로 보인다.

55 「고 의병총대장 리인영 씨의 사적」(일인신보를 번역함),『대한매일신보』(한글판) 635호, 1909.7.28.

56 위의 글.

하여 허위, 민긍호, 이강년 의병부대가 중요한 역할을 하고 있었다. 이때 13도 창의 군의 규모는 [나–1]에서 알 수 있듯이 전체 의병부대의 부대원 수는 무려 9,260여 명으로 1만 명에 가깝다고 하였다. 그래서 당시 의병총대장 이인영은 이들 13도 창의군의 규모를 1만여 명이라고 표명하였다.[57] 그렇지만 이 중에는 이은찬 부대가 6천여 명이고, 허위 부대가 2천여 명 등 8천여 명의 숫자는 실제와는 달랐을 것으로 보인다. 왜냐하면 일반 의병장의 부대는 대개 3백~5백 명이고, 많아야 1천 명을 넘지 않았기 때문이다. 13도 창의군의 전체 참여 인원은 1만여 명일 수 있으나 직접 전투에 참여한 인원은 이은찬 부대, 허위 부대 등 4천여 명 정도로 추정할 수 있다. 더구나 핵심 병력인 민긍호 부대가 동대문 밖 전투에 직접 참여하지도 못했다.

한편 이들 13도 창의군의 진격 경로는 1908년 1월 말까지 서울 동대문 밖 30리 지점에 도착하기로 하였다. 이때 서울 진공 작전의 목적은 주로 '5적 7간五賊七奸의 일파를 주살하고 국권을 회복한 후 의병 중에서 인물을 선임하여 정부를 조직하는 것'이었다. 그리고 서울 주재 각국공사관에 통문을 보내 의병 봉기의 뜻을 설명하고 국제공법상의 교전단체로 인정받는 것을 선전하였다.[58] 즉, 열강에게 일본의 불의를 성토하고 의병은 순전히 애국으로 뭉친 혈맹단으로 국제공법상에서 교전 단체로 공인해 주며, 또한 정의와 인도를 주장하는 한국 의병의 활동을 성원해 줄 것을 요청

---

57 "원근이 응하여 군사의 수효가 만여 명에 이르렀더라."『대한매일신보』(한글판) 635호, 1909.7.28;『대한매일신보』(국한문판) 1159호, 1909.7.29.

58 "위선 腹心人을 遣하여 京城에 潛入하야 各國 領事館을 巡訪하고 通文 一度씩을 물與하니 그 槪意는 日本의 不義를 聲討하고 韓國의 遭遇를 該陳하고 且 義兵은 純然한 愛國血團이니 列强도 此를 國際公法上의 戰爭團體로 認하며, 又 正義 人道를 主張하는 國의 同聲應援을 빠하얏도다."(『대한』, 1909.7.30)

하였다.

　그런데 13도 창의군의 연합부대들이 서울 진공 작전에 맞춰 모두 통일된 조직을 형성한 것은 아니었다. 전체 연합부대들이 도착하기 전에 서울로 진격한 것은 군사장 허위의 선봉대였다. 그런데 허위 의병은 1월 25일경 매복 중이던 일본군의 선제공격을 받게 되었고, 끝내 후퇴하고 말았다. 이후 3일 후인 1월 28일 경에야 서울 동대문 밖 30리 지점에 이인영의 인솔 하에 약 2,000명의 의병부대가 도착하였다. 그러나 예상치 못한 사건이 일어났다. 이인영이 부친상을 이유로 대열에서 이탈하였다. 이에 13도 창의연합부대는 졸지에 서울 진격작전을 중지하게 되었다.[59]

　한편 민긍호 의병부대는 당시 서울 진공 작전에 미처 참여하지 못했기 때문에 전력을 그대로 보존하고 있었다. 그렇지만 이 의병부대는 일본군에 대항할 수 있는 실질적 전투력을 갖춘 부대였기 때문에 1908년 2월 이후 집중적인 공격을 받았다. 2월 27일에서 29일에 걸쳐 민긍호 의병부대는 원주 강림 박달재 부근에서 일본군과 조우하여 치열한 전투를 벌였다. 민긍호 대장은 이때 사로잡혔으나 의병대원들이 구출하려고 전투를 벌이는 과정에서 일본군은 체포한 민긍호를 현지에서 사살하고 도망가 버리고 말았다.[60]

59　「제1회 이인영문답조서」, 『통감부문서』 (8), 국사편찬위원회, 1999, 3~25쪽; 「의병대장 이인영 씨의 약사(속)」, 『대한매일신보』, 1909.12.8, 517쪽. 이인영의 귀향 원인을 신용하는 탄약과 무기의 절대적 부족으로 승리의 전망이 희박했기 때문으로, 오영섭은 연합창의군 내의 주도권 다툼이라는 설을 제기하였다. (신용하, 앞의 글, 1988, 55쪽; 오영섭, 앞의 글, 2002, 235쪽)

60　민긍호 사후 원주 지역 사람들의 발의로 선유위원 박선빈이 민긍호 대장의 시신을 읍내로 모셔와 장례를 치렀다. (「폭도토벌경황 제42호」, 『독운 자료』 (10), 1908.3.12, 43~44쪽; 『대한매일신보』, 1908.5.19, 1024쪽, 2면 6단)

3) 1907년 이후 원주 의병운동 귀순자와 의병 참여자의 특성

일본군은 전국 지역별로 초토화 작전을 시행하는 한편, 1907년 11월 경부터는 의병에 참여한 자들에 대한 귀순 정책을 시행하기 시작하였다. 아카시 모토지로明石元二郎 주한 일본군 헌병대장은 "순順을 원하는 것은 이면에 폭도가 된 것을 뉘우치고 후회하는 분자가 있으며, 또한 곤핍한 기색이 있다"고 파악하고 이 기회에 귀순자歸順者를 허용하고, 이를 크게 장려하는 것인 한국의 질서 회복 상 득책이라고 파악하였다.[61] 이에 따라 이토오 히로부미는 고종황제에게 1907년 12월 13일 「폭도 귀순 장려 조칙」을 공포시켰다.

이후 전국적으로 항일의병부대에 대한 일본군의 초토화 작전은 더욱 심해졌다. 가장 참혹한 피해를 입은 지역은 강원도 고성, 원주와 충청도 충주, 제천, 문의, 황해도 평산군 등지였다. 일본과 한국 정부는 의병귀순 정책도 강압적으로 추진해 나갔기 때문이다. 민긍호의 죽음 이후 의병부대원들은 대부분 대열에서 이탈하여 귀순하기 시작했다. 특히 4월경부터 5월 중순에 이르기까지 귀순하는 의병들이 많아졌는데, 내각에서 별도로 작성한 「귀순민인성명도록」에 의하면, 원주 주민 129명, 평창 주민 19명, 영월 주민 22명, 정선 주민 11명, 횡성 주민 129명 등 310명이 한꺼번에 귀향하기도 하였다.[62]

〈표 7〉은 전국 각지에서 헌병대로 귀순한 의병 참여자를 1907년 12월 이후에 집계한 것이다.[63] 이 표에서 가장 많은 이들이 귀순한 곳은 황해도

---

61 『조선헌병대역사』 2/11; 이승희, 「한말 의병 탄압과 주한일본군 헌병대의 역할」, 『한국 독립운동사연구』 30, 2008, 136쪽 재인용.
62 「보고 제19호」, 『각도군보고』(원주독립운동사자료집 I), 1908. 5. 4, 190~223·316~319쪽.
63 『조선헌병대역사』(복사본) 2/11, 371쪽; 이승희, 앞의 글, 138쪽 재인용.

〈표 7〉 헌병대 귀순자 각 도별 통계표(1907.12~1908.10)

월별 \ 도별	경기	충청	전라	경상	강원	황해	평안	함경	계
1907년 12월	187	6							193
1908년 1월	75	41	3		3	26			148
2월	41	49	12			11		1	114
3월	38	14	2			15		8	77
4월	33	5	12			144		13	207
5월	26	25	14			270	9	18	362
6월	18	12	9	1	28	216		28	312
7월	45	46	17	3	111	213		49	484
8월	91	64	9	3	181	150	16	36	550
9월	90	55	69	29	178	122	33	82	658
10월	108	106	47	131	218	192	45	130	977
합계	752	423	194	167	719	1,359	103	365	4,082

〈표 8〉 전국 의병 참여자의 귀순상황 비교표(~1909.12)

도별	경찰서별	귀순 인원	관찰사 군수 및 선유위원의 귀순 인원	합계	비중
경기도	수원 등 5곳	494	181	675	13.2
충청북도	충주 등 5곳	285	447	732	14.3
충청남도	공주 등 5곳	148	8	156	13.0
전라북도	전주 등 6곳	82	81	163	3.2
전라남도	광주 등 4곳	65		65	1.3
경상남도	진주 등 2곳	114	210	324	6.3
경상북도	대구 등 6곳	104	16	120	2.3
강원도*	춘천 등 5곳	1,784	21	1,805	4.7
함경남도	함흥 등 4곳	213	26	239	4.7
함경북도	경성 등 2곳	118	52	170	3.3
평안북도	신의주 등 2곳	31		31	0.6
평안남도	평양 등 3곳	40	1	41	0.8
황해도	해주 등 3곳	494	114	608	11.9
전국		3,972	1,157	5,129	100
비고	강원도 : 춘천경찰서(530), 금성경찰서(230), 강릉경찰서(124), 울진경찰서(41), 원주경찰서(858), 간성 군수(4), 울진 군수(10), 평해 군수(6), 선유위원(1)				

출전 : 「고비발 제48호」, 『독운 자료』(12), 1909.12.24, 699~703쪽.

지역으로 1908년 5월 전후로 월별 200여 명이 넘는 경우도 있었다. 이는 경기도나 3남 지방과는 크게 다른 경향을 보여준다. 특히 강원도의 경우에도 1908년 12월에야 200명을 넘어서고 있다. 이는 1908년 1월 서울 진공 작전의 실패 이후 많은 의병 참여자들이 전투병력에서 이탈되었음을 의미하고 있다.

1909년 12월 당시 전국적인 귀순자의 분포를 각 귀순을 받는 대상 기관을 중심으로 재분류하면 귀순자의 지역별 양상을 크게 달리하고 있다.

〈표 8〉과 같이 1909년 12월까지 전국적으로 귀순한 인원은 모두 5,129명이나 되었다.[64] 이들 중에서 강원도 지역에서 귀순한 인원은 1,805명으로 35.2%나 차지했다. 더구나 원주경찰서에 귀순한 원주 지역의 의병 참여자들은 856명으로 16.7%를 차지하여 전국에서 가장 많은 수를 차지하고 있었다. 이들은 대부분 민긍호 휘하 원주 진위대 출신 해산군인과 민인들의 의병 참여자로 추측된다. 이렇게 민긍호 의병부대와 연합의병들의 해체는 이후 1908년 5월 재차 13도 창의군의 재결성과 서울 진공 작전을 다시 추진하였지만, 실제로는 '도상'의 계획으로만 그치게 하는 결과를 가져왔다.[65] 그만큼 민긍호와 그 휘하 의병부대원들은 1907년에서 1908년에 걸쳐 의병운동의 확대와 전술의 변화에 결정적인 역할을 하였음을 알 수 있다.

---

64 당시 헌병대의 기록에 의하면, 경기도 753명, 충청 423명, 전라 194명, 경상 167명, 강원 719명, 황해도 1,359명, 평안 103, 함경 365명 등 4,082명 등으로 집계하였다. (『조선헌병대역사』(복사본) 2/11, 372~373쪽) 여기에서도 황해도가 많은 수이지만, 강원도의 경우 경찰관서 및 관찰사 선유위원에 의해 귀순한 숫자가 각각 1,784명과 21명으로 전체 2,524명으로 전국 9,248명에 27.3%를 차지하고 있었다.

65 1908년 5월 19일(음력 4월 15일)경 허위를 중심으로 2차 서울 진공 작전이 세워졌다고 한다.(신용하, 앞의 글, 1988, 60~76쪽) 민긍호 의병부대의 해체는 이 계획을 실현하는 데 중대한 장애로 작용했을 것이다.

〈표 9〉 원주 지역 의병 참여자의 귀순 상황(1908.3~10)

순서	보고처	귀순일	거괴	직업	이름	연령	기타	출전
1	원주 경찰분서	3.25	이유채 (李瑜采)	농업	손순천 (孫順天)	32	휴대품 없음	『폭도 소환에 관한 편책』 72-1호, 1908.4.1
2			이한국 (李漢國)	농업	김수동 (金守同)	30		
3			민긍호 (閔肯鎬)	이등병	김영규 (金永奎)	27		
4		3.27	오정묵 (吳正默)	농업	김용호 (金龍浩)	58		
5			민긍호	이등병	조응국 (趙應國)	33		
6			민긍호	농업	안창선 (安昌先)	44		
7			이정표 (李正表)	동(仝)	김귀동 (金貴同)	28		
8			리정표	동	김석동 (金石乭)	24		
9			민긍호	동	황기순 (黃基順)	22		
10			윤성옥 (尹成玉)	동	손성운 (孫成云)	20		
11		3.28	민긍호	이등병	서옥천 (徐玉千)	23		
12			정병화 (鄭秉和)	농업	김성삼 (金聖三)	29		
13		3.29	윤기영 (尹基永)	동	김도선 (金道善)	43		
14		3.30	김치영 (金致永)	동	함덕순 (咸德順)	30		
15			채상준 (蔡相俊)	동	정경화 (鄭京化)	29		
16	원주 경찰분서	4.7	민긍호	농업	김학석 (金學石)	24	휴대품 없음	『폭도 소환에 관한 편책』 90-1호, 1908.4.16
17			최인순 (崔仁順)	동	남윤이 (南允伊)	23		
18			장경환 (張景煥)	동	이명광 (李明光)	42		
19			최인순	포수	김성칠 (金成七)	35		
20			최인순	농업	김계지 (金啓之)	29		

순서	보고처	귀순일	거괴	직업	이름	연령	기타	출전
21			오지묵	포수	박도경 (朴道京)	51		
22			오지묵	포수	안군실 (安君實)	58		
23			최인순	농업	서랑극 (徐浪殛)	20		
24		4.8	한상열 (韓相說)	동	최달성 (崔達成)	22		
25		4.9	정병화	동	권성선 (權聖先)	28		
26			오정묵	동	김인선 (金仁善)	61		
27			오정묵	동	오영삼 (吳泳三)	34		
28	원주 경찰분서		오정묵	동	이원명 (李元明)	37		『폭도 소환에 관한 편책』 90-1호, 1908.4.16
29			오정묵	동	조원순 (趙元順)	31		
30		4.10	오정묵	동	김덕삼 (金德三)	59		
31			최인순	동	김대일 (金大一)	34		
32			한상열	동	이군심 (李君心)	62		
33			오정묵	동	김원선 (金元善)	36		
34			한상열	동	김성선 (金聖善)	37		
35			오정묵	동	진수일 (陳秀一)	36		
36	원주 경찰분서	5.4	최인순	농업	신수연 (辛守連)	69	휴대품 없음	『폭도 초무에 관한 편책』1책 144호, 융희2년 6월 29일
37	충주 군수	1908.6.7 (보고)	(미상)		김상옥 (金相玉)	(미상)	원주군 귀하면 백곡	충주 군수 서해보, 「폭도사 편집자료철 보고서 6호」,
38			(미상)		이왕길 (李旺吉)	(미상)		『충북충주군귀화자주성명 성책』, 융희2년 6월 7일
39		6.24	윤기영	농업	최팔용 (崔八用)	28		『폭도 초무에 관한 편책』1책 142호, 융희2년 6월 29일
40			민긍호	동	최순봉 (崔順奉)	32		

순서	보고처	귀순일	거괴	직업	이름	연령	기타	출전
41		6.26	양기순 (梁基順)	동	최덕화 (崔德化)	27		『폭도 초무에 관한 편책』1책 142호, 융희2년 6월 29일
42			량기순	동	심오중 (沈五仲)	28		
43			한상열	동	최복돌 (崔卜乭)	28		
44	원주 경찰분서	6.24	오정묵	농업	전명심 (全明心)	55	휴대품 없음	위의 책, 2책 146호, 7.11
45			오정묵	동	윤자길 (尹滋吉)	35		
46			오정묵	동	김기운 (金基云)	29		
47		7.1	윤기영	동	박명준 (朴明俊)	32		
48		7.3	정대무 (丁大武)	농업	정호익 (鄭鎬翼)	35	휴대품 없음	3책 149-1호, 7.11
49		7.4	방인관 (方仁寬)	동	이덕현 (李德鉉)	27		
50			채상준	동	최도봉 (崔道奉)	28		
51			민긍호	동	김정임 (金正任)	33		
52			한학서 (韓學瑞)	동	김흥만 (金興萬)	26		
53			민긍호	동	김응봉 (金應鳳)	28		
54		6.27	정병화 (鄭秉和)	농업	이병항 (李秉亢)	19	오정묵의 권유와 관련	3책 148-1호, 7.13
55		7.9	조병인 (趙炳仁)	농업	박수도 (朴守道)	28	휴대품 없음	4책 152-1호, 7.23
56		7.13	정경천 (丁景天)	농업	이화백 (李化伯)	25	휴대품 없음	5책 413호, 7.31
57			정경천	동	최진원 (崔震元)	29		
58			정해창 (鄭海昌)	동	김룡업 (金龍業)	22		
59			정해창	동	안동춘 (安東春)	20		
60			김상태 (金相台)	동	백노미 (白老味)	40		

순서	보고처	귀순일	거괴	직업	이름	연령	기타	출전
61		7.14	정해창	농업	노성대 (嚴聖大)	21	휴대품 없음	
62			정해창	동	김성돌 (金聖乭)	22		
63			정경천 (丁景天)	동	김봉업 (金鳳業)	23		
64		7.15	정경천	동	김형섭 (金炯燮)	36		
65			심정섭 (沈貞燮)	동	원석준 (元錫俊)	50		
66			정경천	동	원사철 (元四哲)	43		
67		7.16	정경천	동	김화인 (金化仁)	64		
68			정경천	동	최순칠 (崔順七)	45		5책 155-1호, 7.31
69			정해창	동	박인서 (朴仁瑞)	25		
70			정해창	동	엄구용 (嚴九容)	41		
71			정해창	동	김덕순 (金德順)	41		
72			정해창	동	김윤오 (金允五)	41		
73			이강년 (李康年)	동	정식교 (丁式敎)	51		
74			이중희 (李仲熙)	동	정대풍 (丁大豊)	22		
75			리중희	동	김효운 (金孝雲)	26		
76		7.12	한갑복 (韓甲福)	농업	유군오 (劉君五)	23	오정묵의 권유로 귀순	
77			오정묵	동	안성서 (安聖西)	50		5책 424-1호, 8.1
78			오정묵	동	신상오 (辛相五)	50		
79		7.20	정해창	농업	박정관 (朴正寬)	20		6책 428-1호, 8.12
80			정해창	동	신몽룡 (辛夢龍)	21		

순서	보고처	귀순일	거괴	직업	이름	연령	기타	출전
81		7.24	정해창	동	김용보 (金龍甫)	56		6책 428-1호, 8.12
82		7.3	정대무	농업	정호익 (鄭鎬翼)	30		7책 156-1호, 8.17
83			방인관	동	이덕현 (李德鉉)	27		
84			채상준	동	최도봉 (崔道奉)	28		
85		7.31	침정섭	농업	안정복 (安正福)	21		8책 162-1호, 8.22
86			정해창	동	엄봉룡 (嚴鳳龍)	20		
87		8.17	민긍호	이등졸	한봉기 (韓奉基)	32		8책 163-1호, 8.24
88		8.18	김치영 (金致英)	농업	이재헌 (李在憲)	31		
89		8.20	이인영 (李麟永)	포수	현덕겸 (玄德兼)	55		
90			윤기영	농업	현성오 (玄聖五)	39		
91		8.21	정해천	동	김문서 (金文瑞)	43		
92			정해천	동	엄성문 (嚴聖文)	44		
93			이성천 (李成天)	동	최양선 (崔養善)	42		
94		8.23	이후재 (李厚在)	동	유덕삼 (柳德三)	22		
95			민긍호	이등졸	고춘성 (高春成)	25		
96			민긍호	농업	원상오 (元相五)	32		
97	강원도 경찰부장	8.23	윤기영	농업	안영규 (安永奎)	55		9책 75호, 9.9
98			윤기영	동	심홍윤 (沈弘允)	25		
99		8.4	오정묵	포수	김덕진 (金德辰)	28		
100			오정묵	동	조여문 (趙汝文)	60		

순서	보고처	귀순일	거괴	직업	이름	연령	기타	출전
101		9.1	민긍호	농업	김근배 (金根培)	42	횡성군 사일	
102	강원도 경찰부장		민긍호	동	서성균 (徐聖允)	48	동	10책 153호, 9.28
103			이유영 (李瑜永)	동	정선출 (鄭先出)	23	원주군 부론면 손곡	
104	강원도 경찰부장	9.19	윤기영	농업	이화경 (李化京)	62	원주군 부흥등면 금대곡	11책 201호, 10.13
105			윤기영	동	전복길 (全卜吉)	30	동군 유승리	
106			민긍호	한병	김덕희 (金德熙)	22	동군 본부면 읍상동	
107			민긍호	한병	박순명 (朴順明)	29	동군 호매곡면 고산	
108			민긍호	한병	김봉근 (金奉根)	30	동군 지촌	
109	강원도 경찰부장		민긍호	농업	김해춘 (金海春)	27	동군 지촌	11책 201호, 10.13
110			민긍호	한병	김백원 (金百元)	22	동군 본부면 이읍후동	
111			채운걸 (蔡云傑)	농업	심동석 (池東錫)	25	동군 호매실곡리 비의동	
112			민긍호	동	황운학 (黃云學)	25	충북 영동읍	
113			이유빈 (李有彬)	농업	이석운 (李錫云)	49	원주군 미내면	
114			한갑복	동	김명보 (金明甫)	55	횡성군 고모곡면 사일	
115	원주 경찰서	10.29	이성운 (李聖云)	농업	김선오 (金善五)	49	원주군 판부면 교촌	13책 292호, 11.12
116		10.30	민긍호	농업	박대석 (朴大石)	26	원주군 읍중동	15책 306호, 1908.12.5
117	강원도 경찰부장		윤기영	농업	고시현 (高時顯)	28	동군 시제면 관설	
118			민긍호	농업	김성녹 (金聖彔)	34	동군 부흥남면 책구	
119	원주 경찰서	10.30	노민성 (魯珉星)	농업	임춘실 (林春實)	42	원주군 둔내면 구두말리	16책, 미상 자료
120			윤기영	농업	장원유 (張元有)	55	원주군 둔내면 운교리	

직업	19	20~29	30~39	40~49	50~59	60~69	미상	소계	비중
농업	1	47	22	17	11	5	2	105	87.5%
이등병	0	2	1	0	0	0		3	2.5%
이등졸	0	1	1	0	0	0		2	1.7%
한병	0	3	1	0	0	0		4	3.3%
포수	0	1	1	0	3	1		6	5.0%
총합계	1	54	26	17	14	6	2	120	100.0%

그러면 1908년도 「귀순자 조서」를 통해서 강원도 원주 지역 의병 참여
자의 상황을 구체적으로 살펴보자.

〈표 9〉는 1908년 3월부터 10월까지 원주 지역 경찰분서, 강원도 경
찰부, 충주 군수 등에게 귀순한 자를 보여준다. 앞서 〈표 8〉에서 제시된
1909년 12월 당시 강원 지역 귀순자는 1,805명이었고, 그중 원주 지역 경
찰서로 귀순한 사람은 856명이었다. 이 중 1908년 3월부터 10월까지 추
출된 원주 지역 거주자로서 귀순한 자 120명의 신상을 조사한 것이다.[66]

〈표 10〉은 원주 지역 의병 참여 귀순자 중 직업별 분포를 살펴본 것인
데, 역시 농업이 105명으로 87.5%를 차지하고 있으며, 진위대 병력의 경
우 한병, 이등병, 이등졸 등으로 9명으로 소수였다. 앞서 원주 진위대 병
졸 246명 중 163명의 참여가 확인되었으며, 이후 여러 차례 귀순한 병정
들이 기록되고 있다.[67] 정작 1908년 3월 이후로 귀순한 병사는 9명에 불

---

66 〈표 9〉에서 주목되는 것은 일본군이 귀순자의 신상 명세에 대해 소속 부대장명과 직업,
연령, 기타 사항 등을 조사하고 기록하고 있다는 점이다.(폭도 소환에 관한 편책 72-1
호, 1908.4.1; 충주 군수 서해보, 「충북충주군귀화자주지성명성책」, 폭도사 편집자료철
보고서 6호, 융희2년 6월 7일; 융희2년 폭도 초무에 관한 편책 1책 142호, 6.29 등 자료)
67 자세한 사항은 앞의 〈표 6〉 원주 진위대 군인 중 일반 병졸 인사를 참조해야 한다. 이
표에서와 비교하면, 병졸 (라) 중에서 박새석, 황운학이 귀순한 것으로 보이고, 병졸
(마)에서 고춘성(1908.5.24), 한봉기(5.24)로 기록되어 있으나 본 표의 자료에는 각기
8월 23일과 8월 17일로 되어 있다. 또한 병졸 (바) 중에서 조응국(3.27)에 귀순하였다.

〈표 11〉 원주 지역 의병 참여자 중 귀순자 의병장별 연령 분포(1908)

순서	의병장	19	20~29	30~39	40~49	50~59	60~69	미상	소계
1	김상태	0	0	0	1	0	0	0	1
2	김치영	0	0	1	0	0	0	0	1
3	김치영	0	0	1	0	0	0	0	1
4	양기순	0	2	0	0	0	0	0	2
5	노민성	0	0	0	1	0	0	0	1
6	이강년	0	0	0	0	1	0	0	1
7	이린영	0	0	0	0	1	0	0	1
8	이성운	0	0	0	1	0	0	0	1
9	이성천	0	0	0	1	0	0	0	1
10	이유빈	0	0	0	1	0	0	0	1
11	이유영	0	1	0	0	0	0	0	1
12	이유채	0	0	1	0	0	0	0	1
13	이정표	0	2	0	0	0	0	0	2
14	이중희	0	2	0	0	0	0	0	2
15	이한국	0	0	1	0	0	0	0	1
16	이후재	0	1	0	0	0	0	0	1
17	민긍호	0	12	7	3	0	0	0	22
18	방인관	0	2	0	0	0	0	0	2
19	오정묵	0	2	6	0	5	2	0	15
20	오지묵	0	0	0	0	2	0	0	2
21	윤기영	0	3	3	1	2	1	0	10
22	윤성옥	0	1	0	0	0	0	0	1
23	장경환	0	0	0	1	0	0	0	1
24	정경천	0	3	1	2	0	1	0	7
25	정대무	0	0	2	0	0	0	0	2
26	정병화	1	2	0	0	0	0	0	3
27	정해창	0	8	0	3	1	0	0	12
28	정해천	0	0	0	2	0	0	0	2
29	조병인	0	1	0	0	0	0	0	1
30	채상준	0	3	0	0	0	0	0	3
31	채운걸	0	1	0	0	0	0	0	1
32	최인순	0	3	2	0	0	0	1	6
33	심정섭	0	1	0	0	1	0	0	2
34	한갑복	0	1	0	0	1	0	0	2

순서	의병장	19	20~29	30~39	40~49	50~59	60~69	미상	소계
35	한상설	0	2	1	0	0	1	0	4
36	한학서	0	1	0	0	0	0	0	1
37	미상	0	0	0	0	0	0	2	2
	총합계	1	54	26	17	14	6	2	120
	비중	0.8%	45.0%	21.7%	14.2%	11.7%	5.0%	1.7%	100.0%

과했다. 다음으로 원주 지역 주변 의병부대를 포함하여 각 의병부대별 귀순자의 숫자를 살펴보면 다음과 같다. 이 표에서 주목되는 것은 주로 민긍호 의병자 휘하 부대원이 1908년 3월 이후 22명이 귀순했으며, 다음으로 오정묵 의병장 휘하 15명, 정해창 의병장 휘하 12명, 윤기영 의병장 휘하 10명 등이 귀환한 것으로 나타난다.

또한 연령 분포를 보면, 귀순자 120명 중에서 19세인 의병이 1명이고, 대부분은 20대와 30대였다. 이들은 각기 54명과 26명이었고, 전체 66.7%를 차지하고 있다. 그런데 위의 직업별 분포와도 관련하여 보면, 포수의 경우에는 50대 이상이 4명이나 되었으며, 전체 의병 중에서 50대 이상의 인원도 20명으로 16.7%나 차지하고 있었다. 이들 중년과 노년기에 들어간 의병 참여자들도 상당수 있었음을 알 수 있다.

4) 계몽운동의 의병운동 이해와 일본군의 의병부대 진압

1906년 이후 1911년까지 전국적인 의병부대의 활동상을 살펴보면, 일본군과 경찰대 등과의 교전 회수는 모두 2,852회로 추산되고 있다. 이 중에서 1907년 8월부터 1909년 12월까지는 특히 강원도, 충청도, 경기도, 전라도 지역에 집중적으로 충돌이 일어났다. 이때 참여한 의병의 수

특히 병졸 (바)의 경우 원주 토착병으로 99명 중 97명이 모두 1908년 2~3월에 귀순한 것으로 보아 민긍호 의병장의 사망 이후 의병 투쟁을 포기하고 귀순한 것으로 보인다.

는 1907년 8월부터 1909년까지 13만 9,711명이나 되었다. 이렇게 대규모로 의병에 참여한 숫자와 활동상에 대해 당시 간행된 여러 신문에서는 상당수 비판적인 기사를 쏟아내고 있었다. 주요 신문의 논설을 통해서 계몽운동의 입장에서 의병운동을 바라다보는 시각을 살펴보자.

우선 1905년 이후 계몽운동 계열에서 주장하는 국권의 침탈 수용과 실력 양성론을 통한 국권회복 담론은 여타 독립운동에 대해 편향성을 보였다. 계몽운동단체의 학회나 『황성신문』 및 『대한매일신보』의 비판 보도는 계속되고 있었다. 이러한 논조는 의병운동이 취하는 폭력적인 행태에만 비판하는 것이 아니라 의병운동이 기반하고 있는 이념 자체를 비판하고 있었다는 데서 문제가 있었다.

먼저 1905년 이후 1907년 9월까지 주요 신문의 논설을 중심으로 재정리해보자.[68]

이 시기 의병에 대한 논설은 대개 10년 전인 1896년 을미의병 비판에서 시작되고 있으며, 당시 전국 각 지역에서 봉기하는 의병 전반에 대한 비판으로 확대되고 있었다.

예컨대 강원도 원주와 영월 지역에서 일어난 원용팔 의병 봉기는 을사늑약이 체결되기 3개월 전인 8월에 미리 일어났으므로 크게 주목받았다. 당시 원용팔은 당시 일본의 침략 책동이 국권 상실의 위기를 초래하고 있다고 판단하였다. 그는 한·일의정서 이후 일본이 조선의 국권을 마음대로 유린하고 무려 160여 가지 약조를 내세워 경제적으로 침탈한 점을

---

68 한국언론재단에 수록된 한말 신문 중에서 당시 『황성신문』과 『대한매일신보』 논설 기사를 중심으로 주요 사료를 추출하였다. 신문논설에서 거론된 의병 비판 기사는 각각 32건과 28건이었다. 주요 논설에 대해서는 조영애, 「『황성신문』과 『대한매일신보』의 의병 인식비교」, 『청람사학』 22, 2013, 192~199쪽 참조.

〈표 12〉 『황성신문』과 『대한매일신보』의 의병 관련 논설

신문	날짜	제목	논조
대한	1905.9.10	의병소식(義兵消息)	소위 배외운동은 국가생령을 위망케 하는 최명부에 해당, 각기 귀가안업하여 실심을 흥분하며 실력을 수양하라.
황성	10.13	경고의병지인(警告義兵之人)	의병의 무리는 폭도일 뿐 비록 의를 칭하나 실은 도적이므로 반드시 정부로 하여금 진압케 함.
황성	10.30	대의병소제우일경고 (對義兵剿除又一警告)	소위 의병이라는 자는 진정코 국가의 사상이 없어 의용의 단체자를 조합한 것이고 바로 약간의 무뢰 배에 지나지 않는다.
대한	1906.3.30	비의이광(非義伊狂)	의병은 요민지단이 될 뿐 국사에 하등 도움이 되지않는다.
황성	5.22	의요(義援)를 의극행진압(宜亟行鎭壓)	의병의 무리 성세가 이미 전국에 찼더라도 종당 박멸이라도 우려가 없지 않으니 효유해산하여 각기 안도케 하라.
황성	5.29	경고의병지우매 (警告義兵之愚昧)	근일 의병은 화국(禍國)의 요얼이고 해민(害民)의 독려(毒癘), 국권을 만회하는 길은 무가 아니고 문, 자기 죄과를 참회하고 그 우매함을 각성하여 개명의 길로 분발해서 나아가야 할 때.
대한	5.30	의병(義兵)	국가의 치욕을 회복하기 위해 일어난 것, 그러나 을사조약 체결이후 농민 대중은 직업이 없는 무뢰배로 이름만 의병이지 백성의 재물을 약탈하는 비도와 다름 없다.
황성	5.31	일병토의병(日兵討義兵)	의병 또한 백성이니 옥석을 가려 효유와 선유를 우선시 할 것.
황성	12.14	경고가의지도(警告假義之徒)	일종의 가의지도가 의자(義字)로서 우리 국가의 치욕에 끼치며, 또 의자로서 우리 민에게 화를 흐르게 하니 회심 개도할 것을 요청함.
황성	1907.8.12	경고 각지방가의소취 (警告各地方假義嘯聚之徒)	의병의 7가지 불가론을 언급하며, 동포의 생명 재산을 손해시키며, 국가의 권리를 헛되이 손상시키는 것이므로, 국가에 충성하는 마음이 있다면 병기를 버리고 고향으로 돌아가 각기 산업에 종사하고 실력을 양성할 것.
황성	8.13	경고 각지방가의소취(속) (警告各地方假義嘯聚之徒(續))	일반 국민이 용감히 나가 교육이 이미 떨쳐지고 인지가 크게 열리고 내력(內力)이 충실한다면 비록 외침이 있더라도 또한 대항할 수 있다. 세계 경쟁의 무대에 나아갈 것을 생각하라고 함.
대한	9.5	한국안해전쟁	한국 남방에서 전쟁이 일어났는데, 한국 독립당이 싸우는 것, 만일 한국 의병이 패하면 일본 사람의 엄혹한 법률과 진압할 방책으로 베풀 것을 생각함.
대한	9.6	지방의 쟁투	일본의 옥돌을 구분하지 않는 가혹한 진압 정책.
대한	9.11	국민신보를 토죄	국민신보의 일본 토벌책을 호도 비판함.
황성	9.17	청질의병자(請質義兵者)	의를 거론하는데 도리어 그것의 네 가지 문제점을 지적하면서 각기 귀향하여 식산흥업과 교육을 장려할 것을 요구함.
대한	9.18	지방의 곤란	의병에 상관없고 수천 명 백성이 일병에게 집을 잃었으니 의병이 더 많아지기는 자연한 형세로다.
황성	9.25	경고의병제군(警告義兵諸君)	전벌(戰伐)과 방수(防守)하는 도에는 기계, 재정, 학술이 있어야 하는데, 지금 의병은 충의(忠義)의 열성을 안주하기 어려워 실심(實心)으로 국권을 만회하고자 할진대 국가 원대한 계획을 도모하여 일체 병기를 버리고 향리로 돌아갈 것을 경고함.

중시하였다.[69] 일본이 마음대로 산림천택을 점거하는 황무지 개간권을 요구했을 뿐만 아니라 호구 등록이나 군대 개혁을 추진하고 있다고 비판하였다. 그는 과거 을미·병신 연간 의병이 나라의 권리가 깎여 나가는 것을 우려하여 일어난 의거였다면, 이제는 국가 멸망의 위기를 구하는 것이라고 강조하였다. 그는 전국 각 처에 격문을 보내 재차 의병이 일어나야 한다고 하였다.[70]

그런데 원용팔의 의병운동은 위 신문에서 비난하듯이 단순한 배외운동이 아니었다. 당시 원용팔 의병장은 일본공사관을 비롯하여 각국 공사관에 의병운동의 정당성을 주장하는 격문을 보냈다. 서양 각국 공사관에 보낸 격문에서는 "세계 각국이 교류를 하고 있으며, 각각 존숭하는 것이 있다"고 하여 당시 정세를 설명하고 서양 각국을 대화의 상대로 인정하고 있다.[71] 이때 원용팔 의병은 일본 침략의 부당성을 적극적으로 설명할 뿐만 아니라 일본을 물리치기 위한 국제적 개입을 호소하였다. 심지어 청국과 서양 열강의 군사적 개입까지도 언급하고 있었다. 그만큼 을사늑약

---

69 「상의암선생(上毅菴先生)」, 『의사삼계원공 을사창의유적(義士三戒元公 乙巳倡義遺蹟)』(원주독립운동사자료집 3), 혜안, 2004, 360~364쪽.

70 「소초(疏草)」, 이구영 편역, 『의사삼계원공을사창의유적』, 수서원, 1998, 642~646쪽; 『호서의병사적』. 이러한 원용팔 의병의 의거에 대해 『대한매일신보』는 1905년 9월 10일 "所謂排外運動은 國家生靈을 危亡케하는 催命符이라 東頹西圮하는 傾廈를 搖動하며 万孔千瘡漏舟를 穿鑿홈과 如함만 不啻라 所謂義兵이라는 鬼怪輩들도 陷穽을 自掘하며 網羅에 自罹하는 催命符이니 國家를 危亡에 先하여 此輩를 可吊하겠도다"이라고 하여 소위 의병이라는 귀괴배들이 활개를 치는 것은 국가와 생령을 위태롭게 망하게 하는 촉진하는 행위이니 이를 그만둘 것을 강력히 촉구하였다.(『대한매일신보』(국한문판), 1905.9.10)

71 「전격일본총사관(傳檄日本公使館)」, 『의사삼계원공 을사창의유적』, 2004, 340~353쪽; 「서고 태서각국총사관(書告 泰西各國公使館)」. 당시 최익현과 유인석 등도 각국 공사관에 격문을 보내 만국공법을 강조하면서 일본의 침략을 막아낼 여론 조성을 요청하고 있었다.

전후 서양 열강에 대한 의병운동의 대외 인식이 을미의병과는 질적으로 달라졌다는 점을 보여준다.[72]

그렇지만 당시 계몽운동을 적극적으로 두둔하고 있던 『황성신문』과 『대한매일신보』는 위의 기사에서 보이는 것처럼, 의병이 의를 내세우지만 폭도일 뿐이고 도적이라고 한다든지, 아니면 국가를 해롭히는 요얼이고 국민을 해롭게 하는 독이 있는 질병으로까지 표현하고 있다. 그래서 국권을 만회하는 길은 무武에 의해서가 아니라 문文에 의해서이고, 자기 죄과를 참회하고 의병의 우매함을 각성하여 개명의 길로 나아야 한다고 하였다.[73] 이들의 기본 논조는 현재 우리나라가 처한 누란의 위급한 상황에서 이를 극복하는 길은 오직 교육과 식산흥업에 있다는 것이다.[74] 그래서 이를 위해 효유 해산하여 각기 안업에 종사하여야만 한다고 하였다. 이러한 입장은 1905년 을사늑약 이후에 계속되었을 뿐만 아니라 1907년 군대 해산 이후 전국적으로 확산된 의병 봉기에도 그대로 적용하였다.[75]

[다-1] 지금 이 기요起擾를 순연한 정치적 성질로만 사료함은 불가하도다. 요란 중에 지금 충북, 경북 양도에 있는 인민은 한인과 일본 거류민 혹은 여행자간에 몇 번이고 매일 날로 생겨나는 쟁투爭鬪를 목격하는 것이 이미 여러 해에 이르

72　왕현종, 「1907년 이후 원주 진위대의 의병 참여와 전술변화」, 『역사교육』 96, 2005, 138~141쪽.

73　「논설－경고의병지우매(警告義兵之愚昧)」, 『황성신문』, 1906.5.29, 2면 1단.

74　"上下臣民이 一倍惕勵ᄒ야 舍敎育學問之思想ᄒ고ᄂ 無他思想ᄒ며 舍殖産興業之營爲ᄒ고ᄂ 無他營爲ᄒ며 在上之所講究ᄂ 不出乎安民一事ᄒ고 在下之所勉勵ᄂ 不出乎爲國二字ᄒ야 文明進步之熱心을 灌注人人之腦髓라도 猶恐國權之不可挽回어늘"이라고 강조하였다. (「논설－의요(義擾)를 의극행진압(宜亟行鎭壓)」, 『황성신문』, 1906.5.22, 2면 1단)

75　1907년 이후 의병운동에 대한 신문 논조를 분석한 논문으로는 조영애, 앞의 글, 2013, 192~199쪽 참조.

렸다. 각기 보도한 지면에 많이 서술하였듯이 폭동 및 살해가 정치사상에 전연 관계되지 않은 것도 혹 있고, 또 자기의 피해를 교정하지 못해 억울한 원한을 펴지 못한 전일 양민良民이 학식지인學識之人과 해산된 군대를 따라서 배일도당排日徒黨을 이룬 것인 줄은 가히 추측하겠으니, 만약 금일 일인日人을 단지 인명 및 재산을 잔멸殘滅하는 것을 위주로 하면 이 도당徒黨의 증가는 확연한 결과로다.[76]

[다-2] 금일 제국을 위하여 충고함은 다른 것이 아니다. 또한 애국의 성의에서 나옴이니 제군은 깊이 생각하여. 만약 과연 충의의 열성을 안주하기 얻지 못하여 실심實心으로 국권을 만회하고자 할진대 목전의 치욕을 참고 국가 원대한 계획을 도모하여 일체 병기를 버리고 각자 향리에 돌아가 농자는 농업에 힘쓰고 공자를 공업에 힘써 각기 산업에 종사하여 자산資産을 저축하고 자제를 교육하여 지식을 계발하며 실력을 양성하면 다른 날에 독립을 회복할 일이 모여 자연 가히 기대할지니.[77]

[다-3] 지금 한국은 군대를 해산한 후로부터 각 지방에 폭도가 일어나는데 경기 충청 전라 강원제도가 우심하고 그 폭도의 성질은 대만臺灣의 토비土匪와 흡사하여 동섬서홀에 모이고 헤어짐이 무상한 즉, 예사 수단으로써 토멸할 수 없으며 군대로 곤란한 모양이라. (…중략…) 본래 이번의 폭도는 해산한 군대에서 나아간 불평한 무리와 무뢰배에 지나지 않은 즉 그 활동하는 힘의 많고 적음은 가히 알지나 그러나 불행히 한국 인민 가운데 우리 일본 사람을 대하여 불쾌한 생각을 품은 자 많은 고로 불평당의 선동함과 협박함은 성공하기 용이

76 「지방에 쟁투」, 『대한매일신보』(국한문판), 1907.9.5.
77 「경고의병제군」, 『황성신문』, 1907.9.25.

하여 양민이 변하여 비도가 되고 일본인을 구수로 아는 자의 수가 많을지라.[78]

[다-4] 우리의 자유를 회복하며 우리의 독립을 완전케 하고저 하면 남의 힘은 추호도 빌지 않고 우리의 지혜와 우리의 힘을 단결團結하여 일본과 피를 흘리고 싸워서 승첩勝捷을 얻은 후에야 될 것이어늘 이제 의병은 부질없이 남을 원망하며 남을 의뢰할 마음으로 영원한 계책을 행치 않고 다만 도탄에 빠진 동포로 하여금 괴롭게 할 따름이니 이는 의병을 위하여 가석히 여기는 바의 세 가지오.[79]

『대한매일신보』는 1907년 9월 5일 논설[다-1]에서 이번 기요起擾는 순전히 정치적 성질로만 생각하는 것을 불가하다고 전제하였다. 이는 한인과 일본 거류민, 여행자간의 다툼에서도 기인한 것이라고 지적하고, 또한 일본군의 강력한 탄압으로 전일 양민이 학식을 가진 사람과 해산된 군대를 따라 배일도당을 형성한 것이라고 하면서 의병의 봉기와 참여자의 확대 현상을 객관적으로 설명하였다. 이러한 논지는 종래 의병을 단지 폭도, 비도로 비난하는 것에서 한말 물러서서 의병의 거의와 확대 양상을 긍정적으로 동정하면서 언급하고 있었다.

반면에 『황성신문』에서는 1907년 9월 25일 논설[다-2]에서는 충의의 성

---

78 별보 「한국통치의 근본주의」, 『제국신문』, 1907.8.29. 원래 이 기사는 일본 아사히 신문에 게재되어 있는 것을 『제국신문』에서 그대로 전재한 것이다.("기자가 갈아되 작금 양일에 본 신문에 게재한 바 대판조일신문의 논설을 익히 보고 깊이 생각하면 일본사람의 우리나래 대한 참뜻을 거의 짐작하리니 우리동포는 세번 생각할지어다." 별보 「한국통치의 근본주의(韓國統治의根本主義)」(속), 『제국신문』 제2493호, 1907.8.29, 2면 1단)

79 논설 「의병에게 권고함(四)」, 위의 신문, 2564호, 2면 1단, 1907.12.8. 관련 논설로는 논설 「의병에게 권고함(一)」, 2561호, 1907.12.4, 2면 1단; 논설 「의병에게 권고함(二)」, 2562호, 1907.12.5, 2면 1단; 논설 「의병에게 권고함(三)」, 2563호, 1907.12.7, 2면 1단.

으로 일어난 것을 의병이라고 정의하면서도 현시대에 전쟁을 수행하기 위해서는 신식의 병기와 재정 조달과 전략적 학술이 갖추어져야 하는데, 어느 것도 갖추어지지 않았으며, 특히 의병 자금 마련과 관련하여 지방 향곡에 수탈하는 만행을 저지르고 있다고 하였다. 결국 현재 의병은 우리 동포에 해를 끼치고 국가를 깨뜨리며 실효를 거두지 못할 것이라고 단정하였다. 그래서 『황성신문』은 실심으로 국권을 회복하려고 하면 현재의 굴욕에 인내하고 식산흥업과 교육에 힘을 쏟아 실력 양성을 해야 한다고 강조하였다.

『제국신문』에서도 의병에 대한 부정적인 인식을 드러냈는데, 1907년 8월 29일의 별보에서는 일본 『아사히 신문』의 논설을 인용하면서 의병이 무기 밀수, 철도 파괴 등으로 실업에 막대한 지장을 주며, 인민의 생명에 위협을 하고, 불평한 무리와 무뢰배와 지나지 않고, 또한 선동과 협박을 통해 양민을 비도로 만들고 있다는 일본 신문의 시각에 전적으로 동일한 시각을 견지하고 있다.[80]

또한 『제국신문』은 1907년 12월 8일 자 논설[다-4]에서 의병의 문제점을 네 가지로 지적하면서 국권을 회복하기 위한 영원한 계책을 쓰지 않고 동포들에게 피해를 끼쳤으며, 일본인 상인들과 일진회의 동포에게까지 피해를 입혔다고 비판하고 있다. 이로써 『제국신문』의 논설을 쓴 탄해생 정운복은 "국가와 인민의 영원한 이익을 꾀하고자, 의병은 나라에 충분의 마음으로써 나라를 해롭게 함이라"고 하면서 의병을 그만둘 것을 강조하였다.

이렇게 계몽운동 논자들은 당시 일본의 침략에 대해 무력 항쟁을 요구

---

80   심철기, 「1907년 이후 『제국신문』의 성격과 의병인식」, 『역사와경계』 107, 2018, 148~149쪽.

년도	월	충돌 횟수 통계	의병 규모 참여자 수	의병 피해 사망자	의병 피해 부상자	일본군 피해 사망자	일본군 피해 부상자
1906		0	0	82	0	3	2
1907	8	29	6,015	198	89	12	25
	9	57	7,987	639	70	6	11
	10	52	5,212	454	147	3	9
	11	93	15,115	1,009	327	5	8
	12	92	9,787	1,327	859	3	10
1908	1	123	9,007	1,162	556	5	25
	2	89	5,934	828	256	3	15
	3	116	6,466	1,964	421	3	28
	4	133	7,581	1,092	326	4	8
	5	162	11,394	1,318	97	18	24
	6	172	7,697	1,346	36	9	15
	7	162	3,933	1,255	13	10	9
	8	117	3,679	963	10	11	14
	9	90	3,141	547	3	4	13
	10	104	4,215	623		3	12
	11	88	2,810	170		3	3
	12	95	3,975	324	1	2	4
1909	1	73	2,851	260	4	4	2
	2	66	3,341	157	4	1	5
	3	111	3,171	325	23	3	4
	4	101	3,286	407	10	4	7
	5	105	3,582	257	58	5	4
	6	137	3,017	324	0	1	2
	7	78	2,284	228	228	4	2
	8	69	1,659	151	44	1	2
	9	66	1,078	94	30	2	1
	10	40	658	91	6		1
	11	33	567	41	18		
	12	19	269	39	10		
소계		2,672	139,711	17,675*	3,646	132	265
1910		147	1,892	125	54	4	6
1911		33	216	9	6		6
합계		2,852	141,815	17,779**	3,706	136	277

출전 : 김정명 편, 『조선독립운동』 1-2, 1967, 239~247쪽.(합계 틀림 정정. 원 자료의 숫자임)

하고 심지어 서양제국과의 제휴까지 제기하고 있는 의병운동의 주장을 철저하게 외면하고 교육과 식산이라는 자신들의 운동 방식을 그대로 관철하려고 하였다. 더구나 당시 대한 정부와 일본 군대에 의한 의병 탄압을 정당화하고 빠르게 진압할 것을 요청하기까지 하였다. 이러한 입장은 국권회복의 길은 무력에 의한 것이 아닌 교육과 계몽을 위주로 한 자강주의自强主義에 입각하고 있다는 점에서 실력 양성을 통한 국권회복만 견지하고 있었음을 알 수 있다.

그런데 1907년 이후 전국적으로 의병운동은 더욱 격심하게 되었다. 일본 측의 조사에 의거하면, 의병 참여자수가 연인원으로 1909년까지 13만 9,711명이나 되었다. 이에 따라 일본군과의 전투에서 의병 참여자의 피해도 엄청나게 늘고 있었다. 아래의 표에서 주목되는 점은 전투 과정에서 입은 의병의 피해와 일본군의 피해는 현저하게 다르다는 것이다. 1909년까지 의병부대의 사망자는 무려 1만 7,675명이며, 부상자는 3,646명이었다. 반면 일본군은 사망 132명과 부상자 265명이었다. 이 통계에서 의병부대 사망 및 부상자는 의병에 직접 참여한 사람과 함께 동조자이거나 아니면 무관한 사람으로 초토화 작전에 의한 피해를 입은 사람도 포함되어 있을 것이다. 그리고 한국인 의병 피해자 중에서 부상자보다 사망자가 무려 5배가량 된다는 수치는 얼마나 많은 부상자들이 구호를 받지 못하고 일본군에 의해 학살되었는지를 가히 짐작케 한다.

이렇게 일본군의 무자비한 탄압과 회유책으로 말미암아 전국 각지의 의병부대는 1910년을 고비로 해서 점차 해산되거나 패퇴하고 말았다. 그렇지만 의병운동이 추구한 국권회복의 뜻과 전투 경험은 1910년대 이후 일제에 대항하는 항일 독립 전쟁의 새로운 이념과 정신적 자산으로 이어졌다.

2. 일진회 등 계몽운동의 정치 활동과 민중의 정치적 동원

1) 일진회 등 종교·사회단체의 민회 개설운동

1904년 2월에 발발한 러일전쟁은 한국사회에 커다란 영향을 미쳤다. 고종을 비롯한 대한제국의 집권관료들은 전쟁의 와중에 대한제국의 중립을 내세우기 위해 분주했고, 정부비판적인 각종 사회단체, 종교, 정치단체들은 새로운 개혁을 내세우며 각종 단체를 조직하기 위한 움직임을 보였다.

이 중에서 1900년대 들어 동학의 잔존세력들이 각 지방에서 스스로 단체를 조직하기 시작했는데, 이는 1904년 2월부터 대동회大同會, 2~3월, 중립회中立會, 7월 중순, 일진회一進會, 8월과 진보회進步會, 9월로 이어지는 민회 설립을 통한 동학교단의 재건운동이었다.[81] 이는 동학교단의 3대 혁신운동으로 '갑진개화혁신운동'으로 일컫는다.[82]

일진회는 송병준이 윤시병 등 유신회와 이용구 등 진보회를 결합시켜 만든 것이다. 1904년 8월 20일음력 7월 20일 일진회는 자신들의 취지서를 참정대신 심상훈에게 직접 보냈다.

대저 국가는 인민들로 구성되는 것이요, 인민들은 사회가 있음으로써 유지되

---

81 이용창, 「동학·천도교단의 민회 설립운동과 정치세력화 연구(1896~1906)」, 중앙대 박사논문, 2005, 5~6쪽.

82 백세명, 「갑진혁신운동과 동학─손의암의 구국운동과 교정분리」, 『한국사상총서』(한국사상 6) III, 한국사상연구회, 1975; 이현종, 「갑진개화혁신운동의 전말」, 『한국사상』 12, 한국사상연구회, 1974; 이현희, 「갑진개화운동의 역사적 전개」, 『동학학보』 4, 동학학회, 2002.

는 것이라. 진정 인민으로서 그 의무에 복종하지 아니하면 국가는 국가로서 존립될 수 없으며, 사회는 그들 단체로 각각 형성하지 않으면 인민이 능히 인민되기를 얻지 못할 것이니. 대개 인민의 의무는 병역과 납세에 국한되는 것이 아니라, 국가의 치란治亂, 안위安危에 관하여 논의하고 권고하는 의무도 부담해야 하기 때문에, 지금 세계의 열강은 특별히 인민으로 하여금 언론 저작著作과 집회와 결사結社를 자유로이 행하게 하나니, 대저 정부는 보필하는 책임으로 행정 권한을 직접 부담하고 하는 것이오. 인민은 이것을 협찬協贊하는 의무로서 입법권에 간접 참여하는 자이며, 군주는 이 입법 행정에 대한 대권大權을 총괄하여 민국民國을 통치하는 데 최고의 위치로 준중하는 자이라. 이로써 한마디로 말하면 정부와 인민은 상하가 일치하여, 그 황실의 안녕을 존엄하게 받들며, 통치 주권을 공고하게 하는 데 노력해야 할 것이오. 나누어서 말하자면, 정부는 행정과 사법司法 책임을 극진하게 선처하여 인민의 생명과 재산을 보호해야 할 것이오. 인민은 병역과 납세 의무를 지극히 근면 성실하게 근로하여 정치의 안위 득실을 감시해야 할 것이니 이것은 국회와 사회가 설립할 수 있는 본래의 취지이라.[83]

일진회 취지서의 첫머리는 국가와 인민과 사회의 관계를 밝히고 있다. 또한 정부와 인민의 관계를 설명하면서 정부는 보필하는 책임으로 행정권을 직접 분담하는 자이고, 인민은 협찬하는 의무로 입법권에 간접 참록

---

83 별보「일진회취지서」,『황성신문』, 1904.9.2, 2면 1단;『한국일진회일지』권 1, 1904(광무 8년).8.20;『조선 통치사료』4권, 한국사료연구소, 1970, 366~368쪽. 원래 일진회 취지서는 원래 음력으로 7월 20일에 발표되었다. (三. 한관왕복부한인(韓官往復附韓人關係) (76)「일진회라 칭한 동학도의 순천 집회 상황 보고건」,『주한일본공사관기록(駐韓日本公使館記錄)』22권, [별지 1] [일진회 창립 취지서(一進會 創立 趣旨書)](회장 윤시병(尹始炳)), 1904.7.20.

하는 자이고, 군주는 이 입법 행정에 대권을 첨람하고 '민국民國'을 통치하는 위에 아무도 없는 제1의 존중자라고 정의하였다. 결국 정부와 인민은 상하 일치하여 황실의 안녕을 존중케 하여 통치의 주권을 견고케 해야 한다고 강조하고, 정부는 행정과 사법의 책임을 다하여 선량케 하여 인민의 생명재산을 보호하고, 인민은 병역과 납세의 의무를 다해 근로하여 정치의 안위득실을 감시해야 한다고 하였다.

여기서 주목할 것은 인민의 권리와 의무에 대해 언론 저작과 집합과 결사의 자유를 가지나 입법권에 간접 참론參論하는 자라고 하였다. 즉 인민에게 제한적인 정치 참여 권리가 있음을 주장한 것이다. 이에 반하여 황제의 권한은 최고의 주권자로서 '민국民國'을 통치하는 자라고 강조하고 있다. 이러한 입장은 이후 일진회의 정치 개혁 강령에서도 반복되는 황제권의 안정화로 이어지고, 또한 일진회가 정치 활동에 준하는 정당 사회단체의 활동 영역과 관련하여 입헌정체론이나 민중의 정치 참여를 직접적으로 주장하지 않는 한계점을 결성 당시부터 내포한 것으로 보인다.[84] 실제로 8월 22일 임시회장 윤시병 등은 의정부 참정 심상훈에게 4개의 요구조건을 내세우고 있다. "일. 황실을 존중하고 국가의 기초를 견고히 할 것. 일. 인민의 생명재산을 보호할 것. 일. 정부는 개선정치를 실시할 것. 일. 군정재정을 정리할 것" 등이다. 이는 일진회의 4개 강령이라고 한다.[85]

---

84 1904년 이후 대한제국 후기 입헌정체론에 대해서는 헌정연구회나 일진회 공히 입헌군주제를 지향한 것으로 보고 있다.(김동명,「一進會と日本―『政合邦』と併合」,『조선사연구회논문집』 31, 조선사연구회, 1993, 113~114쪽; 신용하,「19세기 한국의 근대국가 형성 문제와 입헌공화국 수립운동」,『한국의 근대국가형성과 민족 문제』(한국사회사연구회논문집 제1집), 문학과지성사) 그러나 실제 군주권의 제한과 헌법 및 의회제도의 실시는 큰 차이가 있어 대한제국기 정치 개혁의 난제였다. 이 글에서는 군주권 제한이라는 주장과 의회제도의 수립을 구별하여 논의하고자 한다

85 『한국일진회일지』, 1904(광무 8년).8.22, 368~369쪽.

그렇지만 일진회가 단지 사회단체로서 광범위한 인민의 권리를 위해서 활동한 것이 아니라 일련의 정치 활동을 통해 러일전쟁에 협조하는 군사적 후원을 담당했으며, 또한 현 내각의 퇴진을 위해 집회와 항의 활동, 혹은 봉기 준비 등을 통해 실력 행사를 추진하기도 하는 등 정치 사회 단체로서 행동하려고 하였다.

한편 앞서 1904년 8월 20일 일진회 취지서를 발표한 이후 별도로 동학의 여당餘黨을 배경으로 하여 진보회가 창립되었다.[86] 진보회는 1904년 9월 14일음력 8월 5일에 자신들의 조직을 구성하기 위한 취지서를 발표하였다.

무릇 인민은 국가의 원기元氣요, 사회는 인민의 정론正論이니, 잠시 동안도 떨어질 수 없는 것이 원기元氣요, 하루라도 없을 수 없는 것이 정론正論이라. 지금 우리 삼천리 강토에서 2천만 인민도 유지풍화維持風化로써 족히 문명으로 전진할 수 있을 것이거늘, 무릇 어느 나라 걸음걸이가 다난하고 모두가 직무를 감당하지 못하여 원기元氣가 기절하고, 정론이 미진하여, 여정輿情이 원성이 자자하여 존망의 위급함이 현재 목전에 있도다. 생각건대 우리 정부의 제 씨諸氏는 취몽醉夢이 혼미하여 단지 관리들은 눈앞의 편안함만을 추구할 뿐이라. 곧 반대로 들어가서 임금님의 총명함을 가로막고 나서며, 생령에 포학하여 가혹한 정치의 압제에 무고한 도탄이 더욱더 심하여, 내정內政이 날로 혼란하고, 외모外侮가 날로 이르게 되니 슬프다. 우리 생령이 장차 살아남을 수 없을 형편이니 오호라, 분통하구나. 대한제국大韓帝國도 땅이 있고 백성이 있음은 다른 문명한 나라와

---

86   진보회의 창립시기에 대해 여러 이설이 있다. 조항래는 1904년 9월로 추정했지만, 「진보회 통보」가 1904년 8월 5일에 유포되면서 '본월(本月) 회일(晦日)'에 개회할 것이라는 항목을 근거로 하여 1904년 8월 회일인 양력 10월 8일로 비정하고 있다. (林雄介, 앞의 글, 1997, 497쪽; 조항래, 「일진회연구」, 중앙대 박사논문, 1984, 37쪽 재인용)

조금도 다를 바가 없거늘, 어찌 흥망성쇠가 이와 같이 현저하게 다르단 말인가. 나라의 흥망이 오로지 민심이 모이고 흩어짐에 있으니, 민民은 나라의 근본인데 어찌 밝고 선명하지 못한가. 바라건대 모름지기 모든 군자는 같은 말, 같은 기氣로 일제히 분발하여 진기저회趁期抵會하여 당당한 정론으로써 정부에 헌의獻議하여, 국가의 정치를 개선하고, 열강의 문명을 흠모하여 우리 강토를 보전하며, 우리 생민의 땅을 살려 천만千萬 옹축顒祝.[87]

이 진보회의 조직 통고문은 1904년 8월 5일에 진보회를 조직하면서 진보회의 취지를 밝힌 것이다. 인민은 국가의 원기이며 사회는 인민의 정론이라는 입장에서 한국 정부의 관료들이 자기 편안함을 추구하고 임금님의 총명을 가로막고 압제의 정치로 인민을 핍박한다고 비판하고 있다. 여기서 진보회의 기본 이념을 "민은 나라의 근본民維邦本"이라는 경구를 내세우며 독립을 보존하고 정치 개혁을 헌의하며 정치인민의 생명 재산을 보호할 것을 주장하고 있었다.[88]

이러한 진보회의 설립과 동향에 대해 일본 당국은 예의 주시하고 있었다. 일단 1894년 동학의 무리가 준동하지 않을까 하는 우려 속에서 현재 동학을 금지하고 있는 상황에서 이들이 한국 정부를 비판하는 수준을 넘어 일본을 적대시하는지를 살펴보았다.

---

87 11) 진(鎭)·평(平)·의(義)·원(元)·성(城) 왕래(往來) (3) 「평안도 강서(江西)·증산(甑山)·함종(咸從) 방면에서 일어났던 진보회의 현황(각 군에 품고(稟告)한 진보회 설립 취지문)」, 『주한일본공사관기록』 22권, 1904.9.11. 이 「진보회 조직 통고문」은 1904년 8월 5일 진보회장 이용구의 이름으로 발표한 것으로 평안도 강서 등 여러 곳에는 9월 11일에 배포된 것이다.

88 "일, 회명(會名)은 진보회로 정할 것. 일, 이달 그믐날 개회할 것. 일, 독립을 보전할 것. 일, 정치 개혁을 헌의할 것. 일, 인민의 생명·재산을 보전케 할 것. 일, 재정을 정리할 것. 일, 동맹국은 군사상 보조할 것. 일, 회원은 일제히 단발할 것" 등을 주장했다. (위의 글)

또한 1904년 10월 당시 평안도 관찰사의 경우에도 이들 진보회를 규제한다는 내용의 통지를 보내고 있다. "그대들이 지금 개명진보開明進步라고 칭함은 그 의의가 곧 좋다. 그런데 그 행적인즉 좋지 않다. 적어도 실제로 마음이 개명開明을 바란다면 각기 그 뜻을 격려하고, 뜻있는 인사와 열심히 수학修學하고, 견식을 닦는 데 힘쓰며, 본국本國·타국他國의 정치·법률과 공사公事·사사私事의 직권 신분으로 서적을 널리 열람하여 분명하고 똑똑히 모임을 이끌어 마땅히 실제에 힘써야 할 것인데, 지금 홀연히 천백 무리들을 불러 모아 곳곳에 도회都會하니 그 요란함에 인심이 서로 동요하니 이 어찌 개명開明 진보의 길이겠는가. 그대들은 곧 황실을 존경하고 독립을 보전한다고 말하면서, 황명皇命을 받들지 않고 당을 몰아 개회하는 것을 황실을 존경한다고 말할 수 있는가. 조정을 비방하여 외국에 수치를 남기는 것도 독립을 보전하는 것이겠는가"라고 비판하였다.[89]

1904년 하반기 당시 진보회의 지방지회와 가입한 회원의 신분 분포는 당시 일본군의 조사에 의하면 〈표 14〉와 같다.[90]

진보회는 원래 동학교단의 지방 조직을 기본으로 했기 때문에 전국적인 분포를 보이고 있다. 그런데 진보회의 전국적인 지회 상황은 1904년 11월 8일 전국 11개 도 관하 각 군 회장 부회장 등 임원 명단과 평의원 수와 신분, 각 지회의 총인원 등을 자세히 기록하고 있다.[91] 전국 총 회원의

---

89 (3)「평안도 강서·증산·함종 방면에서 일어났던 진보회의 현황」별지 부속서 3「평안도 관찰사 고시(告示) 등본(謄本)」,『주한일본공사관기록』22권, 1904.10.16.

90 7. 육해군왕복(陸海軍往復) 일진회 (34)「일진회 현황에 관한 조사보고」부속서 1. 일진회 및 진보회 역원 2. 진보회 각 군 인원수표,『주한일본공사관기록』21권, 489~502쪽. 이하 표는 이용창의 박사논문, 2005, 115쪽, 〈표 1〉진보회 지방지회와 회원 분포를 각도의 순서를 일부 변경하여 작성하였다.

91 이 자료는 한국주차군사령부에 조사한 것으로「진보회 역원 및 각군 인원수」자료이다. (7. 육해군왕복 일진회 (34)「일진회 현황에 관한 조사보고」(한국주차군사령관 落

도별	군수	회장부 회장	회장단 신분			평의원 수	평의원 신분				회원 수	회원 비율(%)
			사인	전 관리	전 진사		사인	농인	상인	기타		
경기	8	16	11	3	2	67	22	29	16	0	4,980	4.2
강원	7	14	14	0	0	63	24	25	14	0	2,960	2.5
충남	1	2	2	0	0	10	3	5	2	0	200	0.2
충북	1	2	2	0	0	5	1	3	1	0	300	0.3
전남	2	4	4	0	0	12	4	4	4	0	810	0.7
전북	10	20	14	5	1	53	10	31	10	2	22,180	18.8
경남	1	2	2	0	0	10	4	4	1	1	1,400	1.2
경북	0	0	0	0	0	0	0	0	0	0	0	0
황해	13	26	25	1	0	124	48	49	24	3	6,255	5.3
평남	18	36	36	0	0	195	68	84	41	2	49,850	42.3
평북	12	24	24	0	0	121	48	56	17	0	19,560	16.6
함남	7	14	14	0	0	60	25	23	9	3	9,240	7.8
함북	0	0	0	0	0	0	0	0	0	0	0	0
계	80	160	148	9	3	720	257	313	139	11	117,735	100

수는 11만 7,735명으로 추계되었고, 임원은 회장단 160명과 평의원 720명 등 880명이었다. 회장과 부회장 인원 중 148명이 사인±ᄉ이고 전직 관리는 9명이었으며, 평의원에서는 농업인이 313명, 사인 257명, 상인 139명 순으로 나타났다. 진보회원 중 가장 많은 수를 차지한 지역은 평안남도로 4만 9천여 명이었으며, 그 다음은 전라북도 2만 2,180명이었다. 나중에 12월 초에 진보회는 일진회와 통합될 때 서울을 중심으로 하는 일진회의 인원은 3,670인이었으므로 전체 일진회의 회원수는 12만 1,405명을 헤아리게 되었다.[92] 이러한 진보회의 인원에다가 서울을 중심으로 활동한 기왕의 일진회 인원이 3,700여 명이 추가되었다.

合豊三郞 → 특명전권공사 林權助),『주한일본공사관기록』21권, 1904.11.22)

92　林雄介,「運動團體としての一進会ー民衆との接觸様を中心に」,『조선학보』172, 1999, 46쪽.

일진회는 오랜 일본 유랑생활에서 돌아온 송병준宋秉畯이 1904년 8월 음력 7월 전독립협회원 윤시병尹始炳·윤병길尹吉炳·유학주兪鶴柱·염중모廉仲模 등과 함께 결성한 유신회維新會와 9월 이용구李容九가 전국의 옛 동학교도들을 결집시켜 창립한 진보회가 결합된 것이었다. 일진회는 1904년 8월 18일에 조직된 유신회가 이틀 후 명칭을 바꾸면서 시작되었지만, 당시에는 일진회와 진보회가 혼용된 채 지속되었다. 이후 조직이 하나로 통합된 것은 1904년 12월 2일 정식으로 통합되었다.[93] 여기서 일진회 설립 직전 결성된 유신회의 경우 윤시병과 유학주, 홍금성, 염중모, 윤길병 등 대다수 간부진이 모두 독립협회의 경력을 갖고 있었던 자들이었다.[94] 이들은 1899년 독립협회 해산 이후 여러 사회경력을 갖고 있었으나 그동안 관직 경력을 이루지 못하고 있었으므로 관료 진출을 염원한 사람들이었다.

한편 진보회 회원들 중에는 전국 80개군, 160명의 회장, 부회장 중에서 활동내역을 알 수 있는 60명의 사람 중에서 49명이 1894년 동학농민전쟁 전후에 입도한 인사들이고 이후 손병희와 함께 천도교 중앙총부에서 활동하는 경우를 보이며, 나머지 11명은 일진회·신천교, 시천교 총부에서 활동하는 경향을 보였다.[95] 1904년 당시에는 전체 지회의 주도인물 중 60여 명이 동학과 연관된 인사들로 확인할 수 있다. 특히 진보회의 지회가 집중되어 있는 곳은 역시 전라북도 10개 군에 집중되어 2만 2천여 명이 있었으며, 평안남북도의 경우에도 무려 30개 군에 7만여 명이 활동하고 있었다.[96]

93　『한국일진회일지』, 12. 2, 401쪽; 林雄介, 「一進会の前半期に関する基礎的研究－一九
　　〇六年八月まで」, 武田幸男 編, 『朝鮮社会の史的展開と東アジア』, 山川出版社, 1997,
　　501쪽.
94　이용창, 앞의 글, 2005, 157쪽, 〈표 10〉 유신회 관련자의 활동과 계열; 주진오, 「19세기
　　후반 개화·개혁론의 구조와 전개－독립협회를 중심으로」, 연세대 박사논문, 1995, 237
　　~248쪽, '부표'.
95　이용창, 위의 글, 117~123쪽.

일진회 지방의 지회원들이 가장 활발하게 요구하고 있던 것이 인민의
생명 재산 보호였다. 1904년 12월 8일에도 정부에 "관과 민이 함께 개명
으로 나가야 하고", "인민들의 생활이 안정되면 정부가 나라를 다시르는
정책"도 새로워질 것이라며 인민의 생명 재산을 자유로 보호하게 할 것
을 요청하였다.[97] 이에 대해 정부는 12월 12일 일진회 회장 윤시병 등을
만난 자리에서 정부에서 인민의 자유 보호하는 공권公權을 인정받았다.
일진회를 이를 크게 축하하면서 공권을 특허하는 축하회를 별도로 개최
하기도 하였다.[98] 이러한 항의와 조치에 대해서 당시 일본 당국에서도 일
진회 주요 간부들의 움직임을 주시하고 있었다.[99]

1905년 2월 당시 일진회의 활동에 대해 지방사회의 재판에 넘겨진 일
도 있었다. 원주 진위대 참령 이민화李敏和는 16명의 일진회 회원에 대해
원주군사재판소로 소환하여 재판을 받게 하였다.[100] 이민화는 일진회 집

---

96 "그런데 일진회가 인쇄한 결사(結社) 강령의 주의서가 안팎에 반포되자 종전부터 학정
에 시달려 고통을 받고 있던 인민들이 이에 크게 찬동하고, 동시에 그 주의서가 격문(檄
文)을 뿌린 것 같은 오해를 지방 인민들에게 주었기 때문에 여기서 각지에 산재해 있는
유생 패거리 또는 동학당들이 이에 호응하게 되었고, 또 경성(京城)에 있던 회원들은
이에 기세를 얻어 이 회의 세력이 점차 왕성해지게 되었습니다."(13. 기밀본성왕(機密
本省往) (47)「한국 정계의 상황」(발신자 林 公使 → 수신자 小村 大臣), 『주한일본공
사관기록』 22권, 1904.11.26)
97 『한국일진회일지』권2, 1904.12.8, 404~405쪽.
98 위의 책, 1904.12.12, 413~414쪽.
99 "어쩌면 경성에 있는 일진(一進)·진보(進步) 두 회의 중심 패거리들은 일본의 묵계 하
에 그 세력을 이용해서 기회만 있으면 엽관(獵官)의 기반을 만들기를 바라고 시도하
지 않는다고는 보장할 수 없으나, 현재로서는 그러한 희망을 드러내지 않으며, 또한 우
리가 단속하고 있어서 분란을 일으킬 정도의 상황은 없으며, 겉으로는 궁중 및 정부의
시정을 견제하는 효과를 거두고 있습니다."(13. 기밀본성왕) (47)「한국 정계의 상황」,
『주한일본공사관기록』 22권, 1904.11.26)
100 Moon, Yumi, 赤阪俊一·李慶姫·德間一芽 訳, 『日本の朝鮮植民地化と親日「ポピュリ
スト」―進会による対日協力の歴史』, 東京 : 明石書店, 2018, 205~206쪽.

회 중 대한제국 황제의 권위를 침범하는 사건이 일어나 제소하였다. 일
진회 집회 중 "대한제국 황제도 우리 회원도 국록지신國祿之臣이고, 동시
에 자유의 권리를 가지고 있다"고 말했다는 것이다. 이에 대해 일진회 지
회장은 그런 말을 한 적은 없고, "대황제 폐하의라고 하여 우리 회원이 대
한국황제 폐하의 신민臣民이라고 말"한 것이라고 변명하였다. 또한 일진
회 지회장 측에서는 원주 진위대장 이민화 등 진위대 병정들이 위압적으
로 증거표에 도장을 찍게 했으므로 무효라고 주장하였다. 이렇게 당시 대
한제국의 행정·군사 기구나 지방사회는 일진회의 지방지회 활동에 대해
예의 주시하고 있었다.

2) 일제 보호국하 민회운동의 변화와 민중의 동향

1905년 8월 러일전쟁이 일본의 승리로 끝나자 9월 27일 일본은 한국
에 대한 보호국화 계획안을 추진해 나갔다.[101] 주요 내용은 "① 한국 외교
권을 일본 수중에 넣을 것, ② 보호조약 성립 이전에 미국·영국·독일·프
랑스 등으로부터 사전 양해를 구할 것, ③ 조약 체결 시기는 11월 초순으
로 할 것, ④ 조약 체결의 전권은 주한공사 하야시林공사에 위임, ⑤ 칙사
를 파견하여 한국황제에게 친서를 보냄, ⑥ 한국주차군사령관은 주한공
사에게 필요한 원조를 제공 등, (…중략…) ⑧ 한국 정부 동의를 얻지 못
하면 일방적으로 이를 추진할 것" 등이었다.[102]

이러한 각의 결정을 배경으로 하여 일진회는 1905년 11월 5일 특별평

---

101 「한국보호권 확립실행에 관한 각의결정의 건(韓國保護權 確立實行ニ關スル閣議決定
ノ件)」,『일본외교문서』(259, 10월 27일 각의 결정) 38-1, 1905.10.27, 526~527쪽.
102 최영희(崔永禧), 「을사조약체결을 전후한 한국민의 항일투쟁」,『사총(史叢)』12·13,
1968, 603~604쪽; 한국독립운동사연구소 편,『한국독립운동의 역사』(통감부의 설치
와 한국의 식민지화) 3권, 259~260쪽.

의회를 열어 '단결민지團結民志에 일치국시一致國是하고 신뢰우방信賴友邦에 유지독립維持獨立'하기 위해서 선언서를 발표하기로 하였다.[103] 주요한 내용은 일본은 선진국이자 선각국인데, 동양의 평화 극복을 위해 십수 년이래로 갑오에 일청의 역日淸之役과 금일 일로의 전日露之戰을 의협심에서 나온 것이라고 하면서 일로평화조약과 일영동맹조약 개정을 선명하였고, 대일본 제국과 대한제국의 권의權義에 대하여 양국관계가 장차 일대 변화의 설에 대해 부분한다고 정세를 설명하였다. 이런 상황에서 일진회는 시국의 방침으로 위로는 성려聖慮를 정돈시키고, 아래로는 민심을 안정케 하여 미망未亡의 때에 국가를 구하고자 하여 선언서를 발표한다고 하였다. 일진회는 외교권 강탈과 보호정치에 대해 차라리 이웃 일본 정부에 위임하고 그 힘으로써 국권을 보호하는 것이 또한 황제의 대권을 발진發進시킨다는 궤변을 동원해 가며 합리화시키고 있었다. 이들은 스스로 망국적亡國賊, 매국노賣國奴라고 하는 것은 전도된 것이며 일심동기一心同氣로 신의로서 우방과 교제하여 동맹에 의해 지도를 받아 보호정치에 의거하여 국가독립을 유지하고자 하는 단체라고 강변하였다.[104]

이러한 일진회의 을사조약에 대한 협조 망동에 대해 국민 교육회國民教育會는 일진회의 타파뿐만 아니라 회원의 일본인이 경영하는 기차, 기선은 타지 않고 또 일본의 상품을 사지 않는 것을 의결함으로써 반일 상품 불매운동에까지 나섰다.[105]

---

103 「(일진회)선언서」, 『한국일진회일지』 2권, 1905.11.5, 514~517쪽.
104 "別無他意이것만 世間僻見者流와 奸細雜輩는 눈 밖의 사람은 倀鬼라 하고 심지어 우리 會를 부르기를 亡國賊이라 이름하여 우리 會를 말하길 매국노라 하니 深責하지 않을지라도 어찌 그 轉倒가 심한가. 因緣 斯會하여 巧言譎計로 위로 총명을 덮고 아래로 愚民을 미혹하여 즉 국교를 상하고 隣義를 파하기에 이르러 家國滅亡을 招致하는 자가 어찌 망국의 적이 아니며 또 매국노가 아닌가. 우리 당의 主義本領은 공명정대하여 日月과 같고 또 무엇을 두려워할 것이며 또 무엇을 부끄러워할꼬."(위의 글, 517쪽)

이후 통감부는 일진회를 조선 통치에 이용할 가능성이 있는 단체로 인식하고 여러 가지 활동을 조장하게 하였다. 특히 1907년 7월 고종의 양위 이후에도 자위단을 설치하여 의병 봉기에 대응하면서 통감부의 정책에 호응하는 활동을 벌였다.[106] 또한 송병준 등이 대한제국의 주요 대신으로 활동하거나 일진회원들의 지방관 진출을 요구하는 활동을 벌였다. 그렇지만 1908년 6월 이후 일진회와 통감부 사이의 알력이 발생하였고, 이후 갈등과 조정을 거쳐서 일진회가 1909년 9월부터 합방성명서를 발표하는 행동에 나서게 되었다.[107] 12월 2일 일진회의 이용구와 송병준은 그동안 준비해왔던 합방안을 협의하면서 대한협회 윤효정과도 협의하면서 공동으로 선언하자고 제의하였다. 일진회의 내부안으로 제시된 것은 "① 대한국을 한국이라 칭한다. ② 황제를 왕이라 칭한다. ③ 왕실은 현재대로 한국에 존재한다. ④ 국민권은 일본 국민과 동등하다. ⑤ 정부는 현재와 같이 존립한다. ⑥ 일본 관리는 모두 용빙으로 하되, 현재보다 그 수를 감소한다. ⑦ 인민의 교육, 군대의 교육을 진기振起시킨다. ⑧ 본 문제는 한국 정부가 직접 일본 정부에 교섭한다" 등이었다. 그러나 이 방안이

---

105 11. 보호조약 1~3 (32) 「을사보호조약 후 한국사회 동정 보고 件」(발신 경무고문(警務顧問) 丸山重俊 → 수신 특명전권공사 林權助), 『주한일본공사관기록』 24권, 1905.11. 16.

106 1907년 7월부터 1908년 5월까지 일진회가 전국 13도에서 피해받은 상황 조사에 의하면, 사망한 자가 926명, 부상자가 14명으로 추계되고 있다. 그런데 『대한매일신보』(국문판)에는 1908년 6월 16일 자 기사에는 죽은 자가 무려 9,260명으로 기록해 두었으나 같은 날짜 국한문판과 대조한 결과, 합계로는 926명으로 기록해 두었으므로 정확한 것이라고 할 수 있다. 다만 가장 피해를 많이 받은 곳으로 함남을 5273명으로 잘못 기록했으므로 527로 정정해야 한다. 렇게 보아도 피해 합계 숫자는 약간 잘못이 있다. 집이 불탄 곳은 360호, 피해액으로 5만 5백여량으로 엄청난 피해를 입었다. (『대한매일신보』(국문판), 1908.6.16, 3면 2단; 국한문판, 1면 4~5단.

107 林雄介, 「一進会の後半期に関する基礎的研究－一九○六年八月~解散」, 『東洋文化研究』 1, 1999, 265~296쪽.

하나의 강령으로 제시된 것은 아니었고, 어디까지나 협상용으로 구체적인 내용으로 확정될 것은 아니었다. 그중에서도 4항과 5항에 있는 국민권은 일본 국민과 동등하다는 입장과 한국 정부를 그대로 존립시킨다는 것으로 이는 실제 모색되고 있는 방안과는 커다란 차이가 있었다. 12월 3일 일진회 간부총회에서는 송병준·이완용이 구상한 연방안을 협의하여 일부 수정하면서 합방 문제를 만장일치로 가결했다고 한다. 이러한 제안의 내부 결정 대책으로는 "① 한국 황실을 영구히 안전케 할 것, ② 한국 정부는 이를 폐지하고 일본 정부가 직접 정령을 행할 것, ③ 통감부를 폐지할 것, ④ 일진회만 남기고 기타의 회는 일체 해산할 것" 등으로 논의했다고 한다.[108]

이후 일진회는 한국 황제, 통감, 총리 등에게 합방청원서를 발송하였다. 순종황제에게 보낸 상소문에서는 "양국이 상호 경계의 울타리를 제거하고 하나의 정교政教하에서 골고루 동거동치同居同治의 복리福利를 누리는 것과 일본 천황의 지인至仁으로 한국 2천만 동포를 화육化育하여 동등同等의 민民이 되는 것"이 중요하다고 강조했다.[109] 여기서 일본 천황의 통치로 들어가 동등한 권리를 갖는 민으로 된다는 것을 강조하는 대목이 주목된다. "조상 때의 근본으로 돌아가서 예의 바르고 의리 있으며 성실하고 신의 있는 습속을 다시 시작하여 보호 받는 열등 국민이라는 이름을 벗고 일약 새로운 대제국으로서 세계 1등 민족의 대열에 올라서게 될 것"이라고 하여 한국동포가 열등 국민이라는 이름을 벗고, 일본 제국에 통합됨으로써 1등 민족의 대열에 들 것이라고 전망하였다.[110] 이러한 입장

---

108 한명근, 「일진회의 대일인식과 '정합방'론」, 『숭실사학』 14, 2001, 53~54쪽.

109 「황제상소문」, 『한국일진회역사』 7권, 1909.12.4, 802~805쪽.

110 "反祖本而更始, 禮義誠信之俗, 蟬蛻保護, 劣等國民之名, 實一超而上新大帝國世

제6장 | 국권회복운동으로서 의병·계몽운동과 민중세력의 동향   505

은 이완용 내각에 올린 상소문에서도 반복된다. 즉, "일본에 의뢰하여 합방, 즉 일한 일가를 이루면 한국 황실은 영원히 만세의 존영을 누리고 한국 인민은 일등의 반열에 오르게 된다"는 것이었다.[111] 여기서 2천만 동포를 대변한 일진회는 양국의 합방을 통하여 일한 일가를 이루고 한국의 인민이 일등의 반열에 오른다는 점을 강조하였다. 그런데 일진회가 발표한 성명서나 상소문에서 한국 인민의 권리를 강조하면서 일등 민족, 일등의 대열 등이 강조되고 있지만, 정작 양국의 합방 이후 한국 인민의 권리, 즉 국민적 권리에 대해서는 매우 추상적으로 언급하거나 아예 언급하지 않는 경향을 보이고 있었다.

이는 구체적으로 1909년 12월 4일에 발포한 전국민에 대해 호소문에서도 반복된다.

우리 황제 폐하와 일본 천황폐하의 천송天聽에 상철上徹하는 일단一團의 정성으로써 해소哀訴하여 우리 황실의 만세존숭萬歲尊崇의 기초를 공고히 하고, 우리 인민이 일등대우一等待遇의 복리福利를 향유하며, 정부와 사회가 더욱 발전할 것을 주창하여 일대 정치기관을 성립시키지 않으면 안 된다. 즉 우리 한국의 보호가 열등劣等에 있다는 수치羞恥에서 해탈해 동등정치同等政治의 권리를 획득할 법률상의 정합방政合邦이라고 할 수 있는 문제가 바로 이것이다.[112]

일진회는 성명서에서 한국이 일본으로부터 온정적이며 적극적인 후원

界一等民族之列."(「상내각장서(上內閣長書)」, 『한국일진회일지』 권 7, 1909.12.4, 808~809쪽)

111 "然則我大韓國, 先在今日, 自我提言之. 君臣上下, 一德不疑, 以倚賴大日本國天皇陛下, 組成合邦, 日韓一家, 俾我皇室, 永享萬世尊榮, 俾我人民, 共躋一等班列."(위의 글)

112 「전국동포에게 공포한 성명서」, 『한국일진회일지』 권 7, 1909.12.4, 810~812쪽.

을 입고도 후진 상태에서 벗어나지 못한 이유를 다섯 가지로 정리하였다. ① 일본이 거액의 전쟁 비용을 들여 청국으로부터의 속박에서 벗어나게 하고 한국의 독립을 유지시켜 줬음에도 정치가 혼탁하고 일본의 호의好誼를 배격하여 만세의 기초를 선수先守치 못한 사실, ② 러일전쟁으로 일본이 막대한 손해를 입으면서 러시아의 영향력으로부터 벗어나게 하고 동양 전국의 평화를 유지시켰음에도 선린관계를 유지하기 어려울 만큼의 폐해가 있어 외교권을 양여하는 보호조약이 성립된 사실, ③ 친밀한 한일관계를 저버리고 해아 밀사 파견으로 7조약이 성립된 사실, ④ 7조약 성립 이후 산업 진흥·교육 발전을 이루지 못하고 도리어 안으로 권리 쟁탈, 밖으로 의병이 창궐하여 인민 생활이 도탄에 빠진 사실, ⑤ 이토 저격으로 일본에서 대한정책의 근본적 해결을 주창하는 전국적 여론의 비등으로 위험이 초래된 사실 등을 지적하였다.[113] 이렇게 한국의 상황이 악화된 것은 오로지 한국민 자신의 스스로 자취自取한 것이라고 규정하였다. 결국 한국민이 주체적으로 현 상황을 타개하지 못한 탓으로 돌림으로써 일본이 한국의 독립 보전이라는 명목을 내세워 청일·러일전쟁을 통하여 한국을 침략하고 있는 측면을 애써 외면하고 있다.

특히 일진회의 정합방론의 의미에 대해서는 "정합방이라는 것은 즉 물상物上 연합국이고 수개의 국가가 결합하여 그 내정에 대해서는 각각의 독립을 주장하고, 외교에 한해서 공통하는 것을 말하는 것이다. 상술하면, 제일 대외관계를 일치하는 것만이고, 군합국君合國과 같이 왕계王系 또는 왕신王身으로 결합한 것은 아니다. 지금 실례를 들면, 오지리墺地利, 오스트리아와 흉아리凶牙利, 헝가리 양국의 결합, 그리고 서전瑞典, 스웨덴과 낙위諾威, 노르

---

113 위의 글; 한명근, 앞의 글, 2001, 57~58쪽.

웨이의 결합이 이것이다"라고 하였다.[114]

한편 일진회를 비롯한 계몽운동 단체들은 자신들이 표방하고 있는 문명 개화의 입장에서 보면, 일본의 보호국화와 침략 상황을 처음부터 부정하기는 어려웠을 것이다.[115] 더구나 대한자강회를 비롯하여 일진회에 이르기까지 일본인 우익세력의 자문과 영향을 받고 있었던 상황에서 일본 측의 문명 개화 논리를 극복하기는 어려움이 많았다.

그렇지만 일진회는 전국적인 지회의 회원을 비롯하여 상당한 민중을 동원하고 있음에도 불구하고 이들의 의사를 민주적으로 수렴하지 못하고 있었으며, 또한 일반 민중들의 민권 향상 요구에 부응하지 못함으로써 더 이상 아래로부터의 민중 참여를 유도해 내지 않았다.[116] 이들은 한일 합방에 대한 여론을 선도하고는 있었지만, 대내적으로 매국노라는 낙인을 벗어나지 못함으로써 이념적 지향과 대중 동원에서 실패하고 있었다.

당시 일진회의 정합방론을 둘러싼 비판 여론은 전사회적으로 퍼져나가기 시작했으며, 일진회 지방지회에서도 탈퇴하는 사례가 점차 늘어나고 있었다.

---

114 「국제법상의 국가」, 『국민신보』, 1909.12.8.(김동명, 앞의 글, 1993, 110쪽 재인용; 한명근, 위의 글, 2001, 59쪽, '주석 113' 재인용(각 논문에서는 년도와 날짜의 착오가 있음))

115 1910년 8월 25일에 조사된 각종 사회단체의 활동 인원은 일진회가 140,715명, 대한협회 7,379명, 서북학회 2,324명 등이었다.(『조선주차군역사(朝鮮駐箚軍歷史)』; 김정명(金正明) 편, 『일한외교자료집성』 별책 1, 巖南堂書店, 1967, 294~295쪽)

116 당시 일진회의 민중 동원과 관련하여 "지배체제 자체에 도전한 경험이 있는 동학교도를 조직기반으로 하면서도 민 전반을 정치적 주체로 신뢰하지 않음으로써 보다 많은 민과 연대하기 보다는 민을 위해 친일하고 민을 위해 주권국가를 부정하는 자기모순의 논리에 도달하게 된 것"이라고 평가하고 있다. (이태훈, 「일진회의 '보호통치' 인식과 '합방'의 논리」, 『역사와 현실』 78, 376~377쪽)

[가-1] 피고인 이용구李容九는 융희 3년1909 12월 4일에 일진회장으로 국가의 상전常典을 무시하고 인민의 통의를 위배하여 그 당류 송병준宋秉畯, 홍긍섭洪肯燮 등으로 밀계密計하여 한일합방 문제를 감히 거리끼지 않고 제창하여 대한 이천만 국민의 대표로 사모詐冒하고 절패絶悖한 성명서를 발표하며 궁흉窮凶한 상소문을 주달奏達하고자 하였으니, 피고인이 외국 정형에 근거 없는 자를 이끌고 본국을 공동恐動하고 종묘와 존엄의 땅에 위해를 도모한 사실이 발견되어 증거가 명백한지라. 그 행위가 형법대전 제190조와 같은 법 제200조에 해당한 죄로 사료思料가 되었으므로 이에 고발함.[117]

[가-2] 일진회장 이용구가 사람에게 향하여 설명하기를 해당 회에서 주창한 정합방政合邦 문제를 실시할 동시에는 국제공법에 의하여 시행해야지 일호라도 위반이 있다면 해당 회원 누만중屢萬衆은 일시에 죽기로 서약하였다 한다더라.[118]

[가-3] 국민이 된 자가 먼저 제어치 아니함이 불가하는 말로 당원을 유치하고 일본이 만일 정합방政合邦 문제를 허용치 아니하면 이는 진의에 있는 바를 미루어 알지니 백만 당원이 한 번에 죽을一死 일로 결정함이 가하다는 설로 당원을 격려하고 또한 이 문제는 이미 가쓰라桂 수상의 내의內意를 이은 것인 즉 오당吾黨의 발전될 기미가 이에 맡겨있다고 당원을 우롱하여 드디어 해당 문제를 제출함에 이르렀고, 제출한 후에 미쳐서는 한갓 우리 국민이 아니라 하고. 일본의 여론도 또한 그 가벼운 거사를 반대함에 드디어 제 귀를 막고 방울을 훔치는掩耳盜鈴 더러운 계책을 써서 궁유생窮儒生, 파락호破落戶 등을 다소의 금전으로써 매취하여 소위 찬성장서贊成長書를 일일 제출하게 하고 국민동지찬성회國民同

---

117 「변호사고발(辯護士告發)」, 『황성신문』, 1909.12.22.
118 「과천언부(果踐言否)」, 『대한매일신보』(국한문판), 1910.2.9.

志贊成會, 국민협성회國民協成會, 유생건의소儒生建議所, 군인건의소軍人建議所 등을 조직
하게 하여 성의가 없는 찬성을 하게 하고 정합방 찬성자가 이렇듯 다수하라 하
여 안으로는 당원을 기만하고 밖으로 일본 내각과 통감부를 속이고자 하니.[119]

첫 번째 자료[가1]의 경우에는 1909년 12월 22일 변호사 안병찬安秉瓚
이 일진회 정합방 문제에 대하여 회장 이용구를 경성지방재판소 검사국
에 고발한 고발장이다. 안병찬은 을사조약 당시 법부주사로서 반대상소
를 주도하였으며, 1906년 대한자강회에서도 주도적인 역할을 했던 인물
이었다.[120] 그는 일진회장인 이용구가 국가의 상전常典을 무시하고 인민人
民의 통의通義를 위배하여 송병준, 홍긍섭 등과 밀계하여 한일합방 문제를
자의로 제창하고 대한 2천만 국민의 대표라고 사모詐冒한 것을 가장 크게
주목하였다. 그래서 그는 형법대전刑法大全 제190조 "대역大逆을 모謨한자는
기수己遂·미수未遂와 수종首從을 불분不分하고 교絞에 처함이라" 하고, 또
한 200조 1항과 2항에 "일. 외국정부에 향하여 본국 보호保護를 암청暗請하
는 자는 교絞, 이. 본국 비밀정형을 외국인에게 누설漏泄하는 자는 교絞" 등
에 의거하여 반역죄로서 처형해야 한다는 강경한 조치를 요구하였다.[121]
두 번째 기사[가2]는 당시 이용구가 자신들이 주장하는 정합방이 반드
시 실시될 것을 예상하면서 이를 만국공법에 입각해서 해야 한다는 원칙
을 강조하였다는 것이다. 그러면서 이러한 조건이 실현되지 않는다면 일

119 「김환 씨(金丸氏)의 성명안(聲明案)(속(續))」, 『황성신문』, 1910.7.6, 1면 4~5단.
120 「안중근(安重根)의 변호사 안병찬(安秉瓚)의 이력서」. "이력서, 본적지 京城 南部 犁
洞 제21통 3호, 현주소 平壤郡 隱德面 2里 제14통 9호, 성명 安秉瓚, 舊氏口 安廷
夒."(1. 안중근관련일건서류(安重根關聯一件書類) (332) 「안병찬의 안중근 변호 차
여순 향발 건」, 『통감부 문서』 7권, 1910.1.7)
121 대한국 법부, 『형법대전』, 1906.1.20, 45~49쪽.

진회 회원 수만 명이 일시에 결사투쟁한다고 하였다. 이러한 이용구의 허황된 주장은 바로 다음의 기사에서 논박되고 있다.

1910년 7월 5일부터 『황성신문』에 기고한 김환金丸의 글[가-3]에 의하면, "일본이 오당吾黨을 지시指使하여 선언서를 발포하게 하고 한국인민도 피보호국被保護國 됨을 스스로 구한다 하여 세계를 속여서 넘기고자 하는 것이라는 국민의 여론이 바로 이것이라"라고 하여 일진회의 잘못된 행동을 비판하고 있다. 그는 이전에 일진회 회원으로서 자기 반성을 하면서 정합방안의 잘못을 비판하고 있다. 일진회가 빈궁한 양반과 파악호를 매수하여 찬동하는 취지를 밝히게 한다든지, 국민동지찬성회, 국민협성회, 유생건의소, 군인들을 동원하여 찬성여론을 만들려고 하는 것이 문제라는 것이다. 그는 일진회가 창립한 이후 회의 운영 방식에 원래 규정되어 있음에도 당원을 무시하고 규정을 문란케 했다는 점을 지적했다. 예컨대, "일. 총무회, 평의회는 표면으로는 상·하 의사議事 기관이 갖추어진 듯하나 1사2사一事二事를 의결을 거치지 아니하고 임의로 함부로 행하는 일"이 비일비재했다는 점을 지적하면서 러일전쟁 동원한 댓가의 지출 등 방만한 운영비 문제 등을 거론하며 일진회 지도부의 전횡을 비판하였다.[122] 이러한 지적과 같이 일진회 여러 지회들은 이번 정합방안에 대해서 내부적으로 소통하지 못했을 뿐만 아니라 매국 행위라고 비판하며 스스로 탈회를 선언하고 있었다.[123]

이상과 같이 일진회의 친일 행위는 회의 설립 시기부터 시작하여 1910

---

122 「김환 씨의 성명안(속)」, 『황성신문』, 1910.7.8, 1면 5~6단.

123 "退會員長書 咸南利原郡前一進會員張南極姜永渭李侖洙氏等이 該會聲明에 對하여 其凶逆됨을 覺悟하고 即時該郡에 在한 支會를 解散한 後 衆員代表로 一進會長 李容九에게 長書한 全文이 如左하니."(「퇴회원장서(退會員長書)」, 『황성신문』, 1910.1.21)

년 일본의 한국 병합에 이르기까지 계속되었다. 일진회의 지도부는 일본 천황제에 의한 강제 병합 자체에는 반대하지 않았지만, 유럽의 오스트리아-헝가리 제국과 같이 2개의 왕가가 협의하에 합쳐지며, 양 국민이 동등한 지위를 차지할 수 있도록 하는 일방적인 희망을 품은 '정합방론'을 주창했다. 이는 대한협회나 서북학회 등과 같이 일제의 보호국하에서 실력을 양성하고 언젠가 독립을 구가해야 한다는 노선과는 심한 마찰을 일으켰다.[124] 일진회는 제국주의 일본의 침략을 일반적인 문명 개화로만 이해하는 편견에서 벗어나지 못했고, 민권의 강화를 통한 양 국민의 동등한 지위는 구체성을 결여한 채 추상적이고 모호한 목표에 그치고 있었다. 일진회는 문명 개화나 정치적 진출도 제대로 이뤄내지 못했고, 더구나 일진회 내부의 성원들의 의지와 지향을 수렴하는 민주주의적 절차와 합의의 수렴을 이뤄내지 못했다. 이는 일진회 회원들이 중소상인과 서민, 부농층에 속하는 계층들로서 제대로 사회정치단체로 결집되지 못했음을 의미한다. 이는 근대 시기 민중의 이해와 정치적 결집을 이루려는 밑으로부터의 흐름 중에서 스스로 민중의 정치세력화를 이루지 못했다는 점이다. 이처럼 계몽운동단체로서 일진회 지도부의 계몽 인식과 민중의 정치적 동원에만 그치는 인식과 행동의 한계를 보여준 것이라 평가할 수 있다.

3) 1907년 이후 계몽 사회단체의 정당정치론과 입헌주의·국민주권

1907년 7월 고종의 퇴위와 일본의 침략 강화로 인하여 대한제국의 정치 현실은 크게 변화하였다. 8월부터는 전국적으로 일본의 군대 해산을 비롯한 침략정책에 반대하는 의병이 전국 각지에서 봉기하였다. 이때 대

---

124 김동명, 「一進會 日本-「政合邦」併合」, 『조선사연구회논문집』 31, 1993, 113~116쪽, '제4장, 역사적 성격'.

한자강회, 동우회 등 단체 회원들이 고종 퇴위에 반대하는 시위를 벌이다 이완용 내각에 의해 해산당하였다.

1907년 11월 윤효정 등 대한자강회 계열의 인사에 천도교 계열의 인사들이 가담하여 대한협회가 결성되었다. 대한협회는 새롭게 정치색을 드러내지는 않았으나 점차 자신들의 정치적 입론을 제기하기 시작했다. 대한협회의 정치 개혁론을 주도한 것은 김성희金成喜였다. 그는 이미 1907년 7월 『대한자강회월보』에 「국가의의」라는 논설에서 "국가 개량의 기본이 소위 공화, 전체, 입헌의 3가지 정체를 수립하는 것이라고 하면서 영국을 헌정憲政의 모국母國"이라고 예찬하였다. 그는 영국이 입헌 이래 국가의 문명이 성장하였다는 입장에서 입헌주의가 문명 부강의 동력이었다고 지적하였다.[125] 입헌의 효력으로 7가지 장점을 들고 있는데, ① 전제의 범위를 탈피하여 민권을 보장하며, ② 정치가 자립하여 종교의 간섭을 받지 않으며, ③ 국가의 의지를 정하고 체제를 완비시키며, ④ 민인의 참정권을 허락하여 전 사회를 유지시키며, ⑤ 민선 의원을 두어 정무를 감독할 수 있으며, ⑥ 자치의 제도를 행하여 단체를 조직할 수 있고, ⑦ 군주의 신성한 지위를 높여 책임을 지지 않게 한다는 등이었다. 오직 헌정 기관이 안으로 완비하면 국가 주권이 스스로 외부에 흠결이 없어 열강과 나란히 할 수 있으므로 이것이 천연天演의 공리公理라고 규정하였다. 그렇다면 김성희가 당시 입헌정체의 장점을 이해하고 이를 실현하기 위해서 어떤 방안을 모색하고 있었을까 하는 의문이 든다.

그는 같은 글을 마무리 하면서 우리 한국의 정치의 실은 어디에 있느냐고 자문하면서 을미경장이 비록 개혁이 나왔으나 개혁의 실을 행하지

---

125 김성희, 「국가의의(國家意義)」, 『대한자강회월보』 11호, 1907.5.25; 「국가의의」, 『대한자강회월보』 13호, 1907.7.25.

못했고, 광무 5년1901에 전제專制를 발표하였지만 전제의 체제를 보지 못했다고 하면서 이제라도 헌정憲政 자치自治의 제도를 수립해야 한다는 원칙을 강조할 뿐이었다.[126]

1908년 1월부터 학회운동이 본격화되어 이전 1906년 10월에 발족되었던 서우학회와 한북흥학회가 통합하여 서북학회西北學會로 되었다. 같은 1월에 정영택鄭永澤, 이종일李鍾一, 유근柳瑾 등 기호 지방 출신자들이 기호흥학회畿湖興學會를 조직하였다. 이어 3월에는 박정동朴晶東, 상호尙灝 등 영남 지방 출신자 145명이 교남교육회嶠南教育會를 창립하였으며 남궁억南宮憶 등 강원도 출신 인사들이 관동학회關東學會를 조직하였다. 1908년 2월 그동안 제대로 활동하지 못했던 호남학회湖南學會도 다시 활동하기 시작했다.[127]

이러한 전국 각 지역의 인사들을 중심으로 만들어진 학회는 기관지를 발간하고 지회를 설치하고 학교를 설립하는 등 교육학술 진흥을 내세웠으나 실제로는 '일종의 정치적 조직'으로 인지하면서 활동을 넓혀가고 있었다.

1908년부터는 당시 정치 개혁의 주된 과제가 대한제국내의 정치 개혁, 특히 내각의 교체를 중심으로 하는 책임 내각제 내지 정당정치론이 대세였다. 이때 김성희는 「정당의 사업은 국민의 책임」, 「정당의 책임」 등 일련의 논설을 통하여 정당정치론을 개진했다. 그는 헌법 발포와 국회 설립 이전에도 정당의 활동을 가능하다고 하면서 정당은 입헌의 선구이고 입

---

126 이 글에서는 을미경장(1895년)과 대한국국제(1899년, 여기서는 1901년으로 잘못 언급함)으로 들고 있지만, 김성희는 근대 개혁과정을 크게 3시기로 나누어 보고 있다. 갑오경장(1894), 독립협회 운동(1898), 그리고 대한협회의 운동시기(1908년 이후)로 보고 있다. (김성희, 「정당의 사업은 국민의 책임(전호속)」, 『대한협회회보』 2호, 1908. 5. 25)

127 이현종, 「기호흥학회에 대하여」, 『사학연구』 21, 1969; 정관, 「교남교육회에 대하여」, 『역사교육논집』 10, 1987; 박찬승, 「한말 호남학회연구」, 『국사관논총』 53, 1994.

헌은 국가의 근거라고 주장하며 정당 활동의 중요성을 강조하였다.[128] 영국과 일본의 예를 들면서 이들 나라의 흥성은 국민의 책임에 달려 있었던 것이지 군주에 달려 있지 않았음을 강조하였다. 이에 대한 반론으로 우리 대한의 미개未開한 민으로 홀연히 군권의 한제와 정부의 감독설을 듣고 심한 자는 크게 불경不敬이라고 배척하고 있다고 하면서 이제 국가의 명운을 어떻게 보존할 수 있을 것이라고 반문하면서 정당이 성립하면 입헌의 제도를 시행할 수 있다고 강조하였다.

그는 입헌제도를 수립하기 위해 이상적으로 국회 설립이 필수불가결하다고 보면서도 이를 시급히 실현하려면 정당의 발달과 내정 자치를 먼저 시행할 것을 주장하였다. 그렇지만 그의 주장은 약간 착오적인 판단을 제시하고 있는데, 정당이 설립된 이후 국회가 개설되면 헌법이 정해지며, 헌법이 정해지면 감독기관이 갖추어진 연후에 정부에서는 책임 내각제도가 만들어질 수 있다고 하였다. 즉 책임 내각제도는 정부에의 감독과 책임을 부여하는 것이고 현재의 상황에서는 국민적 정당이 그것을 담당할 수밖에 없다고 하였다. 결국 그는 새로운 정당으로 장래 국회를 대표할 세력으로 '대한협회'를 상정하고 있었다.[129] 그는 새로운 국가체제를 만들어나갈 입헌주의를 피상적으로 영국이나 일본의 헌정주의로 인용하면서도 한국

---

128 김성희, 「정당의 사업은 국민의 책임」, 『대한협회회보』 1호, 1908.4.25; 「정당의 사업은 국민의 책임(전호속)」, 『대한협회회보』 2호, 1908.5.25; 「정당의 책임」, 『대한협회회보』 3호, 1908.6.25; 「국민적 내치 국민적 외교(國民的 內治 國民的 外交)」, 『대한협회회보』 4호, 1908.7.25; 「감독기관설(監督機關說)」, 『대한협회회보』 6호, 1908.9.25; 「정당여정당호감독론(政黨與政黨互監督論)」, 『대한협회회보』 9호, 1908.12.25.

129 "隆熙二年 大韓協會는 新集政黨生命之機關이니 將來國會之代表也오. 前日憲政研究之結果也라. 蓋吾群之政治思想이 已自自强會含蓄膨脹而乃發展於今日則國家之命運과 民人之責任이 蓋在乎此호니."(김성희, 「정당의 사업은 국민의 책임(전호속)」, 『대한협회회보』 2호, 1908.5.25, 22쪽)

자체의 헌법 설립 과정에 대해서는 아직 구체적인 구상을 얘기하지 않고 있었다. 현실적인 정치구조와 정치세력의 운동을 주시하면서 정당내각제로의 변화를 추진하면서 국민적 정당을 추진하려는 것이었다.[130]

그렇지만 대한협회의 정치이론가인 김성희에게 있어서 여기서 그러한 역할을 담보하는 정당이 과연 국민을 대표하는 정치세력인지, 그리고 국민 주권의 대표로서 국회나 국민적 정당으로 표방할 수 있는지에 대한 구체적인 논의를 유보하고 있었다.[131]

이러한 논의의 한계는 바로 대한제국의 국체와 정체, 그리고 현실 정치구조에 대한 착종된 이해에 서 있었기 때문이다. 우선 입헌주의의 논의에서 국체와 정체의 논의는 크게 구분되고 있다. 예컨대 국가의 국체를 구별할 때 군주국과 민주국으로 정의할 수 있다고 하면서 군주국은 "군주가 주권을 총람하는 국을 위謂함이니 즉 황제 또는 왕의 존호를 유有하고 국민의 최고위를 유有한 일인의 군주가 주권을 총람하는 자니"라 하여 우리나라를 비롯하여 영국, 독일, 러시아, 청, 일본 등의 나라가 속한다고 하였으며, 민주국은 "국민 전체가 주권을 총람하는 국가를 위함이니 여

---

130 정숭교는 이전 헌정연구회나 대한자강회의 입헌논의가 군주제한론에 그쳤다고 규정하고, 대한협회의 정당정치론이 이전보다 한 걸음 더 나아가 정당이 입헌을 통해 군권으로부터 차단된 정부를 감독하는 것이라고 높이 평가하였다. (정숭교, 「한말 민권론(民權論)의 전개와 국수론(國粹論)의 대두」, 서울대 박사논문, 117~121쪽) 이 글에서는 한말 계몽운동의 입헌주의 인식은 서구 일본의 정치현상을 받아들이는 수준에 그치고 있었고, 특히 입헌제 한국국민국가상이 결여되어 있었고, 특히 일반 국민의 참정권을 논의에서 배제하고 있었다고 보고 있다.

131 1906년 11월 윤효정은「전제국민(專制國民)은 무애국사상론(無愛國思想論)」(『대한자강회월보』 5호, 1906.11.25)에서 입헌주의와 전제주의를 대립시켜 비판하면서 애국심과 정치적 능력 및 무력이 국가를 세우는데 중요한 요소라고 하면서 전제주의하에서는 군민동체(君民同體) 상하일체(上下一體)의 대정신을 발휘하지 못하고 애국심도 발생할 수 없다고 비판하였다.

차한 민주국에서는 국민 전체가 주권을 총람한다 운하나 실상 중다衆多의 국민國民이 공동共同하여 행정키 불능함으로 기중其中 일인一人을 찬거撰擧하야 행정케 하나니 차를 통상 대통령이라 칭하니"라 정의하였다. 이렇게 전체 국민 주권의 국가는 미국과 프랑스만 예로 들고 있다.[132]

이렇게 국가의 주권자를 국왕이냐 국민이냐 하는 이분법적 구별의식은 이후 정치체제에서도 엄격하게 이분법적인 구별을 제시하고 있다. 이에 따라 국가의 정치 형태에 따른 정체상의 구별에 대해 입헌국과 전제국으로 구별하였다. 전제국은 러시아나 청국도 있지만 러시아는 의회를 열어 헌정을 선포하였고, 청국도 입헌 준비를 할 황제로부터의 상유上諭가 내려왔으니 한국만이 전제국이라고 하였다. 결국 대한제국의 경우 국체상으로 군주국이고 전제정체를 가지고 있다고 정의할 뿐이었으므로, 대한제국의 입헌체제 수립을 통해 근대국민국가로의 지향에 대한 수순의 대안 논의로 나아갈 수 없었다. 결국 국민들에게 주권을 부여하고 이들의 주권재민의 원리에 따른 입헌주의 정체와 의회 설립이라는 구상은 이들 계몽운동가의 국체·정체관에서는 먼 훗날의 이상으로 도출될 뿐이었다.

따라서 당시 계몽운동의 대표적인 정치·이론가인 김성희에게 있어서는 특히 입헌주의에 대하여 대한국 국민의 주권의 의미와 참정권의 논의를 설정하지 않았다. 이들은 1909년 9월 이후 일진회의 정합방론제기와 삼파 연합 논의에서도 자신들의 정당론에 입각하여 이완용 내각에 대한 반대연대로서만 움직임을 취했을 뿐이었다.

다음으로 1910년 2월 시점에서 제시된 「20세기 신국민」이라는 일곱 차례 연속 기획된 논설을 살펴보자.

---

132 곽한탁(郭漢倬) 역, 「헌법」, 『태극학보』 6호, 1907.1.24.

[나-1] 우리들은 일컫기를, 국민 동포가 20세기 신국민新國民이 되지 아니할 수 없다 하는 바이며, 대저 20세기의 국가 경쟁은 그 원동력이 한두 사람에게 있는 것이 아니고 국민 전체에 있으며, 그 승패勝敗의 결과가 한두 사람에게 있지 아니하고 그 국민 전체에서 말미암으니 정치가는 정치로 경쟁하며, 종교가는 종교로 경쟁하며, 실업가는 실업으로 경쟁하며, 혹은 무력武力으로 혹은 학술로 하여 그 국민 전체가 우수한 자가 이기고, 열등한 자는 패하나니.[133]

[나-2] 이와 같이 인류는 인격이 평등하고 인권이 평등함이니, 아아, 저 불평등주의는 인류계의 악마요 생물계의 죄인이로다. 저 불평등의 해괴한 깃발이 한번 펄럭이면 도덕이 망하며, 정치가 망하며, 종교가 망하며, 경제가 망하며, 법률이 망하며, 학술이 망하며, 무력이 망하여 세계는 암흑 속에 떨어지고 살아있는 인민은 말라 죽을 것이니, 참독하도다, 불평등의 재앙이여, 고로 평등주의가 행하는 나라는 반드시 흥하였으니, 유럽 문명 각국이 이것이요, 불평등의 주의가 행하는 나라는 반드시 망하였으니, 폴란드波蘭·인도 등의 나라가 이것이다. 오호嗚乎라, 민국民國의 불행이 불평등보다 더 심한 것이 없도다. 시험 삼아 묻건대, 한국이 무슨 까닭에 오늘 이 지경에 이르렀는가. 나는 첫손가락을 꼽아 불평등이라 하노니, 아아 '불평등' 석 자는 한국의 최대 원수인 것이다.[134]

[나-3] 오호라. 한인韓人의 정치사상과 정치 능력이 결핍함은 뜻있는 자들이 모두 한탄하는 바이다. 지금 한인 중 정치사상과 정치 능력을 가진 자가 전혀 없는 것은 아니나, 이는 소수 인민에 불과한 것이다. 시험 삼아 살펴보자. 오늘날 이 지경에 있어서도 오히려 우리는 "농·상·공이나 하는 어리석은 백성이니 국

133 「20세기신국민(二十世紀新國民)」, 『대한매일신보』(국한문), 1910.2.22, 1면 2단.
134 「이십세기신국민(속)」, 위의 신문, 1910.2.24, 1면 2단.

사를 어찌 알리요" 하며 햇빛도 비치지 아니하는 노예의 굴속에서 태평가를 부르는 안이한 생각을 가진 사람이 많으니 이는 정치사상 결핍의 한 예이며, 또한 어떠한 정당사회를 조직하더라도 결렬됨이 많고 발전하는 것이 적음은 곧 정치 능력이 결핍한 하나의 예이다.[135]

[나-4] 그러나 한인의 정치사상과 정치 능력이 이와 같이 결핍함은 결코 한인의 선천적 성질이 아니다. 곧 (1) 전제의 독이 극심하며, (2) 경제의 곤함이 심하며, (3) 지식이 부족한 것 때문에 이와 같이 길들여진 바이니, 정말 이러할진대 한인의 정치사상을 일으켜 세우고, 정치 능력을 잘 기름은 실로 불가능한 일이 아니다. 오호라 동포여! 동포는 정치사상을 불러일으키며, 정치 능력을 잘 길러서 독립적 국민의 천부적 재능을 펼치며, 입헌적立憲的 국민의 자격을 갖추어 국가의 명맥을 유지하며 민족의 행복을 확장하라.[136]

우선 이 글을 쓴 필자는 『대한매일신보』의 주필로 있던 단재 신채호申采浩로 추정되고 있다.[137] 이것은 1910년 2월 말 시점에서 대한제국의 위기에 대해 일본 제국주의 침략에 대응하는 신국민의 인식에 대해 논의하고 있다. 1회의 연재분[나-1]에서는 우리나라 국민 동포가 20세기 신국인이 되지 않으면, 국가경재의 시기에서 패배하여 나라가 망하게 될지도 모른다는 비극적인 전망을 내세우고 있다. 이 글의 전면에는 약육강식의 진

---

135 위의 글, 1910. 3. 2, 1면 2단.
136 「이십세기신국민(완)」, 『대한매일신보』(국한문), 1910. 3. 3, 1면 2단.
137 조동걸, 「단재 신채호의 삶과 유훈」, 『한국사학사학보』 3, 한국사학사학회, 2001, 188 쪽, '주석 18'; 이호룡, 「신채호의 아나키즘」, 『역사학보』 177, 2003, '70쪽', 주석 10; 김주현, 「『20세기 신국민』의 저자규명과 그것의 의미」, 『개신어문연구』 30, 2009, 309~ 323쪽.

화론적 세계관을 여실하게 보여주면서 국가간 경쟁에서 살아남지 않으면 안 된다는 입장을 천명하였다. 그런데 실제 논설의 주요 구성 요인은 국민과 도덕, 국민과 무력, 국민과 경제, 국민과 정치, 국민과 교육, 국민과 종교 등 7개의 측면을 다루고 있다. 그중에서도 인류사회의 발전 과정에서 인격의 평등, 인권의 평등을 기본가치로 내세웠다. 이러한 평등주의가 도덕과 정치, 종교, 경제, 법률, 학술, 무력 등 모든 부분에 기본이라는 것이다. 구미 문명 각국은 평등주의가 행해졌기 때문에 흥하였고, 그렇지 않은 폴란드와 인도와 같은 나라들이 망하였다고 하였다.

그러면 이를 타개할 대책은 어떻게 설정하고 있는지에 대해서는 1910년 3월 2일 자 논설[나3] 마지막 부분에 나타나 있다. 여기서는 약간 비관적이게도 한국인의 정치사상과 정치 능력이 현재 결핍되어 있어 대응하기 어렵다는 것이다. 그러한 능력이 있는 자는 소수이며 대부분 농상공의 우민愚民들이 차지하고 있다고 비판하였다.

다음 논설에서 그러한 한국인의 정치사상과 정치 능력이 결핍된 것이 선천적인 성질이 아니라 전제專制의 독毒과 경제의 곤困에서 기인한 것이므로 한국인의 정치사상을 분투하여 흥하게 하며 정치 능력을 길게 키우게 함은 불가능한 것이 아니라 독립적 국민의 천능天能을 키우고 입헌적 국민의 자격을 갖춰 국가의 운명을 유지하고 민족의 복福을 확장하라고 주장했다.[138] 연재 논설의 필자는 근대계몽주의의 우민관을 전제로 하

---

138 신채호의 주장은 이전 블룬칠리의 국가론에 영향을 받기는 하지만, 1908년부터 제국주의에 대항하는 민족을 소환하여, 민족을 역사적, 문화적 정체성을 바탕으로 하여 국가의 주체이자 잠재적 국민의 단위로 호명하고 있다고 지적하였다.(윤영실, 「자유주의 통치성, 제국주의, 네이션─블룬칠리 국가론과 nation(Volk) / people(Nation) 개념의 정치적 함의」, 『사이間SAI』 30, 2021, 42~44쪽) 다만 여기서는 그러한 민족적 국민론이 다양한 계층을 포괄하는 국민론이 되지 못하고 있는 점을 강조하였다. 즉 농상공의 우민들의 정치 참여의 권리에 대해서는 아직 잠정적인 유보를 보이고 있다.

면서도 새롭게 근대정치사상과 정치 능력으로 무장할 수 있는 국민의 가능성을 발견하고 있다. 여기서 새로운 국민의 가능성을 제시해 주고 있는 측면에서 개인의 자유와 권리를 무한히 내세우는 '시민으로서 국민' 개념이라기 보다는 평등주의와 경쟁의 가치를 담지한 '민족성원으로서 국민'이라는 개념을 만들어내고 있다.[139]

당시 일제의 침략이 결국 대한제국의 멸망을 초래하고 있다는 국망國亡의 위기 속에서 계몽운동 진영 지식인과 사회단체들은 크게 2개의 부류로 분화되고 있었다. 하나는 보호국 체제를 용인하면서 장차 독립을 되찾기 위해서는 실력 양성론을 주장하는 대한자강회, 대한협회 및 각종 학회의 계몽지식인들이 있었으며, 다른 하나는 일진회의 예와 같이 일제와의 합방을 통해 일본국민과 동등해 질 수 있다는 전도顚倒된 동화론同化論을 주창하는 친일적인 지식인 사회단체 분파로 볼 수 있다.[140]

그런데 1900년대 후반 계몽운동계열의 주류적인 정치 개혁운동가들은 일진회의 정합방론에서 보이는 것처럼 일본 메이지 천황체제하의 입헌주의와 정당정치론으로 운영되는 일본 정치구도에 편입될 수 있는가 아니면 이를 거부할 것인가의 논의로 표면화되어 대립되었다. 그러면서도 그러한 합방론의 저류에서는 한국 국민은 일본과 동등한 자격을 갖는 국민으로 상향될 수 있다는 전도된 병합의 논리에 휘말려갔다고 할 수 있다.

다시 말해서 계몽운동의 반전이 이루어졌다. 즉 국권을 회복하고 실력양성을 통하여 장래 국권을 회복할 수 있다고 하였지만 역설적으로 일제

---

139 정숭교, 「한말 민권론의 전개와 국수론의 제기」, 서울대 박사논문, 2004, 168~175쪽.
140 신용하, 「한말 애국계몽사상과 운동」, 『한국사학』 1, 1980; 조동걸, 「독립운동사연구의 회고와 과제」, 『정신문화연구』 여름호, 1985; 박찬승, 『한국근대정치사상사연구』, 역사비평사, 1991; 김도형, 『대한제국기의 정치사상연구』, 지식산업사, 1994.

의 합방으로 결합되어 나가고 있었다. 이는 근본적으로는 계몽운동이 근대국가의 입헌주의 근대국가를 구상하는 과정에서 국민의 주권, 참정권, 즉 민중의 권력 참여 권한을 부여하지 않겠다는 정당정치론의 한계에서 발생한 문제였다. 그동안 계몽운동이 보인 인식과 자세는 민중의 정치적 의사와 참정의 권한을 포괄적으로 수용하지 않으려는 입장을 견지한 것이라고 볼 수 있다.

19세기 이전부터 꾸준히 성장해 온 민중의 자율적인 의지와 국정 참여의 의사가 분명히 표출되었음에도 불구하고 새로운 근대국가를 수립하고자 하는 입헌주의 정체 수립과 정치 개혁 구상에서는 민중이 포함되지 않았다. 다만 계몽운동가들은 민중을 지도와 동원의 대상으로 위치 지운 채 민중의 주권, 참정권을 허용하지 않으려는 근대주의 계몽관을 전제하고 있었다. 이러한 근대계몽관에서 이탈하는 경로를 보인 흐름은 한민족의 구성원으로서 민중을 재발견하고, 내부의 평등주의를 관철하면서 하나의 국민적 성원으로 재편하는 민족주의 강화를 통해서 이루어지고 있었다. 이는 1910년대 해외 독립운동의 기지 노선의 기저사상으로 내화內化되었고, 이후 1919년 3·1운동의 민중 참여로 외화外化되었다고 할 수 있다.

3. 계몽운동의 보통학교 설립과 민중세력의 의식 확산

다음으로는 1906년 이후 보통학교령을 비롯한 관공립학교와 사립학교의 설립을 통하여 민중들의 후속 세대들이 어떻게 신식 교육에 습합되어 가는가를 밝히려고 한다. 이는 단지 신식 문명화와 신교육 체계를 설명하는 것에 방점을 두는 것은 아니고 전국의 인민, 민중들에게 그의 후

세에 서당과 정규 교육을 통해서 새로운 보통학생들의 배출이 끼친 사회
계몽적 영향을 중심으로 살펴보려고 한다. 그것은 이미 교육체계와 내용
에서 교육학적인 연구뿐만 아니라 민족 교육의 강화 측면까지도 세밀하
게 연구되어 왔다.[141]

여기서는 기존의 연구 성과를 기반으로 하되, 왜 '보통학교'의 명칭을
썼는지, 그리고 이들 보통학교 학생들의 입학 규모와 졸업생, 그리고 정
규 학교 교육 외에도 체육 활동을 통해 지역민과의 소통이 이루어진다는
측면을 보다 중점적으로 밝히려고 한다. 이는 19세기 중반 이후 민중세
력의 의식 성장과 사회적 진출을 다루는데, 새로운 사회 환경으로 제기되
는 신식학교 교육이 크게 작용했기 때문이다. 새로운 보통학생층의 등장
이 민중세력의 의식 성장이나 활동에 어떠한 영향을 끼치는지를 가늠하
는데 중요한 요인으로 생각한다.

1) 대한제국기 교육 기회 확대와 보통학교의 도입

1906년 이후 새로운 학교 교육체제로 등장한 것이 보통학교의 설립과
'모범 교육'의 실시이다. 이때 초등 교육의 명칭이 기존의 소학교에서 보
통학교로 바뀌었는데, 이는 명칭 변경을 둘러싼 교육 이념의 변화가 있었
기 때문이다. 왜 보통학교라는 용어를 쓰게 되었을까. 이는 이전의 한국
교육 개혁과 관련된 용어의 도입은 아니었고, 전적으로 일본 통감부 측의
입장을 반영한 것으로 알려져 왔다. 그런데 초등 교육의 명칭 변경에는

---

141 후루카와 노리코(古川宣子), 「일제시대 보통학교체제의 형성」, 서울대학교 대학원 박
    사논문, 1996; 전민호, 「개화기 학교교육 개혁에 관한 연구」, 고려대 박사논문, 2012; 전
    민호, 「학교령기 통감부의 교육정책 연구-학부 및 학부산하 기관의 교 직원 배치를 중
    심으로」, 『한국학연구』, 43, 2012.

당시 조선인들의 의식구조를 바탕으로 하고 있다는 점을 고려할 필요가 있다.

대한제국기 1899년 국제 제정 이후 정치 운영이 보수화되는 가운데 새로운 국가체제의 개편을 둘러싼 암중모색이 진행되고 있었다. 그중에서 국가 개혁의 큰 과제로 제기되었던 것이 바로 교육 개혁이었다.

이는 이미 1894년 갑오개혁에서 교육에 관한 조서가 발포되어 이른바 신민 교육의 확대를 천명하고, 신식 교육기관을 정부 주도적으로 설립하려는 정책이 추진되었다. 그렇지만 정치적인 혼란으로 인하여 보편 교육의 확대와 신식학교 설립은 그다지 진척되지 못했다.

1902년 당시 『황성신문』에서는 「논교육발달지책論敎育發達之策」이라는 논설을 연재하여 교육 개혁의 필요성을 주장하였다.[142]

이 논설에서는 현명한 인재를 장려하여 사기士氣를 배양하고, 인재 선발제도를 통해 학원學員을 수용하고, 학교를 확대하여 교육을 확장하는 것을 3가지 강령으로 내세웠다. 이 주장에서 특이한 것은 기존의 소학교, 사범학교와 중학교 등으로 연계되는 신식 교육체계가 아니라 각 부군의 향교에 학교를 설립하여 보편 교육을 실시하자는 것이었다. 특히 부호자제나 빈한한 자제, 또는 양반 세족들이 이속 창선의 자제와 함께 공부하는 것을 수치로 생각하는 풍조를 개선하여 각 부 각 군으로 하여금 학교를 설립하게 하되, 향교에다가 학교를 정하고, 관찰부 및 제목 등에는 고등 대학교를 설립해야 한다고 하였다. 이에 따라 각 부군으로 하여금 인민 교육을 장려하여 종래 철폐되었던 서원의 자리에 서재, 강당 등 원우에 설립하게 하여야 하며, 무릇 인민 자제는 8세 이상인 자는 모두 서원,

---

142 「논교육발달지책(論敎育發達之策)」, 『황성신문』, 1902.12.9~12(4회 연재분).

리숙里塾에 취학하였다가 15세에 군의학교에 입학하게 하고, 몇 년간 졸업한 후에 우등한 자를 선발하여 부府의 중고등학교에 입학하고, 다시 경성에 옮겨 사범중학, 혹은 태학에 입학하게 한다는 것이다.

여기서 중요한 점은 사족이나 평민에 가리지 않고 자제는 8세가 지나면 입학하지 않은 자가 없도록 한다는 것이다. 처음으로 초등 교육의 의무 교육을 강조하고 있다. 물론 완전한 의무 교육의 강제는 아니었다. 자녀의 입학을 강제하여 죄를 준다고 하면서도 혹 빈한하여 학자금이 없는 자는 관 혹은 민이 학자금을 지급하여 입학하게 한다고 주장하여 국가가 초등 교육의 의무화와 교육비 전액 지원을 주장하는 것은 아니었다.

초등 교육의 강화는 이후 1904년 국가의 위기 속에서 주장을 확대하게 되었다.[143]

[다-1] 중추헌의[144]

25卅五 교육상의 계급제도를 적당히 배정하여 아동의 연령이 7세에 찬 자는 남녀를 구애되지 말고 법률상의 강제로 소학교에 취학케 하며, 보통 및 전문학교는 수학의 정도에 따라서 자유 취학케 하되, 현재의 외국어학교를 전폐하고 구역에 아울러 보통학교普通學校를 잉설仍設하여 각종의 학술 장려하며 긴요한 외국학과는 해교 내에 부설 겸수케 할 사.[145]

---

143 정진숙, 「20세기 초 한국인 설립 사립학교 연구 – 설립주체와 재정을 중심으로」, 서울대 박사논문, 2019, 48~51쪽.

144 「논교육발달지책」, 『황성신문』, 1904.3.19. 이 기사는 장도, 장지연, 김상연 등이 '시정개선에 대한 55조' 건의로서 헌정연구회의 시정개선 건의서에 해당된다.

145 이 중에서 교육 개혁의 조항은 25~27에 해당되며, 26조는 해외 유학을 장려하는 것이고, 27조는 각종학교 및 관청에서 전문 및 보통 학술을 졸업한 증서로 관리 채용에 관한 규정이었다. 이렇게 1904년 당시 계몽지식인들이 교육 개혁에 대한 구체안을 엿볼 수 있다.

[다-2] 사학광의[146]

한성 5서 내에 사립심상소학교私立尋常小學校 설치건은 왼쪽과 같이할 사.

제1조, 5서 내에 동리대소를 물구하고 해당 동내 빈부에 따라 2백 호 혹은 3백 호 이내에 심상소학교 1처식 사설케 하되, 구분한 외에 남은 호는 타동으로 옮겨 계산할 사.

제2조, 현재 관립심상소학교는 관립고등소학교로 조직하고 심상 소학교는 설립을 폐지할 사.

제3조, 학도 연령은 8세 이상으로 정할 사.

[다-3] 광학의견[147]

각 부군各府郡에 학제學制를 반포하여 아동兒童 7세 이상은 모두 입학하여 수업케 하되, 법률로써 그 부형을 강제하는 수단을 취할 사와 일부一府에 중학中學을 설치하고 군郡에 고등소학高等小學을 설치하고 면 혹 동에는 심상소학과 유치원을 개설할 사.

첫 번째 주장[다-1]은 7세 이상의 아동에 대해 법률상 강제로 소학교에 취학케 하고, 보통과 전문학교에서는 수학 정도에 따라 진학을 결정한다는 것으로 초등 교육의 의무화를 주장하였다. 또한 두 번째 주장[다-2]은 서울의 5서에서는 200~300호 기준으로 사설 심상소학교를 설치하고, 각 군 향교에 공립 고등소학교를 설치한다는 구상이었다. 그런데 이 논의에

---

146 「사학설의(私學設議)」, 『황성신문』, 1904.5.7; 「설학조규(設學條規)」(전교원 이강호 (李康浩)가 중추원에 올린 상소문), 1904.5.11~12.

147 「광학의견(興學意見)」(전교관 정두진(鄭永軫), 윤주혁(尹柱赫)의 주장), 『황성신문』, 1904.12.12.

서도 의무 교육이 아니라 사설 심상소학교 설립론에 그쳤을 뿐만 아니라 학비도 빈부에 따라 5등으로 차등 분배하는 것으로 학교 운영이 실제 이루어지기는 어려운 방안이었다. 더욱이 사설 심상소학교에 의무적으로 보내기 위해서는 부호배들에게 취학하지 않은 경우에 1등 학자금의 10배를 벌금으로 징출하고 일반 인민가들에게도 학자비를 매삭 배징하게 하는 강제조항을 부기할 뿐이었다. 심상소학교의 공립 고등소학교와의 연계를 주장하면서도 교육비 부담 문제가 있었다.

세 번째 주장[다-3]은 초등 교육의 의무화를 주장하는 비슷한 논의로 각 부군에 아동 7세 이상은 입학 수업하게 한다는 것으로 부에 중학, 군에는 고등소학교, 면 동에는 심상소학과 유치원을 개설하는 것을 주장하였다. 또한 교육에 사용될 경비는 국고로서 쓰지 않아도 각 군 향교에 부속한 전토와 촌락 중에 사설 서재의 학계學契 등 민유재民有財도 학비로 충당하게 한다는 구상을 피력했다. 그렇지만 신문의 논평에서도 의견은 심히 선하나 실행은 난망하다고 비평하면서 실행 가능성을 크게 전망하지 않았다.

이러한 1904년 12월의 학제 개편 논의에서 주목되는 것은 기존의 소학교 중학교 등의 신식 교육체계에서는 소수 인원에 제한적이므로 보편 교육으로 확대하기 위해 심상소학교 등을 각 군 차원에서 반드시 설립하고 7세 이상의 아동들에게 학교에 입학시킨다는 점이었다. 이는 기존의 관립 소학교 대신에 등장하는 공·사립 심상소학교제도의 수립은 새로운 세대들에게 신식 교육의 혜택을 확대시킴으로써 문명 개화의 교육을 증진시키려는 방안이었다.

2) 일본 보호국화와 식민지 학교체제에의 저항

일본은 1905년 이후 한국보호국화를 추진하면서 대한제국의 학교체제를 식민지 교육체제로의 변경을 추진했다. 이에 중추적인 역할을 한 것은 이토 히로부미伊藤博文이며, 또한 한국 정부 학정참여관으로 교육 개혁을 주도한 시데하라 타이라幣原坦였다.

시데하라 타이라는 이미 1905년 4월 「한국 교육 개량안」을 마련하고 이에 기초하여 여러 교육 개혁의 보고서를 작성하였다. 이 개량안의 방침을 천명한 부분에서 "일본의 개화를 수입하는 최대로 편한 방법을 말하고 (…중략…) 한국에 국민의 교육적 향상심을 조장하는 데 성공하기 위해서" 한국 교육 개량의 방침을 모색한다고 하였다.

그래서 그는 5개의 원칙을 제시하였는데, "① 일본 제국정부의 대한정책에 따라 장래 한국이 제국의 보호국으로서 만반의 시설 개량을 이루는 데 적당한 교육을 시행한다는 것으로 취지로 삼고, ② 한국민으로 선량하게 하고 평화로운 미성을 함양할 것을 기대하고, ③ 일본어를 보급하고, ④ 종래 한국의 형식적 국교로서 유교를 파괴하지 않으면서도 신지식을 일반에 계발하고, ⑤ 학제를 복잡하고 번거로움을 피하고 과정을 비근卑近하게 한다" 등의 원칙을 내세웠다.[148] 핵심은 일본 제국의 보호국으로서 시설 개량을 이루는 적당한 교육을 시행하며, 한국민을 선량하게 순화시키며 일본어를 보급한다는 것이 핵심이라고 할 수 있다.

「한국 교육 개량안」에서는 3단계의 교육 개량안을 제시하고 있는데, 제1기에서는 기존의 관립학교를 기반으로 1군에 1개교를 설립하되 4년 연한으로 교육한다는 것이었다.[149] 이때 기존의 소학교에서 '4년제의 보통학교'로 격하시켜 개편하는 것이었다. 그는 기존의 유명무실한 약 50개교의 심상소학교, 고등소학교를 근본적으로 고쳐 병합하여 보통학교

---

148 「한국 교육 개량안(韓國敎育改良案)」, 1905.4.17, '기밀 제61호 제1장 방침'.
149 정인숙, 앞의 글, 2019, 54~58쪽.

로 하여 각 부군에 점차 1개 이상을 설치하고, 보통학교의 수업 연한을 4년으로 하여 서방書房에 얼마간의 학습을 이룬 자제를 흡수하여 초학년부터 반드시 일본어를 학습하게 하여야 한다고 주장하였다.

우선 보통학교의 명칭을 둘러싼 논란은 당시 한국 정부의 학부 참여관으로 고용된 시데하라 타이라의 「한국 교육 개량안」이라는 문건에서 처음 등장한다.

> 조선의 교육은 처음부터 보통 교육을 중시하였는데, 이를 보통학교라고 칭하는 데에 대해 여러 가지 논의가 있었다. 처음에는 국민에게 일반 교육을 베푸는 곳이라는 의미에서 '초등학교'로 명명하였는데, 그 당시 학부대신의 말에 폐국陛國에서 민民이라고 하는 것은 아직 조정에 출사出仕하지 않은 계급을 가리키는 것이며 가령 일시적이라도 관官의 길에 나아간 사람은 이를 신臣이라고 칭한다. 즉 신과 민은 별도의 의미를 갖고 있다. 이제 이를 국민학교라고 한다면, 상민만의 자제를 교육하는 곳으로 되고, 소위 신의 자식은 포함시키지 않는 곳이라는 의미에서 '보통학교'로 한 것인데, 이것이 크게 환영을 받아 드디어 이것으로 결정되었다.[150]

위의 인용에서 재미있는 부분은 '국민학교國民學校'가 나라의 일반 민이 다니는 것으로 왕의 신하, 즉 관료의 자손을 포괄하지 못한다는 것이다. 그래서 '보통학교'라고 하였다고 하는데, 물론 보통학교로 명명한 것에 대한 충분한 설명은 이루어지지 않았다는 느낌을 지울 수 없다.

1906년 8월 27일 대한제국 황제의 이름으로 칙령 44호, 「보통학교령

---

150 일본 외무성, 「시데하라(幣原) 참여관 제출 한국 교육 개량안 진달 건」, 『일본외교문서』 38권, 1905.

普通學校令」이 발포되었다.[151]

보통학교는 학도의 신체 발달에 유의하여 도덕 교육 및 국민 교육을 시행하고 일상 생활에 필요한 보통 지식과 기예를 가르치는 것을 취지로 하고, 보통학교의 종류는 관립, 공립, 사립으로 나누고, 설립은 학부대신의 인가를 받아야만 하는 것으로 하였다. 보통학교의 수업 연한은 4개년으로 하고, 입학 연령은 만 8세로부터 12세까지로 하되, 당분간에는 14세까지 입학을 허용하도록 하였다.[152]

여기서 보통학교의 교육의 목표는 2가지로 설정하고 있다. 첫째는 도덕 교육이다. 학도를 교육하여 군신, 부자, 부부, 형제, 붕우 등 가정 및 사회에 당한 관계, 즉 인륜의 상도常道를 밝게 하고 이를 실천케 함이라고 하였다. 둘째, 국민 교육을 천명하였다. 이는 업業을 장려하며 산産을 다스려 국법을 준수하고 공익을 도모하여 국가의 양민良民이 되도록 지도하려는 것이다. 여기서 아동들에게 어렸을 때부터 도덕 교육을 담고 있는 수신 교육을 강조하는 것이며, 또한 국법을 준수하는 국가의 양민이 되도록 하는 훈육된 국민으로 만드는 국민 교육을 강조하고 있다.[153] 또한 교과목으로는 수신, 국어 및 한문, 일어, 산술, 지리역사, 이과, 도화, 체조여아에게는 수예를추가 등을 필수 과목으로 하였다. 특히 일어 과목은 매주 6시간 수업을 하였는데, 이는 국어와 산수 6시간과 동일한 비중이었다. 『국어독본』의 경우 내용상으로도 일제가 조선을 점령한 것을 긍정적으로 그리고 있다. 「우리 마을」2-24의 경우, 고을의 군수, 교사, 순사 등을 소개하면서, "순사는

---

151 (칙령 제44호) 「보통학교령(普通學校令)」, 1906.8.27.
152 입학연령과 관련하여 만7세와 만8세의 차이는 어떻게 되는지, 또한 12세까지 연령은 이후 중학교 입학 연령과 연동하여 규정할 것인지 논의되어야 했다.
153 『보통 교육학』 학부편, 1910, 2~4쪽.

매우 근면 성실한 사람이라서 항상 읍내를 순행하여 도덕과 화재가 없도록 각별히 주의를 기울인다. 그리하여 이번 순사가 우리 고을에 온 이후로부터 화재와 도둑 걱정 같은 소문을 듣지 못하였다"고 기술하고 있다.[154]

이러한 경찰과 근대시설에 대한 서술 편향은 근대문명의 상징으로 강조되는 기차와 정거장에 대한 설명에서도 이어지고 있다. 예컨대 경의철도를 설명하면서 원래 작은 촌락에 불과하던 신의주가 철도가 생기면서 물질이 번식하여 도회지가 되었다고 하였다. 심지어 통감부에 대해 별도로 설명하면서 "통감은 한국 정치를 개선하고 교육을 보급하고 농업, 상업, 고업을 발달하게 하여서 한국 사람들의 행복을 꾀하였다. (…중략…) 통감부는 설치된 후로 날은 비록 짧았으나 한국의 정치, 교육, 농공상공업은 점차 개선되어 나아지는 데로 행하였다. 이 형세로 수십 년이 지나면 한국은 완전히 모습을 새롭게 할 것이다"라고 기술하였다.[155]

이렇게 통감부시기 식민지 교육체계의 개편은 보통학교-고등학교로 이어지는 2단계의 학제로 개편되었다. 일본은 "이상의 학제를 정비함에 있어 각 법령에 일관되는 학부의 대체적인 방침은 복잡한 학제와 졸업연한이 오랜 기간에 이르는 학교를 존치시키는 것은 오히려 한국 교육의 실제에 부적당하기 때문에 학제를 단순하게 하고 과정을 간이하게 하며 오로지 실용에 적합하게 하는 데에 있다"고 주장하였다.[156] 이에 따라 통감부의 학제 개편은 고등 교육단계인 고등학교와 전문학교 등을 생략하고 '초등-중등 교육'이라는 한 단계 낮추어진 학제 개편이었다.[157]

---

154 『국어독본』 상, 97~98쪽(장영미, 「『보통학교 학도용 국어독본』과 『유년필독』, 비교연구」, 『동화와번역』 제29집, 2015, 231쪽 재인용).

155 『국어독본』 하, 139쪽.

156 학부, 『한국 교육』, 1909, 1~3쪽.

157 김자중, 「일제 강점기 전문학교에 관한 연구」, 고려대 박사논문, 1918, 48~49쪽.

그런데 초기 보통학교의 설립은 주로 관공립을 위주로 확대되었다. 개편 초기에는 상당수 보통학교에 입학 지원자가 적어서 학생 모집에 곤란을 겪었다. 이는 보통학교를 바라보는 시각에 따라 입장을 달리하였다. 재지양반층들은 보통학교에서 한학을 소홀히 가르친다는 점을 비판하고 있었다. 이들은 집에 한문교사를 고용하거나 서당에서 행하는 전통적 교육 방식을 선호하였다. 또한 한국 정부가 추진하는 관공립학교의 교육 방향과 관련하여 일본인 교원 및 일본어 교과에 대한 민족적 반감에 의해서도 관공립보통학교의 선호도는 낮아질 수밖에 없었다. 실제 지방에서는 1907~1908년 반일의병이 확대됨에 따라 관공립보통학교에 대한 물품 약탈이나 교원에 대한 침탈이 종종 일어나게 되었다.

하나의 예로서 강원도원주보통학교의 경우에는 원주가 의병 봉기의 중심지였으므로 신식학교가 정착되기는 어려웠다. 원주공립보통학교는 홍의식 교원이 원주의병에게 잡혀 곤욕을 치렀다거나,[158] "원주학교 정형 : 원주공립보통학교에서는 본월 칠일에 개학을 시작하였는데 소요를 지낸 후에 인민이 영성하여 신구학도가 열 명에 차지 못 한다더라"라고 하여, 일시 휴업 후 재개교를 함에도 불구하고 학도가 10명도 못 되는 상태였다.[159]

3) 전국 보통학교 학생의 진학률과 연령 상황

한편 관공립보통학교의 설치 장소가 주로 전국 주요 거점도시였다. 도

---

158 "죽을번힛네 : 공립 원쥬보통학교 교원 홍의식 씨가 학교로 가는 즁로에셔 거월 이십칠일에 의병의게 잡혀 시계와 돈 삼환을 쎅앗기고 무한히 곤난ᄒ다가 간신히 위경을 면ᄒ야 본월 이일에 환임ᄒ엿다이라."(「잡보」, 『대한매일신보』, 1907.12.10)
159 「잡보」, 『대한매일신보』, 1907.12.17.

시민과 관련하여 공립인천보통학교의 설립 초기 입학생 6명은 모두 지게꾼의 자녀들이었고, 양반의 자녀는 한 사람도 없었다고 하며,[160] 일부 지역에서는 학생들의 강제 모집이 감행되었을 때 이를 기피하기 위하여 하층민을 대리로 보내기도 하였다고 한다.[161] 부府 소재 보통학교에서는 입학 지원자 수가 크게 증가하였다. 공립평양보통학교 교감은 "학도 모집상 일시는 곤란했을지라도 현재는 학도 총계 250명에 달한다고 하였다.[162] 공립개성보통학교는 2회 입학까지는 학생 모집이 수월하지 않아서 경찰력을 동원해야 했으나 3회부터는 모집광고만으로도 모집 정원 이상의 학생을 모집할 수 있었다고 한다.[163]

보통학교 교원 및 학생 수의 통계표에서 보면, 우선 경기도의 경우 한성부와 경기도를 묶어 통계를 낸 것이었는데, 공립학교 교원은 125명이고, 학생 수는 3,566명이었다.[164] 학교의 숫자는 표기되어 있지 않지만, 전후 교육통계 자료를 통하여 관공립학교의 수는 대략 경기도의 경우 15개교를 비롯하여 각 도별로는 3~5개교이며 경상남도가 7개교로 가장 많았고, 충북, 황해도, 간도 등이 1~2개교로 낮았다. 전국 보통학교의 분포를 각 도 단위로 나뉘어져 있는데, 남부 지역에서는 경기도 이외에 전라남도, 경상남도, 경상북도 순으로 학생 수가 많았으며, 북부지방에서는 함경남도와 평안북도, 평안남도 순으로 학생 수가 많았다.

한편 1909년의 보통학교 통계에 의하면, 남녀 학생의 비율은 10대 1

---

160 조선총독부 학무국,『공립보통학교교원강습회강연집』, 1911, 416쪽; 김자중,「1910년대 보통학교에 대한 지역간 대응의 차이에 관한 연구」, 고려대 석사논문, 2010, 19쪽.

161 학부,『한국 교육의 현상(韓國敎育ノ現狀)』, 1910, 27~28쪽.

162 학부,『제2회 관공립보통학교 교장 회의요록』, 1909, 49~54쪽.

163 학무국(學務局),『공립보통학교 교원 강습회 강연집』, 1911, 455쪽.

164 『조선총독부 통계 연보』, 1910·1911; 渡部學·阿部洋 編『일본 식민지 교육정책 사료집서(조선편)』제66권에서 전재하되, 남부와 북부로 구분하여 비중을 추가하였음.

정도로 남학생 수가 절대 다수를 차지했으며, 입학자와 졸업자의 비율은 대개 13.9%였으므로 100명 중 14명 정도가 졸업하는 것으로 전체 졸업자 수는 1909년에는 918명, 1910년에는 1,510명으로 점차 증가하고 있었으며, 중도탈락자도 전체 입학자 6,617명에 대비하여 3,868명으로 58.5%를 차지하였다.[165] 전체 입학자 중 40%가량이 졸업할 수 있는 현실이었다. 2만여 명의 학생 중 8천여 명이 졸업하는 셈이었다.

일제 초기 경성 및 경기도의 관공립학교의 상황에서 보면, 우선 보통학교의 창립은 1906년 9월도 보통학교령 시행 이후 집중 설치되었고, 이후 추가된 지역은 그렇게 많지 않았다. 전체 학급은 4학년으로 71개 학급이며, 학급당 학생 수는 41명 정도였다. 그중에서 남자아이가 차지하는 비율은 90.9%로 되어 있다. 앞서 입학자와 졸업자의 비중은 1,912명대 450명이어서 23.5%였고, 중도 퇴학자는 1,295명으로 입학자 대비 퇴학자 비율은 67.7%로 1910년 이전보다 퇴학자의 비율이 약간 증가하였고, 경기도의 졸업자의 비율이 전국 타지역보다 오히려 낮았음을 알 수 있다.

흥미로운 것은 전국 각 부군의 보통학교 진학과 관련된 상세 상황이다. 먼저 한성부의 경우 한성사범부속보통학교를 비롯하여 9개 보통학교가 있는데, 이들의 재학생 수는 모두 1,537명이었다. 그밖에 경기도 공립수원보통학교를 비롯하여 전국 각지에 41개 지역에 보통학교가 설립되어 전체적으로 6,140명이 재학하고 있었다. 전국 보통학교 재학생은 모두 7,687명인 셈이다. 이들 보통학교 재학생 수를 1910년도 각 지역별 인구와 비교해 보면 〈그림 2〉와 같은 그래프가 만들어질 수 있다.[166]

〈그림 2〉는 각 지역별 인구와 대비해 진학률을 추산해 본 것이다. 한성

---

165 『조선총독부 통계 연보』, 1910·1911; 渡部學·阿部洋 編, 『일본 식민지 교육정책 사료 집서(조선편)』 제66권에서 전재함.

〈표 15〉 보통학교 교원과 학생 수 1(1910.3 현재)

분류 지방			경기도	충청북도	충청남도	전라북도	전라남도	경상북도	경상남도	강원도	합계
교원	공립	갑종	89	10	21	25	29	26	43	16	259
		보조	12	10	7	7	17	17	14	8	92
		을종	24	3	2		9		2	11	51
		계	125	23	30	32	55	43	59	35	402
	사립				2	13	42	41	15		113
	합계		125	23	32	45	97	84	74	35	515
학생	공립	갑종	2,688	311	672	735	844	743	1,363	406	7,762
		보조	284	224	244	116	417	364	534	164	2,347
		을종	594	110	70		328		79	269	1,450
		계	3,566	645	986	851	1,589	1,107	1,976	839	11,559
	사립				51	312	1,002	898	403		2,666
	합계		3,566	645	1,037	1,163	2,591	2,005	2,379	839	14,225

〈표 16〉 보통학교 교원과 학생 수 2(1910.3 현재)

분류 지방			황해도	평안남도	평안북도	함경남도	함경북도	간도	소계	총계
교원	공립	갑종	10	23	31	21	23	5	113	372
		보조	16	15	14	12	14		71	163
		을종	7	5	2	16			30	81
		계	33	43	47	49	37	5	214	616
	사립			5		6			11	124
	합계		33	48	47	55	37	5	225	740
학생	공립	갑종	307	9	808	655	559	124	2,462	10,774
		보조	400	314	348	304	275		1,641	3,988
		을종	135	139	55	400			729	2,179
		계	842	1,012	1,211	1,359	834	124	5,382	16,941
	사립			127		167			294	2,960
	합계		842	1,139	1,211	1,526	834	124	5,676	19,901

부경성의 경우 1,000명당 6.6명이 진학한 것으로 보이는데, 강경의 경우
에는 55.5명, 군산은 39.3명 등으로 높게 나타났다. 이는 주로 개항장이

위치한 지역으로 강경, 마산, 목포, 군산, 진남포, 원산 등이 속하는데, 대개 1천 명당 20명 이상으로 높게 나타났다. 그리고 보통학교 재학생 중 14세 이하의 비중이 비교적 높은 곳은 청주, 동래, 성주, 상주, 의주, 북청, 성진 등으로 나타났는데, 이들의 비중은 80%를 넘었다.

반면에 50% 이하로 나타난 지역은 안성, 공주, 충주, 나주, 원주, 강릉, 정주 등지였다. 이들 지역은 전통적인 도시로서 15세 이상의 청년층들이 50% 이상으로 보통학교에 진학한 것으로 나타났다. 더욱 흥미를 끄는 것은 보통학교의 재학생 중에서 부모의 직업이 농업, 상업, 공업, 관공리, 기타 등으로 조사된 자료를 통해서 다양한 직업별 편차를 파악할 수 있다는 점이다.

또한 〈그림 3〉은 보통학교 재학생의 직업 중 농업, 상업, 관공리 3개 요소로 각 지역별 편차를 구한 것이다. 우선 농업의 경우 해당 지역의 산업이 농업 중심 지역의 경우에는 예상할 수 있듯이 농업의 비중이 높았다. 대표적인 곳이 충주〈그림 3〉의 9, 94%, 울산〈그림 3〉의 14, 82.6%, 경주〈그림 3〉의 17, 81.1%를 들 수 있다. 반면에 상업의 비중이 높은 곳은 개성〈그림 3〉의 3, 75.6%, 마산〈그림 3〉의 13, 72.4%, 원산〈그림 3〉의 38, 86.2% 등으로 주로 개항장이나 상업도시로서 성격이 짙은 지방의 경우였다.

한편 관공리의 비중과의 관련성을 보면, 관공리의 비중이 10%이상의 지역은 경성, 수원, 청주, 대구, 광주, 나주, 제주, 전주, 춘천, 강릉 등지로

---

166 아래의 그래프에서 원래 보통학교 재학생의 통계숫자는 1908년도 「제2회 관공립 보통학교 교감 회의요록」 중 부록 자료(1908.7)에 기초한 것이다. 비교 자료는 『민적통계표』(내부 경무국 편, 1910.5.10 조사) 및 『조선총독부통계연보』(1911, '〈표 52〉 주요 시가지 현주호구, 1909년 12월 말일') 자료를 이용했다. 특히 후자의 경우에서는 강경, 마산, 목포, 군산, 진남포, 원산 등 전자의 통계에서 빠진 지역의 통계를 추가하여 검토하였다. 결국 1908년 보통학교 재학생 및 부모직업 통계와 1909~1910년 자료를 일부 보충하여 그래프를 완성하였다.

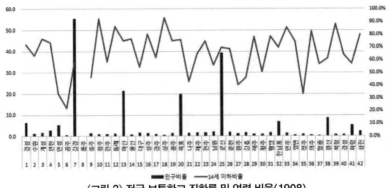

〈그림 2〉 전국 보통학교 진학률 및 연령 비율(1908)

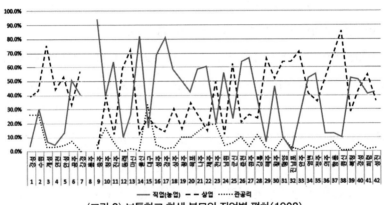

〈그림 3〉 보통학교 학생 부모의 직업별 편차(1908)

주로 도 단위의 관찰부와 거점도시가 이에 해당하였다. 이러한 1908년 전국 보통학교 학생 및 부모의 직업군을 살펴본 결과, 해당 지역의 인구 대비면에서는 개항장 지역이 보통학교의 진학률이 높았고, 동시에 상업의 비중이 높은 지역일수록 학생 수가 증가했음을 알 수 있다. 반면에 전통적인 농업 중심 지역에서는 보통학교에 진학하기 어려웠고, 특히 이 지역에서는 15세 이상의 청년층이 뒤늦게 진학하는 경우를 확인할 수 있다.

1908년 이후 새로운 학제로서 보통학교 설립 목표로 300여 개 부군에

1개교씩 설립한다는 원대한 목표에는 차질을 가져왔다. 전국 보통학교는 불과 50여 개에 그치고 있었고, 또한 각 도별 거점도시이거나 개항장 중심으로 일부 설치되었을 뿐이었다. 전체 인구와 대비하여 보통학교의 진학자는 1천 명당 2명에 불과할 정도로 아주 낮은 것이었다.[167]

이렇게 1906년 8월 이후 전국 각지에 설립된 관공립보통학교는 당시 한국인의 교육열과 기대를 충족시키지 못하고 있었다. 이에 전국 각지에서는 사립학교의 설립운동을 통하여 전통적인 서당에서 사립학교로 이어지는 민족 교육의 강화를 도모하게 되었다.

4) 사립보통학교의 설립운동과 민족운동 고취

1906년 이후 국권회복을 위한 실력 양성을 위해 각종 사립학교의 설립이 추진되었다. 이러한 분위기를 고취시킨 것은 1906년 3월 36일 고종의 「흥학조칙」에 주목하고 있다. 이 조칙에서는 "학부에서 학교를 널리 설치하는 한편, 각 부와 군에서도 학교 설립에 대해 특별히 신칙하여 마음을 다해 가르치는 방도를 강구하라"고 한 것이었다. 이는 통감부의 한국 교육 개혁에 발맞추어 나름대로 국내의 학교 설립운동을 고취하고자 한 것으로 보인다.[168]

이에 즈음하여 1906년 1월 경상북도 관찰사도 부임한 신태휴申泰休와 당시 지역의 계몽단체인 대구광문사가 연대하여 호응하여 「흥학훈령」을

---

167 이러한 보통학교 진학자의 비율은 일단 잠정적인 것일 수 밖에 없다. 전체 인구 통계상으로 학령인구에 대한 조사가 없었으며, 또한 통감부시기 호구조사는 실제 상황과는 크게 괴리되어 있었기 때문이었다. 이 부분에 대해서는 1910년 이후 총독부의 통계 자료와 비교하여 잠정 추정치로서 수정될 필요가 있다.

168 흥학조칙에 대해서는 민족 교육 강화를 위한 맥락에서 흔히 인용되고 있으나 당시 국권회복을 목표로 자발적인 사립학교 설립이 대세였다고 볼 수 있다. (권대웅, 「한말 경북지방의 사립학교와 그 성격」, 『국사관논총』 58, 1994, 27~29쪽)

발표하여 적극적으로 흥학을 도모했다. 당시 「흥학훈령」에서는 다음과 같이 학교 설립과 취학 장려의 원칙을 강조하고 있다.

8세부터 10세까지는 반드시 먼저 소학을 읽어 군신·부자의 윤리·예정의 강상綱常을 알게 한 후에, 진학하여 본국과 각국 역사지지, 산술 등을 공부하게 하여 통숙通熟하기를 기다린 후에, 다시 진학하여 정치, 법률, 격치 연구 등을 공부하면 소학, 중학, 보통학, 대학교의 차례로 졸업의 순서가 그 안에 있으니 본말을 반드시 갖추는 것이다. 각 기간은 1, 2년에 한하여 순서대로 나아가면 10년 이내에 졸업하니, 20세 이전에 완성하는 것이다. (…중략…)

부에 심상소학교 외에 장차 사범학교 1교를 두어 사방에서 총명하고 뛰어난 인재를 많이 뽑아 그 연령과 재능에 다라 학과를 순서대로 빠르게 성취하도록 한다. 지금 각 지방에 100호 당 1교씩 학교를 두고 100호 내 주민이 자제를 취학하게 하여 교칙을 준수하는 것으로 시험하고 감독하면 아국인의 뛰어난 자질로 각국인의 교육 성취와 다를 바 없지 않겠는가.[169]

위의 경상북도 훈령에는 각 지역에서 8세부터 13세까지 전통 유학에서 시작하여 시무학문으로 나아가는 것을 목표로 하며, 소학, 중학, 보통학 정도의 교육 과정을 거치게 하고 대체로 6년제로 운영하는 것을 목표로 하였다. 특기할 것은 각 군 지역에서 100호 단위로 1개의 학교를 설립하고, 이를 호당 각 1냥 5전씩 교육비를 별도로 거두고, 만약 취학할 자제와 조카가 취학하지 않을 경우 벌금제를 물리는 것을 주장하였다. 여기서 주목할 것은 "4. 각 면·동 서당 각색은 일체 폐지하고 해당 숙사塾師는 그

---

169 「흥학훈령(興學訓令)」, 『황성신문』, 1906.3.21; 1906.3.23.

대로 머무르는 것을 불허하고, 숙에 속했던 세입 전곡 혹은 전답은 모두 해당 통내 학교에 속할 것"이었다. 기존의 서당 교육을 폐지하는 대신, 소학에서 보통학에 이루어지는 공립신식학교로의 전환을 요구한 것이다.

이러한 조치에 따라 불과 3개월만인 1906년 6월에 경상북도 관내 41개 군에서 370개 학교가 설립되었고, 학생 수는 4,500여 명에 달하게 되었다고 한다.[170] 실제 경영난에 빠진 학교들이 많았는데, 이후 경상북도 차원에서 설립하기로 한 사범학교의 경우에도 지역에서 의연금을 내기로 약속한 부호들이 돈을 내지 않아 학교 유지가 어려워지고 결국 1년여 만에 폐교 지경에 이르게 되었다고 하였다.[171]

그러면 전국 각 지역에서 관공립학교와 사립학교 및 서당과의 관계를 알기 위해 전라북도 각 군의 학교 현황을 살펴보자.[172]

우선 전라북도 서당 교육의 분포를 살펴보면, 28개 군에는 전주 56개, 금산 62개에 이르기까지 편차가 많았다. 전체 전북 서당의 수효는 496개로서 서당에 다니는 학생 수는 3,724명이나 되었다. 각 서당에 7.5명 즉 8명 정도가 수학하고 있었고, 이들은 천자문을 비롯하여 공자, 맹자의 한문 수학을 위주로 이루어진 것으로 보인다. 이들 서당의 학도들은 대개 수개월에서 1년 정도 수학하고 있다면 이후 관공립학교나 사립학교로 진학하기 위한 예비 과정이라고도 할 수 있다.

---

170 「영교확장(嶺校擴張)」, 『대한매일신보』(국한문), 1906.6.3.
171 「교폐일점(校廢日占)」, 위의 신문, 1907.12.25.
172 자료의 순서는 공립학교, 사립학교, 서당 순으로 조사되었고, 사립학교는 1910년 5월 조사, 서당은 11월 조사의 결과이다. 통계치로서 서당 학생 수의 경우 총계 3,724명(원본 3,722명으로 오류)이며, 사립학교 학생 수도 총계 3,819명(원본 3,877명으로 오류), 공립학교 학생 수도 937명(원본 956명으로 오류)이며 공립학교의 경우 본과 이외에도 군산보통학교에 57명, 전주보통학교 19명 등 76명이 별도로 기대되어 있다. (『전라북도조사재료』, 1910(서울대 규장각한국학연구원 소장))

〈표 17〉 전라북도 각급 학교의 현황(1910.5·11 조사)

순서	군명	서당			사립학교				공립학교	
		서당 수	학생 수	평균	교명	학교 수	학생 수	평균	교명	학생 수
1	고부	14	81	5.8	기독 양명	1	30	30	고부 보통	144
2	고산	29	175	6	봉양 외 4	5	214	42.8		
3	고창	3	23	7.7	양명 보통	1	95	95		
4	군산	0	0		진명 보통	1	25	25	군산 실업	32
									군산 보통	187
5	금구	14	59	4.2	천주교 인명 외 2	3	183	61		
6	금산	62	379	6.1	기독 심광 외 1	2	99	49.5		
7	김제	1	15	15	기독 동명	1	26	26	삼성 보통 (김제 보조)	67
8	남원	16	106	6.6	0	0	0		남원 보통	144
9	만경	28	205	7.3	만경 보통 외 1	2	155	77.5		
10	무장	11	126	11.5	동명 외 1	2	154	77		
11	무주	10	91	9.1	0	0	0			
12	부안	13	73	5.6	영명 외 3	4	217	54.3		
13	순창	26	653	25.1	순창	1	91	91		
14	여산	2	11	5.5	황산 창흥 외 1	2	144	72		
15	용담	8	106	13.3	용강 외 2	3	130	43.3		
16	용안	1	5	5	기독 영신	1	111	111		
17	운봉	14	74	5.3	만성	1	95	95		
18	익산	1	16	16	육영 외 3	4	151	37.8		
19	임실	49	201	4.1	기독 양춘	1	23	23		
20	임피	3	29	9.7	임영 외 6	7	307	43.9		
21	장수	39	192	4.9	동신 외 3	4	191	47.8		
22	전주	56	430	7.7	함육 보통 외 8	9	399	44.3	전주 농림	47
									전주 보통	230
23	정읍	1	25	25	기독 사성 외 1	2	78	39		
24	진산	12	123	10.3	취영 외 2	3	176	58.7		
25	진안	29	205	7.1	문명 외 4	5	281	56.2		
26	태인	30	187	6.2	인명 외 2	3	160	53.3		
27	함열	5	36	7.2	보명 외 2	3	121	40.3	함열 보통 (보조 지정)	86
28	흥덕	19	98	5.2	흥성 외 2	3	163	54.3		
총계		496	3,724	7.5		74	3,819	51.6	8	937

다음으로 사립학교는 각 지역별로 1개에서 9개교에 이를 정도로 역시 편차가 다양했다. 그중에서도 사립학교 수가 많았던 지역은 전주9개교를 비롯하여 고산5개교, 부안4개교, 익산4개교, 임피7개교, 진안5개교 등이었다. 이 중에서 물론 기독교, 천주교 계통의 학교가 많았다. 전라북도 전체 28개 군에 74개교가 설립되었으므로 대략 1개군에 2.6개교이었으며, 전체 학 생 수는 3,819명이나 되었다. 이들 학교의 평균 학생 수는 51.6명이었다.

반면에 관공립학교는 모두 8개교로 전주농림학교, 군산실업학교 이외 에 공립보통학교가 고부, 군산, 남원, 전주 등 4개교, 보조 지정 학교 2개 등이다. 이들 공립학교에 재학 중인 학생은 모두 937명이었다. 이들 공립 과 사립학교들은 보통학교 수준의 학교와 그 이상의 학력을 유지하는 학 교 등 다양하게 이루어져 있었고, 수업 연한은 대개 3년 혹은 4년에 준하 여 운영되었다.

1910년 당시 공립과 사립학교에 진학하는 학생 수에서는 937명8개교, 3,819명74개교이었으므로 수학 인원 대비 '1대4' 정도로 사립학교에 진학 하는 학생 수가 압도적으로 많았다. 이는 이른바 '모범 교육'이라는 일제 통감부의 식민지 분리 교육정책을 받아들이는 관공립학교와 달리 전국 각지에서 다양한 주도계층에 의해 설립된 사립학교가 훨씬 교육 과정의 측면이나 교육의 질적 상황도 크게 달랐다. 지역사회에서의 여론도 이른 바 교육입국이나 식산흥업을 위한 민족 교육의 발흥이라는 취지에 공감 하였던 분위기임을 알 수 있다.

이렇게 전국 각 지역에서 학교 설립의 열풍이 크게 진작되었음에도 그 러한 학교가 정착되기 위해서는 여러 가지 불리한 여건을 극복해야 했다. 〈표 18〉은 1895년 이후 사립학교의 설립 추이를 간단한 표로 정리한 것 이다.[173]

연대 지역	1895~ 1904	1905	1906	1907	1908	1909	누계	1910년 당시 전국 인구	1만 명당 학교 비율
한성부	58	19	58	25	45	21	226	233,590	9.7
경기	22	13	21	33	84	38	211	1,103,803	1.9
강원	2	1	6	7	16	15	47	774,447	0.6
충남	5	2	18	11	35	30	101	874,559	1.2
충북	0	3	13	3	8	17	44	532,362	0.8
경남	6	6	14	9	47	22	104	1,365,079	0.8
경북	6	1	11	12	21	19	70	1,530,564	0.5
전남	5	0	5	1	25	10	46	1,502,759	0.3
전북	1	1	3	3	25	14	47	945,420	0.5
황해	3	6	9	13	91	50	172	962,852	1.8
평남	8	10	19	31	94	32	194	884,413	2.2
평북	5	3	36	34	124	39	241	947,892	2.5
함남	10	4	8	19	42	19	102	825,815	1.2
함북	3	1	6	11	10	6	37	435,143	0.9
누계	134	70	227	212	667	332	1,642	12,918,698	1.3

　　1905년 이후 사립학교 설립의 추이를 보면, 1905년에는 전국 신설학교가 70개교에 지나지 않았지만, 1906년 이후 본격적으로 227개 이상으로 크게 늘어났다. 이러한 추이는 1908년 당시 다시 667개교로 크게 증가하였으나 통감부의 통제 정책으로 인하여 이후에 다시 축소되어 신설학교 수가 332개에 이르렀다. 1905년 5월 이후 사립학교의 설립에 관한 신문 기사에 의하면, 1905년에는 일반 1,010개 학교, 종교계열 698개 학교 중에서 학부에 승인된 학교는 242개 학교였으며, 1909년 11월에는 당시 학부가 구체적으로 조사한 것에 의하면, 고등학교 1개교, 실업학교 5개교, 보통학교 15개교, 보조 지정학교 23개 학교, 보조학교 31개교, 종

173　김정해, 「1895~1910 사립학교의 설립과 운영」, 『역사교육논집』 11, 1987, 134쪽, 〈표 2〉 중 1910년 당시 인구와 인구 1만 명당 학교 비율을 추가하여 일부 수정함.

교학교 828개 학교, 기타로는 1,226개 학교에 이르렀다. 1910년 5월 현재 학부에서 설립 인가를 받은 학교의 수는 고등학교 2개교, 실업학교 7개교, 보통학교 16개교, 종교학교 823개교, 각종 학교 1,402개교로 나타나 있다.[174] 이에 따라 1909년까지 사립학교 신설은 무려 1,642개의 설립으로 나타났으며, 서울 지역에서는 인구에 비해 사립학교가 집중적으로 설립되었다. 서울 인구 1만 명당 9.7개 학교로 매우 높았고, 그 다음으로 평안북도와 평안남도가 높았으며, 경기도, 황해도, 함경남도, 충청남도의 순이었다. 특이한 점은 강원도 지역에 신설된 사립학교 수는 47개에 불과했지만, 1만 명당 학교 비율의 측면에서는 경상북도, 전라남도, 전라북도 등에 비추어서도 약간 높은 수준이었다는 점이다.

당시 사립학교의 교육 과정과 운영 실태에 대해서는 1909년 평안북도 관삭공립보통학교 교감으로 부임했던 일본인 교원 스기 쓰나고로杉崎綱五郎의 구술 증언이 있다.[175]

그때 사립학교는 평안북도에만 약 356개교 있었던 것으로 기억한다. 곽산군은 겨우 7면인데 사립학교는 17교나 있었다. 그중 야소학교가 5개교, 일반학교가 12개교, 공립보통학교는 단 1개교 뿐이었기 때문에 세력도 그다지 크지 않았다. 생도 수는 많으면 100명 내외, 적으면 20~30명 정도였다. 수업연한은 4년으로 거기에 유치과가 있는 것도 있고, 고등과 2년이 있는 것도 있고, 중학 정도의 것도 있어 다양했다.

(교육 과정) 그중에는 보통학교 정도인 학교인데도 영어를 더하고 대수기하 나

174 다와라 마고이치(俵孫一), 『한국 교육의 현상』, 1910, 555~556쪽.
175 김광규, 『일제강점기 초등 교육정책』, 동북아역사재단, 2021, 97~98쪽, '제1장, 근대 개혁기 초등학교의 전개와 굴절' 재인용.

외국지리, 외국역사, 법정경제 등을 더한 학교도 있었다. 교과서도 다양해서 그 중에는 발매 금지가 되어 있는 것을 모르고 사용하는 경우도 있었다. 생도의 작문을 보면 정치론, 경제론, 문학론, 도덕론 등 실로 어려운 논문을 쓰고 있었 다. 그것이 12, 13세 아동이 하고 있는 것이니 실로 기가 찰 따름이다. 또 토론회라는 것 도 있어서 완연 제국의회 토론을 보는 것 같았다. 생도들의 언론은 정국에 관한 연설로 박수로 시작해서 박수로 마치는 모양새이다. 그것을 교사도 생도도 모두 하고 세간 에서도 상당히 효과가 있었던 것으로 생각하고 있다. 그래서 사립학교 측에서 공립보통학교 보기를 마치 애들 보듯했다. 수준을 상당히 낮게 보았다. 그래서 보통학교 따위 돌아보려 하지도 않았다.[176]

위와 같이 스기 쓰나고로의 회고에 따르면, 당시 근무하던 곽산공립보 통학교의 상황과 대비하여 일반 사립학교에서는 다양한 교과서용 도서 를 사용하였고, 교육 과정과 상관없이 영어, 대수기하, 외국역사·지리, 법정경제 등의 과목을 가르치기도 했다는 것이다. 무엇보다도 교사와 학 생이 참여하는 토론회나 주제별 작문의 수준이 높아서 보통학교 따위는 낮게 보려는 풍토를 지적하였다.

이렇게 1906년 이후 당시 관공립보통학교를 통한 일본의 신식 교육체 계에도 불구하고 조선의 각지에서 설립된 사립학교의 열풍은 신식 학문 수용 교육 및 민족 교육을 크게 활성화되었다고 할 수 있다. 다만 이러한 사립학교에는 기존의 보통학교 등 관공립학교에 입학하는 학도 수에 비 해 4배 이상의 학생이 수학하고 있음에도 불구하고 당시 조선의 학령 인 구에 비해서는 크게 미흡한 것이라고 할 수 있다.

---

176 스기 쓰나고로(衫崎綱五郞), 「감개무량」, 『조선』 3월호, 1924.

그런데 이러한 신식 교육을 위한 학교 신설과 신식 학문의 장려는 또 다른 의미에서 각 지역의 교육열풍을 가져와서 특히 기존 교육의 혜택을 전혀 받지도 못했던 일반 민중들의 부모세대들에게 각성을 가져오게 되었다. 이는 학교의 안에서가 아니라 학교의 밖에서 학교를 통한 지역의 축제인 연합운동회를 통해서 각 지역사회와 민중들에게 커다란 반향을 일으키고 있었다.

5) 신식학교의 연합운동회 확산과 지역 민중의 참여 확대

1906년 이후 전국 각지에서 학교별, 지역별 연합운동회가 개최되었다. 이러한 연합운동회는 신식 교육 과정 중에서 체육을 중요시했다. 체육은 교육 과정에 새로 들어갔으며, 또한 체력을 키워 한국의 독립주권을 회복하기 위한 목적으로 장려되었다.

우선 서울에서는 1906년 5월 훈련원에서는 춘계 관공사립 각 소학교 운동회를 개설하였다. 이는 한성부 내만 아니었다. 서울의 계산학교桂山學校와 보성학교普成學校만이 아니라 강화 보창학교普昌學校, 인천 영화학교永化學校 등도 참여하는 한성 및 경기도를 포함하는 범지역 연합운동회였다.[177] 이때 참여한 학교는 무려 소학교 31개교로 교장, 교사, 학생 4천여 명이 참가하였다. 이 운동회는 주로 1백 보, 2백 보 장애물 경주, 제광提筐 : 광주리 끌기 경주, 계산計算 : 달리기 도중 계산 풀기 경주, 광조廣跳 : 멀리 달리기, 고조高跳 : 높이뛰기, 기취旗取 : 깃발 빼앗기, 납승拉繩 : 줄다리기 등 여러 종목이 이어졌다.

당시 운동회의 모습은 『보통학교 국어독본』에 다음과 같이 묘사되었다.

---

177 「관공사립소학교연합운동속문(官公私立小學校聯合運動續聞)」, 『황성신문』, 1906. 5. 16.

〈그림 4〉 연합운동회 깃발 빼앗기 장면(『보통학교 학도용 국어독본』 4권, 1909, 19쪽)

[제7과 운동회 1]

금일은 우리 학교의 운동회라, 작야昨夜에 천기가 흐린 고로 비가 올가 염려하여 안면安眠치 못하였더니 금조今朝에 조기早起하여 일기를 관측하니 구름이 일점도 없고 소언少焉에 일광이 고고杲杲한지라. 아등我等은 흥투興奮한 마음으로 학교에 회집하여 운동장에 들어가니 각색기는 바람을 조차 변변便便하고 학도 등은 떼를 지어 왕래하는지라. 운동장 주위에 회집會集한 관광인의 머리는 춘회春花가 만개함과 흡사恰似하더라.

오전 9시에 선생이 운동장 가운데 높은 대상臺上에서 호각 일성을 취하吹下하는 고로 아등은 일제히 취합하여 연합체조를 시작하니 관광자觀光者들이 서로 칭찬하여 말하되 학도의 행동이 정제整齊하다 하며 혹은 복색이 화려하다 하는 고로 아등은 더욱 감투한 마음이 있는지라.

운동장을 돌아본 즉 6백 척이라. 6백 척 도보 경주에 1등상을 취取코저하여 매일 열심히 연습하였더니 이때를 당하여 아등과 선생과 관광인까지라도 일체로 경심傾心주목하여 경주의 승부를 기다리는데 그 경주는 5차라 매차 1등을 위할 때마다 박수갈채하는 소리가 산악이 무너지는 듯 하더라.[178]

이러한 운동회에 대해서 처음에는 각급 학교의 교과 과정에서도 있었고 또한 연합운동회도 춘계, 추계로 장려하는 사항이 되었다. 한국통감부는 1906년 9월 '보통학교령 시행규칙'을 개정하면서 체조와 관련하여 "처음에는 유희를 적의適宜케 하고 점차 규율적의 동작을 행行케 하고 보통체조를 가수加授하며, 또 협동적 유희를 작作케 하되 시의時宜를 종從하여 체조 교수 간의 일부 나 혹 교수 시간 외에 적의適宜한 호외戶外 활동을 행行"하도록 규정하여 이전에 병식 체조를 전혀 언급하지 않고 유희, 보통체제, 호외와 협동적 유희 등을 위주로 하는 체조 교육 과정을 바꿔나가려고 하였다.[179] 그렇지만, 사립학교에서는 초등학교에서도 병식 체조가 실시되었다. 1906년 7월 풍덕군 광무학당은 학당장 육군 노백린盧伯麟의 도움으로 병식 체조가 실시되었고, 졸업식에서도 학생 55명이 병식 체조와 애국가로 행사를 치르기로 했다고 하였다.[180]

---

178 「제7과 운동회 1」학부편, 『보통학교 학도용 국어독본』권 4, 초판 1907. 2. 2~5(1909. 11. 20), 18~22쪽.

179 "十 體操 身體의 各部를 均齊히 發育케 ᄒ며 四肢의 動作을 機敏케 ᄒ야 全身의 健康을 保護增進ᄒ고 精神을 快活剛毅케 ᄒ며 兼ᄒ야 規律을 守ᄒ고 協同을 尙ᄒᄂ 習慣을 養홈으로 要旨를 홈이라 初에ᄂ 遊戲를 適宜케 ᄒ고 漸次 規律的의 動作을 行케 ᄒ고 普通體操를 加授ᄒ며 쏘 協同的 遊戲를 作케 호딕 時宜를 從ᄒ야 體操敎授時間의 一部나 或 敎授時間 外에 適宜ᄒ 戶外運動을 行케 홈이라 體操의 敎授에 依ᄒ야 習成ᄒ 姿勢를 居常保有홈을 務홈이라." (『관보』, 1906. 8. 27, 학부령, 제23호 「보통학교령 시행규칙」)

180 「광교방학식(光校放學式)」, 『대한매일신보』, 1906. 7. 28; 이하 이계형, 『대한제국기 통감부의 식민교육정책 연구』, 국민대 박사논문, 2007, 129~206쪽, '제2장, 제2절, 사립학교의 통제와 탄압'.

서울에서의 연합운동회는 날로 진작되어 확산되었다. 1907년 10월 26일에 열린 관사립학교 추계 연합대운동회에는 역시 훈련원에서 개최되었다. 참여한 학교는 관공립은 관립수학원, 사범학교를 비롯하여 20개 학교와 사립으로는 사립은 54개교 등 74개 학교로 확대되었다.[181] 당시 참여학교는 서울에 소재한 학교뿐만 아니라 인천영화학교, 수원양규의숙 등 주변 여러 지역에 설립된 학교들도 참여하였다.

　이날 의식 순서에서 순종황제는 아래와 같은 칙어를 내렸다. "짐이 유惟컨대 운동회는 소년자제의 체육 장려함을 위함이니 정신을 유쾌히 하고 협동일치協同一致의 덕성德性을 함양하는 양법良法이라. 금일 훈련원에서 관공사립 연합운동회 설행함을 문聞하니 임원급 학원 등은 공명정대한 행동을 작하여 반드시 그 목적을 달함을 신愼하라. 이내 시신侍臣을 견遣하여 그 실황을 관찰케 하노라. 짐이 시신의 복명復命을 대待하여 양호良好한 성적을 문聞코져 하노니 유이임원惟爾任員급 학도學徒 등은 열성熱誠을 용用하여 국민체육國民體育의 선도자先導者가 될 모범을 전국에 시示함을 기극期克히 그 공功을 완完할지어다"라고 하면서,[182] 순종황제는 임원 및 학도들에

181　"관립수학원(官立修學院) 사범학교, 영어학교, 일어학교, 고등학교, 대한의원, 법어학교, 덕어학교, 한어학교, 재동보통학교, 공업전습소, 인현보통학교, 어의동보통학교, 관동보통학교, 경교보통학교, 매동보통학교, 정동보통학교, 수하동보통학교, 중동보통학교, 인천보통학교오 사립에는 인명의숙, 개성학교, 고아원, 약명학교, 인천영화학교, 흥영학교, 공옥학교, 승동학교, 삼호학교, 창명학교, 홍인학교, 광동학교, 청연학교, 균명학교, 장훈학교, 동흥학교, 삼일학교, 보성전문학교, 우산학교, 현성학교, 인창학교, 왕신학교, 보성소학교, 광흥학교, 야동학교, 대동학교, 계산학교, 광무학교, 파성학교, 순동학교, 한북학교, 청년학교, 배재학당, 돈명의숙, 한남학교, 경찰학교, 청풍학교, 진명학교, 양정의숙, 보성중학교, 휘문의숙, 보광학교, 해동의숙, 광성실업학교, 중교의숙, 선린상업학교, 흥화학교, 여자보학원, 인천영화여학교, 진명여학교, 화성여학교, 상동여학교, 양규의숙, 기독여학교러라."(「관사립학교추계연합운동회경황」, 『황성신문』, 1907.10.27)
182　「시사일보(時事日報)」, 『서우』 제13호, 1908.10.27.

게 국민체육의 선도자가 될 모범을 보이라고 당부하였다.

이번 연합운동회의 순서는 전대열이 집합정렬하여 운동가를 부르고 전대 행진과 전대 연합체조를 행하고 제4는 송기送旗 경주, 단체 수학원, 1회, 제5는 도보 경지, 상등학교, 3회, 제8은 기취 경주, 여학도 3회를 거친 후 점심을 먹고 학교체조가 각 학교별로 이루어졌다. 이후 기마기취 경주, 구호대 경쟁 달리기, 순간송기巡竿送旗 경쟁, 결선 도보 경주, 중등학교 1회, 보통학교 1회, 직원 경주, 내빈 경주, 그리고 마지막 순서로 모든 참여한 대열이 정렬하여 만세를 부르고 폐회하였다.[183] 이날 참여한 일반 학도의 수는 6천여 명으로 추정되었고, 그밖에 교직원 및 관광객들도 수천 명에 이르는 커다란 행사였다.

이러한 연합대운동회는 단지 서울에서만 개최된 것은 아니었다. 전국 거점도시에서 주로 개최되었는데, 인천, 강화, 개성, 수원,[184] 평양[185] 등지가 유명했다. 강화군의 경우에는 1909년 6월에 개최된 공사립 각 학교

---

183 「관사립학교 추계연합운동회 경황(官私立學校秋季聯合運動會景況)」, 『황성신문』, 1907.10.27.

184 "여도인운동(女徒人運動) — 각 여학교 대운동은 이왕에 기재한 것과 같이 그저께 장충단에서 거행했는데 학원의 나이가 많은 학교에서는 참여하지 않고 성내 여섯 여학교와 수원 여학교가 와서 참여한 바 학도의 숫자는 203명이오 여학교 각 내빈 부인이 다수 참여했는데, 그 절차는 좌(左)와 같으니 (…중략…) 학도들의 기예는 계산 경주와 반을 계난 일과 취투구에서 취등인데 우승은 진명여학교 김영정만·김학실·박봉금·유복순이며, 제2등에는 수원여학교 안재식·차옥남, 제3등에는 양규의숙 이문재 등이고 또 어떤 내민(來民) 부인들이 경주하고 각 남자 학도들도 경주해 각각 상을 수여했으며 대내에서 칙사를 보내 노문(露文)하시고, 또 면보와 가자들을 하사하압시고 각 유지인(有志人)과 여러 사회에서 연필·지묵·공책·태극선 등물을 기부하였다더라."(『제국신문』, 1907.5.27)

185 1907년 3월 평안도 각 학교 연합운동회가 관찰사 이시영, 강서 군수 이우영 등이 발기하여 개최되었는데, 학생을 비롯한 참관인이 2만여 명에 달하였다고 한다.(「시보(時報)」, 『서우』 제6호, 1907.5.1)

연합운동회의 경우에는 남녀학도의 수가 무려 1,200여 명이 참여하고, 지역의 유지들의 협찬금이 다수 모금되어 행사 비용으로 지출되기도 하였다.[186]

또한 개성 지방의 연합운동회에서는 지역의 많은 시민들이 참여하는 축제로 변화하였다. 우선 개성 지역에 여러 사립학교를 설립한 배경에는 1906년 6월에 결성된 '개성교육총회'의 활동이 컸다.[187] 1906년 6월 '개성교육총회취지서'에서는 "오늘날 최대 급무자가 반드시 먼저 학교를 세우고 교육을 보급하는 데" 있다고 하면서 국민이 되어 국민의 의무를 알지 못하는 현실을 개탄하였다.[188] 개성교육총회는 개성 지역 사립학교 설립운동을 주도하는 중심단체가 되었다. 회장 이건혁李健爀을 비롯한 다수 회원들은 강연회 개최 등을 통하여 교육의 중요성을 알리고 관내 사립학교에 대한 재정적 지원도 도모하였다.

1906년 9월 23일에는 당시 개성부 사민士民들이 고종황제의 만수성절을 경축하기 위한 행사가 개최되었다. 개최 장소는 경덕궁慶德宮이었다. 당시 개성부윤과 일본 관헌, 각급 학교의 학도와 대소인민이 운집하여 무려 만여 명에 이르렀다고 한다. 각급 학교의 학생들로 개성학당, 배의학도 등이 참석하는 모습은 당시 『대한매일신보』를 비롯한 여러 신문에서 상세하게 다루었다.[189]

---

186 「강화(江華) 각 학교(學校) 연합운동시(聯合運動時) 의연 제씨(義捐 諸氏)」, 『대한매일신보』(국한문), 1909.6.29; 「강화운동(江華運動)」, 1909.6.30; 「강화운동 성황(江華運動盛況)」, 『황성신문』, 1909.6.29.

187 김형목, 「한말 경기도 사립학교 설립운동의 전개와 성격」, 『한국독립운동사연구』 32, 2009, 137~138쪽.

188 「개성교육총회 취지서(開城教育摠會趣旨書)」, 『대한매일신보』(국한문), 1906.6.28. 발기인은 윤응두(尹應斗), 박대양(朴戴陽), 강조원(姜助遠) 등이다.

189 「경덕궁경축(敬德宮慶祝)」, 위의 신문, 1906.9.23.

1907년 11월 9일 개성 지방 연합대운동회가 성황리에 개최되었다. 당시 공·사립 각급 학교 학도들이 만월대 위에 설치된 운동장에 모였다. 이때 참여한 학교는 "공립보통학교와 개성학당開城學堂과 맹동의숙孟東義塾과 배의학교培義學校와 한영서원韓英書院과 춘우학당春雨學堂과 영창永昌, 보창普昌, 산송명山松明, 광명光明, 서호西湖 등 각 학교 학도" 등 7~8백 명이 모였다. 대규모의 연합운동회를 두고 기백년래에 처음 있는 성황을 보였다고 말할 정도였다.

1908년 3월에도 개성학당, 배의학도, 중경의숙塾, 사령부야학교司令部夜學校 등 모두 550여 명의 학교 학생들이 대거 참여했다.[190] 이후 경덕궁은 각급 학교에서는 매년 추계운동회를 개최하는 장소로 이용하게 되었다. 1908년 4월 28일에도 개성 만월대에서 춘기 대운동회가 개최되었다. 이때 참석한 학생들은 공립보통학교, 개성학당 등 10개 학교에서 모두 897명이 참석하였다.[191] 1908년 10월 24일 개최된 개성배의학교開城培義學校가 경덕궁에서 개최되었고, 이러한 추기운동회에 후원자들도 많이 등장했다. 개성학교와 학도 부형, 다양한 사람들이 후원자로 참여한 것이다.[192]

이렇게 주기적으로 개최된 춘기·추기 연합대운동회는 1909년 5월 1일에도 이어졌다. 이때 개최 주관은 개성학회開城學會에서 담당하였다.[193]

---

190 이날 12시에 개성상업회의소에서 경축예식을 시작하여 하오 1시에 남문루상에서 사민합동경축회(士民合同慶祝會)를 거행하였으며, "其中에 愛國思想으로 含淚ᄒᄂ 者도 有ᄒ고 崇呼萬歲소리에 天地震動ᄒᄂ 듯"하였고, 하오 6시부터는 제등식을 갖고 종로 상에서 개성학회와 상업회의소, 각 학교가 연합하여 망궐례(望闕禮)를 거행하였으며 11시까지 경축하였다고 한다. (「경축성황(慶祝盛況)」, 위의 신문, 1908.3.13)

191 「개교운동(開校運動)」, 위의 신문, 1908.10.28.

192 「배교운동(培校運動)」, 위의 신문, 1908.10.28.

193 1906년 이래 개성 지역 교육 개혁을 주도하였던 개성교육총회는 1908년 2월 개성학회로 명칭을 개칭하였다. (「개성교육총회(開城敎育總會)를 개성학회(開城學會)로 개칭」, 『황성신문』, 1908.2.22; 「총회풍파(摠會風波)」, 1908.2.12; 「유유미만(猶有未

운동회를 개최한 장소는 개성군 남부 반구정反求亭 앞이었고, 개성군 내 관립보통과 사립맹동학교 등 18개 학교, 두라·정화여학교, 일본인공립학교 등 21개 학교 생도 1,667명이나 참석하였다. 여기에 각 학교 직원 280여 명, 관리 및 경향 각 회사와 외국 신사가 수천인, 관광하는 사士와 녀女가 무려 약 10만 명에 이르렀다고 하였다. 이때 각급 학교의 참여 학생 및 교직원을 포함하여 약 2천여 명에다가 관람한 숫자까지 포함하여 10만 명에 이르렀다고 할 정도로 과장된 숫자를 보고하기도 하였다. 그만큼 지역의 학교 행사로서 연합운동회의 규모가 매우 컸음을 알 수 있다. 이 연합운동회는 1909년 5월 1일 단오에도 이어져, 행사장에 태극기를 게양하고 또 폐막 때 만세를 삼창하였다. 이는 관립과 사립보통학교들을 망라하고 있었고, 이 연합운동회 행사에 다수의 관람자들이 참여함으로써 지역에서 신식 교육과 지역 축제로서 크게 확산되었음을 알 수 있다.

이는 신식학교 교육의 체육 활동의 연장선에서 근대 시민의 오락, 체육의 장소로서 장소적 의미라는 변화를 보이는 것이다. 이는 근대 신식 교육의 축제이자 시민의 축제로서 근대 체육공원의 장소적 의미를 부여해 주는 역할을 보이는 것이라 할 수 있다. 이는 일제의 침략이 강화되는 가운데, 서울을 비롯한 전국 주요 도시에서 진행된 학교 설립과 운영의 주도층들이 체육 활동과 매개되어 애국계몽운동을 전개하고자 했던 의도를 찾아볼 수 있다.[194]

滿)」, 1908.2.23) 신문기사에는 '□一十一校'로 되어 있으나 문맥상으로 모두 21개로 유추된다.(「개성운동성황(開城運動盛況)」, 『황성신문』, 1909.5.5)

194 왕현종, 「일제 초 개성 시가지의 변화와 개성상인의 경제 기반」, 『동방학지』 194, 2021, 217~219쪽.

계몽운동의 민중의 정치 동원과
민중의 정치 참여 무산

1. 민중을 나타내주는 용어의 변천

19세기 말 민중은 조선왕조의 낡은 체제와 관료·지배층의 수탈로 인하여 곤란한 생활을 영위하였다. 이들은 자신들의 노동의 대가를 제대로 받기 위해 노력했으나 토지 소유자인 양반 지주나 권력의 조세 수탈로 인하여 많은 부분을 강탈당했다. 이들은 이에 개인적으로나 사회적으로 저항했고, 함께 모여 지역 내에서 이해당사자들에 대한 개개인의 투쟁으로부터 시작하여 집회와 소장 청구를 통해서 집단적인 항의에 나섰다.

민중들의 투쟁은 19세기 내내 계속되었고, 마침내 1894년 농민전쟁을 통해 폭력적인 형태로 폭발되었다. 이 시기 민중의 삶과 의식의 성장을 다루려고 하는 이 책은 이들이 어떻게 독특한 세계관을 형성하였고, 당시 현실에 대해 어떻게 집단적인 힘으로 나서게 되었으며, 또한 이들의 현실 인식, 혹은 개혁의 구상이 얼마나 실현될 수 있었는가를 살펴보려고 하였다.

따라서 이 책은 19세기 말에서 20세기 초에 이르는 시기에 민중의 삶의 변화를 다층면에서 보려고 하였다. 크게 2개의 시기로 구분하여 고찰하였는데, 우선 1860년대 농민항쟁 이후 1894년 농민전쟁에 이르기까지, 또한 1898년 독립협회의 정치 개혁운동을 거쳐 1905년 이후 계몽운동과 의병운동에 이르기까지를 나누어 검토하였다. 이 시기 민중들은 전국 각지에서 일어나 일정한 연계를 경험했고, 심지어는 서울로 진격해 들어가기도 하고, 또한 거주지 주변에서 중앙권력과, 그리고 일본군과 치열하게 싸우기도 하였다. 2개의 획기를 통해 1894년까지 도달한 민중의 의식 성장과 이후 1905년 이후 국권과 민권의 문제를 어떻게 직면하고 있는가를 각기 살펴보려고 하였다.

그런데 민중의 의식 성장을 다루기 위해서는 민중 자신이 기록한 형태의 문자적 자료나 비문자적인 기록물을 통해서 알 수 있어야 한다. 그렇지만 현실적으로 이러한 민중의 기록을 찾아내기는 매우 어렵다. 실제 19세기 내내 민중들은 자신의 권리를 확보하기 위한 투쟁을 소장을 제출하는 재판 과정에서, 그리고 국가의 부당한 지배와 수탈에 대한 저항의 움직임을 끊임없이 지속했기 때문에 수많은 기록을 남기고 있다. 다만 그러한 기록은 매우 단편적이고, 전후 관계를 알 수 없는 것이 대부분이며, 기록물의 최종형태조차 조선사회의 지배층에 의해 간접적으로 기록되고 윤색되기 일쑤였다. 또한 민중의 기록은 그 자체로 관련자의 이름도 그 배경도 제대로 알 수 없는 경우가 대부분이었다. 이 책에서는 다룬 『학초전』을 비롯하여 『민장치부책』, 각종 호소문 등 민중의 소원을 담고 있는 기록물을 적극 활용하기는 했지만, 역시 충분히 활용하기에는 역부족이었음을 실감할 수밖에 없다.

민중에 대한 용어는 유사 이래 '인민人民'이라는 용어가 가장 오랫동안 쓰여왔다. 이는 하나의 통시대적인 용어라 할 수 있다. 반면에 '민중'이란 사전적으로 "국가나 사회를 구성하는 일반 국민, 피지배계급으로서의 일반 대중을 이른다"라고 정의된다^{『표준국어대사전』}. 그러나 사전적 정의에서는 이미 국민, 피지배계급이라는 특정 언어를 수반하고 있어 정확한 시대적 의미를 담고 있지는 않다. 다른 한편으로 민중民衆이란 "국가와 사회를 구성하고 있는 다수의 사람, 세간에 일반 사람, 서민庶民, 대중大衆"이라고 하든지,[1] 아니면 "절대 다수의 무산대중無産大衆을 칭하는 말"이라고 한다.[2] 또한 민중의 어원과 사용 방식에 대해서는 여러 관련 역사 기록물을 찾아볼 수 있다. 여기서는 19세기 말 당시에 나타난 용어의 사용법을 구체적으로 살펴보려고 했다.

우선 1894년 당시 민중들의 활동을 기록한 오지영의 『동학사』에서 쓰인 백산의 창의문에서 민중이라는 용어의 사용이 보이기는 하지만, 당시 원래 격문에 의하면 여민黎民, 민民으로 쓰였을 뿐이었다. 그렇다고 민중이라는 용어가 당시에 쓰이지 않았던 것은 아니었다. 1898년 12월 28일 고종의 「조서」에서도 '민중에게 효유曉諭民衆'라는 용어를 쓰였던 것으로 보아 당시 민중이라는 용어로서 어느 정도 친숙했던 것을 알 수 있다.

한편 1895년 2월 전봉준을 공초한 기록에 의하면, 당시 취조관이 "기포起包할 때에 네가 어찌 주모主謀가 되었느냐"고 물었을 때 전봉준은 "중민衆民이다 이 몸을 추대하여 주모主謀하라 하기에 백성의 말을 의거함입니다"이라고 한 데서 알 수 있듯이,[3] 일반 민인들을 가리키는 중민衆民이라는 용어로 다수의 민인의 추대로 지도자가 되었다고 대답하고 있다. 그렇지만 개화 지식인 유길준의 경우에는 인민을 다수 사용하였고, 김윤식의 경우에는 인민, 사민斯民으로 불렀고, 유교 지식인 황현은 백성百姓과

---

1   小学館, 『디지털대사천(デジタル大辞泉)』, 2023.4. (https://dictionary.goo.ne.jp/)

2   「최근 조선(朝鮮)에 역행하는 신술어(新術語)」, 『개벽(開闢)』 57호, 개벽사, 1925.

3   「동도죄인 전봉준 초초 문목」, 『전봉준 공초(全捧準供草)』, 1895.2.9.

난민亂民 등으로 부르고 있었다. 이렇게 당시 여러 민인을 모아 집합체를 부르는 이름으로 사용된 용어는 중민, 인민과 더불어 간혹 민중이라는 것을 알 수 있다.

그런데 민중들이 주도하는 아래로부터 운동을 폄하하면서 지칭하는 용어는 당시 동학東學이나 적도賊徒, 난민亂民, 난류亂類 등이었다. 당시 사회 지배층의 입장에서 이들 운동이 기존의 유교적 사회 질서, 특히 반상 질서를 무너뜨리려는 것이며, 반사회적, 반국가적이라는 이념적 잣대를 들이대는 것이라고 할 수 있다. 그 결과 이들은 민중들의 자율적인 저항운동에 대해 국가와 사회 질서를 위해 발본색원하며 없애버려야 한다는 입장이며, 또한 이들에 대한 탄압이 과도하게 진행된 이유이기도 하였다. 여기에 새로운 입장을 추가한 것이 개화 지식인, 혹은 개화 관료층이었다. 이들은 서양의 문명적 발전을 흠모하는 입장에서 근대 시민의 의식과 성장을 강조하고 있었다. 따라서 이들은 민중을 계몽의 대상으로 취급하여 차후 수십 년간 교육과 훈육을 통해서 변화되어야 한다는 점을 강조하였다.[4]

19세기 내내 민중들은 자신의 이해와 권익을 수호하기 위한 제반 권리 투쟁을 벌였고 집단적인 힘으로 민회를 추동하며 지역사회에 자신의 권리를 확보하려고 하였다. 이러한 흐름이 바로 1860년대 향회운동이며, 1890년대 보은취회를 비롯한 여러 취회운동이라고 할 수 있다. 또한 1898년 한성부 주민인 시민·서민들이 주축이었던 서울의 만민공동회운동에서도 민중들의 집단적 집회 모습을 찾아볼 수 있다. 1905년 이후에

---

4 이 책의 '제2장, 근대지식인들의 시대 인식과 민중이해', '제4장, 한말 지식인들의 민중 계몽 담론과 민중의식의 성장', '제5장, 1905년 이후 계몽운동의 전개와 민권론의 제기' 등 참조.

도 국권 상실의 위기 속에 전개된 의병운동에 참여한 민중들, 그리고 일본과의 합방운동을 주도한 일진회의 정합방운동에 동원된 민중들을 발견하게 된다. 이렇게 한말 일제 초기에 전개된 여러 사회운동에 참여한 민중들의 모습을 통하여 이들의 상황이 자율적으로 나름의 세계를 만들고 있으며, 그 속에는 다양한 계층과 생각들이 혼재되어 있음을 알 수 있다. 따라서 이 시기 민중운동의 성격을 획일적으로 어떤 특성으로 규정짓는 것은 아직 어렵지만, 위로부터의 근대화운동이나 외세의 외압에 대항하는 저항운동 등의 추도세력의 구상과는 크게 차이가 나는 상태에 있었다. 민중들이 하나의 세력으로서 등장하고 있는 것은 어느 시기에는 동학도의 형태로, 어떤 때는 도시서민으로, 그리고 국권회복을 위한 의병 참여자로 각종 학회나 단체의 소속원으로 참여하여 나름의 세력화를 도모하고 있다는 것을 짐작할 수 있다.

그런데 민중들은 1890년대에 농민적 이해에 입각한 '보국안민'이라는 이념을 표방함으로써 개혁이념을 구체화할 수 있었으나 민권의 확립과 정치적 참여제도를 마련해 나가지 못했다. 그래서 이 시기 민중운동은 민중 주도의 개혁운동으로 전면화되지 못하고 반일 국권회복운동이라는 의병세력이나 계몽운동의 계몽지식인들에게 휘둘려 지내는 동원의 대상에 머무르고 있었다.

따라서 한말 일제 초기 민중이라는 용어의 의미는 현실적으로 다수의 민인들이 모여있다는 집합적인 의미에 그쳤다. 민중의 존재는 어떤 때는 하나의 결사를 이루어 조직적인 활동으로 나아가기도 했지만, 민중들은 자율적 존재로서의 독자적인 위상을 미처 갖춰 나가지 못하고 있었다고 평가할 수 있다.

2. 민중의 존재를 대상화하려는
   관료·지식인들의 관점들

이 시기 민중의 삶과 의식을 성장을 객관적으로 설명할 수 있으려면, 민중사 연구의 틀과 새로운 분석 방법을 갖춰야 했다. 이 책이 첫 번째 분석 주제는 당시 유교 지식인, 혹은 개화 지식인들의 시각에서 이들을 어떻게 보고 있으며, 그들의 이해는 어떤 편견과 편향을 가지고 있는가를 상대적인 시각에서 찾아보려는 것이었다. 그들에게 민중의 존재와 의미는 무엇인가였다.

이 책 제2장에서는 당시 대표적인 지식인으로 민중을 언급한 논자로 유길준과 김윤식, 그리고 황현을 선정하였다. 각기 잘 알려진 개화기 지식인이자 관료 정치인으로서 거듭 소개할 필요도 없지만, 이들을 다룰 때 개화개혁론의 흐름 속에서 인민의 권리를 보장하려는 근대 부르주아의 시각에 영향을 받고 있다는 점에 주의해야 한다. 또한 이들의 사상적 기반은 유교주의에 근거하고 있고, 그렇기 때문에 기본적으로 민중에 대한 인식은 유교적 우민관에서 출발하고 있다는 점을 고려해야 한다.

먼저 개화 지식인으로서 대표적인 개혁관료인 유길준의 근대 시민 인식과 민중 이해에 대해서 다루었다. 그는 수차례의 해외 유학과 서양 문명의 이해를 통하여 자신의 독특한 저술인『서유견문』[1889]을 완성하였다. 그의 책에는 서양 근대문명에 대한 이해를 기초로 하여 조선의 미래사회를 전망하였다.『서유견문』텍스트에 대한 분석은 텍스트 마이닝 방법을 동원하여 전체 문장의 단어 분석의 기법을 활용했다.

우선「인민의 권리」에 대해서 자유와 통의를 구별하여 정의하면서 신명, 재산, 영업, 집회, 종교, 언사, 명예의 자유 등 7가지로 분류하였다. 또한 인민의 권리는 공통적인 천성으로 간주하였고, 신분의 차이를 부정하고 보편적인 인간의 권리를 보장할 것을 주장하였다. 그렇지만 그는 만민평등을 무조건적으로 주장하지는 않았고, 인간의 권리란 법률로 보장되어야 각자의 보편적인 권리가 유지될 수 있다고 하였다. 결국 법치주의를 강조하는데, 이것으로 인해 사회적 질서가 유지되고, 개인의 사유재산권도 보호할 수 있다고 하였다.

유길준의 인식은 정치제도 개혁론이나 실제 갑오개혁 시기 개혁정책에도 그대로 관철되었다. 그런데 그의 민중에 대한 일반 인식은 민중이 근대 시민의 주체로서 인민을 자리잡게 하거나 아니면 시민적 권리를 천부적으로 보장받을 수 있는 존재로 보지 않았다. 그는 인민은 어디까지나 계몽의 대상이며, 사회 질서의 내에서 법률적 규제를 받으면서 훈육되어야 할 대상으로 인식하였다.

다음으로 한국 근대 유교 지식인의 외세 인식과 민중관에 대해서 유교·관료 지식인으로서 김윤식의 활동과 사상을 다루었다. 1880년대 후반부터 김윤식의 제반 저술 자료를 통해 시무 관료들과 다른 개화 지식인과의 이해 차이를 보였음을 구체적으로 검토하였다.

우선 1880년대 초반 서양 각국과의 통상교섭의 시기에 대외 인식과 민인의 용어 이해를 살펴보았다. 여기서 당시 조선 관료들이 시민, 인민, 민인, 신민 등에 대한 용어 구별을 하였는데, 김윤식은 조선의 신민을 일반 인민으로 사용하는 것이 아니라 '민인'으로 서술하고 있었다는 점을 확인하였다.

다음으로 서양 인식의 특징 및 대응 방식에 대해 『만국정표』의 서문과 본문 내용을 중심으로 검토하였다. 또한 당시 육용정 저술의 『의전기술』에 대한 김윤식의 서문과 비평을 검토하였다. 김윤식은 민주정체나 군민공치의 문제점을 지적하고 있는 육용정의 시각에 동의하고 있었으므로 인민의 정치 참여에 대해서는 부정적인 인식을 공감하고 있었다. 그는 서양의 정체 수용에는 반대하고 실무관료의 등용과 재상의 지위 보장으로 군주제가 보강되어야 한다고 주장하였다.

그는 서양 제국과의 개항 통상 조약의 개정에 대해서는 적극적으로 나서지 않고 관에서 상민들로 하여금 조약을 충분히 익혀야 한다고 하였다. 다만 그는 상민常民들을 우민愚民으로 보는 관점은 여전하여 민중들을 교화와 교육의 대상으로 간주하고 있었다. 더구나 그는 민중의 정치 참여를 긍정하거나 고무하는 태도를 보이지는 않았다. 그는 1893년 동학도의 보은취회나 1894년 동학농민군 봉기를 적대시했다. 그는 전봉준을 비롯한 지도부에 대해서도 난민으로 진압할 것을 주장하였으며, 또한 일본군에 의한 동학농민군 진압에 적극적으로 협조하였다. 1904년 이후 고종과 순종의 황제 교체 예식을 주관하면서도 군주에 대한 충성과 효를 강조하였다. 이로써 1910년대까지도 김윤식의 민중론은 유교적 교화론에서 거의 벗어나지 못한 것으로 보인다. 이후 1919년 3·1운동을 거치면서 약간의 변화가 모색되기도 하였지만, 그에게 있어 민중 인식의 변화는 없었다고 하겠다.

또한 대표적인 유교 지식인으로서 황현의 동학 인식과 민중관에 대해 살펴보았다. 매천 황현은 당대 역사 서술로 『매천야록』과 『오하기문』이라는 대작을 남겼다. 그는 당시 조선왕조국가의 비정을 비판하면서 농민들이 민란을 일으키는 것이 불가피하다고 보았다. 그렇지만 그는 민란의 발생 사실에 대해서는 기록하면서도 이들이 자율적인 운동이 아니라 '동학과 난민의 결합'을 주로 보았다. 그는 동학을 유교적 가르침과 지배질서에 위배되는 것으로 보았고, 민들을 현혹하고 선동하여 동학도로 편입시키고 반란을 일으켰다고 하였다.

따라서 그는 동학, 동학도에 대해 가장 부정적으로 보았는데, 초기에 동학의 주장, 특히 창의문이나 상서, 고시문 등을 원문 그대로 수록하고 있으며 객관적 사실 확인에 노력한 점은 돋보였지만, 동학도가 취했던 평등주의적이고 공동체적인 동학운동을 가장 비판적으로 기록했다. 집강소 시기 이후 향촌에서 양반층에 대한 능욕, 민간의 재산 수탈과 무기 취합 등 전쟁 준비 등을 적극 비판하였다. 그는 시종일관 동학을 '적', '적도'라고 규정했다. 심지어 동학도에 협조적인 관리들이나 서리, 심지어 양반층에게도 협조의 책임을 면할 수 없다고 추궁했다. 그는 「갑오평비책」에서는 일체 동학의 지도자뿐만 아니라 협조자들도 싹을 베어버리고 수만 명을 처형해야 한다고까지 주장했다.

3. 민중의 삶과 의식 성장과 1894년 농민전쟁의 개혁 향방

다음으로 19세기 말 민중의 삶과 의식의 성장을 기반으로 하여 이루어진 민중운동의 정치 개혁운동으로의 방향과 성과에 대해 다루려고 했다.

우선 민중의 경제생활 변화에 대해 각 지방 『민장치부책』에 보이는 소유권 분쟁의 사례를 가져와 민중의 경제적 이해가 어떤 문제로 논란이 되고 있는가를 살폈다. 당시 토지의 소유권과 경작권 문제는 농업생산력의 발전과 농업사회관계의 변화로 말미암아 첨예한 대립을 가져왔다. 여기서 분석대상이 된 것을 일반화시켜 본다면 당대 사회경제적 갈등의 일단임을 확인할 수 있다. 예컨대 종중 전답과 산림을 둘러싼 친족내 소유권 갈등, 전답 토지의 전당과 환퇴, 그리고 수십 년에 걸친 소유권 분쟁 등은 개인의 토지권리의 강화라는 추세를 그대로 보여주고 있다.

또한 지역적 부세 문제 해결을 둘러싼 갈등으로 경상도 예천군 부동과 빈동의 대립은 구체적인 해결 사례를 보여주고 있다. 또한 충청도 온양 군 동상면의 토지·경영의 분화 사례는 1879년과 1899년 20년간의 지주 소작인의 분화를 알 수 있는 현재까지 발견된 전국에서 유일한 사례로서 검토한 것이다. 당시 대규모 토지를 소유하고 있는 지주는 해당 지역 토지의 40%이상을 차지하고 있었고, 이는 역설적으로 해당 토지에서 방출된 무전빈농층이 적어도 40%이상을 차지하고 있다는 반증이었다. 결국 농촌에서 부유하고 있는 빈농층들은 어떻게 해서라도 자신과 가족의 생계를 위해서 모든 역경을 딛고 살아나가지 않으면 안되었다.

이러한 처절한 생존조건하에 놓은 민중들은 19세기 후반 조선국가의 부당한 조세 수탈과 양반 지배층의 횡포에 맞서 집단적인 항거에 나서게 되었다. 1862년 농민항쟁에서 제기된 문제가 거의 유야무야되고 지역사회의 고질화된 문제가 되자, 그로부터 30여 년간에 끊임없는 농민항쟁이 지속되었다.

이러한 배경하에 1892~1893년 동학의 교조신원운동과 민중세력의 결합에 대해 검토하였다. 1893년 3월 보은취회에 참석하기 위해 전국 각지에서 모여든 민중들은 12,418명 내지, 2만 3천여 명까지 헤아려지고 있다. 이들의 요구는 다양했으나 흔히 '척왜양'과 '보국안민'으로 대표되는 이념이 서로 교차되는 가운데, 지도부와 이념의 교체가 이루어졌다. 취회의 주도권은 동학교단에서 전봉준 등 남접의 변혁세력으로, 보국안민이라는 농민적 개혁이념으로의 교체가 이루어짐으로써 보은취회 전후로 이념과 지도부의 2중 교차가 있었다고 보았다.

1894년 농민전쟁과 민중을 설명하기 위해서 지도자와 참여층과의 관계 및 농민적 개혁이념의 특성을 중심으로 검토하였다. 지금까지 전봉준 등 지도부의 활약과 농민층의 자발적인 참여라는 기존의 연구사 일반에 대한 반성으로 농민군 지도부와 참여 민중이라는 양자의 관계와 패배 책임의 소재를 구체적으로 지적하려고 하였다. 이 점에서 기존의 동학농민전쟁 연구와는 궤를 달리 할 수 있으며, 또한 시론적인 의미를 갖는 부분이기도 하였다.

우선 농민전쟁의 초기 국면에서 농민들의 참여와 관련하여 전라도 무안의 사례를 통하여 각포의 접주, 대접주와 접의 구성원이 자발적인 참여를 통해서 기포의 집단이 형성되었던 점에 주목하였다. 또한 농민군 총대장인 전봉준의 등장과 관련해서도 그가 1894년 1월 고부 민란의 준비과정에서 추대되었고, 3월 20일 전라도 무장에서의 봉기 이후 지역 순회를 통해 세를 불리는 과정에서 민중의 이해에 입각한 정치적 구호와 개혁안을 마련해 갔음을 강조하였다. 집강소 개혁 정치와 관련하여 신분제 해체와 경제적 이해 다툼에 대해 구체적인 양상을 살펴보면서 민중들이 자신의 권리를 담고 있는 문서화, 예컨대 노비 문서의 반환, 빚 문서의 말소, 빼앗긴 집의 환원 등을 요구함으로써 자신의 이해를 처리하는 해결책을 원했다는 것에 주목하였다.

그런데 집강소 정치가 4개월에 그치고 이후 민중들은 2차 봉기에 나설 수밖에 없는 현실에 부딪혔다. 전봉준 등 농민군 지도자들이 각 지역의 민중들을 무려 28개 지역에서 12만 5백 명이나 동원한 대규모 전쟁이었다. 이러한 2차 봉기는 반일운동이라는 점에서 배외주의운동과 나름 토지와 산림제 등의 개혁을 내세웠으며, 1차 봉기시 흥선대원군의 정치 개혁에 기대하고 있었던 데서 벗어나 이제는 흥선대원군, 민씨 세력 등을 배제하고 다른 주석의 선비로서 정권을 담당케 한다는 목표를 내세우고 있었다. 그렇지만 농민군 지도부가 자체의 권력 구상을 마련하지 못했다는 정치 구상의 한계, 더불어 대규모 농민 부대에 참여한 민중들의 개혁안을 구체적으로 담을 수 있는 사회경제제도의 개혁안을 제시하지 못했다는 한계를 가졌다.

이렇게 전봉준 등 동학농민군 지도부의 2차 봉기의 목적은 일본의 침략을 규탄하는 대의명분을 내세우며 민중을 동원하는 전략을 추진했다. 그렇지만 민중의 자발적인 참여를 유도하더라도 이들이 자신의 이해를 담게 될 정치 개혁의 구상에 기꺼이 참여하리라는 보장은 없었다. 척왜양斥倭洋의 구호는 2차 봉기의 연대세력으로 동참을 호소한 최시형 등 동학 교단 지도층과 북접 계열의 동학도들에게도 참여의 명분으로 작용하였다. 그리하여 2차 봉기에 참여하는 척왜의식을 병력 동원의 기저로 사용했을 뿐이다.

다시 말하자면, 1894년 농민전쟁은 민중의 자발적인 참여와 집강소의 민주주의적 운영을 통해 인민 참정권 실현이라는 과제를 부분적으로 성취했다. 이후 2차 봉기에서는 보다 적극적인 참여를 위해서도 민중들의 자기 이해를 보다 충족시키는 '보국안민이념의 사회경제체제로서의 구체화'가 필요했던 것으로 보인다. 그렇지만 전봉준 등은 척왜라는 대의명분만을 내세운 채 위로부터 민중 동원의 기저를 유지했던 것이다.

이는 유교관료 지식인들의 민중 계몽과 동원 전략과 크게 다르지 않았던 것으로 보인다. 이로써 2차 봉기에 참여한 동학농민군들은 민중들의 광범한 참여과 연대보다는 소극적인 지지를 얻은 데 불과했다고 생각된다. 결국 공주 우금치전투 이후 동학농민군 주력부대는 1만여 명에서 4천여 명으로 그리고 수백 명 수준으로 대다수가 흩어지는 결과를 낳았다.

그래서 민중들의 자발적 참여라는 1차 봉기의 양상과 달리 척왜양에 근거를 두는 반일 전선에 민중들을 강제로 동원한 방식에 그쳤다고 생각한다. 이러한 상황에다가 일본군을 비롯한 조선 정부군, 그리고 지방 민보군의 탄압 국면에서 많은 참여 농민군이 수만 명 내지 30만 명이나 희생되는 결과를 가져왔다. 결국 민중의 정치 참여 구상이 미흡한 동학지도부는 2차 봉기 탄압의 국면에서 동학 참여자뿐만 아니라 관련자들도 집단 학살되는 참극을 경험할 수밖에 없었다.

4. 대한제국기 시민운동의 정치 참여와 민권의 제도화 실패

제2부에서는 1897년 대한제국의 선포와 황제 즉위와 1898년 독립협회의 중추원 개편을 비롯한 정치 개혁운동을 다루고, 1905년 이후 계몽운동의 전개와 의병운동을 통해서 대한제국기 시민운동과 민중운동 차원에서 민권의 정의와 제도화, 특히 정치 참여운동의 실태를 살펴보았다. 그리고 신식보통학교 교육의 확대를 통한 새로운 민중 세대의 등장 가능성을 다루었다.[5]

먼저 대한제국의 성립과 독립협회 활동에 대해 입헌정체에 대한 여러 논자들의 견해와 도시서민들의 정치 참여운동에 대해 살펴보았다. 일본

---

5   20세기 초 계몽운동과 각종 사회단체의 활동을 검토하기 전에 먼저 한말 신문 자료에 대한 연구 상황과 방법론에 대해 살펴보았다. 예컨대 '독립', '국권' 등 개념어의 활용에 대해서도 검토하면서 어떤 단어들과 연계되는가 라는 공기어의 연관 분석이 중요하다는 점을 지적하였다.

에 나가있는 유학생들은 입헌정체를 이론적으로 선호하는 경향을 보였지만, 국민의 권리와 인민에 대해서는 구체적으로 언급하지 않았다. 유교 지식인들도 독립협회의 의회 개설운동에 호응하여 하의원을 주장하기도 했지만, 역시 민중의 정치 진출이나 참여권리를 염두에 둔 것은 아니었다.

1898년 4월부터 독립협회는 정치 개혁운동을 시작했는데, 이때 논의의 핵심은 황제권력하에서 자문기구였던 중추원을 의회적인 기능으로 개편하기 위한 것이었다. 법제적인 제도 협상과 관민공동회의 개최를 추진했다.

1898년 말 권력구조의 대변동은 중추원 장정의 개정에 내포된 황제권의 허구화에 대한 우려에서 촉발되었다. 1898년 4월 초부터 전제정치 하에서 황제권을 인정하는 가운데 의회 설립을 추진하고 있었지만, 10월 이후에는 중추원 개편을 둘러싼 의회 설립과 내각 장악이라는 2중의 목적을 달성하려는 권력 개편노선으로 변질되고 있었다. 이들은 아직 입헌정체와 정체 개혁의 구체안을 마련하지 못한 상태였는데, 이제 중추원 개편운동을 권력 개편으로까지 몰고 가는 과정에서 갈등이 심화되었다. 결국 독립협회의 중추원 개편운동은 의정부와 대치된 의회원의 규정 자체에서도, 그리고 현실의 정치 개혁운동에서도 황제권과 충돌을 일으키고 있었다.

당시 고종과 보수 정부대신들은 중추원 개편론을 주도하였던 의정부 참정 박정양과 독립협회 회장 윤치호와의 결합을 공화제 수립운동으로 오도하였으며, 중추원 개편 후 첫 회의에서 의정부의 대신들을 추천함으로써 중추원의 권한을 넘어서는 월권을 행사했다. 이는 중추원과 의정부의 권력구조의 틀 내에서 이루어진 것이 아니었다는 점에서 파장이 컸다. 결국 고종과 측근세력들은 1898년 12월 독립협회와 만민공동회를 해산시키고 본래 전제정체를 고수하려는 방향으로 후퇴하였다.

대한제국은 1899년 하반기 이후 황제권 강화를 중심으로 근대국가로의 위상을 강화하기 위한 제반 조치를 취하고 있었으나 당시 다양한 계층적 이해를 수렴하고 조절할 수 있는 입헌정체의 수립에 실패하고 있었다. 제국민帝國民의 국민적 권리의 보장, 토지 소유권과 경작권의 보호, 개별인민의 호적 파악, 민사상의 권리를 보호하는 민법의 제정 등을 수용해야 했다. 결국 대한제국의 근대국가로서의 성격을 체제적으로 논의할 수 있는 입헌 논의와 국민의 성격, 권리와 의무 등을 논의할 필요가 있었다. 대한제국은 1899년 국제國制라는 흠정欽定의 법전 제정 이후에는 더 이상의 정치 개혁과 법제 개혁논의를 중단시켰다. 고종황제의 대한제국은 국민적 통합과 국가적 독립을 포기했다고 해도 과언이 아니었다.

다음으로 제5장에서는 1905년 이후 대한제국 후기에 민중의 의식과 성장을 주로 다루었다. 이 시기 민권의 성장에 대하여 국권 침탈에 대항하는 민족운동의 발흥과 관련하여 애국계몽운동이 민중 계몽을 확대한다든지, 동학의 후신으로 탄생한 일진회, 천도교 등 신흥 사회단체와 관련하여 설명하려고 하였다.

우선 1904년 러일전쟁의 발발 이후 일제의 침탈이 실재화되고 있었고, 1905년 을사조약을 계기로 국권을 빼앗아 보호국 시기로 들어가는 시기, 국권 침탈에 대항하는 국권회복의 논리를 설명해 보려고 하였다. 계몽운동은 국권회복을 위해 당장의 국권 쟁취를 위한 전쟁을 내세우기보다는 대한제국의 외교권 회복을 위해 점진적으로 교육과 식산으로 실력 양성을 제기하였다.

이 시기 국권회복과 근대국민국가의 구상과 관련하여 국가의 주권, 정치제도, 특히 국민의 규정을 어떻게 하고 있는가를 중점으로 하였다. 언론 매체 분석을 통해서 국권國權의 개념을 재검토하여, 국권회복의 용어는 실제 1907년 7월 고종 퇴위사건 전후로 가장 많이 쓰이고 있음을 확인하였다. 그러나 정치 개혁운동을 중점으로 두지 않고 교육과 식산이라는 실력 양성의 방법에 초점을 맞추고 있다고 보았다.

그리고 국민의 민권을 보장하기 위한 제도 변화로서 민권을 규정하는 재판과 권리를 어떻게 제정하고 있는가를 살펴보려고 하였다. 구체적으로 1906년 이후 민권 제정의 필요성을 제기하는 법률 관계학회 논의를 통해서 살펴보려고 하였다. 여기에서는 당시 일반 민사의 제기와 판결의 흐름을 동시에 살펴보려고 하였다.

1895년 신식재판제도의 도입 이후 대한제국 시기 내내 민간의 소송은 항상 빈번하게 이루어졌으며, 또한 송사의 과정이 지루하게 오래 끌었을 뿐만 아니라 소송 결과도 정반대로 뒤집히는 것도 다반사였다. 민사소송의 폐단은 당시 민법이 제정되지 않았던 근본 문제에서 기인한 것으로 민권의 개념 정립과 아울러 민중의 생활과 직접 연관된 문제였다고 할 수 있다.

5. 국권회복운동으로서 의병·계몽운동에의 민중 참여와 한계

다음 6장으로는 1907년 이후 국권회복운동, 이른바 '정미의병'의 발발과 전개에 대해 민중 참여의 양상을 중심으로 살펴보려고 하였다. 1907년 8월 고종에서 순종황제로의 강제적인 양위는 대한제국의 최고 주권자의 교체만을 의미하는 것이 아니라 대한제국이 이제 2중 권력에서 무게 중심이 일제의 준식민지로 바뀌게 되었다. 즉, 대한제국 정부와 한국통감부의 2중 권력체제에서 군대 해산, 사법권 침탈을 통해 일제의 준식민지체제로 전환하고 있었다.

당시 계몽운동의 지도자 중 일부와 군대 지도자층, 일반 평민 출신의 의병대장이 주도하여 항일의병전쟁을 기획해 나갔다. 여기에 많은 민중 세력이 동조, 협력, 참여함으로써 대규모의 의병부대를 확대시켰다. 여기에서는 전국적인 의병전쟁을 다루기 어려우므로 강원도 원주 지역을 중심으로 하여 전개된 13도 창의군을 대상으로 하였다. 의병부대에 참여한 해산군인과 일반 민들의 상황을 검토하면서 이른바 귀순 의병들의 직업과 연령 등을 통해 민중들의 의병 참여 배경을 살펴보았다.

당시 정미의병운동에 참여한 민중들은 전국적으로 각 의병부대별로 200~300명 단위로 활동하였고, 연인원으로도 10여만 명이 참여하였다. 그렇지만 일본군의 전투에서의 패배와 가혹한 탄압으로 만여 명 이상이 희생을 당했다. 많은 민중들이 1907년 하반기 초기 국면에서는 대거 후원하고 호응하였으나 일본군의 탄압이 심해짐에 따라 의병의 세력화가 부진하면서 귀순하여 이탈하기 시작했다. 1908년 13도 창의군의 결성은 의병 지도부의 구성을 전국적으로 확대한 것이었으나 내부적으로 기존의 양반 관료 중심의 의병대열에서 벗어난 것은 아니었다. 전국적인 의병 봉기에도 불구하고 의병조직 내부에서 민중의 참여와 역할이 보장되거나 조직화가 이루어지지 못했기 때문이었다. 결론적으로 의병부대의 지도부와 의병 참여자들은 반일 의병 의념의 확산과 정치세력화에 실패하고 말았다.

더욱이 점진적인 국권회복에 매진하였던 계몽운동 세력은 항일 의병운동에 대해 "의병이 의를 내세우지만 폭도일 뿐 도적이고 요얼이라 국민을 해롭게 하는 독을 퍼트린다"라고 비난하였다.[6] 그래서 당시 언론들은 국권을 회복하려고 하면 현재의 굴욕에 인내하고 식산흥업과 교육에 힘을 쏟아야 한다고 강조하였다.

다음으로 계몽운동으로서 종교·사회단체의 정치 활동과 민중 참여 현실에 대해 살펴보려고 하였다. 여기서에서 다룬 사례는 일진회 등의 민회 개설운동과 그에 수반된 민중의 정치적 동원 문제였다.

일진회는 1904년 8월 전독립협회 회원 계통인 유신회와 이용구 등 진보회가 결합된 단체로 출범하였다. 이들은 당시 국가와 인민, 사회의 관계 속에서 인민의 권리에 의무에 대해서 규정하면서 입법권에 간접 참여하는 권리를 보장할 것을 목표로 활동하였다. 일진회는 처음에는 겉으로는 황제권의 안정화를 내세우면서 일진회 계통 인사들의 관료 진출을 도모하였으며, 나중에는 일본 제국과의 합방을 주장하는 정합방론을 내세우며 민중을 호도하였다. 인민의 교육과 권리를 보장한다는 것은 일진회의 정치적 목적에 이용되는 측면이 강했고 일진회 회원의 다수를 내세우기는 했지만 이들의 정치 참여를 인정하지 않았다.

일진회는 민중의 사회경제적 요구를 수용해 준다는 명분 아래 정치 개혁과 관료 교체 등 정치적 요구에만 매진하였고, 1909년 일제에의 합방청원운동을 통해 민중적 기반을 상실해 나갔다. 이들의 합방 구상에는 민권의 보장은 추상적이고 일본 황제의 시혜를 요구하는 수준에 그쳤으며, 위로부터 정치적 통합만 내세우고 민중의 사회경제적 개혁 요구와 민중의 정치 참여라는 참정의 권리가 부재하였다. 그밖에 대한자강회나 대한협회에 참여한 지식인들도 당시 정당정치론과 입헌주의·국민주권을 내

---

6   「논설─경고의병지우매(警告義兵之愚昧)」, 『황성신문』, 1906. 5. 29, 2면 1단.

세우기는 하였지만, 대한제국의 헌법 제정과 민법 제정, 인민의 정치 참여 개혁 등을 구체화하지 않았다.

마지막으로 1906년 이후 보통학교령을 비롯한 관공립학교와 사립학교의 설립을 통하여 민중들의 후속 세대들이 어떻게 신식 교육에 적응해 가는가를 밝히려고 하였다. 우선 왜 '보통학교'의 명칭을 썼는지, 그리고 이들 보통학교 학생들의 입학 규모와 졸업생, 그리고 정규 학교 교육 외에도 체육 활동 등을 보다 중점적으로 밝히려고 하였다. 그런데 종전 서당이나 교육의 혜택조차 받지 못하고 있었던 많은 민중들과 그 자제들에게 관공립보통 교육 보급은 환영할 만한 것이었으나 매우 제한적이었다. 각지의 사립보통학교 설립운동을 통해 관공립보다 훨씬 많은 2천여 개의 학교가 설립되고 학생 수도 4배가 넘는 학생이 사립학교에 진학하였다. 또한 사립보통학교 현장에서 이루어지는 교육은 심화된 민족 교육의 내용을 갖고 있었다. 더구나 한성과 개성 등지에서 개최된 연합체육대회는 참여한 학생들과 지역민들에게 민족의식을 크게 고양시키는 결과를 낳았다.

6. 한국 근대 초기 민중운동의 주체적 성장과 민권 참여의 방향

이제 19세기 후반 이후 민중운동의 전개와 역사적 의미에 대해서 전반적으로 평가해 보려고 한다. 19세기 중반 이후 민중들의 삶은 격동의 한반도 상황과 관련하여 엄청난 소용돌이에 휩싸이고 있었다. 이 책에서는 이러한 19세기 민중들의 고투苦鬪를 조금이나마 사실적으로 그려보려고 했다. 여기서 사실적이란 정체적으로 퇴행적으로 잔존하는 존재로서가 아니라 역동적이고 살아올라오는 듯한 민중의 모습으로 그려보려고 했다.

우선 개화 지식인, 유교 지식인 등 지식인과 지배층의 입장에서 보는 민중 인식의 기본 인식에 대해 주목해야 한다. 요컨대 개화 지식인이나 개신유학자들은 민중을 기존의 우민관에서 벗어나 계몽의 대상, 동원의 객체라고 보았다. 이전의 신분계급적인 입장에 치우친 차별적이고 우매한 민중관에서 일단 벗어나기 시작한 것이라고 볼 수 있다. 그럼에도 지식인·지배층의 근대 개혁 인식은 한말 정체 개혁의 과제인 입헌주의와 민주주의제도의 마련, 그리고 민권의 정의와 규범과 법제화를 위한 민법의 제정이라는 과제로 수반되어야 했다. 이런 과제 앞에 민중적 이해에 기초한 민권론의 수용 등을 어떻게 구현될 수 있는가 하는 것이 한말 개혁기의 가장 관건적인 과제였다.

1894년 갑오개혁은 위로부터 부르주아 개혁이었으므로 밑으로부터 민중의 요구에 부응하지 못했고, 이후 입헌과 형법·민법의 제정 문제를 이후의 과제로 넘겨졌다. 대한제국기에 들어와서 입헌의 문제는 절대왕정의 강화로만 귀결했고, 1898년 독립협회와 만민공동회를 통해 의회제도의 수립 직전까지 가 보았지만, 근대국민국가체제로의 입헌과 민법 제정의 과제는 미처 해결하지 못했다. 1905년 7월 법률기초위원회 설립을 통해 민법 논의의 물고를 텄지만, 11월 법률 기초의 주도인물들이 일본의 을사늑약에 맞서 국권회복 투쟁에 나섬으로써 일시 중단되었다. 러일전쟁에서의 일본 승리와 한국통감부의 설치 이후 계몽운동 단체들은 민권의 보장을 위한 민법 제정의 구체안을 마련하지 못했다.

당시 가장 충실하게 거론된, 정치 개혁 프로파간다로 간주되는 『국민수지』가 책자로 간행되고 여러 언론매체에 수차례 게재되기도 하였다.

그렇지만 국민계몽서인 이 책은 1905년 이후 수정·보완되지 못했고, 더구나 일제의 지속적인 탄압을 받음으로써 본격적인 입헌과 국민국가 수립의 교과서가 되지 못했다. 1910년 일제와의 병합은 일본 제국주의의 국민국가의 체제하에 신민臣民으로, 그리고 민권이 부재한 피식민지민被植民地民으로 재편되는 것이었다.

그런데 이 책에서 다루지 못한 점이 있다. 한말 일제 초 한국 근대의 국면에서 민중의 성장 과정에서 나타나는 민중의 자율적인 세계의 진전에 대해 충분히 검토하지 못했다. 그리고 1905년 이후 신흥종교운동으로서 개신교의 선교부흥운동이나 천도교 계통의 종교운동 등을 포함하여 민중의 의식 변화를 설명하지는 않았다.

그럼에도 불구하고 이 책에서는 한국 근대 민중의 성장에 관한 역사적 관점과 추이를 보다 정교화하려고 했다. 19세기 말 시점에서는 민중들은 사회경제적 이해의 관철을 위해 개개인의 삶과 의식의 향상을 도모했으며, 자기 권리를 보장할 수 있는 체제를 지향하고 있었다. 이를 위해 민중들은 각종 소송, 집단적 집회, 심지어 폭력적인 민란에까지 적극적으로 참여하였다. 그리하여 19세기 후반 이후 1910년까지 민중의식의 성장과 운동은 대단히 중요한 2차례의 획기를 맞았다. 즉 1894년 농민전쟁과 1907년 이후 계몽운동과 의병운동의 전개였다. 이러한 과정을 통하여 민들은 추상적인 개개인을 가르키는 '인민'에서 벗어나 의식적 각성과 집단적인 행동을 수행하는 '민중'으로 변화하고 있었다. 민중들의 주체적인 모색은 1894년 일단 실패하였지만, 이후 1898년 독립협회와 만민공동회운동, 1905년 이후 국권회복운동으로서 의병과 계몽운동에 적극 참여함으로써 연속된 민중운동으로 진화되었다.

그런데 이 시기 민중들의 의식 성장과 행동에서 주요한 관권은 어떻게 아래로부터의 민권을 법적·제도적으로 보장할 것이며, 또한 민중들의 정치 참여의 권리를 어디까지 보장해야 할 것인가 하는 문제였다.

민중들의 사회경제적 이해 관철과 정치 개편의 요구는 1894년에 종전 신분제의 해체나 조세제도 등 조선왕조의 폐단을 지적하고 극복해 나왔지만, '보국안민'의 이념을 구체화하거나 민중의 정치 참여제도를 마련하지 못했다. 이후 민중운동의 개혁 구상에서도 입헌제도의 수립이나 국민으로서의 자리매김을 위한 민주적 정체 수립에 도달하지 못했다. 당시 개혁적 지식인들도 민중적 민권 확립과 이를 위한 제도적 실현에 기초한 근대국민국가의 대안을 미처 준비하지도 못했다. 다만 민중운동의 차원에서는 민중 스스로 조직을 결사하고 운동을 추진해 나가는 민주적 의사 결정과 개혁 정치의 경험에 대해 집강소 정치에서 몇 가지 소중한 경험을 맛보았을 뿐이었다.

또한 1894년 농민전쟁의 경험과 이후의 민중운동의 전개 과정에서 주목할 만한 점이 있다. 이전에 운동의 지도자는 대개 구래의 양반 관료 지식인 출신들이 다수를 차지하고 있었으나 이제 다수의 민중 출신이 등장하고 있었다. 1898년 서울에서의 만민공동회운동이나 1905년 이후 계몽운동이나 의병운동에 직접 참여하거나 아니면 간접 후원 세력으로 활동하면서 참여층과 지도자의 구성에 변화를 가져왔다. 비록 민중운동의 참가자들은 복잡한 계층적 이해와 의식의 차이를 보이고 있었지만, 공통의 시위와 전쟁 경험을 공유하게 되었던 것이다.

한편 당시 일부 계몽지식인들 중에서는 예컨대 개신유학자로서 계몽주의자로 변신한 신채호와 같이 '민중적인 민족주의' 강화를 도모하게 되었으며, 이들은 민족주의운동의 진로를 모색하는 가운데 신국민으로서 민중의 역할을 강조하는 데까지 나아가고 있었다. 당시 근대계몽주의의 인권론이 아직 민중의식을 기반으로 재구성되지 않았으며, 민중의 민주주의적 참정권의 요구도 아직 구체화되지 못했던 현실에서는 그의 논의는 한 걸음 나간 경우라 할 수 있다. 그래서 1910년 이후 신분계층에 구애되지 않은 독립운동기지 운동으로 나아간 것이 아닌가 한다.

이제 1910년 식민지로 된 시점에서 일본제국주의의 직접 지배 국면에 들어감으로써 민중들은 민중적 세계관 실현을 위해 민족부르주아지 정치세력에 의존하지 않고 새로운 민중 이념과 조직을 꾸려 나가야했다. 민중들은 유교주의의 우민관이나 계몽주의의 우민관을 넘어서서 직접 여러 항쟁운동에 참여함으로써 새로운 정치주체로 성장하고 있었다. 그리하여 민중들은 자신들의 처지가 더욱 열악해질수록 더욱 치열하게 반제운동, 민중운동의 전선으로 나갈 수밖에 없었다. 마침내 1920년대 나타난 민중들의 후속세대는 1919년 3·1운동에의 참여와 경험을 통해 민중운동의 새로운 국면을 타개해 나가야 했다.

저자 후기

1

이 책은 2019년 5월 한국연구원에서 공모한 한국연구총서에서 비롯되었다. 원래 제출한 연구 제목은 「근대 한국 민의 성장과 민중 인식의 변화—우민·계몽·동원의 논리」였다. 계획서에 따르면, 한국 근대사회의 형성과정에서 민의 주체적 성장과 민중 의식의 변화를 살펴본다는 것이었다. 또한 한말 유교지식인이나 개화지식인의 시각에서 포착한 민중인식의 편차도 검토해 보고, 민중들이 직접 기획·참여한 1894년 동학농민혁명, 1898년 만민공동회, 그리고 1905년 이후 의병운동과 계몽운동 속에서 민중의 모습을 발견해내려고 하였다. 방법적으로도 당시 각종 신문과 잡지, 서적에 나타난 텍스트 마이닝 분석과 개념어 분석을 활용하려고 하였다. 이 책의 토대가 되는 연구의 내용은 멀리 1994년 농민전쟁 백주년 사업과 관련된 공동 연구와 자료 조사사업에서 시작되었다.

그럼에도 본 연구과제를 기획한 집필 구상은 연구기간 2년을 훌쩍 넘어 4년차에 겨우 실현될 수 있었다. 아직도 전체 기획을 채울 만한 여지가 많이 있지만 말이다. 다음은 책의 구성을 채우는 과정에서 기왕의 발표논문과 관련된 것이다. 이밖에 연구주제와 관련된 여러 연구발표회에서 발표된 원고도 일부 활용되었음을 밝혀둔다.

제2장 2절, 전통관료 김윤식의 시대 인식과 민중 인식 변화.
「한말 유교지식인 김윤식의 서양 인식과 인민 이해」, 『한국연구』 5, 한국연구원, 2020 발표.

제3장 2절, 1890년대 민중의 동향과 보은취회의 운동 전환.

「1893년 보은집회 연구의 쟁점과 과제」, 『동학학보』 28, 2013, 일부 인용.

제4장 2절, 대한제국 전기 입헌정체의 이해와 민중 참여의 배제.

「대한제국기 입헌논의와 근대국가론―황제권과 권력구조의 변화를 중심으로」, 『한국문화』 29, 서울대 규장각한국학연구원, 2002, 일부 인용.

제5장 2절, 3소절, 1905년 이후 계몽운동의 전개와 민권론의 제기.

「한말 개혁기 민법 제정론의 갈등과 '한국 관습'의 이해」, 『식민지 조선의 근대학문과 조선학연구』, 도서출판 선인, 2015, 일부 인용.

제6장 1절, 1907년 이후 의병 운동의 전개와 민중 참여층의 변화.

「1907년 이후 원주 진위대의 의병 참여와 전술 변화」, 『역사교육』 96, 역사교육연구회, 2005, 일부 인용.

2

그동안 이 책이 나오기까지 여러 선배 학자들의 학은學恩과 가르침을 받았다.

1980년 대학 입학 이후 학부와 대학원 시절 김용섭 교수님의 지도와 편달을 받았고, 대학원 시절 정창렬 교수님의 동학농민전쟁 수업에 감화를 받았고, 역사문제연구소 동학백주년추진위에서 만나 함께 해왔던 이이화 선생의 민중사 연구에서도 깊은 영향을 받았다.

그동안 근대 민중운동사의 연구자로서 함께 해온 미즈노 나오키水野直樹, 조경달 선생님을 비롯하여 신영우, 배항섭, 김양식, 조재곤, 박준성, 이병규 님에게 감사의 뜻을 표하고 싶다. 연세대 창천 연구실의 선배, 후배들과 동고동락에 힘을 입었고, 홍성찬 선생님과 조성윤, 백승철, 이인재, 우대형, 이지원, 이승렬, 김성보, 윤덕영 등 고전강독회의 회원들에게서도 성원과 격려를 받았다. 오랫동안 근대사 연구를 함께한 한국역사연구회 토지대장반 이영학·이영호·최원규 선생님과 여러 동학同學에게서도 덕택을 입었다. 책의 초고를 검토해 준 최은진, 정용서 님에게도 감사를 전하고 싶다. 오래전 박사학위를 받을 때 격려와 질책을 함께 했지만, 고인이 되신 김준석, 방기중, 그리고 김도형 선생님께도 감사를 드린다.

원주의 매지리 연구실에서 같이 지내온 오영교, 서이자, 이태훈, 김성조, 심희찬 연세대 역사문화학과 교수진, 수업에서 만난 학부 대학원생들에게도 많은 격려와 도움을 받았다. 마지막 연구년을 보낸 일본 게이오대학 니시자와 나오코西澤直子 선생님과 구지회·강태윤 박사에게도 심심한 감사의 말을 전하고 싶다.

거친 원고를 교정 교열을 하기 위해 수고해주신 소명출판 박성모 대표님과 편집부 조이령 님에게도 감사를 전하고 싶다. 오랫동안 책의 발간을 고대해왔던 한국연구원 이영준 원장님 관계자 여러분께도 감사의 말을 남긴다. 마지막으로 오랜 시간 고락을 함께한 가족 유정미와 민주·순언에게도 책 출간의 기쁨을 같이 나누고 싶다.

지난 2023년 4월 책의 원고를 완성한 이후 다시 수개월 동안 원고 교열을 마감할 수 있었다. 민중사와 관련된 연구는 지난 1991년 농민전쟁의 배경에 관한 첫 논문을 쓴 이래 오랜만이었다. 그렇지만 근현대 150여 년간 한국 민중들이 겪은 치열한 삶과 고투苦鬪를 생각하면, 이 작업은 이제 다시 출발점에 선 느낌이다. 그래서 책의 제목도 『민중을 바라보는 방법』이라고 바꿨다. 앞으로 근현대 민중사에 대한 새로운 연구들로 이

어졌으면 한다. 이 책에 대해서 앞으로도 관심 있는 이들의 질정을 기대
한다.

2024년 5월

왕현종

참고문헌

제1부

1. 자료

오지영, 『동학사』(초고본).

유길준, 『서유견문』(원문).

김윤식(金允植), 『續陰晴史』; 『雲養集』, 아세아문화사, 1980.

박문국(博文局), 『萬國政表』; 『漢城旬報』; 『漢城周報』, 1886.

육용정(陸用鼎), 『宜田記述』(상·중·하).

『東學亂記錄』(上~下), 국사편찬위원회, 1959.

황현, 『매천야록』, 국사편찬위원회, 1955.

____, 『梧下記聞』.

____, 김종익 역, 『오동나무 아래에서 역사를 기록하다』, 역사비평사, 2016.

『大韓帝國官員履歷書』, 국사편찬위원회, 1972.

『동학농민전쟁 사료총서』(1), 동학농민전쟁백주년기념사업회, 사운연구소, 1996.

2. 단행본

강인철, 『민중, 저항하는 주체 – 민중의 개념사, 이론』, 성균관대 출판부, 2023.

김봉렬, 『兪吉濬 開化思想의 硏究』, 경남대 출판부, 1998.

김영작, 『韓末ナショナリズム硏究』, 동경대 출판회, 1975; 『한말내셔널리즘연구』, 청계연
    구소, 1989.

김용섭, 『조선 후기농업사연구』(I), 일조각, 1970.

_____, 『한국근대농업사연구』(증보판) 上·下, 일조각, 1988.

_____, 『한국근대농업사연구 3 전환기의 농민운동』, 지식산업사, 2001.

동학농민혁명기념사업회, 『동학농민혁명의 지역적 전개와 사회변동』, 새길, 1995.

목포대 도서문화연구원, 『무안군동학농민혁명 역사성 고증 및 기념사업 기본계획수립』, 2013.

무안동학농민혁명유족회, 『무안동학농민혁명사』, 2008.

박명규, 『국민·인민·시민 – 개념사로 본 한국의 정치주체』, 小花, 2009.

박찬승, 『근대 이행기 민중운동의 사회사』, 경인문화사, 2008.

순천대 지리산권문화연구원, 『지리산권 동학농민혁명』, 선인, 2014.

신용하,『한국근대사회사상사연구』, 일지사, 1987.

신용하,『동학과 갑오농민전쟁연구』, 일조각, 1994.

역사문제연구소 민중사반,『민중사를 다시 말한다』, 역사비평사, 2013.

역사학연구소, 1894년 농민전쟁 연구분과 편,『농민전쟁 100년의 인식과 쟁점』, 거름, 1994.

왕현종,『한국 근대국가의 형성과 갑오개혁』, 역사비평사, 2003.

유영익,「『서유견문』과 유길준의 보수적 점진개혁론」,『한국근현대사론』, 일조각, 1992.

이광린,『한국개화사연구』, 일조각, 1969; 개정증보판, 1974.

_____,『개화당연구』, 일조각, 1973.

_____,『한국개화사의 제문제』, 일조각, 1986.

이상식·박맹수·홍영기,『전남동학농민혁명사』, 1996.

이이화·배항섭·왕현종,『이대로 주저앉을 수 없다―호남 서남부 농민군, 최후의 항쟁』, 혜안, 2006.

이은철,『매천 황현을 만나다』, 심미안, 2010.

이태진,『고종시대의 재조명』, 태학사, 2000.

장인성,『서유견문―한국 보수주의의 기원에 관한 성찰』, 아카넷, 2017.

전남대 호남문화연구소 편,『동학농민혁명과 광주·전남』, 광주·전남동학농민혁명100주년 기념사업추진위원회, 1994.

정창렬,『갑오농민전쟁』, 선인, 2014.

최현식,『증정 갑오동학혁명사』, 신아출판사, 1994.

한국신학연구소 편저,『한국민중론』, 1984.

전라남도·광주광역시,『민주장정 100년, 광주전남지역 사회운동 연구 동학혁명 한말의병』, 휴먼컬처아리랑, 2015.

강재언,『근대조선의 사상』, 1971.

_____,『近代朝鮮の變革思想』, 日本評論社, 1973.

시바타 미치오(柴田三千雄),『근대세계와 민중운동』, 이와나미 서점, 1983; 이광주·이은호 역, 한벗, 1984.

야스마루 요시오(安丸良夫), 이희복 역,『일본의 근대화와 민중운동』, 논형, 2021.

조경달, 박맹수 역,『이단의 민중 반란―동학과 갑오농민전쟁 그리고 조선 민중의 내셔널리즘』, 역사비평사, 2008.

_____, 허영란 역,『민중과 유토피아―한국근대민중운동사』, 역사비평사, 2009.

조르주 르페브르, 시바타 미치오(柴田三千雄) 역,『프랑스혁명과 농민』, 미래사, 1956.

3. 논문

강효숙,「제2차 동학농민전쟁 시기 일본군의 농민군 진압」,『한국민족운동사연구』52, 한국
　　　민족운동사학회, 2007.

_____,「동학농민전쟁에 있어 고부봉기의 위상－사발통문과 일본측 자료를 중심으로」,『한
　　　국민족운동사연구』77, 한국민족운동사연구회, 2013.

금병동·최혜주 역,「황현의『매천야록』」,『조선인의 일본관－600년 역사 속에 펼쳐진 조선
　　　인의 일본인식』, 논형, 2008.

금장태·고광식,「梅泉 黃玹」,『續 儒學近百年』, 여강출판사, 1989.

길은식,「梅泉 黃玹의 開化認識 硏究」,『靑藍史學』3, 2000.

김동택,「19세기 말 근대국가 건설 과정에서 나타난 정치적 균열」, 한국정치학회편,『한국정
　　　치학회보』34집 4호, 2001.

_____,「근대 국민과 국가개념의 수용에 관한 연구」, 성균관대 대동문화연구원 편,『대동문
　　　화연구』41호, 2002

김봉곤,「남원지역 동학농민혁명과 士族의 대응」,『지리산권 동학농민혁명』, 도서출판선인,
　　　2014.

김성배,「김윤식의 정치사상연구－19세기 조선의 유교와 근대」, 서울대 박사논문, 2001.

김영봉,「黃梅泉 詩文學 硏究」, 전북대 박사논문, 2014.

김용섭,「동학관 연구론」,『역사교육』3, 1958.

_____,「黃玹(1855~1910)의 農民戰爭 收拾策」,『歷史와 人間의 對應－高柄翊先生回甲
　　　紀念史學論叢』, 고병익선생회갑기념사학논총간행위원회, 1984.

김윤희,「근대 국가구성원으로서의 인민 개념 형성(1876~1894)－민(民) = 적자(赤子)와
　　　『서유견문(西遊見聞)』의 인민」,『역사문제연구』21호, 역사문제연구소, 2009.

김정환,「梅泉詩派硏究」, 전남대 박사논문, 2006.

김진소,「동학과 민중의식의 성장」,『천주교 전주교구사』1, 빅벨, 1998.

김창수,「매천 황현의 민족의식」,『사학연구』33, 1981

_____,「매천 황현의 동학인식에 대하여」,『新人間』416, 1984.

_____,「『甲午平匪策』에 대하여－梅泉 黃玹의 東學認識」,『藍史鄭在覺博士古稀紀念 東
　　　洋學論叢』, 동양학논총편찬위원회, 1984.

_____,「黃玹의『東匪紀略』草藁에 대하여－『梧下記聞』乙未 4月以前 記事의 檢討」,『千寬
　　　宇先生還曆紀念 韓國史學論叢』, 정음문화사, 1985.

김항구,「梅泉 黃玹의 對外認識과 그 變化」,『사회과학연구』4, 2003.

_____,「黃玹의 新學問 受容과 壺陽學校 設立」,『문화사학』21, 2004.

김현주, 「김윤식 사회장 사건의 정치문화적 의미 - '사회'와 '여론'을 둘러싼 수사적 투쟁을
　　　중심으로」, 『동방학지』 132, 2005.

_____, 「근대 개념어 연구의 동향과 성과 - 언어의 역사성과 실재성에 주목하라!」, 『상허학
　　　보』 19, 2007.

박걸순, 「매천 황현의 당대사 인식을 둘러싼 논의」, 『한국근현대사연구』 55, 2010.

박맹수, 「東學農民戰爭의 地域性 硏究 - 신원운동에서 1차봉기까지를 중심으로」, 『한국근
　　　대사에 있어서 동학과 동학농민운동』, 한국정신문화연구원, 1994.

_____, 「전라도 유교 지식인의 동학농민군 인식과 대응」, 『한국근현대사연구』 51, 2009.

_____, 「매천 황현의 동학농민군과 일본군에 대한 인식」, 『한국근현대사연구』 55, 2010.

박명규, 「동학농민전쟁과 지방사 연구」, 『동학농민혁명의 지역적 전개와 사회변동』, 동학농
　　　민혁명기념사업회, 1995.

_____, 「동학농민전쟁과 지방사 연구」, 『동학농민혁명의 지역적 전개와 사회변동』, 새길,
　　　1995.

박종린, 「김윤식사회장 찬반논의와 사회주의세력의 재편」, 『역사와현실』 38, 2000.

박찬승, 「1894년 농민전쟁기 호남 지방 농민군의 동향 - 남원지방 김개남 세력을 중심으로」,
　　　『동학농민혁명의 지역적 전개와 사회변동』, 동학농민혁명기념사업회, 1995.

_____, 「동학농민전쟁기 일본군 조선군의 동학도 학살」, 『역사와현실』 54, 한국역사연구회,
　　　2004.

_____, 「한국에서의 '민족' 개념의 형성」, 한림대 한림과학원 편, 『개념과 소통』 창간호,
　　　2008.

_____, 「한국의 근대국가 건설운동과 공화제」, 역사학회 편, 『역사학보』 200호, 2008.

배항섭, 「나주지역 동학농민전쟁과 향리층의 동향」, 『동학연구』 19, 2005.

_____, 「근대를 상대화하는 방법 - 민중사에서 바라보는 근대 - 『이단의 민중 반란』과 『민중
　　　의 유토피아』를 읽고」, 『역사비평』 88, 역사비평사, 2009.

_____, 「동학농민전쟁의 사상적 기반에 대한 연구현황과 과제 - 동학과 농민전쟁의 관계를
　　　중심으로」, 『史林』 45, 성균관대 사학과, 2013.

_____, 「동학농민전쟁의 연구 현황과 과제 - 제2차 동학농민전쟁을 中心으로」, 『한일민족
　　　문제연구』 25, 2013.

백순재, 「개화기의 한국서지 - 1883~1918년을 중심으로」, 『동방학지』 11, 1970.

서영희, 「개화파의 근대국가 구상과 그 실천」, 한국사연구회편, 『근대 국민국가와 민족 문
　　　제』, 지식산업사, 1995.

신석호, 「매천야록 해설」, 『매천야록』, 탐구당, 1955.

신순철, 「開化期의 民衆宗敎 認識」, 『원광사학』 4, 1986.

신용하, 「『황현전집』 해제」, 『황현전집』, 아세아문화사, 1978.

_____, 「19세기 한국의 근대국가형성문제와 입헌공화국 수립운동」, 『한국의 근대국가형성과 민족 문제』, 문학과지성사, 1986.

연민희, 「운양 김윤식의 산문 연구」, 충남대 박사논문, 2019.

왕현종, 「대한제국기입헌논의와 근대국가론 – 황제권과 권력구조의 변화를 중심으로」, 『한국근대사회와문화』 I, 서울대 한국문화연구원, 2003.

_____, 「1893년 보은집회 연구의 쟁점과 과제」, 『동학학보』 28, 2013.

_____, 「1894년 농민군의 폐정 개혁 추진과 갑오개혁의 관계」, 『역사연구』 27, 2014.

_____, 「1894년 농민전쟁 지도자의 재판과정과 판결의 부당성」, 『한국사연구』 168, 2015.

우윤, 「장흥, 강진지역의 농민전쟁 전개와 역사적 성격」, 『호남문화연구』 23, 전남대 호남문화연구소, 1995.

원재연, 「서세동점과 동학의 창도」, 『중원문화연구』 21, 2013.

이계형, 「『매천야록』의 사료적 가치의 재검토」, 『한국근현대사연구』 76, 2016.

이광린, 「「易言」과 韓國의 開化思想」, 『韓國開化史研究』, 일조각, 1969; 개정판, 1989.

_____, 「兪吉濬의 英文書翰」, 『開化派와 開化思想 研究』, 일조각, 1989.

이민원, 「대한제국의 성립과 「광무개혁」, 독립협회에 대한 연구성과와 과제」, 『한국사론』 25, 1995.

이배용, 「개화사상·갑신정변·갑오개혁에 대한 연구현황과 과제」, 『한국사론』 25, 1995.

이상식, 「매천 황현의 역사의식」, 『역사학연구』 8, 1978.

이상일, 「운양 김윤식의 사회경제사상」, 『태동고전연구』 9, 1993.

_____, 「운양 김윤식의 사상과 활동 연구」, 동국대 박사논문, 1995.

_____, 「'김윤식사회장'문제에 대한 일고찰」, 『죽당이현희교수화갑기념 한국사학논총』, 동방도서, 1997.

이이화, 「黃玹의 『梧下記聞』에 대한 內容檢討 – 1894년 동학농민전쟁의 기술을 중심으로」, 『계간 서지학보』 4, 1991.

이장희, 「황현의 생애와 사상」, 『아세아연구』 21, 1978.

_____, 「梅泉 年譜」, 『매천야록(梅泉野錄)』 上, 명문당, 2008.

임경석, 「운양 김윤식의 죽음을 대하는 두 개의 시각」, 『역사와현실』 57, 2005.

임경숙, 「梅泉 黃玹의 동학농민운동에 대한 인식」, 순천대 석사논문, 2001.

전봉덕, 「『西遊見聞』과 兪吉濬의 法思想」, 『韓國近代法思想史』 (4), 1978.

정창렬, 「백성의식·평민의식·민중의식」, 『역사와 인간』, 두레, 1981; 한국신학연구소 편,
 『한국민중론』, 1984.

_____, 「전봉준의 변혁사상」, 『마당』, 1981; 『정창렬 저작집 II─민중의 성장과 실학』, 2014.

_____, 「한말 변혁운동의 정치·경제적 성격」, 『한국민족주의론』, 창작과비평사, 1982.

주진오, 「한국 근대 집권·관료세력의 민족 문제 인식과 대응」, 『역사와 현실』 창간호, 한국역
 사연구회, 1989.

차남희·유지연, 「황현(1855~1910)의 동학에 대한 인식과 비판─『오하기문』을 중심으로」,
 『사회과학연구논총』 15, 2006.

최선웅, 「지리산권 '동학농민혁명'의 발자취─『지리산권 동학농민혁명』」, 『남도문화연구』
 27, 2014.

최홍규, 「황현의 현실 인식과 역사감각」, 『한국사상』 17, 1980.

하우봉, 「黃玹의 歷史意識에 대한 硏究」, 『全北史學』 6, 1982.

_____, 「근대 여명기의 계몽적 역사가 매천 황현」, 『매천 황현과 역사 서술』, 디자인흐름,
 2011.

한철호, 「1884~1994년간 시무개화파(時務開化派)의 개혁 구상」, 『사총』, 1996.

_____, 「『매천야록』에 나타난 황현의 역사 인식」, 『한국근현대사연구』 55, 2010.

홍동현, 「'새로운 민중사'의 등장과 새로운 동학농민전쟁史 서술에 대한 모색」, 『남도문화연
 구』 27, 2014.

홍영기, 「황현의 생애와 사상」, 『光陽市誌』 1, 2005.

_____, 「한국의 역사가─황현」, 『한국사시민강좌』 41, 일조각 2007.

_____, 「황현」, 『한국사시민강좌』 41, 일조각, 2007.

_____, 「黃玹의 著作物 간행과 연구 현황」, 『남도문화연구』 19, 2010.

_____, 『황현─경술국치에 항거한 순국지사』, 역사공간, 2018.

홍이섭, 「황현의 역사의식」, 『숙대사론』 4, 1969.

_____, 「황현의 역사의식─한국근대사학의 추이에서」, 『인문과학』 27·28, 1972.

황선희, 「동학·천도교사상에 관한 연구동향과 전망」, 『한국근대사의 재조명』, 국학자료원,
 2003.

原田環, 「朝鮮の近代化構想─兪吉濬と朴泳孝の独立思想」, 『史學硏究』 143, 廣島史學會,
 1979.

趙景達, 「朝鮮における大國主義と小國主義の相剋」, 『朝鮮史硏究會論文集』 22, 1985.

_____, 「金允植における民衆觀の相剋」, 『朝鮮の近代思想有志舍』, 2019.

月脚達彦,「開化思想の形成と展開－兪吉濬の對外觀を中心に」,『朝鮮史研究會論文集』 28, 1991.

_____,「甲午改革の近代國家構想」,『조선사연구회논문집』33, 綠蔭書房, 1995.

제2부

1. 자료

『고종순종실록』,『국민수지(國民須知)』,『기호흥학회월보』,『대동학회월보』,『대한계년사』, 『대한매일신보』(국문판, 국한문판),『대한유학생회회보』,『대한자강회월보』,『대한학회월 보』,『대한협회회보』,『대한흥학보』,『독립신문』,『매일신보』,『비서원일기』,『서북학회월보』, 『서우』,『시사총보(時事叢報)』,『전안식(田案式)』,『제국신문』,『주의주본』,『친목회회보』, 『태극학보』,『해학유서(海鶴遺書)』,『호남학보』,『황성신문』

『균암장 임동호 씨 약력(均菴丈林東豪氏略歷)』

『대한제국관원이력서』

『동학관련판결문집』, 총무처 정부기록보존소, 1994.

『민사 판결록』

현채,『유년필독석의(幼年必讀釋義)』영인본, 아세아문화사, 1977.

『주본(奏本)』

『주의(奏議)』

『학초전(鶴樵傳)』

최익현(崔益鉉),『면암집(勉菴集)』, 여강출판사, 1990.

유린석(柳麟錫),『소의신편(昭義新編)』, 국사편찬위원회, 1975.

「김락철역사(金洛喆歷史)」, 정신문화연구원 편,『한국학자료총서』, 1996.

『한국일진회일지』1~7;『조선 통치사료』4권, 한국사료연구소, 1970.

『韓國敎育ノ現狀』, 학부, 1910.

우방협회(友邦協會) 편,『韓國における司法制度近代化の足跡－朝鮮司法界の往事を語る 座談會記錄』, 友邦協會, 1966.

2. 단행본

김광규,『일제강점기 초등 교육정책』, 동북아역사재단, 2021.

김도형, 『대한제국기의 정치사상연구』, 지식산업사, 1994.

김의환, 『의병운동사-한말을 중심으로』, 박영사, 1974.

김효전, 『법관양성소와 근대한국』, 소명출판, 2014.

도면회, 『한국 근대 형법재판제도사』, 푸른역사, 2014.

문준영, 『법원과 검찰의 탄생-사법의 역사로 읽는 대한민국』, 역사비평사, 2010.

박명규, 『국민 인민 시민-개념사로 본 한국의 정치주체』, 소화, 2014.

박성수, 『독립운동사연구』, 창비, 1980.

박찬승, 『한국근대정치사상사연구-민족주의 우파의 실력 양성운동론』, 역사비평사, 1992.

_____, 『민족 민족주의』, 소화, 2006.

서인한, 『대한제국의 군사제도』, 혜안, 2000.

신용하, 『한국근대사회사상연구』, 일지사, 1987.

신우철, 『비교헌법사-대한민국 입헌주의의 연원』, 법문사, 2008.

심철기, 『근대전환기 지역 사회와 의병운동 연구』, 선인, 2019.

오길보, 『조선근대반일의병운동사』과학백과사전종합출판사, 1988.

이나미, 『한국 자유주의의 기원』, 책세상, 2001.

이승일, 『조선총독부 법 제정책-일제의 식민통치와 조선민사령』, 역사비평사, 2008.

_____, 『근대 한국의 법, 재판 그리고 정의』, 경인문화사, 2021.

李英美, 『韓國司法制度と梅謙次郎』, 법정대학출판국, 2005; 김혜정 역, 『한국사법제도와 우메 겐지로』, 일조각, 2011.

이진경, 『역사의 공간-소수성, 타자성, 외부성의 사건적 사유』, 휴머니스트, 2010.

고미숙 외, 이화여대 한국문화연구원 편, 『근대계몽기 지식 개념의 수용과 그 변용』, 소명출판, 2004

이화여대 한국문화연구원 편, 『근대계몽기 지식의 발견과 사유 지평의 확대』, 소명출판, 2006.

_____ 편, 『근대계몽기 지식의 굴절과 현실적 심화』, 소명출판, 2007.

정종휴, 『韓國民法典の比較法的研究』, 創文社, 1989.

전복희, 『사회진화론과 국가사상-구한말을 중심으로』, 한울, 1999.

최경숙, 『황성신문연구』, 부산외대 출판부, 2010.

최기영, 『한국근대계몽운동 연구』, 일조각, 1997.

최종고, 『한국의 서양법수용사』, 박영사, 1982.

최종고, 『한국법사상사』, 서울대 출판부, 1989.

_____, 『한국법학사』, 박영사, 1990.

한국민족운동사연구회, 『의병전쟁연구』(상), 지식산업사, 1990.

한영우, 『명성황후와 대한제국』, 효형출판, 2001.

홍순권, 『한말 호남지역 의병운동사 연구』, 서울대 출판부, 1994.

황호덕, 이상현 역, 『개념과 역사-근대 한국의 이중어사전-외국인들의 사전 편찬 사업으로 본 한국어의 근대』(번역편), 박문사, 1922.

芳賀登, 『民衆概念の歴史的変遷』, 雄山閣出版, 1984.

Moon, Yumi, 赤阪俊一・李慶姫・德間一芽 訳, 『日本の朝鮮植民地化と親日「ポピュリスト」一進会による対日協力の歴史』, 明石書店, 2018.

쓰키아시 다쓰히코(月脚達彦), 『朝鮮開化思想とナショナリズム-近代朝鮮の形成』, 동경대학출판회, 2009.

3. 논문

강남준・김영희, 「전산 형태주석 말뭉치 활용을 통한 독립신문의 논설 저자 판별연구-서재필과 주시경의 비교연구」, 2010년 한국언론학회 봄철학술대회 발표논문, 2010.

_____・이종영・최운호, 「『독립신문』 논설 주석 코퍼스의 구축과 황용-어미 사용 빈도 분석을 통한 독립신문 논설의 저자판별」, 『한국사전학』 15, 2010.

강효숙, 「청일전쟁기 일본군의 조선민중탄압」, 『청일전쟁기 한중일 삼국의 상호전략』, 동북아역사재단, 2009.

곽지영・이상용, 「근대 한국(1895~1912) 한성재판소 민사 판결문 사건 분포에 대한 연구」, 『서지학연구』 63, 2015.

권보드래, 「근대 초기 '민족' 개념의 변화-1905~1910년 『대한매일신보』를 중심으로」, 『민족문학사연구』 3, 2007.

권대웅, 「韓末 慶北地方의 私立學校와 그 性格」, 『국사관논총』 58, 1994.

김도형, 「한말 의병전쟁의 민중적 성격」, 『의병전쟁연구』(상), 지식산업사, 1990.

_____, 「한말구국운동 연구에 관한 쟁점과 과제」, 『한민족독립운동사연구의 회고와 전망』, 국사편찬위원회, 1993.

_____, 「장지연의 변법론과 그 변화」, 『한국사연구』 109, 2000.

김동택, 「『독립신문』의 근대국가 건설론」, 『사회과학연구』 12집 2호, 2004.

김소영, 「대한제국기 '국민' 형성론과 통합론 연구」, 고려대 박사논문, 2010.

김소영, 「재일조선유학생들의 '국민론'과 '애국론'-『친목회회보』(1896~1898) 내용 분석을 중심으로」, 『한국민족운동사연구』 66, 2011.

김순덕, 「경기지방 의병운동 연구(1904~1911)」, 한양대 박사논문, 2002.

김영희·최운호·윤상길, 「독립신문 논설의 언론 관련 개념 분석-독립신문 코퍼스 활용 사례연구」, 『한국언론학보』 55권 5호, 2011.

김은주(金恩珠), 「鄭喬의 政治活動과 政治改革論」, 『韓國思想史學』 11, 1998.

김자중, 「일제 강점기 전문학교에 관한 연구」, 고려대 박사논문, 1918.

_____, 「1910년대 보통학교에 대한 지역간 대응의 차이에 관한 연구」, 고려대 석사논문, 2010.

김정해, 「1895~1910 사립학교의 설립과 운영」, 『역사교육논집』 11, 1987.

김주현, 「『20세기 신국민』의 저자규명과 그것의 의미」, 『개신어문연구』 30, 2009.

김진숙, 「문명의 재구성 그리고 동양 전통 담론의 재해석-『황성신문』을 중심으로」, 『근대계몽기 지식의 발견과 사유지평의 확대』, 소명출판, 2006.

김현숙, 「한국 근대 서양인 고문관 연구(1882~1904)」, 이화여대 박사논문, 1998.

김현우, 「『황성신문』 논설의 정량적 분석과 근대인식 추론-국가 개혁과 국민 교육을 중심으로」, 『유교사상문화연구』 68, 2017.

김현주, 「근대 개념어 연구의 동향과 성과-언어의 역사성과 실재성에 주목하라!」, 『상허학보』 19, 2007.

김형목, 「한말 경기도 사립학교 설립운동의 전개와 성격」, 『한국독립운동사연구』 32, 2009.

김효전, 「안국선 편술, 〈정치원론〉의 원류 (2)」, 『인권과정의』 333, 2004.

김희순, 「우리나라 고신문의 서비스 방안연구」, 중앙대 교육대학원 석사논문, 2014.

노관범, 「대한제국기 장지연의 자강사상연구-단합론을 중심으로」, 『한국근현대사연구』 47, 2008.

노대환, 「대한제국 말기(1904~1910) 『황성신문(皇城新聞)』의 현실 인식과 대응 양상의 변화-『대한매일신보(大韓每日申報)』와의 비교를 중심으로」, 『이화사학연구』 54, 2017.

도면회, 「1894-1905년간 형사재판제도 연구」, 서울대 박사논문, 1998.

류준범, 「역사자료 정보화의 현황과 전망」, 『사학연구』 121, 2016.

류준필, 「19세기 말 '독립'의 개념과 정치적 동원의 용법-『독립신문』 논설을 중심으로」, 『근대계몽기 지식 개념의 수용과 그 변용』, 소명출판, 2004.

문일웅, 「만민공동회 시기 『제국신문』과 『황성신문』의 인민 동원 논리」, 『인문과학연구』 21, 2015.

문준영, 「1895년 裁判所構成法의 '出現'과 日本의 役割」, 『법사학연구』 39, 2009.

_____, 「경성공소원 민사 판결원본철을 통해 본 한말의 민사 분쟁과 재판」, 『법학연구』 22-1, 2011.

민현식, 『한글본 이언 易言 연구』, 서울대 출판부, 2008.

박걸순, 「이상설의 민족운동과 후인 논찬」, 『중원문화논총』 10, 2006.

박양신, 「근대 일본에서 '국민', '민족' 개념의 형성과 전개—nation 개념의 수용사」, 『동양사학연구』 104, 2008.

박찬승, 「한말자강운동론의 각 계열과 그 성격」, 『한국사연구』 68, 1990; 『한국근대정치사사상사연구』, 역사비평사, 1991.

_____, 「한말 호남학회연구」, 『국사관논총』 53, 1994.

_____, 「1890년대 후반 도일(渡日) 유학생의 현실 인식」, 『역사와 현실』 31, 1999.

_____, 「1904년 황실 파견 도일유학생연구」, 『한국근현대사연구』 51, 2009.

박한설, 「정미의병 발발의 원인에 관하여」, 『편사』 5, 1974.

백세명, 「갑진혁신운동과 동학—손의암의 구국운동과 교정분리」, 『한국사상총서』 III, 한국사상연구회, 1975.

서태원, 「대한제국기 원주 진위대 연구」, 『호서사학』 37, 2004.

_____, 「한말의 군대 해산과 그 봉기」, 『성대사림』 1, 1965.

성대경, 「정미의병의 역사적 성격」, 『대동문화연구』 29, 1994.

신용하, 「韓末 愛國啓蒙思想과 運動」, 『韓國史學』 1, 한국정신문화연구원, 1980.

_____, 「민긍호 의병부대의 항일무장 투쟁」, 『한국독립운동사연구』 4, 1990.

신우철, 「근대 사법제도 성립사 비교연구—우리 '법원조직' 법제의 초기 형성」, 『법조』 통권 612호, 2007.

심철기, 「1907년 이후 『제국신문』의 성격과 의병인식」, 『역사와경계』 107, 2018.

안종묵, 「황성신문 발행진의 정치사회사상에 관한 연구」, 『한국언론학보』 46-4, 2002.

안형주, 『1902년, 조선인 하와이 이민선을 타다』, 푸른역사, 2013.

오길보, 「20세기 초 반일의병운동의 발생과 그 확대발전」, 『역사과학』, 1977-1.

오세경, 『皇城新聞의 自强改革思想—1905年에서 1910年까지의 論說분석을 중심으로」, 이화여대 교육대학원 석사논문, 1993.

왕현종, 「근대 부르주아적 개혁운동」, 『쟁점과 과제 민족 해방운동사』, 역사비평사, 1990.

_____, 「甲午改革期 官制改革과 官僚制度의 變化」, 『國史館論叢』 68, 1996.

_____, 「19세기 말 개혁관료의 西歐 政體認識과 立憲問題」, 『韓國思想史學』 17, 2001.

_____, 「1907년 이후 원주 진위대의 의병 참여와 전술변화」, 『역사교육』 96, 2005.

왕현종, 「한말 개혁기 민법 제정론의 갈등과 '한국 관습'의 이해」, 연세대 역사문화학과 BK21플러스 사업팀 편, 『식민지 조선의 근대학문과 조선학연구』, 도서출판 선인, 2015.

_____, 「갑오개혁 이후 조선 유학생의 일본 유학과 유학 분야」, 『역사와실학』 69, 2019.

_____, 「일제 초 개성 시가지의 변화와 개성상인의 경제 기반」, 『동방학지』 194, 2021.

유영렬, 「대한자강회의 애국계몽운동」, 『한국근대민족주의운동사연구』, 일조각, 1987.

_____, 「대한자강회의 애국계몽사상과 운동」, 『대한제국기의 민족운동』, 일조각, 1997.

윤대성, 「일제의 한국관습조사사업과 민사관습법」, 『논문집』 13-1, 창원대, 1991.

윤애선, 「LEXml을 이용한 『한영자전』(1911)의 지식베이스 설계」, 부산대 인문학연구소 편, 『한불자전연구』, 소명출판, 2013.

이계형, 『대한제국기 통감부의 식민교육정책 연구』, 국민대 박사논문, 2007.

이광린, 「『皇城新聞』研究」, 『동방학지』 53집, 1986.

이구용, 「한말의병연구」, 『사총』 19, 1975.

_____, 「대한제국의 성립과 열강의 반응―칭제건원 논의를 중심으로」, 『강원사학』 1, 1985.

이민원, 「칭제논의의 전개와 대한제국의 성립」, 『청계사학』 5, 1988.

이병규, 「19세기 말 여주지역 동학농민혁명 참여층의 활동과 경제적 배경」, 『근대 여주의 토지 소유와 사회경제적 변동연구』, 학술발표회 발표문, 2022.

이승희, 「한말 의병 탄압과 주한일본군 헌병대의 역할」, 『한국독립운동사연구』 30, 2008.

이용창, 「동학·천도교단의 민회 설립운동과 정치세력화 연구(1896~1906)」, 중앙대 박사논문, 2005.

이윤상, 「1894~1910년 재정제도와 운영의 변화」, 서울대 박사논문, 1996.

이태진, 「서양 근대 정치제도 수용의 역사적 성찰―開港에서 光武改革까지」, 『진단학보』 84, 1997.

이태훈, 『일제하 친일정치운동 연구―자치·참정권 청원운동을 중심으로』, 연세대 대학원, 2010.

_____, 「한말 일본 유학 지식인의 "근대 사회과학" 수용과정과 특징―"정치"에 대한 인식과 "입헌정치론"을 중심으로」, 『이화사학연구』 44, 2012.

_____, 「인물조사를 통해 본 한국 초기 '사회과학' 수용주체의 구성과 성격」, 『한국문화연구』 22, 2012.

이현종, 「대한자강회에 대하여」, 『진단학보』 29·30, 1966.

_____, 「기호흥학회에 대하여」, 『사학연구』 21, 1969.

_____, 「갑진개화혁신운동의 전말」, 『한국사상』 12, 한국사상연구회, 1974.

이현희, 「갑진개화운동의 역사적 전개」, 『동학학보』 4, 동학학회, 2002.

이호룡, 「신채호의 아나키즘」, 『역사학보』 177, 2003.

장영미, 「『보통학교 학도용 국어독본』과 『유년필독』 비교연구」, 『동화와번역』 제29집, 2015.

장영숙, 「『제국신문(帝國新聞)』의 성격과 자료적 가치」, 『동아시아문화연구』 58, 한양대 동아시아문화연구소, 2014.

전상숙, 「근대 '사회과학'의 동아시아 수용과 메이지 일본 '사회과학'의 특질 – 블룬칠리 국가학 수용을 중심으로」, 『이화사학연구』 44, 2012.

정관, 「교남교육회에 대하여」, 『역사교육논집』 10, 1987.

정숭교, 「韓末 民權論의 전개와 國粹論의 제기」, 서울대 박사논문, 2004.

정유경, 「텍스트의 계량분석을 활용한 근대전환기 신문의 시계열적 주제 분석법 – 황성신문 논설을 중심으로」, 『역사문제연구』 43, 2020.

정진석, 「『대한매일신보』와 나의 인연, 영인본과 디지털화 – 시대의 고뇌가 담긴 언론사 연구의 실증적 체험기」, 『근대서지』 13, 2016.

정진숙, 「20세기 초 한국인 설립 사립학교 연구 – 설립주체와 재정을 중심으로」, 서울대 박사논문, 2019.

정혜정, 「개화기 계몽교과서에 나타난 근대국가수립론 – 『국민수지(國民須知)』를 중심으로」, 『한국 교육사학』 제33권 제2호, 2011.

조동걸, 「독립운동사연구의 회고와 과제」, 『정신문화연구』 여름호, 1985.

_____, 「단재 신채호의 삶과 유훈」, 『한국사학사학보』 3, 한국사학사학회, 2001.

조항래, 「일진회연구」, 중앙대 박사논문, 1984.

주진오, 「19세기 후반 개화·개혁론의 구조와 전개 – 독립협회를 중심으로」, 연세대 박사논문, 1995.

주혜영, 「황성신문 논설기사의 계량적 분석 – 초기(1898~1901)를 중심으로」, 세종대 석사논문, 2002.

최경숙, 「황성신문 논설에 나타난 시대 인식에 관한 연구」, 『고고역사학지』 9, 1993.

최기영, 「헌정연구회에 관한 일고찰」, 『윤병석교수 화갑기념 한국근대사논총』, 1990; 『1900年代의 愛國啓蒙運動研究』, 아세아문화사, 1993.

_____, 「안국선(1879~1926)의 생애(生涯)와 계몽사상(啓蒙思想) (上)」, 『한국학보』 17-2, 1991.

최덕수, 「근대계몽기 한국과 일본 지식인의 '보호국론' 비교연구」, 『동북아역사논총』 24, 2009.

최종고, 「한말과 일제하 법학협회의 활동」, 『애산학보』 2, 1982.

최준, 「제국신문 해제」, 한국학문헌연구소 편, 『제국신문』, 아세아문화사, 1986.

한명근, 「일진회의 대일인식과 '정합방'론」, 『숭실사학』 14, 2001.

한영우, 「대한제국 성립과정과 대례의궤」, 『한국사론』 45, 2001.

허재영, 「근대 계몽기 개념어 형성과 변화 과정 연구-사회학 용어를 중심으로」, 『한말연구』
46, 한말연구학회, 2017.

김동명, 「一進會と日本-『政合邦』と倂合」, 『조선사연구회논문집』 31, 조선사연구회, 1993.
林雄介, 「一進会の前半期に関する基礎的研究-一九〇六年八月まで」, 武田幸男 編, 『朝
鮮社会の史的展開と東アジア』, 山川出版社, 1997.
_____, 「一進会の後半期に関する基礎的研究-一九〇六年八月~解散」, 『東洋文化研究』
1, 1999.
_____, 「運動團體としての一進会-民衆との接觸様を中心に」, 『朝鮮学報』 172, 1999.
요시카와 아야코(吉川絢子), 「근대 초기 한국의 민법학 수용과 판사에 대한 영향」, 『법사학
연구』 46, 2012.
쓰키아시 다쓰히코(月脚達彦), 「獨立協會の「國民」 創出運動」, 『朝鮮學報』 172, 1999.

찾아보기

How to View the 'Minjung' or People

The Growth of the People and the Different Perceptions on the People in Modern Korea

This book explores the growth of the Korean people (referred to as 'Minjung' in Korean) during the modern period and the variations in perceptions of the people. It delves into the lives of the Korean populace during the transition to the modern era, examining their visions of modernity, the significance of nation and state to them, and their experiences in the new society. In essence, it seeks to understand how the people of modern Korea faced the challenges of the times and coped with them. Titled "How to View the 'Minjung' or People," the book aims to scrutinize the evolving self-consciousness of these diverse individuals from various perspectives.

Initially, this book examines the widespread usage of the term 'Minjung.' During the enlightenment period in the late 19th century, the term 'Inmin' had long been the predominant reference for the people. During this era, 'Inmin' became more prevalent than the previously employed terms 'Paeksŏng' or 'Min'in' before the late Chosŏn Dynasty. Furthermore, with the dissemination of modern enlightenment ideas, the term 'Inmin' began to encompass both individuals and the universal concept of modern citizenship, encapsulating the rights and duties of the populace.

On the other hand, the term 'Minjung,' as indicated in King Kojong's decree in December 1898, stated, "Usually, when the people form a group of hundreds or thousands, they become excited and, at first, do not dare to speak. But in the end, they dare to do things that should not be done." Therefore, it was used to emphasize the collective character of the people and their revolutionary nature. In this context, the term 'Minjung' in the late 19th century shares some similarities with the concept of 'Minjung,' which emerged as the focal point of the radical movement in the 1970s after liberation. However, during this earlier period, it was not treated as a conscious or necessary concept for a people's movement. The records of Chosŏn and Confucian intellectuals at the time were focused on disparaging the people and criticizing the people's movement.

The people's movements covered in this book are broadly divided into the following periods : from the peasant uprising in the 1860s to the 1894 Peasant War, through the political reform movement of the Independence Association in 1898, to the enlightenment movement and the righteous army movement after 1905. In particular, this book sought to examine the growth of people's consciousness up to 1894 and their responses to issues of national and civil rights after 1905.

Part 1 is entitled "The Formation of Modern Society and Each Subject's Understanding of the People."

In Chapter 1, I delve into the use of various terms such as 'Inmin,' 'P'yŏngmin,' and 'Paeksŏng' to comprehend the experiences of the population during the transition to modern times. Reviewing the recent historiography of Minjung history, I explore the popular nationalist movement and research theories on Minjung history that gained prominence in the 1970s and 1980s. Additionally, I examine counterarguments to Minjung theory, as presented by Cho Kyŏng-dal, a Korean history researcher in

Japan. Cho Kyŏng-dal highlighted the Chosŏn people's pursuit of an autonomous world, virtuous Confucianism, and a utopian fantasy about the king. In contrast, my focus in this book leans towards capturing the trend of the democratic civil rights movement, addressing aspects such as the dismantling of the caste system, human rights, and suffrage that the people's movement aims to achieve. Embracing this methodological shift in the history of the people's movement, I endeavor to scrutinize the reality of the people's movement from the bottom up during the modern transition period.

Chapter 2 addresses Confucian intellectuals' perception on foreign powers and the people in modern Korea. Utilizing Yu Kil-jun's *Sŏyugyŏnmun* (*Observations on a Journey to the West*), the chapter explores the perceptions and limitations of the people, as well as the activities and thoughts of Kim Yun-sik as a Confucian bureaucratic intellectual, and Hwang Hyŏn, a traditional Confucian intellectual. Both intellectuals shared a common perception of the people as impoverished, but simultaneously, they either attempted to reform them through enlightenment or rejected any rebellious movements, such as Tonghak, based on Confucian justification theory.

In Chapter 3, the book examines the trends of the people's movement in the 1890s, focusing on changes in people's lives during the late 19th century. In March 1893, tens of thousands of people from all over the country gathered at the Poŭn Assembly and began presenting their claims. During this gathering, the people shifted their ideological orientation from a religious dimension of dogmatic identity to political and social reform aimed at protecting the country and its people. This shift led to a change in leadership, with figures such as Chŏn Pong-jun, who later led the Peasant War in 1894. As a result, there was a dual intersection between the leadership and ideology of the people's movement.

Continuing, I examine the development of Chŏn Pong-jun's reform plan, the leader of the 1894 Peasant War, as well as the voluntary participation of the people. From the initial uprising to the Chipkangso (Local Directorate) period, farmers actively engaged in reform projects through voluntary participation. However, despite the involvement of hundreds of thousands of people in the uprising in September 1894, the people's movement itself was perceived as lacking a concrete reform ideology and the autonomous participation of the peasant class. Ultimately, the political aspirations of the people failed, resulting in a large-scale massacre by the Japanese army, the Chosŏn government, and the Minbogun army.

Part 2 is entitled "Different Perceptions on the People and Enlightenment Discourse during the Korean Empire." Covering the period from the end of the 19th century to 1910, this section examines the development of enlightenment discourse among intellectuals in the late Chosŏn Dynasty, the progression of the enlightenment movement and the righteous army movement, as well as the political participation of the people.

In Chapter 4, the first half of the Korean Empire is examined, focusing on the political movements initiated by the Enlightenmentalists surrounding the establishment of constitutional politics and the political participation of the people. The chapter delves into the participation patterns of the political reform movement, with a focus on urban common people. Specifically, it explores how the political reform movement of the Independence Association in 1898 responded to the political advancement of popular forces and attempted to mobilize the people.

Chapter 5 examines the development of the enlightenment movement and the emergence of civil rights theory after 1905. The chapter delves into the differences between various editions of *Kungmin Suji (Information for Nationals)*, which most faithfully captures national sovereignty and the people during this period. While *Kungmin Suji* emphasized the rights and duties of the people and the status of an independent nation, it failed to advocate for the people's political participation or advance a national plan that guarantees political rights.

After 1907, this book examines the trends of the people while addressing the righteous army and enlightenment movement as movements to restore national sovereignty. Among the individuals who participated in the righteous army war, some were from soldiers or commoners. However, it was also observed that they faced challenges in broadening the reach of the anti-Japanese righteous army movement and transforming the people into a significant political force.

Furthermore, as an enlightenment movement organization, this book reviews the methods employed by Ilchinhoe (Advancement Society). Initially, it sought the advancement of Ilchinhoe members into the bureaucracy, and later proposed a unification theory advocating annexation with the Japanese Empire. However, the leadership of Ilchinhoe revealed that despite their participation in the Independence Association and the Tonghak Peasant War, they did not recognize the political participation of the people. Similarly, criticism was directed at the Korean Association for Self-Strengthening and the Korea Association for promoting party politics, constitutionalism, and popular sovereignty while denying the political power of the people. Lastly, the establishment and educational activities of ordinary and private schools in 1906 were noted for playing a role in fostering awareness of a new modern society and national consciousness.

In conclusion, this book endeavors to provide a detailed exploration of the historical trend depicting the growth of the modern Korean people and the reality of the civil rights movement from below. At the end of the 19th century, individuals sought to enhance their lives and consciousness, pursuing social and economic interests while aiming for a system that could guarantee their rights. In pursuit of these objectives, people actively engaged in various lawsuits, collective rallies, and even violent civil unrest. The Peasant War in 1894 and the subsequent development of the enlightenment movement and volunteer army movement after 1907 marked a transformative period, where the people transitioned from being 'people' — abstract individuals — to 'people' who demonstrated conscious awakening and engaged in collective action.

Nevertheless, the people's demands for social and economic interests and political reform failed to materialize the ideology of 'protecting the country and the people' or establish a system for the people's political participation during the 1894 Peasant War. Even in the People's Assembly Movement in Seoul in 1898, the Enlightenment Movement and the Righteous Army Movement after 1905, the people either participated directly or acted as sponsors but failed to establish a legal and institutional mechanism for political participation. However, as argued in Sin Ch'ae-ho's "New People of the 20th Century" in 1910, some Confucian intellectuals who transformed into enlightenmentalists went as far as emphasizing the role of the people as new individuals while seeking a path for the nationalist movement.

The human rights and civil rights theories of the modern enlightenment in the late 19th and early 20th centuries were generally not yet reconstructed based on the growth of the people, nor did they accommodate the people's demands for suffrage. Therefore, after 1910, the people had no choice but to break through to a new level of social reform movement through their participation and experience in the March 1st Movement in 1919.

(재)한국연구원 한국연구총서 목록